제7판

M/A/C/R/O/E/C/O/N/O/M/I/C/S

거시경제학

김경수 · 박대근 공저

박영사

우리들의 부모님께……

제7판 머리말

1999년에 초판이 발간된 지 벌써 26년이 지났다. 초판이 발간된 이후 세계 경제에는 여러 가지 큰 사건들이 일어났으며, 이들은 기존 거시경제 이론에 대한 비판과 함께 새로운 정책대응을 모색하는 계기가 되었다. 글로벌 금융위기는 거시경제 현상의 이해에 있어 금융시장의 중요성을 인식시켜 주었으며, 양적완화가 통화정책으로 정착하는 데 기여했다. 유럽 재정위기는 그 해법에 관하여 거시경제학자들 간 열띤 논쟁을 가져오기도 했다. 코비드-19는 경제폐쇄라는 새로운 유형의 거시경제 충격을 경험하는 계기가 되었으며, 그 후 인플레이션이 심화됨에 따라 물가안정을 위한 통화정책이 주목을 받게 되었다.

이번 개정판도 지난 개정판들과 마찬가지로 거시경제학에 있어 새로운 변화에 관한 내용을 담기 위해 노력했다. 이번 개정판에서 가장 큰 변화는 제6장에서 개방경제의 거시경제정책 분석을 위해 $IS-LM-BP$ 모형 대신 $IS-LM-FX$ 모형을 소개한다는 점이다. 이 모형은 대부분의 국가가 자유로운 국제자본이동을 허용하고 있는 현실에서는 보다 간단하고 적용하기가 쉽다는 장점을 갖고 있다. 이 외에 코비드-19 전염병에 따른 경기침체의 분석, 실리콘밸리은행의 파산 사례, 인플레이션을 막기 위한 중앙은행의 통화정책 등 제6판 발간 이후 발생한 현실 사례에 대한 분석이 더 추가되었다.

독자들은 유튜브 채널, 「김경수 교수의 거시경제학」을 보조 학습자료로 사용할 것을 권장한다. 시즌 1은 이 책의 주요 내용을, 시즌 2는 주제별로 심화학습을, 시즌 3는 배운 내용을 바탕으로 현실세계에 대한 이해의 폭을 넓히고자 하는데 각각 초점을 맞추고 있다.

제7판이 나오는 데 많은 분들이 도움을 주셨다. 항상 저자들의 작업을 지원해주시고 지연된 개정판을 기다려 주신 박영사 안종만 회장님과 조성호 이사님께 감사드리며, 편집을 맡아주신 박영사 배근하 차장님과 직원 여러분께도 감사드린다. 제7판을 위한 자료 수집에 도움을 준 한양대학교 박건우 군에게도 감사를 표한다.

2025년 2월
김경수·박대근

머리말

이 책은 저자들이 거시경제학을 강의하면서 준비해 온 강의노트를 중심으로 작성되었다. 많은 거시경제학 교과서들이 나와 있음에도 불구하고 우리가 이 책을 집필한 데에는 두 가지 목적이 있다. 하나는 거시경제학의 원리가 현실 세계에서 어떻게 적용되는가에 대한 기본적인 이해를 구하는 것이다. 이제 거시경제학은 단순히 경제학을 전공하는 학생의 교과목에 그치지 않는다. 시장경제가 확산되고 개방화가 진전됨에 따라 정부의 정책결정으로부터 개인의 주식투자에 이르기까지 모든 의사결정에 있어서 다양하고 복잡한 경제현상들이 서로 어떻게 연계되고 어떤 상호작용을 갖는지를 이해하는 것이 필요하게 되었다. 따라서 독자들이 거시경제이론을 이해하고 실제로 적용할 수 있도록 살아 있는 지식을 전달하고자 하였다.

다른 하나의 목적은 사회과학의 한 분야로서 거시경제학을 체계적으로 소개하는 것이다. 거시경제학은 경제학의 여러 분야 중에서 가장 혁신적인 변화를 겪어 온 분야 중 하나다. 끊임없이 변화하고 발전하는 현실을 설명하기 위해서는 다양한 접근방식과 방법론이 필요하기 때문이다. 뿐만 아니라 케인즈학파와 고전학파의 두 축을 중심으로 이루어져 온 부단한 논쟁도 거시경제이론의 변화를 촉진하였다. 이 책에서는 거시경제학의 다양한 주제들과 서로 대립된 이론들을 체계적으로 그리고 균형 있게 정리하고 소개하고자 한다.

이와 같은 목적을 달성하기 위해 이 책은 다음과 같은 특징을 가지고 저술되었다. 첫째, 수많은 거시경제의 주제와 이론들을 단순히 열거하는 책이 아니라, 이들을 체계적으로 제시함으로써 간결하지만 꼭 필요한 내용이 모두 포함된 교과서다운 교과서를 만들고자 하였다. 특히 독자들이 중요한 이론들을 이해할 수 있도록 돕는 데에 주안점을 두었다. 둘째, 가능한 한 모든 분야에 있어서 현대 거시경제이론의 특징이라 할 수 있는 미시경제학적인 기초를 제시하였으며, 기대가 어떤 영향을 미칠 수 있는지를 소개하였다. 셋째, 본문과는 별도로 글상자(Box)를 두어 다양한 거시경제이론이 현실경제에 어떻게 적용될 수 있는지 그리고 실제 현실경제가 어떤 모습을 가지고 있는지에 대한 이해를 돕고자 하였다. 넷째, 개방경제에 대해 별도로 2개장을 할애하여 설명하였으며 특히 범세계적인 금융시장 개방의 추세에 맞추어 외환위기와 자본유입의 문제 등 자본이동이 국민경제에 미치는 영향에 대해서도 설명하였다.

이 책은 모두 5부 17장으로 구성되어 있다. 제1부는 거시경제의 기초개념을 소개하고, 제2부는 IS-LM 모형을 중심으로 폐쇄경제와 개방경제에서의 국민소득의 결정을 분석하며, 제3부는 거시경제의 일반균형모형이라 할 수 있는 총수요-총공급 모형을 소개하고, 이를 이용하여 실업, 인플레이션, 경기안정정책 등에 대해 분석한다. 제4부는 소비, 투자, 화폐수요 등과 같은 개별 경제주체의 의사결정에 대해 미시경제학적 기초를 가지고 분석한다. 제5부는 거시경제의 동태적 측면으로서 경제성장에 대해 논의하고 경기변동에 대한 현대 거시경제이론을 소개한다.

이 책은 학부학생을 위한 거시경제학 과목이나 경영대학원과 같이 경제학을 전공으로 하지 않는 석사과정 학생을 대상으로 한 거시경제학 과목의 한 학기 강의용 교재로 사용될 수 있으며 시간의 제약이 있을 때에는 제8장과 제17장은 생략될 수 있다. 각 장의 말미에 위치한 부록 역시 생략될 수 있다. 대학원을 준비하는 학부학생이나 거시경제학의 기본을 익히고자 하는 대학원생, 그리고 국가고시를 준비하는 사람들은 모든 내용을 이해하는 것이 바람직하다고 본다.

이 책에서는 각 장의 모두에 그 장에서 논의될 내용, 중요성, 다른 장과의 관계 등을 소개하고, 각 장의 말미에 부록, 요점정리, 주요용어, 연습문제 등을 둠으로써 본문의 내용을 학습하는 데에 도움을 주고자 하였다. 특히 연습문제는 단순한 복습의 의미를 가지기보다는 본문에서 설명한 내용을 보완하고 응용해 보는 본문의 연장이라고 볼 수 있다. 따라서, 이 책을 학습하는 독자들은 반드시 연습문제를 직접 풀어보기 바라며 연습문제의 해답은 우리들의 홈페이지(http://ecostat.skku.ac.kr/kskim)에서 구할 수 있다.

우리는 주어진 여건에서 나름대로 최선을 다 했지만 역시 부족한 점이 많은 것은 부인할 수 없다. 초판이 가지는 한계라 생각하며 다음에는 보다 충실한 내용으로 보완할 것을 약속한다.

이 책이 출간되기까지는 많은 사람들이 헌신적인 도움이 있었다. 우선 여러 해 동안 이 책을 기획해 온 연암사의 권세문 사장과 전윤신 씨 등 직원 여러분의 노고에 감사드린다. 자료수집, 편집 및 교정 단계에서 노고를 아끼지 않은 성균관대학교의 이기훈, 이종관, 조태희, 장충현 군, 그리고 한양대학교의 김시태, 이승겸, 임희준, 최준혁, 홍원기 군에게 감사드린다.

1999년 9월
김경수·박대근

차 례

03
port

국민소득과 물가

그림차례

표차례

M / A / C / R / O / E / C / O / N / O / M / I / C / S

거시경제학

박영사

Macroeconomics

01

PART 1

거시경제학의 기초

01 거시경제학이란?

거시경제학은 국민경제 전체의 총체적인 활동수준을 분석하는 데에 중점을 둔다. 경기변동, 인플레이션, 실업, 경제성장, 국제수지와 환율 등은 거시경제학의 주요 분석 대상이다. 이를 위해 거시경제학자들은 복잡한 현실을 단순화하여 그 핵심을 이해할 수 있는 적절한 모형을 설정하는데, 단기, 장기, 최장기 등 시간대에 따라 설정된 모형의 가정이 상이하다. 제1장에서는 거시경제학의 중심과제를 소개하고 이를 분석하기 위한 거시경제이론이 어떻게 발전되어 왔는지를 알아본다.

❶ 거시경제학과 미시경제학

거시경제학(macroeconomics)은 국민경제의 총체적인 활동 수준의 변화를 분석하고 나아가 국민경제 활동을 개선하기 위한 정책방안을 연구하는 경제학의 분야다. 거시경제학은 단기적으로 경기변동과 실업으로부터 장기적으로 인플레이션과 경제성장에 이르기까지 다양한 경제현상을 분석대상으로 하며, 이를 위하여 국민소득, 물가, 실업률, 이자율, 국제수지, 환율 등 경제 전체의 움직임을 나타내는 총량변수들이 어떻게 결정되고 이들을 어떻게 조절할 수 있는지의 문제를 주로 취급한다.

거시경제학은 경제 전체의 활동 수준을 분석대상으로 한다는 점에서 개별 경제주체와 시장의 경제활동을 분석대상으로 하는 미시경제학(Macroeconomics)과 차이가 있다. 즉 미시경제학에서는 해외여행을 갈 것인가 또는 스마트폰을 새로 구입할 것인가와 같이 특정 재화 간 선택의 문제를 분석대상으로 하나 거시경제학에서는 스마트폰이든 해외여행이든 구분 없이 전체 소비지출의 규모 변화를 분석대상으로 한다. 마찬가지로 거시경제학에서는 노동시장도 요리사 시장인지 또는 의료기술자 시장인지를 구분하지 않으며 금융자산도 전자회사의 주식인지 또는 자동차회사의 주식인지를 구분하지 않는다. 이와 같은 추상화는 경우에 따라서는 무시할 수 없는 상세한 내용이 생략되는 문제를 일으키기도 하나 노동시장, 생산물시장, 자산시장 간의 총체적인 상호작용을 이해하고 분석하는 데에는 큰 도움이 된다.

분석대상이 다르다고 해서 거시경제학과 미시경제학이 전혀 별개의 이론체계로 구성된 것은 아니다. 거시경제학의 분석대상인 총량변수들은 가계나 기업과 같은 개별 경제주체가 내린 의사결정의 결과이기 때문에 거시경제이론은 기본적으로는 미시경제이론을 기반으로 하는데 이를 미시경제학적 기초(microeconomic foundation)라고 한다. 하지만 거시경제학은 수많은 개별 경제주체의 행동을 단순히 누적한 총계를 분석하는 것과는 차이가 있다. 예를 들어 거시경제학자들이 '절약의 역설(paradox of thrift)'이라 부르는 현상을 생각해 보자. 가계나 기업이 앞으로의 경제여건이 악화될 것을 염려하여 지출을 줄이고 저축을 늘린다고 하자. 이와 같은 지출 감소는 앞으로의 상황 악화가 예상되는 경우 개별 가계나 기업으로서는 최선의 선택이다. 그런데 이처럼 경제 전체의 모든 가계와 기업의 지출이 감소하면 경제 전체의 생산물과 노동에 대한 수요가 감소하고 경기가 침체되어 개별 가계와 기업이 지출을 감소시키지 않을 경우보다 훨씬 더 상황이 악화된다. 개별 경제주체의 입장에서는 최선의 의사결정인 저축 증대가 경제 전체에는 오히려 해가 된다는 점에서 이와 같은 현상을 절약의 역설이라 부른다.

절약의 역설과 같이 개별 경제주체의 최적 의사결정의 합이 경제 전체에 불리한 결과를 낳을 수 있다는 사실은 거시경제학에 있어서 정부정책의 역할이 더 폭넓게 요구될 수 있음을 뜻한다. 그런데 모든 정책이 다 그렇지만 거시경제정책의 시행에는 득과 실이 따른다. 경기가 나쁠 때에는 종종 중앙은행이 이자율 인하의 압력을 받지만 이자율 인하가 어떤 과정을 통해 경기를 개선할 수 있는지 그리고 이자율 인하에 따르는 물가상승과 같은 부정적인 파급효과는 무엇인지에 대한 충분한 이해가 선행되지 않는다면 자칫 득보다 실이 더 클 수도 있다. 마찬가지로 경기가 침체에 빠질 경우 정부는 정부지출을 증대시키라는 압력을 받게 되나 정부지출 증가로 인해 발생하는 재정적자와 그에 따른 부채의 증가가 국민경제에 어떤 비용을 초래할 것인지에 대한 올바른 평가 없이는 자칫 돌이키기 어려운 낭패를 볼 수 있다.

② 거시경제학의 연구과제

앞서 보았듯이 거시경제학은 국민경제 전체의 경제활동을 연구대상으로 한다. 다음에서는 우리나라의 거시경제 자료를 중심으로 거시경제학의 연구과제에 대해서 보다 상세하게 알아볼 것이다.

경기변동

경제활동을 관찰해 보면 다른 시기에 비해 경제가 매우 활발하게 움직이는 시기가 있음을 알 수 있다. 이 시기에는 상점의 물건이 잘 팔리고, 빌려준 돈도 쉽게 돌려받으며, 일자리도 쉽게 구할 수 있다. 반면에 경제의 움직임이 매우 둔하다고 느껴지는 시기도 있다. 이와 같이 경제의 활동수준이 때로는 활발해지고 때로는 둔화되는 현상을 경기변동(business fluctuation)이라 한다.

경기변동을 파악하고 이에 대응한 경제정책을 시행하기 위해서는 경제의 총체적 활동수준의 변동을 객관적으로 측정할 필요가 있다. 거시경제학자나 정책담당자들은 경제의 총체적 활동수준을 파악하기 위해서 여러 가지 거시경제지표를 활용하는데 이 중 하나로 실질국내총생산을 들 수 있다. 실질국내총생산은 일정 기간 동안 한 국가에서 생산된 최종생산물을 모두 더한 것이다. 국내총생산의 정의와 측정에 대해서는 제2장에서 상세히 설명될 것이다.

[그림 1-1]의 붉은색 실선은 우리나라 분기별 실질국내총생산의 움직임을 보여주는데, 전체적으로 증가하는 경향을 보이면서도 증가속도가 매년 일정하지 않고 단기적으로 변동함을 알 수 있다. 따라서 붉은색 실선이 보여주는 국내총생산의 변동은 장기적인 성장추세와 단기적인 경기변동이 복합되어 나타난 것으로 볼 수 있으므로 국내총생산의 변동을 이 두 변동으로 분리해 보고자 한다.

국내총생산의 변동을 성장추세와 경기변동으로 분리할 수 있는 한 가지 방법은 먼저 전체적인 성장추세를 대표할 수 있는 추세선을 구하고 이 추세선으로부터 상하로 이탈하는 부분을 경기변동으로 보는 것이다. 문제는 추세선을 어떻게 구할 것인가인데 여기서는 호드릭-프레스콧 필터(Hodrik-Prescott filter)라는 방법을 통해 추세선을 구했으며 이는 [그림 1-1]에서 검은색 실선으로 나타나 있다. 추세선은 총생산이 장기적으로 어떻게 성장했는지를 보여 주는데, 특히 1990년대 말부터 추세선의 기울기가 완만해졌음을 알 수 있다. [그림 1-1]의 수직축은 로그 눈금으로 그려져

그림 1-1 국내총생산과 추세변동

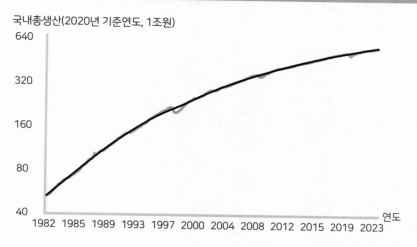

자료: 한국은행 경제통계시스템, 통계청 국가통계포털

있기 때문에, 동일한 총생산 증가율은 그림에서 항상 동일한 크기를 갖는다. 따라서 검은색 추세선의 기울기가 완만해진 것은 외환위기 이후 우리 경제의 장기적인 성장 속도가 이전에 비해 느려졌음을 의미한다. 한편 그림을 보면 국내총생산은 추세선을 따라서 움직이되 추세선보다 위에 있다가 아래로 가는 패턴을 반복하고 있는데 이를 경기변동이라고 한다.

　[그림 1-2]는 국내총생산으로부터 추세변동을 제거한 경기변동만의 움직임을 확대해서 보여준다. [그림 1-2]에서 경기변동을 나타내는 선이 상승하는 시기는 경제활동이 장기 추세에 비해 빠른 속도로 활발해지는 시기에 해당하는데 이를 경기확장기 또는 경기팽창기라 부른다. 반면에 경기변동을 나타내는 선이 하락하는 시기는 경제활동이 장기 추세에 비해 느린 속도로 팽창하거나 위축되는 시기인데 이를 경기후퇴기 또는 경기수축기라 부른다. 경기변동 과정에서는 이처럼 경기팽창과 경기후퇴가 반복되기 때문에 경기변동을 경기순환(business cycle) 또는 순환변동이라고 부르기도 한다.

　경기변동은 이와 같이 국내총생산을 이용하여 판단하기도 하지만 보다 체계적으로 경기변동을 파악하기 위해서는 별도의 지표를 산정한다. 우리나라는 통계청이 작성하는 경기종합지수를 이용하는데 이는 선행종합지수, 동행종합지수, 후행종합지수라는 세 가지 지수로 구성된다. 이 중 동행종합지수는 현재의 경기를 판단하기 위해 사용되는데, 이는 다시 광공업생산지수, 서비스업생산지수(도소매업제외), 건설기성액, 소매판매액지수, 내수출하지수, 수입액, 비농림어업취업자수의 7개 지표로 구성되어 있다.

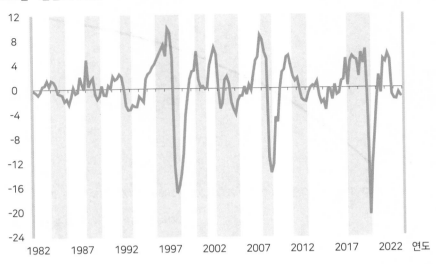

그림 1-2 국내총생산의 순환변동

2020년 기준연도(1조원)

자료: 한국은행 경제통계시스템, 통계청 KOSIS 국가통계포털

경기동행종합지수를 이용하여 통계청이 경기변동을 판별한 바에 따르면 우리나라에서는 〈표 1-1〉이 보여주듯이 1972년 이후 모두 11차례의 경기순환이 완료되었다. 2020년 5월부터 시작된 12번째 경기순환은 정점과 종료 여부가 아직 판별되지 않고 있다. 어떤 시점이 경기변동의 저점 또는 정점인지의 여부를 판별하기 위해서는 상당한 시간이 지나야 하기 때문이다.

〈표 1-1〉은 우리나라 경기변동의 지속기간도 보여주는데, 지난 11차례의 경기순환에 있어서 저점부터 정점에 이르는 경기확장기의 평균 지속기간이 33개월인 반면 경기수축기는 20개월로 경기확장기가 경기수축기보다 더 완만하고 오래 지속됨을 알 수 있다. 한편 경기순환의 평균 지속기간은 53개월이지만 경기변동마다 그 지속기간에 상당한 차이가 있다.

경기동행종합지수를 이용하여 판별한 경기순환국면과 국내총생산을 이용하여 판별한 경기순환국면은 대체로 일치한다. [그림 1-2]에서 음영으로 나타낸 부분이 바로 통계청이 판별한 경기수축국면을 나타내는데, 국내총생산 순환변동상의 경기수축국면과 정확히 일치하지 않는 경우도 있음을 알 수 있다. [그림 1-2]에서 네 번째 경기수축국면은 〈표 1-1〉에서 제6순환기에 속하는데, 다른 어떤 수축국면보다도 침체의 정

	기준순환일			지속기간(개월)		
	저 점	정 점	저 점	확장기	수축기	순환기
제1순환기	1972. 3	1974. 2	1975. 6	23	16	39
제2순환기	1975. 6	1979. 2	1980. 9	44	19	63
제3순환기	1980. 9	1984. 2	1985. 9	41	19	60
제4순환기	1985. 9	1988. 1	1989. 7	28	18	46
제5순환기	1989. 7	1992. 1	1993. 1	30	12	42
제6순환기	1993. 1	1996. 3	1998. 8	38	29	67
제7순환기	1998. 8	2000. 8	2001. 7	24	11	35
제8순환기	2001. 7	2002. 12	2005. 4	17	28	45
제9순환기	2005. 4	2008. 1	2009. 2	33	13	46
제10순환기	2009. 2	2011. 8	2013. 3	30	19	49
제11순환기	2013. 3	2017. 9	2020. 5	54	32	86
평 균	–	–	–	33	20	53

자료: 통계청 KOSIS 국가통계포털

도가 매우 심하다. 이 시기는 외환위기로 인한 소비 및 투자 위축, 구조조정 등의 여파로 인해 우리 경제가 경제위기라 불릴 정도로 심각한 경기침체를 겪었던 시기다.

실업과 완전고용

거시경제의 많은 총량변수들이 경기순환에 따라 변동하는 성질을 갖고 있다. 실업자의 수는 경기가 후퇴함에 따라서 증가하고 경기가 팽창함에 따라 감소한다. 실업자란 일을 할 의사가 있음에도 불구하고 일자리를 구하지 못하고 있는 사람을 말한다. 실업자가 많다는 것은 그만큼 국민경제에 존재하는 노동이라는 자원이 생산활동을 위하여 충분히 활용되지 못하고 있음을 의미한다. 희소한 자원을 효율적으로 이용하기는커녕 아예 활용조차 하지 못하고 있는 셈이다. 따라서 실업상태에 있는 실업자의 고통을 덜어줄 뿐만 아니라 국민경제 차원에서도 자원의 효율적 이용을 도모한다는 점에서 완전고용을 달성하는 것은 거시경제정책의 중요한 목표 중 하나다.

그런데 거시경제학에서 완전고용이라 함은 실업자가 전혀 없는 상태, 즉 실업률이

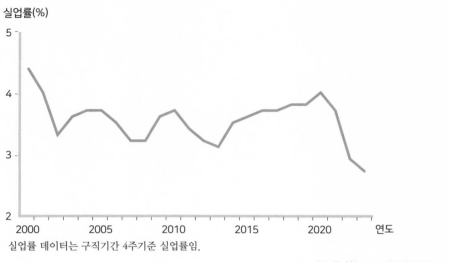

그림 1-3 우리나라의 실업률, 2000~2023

실업률(%)

실업률 데이터는 구직기간 4주기준 실업률임.

자료: 통계청 KOSIS 국가통계포털

0%인 상태를 의미하지는 않는다. 그 이유는 무엇일까? 실업자들 중에는 새로운 일자리를 구하는 과정에서 실업 상태에 있는 사람들이 있다. 이들 중 상당수는 바로 일할 수 있는 일자리가 있더라도 이를 택하지 않고 보다 나은 일자리를 구하기 위해 구직활동을 계속한다. 이와 같은 실업은 실업자 스스로의 선택에 의한 것이고, 이를 통해 노동자가 보다 나은 생산성을 발휘할 수 있는 일자리를 구할 수 있다는 혜택도 있기 때문에 반드시 나쁘다고만 할 수는 없다. 그런데 거시경제정책만을 가지고 이와 같은 이유로 인한 실업을 완전히 해소하는 것은 매우 어렵다. 오히려 거시경제정책으로 이러한 실업을 완전히 해소하여 실업률을 0%로 만들려 하는 경우에는 경기과열과 인플레이션과 같은 부작용이 발생하게 된다. 이런 이유에서 거시경제학에서는 완전고용(full employment)을 주어진 시장임금 수준에서 일할 의사가 있는 사람이 대부분 고용되어 있는 상태라 정의한다. 완전고용의 구체적인 정의와 완전고용 상태에서 존재할 수 있는 실업의 종류에 대해서는 제9장에서 보다 상세히 논할 것이다.

[그림 1−3]은 2000년 이후 우리나라의 실업률 추이를 보여준다. 실업률은 일을 할 의사가 있는 사람들을 의미하는 경제활동인구 중에서의 실업자의 비중으로 측정되며 노동시장의 상태를 파악하기 위한 중요한 지표로 이용된다. 그림을 보면 실업률 역시 단기적으로 변동함을 알 수 있다. 특히 실업률이 상승하는 시기와 하락하는 시기는 각각 경기변동에 있어서 수축기 및 확장기와 거의 일치함을 알 수 있다.

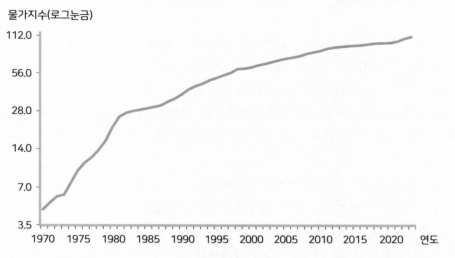

○ 그림 1-4 소비자물가지수(2020년=100)

2020년 기준 1970년~2023년 기간의 소비자물가지수를 보여준다. 국내총생산과 마찬가지로 물가에서도 추세변동과 순환변동이 복합적으로 나타난다.

자료: 한국은행 경제통계시스템

실업은 왜 발생하며 어떤 요인에 의해 변동할까? 거시경제정책은 실업률을 어느 정도로 낮추는 것을 목표로 해야 할까? 이와 같은 질문에 대한 답을 찾는 것도 거시경제학의 중요한 과제다.

물가와 인플레이션

물가는 한 경제에서 생산되거나 소비되는 재화와 서비스의 총체적인 가격수준이다. 물가를 측정하기 위해서 사용되는 주요 지표로는 소비자가 구매하는 재화와 서비스의 비용을 측정하는 소비자물가지수를 들 수 있다. [그림 1−4]는 1970년 이후 우리나라 소비자물가지수의 추이를 로그눈금으로 보여준다. 우리나라의 소비자물가는 지속적인 상승 추세를 보였으며 1970년부터 2023년 사이에 약 24배 상승했다. 특히 1970년과 1985년 사이에는 소비자물가가 연평균 13.1% 상승했는데 이처럼 물가가 지속적으로 상승하는 현상을 인플레이션(inflation)이라고 한다.

인플레이션으로 인한 물가상승이 경제생활에 어떤 영향을 주는지는 구태여 설명할 필요가 없을 것이다. 정해진 소득으로 빠듯하게 생활하는 봉급생활자에게 버스요금의 인상이나 점심값의 상승이 얼마나 큰 어려움을 줄지는 상상하기가 어렵지 않기 때문이다.

인플레이션이 지속적으로 발생하긴 했지만 인플레이션의 정도는 시기에 따라서 차이가 있다. [그림 1-4]에서 세로축이 로그눈금이므로 붉은색 선의 기울기는 물가상승률, 즉 인플레이션의 정도를 나타낸다. 붉은색 선의 기울기를 보면 두 차례 오일쇼크를 겪은 1970년대는 인플레이션이 매우 심했으나 1980년대에 들어 인플레이션이 둔화되었고, 외환위기 이후 2000년대에 들어서는 물가가 한층 더 안정되었음을 알 수 있다.

이와 같은 현상은 우리나라에만 국한된 것은 아니다. 제2차 세계대전 이후 1980년대 초까지는 전 세계가 극심한 인플레이션을 경험했다. 그러나 1990년대와 2000년대에 들어서는 많은 국가들에 있어서 물가가 매우 완만한 인플레이션이라고 부를 수 있을 정도로 안정되었으며 오히려 장기침체를 경험한 일본에서는 물가가 하락하는 현상인 디플레이션이 나타나기도 했다. 글로벌금융위기에 뒤이은 세계 경제의 대침체(Great Recession)기에서도 여러 국가들이 디플레이션을 막기 위해 팽창적 통화정책을 채택했다. 인플레이션과 디플레이션은 어떤 원인에 의해 발생하며 국민경제에 어떤 영향을 미치는가? 인플레이션 또는 디플레이션을 해결하기 위해서는 어떤 경제정책을 사용할 수 있는가? 이 같은 질문에 대한 답을 구하는 것도 거시경제학의 과제다.

필립스곡선과 거시경제정책

흔히 실업과 인플레이션은 가장 중요한 거시경제 문제로 손꼽는다. 경제 전체의 성과를 개선시키기 위해 시행되는 거시경제정책도 실업률과 인플레이션율을 낮추는 것을 주된 목표로 하고 있다. 그런데 거시경제정책을 통해서 실업률과 인플레이션율을 동시에 낮추는 것이 과연 가능할까?

[그림 1-5]는 1985년부터 2013년까지 29년간 우리나라의 연간 소비자물가 상승률과 실업률을 보여주는 산포도다. 그림에서 각 점은 특정한 해에 있어서 물가상승률과 실업률의 조합을 나타낸다. 이 그림은 가장 오른쪽 상단에 위치한 1998년 외환위기 당시의 이상치를 제외하면 우리나라의 실업률과 물가상승률이 대체로 부(負)의 관계를 가지고 있음을 보여준다. 즉 실업률이 낮았던 해에는 물가상승률이 높았으며 실업률이 높았던 해에는 물가상승률이 낮았다. 이와 같은 실업률과 물가상승률 간의

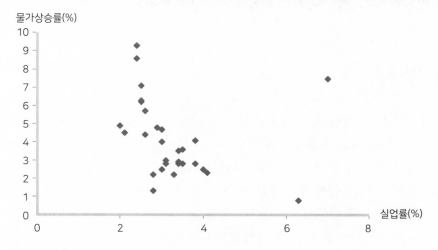

그림 1-5 우리나라의 필립스곡선, 1985~2013

물가상승률(%)

실업률(%)

수직축은 소비자물가지수를 이용하여 계산한 물가상승률을 나타내고 수평축은 실업률을
나타낸다. 두 변수간의 부의 관계를 나타내는 필립스곡선의 기울기는 물가와 임금의 경직
성과 관련이 있다.
※ 실업률 자료는 구직기간 1주기준 실업률임.

자료: 한국은행 경제통계시스템

부의 관계는 우리나라뿐만 아니라 다른 국가에서도 일반적으로 관찰되는데 이를 필
립스곡선이라고 부른다.

필립스곡선은 거시경제학에서 매우 중요한 의미를 갖고 있다. 우선 케인즈학파
경제학자들은 우하향하는 필립스곡선의 기울기는 단기적으로 물가나 임금이 경직적
임을 보여주는 실증적 증거라고 주장했다. 이들은 또한 우하향하는 필립스곡선은 거
시경제정책을 통해서 실업률을 낮출 수 있음을 의미한다고 주장했다. 필립스곡선상
의 좌상 방향으로 경제를 이동시킬 수 있는 경제정책을 시행할 수만 있다면 실업률
을 낮출 수 있기 때문이다.

그러나 우하향하는 필립스곡선은 실업률과 인플레이션율을 동시에 낮추는 것이
불가능함을 나타낸다. 경제가 필립스곡선을 따라서 이동한다면 실업률이 낮아질 때
에는 물가상승률이 높아질 수밖에 없기 때문이다. 따라서 필립스곡선은 완전고용과
물가안정이라는 두 가지 목표를 동시에 추구하는 거시경제정책에 대한 제약으로 인
식된다.

그런데 제10장에서 설명하듯이 실업률과 물가상승률 사이에 부의 관계가 항상 성
립하는 것은 아니며 그 관계가 항상 안정적인 것도 아니다. 대침체기에는 실업률수

준에 관계없이 매우 낮은 물가상승률이 지속됨에 따라 필립스곡선이 수평선에 가까웠다. 장기적으로 필립스곡선은 수직의 기울기를 가진다는 주장도 있다.

경제성장

여러 국가를 여행해 본 사람이라면 국가마다 생활수준에 큰 차이가 있음을 보았을 것이다. 이와 같은 생활수준의 차이는 소득수준의 차이에서 나온다. [그림 1-6]은 17개국에 있어서 각각 2023년의 1인당 국내총생산(가로축)과 1980년부터 2023년 사이의 1인당 국내총생산의 연평균 증가율(세로축)을 보여준다. 그림은 이들 17개국 사이에도 1인당 소득수준에 큰 차이가 있음을 보여준다. 그림에서 2023년 소득수준이 가장 높은 국가인 싱가포르의 1인당 국내총생산은 소득수준이 가장 낮은 국가인 마다가스카르의 139배에 달한다.

이러한 소득수준의 차이는 과거 오랜 기간 동안의 경제성장 속도의 차이에서 연유된다. [그림 1-1]에 제시된 국내총생산의 전체적인 움직임을 보면 단기적인 경기변동보다는 장기적인 성장추세가 훨씬 더 뚜렷하게 나타난다. 이는 국민소득의 장기적인 움직임이 성장추세에 의해 결정됨을 의미하는데, 이와 같은 국민소득의 장기적

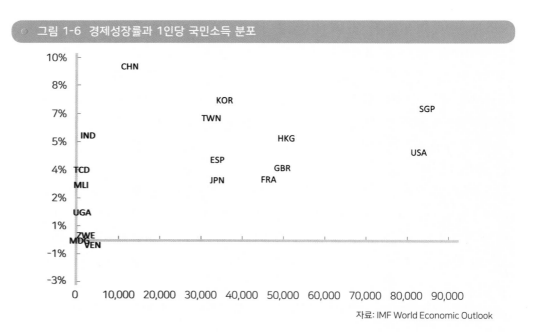

그림 1-6 경제성장률과 1인당 국민소득 분포

자료: IMF World Economic Outlook

인 증가추세를 경제성장(economic growth)이라 한다.

[그림 1−6]은 국가들 간에 경제성장률에도 큰 차이가 있음을 보여준다. 가장 성장률이 높았던 국가는 한국으로 연평균 6.7%의 성장률을 보인 반면, 프랑스는 2.3%의 성장률을 보였다. 일반적으로 매년 x%의 속도로 성장하는 변수가 두 배가 되기까지 걸리는 시간을 대략적으로 계산할 때 70을 x로 나눈 값을 이용하는데, 이를 70의 법칙이라 한다. 70의 법칙에 따르면 한국의 1인당 국내총생산이 두 배가 되는 데걸리는 시간은 약 10년이며, 프랑스는 약 30년이다. 이는 프랑스의 1인당 국내총생산이 두 배가 되는 동안 한국의 1인당 국내총생산은 여덟 배가 됨을 의미한다. 작은 성장률 차이라도 오랜 기간 동안 지속된다면 소득수준에 있어서 매우 큰 차이를 가져올 수 있다. 그림은 또한 마다가스카르나 베네수엘라와 같은 국가는 이 기간 중 마이너스의 성장을 하였음을 보여준다.

이처럼 국가들 간 경제성장률에 차이가 나는 이유는 무엇일까? 경제성장의 원천은 무엇일까? 어떻게 하면 경제성장률을 높일 수 있을까? 이와 같은 경제성장에 관한 질문에 대한 답을 찾는 것도 거시경제학의 중요한 과제다.

개방경제

[그림 1−7]은 달러화로 표시한 우리나라의 수출과 수입 규모를 보여준다. 그림은 1997년의 외환위기 이전까지는 1980년대 후반을 제외하고는 대체로 수입이 수출을 초과했으나 그 이후에는 반대로 수출이 수입을 초과하고 있음을 보여준다. 우리나라는 1960년대 초부터 대외지향적 경제발전 전략을 추구해왔으며 그 결과 수출과 수입은 경제 전체의 활동에서 매우 중요한 비중을 차지하고 있다. 특히 1980년대 후반부터는 세계경제의 글로벌화에 힘입어 대외 교역량이 빠른 속도로 늘어나는 추세를 보이고 있다.

이처럼 오늘날 대부분의 국가들은 다른 국가들과 활발하게 생산물과 자산을 거래하며 이를 통해 각국의 국민경제들은 서로 연계되어 있다. 따라서 국민경제의 총체적 활동 수준을 분석함에 있어서는 다른 국민경제와의 상호작용을 감안하지 않을 수 없다. 다른 국민경제와 활발하게 생산물과 생산요소를 거래하는 경제를 개방경제(open economy)라 부른다. 개방경제의 분석은 앞서 제시된 과제에 더하여 다음과 같은 과제를 거시경제학에 제시한다. 수출과 수입을 결정하는 요인은 무엇인가? 수출과 수입, 국가간 자본흐름은 경제 전체의 활동 수준에 어떤 영향을 미치는가? 환율

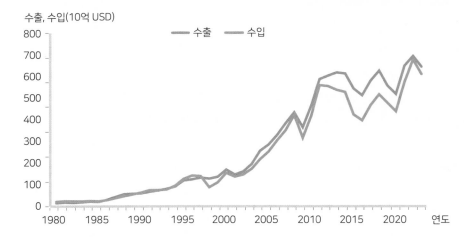

그림 1-7 우리나라의 수출과 수입, 1980~2023

수출, 수입(10억 USD)

— 수출 — 수입

대외의존도가 높은 한국경제는 지난 40년간 수출과 수입이 모두 크게 증가하였다. 외환위기 이전에는 수입이 수출을 초과하였으나 위기 이후에는 수출이 수입을 초과하는 추세를 보인다.

자료: 한국은행 경제통계시스템

의 변동요인은 무엇이며 환율은 경제의 활동 수준에 어떤 영향을 미치는가? 개방경제에서는 거시경제정책의 효과가 어떻게 달라지는가?

③ 거시경제학의 관점

거시경제학은 보는 이에 따라서는 매우 혼란스럽게 느껴질 수 있다. 우리는 한국은행의 통화정책이나 정부의 재정정책에 대해서 전혀 다른 견해를 제시하는 전문가들을 언론매체에서 자주 만날 수 있다. 이는 현재나 미래 경제상황에 대한 상이한 판단 탓일 수도 있고 정책의 장단점에 대한 평가의 차이 탓일 수도 있다.

사실 거시경제학은 미시경제학에 비해서 학자들 간에도 의견 일치를 이루지 못하는 부분이 많다. 이것은 거시경제이론이 가지는 문제가 아니라 우리가 사는 세상의 현실을 설명하고 이해함에 있어서 거시경제학자들간의 근본적인 시각에 차이가 나기 때문이다. 간단한 수요-공급 모형을 통해 이와 같은 시각의 차이를 이해해 보도록 하자.

그림 1-8 노동시장모형

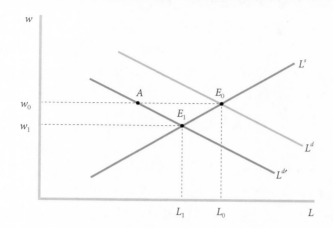

수평축은 고용량을 수직축은 임금을 표시하며 기존의 균형은 E_0점에서 달성된다. 경기후퇴로 노동수요곡선이 $L^{d'}$로 이동하면 노동의 초과공급이 발생하며 이에 따라 임금이 하락한다. 결국 E_1점에서 새로운 균형이 달성된다.

노동시장의 수요–공급모형

[그림 1–8]은 노동시장을 수요–공급모형으로 단순화시킨 것이다. w는 단위 노동시간당 임금을 그리고 L은 노동시간 단위로 표시한 고용량을 각각 나타낸다. 경제모형은 이처럼 임금이나 고용량과 같은 변수로 구성된다. 변수는 내생변수와 외생변수로 나누어지는데 내생변수는 모형 안에서 값이 결정되며 외생변수는 모형 밖에서 값이 결정되어 주어진다. 그림에 제시된 노동시장모형에서는 임금과 고용량이 내생변수에 해당하며 기업의 생산성 변화, 생산물에 대한 수요 변화, 인구의 증가와 같이 노동의 수요와 공급에 영향을 미치는 임금 이외의 요인들은 모두 외생변수가 된다.

경제모형은 같은 외생변수의 변화가 내생변수에 미치는 영향을 분석하기 위해 사용된다. 이를 위해서는 변수들간의 상호관계를 알아야 하는데 [그림 1–8]의 노동시장모형에서는 노동공급곡선 L^s와 노동수요곡선 L^d가 바로 변수들간의 상호관계를 보여준다. 우상향하는 노동공급곡선은 노동의 가격인 임금이 상승함에 따라 노동 공급량이 증가하며, 우하향하는 노동수요곡선은 임금 상승에 따라 노동 수요량이 감소함을 나타낸다. 임금 이외에 노동 수급에 영향을 미치는 외생변수의 변화는 노동공급곡선과 수요곡선 자체를 우측 또는 좌측으로 이동시킨다.

노동시장의 균형은 노동수요곡선과 노동공급곡선이 만나는 E_0점에서 달성되며, 이때의 균형임금과 균형고용량은 각각 w_0와 L_0다. E_0점에서는 노동의 공급량과 수요량이 일치한다. 이는 시장임금 수준인 w_0에서 일을 할 의사가 있는 노동자는 모두 일자리를 구할 수 있음을 의미한다. 앞서 우리는 완전고용이 거시경제정책의 중요 목표임을 지적하면서 거시경제학에서는 완전고용을 시장임금 수준에서 일할 의사가 있는 사람이 거의 대부분 고용되어 있는 상태로 정의한다고 했다. 따라서 노동의 수급량이 일치하는 E_0점은 거시경제학에서 규정하는 완전고용의 정의를 충족하는 점이라 할 수 있다.

이제 경기가 후퇴함에 따라 생산물에 대한 수요가 감소하고 이에 따라 노동수요가 감소하는 경우를 생각해 보자. 임금 이외의 요인에 의해 노동수요가 감소하였기 때문에 노동수요곡선이 L^d에서 $L^{d'}$로 이동하며 그 결과 기존의 임금 수준인 w_0에서는 AE_0만큼의 초과공급이 발생한다. 수요공급의 법칙에 따르면 이와 같은 초과공급은 노동의 가격인 임금을 하락시키는 압력으로 작용하며, 임금의 하락은 노동의 수요량을 증가시키고 공급량을 감소시킨다. 결국 임금은 노동의 초과공급이 사라질 때까지 하락하며 그 결과 노동시장은 E_1점에서 새로운 균형에 도달하게 된다. 새로운 균형에서는 임금은 하락하고 고용량은 감소한다. 고용량은 감소했지만 새로운 균형에서도 경제는 완전고용 상태에 있게 된다. 새로운 시장임금인 w_1에서 일하고 싶은 노동자는 모두 고용이 될 수 있기 때문이다.

이처럼 외부 여건에 변화가 일어날 때 노동시장이 균형을 회복함에 있어서는 임금이라는 가격이 '보이지 않는 손(invisible hand)'의 기능을 수행한다. 임금이 노동시장에서의 노동의 수요와 공급에 대응하여 가격의 기능을 제대로 수행한다면 노동시장의 균형과 완전고용이 언제나 유지될 수 있다.

경직적 가격과 신축적 가격

그런데 임금이 이처럼 '보이지 않는 손'의 기능을 제대로 수행하려면 노동의 수요와 공급에 따라서 노동의 가격인 임금이 신축적으로 조정되어야 한다. 만일 임금의 조정이 더디게 일어난다면 노동시장은 어떤 모습을 보일까? 극단적으로 경기후퇴에 따라 노동수요가 감소하였지만 임금이 w_0에 머물러 있다고 하자. 이 경우에는 노동시장에서 AE_0만큼 노동의 초과공급이 지속적으로 발생하는데, 이는 이만큼의 실업자가 추가적으로 발생함을 의미한다. 특히 이들 실업자 중에는 비자발적 실업자 포함되어 있다. 비자발적 실업(involuntary unemployment)이란 현재의 시장임금 수준에서 일을 할 의사가 있지만 일자리를 구하지 못하는 상황을 말한다. 비자발적 실업의 존재는 노동이라는 희소한 자원이 효율적으로 이용되지 못하는 대표적인 예다. 임금이 w_0에 머물러 있지 않고 하락하더라도 그 조정속도가 느리다면 임금이 w_1으로 하락할 때까지는 더 작은 규모이긴 하지만 노동시장에서 실업이 여전히 발생할 것이다.

이상의 논의는 외부 충격이 발생할 때 시장이 신속하게 균형을 회복할 것인가의 여부는 가격의 조정속도에 달려 있음을 일깨워준다. 거시경제학에는 외부 충격에 대응하여 시장이 균형을 회복하는 데 소요되는 시간, 즉 가격의 조정속도에 대하여 두 가지 상반된 견해가 있다. 하나는 모든 가격은 신축적이고 따라서 시장이 균형을 회복하는 데 필요한 시간은 매우 짧기 때문에 시장은 거의 언제나 균형상태에 있다는 견해다. 다른 하나는 모든 가격이 신축적인 것은 아니며 적어도 일부 가격은 느리게 움직이거나 경직적이기 때문에 시장청산이 쉽게 일어나지 않는다는 견해다. 전자를 고전학파(classical school) 후자를 케인즈학파(Keynesian)라고 부른다. 고전학파의 모형을 신축적 가격모형, 케인즈학파의 모형을 경직적 가격모형이라고도 한다.

가격의 조정속도에 대한 상반된 두 견해는 다음에서 설명하는 시간대에 따라 각기 나름대로의 합리성을 가지고 있다. 짧은 시간대에서는 가격의 조정이 더디거나 경직적이라고 가정하는 것이 합리적이나 긴 시간대에서는 가격이 신축적이라는 가정이 타당할 것이다.

시간대

거시경제학에서는 보통 시간대를 단기(short run), 장기(long run), 최장기(very long run)로 구분한다.[1] 단기는 시장에서의 가격기능이 순조롭게 작동하지 못하도록 만드는 시장마찰이 존재하는 시간대다. 시장마찰은 가격이 신축적이지 못하여 가격기능에 따른 시장청산이 원활하게 일어나지 못하거나 비록 가격이 신축적이라 하더라도 시장참여자들이 정보를 원활하게 공유하지 못하여 결과적으로 가격의 보이지 않는 손의 기능이 제대로 작동하지 못하는 데서 비롯된다. 시장마찰이 존재할 때에는 완전고용이 이루어진다는 보장이 없다. 이에 더하여 시장마찰이 존재할 경우에는 경기변동에 따라서 비자발적 실업의 발생과 같이 희소한 자원을 낭비하는 비효율성이 발

---

1 경제학자에 따라서는 단기, 중기, 장기의 구분을 이용하기도 한다.

생할 수 있다. 한편 장기는 시장마찰이 없기 때문에 자본과 노동 등 경제의 모든 생산요소의 완전고용이 이루어지는 시간대다.

경제모형을 이용하여 거시경제현상을 분석함에 있어서는 장단기를 구분하는 것이 필요하다. 특히 단기적으로 가격이 경직적임을 주장하는 케인즈학파에 있어서는 단기와 장기의 구분이 매우 중요하다. 케인즈학파는 경기변동을 어떤 이유에서 가격기능이 제대로 작동하지 못하여 시장마찰이 발생하기 때문에 일어나는 단기적인 현상으로 인식된다. 이런 의미에서 언론매체에 오르내리는 '장기호황' 또는 '장기불황'이라는 단어는 엄밀하게 말하자면 모순된 용어. 장기와 호황 또는 불황은 서로 양립할 수 없는 개념이기 때문이다.

그러나 모든 거시경제학자들이 장단기 시간대를 구분하는 것이 중요하다고 생각하는 것은 아니다. 시장마찰이 존재하지 않거나 존재한다 하더라도 그 기간이 매우 짧다는 견해를 가진 학자들에게는 장단기 시간대를 구분하는 것이 별 의미가 없기 때문이다. 이들에 따르면 단기든 장기든 모두 가격이 시장청산의 기능을 원활하게 수행하며 경제는 완전고용 상태에 있다. 물론 시장마찰이 존재하지 않더라도 기술발전이나 국제유가 상승과 같이 생산성에 직접적으로 영향을 미치는 외적 요인으로 인하여 고용량과 생산량이 변동하기 때문에 여전히 단기적인 경기변동은 발생할 수 있다.

마지막으로 최장기는 장기와 마찬가지로 신축적인 가격의 조정으로 시장의 균형이 달성될 뿐 아니라 노동과 자본을 비롯한 모든 생산요소가 가변적이며 생산기술의 발전으로 생활수준의 개선도 가능해지는 가장 긴 시간대다. 최장기에서는 장기와 마찬가지로 경기변동은 의미가 없으며 대신 평균적인 추세 성장률이 매우 중요한 의미를 가진다. 연평균 경제성장률 3%와 5%는 비록 짧은 시간대에서는 큰 차이가 없어 보일지 모르나 20년 후에는 1.5배, 40년 후에는 2배 이상의 소득 격차를 가져오기 때문이다.

거시경제학을 제대로 이해하고 분석하기 위해서는 현실세계에서 일어나는 경제현상을 어떤 시간대에서 분석해야 할 것인가를 사려 깊게 생각해야 한다. 예를 들어 브릭스(BRICs)의 성장 잠재력에 대한 논의는 최장기 시간대에서 다루어져야 할 과제다. 누군가 인플레이션의 문제를 제기한다면 장기 시간대에서 분석될 내용이며 경기변동이나 실업은 단기 시간대에서 분석될 주제이다.

④ 거시경제학의 발전

거시경제학을 공부하는 사람들이 어렵게 생각하는 것 중의 하나가 미시경제학에서처럼 하나의 통일된 이론체계가 존재하는 것이 아니라 여러 학파와 이론이 대립되어 있다는 사실이다. 이는 경기변동을 비롯한 거시경제 현실을 설명함에 있어서 학자들간에 의견의 일치를 보지 못하는 부분이 있기 때문이다. 이에 따라 거시경제학에서는 고전학파, 케인즈학파, 통화론(monetarism), 새 고전학파(new classical school), 새 케인즈학파(new Keynesian), 공급경제학(supply-side economics) 등 여러 학파가 등장한다. 사실 거시경제학은 이들 학파간의 논쟁을 통해서 발전되었다고 해도 과언이 아니다. 이 절에서 소개되는 각 학파의 이론에 대해서는 앞으로 상세히 설명할 것이다. 여기서는 거시경제학의 발전과정을 중심으로 이들 학파의 특징과 견해 차이에 대해 간단하게 소개하고자 한다.

고전학파와 케인즈학파

거시경제학의 여러 학파 중에서 통화론, 새 고전학파, 공급경제학 등은 고전학파의 전통을 이어받은 학파들이고 새 케인즈학파는 케인즈학파의 전통을 이어받았으므로 고전학파와 케인즈학파는 거시경제학의 양대 주류라 할 수 있다. 고전학파와 케인즈학파는 많은 점에서 차이가 있지만 가장 중요한 차이는 앞서 설명한 바와 같이 가격의 신축성에 대한 견해차라 할 수 있다.

케인즈(John M. Keynes)가 「일반이론」을 저술한 1930년대 이전의 거시경제이론은 바로 고전학파의 경제이론이었다. 즉, 가격의 신축성에 의해 경제는 항상 완전고용을 달성할 수 있으며, 정부의 적극적인 정책은 불필요하다는 것이다. 그러나 1929년 10월부터 약 10여 년간에 걸쳐 지속된 대공황(the Great Depression)의 경험은 이와 같은 고전학파의 견해에 대한 비판을 가져왔다.

대공황이 시작되기 전인 1929년에 3.2%였던 미국의 실업률은 1933년에는 24.9%에 이르렀으며, 1931년부터 1940년까지 10년간 평균 18.8%에 달하였다. 미국뿐만 아니라 다른 국가들도 장기침체에 따른 대량실업을 경험하였다. 그런데, 고전학파의 이론으로는 이와 같은 실업의 장기화 현상을 설명하기가 어렵다. 실업이란 노동시장에서의 초과공급을 의미하는데, 고전학파의 주장대로 임금이 신축적이라면 임금이 하락하여 실업이 감소할 것이므로 이처럼 높은 실업률이 장기화되지 않을 것이기 때문이다. 따라서, 이처럼 오랜 기간 동안 높은 실업률이 지속되었다는 사실은 가격이 신축적임을 전제로 하는 고전학파의 거시경제이론에 문제가 있음을 보여 준다고 할 수 있다. 이에 따라 케인즈는 가격은 고전학파가 주장하는 대로 신축적인 것이 아니라 경직적일 수밖에 없다는 결론에 도달하였다.

이처럼 가격이 경직적이라면 경기변동에 따라서 비자발적 실업이 발생하게 된다. 비자발적 실업의 발생은 노동이라는 자원을 효율적으로 사용하기는커녕 아예 활용조차 하지 못함을 의미한다. 비자발적 실업자가 모두 고용될 수만 있다면 경제는 더 많은 생산물을 생산하여 경제 전체의 후생을 증진시킬 수 있을 것이기 때문이다. 따라서 케인즈는 정부가 적극적으로 거시경제정책을 이용하여 노동에 대한 수요를 증가시키고 경기를 안정시켜야 한다고 주장했다. 즉 정부의 '보이는 손(visible hand)'이 필요하다는 것이다.

케인즈는 또한 단기적으로는 가격이 경직적이므로 총수요가 국민소득을 결정한다고 보았으며, 총수요의 결정요인을 설명하기 위해 승수이론, 소비이론인 절대소득이론, 화폐수요이론인 유동성 선호설 등을 내어놓았는데 이들은 모두 거시경제학의 중요한 초석이 되었다.

신고전적 종합과 통화론자

케인즈의 「일반이론」은 거시경제이론에 일대 혁신을 가져왔다. 처음에는 이 이론에 동의하지 않는 학자들도 많았다. 그러나 많은 토론을 거쳐 1950년대 초반에 이르러서는 케인즈학파의 견해와 신고전학파 경제학의 견해가 조화롭게 결합된 거시경제이론이 등장하는데 이를 신고전적 종합(neoclassical synthesis)이라 한다. 신고전학파 경제학(neoclassical economics)은 소비자의 효용극대화에 의해 결정되는 수요와 기업의 이윤극대화에 의해 결정되는 공급에 의해 재화와 서비스의 가치가 결정된다고 주장하는데 이는 미시경제학의 지배적인 접근방법이다. 이에 반해 고전학파는 재화와 서비스의 가치가 주로 생산비용에 의해 결정된다고 주장한 점에서 신고전학파 경제학과 차이가 있다. 신고전학파 경제학은 또한 바로 다음에 소개될 새 고전학파와도 구분되어야 한다.

신고전적 종합은 약 20년간 지속되면서 소위 거시경제학의 황금기를 구가하게 된다. 이 기간 중에 앞으로 우리가 이용하게 될 IS-LM 모형이 힉스(John Hicks)와 한센

(James Hansen)에 의해 개발되었다. 뿐만 아니라, 모디글리아니(Franco Modigliani)와 프리드먼(Milton Friedman)에 의해 평생소득이론과 항상소득이론이, 조겐슨(Dale Jorgenson)에 의해 신고전적 투자이론이, 그리고 솔로우(Robert Solow)에 의해 신고전적 경제성장모형이 개발되었다.

이와 같이 거시경제현상에 대한 이해가 깊어짐에 따라 학자들은 언젠가는 경기안정정책에 의해 경기변동을 거의 완전하게 제거할 수 있을 것이라고 보았다. 때마침 컴퓨터의 발달로 인해 MPS모형과 같이 많은 변수와 수식으로 구성된 대규모 거시계량경제모형(macroeconometric model)이 개발되어 경기예측과 정책효과분석에 이용됨에 따라, 학자들은 경기변동의 미세한 부분까지 정책에 의해 조절할 수 있을 것으로 믿었다.[2]

이러한 낙관론에 대해 회의를 품은 학자들이 바로 프리드먼을 필두로 한 통화론자(monetarist)다. 통화론자와 케인즈학파간의 논쟁은 1960년대 거시경제학의 가장 중요한 사건이었다. 통화론자들은 경기침체를 벗어나기 위해서는 통화정책보다는 재정정책이 훨씬 효과적이라고 한 케인즈의 주장을 반박하고 오직 통화정책만이 효과가 있음을 주장하였다. 하지만 통화론자들은 경기안정을 위하여 통화정책을 적극적으로 사용하는 것에 대해서는 반대했다. 정책효과의 불확실성으로 인해서 통화정책이 오히려 경기를 더 불안정하게 만들 수도 있기 때문이다. 따라서 이들은 정책담당자가 경제상황에 대한 자신의 판단에 의거하여 결정하는 통화정책 즉 재량(discretion)에 의한 통화정책보다는 준칙(rule)에 의한 통화정책을 시행할 것을 주장했다.

새 고전학파와 새 케인즈학파

1970년대에 들어 케인즈학파 거시경제이론은 두 가지 면에서 심각한 도전을 받게 된다. 첫 번째 도전은 1970년대 중반에 세계 대부분의 국가들이 경험한 스태그플레이션(stagflation) 현상이다. 총수요에만 중점을 두는 케인즈학파로서는 경기후퇴(stagnation)와 인플레이션(inflation)이 동반하여 나타나는 스태그플레이션 현상 자체를 설명할 수

---

2 최초의 거시계량경제모형은 1950년대 초반 펜실베니아 대학의 클라인(Klein) 교수에 의해 개발되었는데 16개의 식으로 구성되어 있었다. 이후 계량경제학과 컴퓨터의 발달에 힘입어 거시계량경제모형의 규모는 점차 커졌다. MPS모형은 MIT-Penn-SSRC의 약자로 두 대학과 한 연구기관이 공동으로 개발한 대규모 계량경제모형이다. 이 모형은 기본적으로 *IS-LM* 모형과 필립스 곡선(Phillips curve)을 골격으로 하고 있으며, 소비, 투자, 화폐수요 등의 추정에 있어서 케인즈 이래로 이루어진 많은 이론적 또는 실증적인 연구결과를 반영하고 있다.

없었을 뿐만 아니라 이를 해결하기 위한 경제정책을 내어놓을 수도 없었다.

두 번째 도전은 루카스(Robert Lucas), 사전트(Thomas Sargent), 배로우(Robert Barro) 등의 학자들에 의해 제기된 합리적 기대가설이다. 이들은 사람들이 이용가능한 모든 정보를 활용하여 가능한 한 합리적인 기대를 형성한다고 전제하고, 기존의 케인즈학파 경제이론은 사람들의 합리적 기대를 무시하였기 때문에 오류를 범하고 있다고 주장하였다.

합리적 기대가설은 곧 기존의 거시경제이론에 널리 접목되기 시작하여 1970년대와 1980년대 거시경제이론의 발전에 큰 영향을 미쳤다. 이에 따라 합리적 기대가설의 등장을 합리적 기대혁명(rational expectation revolution)이라 부르기도 한다.

케인즈학파가 이와 같은 도전에 대하여 제대로 대응하지 못함에 따라서 1980년대에 들어서는 새 고전학파(new classical)라고 불리는 새로운 접근방법이 주목을 받기 시작했다. 새 고전학파는 두 단계를 거쳐서 발전한다.

첫째는, 모든 가격은 신축적이며 사람들은 합리적 기대를 가지고 의사결정을 내린다는 견해다. 이 주장에 따르면 정보의 불완전성으로 인한 단기적인 시장마찰 요인이 경기변동을 가져올 수 있다. 하지만 이와 같은 정보의 불완전성으로 인한 시장마찰 요인은 매우 짧은 기간만 존재하고 경제주체들이 필요한 정보를 취득함에 따라서 경제는 곧 완전고용상태를 회복한다. 이와 같은 맥락에서 시카고대학의 루카스(Robert Lucas)는 사람들에 의해 예견된 통화정책은 총생산과 실업률에 영향을 미치지 못하며 오직 예견되지 않은 통화정책만이 영향을 미칠 수 있다고 주장했다. 예견되지 않은 통화량의 변화가 단기적인 경기변동을 가져올 수 있다는 점에서 이와 같은 견해를 화폐적 균형경기변동론이라 부른다.

둘째는 생산성의 변화가 경기변동의 주된 요인임을 주장하는 이론으로 실물적 경기변동론(real business cycle theory)이라 부른다. 실물적 경기변동론자들은 총생산이 항상 완전고용 수준에 있기 때문에 [그림 1-3]에서 보는 것과 같은 경기변동은 완전고용 생산 수준 자체가 변동한 결과라고 주장한다. 이들은 또한 경기변동이 발생하더라도 완전고용 상태에서의 총생산이 변동하는 것이므로 경기를 안정시키기 위한 거시경제정책을 시행할 필요가 없다고 주장한다. 이들은 거시경제현상을 설명하기 위해 실물적 경기변동모형(real business cycle model)이라는 단순하면서도 효과적인 모형을 개발했는데 이 모형은 오늘날 거시경제학에서 널리 사용하는 분석도구가 되었다.

새 케인즈학파는 새 고전학파의 도전에 대한 케인즈학파의 응전이라 할 수 있다. 새 케인즈학파란 합리적 기대가설에서 제기되는 비판이 기본적으로는 옳음을 인정하면서도 임금이나 가격이 경직적이라고 믿으며 시장의 불완전성이 거시경제에 중요한 영향을 미친다고 보는 학자들을 말한다. 이들은 노동시장에서의 비자발적 실업의 존재를 설명하기 위해 효율임금이론(efficiency wage theory)을 내어놓았고, 자금시장에서의 만성적 초과수요를 설명하기 위해 신용할당(credit rationing) 이론을 제기하였다.

또한 이들은 초기의 케인즈학파와는 달리 임금과 가격이 왜 경직적인가를 이론모형을 통해 설명하려 하였는데, 대표적인 이론으로는 메뉴비용이론(menu cost theory)을 들 수 있다. 이와 대조적으로 초기의 케인즈학파 경제학자들은 가격경직성의 근거를 주로 실증적인 경험에서 찾으려 하였다. 그 이유는 가격경직성을 보일 수 있는 이론모형을 설정하고 분석하는 것 자체가 어려운 데다가 실증분석은 하면 할수록 케인즈학파의 논리를 뒷받침하는 증거를 많이 제시해 주었기 때문이다. 예를 들어 물가상승률과 실업률 간의 단기적인 상충관계를 보여주는 필립스곡선도 실증자료를 이용하여 경험적으로 발견된 곡선으로 케인즈학파의 논리를 뒷받침하는 대표적인 증거라 할 수 있다.

한편 공급경제학은 통화정책이나 재정정책과 같은 총수요관리정책보다는 근로소득세나 법인세 등을 통해 노동공급과 기업활동에 영향을 미치는 총공급정책이 효과가 있음을 주장한다. 공급경제학의 아이디어는 미국에서 레이건 대통령에 의한 세제개편에 반영되기도 했는데 이를 레이거노믹스(Reaganomics)라 부른다. 그러나 공급경제학의 주장을 뒷받침할 수 있는 실증적 증거가 부족하기 때문에 이들의 이론은 거시경제학자들의 광범위한 지지를 받지 못하고 있다.

**⦂ 요점
정리**

1 거시경제학은 국민소득, 고용, 물가, 이자율, 경상수지, 환율 등과 같은 국민경제의 총량변수들의 움직임을 설명하고 이에 영향을 미칠 수 있는 경제정책에 대해 연구한다.

2 거시경제학은 경제 전체의 총체적 활동수준을 분석대상으로 한다는 점에서 개별 경제주체나 재화시장을 분석대상으로 하는 미시경제학과 차이가 있다.

3 국민경제의 활동수준을 나타낼 수 있는 국내총생산의 변동은 추세변동과 순환변동으로 나눌 수 있는데, 이 중 순환변동은 경제활동의 단기적인 변동을 보여주며 경기변동이라고도 한다.

4 거시경제 현상을 분석하기 위해서는 복잡한 현실을 단순화시킨 모형을 이용한다. 모형은 외생변수와 내생변수로 구성되며 외생변수의 변화가 내생변수에 미치는 영향을 분석하기 위해 사용된다.

5 거시경제학에서 고려하는 시간대는 가격 경직성과 같은 시장마찰 요인이 존재할 수 있는 단기, 모든 가격이 신축적인 장기, 그리고 가격이 신축적일 뿐 아니라 생산기술이 발전하고 생산요소의 공급이 증가하는 최장기로 구분된다. 분석하고자 하는 거시경제 현상에 따라서 적절한 시간대의 선택이 필요한데, 구체적인 시간대에 따라 모형의 가정이 달라지기 때문이다. 일반적으로 경기변동은 단기, 인플레이션은 장기, 경제성장은 최장기 시간대에서 분석된다.

6 거시경제학에는 고전학파, 케인즈학파, 통화론, 공급경제학, 새 고전학파, 실물적 경기변동론, 새 케인즈학파 등 여러 학파가 등장한다.

7 고전학파와 케인즈학파의 가장 큰 차이점은 가격의 신축성 여부에 대한 믿음에 있다. 고전학파는 가격이 신축적이므로 경제가 항상 완전고용의 균형상태에 있다고 한다. 반면에 케인즈학파는 가격이 경직적이므로 경제는 비자발적 실업을 가진 불균형 상태에 있고 따라서 정부가 경제정책을 통해 적극적으로 개입해야 한다고 주장한다.

8 케인즈학파의 경제이론은 고전학파의 전통을 이어받은 통화론과 새 고전학파의 비판을 받았다. 새 고전학파의 대표적인 이론으로는 합리적 기대가설을 도입하여 오직 예견되지 않은 통화정책만이 단기적으로 총생산에 영향을 미칠 수 있다는

화폐적 균형경기변동론과 생산성 충격이 경기변동의 주된 요인이라고 주장하는 실물적 경기변동론을 들 수 있다.

9 케인즈학파의 전통을 이어받은 새 케인즈학파는 임금과 가격이 경직적인 이유에 대한 미시경제학적 근거를 제시한다.

● 주요 용어

- 경기변동
- 추세변동
- 순환변동
- 경기팽창
- 경기수축
- 경기동행종합지수
- 경제성장
- 실업
- 완전고용

- 비자발적 실업
- 인플레이션
- 고전학파
- 케인즈학파
- 신고전적 종합
- 신고전학파 경제학
- 거시계량경제모형
- 통화론자
- 스태그플레이션

- 합리적 기대가설
- *IS−LM* 모형
- 새 고전학파
- 공급경제학
- 실물적 경기변동론
- 새 케인즈학파
- 효율임금이론
- 신용할당
- 메뉴비용이론

● 연습 문제

1 다음 질문 중 어느 것이 미시경제학과 거시경제학의 연구대상으로 적절한지 구분하라.

(1) 한 국가의 실업률과 인플레이션율과의 관계는 무엇인가?

(2) 경기가 후퇴할 때에는 이자율이 어떻게 변하는가?

(3) 서리가 내려서 배추 수확이 피해를 입으면 김치 가격은 어떻게 변하는가?

(4) 건설산업의 노동자들이 조합을 결성하면 이들의 임금이 어떻게 변하는가?

(5) 원화의 가치가 달러화에 비해서 상승하면 우리나라의 대미 수출은 어떻게 영향을 받을까?

(6) 김 여사가 일하는 음식점 근처에 있는 큰 회사가 문을 닫으면 김 여사의 수입에는 어떤 변화가 생길까?

2 경기순환상의 확장국면과 장기 경제성장이 서로 어떻게 다르며 이들을 구분해야 하는 이유를 설명하라.

3 [그림 1−8]에 제시된 노동시장 모형에서 인구 증가에 따른 노동공급 증가가 단기와 장기에 있어서 각각 어떤 결과를 가져올지 설명하라.

4 대공황은 경제에 있어서의 정부의 역할에 대한 경제학자들의 견해와 거시경제 분석수단에 어떤 영향을 미쳤는가?

국민경제의 구조와 측정

복잡한 경제현상을 분석하기 위해서 경제학자들은 경제현실의 특징만을 추려내어 단순화시킨 모형을 이용한다. 제2장에서는 국민경제의 활동을 이해하고 측정하기 위해 설정된 가장 기본적인 모형으로서 국민소득 순환모형에 대해 소개하고, 국민경제의 활동수준에 대한 척도인 국내총생산, 물가, 실업률 등이 어떻게 측정되는지에 대해서 알아본다.

① 거시경제모형의 4부문

경제학자들은 거시경제학의 연구과제를 분석하기 위해서 흔히 거시경제모형을 이용한다. 모형은 복잡한 현실의 특징만을 따서 단순화시킨 것이다. 거시경제모형도 복잡한 국민경제를 그 특징을 살려서 단순화시킨 것이다. 거시경제모형에는 경제활동을 영위하는 경제단위로서 가계, 기업, 정부, 그리고 해외의 네 가지 경제주체가 등장하는데 이들을 거시경제모형의 4부문이라고 부른다. 이는 마치 국민경제를 소재로 한 연극을 연출하면서, 가계, 기업, 정부, 그리고 해외라는 네 명의 극중 인물을 등장시키는 것과 같다. 이들 네 가지 경제주체들이 거시경제모형에서 담당하는 역할은 다음과 같다.

가계 가계(household)는 노동, 자본, 토지 등의 생산요소를 소유하고 있으며, 이 생산요소들을 기업에 공급하고 그 대가로 임금, 이자, 배당, 지대 등의 요소소득을 벌어들인다. 이 요소소득에서 조세(소득세)를 납부한 나머지가 가처분소득인데, 가계는 가처분소득 중 얼마만큼을 소비를 위해 지출할 것인지를 결정한다. 가처분소득 중에서 소비하고 남은 부분이 바로 저축이다. 여기서 우리는 소비지출과 저축의 합은 정의상 가처분소득과 일치함을 알 수 있다. 저축은 가계가 보유하고 있는 재산(wealth)을 증가시키는데, 가계는 자신의 재산을 어떤 형태로 보관할 것인지를 결정한다. 즉, 가계는 자신의 재산을 은행예금, 주식, 채권, 부동산 등 다양한 자산 중에서 어떤 자산의 형태로 보유할 것인지를 결정하는데 이를 자산선택(portfolio choice)이라 부른다.

기업 기업(firm)은 여러 가지 생산요소를 서로 결합시켜서 생산물을 생산하는 방식을 알고 있는데 이를 생산기술이라 한다. 생산기술을 가진 기업은 가계로부터 생산요소를 공급받아서 생산물을 생산한다.

여기서 우리는 기업의 생산물에 대한 정의를 명확하게 할 필요가 있다. 흔히 제과점의 생산물은 빵이라고 한다. 그러나, 제과점이 생산하는 빵은 밀가루, 설탕, 버터 등과 같은 재료에 종업원의 노동과 빵을 굽기 위한 오븐 등 여러 생산요소가 투입되어 만들어지는 것이다. 그런데, 밀가루, 설탕, 버터 등과 같은 원재료는 이미 다른 기업에 의해 생산된 생산물이므로, 제과점이 순수하게 생산한 생산물은 빵으로부터 빵을 생산하기 위해 투입된 원재료를 뺀 나머지라고 해야 할 것이다. 이처럼 기업의 생산물로부터 이를 생산하기 위해 투입된 원재료를 뺀 것을 부가가치(value added)라 한다. 즉, 부가가치는 기업이 고용한 생산요소의 기여에 의해 추가적으로 더해진 가치를 말하는데, 거시경제모형에서 기업의 생산물이라 함은 바로 이 부가가치를 말하는 것이다.

기업은 생산활동을 통해 벌어들인 부가가치 수입에서 부가가치세를 납부하고, 기업이 고용한 생산요소에 대한 대가로서 임금, 지대, 이자, 배당 등을 지불한다. 그런데, 기업은 수입을 모두 생산요소에 나눠주지 않고 일부를 기업에 남겨 두기도 하는데, 이를 사내유보이윤이라 부른다. 기업은 또한 미래의 생산활동을 위해서 공장을 신축하고 기계설비를 증설하는 등의 투자지출을 한다.

정부 정부(government)는 많은 경제활동을 하지만, 거시경제모형에서는 정부의 역할을 다음과 같이 단순화시킨다. 정부는 세금을 거두어서 이를 정부의 역할을 수행하기 위한 지출에 충당한다. 정부지출은 다시 정부구매와 이전지출로 나누어진다. 정부구매(government purchase)란 정부가 재화나 서비스를 구입하는 것을 말하며, 이전지출(transfer)이란 영세민 보조금과 같이 정부가 대가를 받지 않고 일방적으로 지불하는 것을 말한다. 일반적으로 거래(去來)라고 하는 것은 무엇인가를

심층분석 | 저축과 투자

우리가 일상생활에서 사용하는 용어가 경제학에서는 다른 의미로 사용되는 경우가 종종 있는데, 저축과 투자가 좋은 예다. 우리는 흔히 자신이 보유하고 있던 현금을 은행에 예금하면서 "나 은행에 저축했어"라고 표현한다. 물론 일상생활에서는 그 의미를 이해할 수 있으므로 틀린 표현은 아니다. 그러나, 경제학에서는 저축을 달리 정의하고 있다. 경제학에서 저축이란 소득 중에서 소비하고 남은 부분을 말한다. 물론 은행의 예금이 저축의 결과로 발생할 수도 있지만, 위에서 예금은 그 사람이 보유하고 있는 자산구성의 변화에 불과하다. 즉, 현금과 은행예금은 모두 자산의 일종이므로 위에서와 같이 현금을 은행에 예금하는 것은 보유하고 있던 자산의 형태를 현금으로부터 예금으로 바꾸는 자산선택 행위에 해당한다.

투자의 경우도 마찬가지다. 우리는 어떤 회사의 주식을 사면서 "나 주식에 투자했어"라는 표현을 쓴다. 그러나, 이것 역시 거시경제학에서 정의하는 투자는 아니다. 거시경제학에서의 투자지출이란 실물투자로서 설비투자, 건설투자, 지식재산생산물투자, 재고투자의 네 가지만을 의미한다.

설비투자란 기계나 장비를 구입하는 것을 말한다. 건설투자는 공장이나 건물을 신축하는 것을 말하는데, 중요한 점은 주택의 신축도 건설투자에 포함된다는 사실이다. 지식재산생산물투자에는 1년 이상 장기간 동안 생산에 사용될 것으로 예상되는 연구개발, 오락·문학작품 및 예술품 원본, 컴퓨터 소프트웨어 및 데이터베이스와 광물탐사가 포함된다. 재고투자란 재고의 증가를 의미한다. 주의할 것은 단순히 재고를 가지고 있는 것만으로는 재고투자가 되지 않고 재고를 증가시키는 것만이 재고투자라는 점이다. 예를 들어 한 서점이 2013년 말에 15,000권의 책을 재고로 가지고 있었는데, 이 재고가 2014년 말에 25,000권으로 늘어났다면 2014년 중의 재고투자는 10,000권이 된다.

이처럼 경제학에서 내리는 저축과 투자의 정의는 우리가 일상생활에서 사용하는 의미와는 다른 만큼 경제분석을 하거나 경제서적을 읽을 때에는 이를 혼동하지 않도록 주의해야 한다.

주고받는 것을 의미하지만 이전지출은 일방적으로 주기만 하는 것이라는 점에서 정부구매와 구별된다.

해외 해외부문(foreign sector)은 해외의 가계, 기업, 정부로 구성되어 있으므로 위에서 열거된 가계, 기업, 정부의 역할을 모두 수행한다. 그러나, 이와 같이 역할을 부여할 경우 해외부문의 역할이 지나치게 복잡해지므로, 거시경제모형에서는 해외부문의 역할을 국내시장에서 재화와 서비스를 사 가는 것과 국내시장에 재화와 서비스를 판매하는 것으로 단순화시킨다. 국민경제의 입장에서 보면 위의 역할은 각각 수출(export)과 수입(import)으로 나타난다.

② 국민경제의 순환모형

2부문모형과 국민소득 삼면등가의 원칙

　　가장 간단한 거시경제모형을 설정하기 위해 우선 가계와 기업만으로 구성된 경제에서의 생산활동을 생각해 보자. [그림 2-1]에서 보듯이 가계는 자본과 노동과 같은 생산요소를 기업에 공급한다. 기업은 이 생산요소를 이용하여 생산된 생산물을 판매하고, 이로부터 발생한 판매수입을 생산에 기여한 생산요소에 분배해 준다. 가계는 기업으로부터 받은 요소소득을 가지고 기업의 생산물을 구입한다. 시장경제 (market economy)에서는 가계와 기업간 생산요소와 생산물의 수급이 생산요소시장과 생산물시장을 통하여 이루어진다. 이처럼 국민경제의 활동을 가계와 기업간 생산요소와 생산물의 흐름의 순환으로 파악하는 것을 국민경제의 순환모형이라 한다. 특히 [그림 2-1]에서와 같이 가계와 기업만으로 구성된 순환모형을 2부문모형(two-sector model)이라 부른다.

　　이전거래를 제외한 모든 거래에는 반대급부가 있기 마련이다. 가계로부터 기업으로의 생산요소의 흐름에 대해 기업으로부터 가계로의 요소소득이라는 반대급부의 흐

그림 2-1 2부문모형

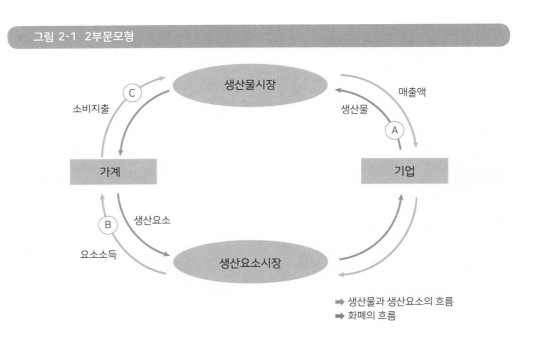

름이 있으며, 기업으로부터 가계로의 생산물의 흐름에 대해서는 소비지출이라는 반대급부의 흐름이 있다. 화폐가 교환의 매개수단으로서의 기능을 수행하는 화폐경제에서는 이 반대급부의 흐름은 주로 화폐의 흐름이 될 것이다. [그림 2−1]에서 붉은색 선은 바로 반대급부인 화폐 흐름을 나타낸다.

이상에서 소개된 2부문 경제가 얼마나 활발하게 활동을 하였는지를 어떻게 측정할 수 있을까? 이 경제에서의 활동이란 바로 생산물과 생산요소의 순환이므로, 우리는 주어진 기간동안 생산물과 생산요소의 흐름이 얼마나 많이 발생했는지를 측정함으로써 경제의 활동수준을 가늠할 수 있다. 이는 마치 물을 얼마나 많이 사용했는지를 알아보기 위해 수도관에 계량기를 달아놓고 일정 기간동안 흘러간 물의 양을 측정하는 것과 같다.

생산물의 흐름을 측정하기 위한 계량기는 여러 곳에 설치될 수 있다. 이 계량기를 기업이 생산물을 생산하여 출하하는 곳, 즉 [그림 2−1]에서 A라고 표시된 지점에 설치하면 일정 기간 동안 생산된 생산물의 양이 측정되는데 이를 생산국민소득이라 한다. 한편 계량기를 B지점에 설치하면 일정 기간동안 가계가 벌어들인 요소소득의 양을 측정할 수 있는데 이를 분배국민소득이라 한다. 마지막으로 계량기를 C지점에 설치하면 가계가 생산물을 얼마나 사 갔는지를 측정할 수 있는데 이를 지출국민소득이라 한다. 그림에서와 같이 가계와 기업간 생산요소와 생산물 그리고 그 반대급부의 흐름이 누출되지 않고 밀폐된 파이프를 통해 이루어진다면, 계량기를 어느 지

● 표 2-1 2022년 국내총생산으로 본 국민소득 삼면등가의 원칙   (경상가격 기준, 단위: 조 원)

생산		분배		지출	
농림어업	35.5	피용자 보수	1,029.7	민간최종소비지출	1,039.4
광공업	555.9	영업잉여	434.7	정부최종소비지출	405.7
(제조업)	(554.1)	고정자본소모	477.7	총고정자본형성	695.4
전기가스수도업	17.8	순생산세 및 수입세	219.7	(민간총고정자본형성)	(589.5)
건설업	112.1			재고증감 및 귀중품순취득	21.9
서비스업	1,254.6			수출	1,043.5
총부가가치	1,975.9			수입(−)	1,043.4
순생산물세	185.9			통계상불일치	−0.8
국내총생산	**2,161.8**	**국내총생산**	**2,161.8**	**국내총생산**	**2,161.8**

자료: 한국은행, 알기 쉬운 경제지표해설(2023)

점에 설치하든지 동일한 흐름을 읽을 수 있을 것이다. 즉 생산국민소득, 분배국민소득, 지출국민소득은 동일하게 되는데 이를 국민소득 삼면등가의 원칙이라 부른다.

〈표 2-1〉은 2022년 국내총생산을 생산, 분배, 지출의 측면에서 각각 측정한 것이다. 각 산업이 국내에서 생산한 2,161.8조원의 국내총생산이 어떻게 분배되었고 어떻게 쓰였는지 보여준다.

국민소득 순환모형으로부터의 누출과 주입

지금까지는 [그림 2-1]에서와 같이 국민소득의 흐름이 전혀 누출되지 않음을 전제하였다. 그러나 실제로는 국민소득의 순환으로부터 빠져나가는 흐름이 있는데 이를 국민소득 순환으로부터의 누출(leakage)이라고 한다. 예를 들어 가계는 소득을 모두 소비지출에 사용하지 않고 일부를 남기기도 하는데 이를 가계저축이라 한다. 소비와는 달리 가계의 저축은 당장 생산물에 대한 수요로 나타나지 않는다. 따라서 소득이 일정한 상태에서 저축이 증가하면 그만큼 생산물에 대한 수요가 줄어든다. 생산물에 대한 수요가 감소하면 기업은 그만큼 생산물의 생산을 감소시킨다. 팔리지 못한 제품이 재고로 쌓이는 것이 부담이 되기 때문이다. 따라서, 가계저축과 같은 누출은 국민경제의 활동수준을 위축시킨다. 누출은 기업에서도 발생한다. 기업은 모든 부가가치를 요소소득으로 분배하지는 않는다. 특히 이윤 중 일부를 배당금으로 지급하지 않고 기업에 남겨 두는데 이를 사내유보이윤 또는 법인유보이윤이라 부른다. 사내유보이윤이 발생하면 그만큼 가계에 지급되는 요소소득이 줄어들고 이는 다시 소비를 감소시켜 국민경제의 활동수준을 위축시킨다. 사내유보이윤은 기업저축이라고도 부른다.

한편 기업은 기계설비를 증설하고 공장을 신축하는 등의 투자를 하기 위해 기계, 시멘트, 벽돌 등 여러 가지 자본재를 구매해야 하는데, 이는 곧 생산물에 대한 수요가 된다. 즉 기업의 투자지출은 생산물에 대한 수요를 증가시키고 이에 따라 생산증가를 가져오므로 국민소득의 순환을 활발하게 만드는 요인이다. 이와 같은 요인들을 국민소득 순환으로의 주입(injection)이라고 한다.

폐쇄경제모형

가계와 기업만으로 구성된 모형에 정부부문을 도입한 3부문모형을 국민경제모형 또는 폐쇄경제모형이라 한다. 앞에서도 지적되었듯이 거시경제모형에서 정부의 역할은 조세징수와 재정지출의 두 가지로 요약될 수 있다. 정부는 매우 다양한 종류의 세금을 징수하는데, 이와 같은 조세는 국민소득 순환으로부터의 누출의 원인이 된다. 예를 들어 정부는 기업이 생산한 부가가치에 대해 부가가치세를 부과하고, 기업의 이윤에 대해 법인세를 부과하는 한편 기업이 분배하는 요소소득에 대해 소득세를 징수하는데, 이와 같은 조세는 결국 가계에 분배되는 요소소득을 감소시키고 나아가 생산물에 대한 수요를 감소시킨다.

반면에 정부지출은 정부구매나 이전지출이 모두 국민소득 순환으로의 주입이 된다. 정부구매는 정부소비지출이라고도 하는데, 이는 직접 생산물에 대한 수요로 나타난다. 반면에 이전지출은 가계의 가처분소득의 증가를 통해 간접적으로 생산물에 대한 수요를 증가시킨다.

개방경제모형

폐쇄경제모형에 해외부문을 더하여 4부문으로 구성된 모형을 개방경제모형이라 부른다. 개방경제모형에서 해외부문의 역할은 수출과 수입으로 대표되는데, 수입은 그만큼 국내에서 생산되는 생산물에 대한 지출의 감소를 의미하므로 국민소득 순환과정으로부터의 누출이 되고, 반대로 수출은 순환과정으로의 주입이 된다. 〈표 2-2〉는 국민경제 순환모형에서의 누출과 주입을 요약해서 보여준다.

[그림 2-2]는 개방경제 순환모형에서의 누출과 주입을 모두 보여준다. [그림 2-2]의 순환모형에서는 [그림 2-1]과는 달리 생산요소 또는 생산물의 흐름과 반대급부의 흐름을 모두 보여주는 대신 반대급부의 흐름만을 보여준다. 그렇지만 각 반대급부의 흐름에는 이와 반대방향으로의 동일한 크기의 생산요소 또는 생산물의 흐름이 발생한다는 점에 유의해야 한다. 예를 들어 생산물시장으로부터 기업으로 향하는

● 표 2-2 국민경제 순환모형의 누출과 주입

	가계, 기업	정부	해외
누출	가계저축, 사내유보이윤(기업저축)	조세	수입
주입	투자지출	정부구매, 이전지출	수출

그림 2-2 개방경제모형

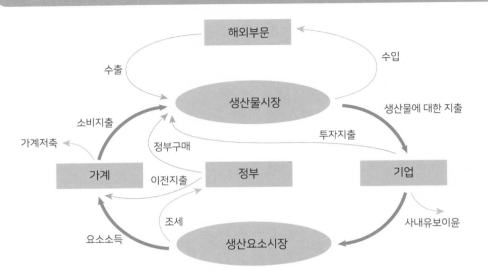

흐름은 총지출이라고 불리는데 이는 가계의 소비지출, 기업의 투자지출, 정부의 정부구매, 해외부문에 대한 순수출(수출-수입)을 더한 것이다. 총지출은 국내에서 생산된 생산물에 대한 지출을 모두 합한 것이며, 이 흐름의 반대방향으로 국내에서 생산된 생산물의 즉 국내총생산의 흐름이 발생한다.

③ 국내총생산

앞에서 우리는 국민경제의 활동수준을 측정하기 위해서는 국민소득의 흐름을 측정하기 위한 계량기를 설치하면 된다고 하였다. 그러나 실제로 국민소득을 측정하는 것은 간단한 일이 아니다. 거시경제학의 주된 연구대상이 국민소득임에도 불구하고 대공황이 불어닥친 1930년대만 해도 경제학자들은 국민경제의 활동수준에 관한 신뢰할 만한 통계자료를 가지고 있지 못할 정도였다. 제2차 세계대전이 종식될 무렵에 이르러서야 국민경제의 총체적 활동을 측정하기 위한 국민계정체계(system of national accounts)가 마련되었는데 여기에는 국민소득을 측정하기 위한 국민소득계정(national income account)도 포함되었다. 이 체계에 따라 측정된 국민소득 통계가 정기적으로 발표되기 시작했다. 국민계정체계는 국민경제의 활동수준을 측정하기 위한 여러 가지 척도에 대하여 그 개념, 측정 방법, 상호관계를 제시한다.

국내총생산의 개념

국내총생산(gross domestic product; GDP)은 한 나라 안에서 일정 기간 동안 생산된 최종생산물의 시장가치의 합계로 정의된다. 한 나라 안에서 생산된다 함은 그 나라에 거주하는 생산자에 의해 생산됨을 의미한다. 대부분의 경우 한 나라에 거주하는 생산자의 생산활동은 그 나라의 국경 내에서 이루어질 것이다. 그렇지만 심층분석에서 설명하듯이 '한 나라 안에서'라는 기준이 '한 나라의 국경 내에서'라는 지리적 영역과 반드시 일치하는 것은 아니다.

일정 기간 동안이라 함은 해당 기간 동안에 새롭게 생산된 생산물만을 측정함을 의미한다. 따라서 해당 기간 이전에 생산된 생산물의 거래는 이 기간의 국내총생산에 포함되지 않는다. 예를 들어 3년 전에 생산된 중고자동차가 금년에 매매되었다 하더라도 그 자체는 금년의 국내총생산에 포함되지 않는다. 반면에 금년 중에 생산된 자동차는 팔리지 않고 공장에 재고로 남아 있더라도 금년 중의 국내총생산에 포함된다. 이 경우 중고자동차 매매를 중개한 대가로 자동차 중개업자가 수수료를 받는다면 이 수수료는 금년 중의 국내총생산에 포함된다. 중고자동차 매매중개라는 서비스도 생산물인데 이 매매중개 서비스의 생산은 금년 중에 이루어졌기 때문이다. 우리나라는 연도별과 분기별로 국내총생산을 측정하여 보고한다. 다음에서는 국내총생산의 정의와 측정에 관해 좀 더 상세히 알아보기로 한다.

심층분석 | '한 나라 안에서'와 '한 나라의 국경 내에서'의 차이

국내총생산은 한 나라에 거주하는 모든 생산자의 생산을 측정한다. 대부분의 경우 한 나라에 거주하는 생산자의 생산활동은 그 나라의 국경 내에서 이루어질 것이다. 그렇지만 한 나라에 거주하는 생산자의 생산활동이 외국에서 이루어질 수도 있으며, 한 나라의 국경 내에서 이루어지는 생산활동이 비거주자인 생산자에 의해 이루어질 수도 있다. 예를 들어 국내 한 설비회사의 정비팀이 일시적으로 외국에 파견되어 기계설비를 수리한다고 하자. 이 경우 기계설비 수리라는 생산물은 국내 설비회사의 수출이며, 수리가 이루어진 국가의 국내총생산에 포함되지 않는다. 이처럼 서비스산업에 종사하는 생산자는 고객이 있는 위치에서 생산물을 인도해야 하는 특성으로 인해 여러 나라에서 생산활동을 할 필요가 있으며 이와 같은 필요성은 교통과 통신의 발달로 더 커지는 경향이 있다. 특히 서로 인접한 국가들 간에는 국내총생산 포함여부를 결정하는 기준으로 국경의 중요성이 점차 감소하고 있다.

보다 엄밀하게 "한 나라 안에서"라는 기준을 적용하기 위해서는 주된 경제적 소유권이 어디에 있느냐를 따져야 한다. 여기서 경제적 소유권이란 생산 수준, 생산물의 가격, 생산물의 용도 등에 대한 결정권을 갖고 있음을 의미한다. 위 예에서 기계설비 수리가 이 회사가 외국에 설립한 정비회사의 정비팀에 의해 이루어진다면 이는 외국에 거주하는 생산자에 의한 생산활동이므로 이 나라의 국내총생산이 아니라 외국의 국내총생산에 포함되어야 한다.

출처 : 한국은행 『알기 쉬운 경제지표해설』, 2023.

최종생산물과 부가가치

생산물은 소비, 투자, 정부구매, 해외 수출에 사용될 뿐만 아니라 다른 생산물의 생산을 위한 원재료로도 사용된다. 어떤 생산물이 전자의 용도로 사용될 경우에는 최종생산물이라 부르고, 후자의 용도로 사용될 경우에는 중간투입물이라 부른다. 그런데, 모든 생산물을 합하여 국내총생산을 계산할 경우 중간투입물이 중복하여 계산되는 문제가 발생한다.

예를 들어 밀을 생산하는 농부와 밀가루를 제조하는 제분공장과 빵을 제조하는 제과점으로 구성된 경제를 생각해 보자. 농부는 한 해 동안 밀 2억원 어치를 생산하여 이를 모두 제분공장에 판매하였다고 하자. 제분공장은 한 해 동안 2억원 어치의 밀을 이용하여 4억원 어치의 밀가루를 생산하였는데, 이 중 3억원 어치는 제과점이 원료로 사 가고, 1억원 어치는 가계가 사서 소비했다고 하자. 그리고 제과점은 3억원 어치의 밀가루를 사용하여 6억원 어치의 빵을 생산했는데 이는 모두 가계에 의해 소비되었다고 하자.

만일 밀 생산액 2억원과 밀가루 생산액 4억원 그리고 빵 생산액 6억원을 합하여 이 경제의 국내총생산을 12억원이라고 한다면 이는 이 경제의 총생산을 과대평가하는 셈이 된다. 왜냐하면 밀가루를 생산하는 데에 투입된 밀 2억원과 빵을 생산하는 데에 투입된 밀가루 3억원 어치는 총생산에 두 번 계산되었기 때문이다. 이와 같은 이중계산을 피하기 위해서는 다른 생산물을 생산하기 위해 원재료로 사용된 중간투입물을 제외하고 최종생산물만을 계산에 포함시켜야 한다. 위의 예에서 최종생산물은 생산된 밀가루 중 빵 생산에 투입되지 않은 1억원 어치의 밀가루와 6억원 어치의

그림 2-3 부가가치와 국내총생산

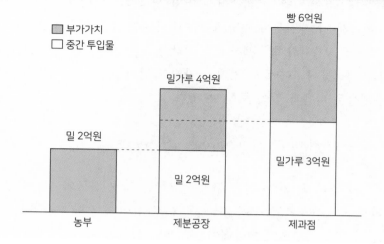

빵뿐이므로 이 경제의 총생산은 7억원이라 할 수 있다.

이중계산을 방지하면서 국내총생산을 측정할 수 있는 또 하나의 방법은 각 기업의 생산물에서 중간투입물을 제외한 부가가치를 계산한 후, 모든 기업의 부가가치를 더하는 것이다. [그림 2-3]의 예를 보면 농부는 중간투입물을 투입하지 않고 토지와 노동이라는 생산요소만으로 밀을 생산하였으므로 농부의 부가가치는 밀 생산량과 같은 2억원이 된다. 2억원의 밀을 원재료로 투입하여 4억원 어치의 밀가루를 생산한 제분공장의 부가가치는 2억원이고, 3억원 어치의 밀가루를 원재료로 투입하여 6억원 어치의 빵을 생산한 제과점의 부가가치는 3억원이다. 따라서 이 경제의 모든 기업, 즉 농부와 제분공장과 제과점의 부가가치는 7억원(2억원＋2억원＋3억원)이 된다.

이처럼 국내총생산은 최종생산물의 합과 부가가치의 합이라는 두 가지 방법으로 측정할 수 있다. 그런데, 어떤 생산물이 최종생산물인지 또는 중간투입물인지를 일일이 확인하는 것은 쉬운 일이 아니다. 따라서, 실제 국내총생산을 측정함에 있어서는 최종생산물의 합 대신 부가가치의 합을 계산하는 방법을 이용한다.

경상가격과 불변가격

한 경제에서 생산되는 생산물의 종류는 매우 다양하므로 국내총생산을 계산함에 있어서는 서로 다른 생산물을 어떻게 더할 것인가가 문제가 된다. 예를 들어 자동차

3대와 사과 500개를 생산한 경제의 국내총생산을 어떻게 계산할 것인가?

서로 다른 생산물을 더하기 위해서는 먼저 생산물을 동일한 단위로 환산해야 하는데, 이를 위해서 각 생산물이 시장에서 거래되는 가격을 이용할 수 있다. 만일 t년도에 한 경제에서 N가지의 최종생산물이 각각 q_{1t}, q_{2t} …, q_{Nt}만큼 생산이 되고, 같은 기간 중 이들 생산물이 시장에서 거래된 가격이 각각 p_{1t}, p_{2t}, …, p_{Nt}와 같다면, t년도의 국내총생산은 다음과 같이 구할 수 있다.

$$경상가격\ GDP_t = p_{1t}q_{1t} + p_{2t}q_{2t} + \cdots + p_{Nt}q_{Nt} = \sum_{i=1}^{N} p_{it}q_{it} \qquad (2\text{-}1)$$

그런데, 위와 같이 국내총생산을 구할 경우에는 각 생산물의 생산량에는 전혀 변화가 없더라도 시장가격의 상승에 따라 국내총생산이 증가할 수 있다는 문제가 발생한다. 예를 들어 $t+1$년도에 인플레이션에 의해 모든 물가가 t년도의 두 배로 되는 경우 각 생산물의 생산량에는 전혀 변화가 없더라도 위 식에 의해 계산된 국내총생산은 t년도의 두 배가 된다. 이 경우 실제로는 경제의 총체적 활동수준에 전혀 변화가 없었음에도 불구하고, GDP는 경제활동이 두 배로 활발해졌음을 나타내게 된다. 이것은 우리가 원하는 바가 아니다. 이와 같이 물가변화가 국내총생산에 미치는 영향을 배제하기 위해서는 시장가격을 미리 정한 기준연도의 가격으로 고정시키고 국내총생산을 계산하는 것이 바람직하다. 즉, 기준연도에 생산물이 시장에서 거래된 가격이 각각 p_{10}, p_{20}, …, p_{N0}와 같다면, 기준연도의 가격으로 표시한 t년도의 국내총생산은 다음과 같이 구할 수 있다.

$$불변가격\ GDP_t = p_{10}q_{1t} + p_{20}q_{2t} + \cdots + p_{N0}q_{Nt} = \sum_{i=1}^{N} p_{i0}q_{it} \qquad (2\text{-}2)$$

(2-1)식에서와 같이 당해연도의 시장가격을 이용하여 측정한 국내총생산을 경상가격 국내총생산 또는 명목 국내총생산(nominal GDP)이라 하며, (2-2)식에서와 같이 특정한 기준연도의 시장가격을 이용하여 측정한 국내총생산을 불변가격 국내총생산 또는 실질 국내총생산(real GDP)이라 부른다. 우리가 경제가 몇 퍼센트 성장하였다고 말할 때는 바로 이 실질 국내총생산의 증가율을 말하는 것이다.

실질 국내총생산의 계산: 연쇄가중법 대 고정가중법

실질 국내총생산은 (2-2)식과 같이 측정된다고 하였으나, 실제 실질 국내총생산의 계산에 있어서는 고정가중법과 연쇄가중법의 두 가지 방법이 이용된다. 고정가중법(fixed weighted method)이란 기준연도 개편이 있기 전까지 매년 동일한 가중치를 사용하는 방법이다. 예를 들어 2000년부터 2005년까지는 기준연도인 2000년의 생산물 생산량을 가중치로 사용하는 것이다. 앞서 (2-2)식에 제시된 실질 국내총생산 계산식은 바로 고정가중법을 적용한 것과 같다. 연쇄가중법(chained weighted method)은 매년 직전년도의 생산량을 가중치로 하여 당해연도의 전년대비 물량증가율(연환지수)을 먼저 구하고, 이 연환지수를 누적한 연쇄 물량지수를 이용하여 당해연도의 실질 국내총생산을 계산하는 방법이다. 우리나라의 실질 국내총생산 추계방법은 2009년부터 고정가중법에서 연쇄가중법으로 변경되었다. 부록에서는 고정가중법과 연쇄가중법에 의한 실질 국내총생산 계산방법을 구체적으로 소개한다.

고정가중법은 기준연도의 가중치를 계속 사용하기 때문에 기준연도로부터 멀어질수록 산업구조 및 생산기술의 변화, 상품의 등장 및 퇴장 등으로 인해 국내총생산 통계의 현실 반영도가 저하된다는 단점이 있다. 이와 같은 문제를 해결하기 위해 일정 기간마다 기준연도를 변경하지만, 기준연도를 개편할 때마다 과거 경제성장률이 모두 바뀌는 문제점이 발생한다.

반면, 연쇄가중법에서는 매년 직전연도의 가중치를 사용하기 때문에 현실에 있어서의 산업구조 및 상품 변화를 잘 반영하는 한편, 기준연도 개편으로 인해 과거 경제성장률 통계가 모두 바뀌는 문제가 발생하지 않는다. 물론 연쇄가중법에도 문제가 없는 것은 아니다. 연쇄가중법의 단점 중 하나는 실질 국내총생산과 그 구성항목의 합계가 서로 일치하지 않는다는 사실이다. 예를 들어 실질 국내총생산은 농림어업, 광공업, 전기가스 및 수도사업, 건설업, 그리고 서비스업의 생산량으로 구성되는데, 연쇄가중법으로 계산한 경우에는 경제 전체의 실질 국내총생산과 부문별 실질 총생산의 합이 일치하지 않는다. 연쇄가중법으로 계산된 실질 국내총생산은 '2005년 연쇄가격 국내총생산'과 같은 식으로 표현되는데, 여기서 2005년을 지수 기준연도 또는 기준연도라 부른다.

국내총생산의 추산

대부분의 생산물들은 시장가격으로 평가되어 국내총생산에 포함되지만, 생산물들 중에는 시장에서 거래가 되지 않기 때문에 시장가격으로 평가할 수 없는 것도 있다. 이와 같은 생산물들을 국내총생산에 포함시키기 위해서는 이들의 가치를 추정해야 하는데, 이와 같이 추정된 생산물의 가치를 추산가치라 한다.

국내총생산의 추산(imputation)이 필요한 대표적인 예로는 자가소유주택의 서비스를 들 수 있다. 주택은 거주자에게 주거서비스를 제공하는데 이는 국내총생산에 포함 되는 것이 당연하다. 월세주택에 사는 사람들은 주택이 제공하는 주거서비스에 대한 대가로 집주인에게 월세를 지급하므로 월세지급액만큼이 주거서비스의 생산으로서 국내총생산에 포함이 된다. 그러나, 자신이 소유하고 있는 주택에 거주하는 사람들 은 주거서비스를 제공받고 있음에도 불구하고 월세를 지급하지 않는다. 따라서, 모 든 주택이 제공하는 주거서비스를 국내총생산에 포함시키기 위해서는 이와 같은 자 가소유주택이 제공하는 서비스의 가치를 추산해야 한다.

공무원이나 군인의 서비스도 추산의 대상이 된다. 공무원이나 군인은 행정과 국 방 등 다양한 서비스를 제공하지만 이러한 서비스는 시장에서 거래가 되지 않는다. 따라서, 공무원이나 군인의 서비스 생산량을 추산하기 위해서는 시장가격 대신 이들 서비스를 생산하는 데에 들어간 비용이 이용되는데 이를 요소비용에 의한 추산이라 한다. 즉, 행정서비스를 제공하기 위해 투입된 공무원의 급여와 책상과 컴퓨터를 비 롯한 자본재의 임대료가 이 요소비용에 포함될 것이다.

이 이외에도 농가에서 자신이 소비하기 위해 생산하는 자가소비용 농산물도 시장 에서 거래되지는 않지만 국내총생산에 포함된다. 반면에 가정주부가 식사를 장만하 고 집을 청소함으로써 생산하는 가사서비스는 추산의 어려움으로 인해 국내총생산에 포함되지 않는다.

국내총생산의 한계

국내총생산은 국민경제의 활동수준에 대한 유용한 척도이긴 하지만 다음과 같은 한계를 갖고 있다.

첫째, 국내총생산의 계산에 포함되지 않는 생산물들이 있다. 앞서 시장에서 거래 되지 않기 때문에 시장가격으로 평가될 수 없는 생산물들은 그 가치를 추산하여 국내총생산에 포함시킨다고 하였다. 그런데 이들 생산물 중에는 추산가치를 측정하기가 어려워 국내총생산에 포함되지 않는 것들이 있다. 예를 들어 세탁, 청소, 음식 준비와 같은 가사활동이 가정주부나 가족 구성원에 의해 직접 이루어지는 경우 국내총생산에 포함되지 않는다. 이들 가사활동의 시장가치를 추산하기도 어렵거니와 실제로 각 가정에서 얼마만큼의 가사활동이 가족 구성원에 의해 이루어지는지를 일일이 파악하는 것이 사실상 불가능하기 때문이다. 그렇지만 동일한 가사활동을 대가를 지불하고 가사도우미로부터 제공받는 경우에는 그 대가만큼이 국내총생산으로 계산된다.

둘째, 공식적으로 보고되지 않고 이루어지는 경제활동은 국내총생산의 계산에 포함되지 않는다. 보고되지 않는 이루어지는 경제활동의 대표적인 예로는 밀수, 마약, 매춘, 도박과 같은 불법적인 범죄활동을 들 수 있다. 그런데 합법적인 경제활동도 보고가 되지 않는 경우가 있다. 음식점에서 음식을 팔아서 번 매출의 일부를 세무보고에서 누락시킨다면 이는 통계당국에 의해 파악이 되지 않기 때문에 국내총생산에 포함될 수가 없다. 범죄행위든 합법적인 경제활동이든 정부에 보고하지 않고 이루어지는 경제활동을 지하경제(underground economy)라 부른다. 지하경제의 규모는 추정방법에 따라 그리고 국가에 따라 상이하지만 결코 작지가 않다. IMF의 조사보고서에 따르면 2015년 전 세계 158개국의 국내총생산 대비 지하경제 규모는 평균적으로 27.8%였다. 우리나라의 지하경제 규모는 국내총생산의 19.8%로 전 세계 평균보다 낮은 수준이다.[1]

셋째, 국내총생산은 생활수준에 대한 유용한 지표이기는 하나 삶의 질에 대한 지표로는 한계가 있다. 생활수준(standard of living)이란 사람들이 안락하게 사는 것을 가능하게 하는 물질적 풍요에 대한 지표이므로 국내총생산과 같은 수량화된 척도를 이용하여 그 변화 정도를 측정할 수 있다. 이와 반면에 국민들이 향유하는 안락과 만족 정도에 대한 보다 광범위한 지표인 삶의 질(quality of life)은 수량화하기가 어렵다. 삶의 질은 부분적으로는 생활수준에 의해 결정되지만 더욱 주관적인 행복의 원천인 건강, 여가, 환경의 질, 자유, 안전 등에 의해서도 결정되기 때문이다. 이에 따라 국내총생산을 대신하여 보다 광범위하게 삶의 질을 측정하기 위한 지표들이 제안되었는데, 순국민후생(Net National Welfare)이나 인간개발지수(Human Development Index)가 대표적인 예다. 이들 지표는 국내총생산에서 바람직하지 않은 요소들을 제거하고 국내총생산에서 포착되지 않는 바람직한 요소들을 더해서 계산된다.

넷째, 디지털 기술이 발전함에 따라 새롭게 나타난 생산물들이 국내총생산 통계

---

1 L. Medina and F. Schneider, "Shadow Economies Around the World: What Did We Learn Over the Last 20 Years?" Working Paper No. 18/17, International Monetary Fund, 2018.

에 반영되지 못하고 있다. 예를 들어 숙박, 승차, 사무실 등 다양한 공유경제가 생겨 났으며 그 규모가 커지고 있다. 이들 공유경제의 생산규모를 파악하기 위해서는 기초통계 작성이 필요한데 대부분의 공유경제가 개인 간 거래로 이루어져 정확한 규모 파악이 쉽지 않은 상황이다. 또한 유튜브, 페이스북, 구글 또는 스마트폰의 앱을 통해 무료로 제공되는 디지털서비스는 실제로 사람들에게 많은 효용을 제공하는데 이를 국내총생산에 반영해야 한다는 주장이 학계를 중심으로 제시되고 있다.

④ 여러 가지 국민소득의 개념

국민총소득

국내총생산은 생산 측면에서 측정한 국민소득이다. 그런데 앞서 거시경제의 순환 모형에서 설명했듯이 국민소득은 생산, 분배, 지출의 세 측면에서 측정될 수 있다. 분배 면에서 국민소득을 측정하기 위해서는 국민총소득(gross national income: GNI)이 이용된다. 국민총소득은 일정기간 동안 한 나라의 국민이 벌어들인 임금, 이자, 배당 등의 소득을 모두 합친 것이다.

생산물과 생산요소의 대외거래가 전혀 없는 폐쇄경제에서는 국내총생산과 국민총 소득이 일치할 것이다. 반면, 개방경제에서는 그 국가에서 생산된 생산물의 가치와 그 국가의 국민들이 벌어들이는 소득이 서로 일치하지 않을 수 있다. 국내총생산은 주로 생산 활동이 이루어지는 장소를 기준으로 측정되는 데 반해 국민총소득은 생산 에 기여한 생산요소 소유자의 거주국을 기준으로 측정되기 때문이다. 따라서 외국에 서 생산 활동이 일어났더라도 자국민이 소유한 노동이나 자본이 생산에 기여했고 그 대가로 자국민에게 임금, 이자, 배당 등의 형태로 소득이 발생했다면 이는 자국의 국민총소득이 된다. 반면에 자국 내에서 생산 활동이 일어났더라도 외국인(비거주자) 이 소유한 생산요소가 생산에 기여하였고 그 대가로 외국인에게 요소소득이 발생했 다면 이는 자국의 국민총소득에서 제외되어야 한다.

구체적으로 국민총소득은 국내총생산에 내국인이 해외로부터 벌어들인 국외수 취요소소득을 더하고 외국인에게 지급되는 국외지급요소소득을 차감하여 구할 수 있다.

$$명목\ GNI = 명목\ GDP + 명목\ 국외순수취\ 요소소득 \qquad (2\text{-}3)$$

그런데 위 식은 명목 국민총소득과 명목 국내총생산의 관계에만 적용된다. 실질 국민총소득을 계산하기 위해서는 국외순수취요소소득 외에 한 가지 조정을 더 거쳐야 하는데 바로 수출품과 수입품 간 교환비율인 교역조건의 변화에 따른 실질 무역손익을 반영하는 것이다. 교역조건의 변화가 실질 국민총소득에 영향을 미치는 이유는 다음과 같다. 수출품의 가격이 하락하거나 수입품의 가격이 상승할 경우 동일한 양의 상품을 수입하기 위해서 더 많은 양의 상품을 수출해야 한다. 이는 그만큼 소비, 투자, 정부구매를 위한 재원이 감소함을 의미한다. 다시 말해서 교역조건의 악화, 즉 수출품 가격에 비해 수입품 가격이 상대적으로 상승하는 현상은 자국의 국민소득을 사실상 감소시키는 효과를 가진다. 따라서 실질 국민총소득은 실질 국내총생산에 국외순수취요소소득과 교역조건 변화에 따른 실질 무역손익을 더하여 계산된다.

$$실질\ GNI = 실질\ GDP + 실질\ 국외순수취\ 요소소득 \qquad (2\text{-}4)$$
$$+ 교역조건\ 변화에\ 따른\ 실질\ 무역손익$$

구체적인 예를 들어 실질 GNI와 실질 GDP 사이의 관계에 대해 알아보기로 하자. 어떤 나라가 2010년에 반도체 100만 개를 생산하여 단위당 1달러에 모두 수출하고, 그 대금 100만 달러로 원유 1만 배럴(배럴당 100달러)을 수입했다고 하자. 2011년에는 반도체 가격에는 변화가 없는 반면 유가가 배럴당 110달러로 상승했기 때문에 반도체 110만 개를 생산하여 수출하고 그 대금으로 원유 1만 배럴을 수입했다고 하자. 단 국외순수취요소소득은 없다고 하자.

2010년을 기준연도로 할 때 2011년의 실질 GDP는 110만 달러(반도체 110만개×1달러)로 2010년의 100만 달러에 비해 10% 증가했다. 그러나 2011년 반도체 110만 개의 구매력은 원유 1만 배럴로 2010년과 동일하다. 즉 2011년에는 교역조건의 악화로 10만 달러의 실질 무역손실이 발생했으며, 이에 따라 2011년의 실질 GNI는 실질 GDP에서 실질 무역손실 10만 달러를 차감한 100만 달러가 된다.

국가간 생산요소의 이동이 활발하지 않았던 시기에는 국내총생산과 국민총소득 간의 차이가 크지 않았으므로 어느 개념을 이용하여 국민소득을 측정하든 상관이 없었다. 그러나, 경제의 개방화가 진전되고 교통과 통신수단이 발달하여 국가간 생산요소의 이동이 활발해짐에 따라 국내총생산과 국민총소득과의 차이는 점점 커지게 되었고, 따라서 경제의 총체적 활동수준에 대한 지표로서 어느 것이 더 적당한지의 선택의 문제가 발생하게 되었다.

우리가 경제의 활동수준에 관심을 가지는 것은 이것이 고용수준과 밀접한 관련이 있기 때문이다. 그런데 어떤 국가의 고용수준이 증가하려면 자국기업이든 외국기업이든 상관없이 국내에서 생산 활동이 활발하게 이루어져야 할 것이다. 따라서 고용수준과 관련하여 경제의 활동수준을 측정하고자 하는 경우에는 국내총생산을 사용하는 것이 적합하며, 실제로 많은 국가들이 국내총생산을 이용하고 있다.

반면에, 우리가 한 국가경제의 생활수준에 대한 척도로서 국민소득을 이용하고자 하는 경우에는 국민총소득을 이용하는 것이 적합할 것이다. 왜냐하면 국민총소득은 그 나라 국민이 벌어들이는 소득을 나타내기 때문이다. 물론 소득수준이 높다고 해서 반드시 생활수준이 높은 것은 아닐 수도 있지만, 아무래도 소득수준이 높을수록 소비수준의 향상을 통해 생활수준을 높일 수 있는 여지가 클 것이다.

국내순생산과 국민순소득

생산요소 중에서 기계, 설비, 건물과 같은 자본재는 생산물을 생산하는 과정에서 마모되기 마련이다. 따라서, 한 국민경제가 순수하게 창출한 생산물과 소득을 계산하기 위해서는 다음 식과 같이 총생산과 총소득으로부터 생산과정에서 고정자본이 소모된 부분을 제외시켜야 할 것이다.

이처럼 국내총생산과 국민총소득에서 감가상각(고정자본소모)을 제외한 부분을 각각 국내순생산(net domestic product: NDP)과 국민순소득(net national income: NNI)이라 부른다.

$$국내순생산 = 국내총생산 - 고정자본소모 \qquad (2\text{-}5)$$
$$국민순소득 = 국민총소득 - 고정자본소모$$

요즈음 환경문제에 대한 국제적인 관심이 높아지면서 소위 환경 GDP 또는 녹색 GDP(green GDP)라는 용어가 자주 등장하는데, 이것 역시 국내순생산과 비슷한 원리를 가지고 있다. 즉, 국내총생산의 생산과정에서 환경이 훼손되는데 이를 감안하여 훼손된 환경을 원상회복시키는 데에 드는 비용을 제외하고 국민소득을 측정하고자 하는 것이 바로 환경 GDP다.

국민처분가능소득과 가계처분가능소득

앞서 소개한 국민총소득이나 국민순소득은 생산요소를 공급한 대가로 벌어들인 소득인 본원소득을 대상으로 하고 있다. 그런데 국민이 소비하거나 저축할 수 있는 처분가능소득에는 본원소득뿐만 아니라 아무런 대가없이 수취하는 이전소득도 포함 되어야 한다. 이처럼 이전소득을 반영한 처분가능소득의 지표로는 국민처분가능소득과 가계처분가능소득을 들 수 있다.

국민처분가능소득(national disposable income: NDI)은 한 국민경제 전체가 소비나 저축으로 자유롭게 처분할 수 있는 소득으로 거주자와 비거주자 간의 소득이전이 반영된 것이다. 여기서 국민이라 함은 그 나라의 가계, 기업, 정부를 모두 포함한다.

$$NDI = NNI + \text{국외순수취경상이전} \tag{2-6}$$

여기서 국외순수취경상이전이란 무상원조와 같이 외국으로부터 수취한 이전소득 (국외수취경상이전)에서 외국에 지급한 이전소득(국외지급경상이전)을 뺀 금액이다.

한편 가계처분가능소득(personal disposable income: PDI)은 가계가 소비나 저축으로 자유롭게 처분할 수 있는 소득으로 가계와 다른 경제주체 간의 소득이전이 반영된 것이다.

$$PDI = NNI - \text{생산세 및 수입세} + \text{정부의 기업보조금} - \text{법인세} \tag{2-7}$$
$$- \text{사내유보이윤} + \text{순이전소득}$$

여기서 생산세 및 수입세는 생산활동 및 수입품에 대해 부과되는 세금으로 부가 가치세, 수출세, 수입관세 등이 포함된다. 순이전소득은 사회수혜금과 같이 가계가 정부, 기업, 국외로부터 수취한 이전소득에서 소득세 및 사회부담금과 같이 가계가 정부, 기업, 국외에 지급한 이전소득을 뺀 금액이다.

국민소득계정의 체계에 의해 국민소득계정상의 주요 변수간에는 항등관계가 성립하는데 이에 대해 알아보기로 한다.

생산국민소득과 지출국민소득

앞에서 논의된 국민소득 삼면등가의 원칙에 따르면 국내총생산과 국내총생산에 대한 지출은 같아져야 한다. 국민경제에는 가계, 기업, 정부, 그리고 해외의 네 부문만이 존재하므로 국내총생산에 대한 지출은 이들 경제주체들의 지출을 더한 것이 된다. 가계의 지출은 소비지출(C)이고, 기업의 지출은 투자지출(I), 정부의 지출은 정부구매(G), 그리고 해외부문의 국내생산물에 대한 지출은 수출(X)이다. 그런데, 소비지출, 투자지출, 정부구매에는 해외에서 생산된 재화와 서비스에 대한 지출도 포함되어 있으므로 국내총생산에 대한 지출을 구하기 위해서는 이들을 제외해야 한다. 소비지출, 투자지출, 정부구매 중에서 해외생산물에 대한 지출액을 각각 C_m, I_m, G_m이라 하면 국내총생산에 대한 지출을 다음과 같이 쓸 수 있다.

$$\text{국내총생산에 대한 지출} = (C - C_m) + (I - I_m) + (G - G_m) + X$$
$$= C + I + G + X - (C_m + I_m + G_m) \tag{2-8}$$

그런데, 국내의 경제주체가 해외생산물을 구입하기 위해서는 먼저 이들을 수입해야 하므로 $C_m + I_m + G_m$은 이 국민경제의 해외생산물 수입(Q)과 같다. 따라서, 다음과 같이 국내총생산(Y)과 국내총생산에 대한 지출이 같다는 항등식을 구할 수 있다.

$$Y \equiv C + I + G + X - Q \tag{2-9}$$

위의 항등식은 일정 기간 동안 국내에서 생산된 생산물과 이들 생산물에 대한 지출이 일치되어야 함을 나타낸다.

그런데, 생각해 보면 일정 기간동안 한 경제에서 생산되는 모든 생산물이 과연 모두 구매가 되는가라는 점에 대해서는 의문의 여지가 있다. 생산물의 수급을 중앙에서 결정하는 계획경제에서는 수요를 감안하여 생산을 계획할 것이므로 생산과 지출을 항상 일치시킬 수 있다. 그러나, 시장경제에서의 생산은 수많은 기업에 의해 결정되고, 지출도 수많은 가계, 기업, 외국인, 그리고 정부에 의해 각각 결정되므로 이들 개별 경제주체들의 생산과 지출에 대한 의사결정을 모은 총생산과 총지출이 반드시 일치하리라고 볼 수는 없다. 그런데, 위 식은 어떻게 항등식이 되는 것일까? 그 답은 다음과 같다.

만일 생산량이 수요량을 초과하면 그 초과분은 팔리지 않고 기업의 창고에 쌓이게 된다. 즉, 재고가 증가하게 되는데, 이와 같은 재고의 증가는 사실 기업이 미리 계획한 것은 아닐 것이다. 그런데, 국민소득계정에서의 투자에는 이와 같은 계획되지 않은 재고투자(unplanned inventory investment)가 포함된다.

즉, 미리 계획된 재고투자뿐만 아니라 생산과 계획된 지출과의 차이로 인해 발생하는 계획되지 않은 재고투자까지 포함하여 투자를 정의하기 때문에 당연히 총생산과 총지출이 같아질 수밖에 없다. 즉, 국민소득계정에서 투자를 이와 같이 정의하기 때문에 위 식은 항등식이 되는 것이다. 국민소득계정상의 투자를 사후적 투자라고도 한다.

가처분소득

$$YD \equiv Y - T + TR \qquad (2\text{-}10)$$

위 식은 가처분소득(disposable income)을 정의하는 식으로 국내총생산으로부터 조세(T)를 빼고 이전지출(TR)을 더함으로써 가처분소득(YD)을 계산할 수 있음을 나타낸다. 가처분소득이란 가계가 마음대로 처분할 수 있는 소득을 말하는데 국민소득계정에서는 실제로 가계처분가능소득(personal disposable income: PDI)으로 파악된다. 제4절에서 설명했듯이 실제로 국내총생산으로부터 가계처분가능소득을 계산하기 위해서는 상당히 많은 항목들을 더하고 빼는 조정과정을 거쳐야 한다. 위 식은 이와 같은 조정과정을 매우 단순화시킨 가처분소득의 정의식으로 보면 된다.

이처럼 조세와 이전지출만을 이용하여 가처분소득의 정의식을 단순화시킨 것은 조정과정에서 더하는 항목은 주로 정부의 이전지출(정부로부터 수취하는 이전소득)이고 빼는 항목은 주로 조세(정부에 지급하는 이전소득)라는 특성을 반영한 것이다. 이와 같은 가처분소득의 정의식은 앞으로 소개될 여러 가지 거시경제 모형에서 널리 사용될 것이다.

가처분소득의 처분

$$YD \equiv C+S \qquad\qquad (2\text{-}11)$$

위 식은 가처분소득이 소비(C)와 가계저축(S)의 두 가지 형태로만 처분됨을 의미한다. 위 식이 항등식이 되는 이유는 가계저축이 가처분소득 중 소비하고 남은 부분으로 정의되기 때문이다.

저축과 투자

[그림 2-4]는 앞서 소개한 국민소득계정상의 세 항등식간의 관계를 보여준다. 이 세 항등식을 결합하면 다음과 같은 항등식을 구할 수 있다.

$$S + (T{-}G{-}TR) + (Q{-}X) \equiv I \qquad\qquad (2\text{-}12)$$

위 식에서 $T{-}G{-}TR$은 정부의 조세수입에서 재정지출을 뺀 것인데 이를 정부저축이라 부를 수 있다. 정부저축은 정부의 소득 중에서 소비하고 남은 부분이라고 정의될 수 있는데, 정부의 입장에서 보면 조세수입은 소득이고 정부구매와 이전지출을

그림 2-4 국민소득 계정상의 항등관계

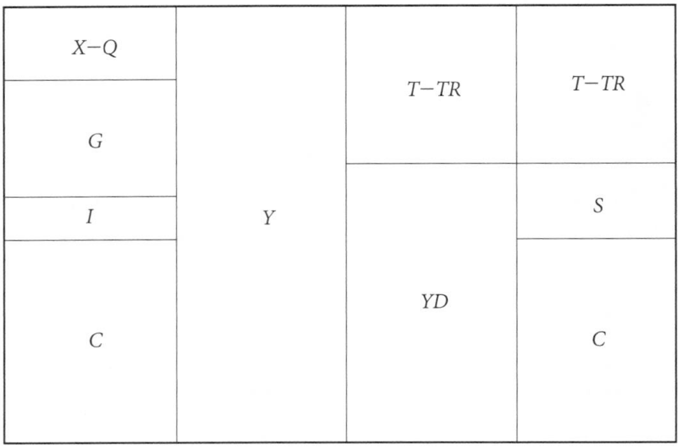

$X{-}Q$		$T{-}TR$	$T{-}TR$
G	Y		
I			S
		YD	
C			C

합한 정부지출은 소비라 볼 수 있기 때문이다. 마찬가지로 $Q-X$는 해외저축이라 부를 수 있다. 왜냐하면 한 나라의 수입은 해외부문의 입장에서 보면 이 나라에 물건을 팔아서 벌어들인 소득이고, 수출은 해외부문이 이 나라의 제품을 사기 위해서 지불한 지출이라고 볼 수 있으므로 $Q-X$는 곧 해외부문이 이 나라로부터 벌어들인 소득에서 이 나라 물건을 사기 위해 지출한 소비를 뺀 나머지라 볼 수 있기 때문이다. 따라서, 위의 항등식은 국내투자의 재원은 가계, 기업, 정부 등에 의한 국민저축이나 해외부문에 의한 해외저축으로부터 충당되어야 함을 의미한다.

식(2-12)는 가계저축, 정부저축, 해외저축의 합이 투자와 일치해야 한다는 것을 말하고 있을 뿐이기 때문에 이 항등식으로부터 한 항목의 변화가 다른 항목에 어떤 영향을 미치는지를 얘기할 수는 없다. 예를 들어 정부지출의 증가 또는 감세는 정부저축을 줄인다. 정부저축의 감소는 해외저축의 증가, 즉 경상수지 적자를 가져올 수 있고, 가계저축의 감소를 초래할 수 있고, 투자의 감소를 초래할 수도 있다. 실제로 1980년대 미국에서는 재정적자가 경상수지 적자를 동반하는 쌍둥이 적자가 발생했으나 1990년대에는 재정수지가 흑자로 돌아섰음에도 불구하고 경상수지 적자는 계속 늘어나는 추세를 보였다.

심층분석 | 기업저축은 어디에?

국민소득계정상의 항등식 중 하나인 (2-12)식에 따르면 가계, 정부, 해외부문이 모두 저축을 한다. 그렇다면 기업은 저축을 하지 않는 것일까? 물론 기업도 저축을 한다. 사내유보이윤은 기업이 벌어들인 소득 중 각 생산요소에 분배해 주고 남은 부분이기 때문에 기업의 저축이라고 할 수 있다. 그렇다면 사내유보이윤은 왜 위 식에 나타나지 않는 것일까?

그 답은 가처분소득을 정의하는 항등식인 (2-10)식이 지나치게 단순화되어 있기 때문이다. 실제로 국내총생산으로부터 가처분소득에 해당하는 개인처분가능소득을 계산하기 위해서는 여러 가지 항목이 더해지고 빼져야 하는데 이 중 하나가 국민순소득으로부터 개인가처분소득을 계산하는 (2-7)식에 들어 있는 사내유보이윤이다. 단순화된 가처분소득의 정의식인 (2-10)식에는 사내유보이윤의 조정이 반영되어 있지 않다. 따라서 (2-10)식의 우변에 '-사내유보이윤'이라는 항목을 추가한 다음에 (2-12)식을 도출한다면 다음 식과 같이 좌변에 '+사내유보이윤'이 나타나는데 이것이 바로 기업저축이다.

$$S + 사내유보이윤 + (T-G-TR) + (Q-X) \equiv I$$
가계저축 기업저축 정부저축 해외저축 투자

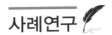

아시아 네 마리 용의 성장전략

이른바 아시아 네 마리 용이라 부르는 한국, 대만, 홍콩, 싱가포르는 1960년대부터 다른 개도국들과 달리 수출주도의 성장전략을 추구했다. 이 전략의 근거는 국민소득계정상의 항등식을 이용하여 설명할 수 있다. 국민소득계정상의 항등식 중 하나인 (2-12)식은 다음과 같이 고쳐쓸 수 있다.

$$S + BS \equiv I + NX$$

위 식에서 BS는 정부저축($T-Q-TR$)을 나타내며 NX는 수출과 수입의 차이인 순수출($X-Q$)을 나타낸다. 소득수준이 낮은 개도국에서는 투자에 대한 수요는 많으나 저축의 공급이 대단히 부족하다. 물론 부족한 저축은 해외저축($Q-X$)을 통해 보전할 수 있으나 보유외환이 부족하고 신용도도 낮아 수출을 크게 초과하는 규모의 수입이 불가능하였다.

이와 같은 제약조건하에서 이들 4개국 정부가 선택한 성장전략은 우선 재정의 건전성을 유지하는 것이었다. 재정이 취약할 경우 그렇지 않아도 부족한 민간부문의 저축을 잠식함에 따라 국민저축이 줄어들고 이는 다시 투자를 압박하는 요인으로 작용하여 결과적으로 성장에 장애가 되기 때문이다.

다음으로는 수출재 및 자본재 생산을 위한 투자에 우선순위를 두었다. 만약 투자가 소비재 생산을 위해 투입된다면 소비지출이 활성화되고 저축이 줄어들어 투자를 제약할 우려가 있기 때문이다. 정부가 정한 투자의 우선순위가 제대로 지켜지도록 하기 위해서 정부는 의도적으로 저금리정책을 시행하였다. 즉 시장금리보다 낮은 수준에서 대출금리를 정하고 그 결과 발생한 대출에 대한 초과수요를 신용할당을 통해 해결하였다. 당연히 신용할당에 있어서 수출재 및 자본재 산업에 우선순위가 주어졌다. 특히 이와 같은 신용할당이 원활히 작동되기 위해서는 기업의 자금조달창구를 은행으로 일원화하는 것이 필요하였기 때문에 주식이나 채권을 통한 자금조달을 억제하는 정책이 시행되기도 했다.

마지막으로 수출증진을 위해 대외지향적 정책을 수행하되 소비재수입 등을 엄격히 통제했다. 이는 부족한 외환이 비생산적 활동에 쓰이는 것을 막기 위함이다. 다른 개도국에 비해 이들 국가들에서 복지정책이 미흡했던 점이나 요식업과 같은 서비스업에 대한 신용공급을 원천적으로 차단하기 위해 여신금지업종을 지정한 것이라든지 외환의 거래와 보유에 엄격한 제한을 둔 외환관리법의 제정과 시행은 오늘날의 시각에서는 이해되기 어려울지 모르나 당시 수출주도 및 투자위주의 성장전략을 추구하는 정부로서는 불가피한 선택이었다.

---

⑥ 물가의 측정

물가(price level)란 한 국민경제에서 생산되고 소비되는 여러 상품들의 평균적인 가격수준을 말하며, 개별상품의 가격(price)과 구분되는 개념이다. 그런데, 물가수준을 측정하기 위해 한 나라 안에서 생산되고 거래되는 모든 재화와 서비스의 가격을 조사한다는 것은 사실상 불가능하다. 뿐만 아니라 수많은 개별상품의 가격의 오르내림을 어떻게 종합하여 전체적인 물가의 변동을 측정할 것인가라는 문제도 간단하지가 않다. 이에 따라 종합적인 물가변동을 객관적이고 과학적인 근거에 의해 수치로 나타내자고 고안된 것이 바로 물가지수(price index)다. 대표적인 물가지수로는 소비자물가지수(consumer price index: CPI), 생산자물가지수(producer price index: PPI), 그리고 GDP 디플레이터(GDP deflator) 등을 들 수 있다.

물가지수를 산정하기 위해서는 바스켓(basket)이라는 개념을 이용한다. 바스켓이란 측정하고자 하는 물가를 대표하는 품목들이 골고루 들어있는 바구니다. 예를 들어 소비자물가지수는 가계의 생계비(cost of living) 수준을 측정하기 위한 물가지수이므로, 소비자물가지수를 측정하기 위한 바스켓에는 가계가 소비하는 대표적인 품목들이 들어 있다. 반면에, 생산자물가를 측정하기 위한 바스켓에는 원자재를 비롯하여 생산자가 주로 사용하는 대표적인 품목들이 들어 있으며, GDP 디플레이터를 측정하기 위한 바스켓에는 한 국가에서 생산되는 대표적인 생산물들이 들어 있다. 물가지수는 이 바스켓을 사는 데에 얼마나 비용이 드는지를 계산하여 이를 기준시점의 비용과 비교함으로써 구해진다. 즉, q_{i0}를 기준시점의 바스켓을 구성하는 i번째 품목의 비중이라 하고, p_{it}를 t시점에 있어서 i번째 품목의 시장가격, p_{i0}를 기준시점에 있어서 i번째 품목의 시장가격이라 할 때, t시점의 물가지수는 다음과 같은 식에 의해 구해진다.

$$\frac{\sum_{i=1}^{N} q_{i0}p_{it}}{\sum_{i=1}^{N} q_{i0}p_{i0}} \times 100 \tag{2-13}$$

물론 기준시점의 물가지수는 당연히 100이 될 것이다. 물가지수가 구해지면 물가상승률은 전년 동기 대비 물가지수의 상승률에 의해 측정될 수 있다. 이와 같이 물가지수를 측정하는 방법을 라스파이레스(Laspeyres)식이라 하는데, 소비자물가지수와 생산자물가지수는 이 방법에 의해 구해진다.

물가지수 계산을 위해 기준시점의 바스켓을 사용하는 대신 물가 산정시점의 바스켓을 사용하는 방법도 있다. 이 방법을 파쉐(Paasche)식이라 하는데, 이 방법에 따르면 t시점의 물가지수는 다음과 같이 t시점 바스켓의 t시점 명목가치를 기준시점 명목가치로 나눈 값으로 구해진다.

$$\frac{\sum_{i=1}^{N} q_{it}p_{it}}{\sum_{i=1}^{N} q_{it}p_{i0}} \times 100 \tag{2-14}$$

위 식에서는 각 품목의 바스켓에서의 비중을 나타내는 q_{it}가 측정 시점마다 바뀌는 것을 알 수 있다. 우리나라의 GDP 디플레이터는 파쉐식을 이용하여 계산된다.

라스파이레스식에 따라 계산된 소비자물가지수는 가계의 생계비 상승정도를 과대평가할 우려가 있다. 사람들은 어떤 품목의 가격이 다른 품목에 비해 상대적으로 상승할 경우 그 상품을 적게 소비하고 대신 상대적으로 가격이 하락한 대체재의 소비를 늘린다. 이 경우 실제 생계비의 상승폭은 가격이 상승한 품목의 소비량이 변하지 않을 경우에 비해 작을 것이다. 라스파이레스식을 사용하는 소비자물가지수는 각 품목의 비중을 기준시점의 바스켓으로 고정시키기 때문에 이를 이용하여 계산된 물가상승률은 실제 생계비 증가율보다 높게 나타날 것인데 이를 대체편의(substitution bias)라 한다. 이와 같은 사실은 부록의 [그림 2−6]을 통해서 이해될 수 있다.

심층분석 | 소비자물가지수를 정확하게 측정해야 하는 이유

여러분은 소비자물가지수가 생계비 변화를 다소 부정확하게 측정한다 한들 무슨 상관이 있겠느냐라고 생각을 할지도 모른다. 그러나 다음과 같은 사실을 안다면 생각이 달라질 것이다. 최근 미국에서는 소비자물가지수가 과연 가계의 생계비 변화를 제대로 측정하는지에 대한 연구가 이루어졌다. 보스킨(Michael Boskin)을 비롯한 다섯 명의 저명한 경제학자로 이루어진 조사위원회의 연구에 따르면 미국의 소비자물가지수는 가계의 생계비 상승률을 연간 약 1.1% 포인트 과대평가하고 있으며, 이와 같은 과대평가문제를 시정한다면 향후 12년간 약 1조 달러의 정부예산을 절감할 수 있다고 한다. 이처럼 소비자물가지수가 인플레이션을 과대평가함으로 인해 세금의 추가부담이 발생하는 이유는 재정지출관련 예산의 상당부분이 소비자물가지수에 연동되어서 변하기 때문이다.

그렇다면 소비자물가지수는 왜 생계비 상승을 과대평가하는 것일까? 조사위원회의 연구는 세 가지 이유를 제시하고 있다. 첫째, 소비자들은 일반적으로 어떤 제품의 가격이 상승하면 상대적으로 값이 덜 상승한 제품으로 소비를 대체함으로써 생계비 상승폭을 줄이려고 노력한다. 그런데, 소비자물가지수를 측정하기 위한 바스켓은 기준연도의 바스켓으로 고정되어 있기 때문에 이와 같은 소비패턴의 변화를 반영하지 못하고 이에 따라 실제 생계비 상승을 0.4% 포인트

정도 과대평가하게 된다.

둘째, 소비자들은 물가가 많이 상승하면 물건을 값싸게 구매할 수 있는 할인점(discount outlet)의 이용빈도를 높이는데, 소비자물가지수는 이를 반영하지 못함으로써 생계비 상승을 약 0.1% 포인트 과대평가한다.

셋째, 나머지 0.6% 포인트는 소비자들이 제품의 품질개선과 신제품 개발로부터 얻는 혜택을 소비자물가지수가 반영하지 못함으로 인해 발생한다. 예를 들어 휴대전화기는 이미 약 4,000만 명의 미국인들에 의해 사용되고 있었지만 연구당시에는 소비자물가지수 바스켓에 포함되지 않고 있었다.

우리나라의 경우에는 소비자물가지수가 실제 생계비 상승을 얼마나 과대평가하는지에 대한 구체적인 연구가 없다. 오히려 일부에서는 우리나라의 소비자물가지수가 소비자들이 피부로 느끼는 체감물가 상승을 과소평가하고 있다는 주장도 있다. 그러나, 우리나라에서도 재정지출의 상당부분이 소비자물가지수에 연동되어 있고, 임금인상폭에 대한 노사간 협상에 있어서도 전년도 소비자물가의 상승률이 중요한 기준이 되는 만큼, 소비자물가지수가 생계비 변화를 과연 얼마 만큼 정확하게 반영하고 있는지에 대한 연구가 이루어질 필요가 있다.

⑦ 실업의 정의와 측정

흔히 실업자를 일을 하고 있지 않은 사람으로 이해하기 쉬운데, 경제학에서는 실업을 이와 달리 정의하고 있다. 실업(unemployment)은 일을 할 능력과 의사가 있음에

도 불구하고 일자리를 갖고 있지 못하는 상태로 정의된다. 이와 같은 실업의 정의에 따르면 유치원생처럼 일을 할 능력이 없거나 전업주부처럼 아예 일자리를 구할 의사가 없는 사람은 취업을 하고 있지 않더라도 실업자가 아니다.

실업자는 통계청에서 실시하는 경제활동인구조사를 통해 파악된다. 실제로 실업자를 모두 파악하는 것은 경비나 인력이 많이 소요되므로 경제활동인구조사는 매월 약 3만 가구의 표본에 대하여 면접조사 방법을 통해 이루어진다. 그런데 앞서 제시된 실업의 정의를 충족시키는 실업자를 파악하기 위해 조사는 다음과 같은 방식으로 이루어진다.

먼저 표본조사의 대상은 15세 이상의 인구 중에서 범죄자나 교도소 수감자를 제외한 인구, 즉 생산가능인구에서 선정된다. 표본으로 선정된 대상자에게 "지난 주에 수입을 목적으로 1시간 이상을 일하였습니까?"라고 질문하여 "예"라고 대답하면 취업자로 분류한다. "아니오"라고 대답한 대상에게는 다시 "지난 4주 내에 직장(일)을 구해 보았습니까?"라는 질문을 하여 "구해 보았음"이라고 대답하면 실업자로 분류한다. 두 번째 질문에 대해 "구해보지 않았음"이라고 대답한 대상은 비경제활동인구로 분류된다. 이들은 일을 할 의사가 없기 때문이다. 이와 같은 분류는 국제노동기구(ILO)의 정의에 따른 것이다.

[그림 2−5]는 취업자, 실업자, 비경제활동인구의 분류와 2023년 말에 있어서 해당 인구를 보여 준다. 그림에서 보듯이 생산가능인구(P)는 경제활동인구(L)와 비경제

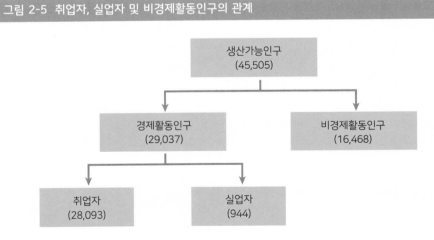

그림 2-5 취업자, 실업자 및 비경제활동인구의 관계

주: 1) 2023년 12월 2) 단위: 천 명
자료: 통계청 국가통계포털

	2000	2006	2012	2018	2023
15세 이상 인구	36,192	38,632	41,857	44,316	45,505
경제활동인구	22,151	24,024	25,781	27,895	29,037
취업자	21,173	23,188	24,955	26,822	28,093
실업자	978	836	826	1,073 ·	944
비경제활동 인구	14,041	14,608	16,076	16,733	16,468

자료: 통계청 KOSIS 국가통계포털

활동인구(NL)로 나누어지며 이 중 경제활동인구는 다시 취업자(E)와 실업자(U)로 나누어진다. 따라서 15세 이상의 모든 국민은 취업자, 실업자, 비경제활동인구의 세 가지 중 하나에 속하게 된다. 〈표 2-3〉은 최근 경제활동인구의 분포와 변화 추이를 보여 준다.

실업률(unemployment rate)은 경제활동인구에서 실업자가 차지하는 비중을 말하는데 다음과 같이 정의된다.

$$실업률 = \frac{실업자}{경제활동인구} = \frac{U}{L} \tag{2-15}$$

2018년 말의 경우 경제활동인구는 27,895천명이고 실업자의 수는 1,073천명이므로 실업률은 약 3.8%가 된다. 한편 생산가능인구중에서 경제활동에 참여하는 인구의 비율을 경제활동참가율(labor-force participation rate)이라 하며, 생산가능인구 중에서 취업자의 비율을 고용률이라 한다.

$$경제활동참가율 = \frac{경제활동인구}{생산가능인구} = \frac{L}{P} \tag{2-16}$$

$$고용률 = \frac{취업자}{생산가능인구} = \frac{E}{P}$$

실업률은 현재 노동시장의 상태를 잘 보여주는 지표지만, 이를 문자 그대로 일하기를 원하지만 일자리를 구하지 못하고 있는 사람의 비율로 해석하는 데는 주의해야 한다. 어떤 면에서는 실업률이 일자리를 구하는 것이 어려운 정도를 과소평가할 수 있는데, 바로 실망실업자 때문이다. 실망실업자(discouraged worker)란 일하기를 원하지만 직장을 구할 수 있는 전망이 어둡기 때문에 일자리를 구하지 않고 있는 사람이다. 이들은 일하기를 원하며 일을 하고 있지 않지만 실업자로 분류되지 않는다. 따라서 실망실업자가 증가할 경우 실업률은 실제로 일자리를 구하기가 어려운 정도를 과소평가하게 된다. 실업률은 또한 과소취업자(underemployed), 즉 원하는 것보다도 적은 시간밖에 일하지 못하는 사람들이나 일자리에 비해 과도한 자격을 갖춘 사람들을 파악하지 못한다. 이들은 실업자는 아니지만 자신이 원하는 일자리를 구함에 있어서 좌절을 겪고 있는 사람들이다.

이에 더하여 여러 인구집단에 있어서 실업률이 매우 큰 차이를 나타낸다는 사실을 이해하는 것도 중요하다. 미국의 경우 실업률이 역사적으로 가장 낮은 수준이었던 2007년에도 10대 흑인의 실업률은 32.8%에 달했다. 우리나라도 2023년 12월의 전체 실업률은 3.3%였지만 15~29세 청년층의 실업률은 5.5%에 달했다.

심층분석 | 한국과 외국의 실업률 분석

우리나라 고용은 다른 OECD 국가들과 비교할 때 두가지 특성을 가진다. 우선 낮은 실업률이다. 지난 40년간 우리나라 실업률은 대부분 기간에서 미국, 일본보다 낮고 외환위기 당시를 제외하면 전체 OECD 국가들보다 낮다.

낮은 실업률은 우리나라 실업통계가 국제노동기구의 기준에 따라 작성되어 선진국들이 채택한 기준 노

동시간에 미치지 못하는데 일부 요인이 있다. 그러나 비록 기준시간을 늘린다고 하더라도 실업률은 그다지 높아지지는 않을 것으로 예상된다. 전체 취업자 가운데 주 18시간 미만을 근무하는 취업자 비중은 점차 높아지는 추세지만 여전히 5%대에 불과하기 때문이다.

오히려 낮은 실업률은 두번째 특성인 낮은 경제활동참가율에서 찾을 수 있다(그림 참조). 실업자 가운

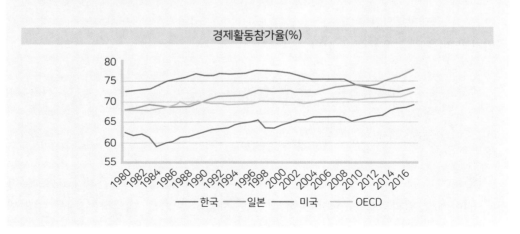

여성 경제활동참가율(%)

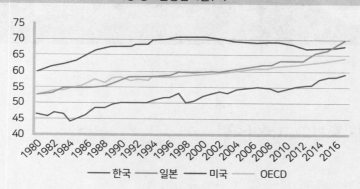

한국 ——— 일본 ——— 미국 ——— OECD

데 일자리를 구하기 힘들어서 구직을 포기한 실망실업자가 비경제활동인구로 편입되면 그만큼 경제활동인구는 줄어든다. 실업률과 경제활동참가율이 모두 낮은 것은 우리나라에 실망실업자가 많다는 것을 뜻한다. 실망실업자로 인한 실업통계의 허점을 보완하기 위해 일부 학자들은 실업률보다는 생산가능인구 대비 취업자 비율인 고용률을 실업통계로 이용해야 한다고 주장하기도 한다. 실제로 고용률은 경제활동참가율과 유사한 패턴을 보인다.

통계청은 사람들이 체감하는 고용현황을 파악하기 위해 2015년 1월부터 공식 실업률 외에도 세가지 고용보조지표를 발표하고 있다. 고용보조지표는 같은 목적에서 다수 선진국이 공표하고 있다. 확장실업률은 가장 광의의 실업률이다. 확장실업률은 기존 실업자 외에도 실망실업자, 근로시간이 주당 36시간 이하이면서 추가로 일하기를 원하는 근로자를 모두 합쳐 사실상의 실업자로 재분류하고 구한 실업률이다. 2019년 2월 공식 실업률은 4.7%에 불과하지만 확장실업률은 무려 13.4%에 이른다.

한편 우리나라의 경제활동참가율이 낮은 것은 여성의 경제활동참가율이 다른 선진국에 비해 낮기 때문이다(그림 참조). 여성의 경제활동참가율이 낮은 것은 30대 이상 여성의 경제활동참가율이 같은 연령대 남성보다 현저하게 낮기 때문인데 출산 후 노동시장으로 재진입하지 못하고 상당수가 비경제활동인구로 편입되는 데 따른 결과로 추정된다.

Chapter 02 부록

A. 연쇄가중법과 고정가중법

어떤 경제에서 t년도에 각 생산물이 $q_{it}(i=1,2,3,\cdots,N)$만큼 생산되고, 각각 p_{it}에 거래된다고 하자. 기준연도를 0(영)이라 할 때 t년도의 실질 GDP는 $\sum_{i=1}^{N}p_{i0}q_{it}$와 같다. p_{i0}은 기준연도의 생산물 i의 가격, q_{it}는 해당연도의 생산물 i의 가격이다. 고정가중법에서는 기준연도 대비 해당연도의 GDP 총성장률을 다음과 같이 계산한다.

$$\frac{\sum p_0 q_t}{\sum p_0 q_0}$$

생산물을 나타내는 하첨자 i는 생략되었다. 이 때 $t-1$년도 대비 t년도의 경제성장률은 다음과 같이 기준연도인 0(영)기 대비 t년도 총성장률에서 $t-1$년도 총성장률을 나눈 값으로 계산한다.

$$\frac{\sum p_0 q_t}{\sum p_0 q_0} \, \bigg/ \, \frac{\sum p_0 q_{t-1}}{\sum p_0 q_0} = \frac{\sum p_0 q_t}{\sum p_0 q_{t-1}}$$

한편 기준연도를 0(영)대신 10으로 변경한다면 총성장률은 다음과 같다.

$$\frac{\sum p_{10} q_t}{\sum p_{10} q_{t-1}}$$

여기서 기준연도가 다를 때 계산된 같은 해의 두 성장률이 같지 않다는 문제가 있다.

$$\frac{\sum p_0 q_t}{\sum p_0 q_{t-1}} \neq \frac{\sum p_{10} q_t}{\sum p_{10} q_{t-1}}$$

이 문제는 고정가중법에서는 동일한 기준연도를 사용하여 계산되는 실질 GDP가 연도에 관계없이 모두 동일한 가중치를 사용하는 데서 비롯한다. 기준연도를 변경하면 그에 따라 가중치도 변하여 성장률도 바뀌는 것이다.

연쇄가중법은 해마다 가중치를 변경함으로써 같은 해의 성장률이 기준연도에 따라 달라지는 고정가중법의 문제를 교정한다. 구체적으로 연쇄가중법은 다음과 같은 연쇄물량지수를 이용해 누적 실질 GDP 성장률을 계산한다.

$$\frac{\sum p_0 q_1}{\sum p_0 q_0} \times \frac{\sum p_1 q_2}{\sum p_1 q_1} \times \frac{\sum p_2 q_3}{\sum p_2 q_2} \times \dots \frac{\sum p_{t-1} q_t}{\sum p_{t-1} q_{t-1}} \qquad (2\text{-}17)$$

t년도의 실질 GDP는 기준연도의 실질 GDP에 기준연도와 t년도 사이의 연쇄 물량지수를 곱하여 계산된다. 예를 들어 기준연도가 0이라면 t년도의 실질 GDP는 기준연도의 실질 GDP에 위 (2−17)식에 제시된 연쇄 물량지수를 곱해서 계산된다. 이때 기준연도를 0에서 2로 바꾼다고 해도 t년도의 실질 GDP는 바뀌지 않는다. 0년과 2년 사이의 연쇄 물량지수나 2년과 t년 사이의 연쇄 물량지수가 기준연도가 변경된다 해도 바뀌지 않기 때문이다.

B. 라스파이레스식과 소비자물가지수

라스파이레스식에 따라 계산된 소비자물가지수는 가계의 생계비 상승정도를 과대평가할 우려가 있다는 사실은 [그림 2−6]을 통해서 쉽게 이해될 수 있다. 그림에서 I_0와 b_0가 각각 소비자의 무차별곡선과 2000년의 예산제약선이라고 하면, 2000년의 소비는 A점에서 이루어질 것이다. 이제 2001년에는 2000년에 비해 Y재 가격이 상승한 반면 X재 가격은 변하지 않았다고 하자. 이 경우 예산제약선의 기울기는 b_1과 같이 완만하게 변할 것이다.

라스파이레스식에 따라 계산되는 소비자물가지수는 물가지수 산정을 위한 바스켓을 기준연도인 2000년도의 바스켓으로 고정시킨다. 따라서 소비자가 X재와 Y재의 두 재화만을 소비한다면 소비자물가지수를 계산하기 위한 소비 바스켓은 X재 X_0 단위와 Y재 Y_0 단위로 구성될 것이다. X재의 가격을 P_X라 하면 2000년에 소비 바스

그림 2-6 라스파이레스식과 소비자물가지수

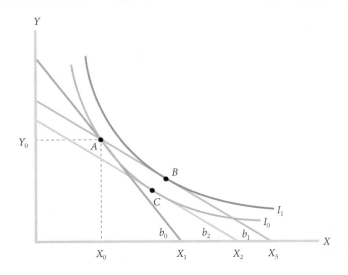

켓을 구매하는 데 드는 비용은 $P_X \cdot X_1$과 같다. 2001년에 A점에 해당하는 소비 바스켓을 구매하는 데 드는 비용은 A점을 지나는 b_1에 해당하는 지출금액과 같으므로 $P_X \cdot X_3$가 된다. 따라서 2001년의 소비자물가지수는 $X_3/X_1 \times 100$이 된다.

그러나 이와 같은 방법은 소비자가 실제로 지불하는 생계비를 과대평가하게 된다. 왜냐하면 예산제약선이 b_1과 같다면 소비자는 이 예산제약선과 새로운 무차별곡선 I_1과 접하는 B점을 선택할 것이기 때문이다. 이 경우 소비자의 효용수준이 2000년도에 비해 더 높아지게 되므로 예산제약선 b_1에 해당하는 지출수준은 과다한 수준이 된다. 이 경우 올바른 소비비용은 기준연도의 무차별곡선 I_0와 새로운 예산제약선과 평행인 예산제약선 b_2가 접하는 소비 바스켓 C로부터 구해져야 한다.

그렇다면 물가지수 측정시점의 바스켓을 사용하는 파쉐식을 이용한다면 물가상승에 따른 생계비 과대평가의 문제를 해결할 수 있겠는가? 위의 논리를 적용해 본다면 물가지수 측정시점의 바스켓을 사용하는 파쉐식을 적용할 경우 물가상승에 따른 가계생계비 지출규모의 증가를 과소평가하는 문제점이 발생한다.

⠿ 요점 정리

1 거시경제학에서는 복잡한 경제현실을 단순화시킨 거시경제모형을 설정하여 분석 수단으로 이용하는데 이 모형에는 네 개의 부문이 등장한다. 이들은 생산요소를 공급하고 소비와 저축을 하는 가계부문, 생산과 투자를 하는 기업부문, 조세를 거두고 정부지출을 하는 정부부문, 그리고 수입과 수출을 하는 해외부문이다.

2 국민경제의 활동을 가계와 기업을 비롯한 경제부문간의 생산요소와 생산물의 순환적 흐름으로 파악하는 모형을 국민경제의 순환모형이라 한다.

3 국민경제의 활동수준을 측정하기 위해서는 일정 기간동안 국민소득 순환과정에서 발생한 생산물 또는 생산요소의 흐름을 측정하면 되는데, 측정대상에 따라 생산국민소득, 지출국민소득, 분배국민소득으로 측정될 수 있다.

4 국민소득 순환과정에서는 누출과 주입이 발생하는데 누출은 활동수준을 낮추고 주입은 활동수준을 높이는 역할을 한다. 국민소득 순환과정으로부터의 누출의 대표적인 예로는 가계저축, 사내유보이윤, 조세, 수입 등을 들 수 있으며 국민소득 순환과정으로의 주입의 예로는 투자, 이전지출, 정부구매, 수출 등을 들 수 있다.

5 국민경제의 활동수준을 체계적으로 측정하기 위해서 국민소득계정이 개발되어 이용되고 있다.

6 국내총생산(gross domestic product: GDP)은 한 나라 안에서 일정 기간 동안 생산된 최종생산물의 시장가치의 합계로 정의된다. 국민총소득은 일정 기간 동안 한 나라의 국민이 소유한 생산요소에 의해 생산된 최종생산물의 시장가치의 합계다.

7 물가(price level)란 한 국민경제에서 생산되고 소비되는 여러 상품들의 평균적인 가격수준을 말하며, 개별상품의 가격(price)과 구분되는 개념이다. 이에 따라 종합적인 물가변동을 객관적으로 측정하기 위해 고안된 것이 물가지수(price index)다. 우리나라의 대표적인 물가지수로는 소비자물가지수(consumer price index: CPI), 생산자물가지수(producer price index: PPI), 그리고 GDP 디플레이터(GDP deflator) 등을 들 수 있다.

8 실업자는 일을 할 의사가 있음에도 불구하고 일자리를 갖고 있지 못하는 사람으로 정의된다. 실업률은 취업의 의사가 없는 비경제활동인구를 제외한 경제활동인구 중에서의 실업자의 비율로 측정한다.

연습 문제

1 다음 각 항목이 한국의 국민총소득과 국내총생산에 포함되는지의 여부를 밝히고, 포함되지 않는 경우 왜 그런지 이유를 설명하라.

(1) 한국인의 토지 매각대금

(2) 일본인이 한국전력으로부터 받는 배당금

(3) 가정주부가 장만한 저녁식사의 가치

(4) 유모가 받는 일급

(5) 한국인 교수가 미국 대학에서 강의하고 받은 강사료

(6) 복덕방의 복비

(7) 금년에 생산되어 자동차 재료로 사용된 강철

(8) 금년에 생산되어 공장의 재고로 남은 강철

(9) 금년 중 주식을 사고 팔아서 번 이득

(10) 서울시장 출퇴근용으로 사들인 새 자동차

2 1990년대 초반 우리나라는 주택 200만호 건설을 추진함에 따라 건설투자가 급격하

게 증가하였다. 이와 같은 건설투자의 증가가 경상수지에 어떤 영향을 미쳤을 것인지를 국민소득계정상의 항등식을 이용하여 설명해 보라. (Hint: 해외저축이 양의 값을 가지는 경우가 경상수지 적자, 음의 값을 가지는 경우가 경상수지 흑자에 해당된다.)

3 다음은 2010년~2012년의 우리나라의 국내총생산에 대한 자료다.

(단위: 10억원)

	2010년	2011년	2012년
경상가격	1,265,308	1,332,681	1,377,456
불변가격(2010년)	A	1,311,893	1,341,967

(1) 2012년의 우리나라의 경제성장률은 얼마인가?

(2) 2011년과 2012년의 GDP 디플레이터의 값을 각각 구하라.

(3) GDP 디플레이터를 이용하여 2012년의 물가상승률을 구해 보라.

(4) 위 표에서 A에는 어떤 값이 들어가야 하는가?

4 한국은행이 발간하는 「조사통계월보」, 「경제통계연보」, 또는 「국민계정」에서 '국내총생산과 지출'이라는 표를 찾아서 다음 빈칸을 메우라. 비중은 그 해의 국내총생산에서 차지하는 비중이다.

(단위: 10억원, 경상가격)

	2000년	비중(%)	2018년	비중(%)
민간최종소비지출				
정부최종소비지출				
총고정자본형성				
재고증가				
재화와 용역의 수출				
재화와 용역의 수입				
국내총생산		100		100

5 다음은 어떤 가상적 경제의 국민소득계정이다. 다음 각각의 값을 구하라.

국내총생산	6,000억원
투자	200억원
소비	4,000억원
정부구매	1,100억원
정부저축	30억원

(1) 순수출(수출-수입)　　　　　　　(2) 조세수입-이전지출

(3) 가처분소득   (4) 가계저축

6 국내총생산이 6조원, 가처분소득이 5.1조원, 재정적자가 0.2조원, 소비지출이 3.8
조원, 순수출이 −0.1조원일 때 국민소득계정상 항등관계를 이용하여 다음에 답하
시오.
(1) 가계저축은 얼마인가?   (2) 정부저축은 얼마인가?
(3) 투자는 얼마인가?

7 다음은 국내총생산에 대한 지출항목별 성장기여도 및 기여율에 대한 통계다. 이
표를 보고 다음 질문에 답하라.

	2000년	2001년	2002년
기여도(단위: %)			
내수	7.0	1.9	6.8
최종소비지출	4.1	2.5	5.0
민간소비	4.1	2.4	4.3
총자본형성	2.9	−0.6	1.8
설비투자	3.8	−1.3	0.8
건설투자	−0.7	0.8	0.9
재고투자	−0.2	−0.1	−0.2
재화와 용역의 수출	9.5	0.3	5.1
재화와 용역의 수입	6.5	−1.1	5.3
통계상불일치	−0.7	−0.2	0.4
국내총생산	9.3	3.1	7.0
기여율(단위: %)			
내수	74.6	60.1	97.6
최종소비지출	43.7	80.5	72.3
민간소비	43.6	77.1	61.8
총자본형성	30.9	−20.3	25.2
설비투자	40.4	−40.8	12.1
건설투자	−7.2	24.6	13.0
재고투자	−2.3	−4.1	−3.2
재화와 용역의 수출	102.1	10.8	72.7
재화와 용역의 수입	69.3	−34.5	75.8
통계상불일치	−7.4	−5.4	5.6
국내총생산	100.0	100.0	100.0

(1) 각 연도의 기여도와 기여율은 각각 어떻게 구한 것인가 설명하라.

(2) 2000년~2002년의 국내총생산에 대한 지출의 구성이 어떻게 변화하고 있는
지 설명하라.

8 다음은 IMF 외환위기 이후 5년간 우리나라 저축률과 투자율의 추이를 표시한 것
이다. 문제 7의 (2)의 답과 관련하여 저축률의 감소는 어떤 함의를 가지는지 설명
하라.

	1998	1999	2000	2001	2002
총저축률(%)	37.5	35.3	33.7	31.7	31.3
민간저축률	28.6	26.1	21.9	20.7	19.6
개인저축률	19.9	14.1	10.6	8.0	5.1
개인순저축률	23.0	16.0	10.5	6.0	1.5
총투자율	25.2	29.3	31.1	29.4	29.1
고정투자율	30.5	29.9	31.2	29.6	29.1

주: 개인순저축률은 가계처분가능소득 대비이고 나머지 지표는 국민총처분가능소득 대비임.

9 1999년 1월 1일에 정부가 100만개의 새 일자리를 창출하였다고 가정하고, 직장
이 없는 사람만 새 직업을 신청할 수 있다고 할 때, 새 직장에 300만명이 지원하
였다. 이 300만명 중의 절반은 정부가 새 일자리를 창출하지 않았다면 일자리를
찾고 있지 않았을 사람들이라고 한다.

(1) 다른 조건이 일정할 경우 새로운 일자리의 창출로 인하여 1월 동안 발생한 경
제활동인구의 변화는 얼마인가?

(2) 1998년 12월 31일 현재 경제활동 인구가 3,000만명이고 실업률이 6%라고
한다면 정부가 창출한 100만개의 일자리 이외에 새로운 일자리의 창출이 더
이상 없을 경우 1월 중의 실업률은 얼마인가?

10 2016년 이후 우리나라의 총인구에서 차지하는 생산가능인구의 비율이 감소할 것
으로 예상된다. 2016년 이후에 우리나라의 일인당 생산량이 증가할 수 있는가?
왜 그런지 이유를 설명하라.

Macroeconomics

02

PART 2

국민소득의
결정

03 국민소득의 결정

제3장에서는 케인즈학파의 국민소득 결정모형인 *IS–LM* 모형에 대해 소개한다. 경기변동의 원인을 수요의 측면에서 찾는 케인즈학파는 물가수준이 경직적이라고 보고 국민소득은 총수요에 의하여 결정된다고 주장하며, 총수요의 변화를 통하여 국민소득의 변화를 설명하는 소득결정이론을 제시하고 있다. 물론 경직적인 가격은 단기적인 현상이다. 시간이 지남에 따라 가격은 보다 신축적이 될 것이다. 그러므로 국민소득 결정모형으로서의 *IS–LM* 모형은 단기적인 국민소득 변동을 설명하는 데 적합하다는 점에 유의할 필요가 있다.

1 단순모형과 승수이론

생산물시장의 균형

단순모형은 케인즈학파가 제시하는 가장 간단한 국민소득 결정모형이다. 케인즈학파는 국민소득 변동의 원인을 총수요의 변화에서 찾는다. 총수요(aggregate demand)란 한 경제에서 생산되고 소비되는 모든 재화와 서비스에 대한 수요를 합한 것으로 개별 재화나 서비스에 대한 수요와는 구분되는 개념이다. 그렇다면 국민소득은 왜 총수요에 의해 결정되는 것일까? 그것은 케인즈학파가 기본적으로 재화와 서비스의 가격이 단기적으로 경직적임을 전제하기 때문이다. 재화와 서비스의 가격이 왜 경직적인지에 대해서는 제8장에서 자세히 설명될 것이다. 단기적인 가격 경직성을 전제로 하므로 단순모형은 주로 단기적인 경기변동을 분석하는 데에 적절한 모형이다.

가격이 경직적인 경우 국민소득이 총수요에 의해 결정됨을 보이기 위해 다음의 예를 들어보자. 빵만이 생산되고 소비되는 한 국민경제를 생각해 보자. 만약 어떤 가격수준에서 빵에 대한 총수요가 100개고 총생산이 120개라면 이는 균형상태가 아니다. 왜냐하면 20개의 초과공급이 발생하기 때문이다. 가격이 신축적이라면 이와 같은 초과공급은 가격을 하락시킬 것이고 이에 따라 수요가 늘고 공급이 줄어들어 균형이 달성될 것이다. 그러나 단기적으로는 가격이 경직적이므로 가격 조정에 의해 균형이 달성될 수는 없다. 이 경우 시장에서는 100개만이 팔리고 나머지 20개는 기업의 재고로 남을 것이다. 기업으로서는 원하지 않은 재고 증가가 달갑지 않을 것이다. 따라서 기업은 생산량을 총수요 수준으로 줄여서 재고가 늘어나는 것을 막으려 할 것이다. 결국 총수요에 아무런 변화가 없는 한 생산량의 조절을 통해 균형국민소득은 빵 100개가 될 것이다.

반대로 총수요가 130개고 총생산이 120개라면 일시적으로 10개의 초과수요가 발생하는데, 이는 기업의 재고를 감소시킬 것이고 이에 따라 기업들은 재고감소만큼 생산량을 늘리려 할 것이다. 따라서 균형국민소득은 130개가 된다. 물론 기업의 생산능력이 모자란다면 총수요가 늘어난다 해도 균형국민소득이 130개가 될 수 없을 것이다. 그러나 많은 사람들이 일자리를 구하지 못하고 많은 공장들이 가동을 하지 못했던 대공황의 경험은 케인즈학파 경제학자들로 하여금 경제는 일반적으로 유휴생산능력(excess capacity)을 가지고 있음을 믿도록 만들었다. 즉 생산능력에 비해서 총수요가 부족한 상태가 경제의 일반적인 상태이므로 총수요가 증가할 경우 어느 정도는 생산량이 늘어날 수 있다는 것이다.

이상에서 제시된 국민소득의 균형은 미시경제학에서 말하는 균형의 개념과는 차이가 있다. 첫째로, 미시경제학에서의 균형은 수요와 공급이 같아지는 가격 수준에서 일어나게 되며 그 균형가격에서 다른 조건의 변화가 없는 한 수요와 공급은 일정하게 된다. 즉, 수요자와 공급자는 균형가격에서 자신의 행태를 바꾸려는 어떤 의도도 없다. 그러나 케인즈학파가 말하는 균형에서는 균형가격이 존재하지 않으며 대신 경직적 가격 수준에서 수요와 공급이 같아질 때 균형이 성립하게 된다. 이때 가격이 경직적이라 함은 그 가격에 대해서 공급자가 얼마든지 공급하려는 의사가 있음을 의미한다. 즉 공급곡선이 경직적 가격수준에서 무한히 탄력적이라는 것이다.

둘째로, 미시경제학에서의 균형은 사과나 배와 같이 구체적이고 개별적인 재화시장의 균형을 지칭하는 것임에 반하여 거시경제학에서 말하는 균형은 한 국민경제 안에서 생산되고 소비되는 모든 재화와 서비스에 적용되는 개념이다. 다시 말하면, 균형국민소득은 모든 재화와 서비스에 대한 수요인 총수요와 총생산이 일치할 때 얻어지게 된다.

총수요의 결정

앞서 설명되었듯이 케인즈학파에 따르면 적어도 단기적으로는 총수요가 국민소득을 결정한다. 총수요가 결정되면 총생산이 총수요와 같도록 조절되기 때문이다. 이와 같은 이유로 인해 케인즈학파 모형에서의 총수요를 유효수요라고 부르며 케인즈학파의 국민소득 결정이론을 유효수요이론이라고 부르기도 한다. 따라서 케인즈학파의 국민소득 결정모형에서 균형국민소득이 어떻게 결정되는지를 설명하려면 총수요가 어떻게 결정되는지를 먼저 설명해야 한다. 거시경제모형에서는 경제활동을 하는 모든 경제주체를 가계, 기업, 정부, 해외의 네 부문으로 한정하고 있으므로 한 국민경제에서의 생산물에 대한 총수요는 국민경제의 네 구성부문의 수요를 합한 것과 같다. 즉 총수요(AD)는 가계의 소비, 기업의 투자, 정부의 구매, 해외로의 순수출의 합과 같다. 한편 균형국민소득은 총수요에 의해 결정되므로 국민소득 균형조건은 다음식에 의해 간단하게 표시될 수 있다.

$$Y = AD = C + I + G + X - Q \tag{3-1}$$

생산국민소득이 지출국민소득과 같아져야 한다는 점에서 위 식은 제2장에서 제시된 국민소득계정상의 항등식인 (2-9)식과 외관상 다름이 없음을 독자들은 쉽게 확인할 수 있을 것이다. 그러나 국민소득 균형조건을 표시하는 (3-1)식은 (2-9)식과는 본질적으로 다르며 그 차이를 분명히 이해할 필요가 있다.

첫째, 국민소득 균형조건에 포함된 변수들은 모두 사전적으로 계획된 지출을 의미하는 것인데 반하여 국민소득계정상의 항등식에 포함된 변수들은 모두 사후적으로 실현된 지출임에 중요한 차이가 있다. 특히 국민소득계정상의 항등식에 포함된 투자는 계획된 재고투자뿐만 아니라 계획되지 않은 재고투자까지를 포함하고 있는 사후적 투자인 반면, 국민소득 균형조건에 포함된 투자는 계획된 재고투자만을 포함하는 사전적 투자(ex ante investment)다.

둘째, 국민소득 균형조건인 (3-1)식은 국민소득이 특정한 값을 가지는 경우에만 성립되는 방정식인 반면, 국민소득계정상의 항등관계인 (2-9)식은 국민소득이 어떤 값을 가지든 성립되어야 하는 항등식이다.

유효수요(effective demand)는 거시경제학에서 소개되는 가장 중요한 용어이면서도, 쉽게 이해되지 않는 개념이다. 유효수요를 이해하기 위해서 다음과 같은 문제를 생각해 보기로 하자. 미시경제이론에 따르면 완전경쟁하에서 기업은 노동의 한계생산물과 실질임금이 동일해지도록 고용량을 결정한다. 즉, 다른 조건이 일정하다면 노동의 한계생산물이 증가할 때 기업은 고용을 늘리려 할 것이다. 그렇다면, 노동생산성의 혁신을 가져왔던 산업혁명은 당연히 실질임금의 상승을 가져와야 했을 것이다. 그러나 산업혁명 당시의 사회상을 보면 이와는 반대로 노동자의 근로조건이나 생활수준은 매우 열악하였다. 그렇다면 미시경제이론으로는 설명할 수 없는 모순처럼 보이는 이 역사적 사실을 어떻게 이해할 것인가? 이것은 유효수요의 개념으로 이해할 수 있다.

예를 들어, 100명의 노동자가 하루에 각각 100개의 핀을 만든다고 가정하자. 그리고 기술혁신으로 인하여 노동생산성이 100배 증가하여 노동자 한 명이 하루에 1만 개의 핀을 생산할 수 있게 되었다고 가정해 보기로 하자. 생산 가능한 핀은 기술혁신 이전에 하루 1만 개에서 이후에 100만 개로 증가하였다. 그럼에도 불구하고, 사회가 필요로 하는 핀의 수요가 100만 개에 미치지 못한다면 실업은 필연적인 것이다. 만약 하루 수요량이 여전히 1만 개라면 기술혁신으로

인하여 99명의 노동자는 실업을 당하게 될 것이다. 또 모두 고용된다 하더라도 임금은 1/100 수준으로 떨어질 것이다. 그러므로 여기서는 얼마나 생산할 수 있을 것인가가 아니라 얼마나 수요되는 것인가가 더 중요하다. 이때 사회가 필요로 하는 핀의 수요가 바로 유효수요인 것이다. 유효수요가 1만 개씩 늘어날 때마다 고용은 한 명씩 더 늘어나게 되며, 만약 유효수요가 100만 개라면 완전고용이 달성될 것이다.

핀의 예는 다음 두 가지 문제에 관하여 생각하게 한다. 우선, 유효수요의 부족으로 인한 실업은 정부지출의 증대와 같이 유효수요를 늘리는 정부정책으로서 해소할 수 있다는 가능성이다. 이와 같은 정부의 시장개입은 케인즈학파 경제학의 기조를 이루고 있다. 둘째, 일반적으로 유효수요의 부족은 단기적인 현상이라는 점이다. 기술혁신이 경제의 다른 부문에서도 일어날 때 새로운 형태의 핀에 대한 또 다른 수요가 기대되며, 결국 유효수요 부족은 더 이상 문제가 되지 않을 것이다. 이 경우 미시경제이론이 예측하는 바와 같이 노동생산성의 향상을 가져오는 기술혁신은 궁극적으로 고용과 실질임금의 증가를 가져오게 된다. 이것은 산업혁명의 예에서도 그대로 적용될 수 있다. 경제사가들은 당시 산업혁명의 폐해를 소재로 한 디킨즈의 소설과 달리 실질임금이 상승하였다는 역사적 사실을 확인한 바 있다.

폐쇄경제에서의 국민소득 결정

먼저 가계, 기업, 정부만으로 구성된 폐쇄경제에서의 국민소득 결정에 대해서 알아보기로 한다. 개방경제의 국민소득 결정에 대해서는 제5장에서 설명할 것이다. 폐쇄경제에서의 총수요는 소비, 투자, 그리고 정부구매로 구성되므로 생산물시장 균형조건은 다음과 같다.

$$Y = AD = C + I + G \tag{3-2}$$

따라서 국민소득의 결정에 대해서 논하기 위해서는 먼저 총수요의 구성요소인 소비, 투자, 정부구매가 각각 어떻게 결정되는지가 설명되어야 한다.

소비함수 소비의 결정은 다음과 같은 케인즈의 소비함수에 의해 간단히 표시될 수 있다.

$$C = \overline{C} + c\,YD, \quad 0 < c < 1 \tag{3-3}$$

위 식에서 c는 한계소비성향(marginal propensity to consume)으로 가처분소득이 한 단위 증가함에 따라 소비가 얼마나 증가하는지를 보여준다. 가계의 가처분소득인 YD는 다음과 같이 정의된다.

$$YD \equiv Y - T + TR \tag{3-4}$$

위 식에서 T는 조세를 나타내며 TR은 정부로부터의 이전지출을 나타낸다.

(3-4)식에 제시된 케인즈의 소비함수는 다음과 같은 특징을 가진다. 우선, 한계소비성향이 1보다 작다는 점이다. 이것은 소득이 증가할 때 소득 증가분이 모두 소비되지 않고 일부는 저축됨을 의미한다. 소비 변화폭이 소득 변화폭보다 작다는 것은 소득의 변화에 대응하여 소비를 안정화하려는 소비자들의 행태를 반영하는 것으로 볼 수 있는데 이를 소비평활화라 한다.

둘째, 소비자들은 소득과 무관하게 일정한 지출($\overline{C}$)을 하려 하는데 이를 독립소비(autonomous consumption)라고 부른다. 이와 같이 소득 수준과 무관한 소비의 존재는 소득이 증가함에 따라 한계소비성향은 일정하지만 평균소비성향(C/YD)은 감소하는 효과를 가져온다. 이것은 고소득층일수록 저축률, 즉 가처분소득에서 저축이 차지하는 비중이 증가함을 나타내는 것이기도 하다.

셋째, 오늘의 소비는 오늘의 소득에만 의존한다는 것이다. 즉, 케인즈의 소비함수에 따르면 이자율 수준이라든지 보유하고 있는 각종 자산 또는 미래에 예상되는 소득 수준은 오늘의 소비에 아무런 영향을 주지 못한다.

케인즈의 소비함수는 너무 단순하기 때문에 현실적으로 가계의 소비행태를 제대로 설명하기에는 부족한 것처럼 보인다. 그러나 이와 같은 단순성에도 불구하고 많은 연구결과에 따르면 케인즈 소비함수는 어느 정도 현실성을 가지는 것으로 평가되고 있다. 소비에 관해서는 제12장에서 보다 상세히 설명될 것이다.

투자함수 케인즈는 기업의 투자결정이 기업가의 야성적 충동(animal spirits)에 의존한다고 보았다. 그런데 야성적 충동은 거시경제모형으로 설명하기가 곤란하다. 이에 따라 투자에 대한 수요는 단순모형의 외부에서 외생적으로 결정되는 독립적 지출로 주어지는 것으로 보고 다음과 같이 표시한다.

심층분석 | 경제모형

경제학을 비롯한 대부분의 학문 분야에서는 복잡한 현상을 단순화하여 분석하기 위해서 모형(model)을 이용한다. 모형이란 복잡한 현실의 중요한 특성만을 따서 단순화시킨 현실의 축소판이다. 자연과학이나 공학에서는 분석하고자 하는 대상과 닮은 모습을 가진 실물모형을 이용하기도 하지만 경제학에서는 주로 수식으로 구성된 수리모형을 이용한다.

경제학에서 사용하는 수리모형은 경제주체, 변수, 수식으로 구성된다. 경제주체란 경제적 의사결정을 하고 경제활동을 영위하는 주체로서 거시경제모형에서는 주로 가계, 기업, 정부, 해외의 네 부문이 경제주체로 등장한다.

변수란 소비, 투자, 국민소득과 같이 그 크기가 변할 수 있는 경제지표다. 변수는 크게 내생변수와 외생변수로 나누어진다. 내생변수는 그 값이 모형 내부에서 결정되는 변수다. 즉 모형의 식을 풀어 해를 구함으로써 그 크기가 결정될 수 있는 변수다. 외생변수는 모형 내부에서 설명할 수 없는 외부적인 요인에 의해 그 크기가 결정되는 변수다. 따라서 모형을 분석할 때 외생변수는 그 값이 이미 어떤 특정한 값으로 주어져 있다고 본다. 예를 들어 투자는 기업가의 야성적 충동에 의해 결정되는데, 단순모형에서는 기업가의 야성적 충동이 어떻게 결정되는지를 설명할 수 없으므로 투자를 (3-4)식에서와 같이 외생변수로 취급하고 있다. 정부구매나 이전지출과 같은 변수들은 정부의 정책에 의해 영향을 받는 정책변수이므로 흔히 외생변수로 취급된다.

물론 분석의 목적에 따라서는 어떤 변수를 외생변수가 아니라 내생변수로 취급할 수도 있다. 하지만 이 경우에는 내생변수로 전환된 변수의 값이 모형 내부에서 어떻게 결정되는지를 보이기 위해 더 많은 변수와 수식이 추가적으로 도입되어야 하며 이는 모형을 더 크고 복잡하게 만든다. 모형이 복잡해지면 분석이 어려우므로 경제학자들은 자신이 분석하고자 하는 중요 변수들만을 내생변수로 취급하고 나머지는 외생변수로 처리하여 모형을 단순화시킨다.

수식은 변수들간의 관계를 나타내는 식이다. 수식에는 크게 정의식과 행태식 그리고 균형조건이 있다. 정의식이란 문자 그대로 변수를 정의하는 식이다. 예를 들어 가처분소득이란 국민소득에서 조세를 빼고 이전지출을 더한 값과 같다는 (3-4)식은 정의식이다. 정의식은 항상 성립해야만 하는 항등식이다. 행태식은 경제주체의 경제적 의사결정의 결과로 나타나는 변수들간의 관계다. 예를 들어 (3-3)식에 주어진 소비함수는 가계의 효용극대화 의사결정의 결과로서 나타나는 소비와 가처분소득간의 관계를 구체적으로 나타낸다.

균형조건이란 경제가 균형을 이루기 위한 조건으로 대개 (3-2)식처럼 시장에서의 수요와 공급이 일치해야 한다는 식으로 나타난다.

수식으로 구성된 수리모형은 그 내생변수의 해를 구함으로써 분석할 수 있다. 하지만 수식의 해를 구하는 것은 복잡하므로 경제학자들은 케인즈의 십자가나 IS곡선과 LM곡선과 같은 그래프를 흔히 이용한다. 하지만 그래프로 표현된 모형의 이면에는 항상 이를 뒷받침하는 수리모형이 있다.

$$I = \bar{I} \tag{3-5}$$

정부지출과 조세 정부구매와 이전지출 그리고 조세는 정부의 정책에 의해 외생적으로 결정된다고 가정한다.

$$G = \bar{G}, \quad T = \bar{T}, \quad TR = \overline{TR} \tag{3-6}$$

(3−3)식~(3−6)식을 이용하면 폐쇄경제에서의 총수요를 다음과 같이 구할 수 있다.

$$\begin{aligned} AD &= C + I + G \\ &= \bar{C} + c(Y - \bar{T} + \overline{TR}) + \bar{I} + \bar{G} \\ &= \bar{A} + cY \end{aligned} \tag{3-7}$$

$$\text{단, } \bar{A} = \bar{C} - c\bar{T} + c\overline{TR} + \bar{I} + \bar{G}$$

위 식에서 $\bar{A}$는 총수요 중 소득 수준의 변화와는 관계없이 결정되는 부분으로 독립수요(autonomous demand) 또는 독립지출이라 부른다. 이와 반면에 cY는 국민소득의 증감에 따라 변화하는 수요라는 뜻에서 유발수요(induced demand)라 부른다.

(3−2)식과 (3−7)식으로부터 균형국민소득 Y^*를 다음과 같이 구할 수 있다.

$$Y^* = \frac{1}{1-c}\bar{A} \tag{3-8}$$

위 식은 경기변동이 어떤 요인들에 의해 발생할 수 있는지를 가르쳐준다. 즉, 독립수요를 결정하는 각 구성요소들의 변화가 균형국민소득을 변화시킴으로써 경기변동이 발생하게 된다. 예를 들어 기업가들이 육감적으로 유리한 투자기회가 존재한다고 생각한다면, 독립투자(*I*)가 증가한다. 한편 소비자심리가 개선되어 가계들이 미래의 경제사정이 기존에 생각했던 것보다 더 좋아질 것으로 예상하게 되면 현재의 가처분소득이 증가하지 않더라도 소비를 더 늘릴 것인데, 이는 독립소비(*C*)의 증가에 해당한다. 두 경우에 있어서 모두 독립수요($\bar{A}$)가 증가하고 그 결과 균형국민소득이 증가하는 경기팽창을 가져온다.

균형국민소득은 총생산이 총수요와 같다는 조건으로부터 구할 수 있을 뿐 아니라 국민저축(*NS*)과 투자(*I*)가 같다는 조건으로부터도 구할 수 있다. 사실 이 두 조건이 동일한 조건임을 다음과 같이 보일 수 있다. 폐쇄경제의 국민소득 균형조건인 (3-2)식은 다음과 같이 고쳐 쓸 수 있다.

$$I = Y - C - G = (Y - T + TR) - C + (T - TR - G) \tag{3-9}$$

위 식의 우변에서 *Y-T+TR*은 가처분소득이므로, 여기서 소비(*C*)를 뺀 값은 가계저축(*S*)과 같다. 한편 *T-TR-G*는 정부저축(*BS*)이다. 따라서 (3-9)식은 투자가 가계저축과 정부저축의 합과 같아져야 함을 의미한다.

$$I = S + BS = NS \tag{3-10}$$

위 식의 우변은 이 국민경제의 모든 저축을 합한 값이라는 의미에서 국민저축(national saving)이라고 불린다.[1]

생산물시장 균형의 안정성

[그림 3-1]은 단순모형에서의 균형국민소득 결정을 그림으로 보여주는데, 이를 케인즈의 십자가라고도 부른다. 그림에서 *AD*선은 (3-7)식에 제시된 총수요함수를 나타낸다. *AD*선의 절편은 독립수요인 $\bar{A}$의 값에 의해 결정되고, 기울기는 한계소비성향인 *c*의 값에 의해 결정된다.[2] *Y*선은 원점을 지나고 기울기가 45°인 직선이다.

---

1 국민저축에는 가계저축과 정부저축 외에 기업저축도 포함되어야 하기만 여기서 소개된 단순모형에서는 기업저축이 생략되어 있다.

2 여기서 소개된 단순모형에서는 소비함수가 국민소득의 선형함수이므로 *AD*선이 그림에서와 같이 직선

그림 3-1 생산물시장 균형의 안정성

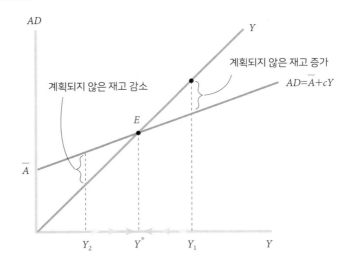

AD선과 Y선이 만나는 점 E에서는 가로축까지의 수직거리로 측정된 총수요와 총생산이 같다. 따라서 E점에서는 (3−2)식에 제시된 생산물시장 균형조건이 충족되며, 이 점에 해당하는 총생산 Y^*는 (3−8)식에 제시된 균형국민소득과 같다.

그런데 가격경직성을 전제로 하는 단순모형에서 균형국민소득은 어떻게 달성되는 것일까? 앞서 단순모형에서는 재고증감에 따른 수량조절에 의해 생산물시장이 균형을 이룰 수 있다고 했다. 현재 이 경제의 국민소득, 즉 생산물의 총공급이 [그림 3−1]의 Y_1과 같다고 하자. Y_1의 국민소득에서는 총공급이 총수요보다 많으므로 생산물시장이 초과공급 상태에 있다. 이 경우 만약 가격이 신축적이라면 물가가 하락하고 이에 따라 총공급이 감소하고 총수요가 증가하여 균형이 달성될 것이다. 하지만 단순모형에서는 가격이 경직적임을 가정하므로 위와 같은 방법에 의해 균형이 달성될 수는 없다. 단순모형에서의 생산물시장의 균형은 가격에 의한 조정이 아니라 수량에 의한 조정에 의해 달성된다. 즉, Y_1의 국민소득에서와 같이 생산물시장에서 총공급이 총수요를 초과하는 경우 기업들은 생산한 생산물들을 모두 판매할 수가 없을 것이며 이에 따라 기업이 가지고 있는 생산물의 재고가 증가하게 된다. 이와 같은 재고의 증가는 원래 기업이 의도하지 않았던 것이며, 따라서 이를 계획되지 않은 재고투자라

이 된다. 하지만 소비함수가 국민소득의 비선형함수라면 AD선은 곡선이 될 것이다. 따라서 일반적으로 AD선을 총수요곡선이라 부른다.

고 부른다. 기업들은 계획되지 않은 재고증가에 대응하여 생산량을 줄일 것이고 이에 따라 총공급이 감소할 것이다. 이와 같은 총공급의 감소는 계획되지 않은 재고증가가 발생하지 않을 때까지 계속될 것이고 결국 Y^*에서 균형을 이루게 된다.

만일 현재의 국민소득이 Y_2와 같이 균형국민소득보다 낮다면 이와 같은 수량조정이 반대 방향으로 일어날 것이다. 즉, Y_2에서는 생산물시장이 초과수요 상태에 있으므로 기업들은 음의 재고투자 즉, 계획되지 않은 재고감소를 경험할 것이고, 이에 대응하여 생산량을 늘릴 것이다. 이처럼 생산물시장이 초과수요 상태에 있든 초과공급 상태에 있든 수량조정에 의해 궁극적으로 생산물시장의 균형이 달성될 수 있기 때문에, 단순모형에서 생산물시장의 균형은 안정적 균형(stable equilibrium)이다.

디플레이션 갭과 인플레이션 갭

단순모형에서의 균형국민소득은 생산물시장을 균형시키는 소득 수준이기는 하지만 국민경제 전체를 균형시키는 소득 수준은 아니다. 국민경제를 균형시키는 소득 수준은 생산물시장뿐만 아니라 노동시장을 균형시키는 소득 수준이어야 한다. 노동시장이 균형을 이루려면 완전고용 상태가 되어야 한다. 그런데 단순모형에서의 균형국민소득은 생산물시장을 균형시키지만 완전고용을 가져온다는 보장이 없다. 생산물의 가격이 경직적일 뿐만 아니라 노동의 가격인 명목임금 역시 경직적이기 때문이다.

노동시장의 균형, 즉 완전고용을 달성하기 위해서는 시장임금 수준에서의 노동공급을 모두 흡수할 수 있도록 국민소득이 충분히 커야 한다. 이처럼 완전고용을 달성할 수 있는 국민소득수준을 완전고용 국민소득이라고 한다. 완전고용 국민소득은 장기적으로 유지될 수 있는 최대한의 총생산량이라는 의미에서 잠재생산량(potential output)이라고도 불린다. 완전고용 국민소득이 어떻게 결정되는지에 대해서는 제7장에서 설명될 것이다. 당분간은 완전고용 국민소득이 주어져 있다고 가정할 것이다.

어떤 경제의 완전고용 국민소득수준이 [그림 3-2]에서의 Y_F와 같다고 하자. 현재 이 경제의 총수요곡선이 AD_0와 같다면 생산물시장을 균형시키는 국민소득 수준인 Y^*는 완전고용 국민소득인 Y_F보다 낮다. 노동에 대한 수요는 생산량과 같은 방향으로 움직이므로, Y^*에서는 노동시장이 초과공급 상태에 있으며 국민경제 전체로는 균형상태가 아니다. 균형이란 다른 외부적인 충격이 없다면 영구히 그 상태에 머물 수 있는 상태를 말하는데, 노동시장이 초과공급 상태에 있다면 단기적으로는 명목임금이 경직적임에 따라 아무런 변화도 발생하지 않겠지만 시간이 지나서 명목임금의

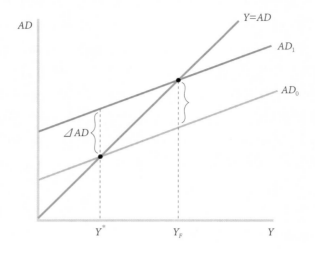

그림 3-2 디플레이션 갭

조정이 가능하게 되면 결국 명목임금이 하락할 것이기 때문이다.

이 경제가 완전고용을 달성하기 위해서는 총수요곡선이 AD_1으로 상향 이동해야 한다. 즉 완전고용을 달성하려면 총수요의 크기가 ΔAD만큼 증가해야 하는데, 이를 디플레이션 갭(deflation gap)이라고 부른다. 만일 이 경제의 총수요곡선이 AD_1보다 위에 있다면 노동시장은 초과수요 상태가 되며, 완전고용을 달성하기 위해서는 총수요 곡선이 하향 이동해야 한다. 이 경우에는 인플레이션 갭(inflation gap)이 발생한다.

고전학파가 주장하는 것과 같이 명목임금이 신축적이라면 디플레이션 갭이나 인플레이션 갭은 명목임금을 비롯한 가격의 기능에 의해 자동적으로 사라지게 된다. 그러나 케인즈학파가 주장하는 바와 같이 명목임금이나 물가가 경직적이라면 디플레이션 갭이나 인플레이션 갭은 상당기간 지속될 수밖에 없다. 특히 디플레이션 갭이 상당기간 지속될 경우 비자발적 실업이 오랜 기간 동안 발생하게 되므로 경제적으로 자원을 효율적으로 활용하지 못하는 비용이 발생하게 된다. 따라서 케인즈학파는 정부가 적극적으로 나서서 디플레이션 갭을 줄여야 한다고 주장한다.

여기서 한 가지 짚고 넘어갈 점은 완전고용 국민소득은 일정하지 않고 시간이 흐름에 따라 변한다는 사실이다. 모든 가격이 신축성을 가지게 되는 장기 또는 최장기에는 항상 완전고용 국민소득이 달성된다. 이런 점에서 [그림 1−2]에 제시된 검은색 추세선은 바로 완전고용 국민소득의 움직임을 보여준다고 할 수 있다. 그런데 우상향하는 추세선이 보여주듯이 완전고용 국민소득은 경제가 성장함에 따라 증가한

그림 3-3 승수효과

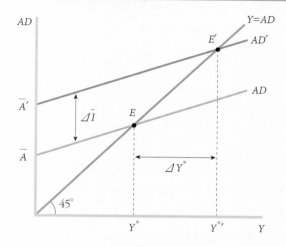

직선 AD는 절편이 독립지출인 $\overline{A}$이고 기울기가 한계소비성향 c인 총수요함수를 표시한다. 국민소득의 균형은 직선 AD와 45°선이 만나는 E점에서 달성된다. 독립지출이 증가하면 총수요함수는 AD'로 평행이동하고 E'가 새로운 균형점이 된다.

다. 시간이 흐름에 따라 국민경제가 가진 자본과 노동의 양이 증가하고 생산성도 높아지기 때문이다. 그런데 우리는 [그림 3-2]에서 Y_F가 일정한 값을 가지는 것처럼 분석을 하였다. 이는 경기변동이라는 현상을 분석하기 위해 경제성장에 따른 완전고용 국민소득 수준의 변화를 배제하고 모형을 단순화시킨 결과다. 따라서 국민소득이 [그림 3-2]의 Y^*라 함은 현실에 있어서는 국민소득이 시간이 흐름에 따라 성장하는 Y_F와 그림에서와 같은 차이를 유지하면서 증가하고 있는 것으로 해석되어야 한다.

승수효과

이제 단순모형을 통해 투자의 변화가 균형국민소득을 어떻게 변화시키는지를 알아보자. 어떤 경제가 [그림 3-3]의 E점에서와 같이 생산물시장의 균형을 이루고 있는 상태에서 독립투자가 한 단위 증가하는 경우를 생각해 보자. 독립투자가 $\Delta\overline{I}$만큼 증가하면 독립수요가 같은 크기만큼 증가하므로 AD선은 $\Delta\overline{I}$만큼 위로 평행이동한다. 따라 새로운 균형은 새로운 총수요곡선인 AD'선과 원점을 지나는 45°선이 만나는 E' 점에서 일어날 것이며 이에 따라 균형국민소득은 증가하게 된다.

이제까지 그림을 통해 투자가 증가함에 따라 총수요가 증가하고 이에 따라 국민소득이 증가함을 보았다. 그렇다면 투자의 증가는 과연 국민소득을 얼마나 증가시킬 것인가? 균형국민소득을 나타내는 (3-8)식을 이용하면 독립지출의 변화에 따른 균형국민소득의 변화를 다음과 같이 구할 수 있다.

$$\Delta Y^* = \frac{1}{1-c}\Delta \overline{A}$$ (3-11)

독립지출을 구성하는 다른 요소들이 고정된 상태에서 독립투자만이 증가한다면 $\Delta \overline{A} = \Delta \overline{I}$가 된다. 따라서 위 식은 투자가 증가하는 경우 국민소득은 투자 증가분의 $1/(1-c)$배만큼 증가함을 나타낸다. 이처럼 투자 한 단위의 증가로 인하여 발생하는 소득의 증가분을 나타내는 값을 투자승수(investment multiplier)라 부른다. 그런데 한계소비성향은 1보다 작은 값을 가지므로 투자가 한 단위 증가할 경우 균형국민소득은 그보다 더 큰 폭으로 증가하게 되는데 이를 승수효과(multiplier effect)라 부른다.

그렇다면 승수효과는 왜 발생하는 것일까? 그 이유는 다음과 같은 동태적 과정으로 설명될 수 있다. 독립투자가 1원 증가할 때 지속적으로 발생하는 총수요의 증가분을 생각해 보자.

우선 독립투자 증가 자체가 1원만큼 총수요를 증가시킬 것이다. 그리고 1원의 총수요 증가는 같은 금액만큼의 국민소득 증가를 가져오는데 국민소득의 증가는 다시 한계소비성향만큼 소비의 증가를 가져와 총수요는 c원만큼 추가적으로 증가한다. 다시 총수요 c원의 증가는 같은 금액만큼 국민소득을 증가시키고 이는 다시 한계소비성향만큼 소비의 증가를 가져와 총수요는 다시 c^2원만큼 증가하게 된다.

이와 같은 과정이 반복적으로 일어날 때 전체 총수요의 증가분은 (3-12)식이 보여주듯이 $1/(1-c)$원이 되며, 단기적으로 총수요가 총생산을 결정한다는 케인즈학파의 기본 전제에 따라 국민소득도 총수요만큼 증가하게 된다.

$$\Delta Y^* = \Delta AD = 1 + c + c^2 + c^3 + \cdots = \frac{1}{1-c}$$ (3-12)

재정정책: 정부구매 대 이전지출

정부지출의 변화도 투자의 변화와 마찬가지로 국민소득에 영향을 미친다. 그런데, 같은 정부지출이지만 정부구매와 이전지출의 영향은 상이하다. 정부구매의 증가는 같은 크기만큼의 독립지출의 증가를 동반한다. 즉 $\Delta \bar{A} = \Delta \bar{G}$이고 이에 따라 국민소득은 다음과 같이 변화하게 된다.

$$\Delta Y^* = \frac{1}{1-c}\Delta \bar{G} \qquad \text{(3-13)}$$

그러나 이전지출이 증가하는 경우에는 독립지출은 이전지출 증가분에 한계소비성향 c를 곱한 값만큼만 증가한다. 즉 $\Delta \bar{A} = c\Delta \overline{TR}$이므로 이전지출 증가에 따른 소득 변화분은 다음과 같이 구해지는데, 이는 같은 크기의 정부구매 증가에 따른 소득 변화분보다 작다.

$$\Delta Y^* = \frac{c}{1-c}\Delta \overline{TR} \qquad \text{(3-14)}$$

이와 같이 정부지출의 형태에 따라 국민소득의 증가가 비대칭적인 것은 정부구매의 경우 정부가 시장에서 직접 구매를 함으로써 정부구매 증가분 모두가 총수요의 증가로 나타나는 데에 반하여 이전지출은 직접 생산물에 대한 수요가 아니라 이전지출에 해당하는 금액만큼 가처분소득을 증가시키고 이에 따라 소비가 증가해야만 총수요 증가를 가져오기 때문이다. 정부지출뿐만 아니라 조세도 국민소득에 영향을 미치는데 조세 증가는 다음 식과 같이 국민소득을 감소시킨다.

$$\Delta Y^* = -\frac{c}{1-c}\Delta \bar{T} \qquad \text{(3-15)}$$

이처럼 정부는 정부지출이나 조세의 증감을 통해 국민소득에 영향을 미칠 수 있는데 이를 재정정책(fiscal policy)이라 부른다. 케인즈학파는 정부가 완전고용을 달성하고 경기를 안정시키기 위해 적극적으로 재정정책을 이용할 것을 주장한다. 케인즈학파는 생산물시장이 균형을 이루었다고 해서 완전고용이 달성되는 것은 아니라고 믿기 때문이다. 완전고용을 이루기 위해서는 그만큼 생산활동이 활발하게 일어나야 한다. 생산물시장을 균형시키는 국민소득이 완전고용 국민소득보다 낮은 경우에는 그만큼 노동에 대한 수요가 적을 것이므로 비자발적 실업이 발생하게 된다.

고전학파 경제학자들이 주장하는 것과 같이 임금이 신축적이라면 비자발적 실업은 임금을 하락시키고 고용과 생산을 증가시켜 결국 균형국민소득이 완전고용 국민소득과 같아지게 된다. 그러나 임금이 경직적이라면 국민소득은 완전고용 수준 이하에 머무르고, 비자발적 실업이 지속된다. 이 경우 완전고용을 달성하기 위해서는 정부가 재정지출의 증가나 조세의 경감과 같은 재정정책 수단을 이용하여 총수요를 증가시킴으로써 생산물시장을 균형시키는 국민소득을 완전고용 국민소득 수준까지 끌어올릴 필요가 있다.

이와 같이 정부에 의한 시장개입은 케인즈학파 경제학의 핵심이 된다. 적극적인 정책을 통한 시장개입의 필요성은 가격의 경직성으로 인하여 시장의 보이지 않는 손이 그 역할을 제대로 발휘하지 못할 것이라는 믿음에 근거하고 있다.

자동안정장치

이제까지는 정부의 조세가 소득과는 무관한 정액세만으로 구성된다고 가정하였다. 하지만 현실에 있어서는 정부의 조세는 정액세와 정률세로 구성된다. 정률세란 과세대상 금액의 일정 비율을 세액으로 징수하는 세금이다. 정액세와 정률세가 모두 존재하는 경우 (3-6)식에 주어진 조세함수는 다음과 같은 조세함수로 바뀌게 된다.

$$T = \bar{T} + tY, \quad 0 < t < 1 \tag{3-16}$$

위 식에서 t는 세율을 나타낸다.

이 경우 가계의 소비함수는 다음과 같이 바뀌게 된다.

$$C = \bar{C} + c\overline{TR} - c\bar{T} + c(1-t)Y \tag{3-17}$$

위 소비함수에서 국민소득이 1원 증가할 때 소비는 $c(1-t)$원만큼만 증가한다. 1원의 소득이 증가할 때 t원을 세금으로 납부해야 하므로 가처분소득의 증가가 $1-t$원에 그치기 때문이다. 이와 같은 의미에서 $c(1-t)$를 세후 한계소비성향이라고도 부른다.

정률세가 도입될 경우 총수요와 균형국민소득은 다음과 같이 바뀐다.

$$\begin{aligned} AD &= C + I + G \\ &= \bar{C} - c\bar{T} + c\overline{TR} + \bar{I} + \bar{G} + c(1-t)Y \end{aligned} \tag{3-18}$$

$$= \overline{A} + c(1-t)Y$$

$$Y^* = \frac{1}{1-c(1-t)}\overline{A} \qquad (3\text{-}19)$$

$1-c(1-t)$는 $1-c$보다 크므로 위 식으로부터 정률세의 도입은 승수의 크기를 작게 만드는 효과가 있음을 알 수 있다. 정률세의 도입으로 인해 승수가 작아진다는 사실은 경기안정정책에서 중요한 함의를 가진다. 투자와 같은 독립지출의 변화는 승수효과를 통하여 큰 폭의 소득변화를 초래한다. 이때 승수를 감소시키는 정률세의 도입은 투자변화에 따른 소득의 변화정도를 완화시키는 역할을 수행한다.

이와 같이 정률세 형태의 소득세의 도입은 승수를 감소시킴으로써 국민소득의 변동성을 줄이는 데 기여하므로 경기변동시 총수요를 관리하기 위해 적극적으로 정책을 수행할 필요 없이 단순한 제도의 도입만으로도 자동적으로 소득의 안정화를 꾀하는 것을 가능하게 한다. 현실적으로 많은 경우 경기가 호황 또는 불황인지의 여부를 인지하는 데 시차가 있으며 비록 총수요관리를 위한 재정정책이 수행된다 하더라도 그 정책의 효과가 실제로 나타나는 데에는 또 다른 시차가 있다. 이때 소득세의 존재는 그와 같은 시차의 문제없이 자동적으로 안정화를 꾀할 수 있게 해 준다. 이처럼 소득세는 경기변동에 있어서 자동안정장치(automatic stabilizer)의 기능을 수행하고 있다.

소득세뿐 아니라 실업보험 등도 이와 같은 자동안정장치의 기능을 수행한다. 불황일 때 이전지출의 성격을 가진 실업보험의 지출이 증가하고 호황일 때 반대로 지출이 감소하게 될 것이다. 이와 같은 형태의 이전지출은 경기역행적이기 때문에 그만큼 소득의 안정화에 기여할 수 있는 중요한 정책수단이 된다.

정부재정

케인즈의 단순모형에서 정부지출의 증가는 소득의 증가를 가져와 조세수입을 증가시키는 효과를 가진다. 만약 조세수입의 증가가 대단히 커서 정부지출의 증가를 초과한다면 정부지출의 증가로 인하여 정부재정이 오히려 개선되는 가능성을 생각해 볼 수 있을 것이다. 이를 확인해 보기 위해서 다음과 같은 재정수지의 정의식을 생각해 보기로 하자.

$$BS = T - G - TR \qquad (3\text{-}20)$$

BS는 정부의 재정수지 또는 정부저축을 나타낸다. BS가 양의 값을 가지면 재정흑자, 영이면 재정균형, 음이면 재정적자를 각각 뜻한다. 이전지출을 포함한 다른 조건이 일정한 상태에서, 정부구매를 증가시켰을 때 재정수지에 미치는 효과는 다음의 식을 통해서 파악될 수 있다.

$$\Delta BS = \Delta T - \Delta G \tag{3-21}$$

조세가 정액세만으로 되어 있는 경우에는 정부구매가 증가한다 해도 조세수입에 영향을 주지 않는다. 반면에 정률세인 소득세가 있는 경우에는 정부구매의 증가로 인한 소득증가에 의해 조세수입이 증가한다. 이 경우 소득증가에 따른 조세수입 증가액은 (3−16)식과 (3−19)식으로부터 다음과 같이 구할 수 있다.

$$\Delta T = t\Delta Y \tag{3-22}$$

$$= \frac{t}{1-c(1-t)}\Delta \overline{G}$$

이상의 두 식을 이용하면 정부구매의 증가는 다음과 같이 반드시 재정수지를 악화시킨다는 사실을 알 수 있을 것이다.

$$\Delta BS = -\frac{(1-c)(1-t)}{1-c(1-t)}\Delta \overline{G} \tag{3-23}$$

그러므로 승수효과를 동반하는 재정지출의 증가로 비록 세원이 증가하게 되나 조세수입이 재정지출의 증가를 넘어설 정도로 크게 증가하지는 않는다는 것을 확인할 수 있다. 이와 같은 결과는 소득 수준에 관계없이 일정한 한계소비성향이나 정률세와 같이 선형성을 가정한 데에 기인한다. 즉 선형모형에서는 조세수입의 증가가 당초 재정지출의 증가보다 클 수는 없는 것이다.

균형재정승수

재정지출 증가에 따라 재정적자가 확대되는 것을 막기 위해서는 조세를 재정지출과 같은 크기만큼 증가시키면 된다. 이와 같이 균형재정을 유지하면서 재정지출을 증가시키는 경우 국민소득에 어떤 영향을 미칠 것인가? 이 문제에 대한 해답은 (3-10)식에 제시된 국민소득에 관한 균형조건인 $NS = I$를 이용하여 쉽게 구할 수 있다. 투자와 이전지출을 포함하여 다른 조건이 일정한 상태에서 정부구매와 조세를 같은 크기로 변화시킨다면 위 균형조건으로부터 $\Delta NS = 0$이 성립되어야 한다. 투자가 변하지 않기 때문이다. 그런데, 국민저축의 정의와 (3-20)식을 이용하면 국민저축은 다음과 같이 가계저축에 정부저축을 더한 값과 같아진다.

$$NS \equiv S + \overline{T} - \overline{TR} - \overline{G} \equiv S + BS$$

위 식으로부터 다음과 같은 관계를 구할 수 있다.

$$0 = \Delta NS = \Delta S + \Delta BS = \Delta S \tag{3-24}$$

여기서 $\Delta BS = 0$의 등식이 성립함은 정부구매와 조세를 동시에 증가시키므로 재정수지에는 변화가 없기 때문이다. 한편 저축은 가처분소득의 함수인데 정부구매의 증가에도 불구하고 저축에 변화가 없다는 것은 바로 가처분소득에 변화가 없다는 것을 의미한다. 가처분소득은 소득에서 조세를 차감한 값으로 정의되므로 가처분소득에 변화가 없다는 것은 소득 증가분이 조세 증가분과 동일하다는 것을 의미한다. 그러므로, $\Delta Y = \Delta \overline{G} = \Delta \overline{T}$의 등식이 성립하게 되는데, 이는 균형재정을 유지하면서 정부구매를 증가시키는 경우 승수는 1과 같음을 의미한다. 이와 같이 균형재정을 유지하면서 재정지출을 증가시킬 경우의 승수를 균형재정승수(balanced budget multiplier)라 부른다. 물론 여기서 말하는 균형재정이란 정부예산 전체가 균형을 이룬다는 것이 아니라 추가적인 정부지출의 변화에도 불구하고 기존 재정수지에 아무런 변화가 발생하지 않는 것을 의미한다.

❷ IS곡선 – 생산물시장의 균형조건

케인즈의 단순모형은 국민소득 결정과정을 잘 보여주고 있으나 대신 모형의 이름이 말해주듯이 지나치게 단순하다는 문제가 있다. 특히 의도된 투자가 소비의 경우처럼 내생적으로 결정되지 않고 외생적으로 주어진다는 가정으로는 현실을 설명하는 데 많은 무리가 따른다. 이와 같은 단순모형이 가지는 문제를 보완하기 위해서는 투자가 이자율의 감소함수임을 가정해야 하며 이를 위해서는 이자율이 모형에 도입되어야 한다. 그런데, 국민소득뿐만 아니라 이자율이 어떻게 결정되는지를 설명하기 위해서는 생산물시장 이외에 자산시장을 추가로 고려해야만 한다. 생산물시장과 자산시장의 균형을 동시에 고려하여 국민소득과 이자율의 결정을 설명하는 모형을 *IS-LM* 모형이라고 한다.

*IS*곡선의 도출

투자함수가 구체적으로 다음과 같은 형태를 가지고 있다고 가정하자.

$$I = \bar{I} - bi, \qquad b > 0 \tag{3-25}$$

위 식에서 b는 투자가 이자율에 대해 얼마나 민감하게 반응하는지를 나타내는데 이를 투자의 이자율탄력성이라 부른다. 이와 같이 투자가 이자율의 함수인 경우 총수요는 소득뿐만 아니라 이자율 수준에도 의존하게 되며 이때 생산물시장의 균형조건은 다음과 같이 쓸 수 있다.

$$
\begin{aligned}
Y &= AD \\
&= C + I + G \\
&= \bar{A} + cY - bi
\end{aligned}
\tag{3-26}
$$

$\bar{A}$는 제1절에서와 마찬가지로 독립적 지출의 합 즉, $\bar{C} - c\bar{T} + c\overline{TR} + \bar{I} + \bar{G}$로 정의된다. 위 균형조건식은 국민소득($Y$)과 이자율($i$)이라는 두 내생변수를 미지수로 가지고 있으므로 생산물시장의 균형조건만으로는 균형국민소득이 유일하게 결정되지 못한다. 단지 생산물시장을 균형시키는 국민소득과 이자율의 조합만을 구할 수 있을 뿐이다.

[그림 3-4]는 이자율이 변함에 따라 생산물시장을 균형시키는 국민소득 수준이 어떻게 변하는지를 보여준다. 위쪽 그림에서 $AD(i_1)$선은 이자율이 i_1일 때의 총수요곡

그림 3-4 IS 곡선의 도출

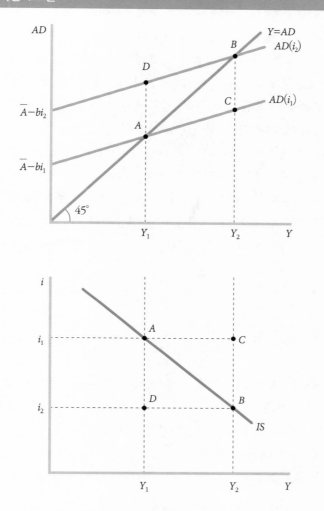

이자율이 i에서 i_2로 하락하면 총수요곡선이 $AD(i_2)$로 상향 이동하고 이에 따라 균형
국민소득이 Y_1에서 Y_2로 증가한다. 따라서, 생산물시장을 균형시키는 국민소득과 이
자율의 조합을 나타내는 IS곡선은 우하향하는 모습을 가진다.

선을 보여주며, 이때 균형국민소득은 $AD(i_1)$선과 45°선이 만나는 A점에서 Y_1으로 결
정된다. 한편 이자율이 i_2로 하락하면 총수요곡선은 $AD(i_2)$선과 같이 상향 이동하며,
이때 생산물시장은 B점에서 균형을 이루고 균형국민소득은 Y_2로 증가한다. 따라서
Y_1과 i_1 그리고 Y_2와 i_2는 모두 생산물시장을 균형시키는 국민소득과 이자율의 조합이
된다. 이처럼 생산물시장을 균형시키는 국민소득과 이자율의 조합은 A와 B 이외에도

무수히 많은데 [그림 3-4]의 아래쪽 그림에서와 같이 생산물시장을 균형시키는 국민소득과 이자율의 조합을 나타내는 곡선을 IS곡선이라 한다.

[그림 3-4]에서 도출한 IS곡선은 우하향의 형태를 가지고 있다. 그렇다면 IS곡선은 왜 우하향의 형태를 가지는 것일까? [그림 3-4]의 아래쪽 그림에서 IS곡선상의 점 A에서는 생산물시장이 균형을 이루고 있다. 반면에 C점과 같이 이자율은 A점과 동일하면서 국민소득만 A점보다 높을 경우에는 생산물시장이 초과공급 상태에 있게 된다. 초과공급이 제거되고 생산물시장이 다시 균형을 회복하기 위해서는 초과공급만큼 총수요가 증가되어야 하는데 이를 위해서는 이자율이 하락하여 투자수요가 증가해야 한다. 즉, 생산물시장의 균형이 유지되기 위해서는 국민소득과 이자율이 반대방향으로 움직여야 하며, 따라서 IS곡선은 우하향하는 형태를 가진다. 한편, C점과 같이 IS곡선의 우측에 있는 점에서는 생산물시장이 초과공급 상태에 있으며, 반대로 D점과 같이 IS곡선의 좌측에 있는 점에서는 생산물시장이 초과수요 상태에 있게 된다.

IS곡선의 기울기와 위치

IS곡선의 기울기, 즉 IS곡선이 우하향하는 정도는 중요한 경제적 의미를 가지고 있다. 왜냐하면 IS곡선의 기울기는 국민소득이 변화할 때 생산물시장의 균형을 회복하기 위해서 어느 정도 이자율의 조정이 필요한지를 나타내기 때문이다.

IS곡선의 기울기에 대해 논하기 위해 (3-26)식을 풀어서 정리하면 다음과 같은 IS곡선의 식을 구할 수 있다.

$$i = \frac{\overline{A}}{b} - \frac{1}{\alpha b}Y, \qquad \alpha = \frac{1}{1-c} \tag{3-27}$$

위 식에서 α는 투자승수를 나타낸다. (3-27)식에 따르면 IS곡선의 기울기는 투자승수와 투자의 이자율 탄력성을 곱한 값의 역수이므로 투자승수가 클수록 또는 투자의 이자율탄력성이 클수록 IS곡선의 기울기는 완만하게 된다. 이는 [그림 3-4]에서 승수가 클수록 또는 이자율 탄력성이 클수록 초과공급을 제거하기 위하여 필요한 이자율의 조정폭, 즉 BC의 길이가 줄어들기 때문이다.

IS곡선의 기울기뿐만 아니라 IS곡선의 위치 역시 거시경제의 균형에 중요한 영향

그림 3-5 IS 곡선의 이동

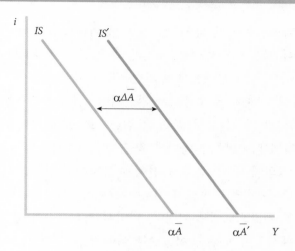

독립지출이 $\varDelta\bar{A}$만큼 증가하면 모든 이자율 수준에서 총수요가 $\alpha\varDelta\bar{A}$만큼 증가한다.
따라서 IS곡선은 승수효과의 크기만큼 우측으로 평행이동한다.

을 미친다. 다른 조건이 일정한 상태에서 독립지출만이 $\varDelta\bar{A}$만큼 증가하였다고 하자. 이때 총수요는 승수효과에 의해 $\alpha\bar{A}$만큼 증가할 것이다. 이와 같은 총수요 증가는 어떤 이자율 수준에서도 성립할 것이기 때문에 IS곡선은 [그림 3-5]에서와 같이 승수효과의 크기만큼 우측으로 평행이동하게 된다. 독립지출 변화의 크기가 클수록 또는 승수가 클수록 IS곡선의 이동폭은 커진다.

❸ LM 곡선 – 화폐시장의 균형조건

IS곡선은 이자율이 주어졌을 때 생산물시장을 균형시키는 국민소득이 얼마인지를 가르쳐 준다. 따라서, 균형국민소득을 구하기 위해서는 이자율이 얼마인지를 알아야 한다. 이자율은 자산시장에서 결정되므로 이자율이 얼마인지를 알기 위해서는 자산시장을 국민소득 결정모형에 도입해야 한다.

자산시장 균형과 화폐시장 균형

자산시장이란 화폐, 채권, 주식, 주택 등 모든 형태의 자산이 거래되는 시장이다. 자산에는 많은 종류가 있지만 이들을 채권과 화폐의 두 종류로만 구분하기로 하자. 채권은 수익을 목적으로 보유되는 모든 자산들을 대표하며 화폐는 수익성은 없지만 지불수단으로서의 기능 때문에 보유되는 자산이다. 현금은 당연히 지불수단으로 사용되지만, 현금 이외의 자산들도 직접 또는 현금으로 전환되어 지불수단으로 사용될 수 있다. 따라서 화폐에는 현금뿐 아니라 지불수단으로 사용될 수 있는 다른 자산도 포함된다. 화폐의 정의에 대해서는 제15장에서 설명할 것이다.

이 경우 자산시장은 채권의 수급이 이루어지는 채권시장과 화폐의 수급이 이루어지는 화폐시장의 두 시장으로 나누어진다. 따라서 자산시장이 균형을 이루기 위해서는 채권시장과 화폐시장이 모두 균형을 이루어야 한다. 그런데 왈라스의 법칙에 의해서 두 자산시장 중 어느 한 시장이 균형을 이루면 다른 시장은 당연히 균형을 이루게 된다. 자산시장에 적용된 왈라스의 법칙은 각 경제주체가 자신의 예산제약 조건을 만족할 때 그 경제 내의 모든 자산시장에서의 초과수요의 합은 언제나 0과 같아져야 함을 말한다. 따라서, 경제 내에 존재하는 n개의 시장 중에서 $n-1$개의 시장이 균형이라면 나머지 한 개의 시장도 자동적으로 균형을 이루게 된다는 것이다.

화폐시장의 균형조건과 채권시장의 균형조건이 동일하다는 사실은 다음과 같이 보일 수 있다. 이 경제에 n명의 경제주체가 존재하고, 그 중 i번째 경제주체가 현재 보유하고 있는 화폐와 채권의 양을 각각 M_i와 B_i, 자산규모를 W_i라고 하면 $W_i = M_i + B_i$의 등식이 성립한다. 경제전체의 화폐 보유량, 채권 보유량, 그리고 자산규모를 각각 M, B, W라 하면 이들은 모든 경제주체의 보유량을 합한 값이므로 이들 간에도 $W = M + B$의 등식이 성립할 것이다. 한편 i번째 경제주체의 화폐와 채권에 대한 수요를 각각 M_i^d와 B_i^d로 표시하면 각 경제주체는 자신이 보유한 자산의 범위 내에서만 화폐와 채권의 보유구성을 변화시킬 수 있으므로 $M_i^d + B_i^d = W_i$의 예산제약식이 충족되어야 한다. 이 예산제약식을 모든 경제주체에 대해 더하는 경우 $M^d + B^d = W$라는 경제 전체의 예산제약식을 구할 수 있다. 이 두 식을 결합하면 다음과 같은 관계가 항상 성립되어야 함을 알 수 있다.

$$M^d + B^d = M + B \qquad\qquad (3\text{-}28)$$

또는 $(M^d - M) + (B^d - B) = 0$

이제 만일 화폐시장이 균형상태에 있다면 $M=M^d$가 성립할 것이고, 따라서 위 조건에 의해 채권시장의 균형조건인 $B=B^d$가 자동적으로 충족되게 된다. 이상에서 살펴본 바와 같이 화폐시장의 균형과 채권시장의 균형은 서로 동일한 조건이므로 이자율의 결정을 논의하기 위해 채권시장 대신 화폐시장의 균형조건만을 보아도 된다. $IS-LM$ 모형이 이자율의 결정에 대해 설명하기 위해 채권시장이나 자산시장 대신 화폐시장의 균형만을 분석 대상으로 하고 있는 것도 바로 이러한 이유에서다.

화폐수요

이자율은 화폐시장에서의 수급에 의해 결정되는데, 이 중 화폐수요는 소득과 이자율에 의존한다. 경제주체의 소득이 증가할수록 지출이 늘어날 것으로 기대되는데 지출의 증가는 지불수단으로서의 화폐에 대한 수요를 증가시킨다. 이와 같이 소득이 증가할수록 화폐수요가 증가하게 되는 것은 교환의 매개수단으로서의 화폐의 기능에서 비롯하고 있으며 제15장에서 보다 자세히 설명될 것이다. 한편 이자율은 화폐보유에 따른 기회비용(opportunity cost)의 성격을 가진다. 예를 들어 월 이자율이 1%일 때 100만원을 현금으로 가지고 있다면 월 1만원의 이자를 포기하는 셈이 될 것이다. 이때 1만원은 실제로 지급되는 비용은 아니나, 100만원을 현금의 형태로 보유하게 됨으로써 포기해야 하는 대가라는 점에서 기회비용인 것이다. 이자율이 상승하면 화폐보유의 기회비용이 늘어나므로 화폐수요는 감소하게 된다.

이상에서 설명된 화폐수요 결정요인은 다음과 같이 간단한 함수적 관계로 표시할 수 있다.

$$\left(\frac{M}{P}\right)^d = kY - hi, \qquad k, h > 0 \tag{3-29}$$

여기서 M은 화폐의 양, P는 물가수준을 나타낸다. k와 h는 양의 값을 가지는 상수로 각각 소득과 이자율의 변화가 화폐수요에 미치는 영향의 정도를 나타내는데, 이들을 화폐수요의 소득탄력성과 화폐수요의 이자율탄력성이라 부르기로 한다. 위 식에서 화폐수요는 명목금액에 대한 수요가 아니라 실질잔고(real balance)에 대한 수요로 표현되었다. 실질잔고란 명목금액으로 표시된 화폐의 양을 물가수준으로 나눈 것이다. 화폐수요가 실질잔고에 대한 수요로 표시된 것은 경제주체가 화폐를 보유하려는 동기가 생산물을 거래하는 데에 필요한 지불수단을 확보하는 데에 있기 때문이다. 이 경우 화폐수요는 거래하기를 원하는 생산물의 양에 의해 결정된다. 물론 명목잔고에 대한 수요는 실질잔고에 대한 수요뿐만 아니라 물가수준에도 의존한다. 예를 들어 물가가 10% 상승한다면 거래하기를 원하는 생산물의 양에는 변화가 없더라도 화폐의 명목잔고에 대한 수요는 10% 증가한다.

화폐공급과 화폐시장의 균형

화폐공급에 대해서는 제15장에서 보다 상세히 설명하겠지만, 화폐공급은 중앙은행에 의해 조절이 가능하므로 여기서는 화폐공급량을 의미하는 통화량이 중앙은행에 의해 $\overline{M}$로 결정되어 있다고 가정한다. 물가가 $\overline{P}$에서 경직적임을 가정한다면 실질잔고로 나타낸 화폐의 공급량 역시 다음과 같이 외생적으로 주어진다.

$$\left(\frac{M}{P} \right)^{s} = \frac{\overline{M}}{\overline{P}}$$

(3-30)

화폐시장의 균형은 실질잔고의 공급이 (3－29)식에 주어진 실질잔고에 대한 수요와 일치할 때 이루어진다.

$$\left(\frac{M}{P} \right)^{s} = \left(\frac{M}{P} \right)^{d}$$

[그림 3－6]은 지금까지 설명한 화폐수요함수와 공급함수를 보여준다. 그림에서 가로축은 실질잔고를 나타내며 세로축은 이자율을 나타낸다. 그런데 화폐수요는 이자율뿐 아니라 국민소득에도 의존하므로 이 그림에 화폐수요함수를 나타내기 위해서는 국민소득을 임의의 수준으로 고정시킬 수밖에 없다. 따라서 그림에 제시된 화폐수요곡선은 소득 수준을 특정한 Y값에 고정시킨 것임에 유의해야 한다.

한편 명목통화량이 M_1일 때 화폐공급곡선은 $M_1/\overline{P}$에서 수직인 직선이 된다. 화폐시장의 균형은 실질잔고의 공급곡선과 수요곡선이 만나는 점 E에서 달성되며 이때의 균형이자율은 i_1이 된다.

이제 중앙은행이 통화량을 M_1에서 M_2로 증가시키는 경우를 생각해 보자. 이 경우에는 실질통화량도 같은 비율만큼 증가하므로 화폐공급곡선은 그림에서와 같이 우측으로 이동한다. 이에 따라 E점 대신 F점에서 새로운 균형이 달성되며, 균형이자율

• 그림 3-6 화폐시장의 균형

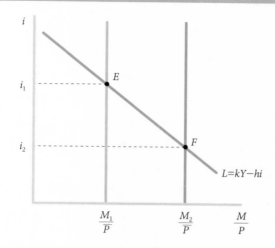

통화량이 M_1일 때 화폐시장의 균형은 E에서 일어나며 균형이자율은 i_1이 된다. 통화량이 M_1에서 M_2로 증가할 경우 물가수준이 고정되었기 때문에 실질통화량이 같은 비율로 증가하며 균형이자율은 i_2로 하락한다.

은 i_1에서 i_2로 하락한다.

통화량이 증가하는 경우 왜 균형이자율이 하락하는지를 설명해 보기로 하자. 통화량이 M_2로 늘어났음에도 불구하고 현재 이자율이 i_1에 머물러 있다고 하자. 이때에는 화폐의 초과공급이 발생하는데 이는 경제주체들이 자신이 보유하고자 하는 것보다 많은 화폐를 보유하고 있음을 의미한다. 당연히 경제주체들은 화폐를 가지고 채권을 매입함으로써 화폐보유량를 줄이려고 할 것이며 이에 따라 채권에 대한 초과수요가 일어나게 된다. 이때 채권에 대한 초과수요는 왈라스의 법칙을 나타내는 (3-28)식에 의해 화폐의 초과공급과 일치한다. 채권에 대한 초과수요는 채권가격을 상승시킬 것이고 이에 따라 이자율은 하락하게 된다.[3] 이자율의 하락은 화폐수급이 균형을 이루는 i_2에 이를 때까지 계속될 것이다.

화폐공급뿐만 아니라 화폐수요의 변화도 이자율에 영향을 미친다. 예를 들어 현금자동인출기(ATM)의 도입 등 지불과 관련된 금융기법의 발달로 화폐에 대한 수요가 감소한다면 화폐수요곡선은 좌측으로 이동하며 균형이자율은 하락한다.

---

3 채권가격은 채권수익 즉 채권으로부터 발생하는 현금흐름의 현재가치다. 시장이자율이 i라 할 때 1년 후에 1원을 원리금으로 지급하는 채권의 가격은 $P_B = \dfrac{1}{1+i}$이므로, 채권가격(P_B)과 이자율(i)은 역(逆)의 관계에 있음을 알 수 있다. 채권가격과 이자율간의 관계에 대해서는 제17장에서 보다 상세히 설명한다.

LM곡선의 도출

[그림 3-6]에서는 국민소득이 일정한 수준으로 고정되어 있다고 전제하고 화폐시장을 균형시키는 이자율을 구하였다. 따라서 그림에서 구한 이자율은 주어진 국민소득 수준에서 화폐시장을 균형시키는 이자율이라 할 수 있다. 이는 국민소득 수준이 변하면 균형이자율 수준도 바뀌게 됨을 의미한다. 예를 들어 소득이 Y_1에서 Y_2로 증가하여 모든 이자율 수준에서 화폐수요가 증가한다면 화폐수요곡선은 [그림 3-7]의 (a)에서와 같이 우측으로 이동하고 균형점도 A에서 B로 이동한다. 다른 조건에 변화가 없는 한 균형이자율도 i_1에서 i_2로 상승한다.

이처럼 화폐시장의 균형을 만족시키는 국민소득과 이자율의 조합은 A점과 B점 이외에도 무수히 많이 있는데, [그림 3-7]의 오른편 그림에서와 같이 화폐시장의 균형을 만족시키는 국민소득과 이자율의 조합을 나타내는 곡선을 LM곡선이라 한다.

[그림 3-7]에서 도출한 LM곡선은 우상향하는 형태를 가지고 있는데 그 이유를 설명해 보자. 화폐시장의 균형조건을 충족시키는 LM곡선상의 임의의 점 A를 생각해 보자. 이제 다른 조건이 일정하고 단지 소득만이 Y_1에서 Y_2로 증가하였다고 하자. 즉, A점에서 C점으로 이동하였다고 하자. 소득의 증가는 화폐수요의 증가를 가

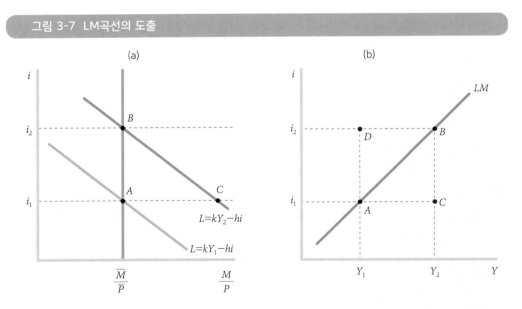

그림 3-7 LM곡선의 도출

통화량이 일정할 때 소득이 Y_1에서 Y_2로 증가하면 금리수준이 i_1에서 i_2로 상승해야 화폐시장의 균형이 유지된다. 그러므로 화폐시장의 균형을 나타내는 LM곡선은 우상향한다.

져올 것이다. 이때 화폐공급에 아무런 변화가 없다면 화폐시장에는 초과수요가 발생하게 된다. 이 초과수요를 제거함으로써 화폐시장의 균형을 회복하기 위해서는 화폐보유에 대한 기회비용인 이자율이 상승해야 할 것이다. 그러므로 새로운 균형은 B점과 같이 A점의 우상 방향에 위치하여야 할 것이다. 이는 화폐시장의 균형을 유지하기 위해서는 이자율과 소득이 같은 방향으로 움직여야 함을 의미하며, 따라서 LM곡선은 우상향하는 형태를 가진다. 한편 C점과 같이 LM곡선의 우측에 위치한 점에서는 화폐시장이 초과수요 상태에 있으며, D점과 같이 LM곡선의 좌측에 위치한 점에서는 화폐시장이 초과공급 상태에 있다.

LM곡선의 기울기와 위치

LM곡선의 기울기는 통화정책과 재정정책의 효과에 중요한 영향을 미친다. 화폐시장의 균형 조건으로부터 LM곡선의 식을 다음과 같이 구할 수 있다.

$$i = -\frac{1}{h}\frac{\overline{M}}{P} + \frac{k}{h}Y \tag{3-31}$$

이 식에 따르면 LM곡선의 기울기는 Y의 계수인 k/h에 의해 결정된다. 즉 LM곡선의 기울기는 화폐수요의 소득탄력성(k)이 높을수록 또는 화폐수요의 이자율탄력성(h)이 낮을수록 커지게 된다. 예를 들어 고전학파가 주장하는 바와 같이 화폐수요가 이자율의 변화에 전혀 반응을 보이지 않는 경우에는 $h=0$이 되며 이때 LM곡선의 식은 $\overline{M}/P=kY$로 단순화된다. 즉 LM곡선은 수직의 형태를 보이게 된다.

이와 반대로 화폐수요가 이자율의 변화에 대단히 민감하다면 LM곡선의 기울기는 수평에 가깝게 된다. 특히 이자율이 매우 낮아서 화폐수요가 이자율에 대해 완전탄력적인 경우, 즉 $h=\infty$ 때에는 LM곡선은 수평의 형태를 가진다. 이처럼 화폐수요가 이자율에 대해 완전탄력적이어서 LM곡선이 수평이 되는 경우를 유동성 함정(liquidity trap)이라 한다.

그렇다면 경제는 왜 유동성 함정에 빠지는 것일까? 이는 케인즈의 화폐수요이론인 유동성 선호설(liquidity preference theory)에 의해 설명될 수 있다. 케인즈는 화폐수요의 동기로 거래적 동기, 예비적 동기, 투기적 동기의 세 가지가 있다고 하였다. 이 중 투기적 동기(speculative motive)에 의한 화폐수요란 앞으로 이자율이 올라갈 것으로 기대될 경우에 채권 대신 화폐를 보유하려 함을 말한다. 지금 낮은 이자율을 지급하는 채권을 사 두는 것보다는 이자율이 올라갈 때까지 기다린 후 높은 이자율을 지급하는 채권을 사는 것이 더 유리하기 때문이다. 그런데 이자율이 너무 낮을 경우에는 모든 사람들이 앞으로 이자율이 상승하리라고 기대할 것이고 따라서 모든 사람들이 채권 대신 화폐만을 보유하려고 할 것인데 이는 곧 화폐에 대한 수요가 무한대가 됨을 의미한다. 케인즈는 대공황 기간중에 미국 경제가 유동성 함정에 빠져 있었다고 주장하였다.

LM곡선의 위치는 화폐공급에 의해 결정된다. 통화량이 증가하면 LM곡선이 우측으로 평행이동한다는 사실은 (3−31)에 주어진 LM곡선의 함수식으로부터 쉽게 확인할 수 있다. 뿐만 아니라 금융기법의 발전과 같이 소득과 이자율 이외에 화폐수요에 영향을 미치는 요인들도 통화량의 변화와 마찬가지로 LM곡선을 좌우로 이동시킨다는 사실에 유념할 필요가 있다. 예를 들어 [그림 3−7]에서 LM곡선상의 한 점 A를 생각해 보자. 이제 신용카드 보급의 확산으로 화폐수요가 감소했다고 가정하자. 그렇다면 A점은 새로운 금융환경에서 더 이상 화폐시장을 균형시키는 점이 될 수 없다. 당연히 화폐의 초과공급이 발생할 것이며 화폐시장의 균형이 회복되기 위해서는 소득이 증가하거나 이자율이 하락함으로써 화폐수요가 증가해야 한다. 따라서 새로운 균형점은 A점의 우하방향에 위치해야 한다. 여기서 A점은 기존 LM곡선상의 임의의 점이므로 새로운 균형점이 A점의 우하방향에 있다함은 곧 외생적 요인에 의해 화폐수요가 감소할 경우 새로운 LM곡선은 우측으로 이동해야 함을 의미한다.

④ 생산물시장과 화폐시장의 동시균형

국민경제의 균형은 생산물시장과 화폐시장이 모두 균형을 이룰 때에 성립되며 이는 [그림 3−8]에서와 같이 IS곡선과 LM곡선이 만나는 E점에서 일어난다. E점에서는 계획된 투자와 저축이 일치하는 동시에 화폐수요와 공급이 일치한다. 물론 채권에 대한 수요와 공급도 같게 되어 채권시장은 물론 나아가 자산시장도 균형을 이룬다. 그러므로 (Y^*, i^*)는 거시경제의 균형조건을 충족시키는 소득과 이자율의 조합이며, 따라서 Y^*는 균형국민소득, i^*는 균형이자율이 된다.

[그림 3−9]는 $IS−LM$ 모형의 원리를 보여준다. 생산물 시장과 화폐시장의 두 시

그림 3-8 국민경제의 균형

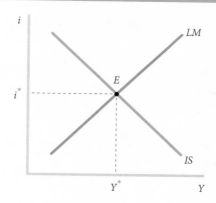

생산물 시장의 균형을 표시하는 IS곡선과 화폐시장의 균형을 나타내는 LM곡선이 만나는 E점에서 거시경제의 균형이 성립한다. 즉, 의도된 저축과 투자가 일치하며 화폐시장에서의 초과수요가 영이 된다.

장으로 구성된 경제가 균형을 이루기 위해서는 두 시장이 모두 균형을 이루어야 한다. 즉, 생산물시장에서 총공급과 총수요가 같아져야 하며, 화폐시장에서 화폐공급과 화폐수요가 같아져야 한다. 화폐시장의 균형은 자산시장의 균형을 대표한다. IS곡선은 생산물시장의 균형조건을, 그리고 LM곡선은 화폐시장의 균형조건을 나타낸다.

그런데, 그림에서 볼 수 있듯이 생산물시장과 화폐시장은 국민소득과 이자율을 통해 서로에게 영향을 미친다. 생산물시장의 균형으로부터 국민소득이 결정되는데, 이는 그림에서와 같이 화폐시장에서의 화폐수요에 영향을 미친다. 화폐수요가 변하면 화폐시장이 다시 균형을 이루는 과정에서 이자율이 결정되며, 이는 투자를 통해 생산물시장에서의 총수요에 영향을 미친다. 총수요가 변하면 생산물시장이 균형을 이루는 과정에서 새로이 국민소득이 결정되며, 이는 다시 화폐수요에 영향을 미친다. 이와 같은 과정을 거치면서 경제는 균형상태로 접근하게 된다.

IS곡선과 LM곡선이 만나는 점에서는 두 시장이 동시에 균형을 이루고 있으므로, 더 이상 국민소득과 이자율이 변화할 필요가 없다. 그러나, 화폐공급을 변화시키는 통화정책이나 총수요를 변화시키는 재정정책이 시행되면 각 시장이 균형상태에서 벗어나게 되며, 다시 균형을 찾아가는 과정이 시작된다.

IS-LM 모형에 따르면 IS곡선이나 LM곡선을 이동시킬 수 있는 충격은 모두 경기변동의 원인이 될 수 있다. 총수요의 구성요소인 소비, 투자, 정부구매에 영향을 줄 수 있는 모든 충격은 IS곡선을 이동시킨다. 여기에는 가처분소득에 영향을 줄 수 있

그림 3-9 IS-LM 모형의 원리

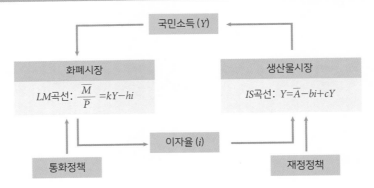

는 조세와 이전지출, 독립소비에 영향을 미치는 소비자심리(consumer sentiment), 투자에 영향을 미치는 기업가의 야성적 충동 등이 포함되며 이들은 모두 경기변동의 원인이 될 수 있다. LM곡선을 이동시킬 수 있는 요인으로는 통화량의 변화나 화폐수요에 대한 충격을 들 수 있다. 소비, 투자, 정부구매, 통화량, 화폐수요 등에 영향을 미치는 요인들에 대해서는 제4부 개별 경제주체의 의사결정에서 보다 상세하게 설명할 것이다. 이들 요인에 더하여 개방경제에서는 수입과 수출에 영향을 주는 요인들도 경기변동의 원인이 될 수 있는데 이에 대해서는 제5장에서 설명할 것이다.

$IS-LM$ 모형으로 모든 거시경제현상을 설명할 수는 없다. 단순모형과 마찬가지로 $IS-LM$ 모형은 기본적으로 가격의 경직성을 전제로 한다. 따라서 이 모형은 가격이 경직적인 단기에 있어서의 경기변동 현상을 설명하는 데에 적절한 모형이다.

⋮ 요점 정리

1 케인즈학파에 따르면 국민소득의 변동은 총수요의 변동에 의해 설명된다. 가격의 경직성과 유휴생산능력으로 말미암아 총생산이 총수요와 같아지도록 조절되기 때문이다.

2 단순모형은 생산물시장의 균형에 의해 국민소득의 결정을 설명하는 모형이다. 폐쇄경제모형에서의 총수요는 가계의 소비지출, 기업의 투자지출, 정부의 정부구매로 구성된다.

3 디플레이션 갭은 완전고용 국민소득에서 총수요가 총공급에 미치지 못하는 경우에 존재하며, 반대로 인플레이션 갭은 완전고용 국민소득에서 총수요가 총공급을 초과하는 경우에 존재한다.

4 투자가 증가할 경우 국민소득은 투자증가폭보다 큰 폭으로 증가하는데 이를 승수효과라 한다. 승수효과가 나타나는 이유는 투자증가에 따른 국민소득 증가가 다시 소비증가를 유발시키기 때문이다.

5 정부는 정부구매, 이전지출, 조세 등을 증감시킴으로써 국민소득에 영향을 줄 수 있는데 이를 재정정책이라 한다. 케인즈는 생산물시장을 균형시키는 국민소득이 완전고용을 보장할 수 없으므로 정부가 적극적으로 재정정책을 이용하여 총수요를 관리함으로써 완전고용을 달성해야 한다고 주장하였다.

6 투자가 이자율에 의존할 경우 생산물시장만으로 구성된 단순모형으로는 국민소득의 결정을 설명할 수 없다. 이자율의 결정을 설명하기 위해서는 자산시장을 국민소득 결정모형에 도입해야 하는데 이를 *IS−LM* 모형이라 한다.

7 *IS*곡선은 생산물시장을 균형시키는 국민소득과 이자율의 조합을 나타내는곡선이다. *IS*곡선은 우하향하는 기울기를 가지고 있는데, 투자승수의 값이 클수록 또는 투자의 이자율탄력성이 클수록 기울기가 완만하게 된다. 한편 정부구매의 증가와 같은 독립지출의 증가는 *IS*곡선을 승수효과의 크기만큼 우측으로 평행이동시킨다.

8 이자율은 자금조달비용을 나타내는 가격이므로 자금의 수급시장인 채권시장에서 결정된다. 그러나 자산시장에서의 왈라스법칙에 의해 채권시장의 균형조건과 화폐시장의 균형조건은 동일한 조건이므로 *IS−LM* 모형에서는 채권시장 대신 화폐시

장의 균형조건을 통해 이자율의 결정을 설명한다.

9   *LM*곡선은 화폐시장을 균형시키는 국민소득과 이자율의 조합을 나타내는 곡선이다. *LM*곡선은 우상향하는 기울기를 가지고 있는데, 화폐수요의 이자율탄력성이 클수록 또는 화폐수요의 소득탄력성이 작을수록 *LM*곡선의 기울기는 작아진다. 한편 통화공급의 증가는 *LM*곡선을 우측으로 평행이동시킨다.

10   국민경제가 균형을 이루려면 생산물시장과 화폐시장이 동시에 균형을 이루어야 하는데, 이는 *IS*곡선과 *LM*곡선이 만나는 점에서 달성된다.

● 주요 용어

- 총수요
- 유휴생산능력
- 유효수요
- 사전적 투자
- 한계소비성향
- 독립수요
- 유발수요
- 안정적 균형

- 인플레이션 갭
- 디플레이션 갭
- 승수효과
- 재정정책
- 완전고용 국민소득
- 자동안정장치
- 재정수지
- 재정적자

- 균형재정승수
- *IS*곡선
- 실질잔고
- *LM*곡선
- 유동성 함정
- 유동성선호설

● 연습 문제

1   폐쇄경제의 단순모형에서 생산물시장의 균형조건은 국민저축과 투자가 같다는 조건과 동일한 조건임을 증명하라.

2   폐쇄경제인 B국에 있어서 2009년의 소비함수, 투자함수, 정부구매함수 등이 각각 다음과 같다고 하자. 그런데 2009년에 실제로 실현된 총생산량은 4,000이라 하자. 국민소득계정에 따르면 이 경제의 국민소득, 소비, 투자, 정부구매의 회계는 어떻게 처리될까? 만일 소비함수, 투자함수, 정부구매함수 등에 아무런 변화가 없다면

2010년의 국민소득은 어떤 방향으로 변할 것으로 기대되며 그 이유는 무엇인가?
$C=200+0.8YD,\ I=300,\ G=500,\ T=TR=0$

3 단순모형에서 $\Delta\overline{G}=1$인 경우 정부구매승수를 동태적 방법으로 구하라.

4 현재 경제가 침체 상태에 빠져 있기 때문에 정부는 다음 세 가지 경기부양조치의 시행을 검토하고 있다. 국민소득 증가의 효과를 최대한 달성하기 위해서는 어떤 정책이 가장 유용한지를 기준으로 세 정책의 순위를 정하고 그 근거를 단순모형을 이용하여 설명하라.

A. 5조 원의 정부구매 증가
B. 5조 원의 이전지출을 모든 국민에게 똑같이 나눠 줌
C. 5조 원의 이전지출을 소득 하위계층 30%에만 나눠 줌

5 재정수지에 관한 다음과 같은 식을 생각해보자.

$BS = T - \overline{G} - \overline{TR}$

$T = tY$

세율 t의 인상이 정부의 재정흑자를 나타내는 변수 BS에 어떤 영향을 주는가 즉 $\Delta BS/\Delta t$의 부호와 크기는 얼마인지를 구하라. (Hint: 국민소득의 균형을 나타내는 식 $Y^*=\overline{A}+c(1-t)Y^*$를 세율 t와 소득 Y에 대해 차분하여 다음의 식을 구한다. $\Delta Y^*=-cY^*\Delta t+c(1-t)\Delta Y^*$)

6 정부의 이전지출이 다음과 같이 국민소득이 증가함에 따라 감소한다면 경기의 자동안정장치가 될 수 있음을 보여라. (Hint: 승수의 크기를 비교할 것)

$TR = \overline{TR} - \tau Y,\qquad \tau > 0$

7 국민소득이 단순모형에 의해 결정된다고 할 때 다음 내용의 진위를 가리고 그 이유를 설명하라.

(1) 대학에 대한 기부행위는 국민소득을 증가시킨다
(2) 소득재분배정책은 국민소득을 증가시킨다.
(3) 100원 짜리 동전을 길에서 주웠다면 국민소득이 증가한다.
(4) 균형재정은 국민소득의 안정에 기여한다.

8 일하지 않는 공무원을 감원하고 대신 봉급수준과 같은 액수의 실업수당을 지급한다면 국민소득에 어떤 변화가 일어날 것인지를 설명하라.

9 국민소득 균형조건 $NS=I$로부터 IS곡선의 식을 직접 유도하고 그 과정을 설명하라.

10 현금직불카드나 ATM의 도입 등 금융기법의 발전으로 인하여 화폐수요가 감소한다고 하자.
(1) 화폐수요의 감소를 구체적으로 화폐수요함수 $\left(\dfrac{M}{P}\right)^d = kY - hi$에 어떻게 도입할 것인지를 설명하라.
(2) 화폐수요의 감소가 LM곡선에 어떤 영향을 미칠 것인지 분석하라.

11 어떤 경제가 현재 다음 그림에서의 C점과 같은 상태에 있다고 하자.

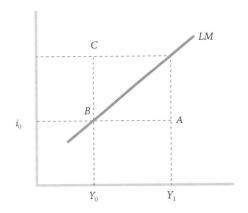

(1) 화폐의 수요곡선과 공급곡선을 그리고 위 그림의 B점과 C점에 해당하는 점을 표시하라.
(2) 앞으로 이자율에 있어서 어떤 변화가 발생할 것이라 예상되나?

12 다음 IS곡선과 LM곡선의 식을 생각해보라.

$$IS곡선:\ Y = \frac{1}{1-c(1-t)}(\overline{A}-bi)$$

$$LM곡선:\ i = \frac{k}{h}Y - \frac{1}{h}\frac{\overline{M}}{P}$$

⑴ 균형국민소득과 균형이자율을 구하라.

⑵ $h=0$일 때 즉, 고전학파의 경우 균형국민소득과 균형이자율을 구하고 (1)의 답과 비교하라.

Chapter

04 *IS-LM* 모형과 거시경제정책

재정정책과 통화정책은 주된 거시경제정책으로서 국민소득의 수준과 구성에 중요한 영향을 미치고 있다. *IS-LM* 모형은 케인즈학파의 국민소득 결정모형의 핵심일 뿐만 아니라 통화정책이나 재정정책이 거시경제에 미치는 효과를 분석함에 있어서 매우 유용한 분석의 틀을 제공한다. 뿐만 아니라 투자 여건의 변화, 환율 변동, 인플레이션 기대심리의 변화, 금융기법의 발전에 이르기까지 다양한 현상들이 경제에 미치는 영향을 분석하는 데에도 유용하다. 제4장에서는 *IS-LM* 모형을 거시경제정책의 효과를 분석하고 거시경제현상을 이해하는 데에 실제로 적용해 보고자 한다.

① 재정정책

재정정책(fiscal policy)이란 재정지출과 조세를 이용하여 국민소득의 규모와 구성에 영향을 미치는 정책을 말한다. 재정정책이 거시경제에 미치는 효과를 *IS-LM* 모형을 이용하여 분석해 보기로 한다.

재정정책과 구축효과

IS-LM 모형에 따르면 거시경제의 균형은 생산물시장과 화폐시장이 동시에 균형을 이룰 때에 달성되며, 이는 *IS*곡선과 *LM*곡선이 교차하는 점에서 충족된다. 이러한 거시경제의 균형은 재정정책이나 통화정책과 같은 외부적 요인의 변화로 인해 *IS*곡선이나 *LM*곡선이 이동함에 따라 변하게 된다.

다른 조건이 일정한 상태에서 정부구매가 ΔG만큼 증가하는 경우를 생각해 보자. 단순모형을 통해 분석한 바에 의하면 정부구매의 증가는 총수요의 증가를 통해 국민

그림 4-1 정부구매의 증가와 구축효과

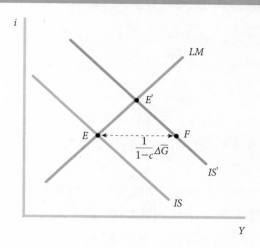

정부구매 증가는 균형을 E에서 E'로 이동하게 하는데 이는 ① 승수효과($E \to F$)와 ② 구축효과($F \to E'$)의 두 단계로 구분된다. 정부구매 증가에 따른 승수효과가 이자율 상승에 따른 투자감소로 인해 부분적으로 구축되므로 새로운 균형에서 소득증가는 승수효과보다 작다.

소득을 승수효과만큼 증가시킨다. 그러나 이자율이 내생적으로 결정되는 $IS-LM$ 모형에서는 정부구매 증가의 효과가 단순모형과는 다르게 나타난다.

정부구매가 증가할 경우 IS곡선은 [그림 4-1]에서와 같이 승수효과에 해당하는 $\Delta\overline{G}/(1-c)$만큼 우측으로 이동하여 IS'가 된다. 이자율에 변화가 없다면 생산물시장의 균형은 새로운 IS'곡선상의 점인 F에서 달성된다. F는 단순모형에서의 새로운 균형점에 해당하며 EF의 길이는 승수효과의 크기와 동일하다. 그러나 F는 $IS-LM$ 모형에서는 새로운 균형점이 될 수 없다. 화폐시장이 균형을 이루고 있지 못하기 때문이다. F점에서는 화폐시장이 초과수요 상태에 있으므로 이자율이 상승하고 이에 따라 투자가 감소하여 새로운 균형은 IS'곡선과 LM곡선이 만나는 점인 E'에서 일어난다. 결국 정부구매 증가는 국민소득을 증가시키기는 하지만 그 증가분은 승수효과에 비해 작다. 이전지출의 증가나 조세의 감소의 경우에도 승수의 크기와 IS곡선의 이동폭에만 차이가 있을 뿐 정부구매 증가의 경우와 같이 분석될 수 있다. 〈표 4-1〉에서는 정부구매 증가가 거시경제에 미치는 영향을 요약하였다.

이상에서 보았듯이 일반적으로 정부구매나 이전지출과 같은 재정지출의 증가는 국민소득에 서로 상반되는 두 가지 영향을 미친다. 첫째는 재정지출의 증가로 인한 승수효과로서 이는 [그림 4-1]에서 E로부터 F로의 이동에 해당된다. 둘째는 이자율

Y (소득)	i (이자율)	I (투자)	C (소비)
증가	상승	감소	증가

상승에 따라 투자수요가 감소하는 효과로서 F로부터 E′로의 이동에 해당된다. 이처럼 팽창적인 재정정책이 이자율의 상승을 통해 투자를 감소시키는 현상을 구축효과(crowding-out effect)라 한다.

구축효과가 발생하는 것은 재정지출의 증가로 인해 이자율이 상승하기 때문인데, 이는 채권시장을 통해서 보다 쉽게 이해될 수 있다. 여기서 핵심적인 사항은 재정지출의 증가에 필요한 재원을 어떻게 조달하는가의 문제이다. 일반적으로 재정지출의 재원은 ① 조세증액, ② 국채의 발행, ③ 통화증발에 의해 조달된다. 그런데 앞에서 다른 조건이 일정하다는 단서 하에서 재정정책의 효과를 본다고 했는데 이는 조세와 통화량이 일정함을 의미하는 것이다. 즉, 재정지출을 증가시키기 위해 국채를 발행한다는 것이다. 재정지출의 증가에 해당하는 액수만큼의 국채의 신규 발행은 국채공급의 증가를 가져와 채권의 초과공급을 발생시키고 이에 따라 이자율을 상승시킨다. 이자율이 상승하면 기업의 자금 조달비용이 높아지고 투자수요가 감소한다.

재정정책의 효과

재정정책이 국민소득을 변화시키는 데에 얼마나 효과가 있는지는 결국 승수효과 중 얼마만큼이 구축효과에 의해 상쇄되는가에 달려 있다. 그렇다면 구축효과의 크기에 영향을 미치는 요인들은 무엇일까? 균형이자율이 i^*로 주어진 경우 균형국민소득은 생산물시장의 균형조건으로부터 다음과 같이 구할 수 있다.

$$Y^* = \frac{1}{1-c}(\overline{A} - bi^*) \tag{4-1}$$

정부구매가 증가하더라도 다른 외생변수의 값은 변하지 않으므로 독립수요의 변화분($\Delta \overline{A}$)은 정부구매의 변화분($\Delta \overline{G}$)과 같으며, 따라서 균형국민소득의 증가분은 다음과 같이 표시될 수 있다.

$$\Delta Y^* = \frac{1}{1-c}(\Delta \overline{A} - b\Delta i^*)$$
$$= \frac{1}{1-c}\Delta \overline{G} - \frac{b}{1-c}\Delta i^* \tag{4-2}$$

위 식에서 첫 번째 항은 승수효과를 나타내고 두 번째 항은 구축효과를 나타내는데, 구축효과의 크기는 균형이자율 상승폭(Δi^*)이 작을수록 또는 투자수요의 이자율탄력성(b)이 낮을수록 작게 나타남을 알 수 있다. 팽창적 재정정책에 따른 이자율 상승폭은 LM곡선의 기울기에 의해 좌우된다. 이는 제3장 제3절에서 설명되었듯이 LM곡선의 기울기는 주어진 국민소득 변화에 대응하여 화폐시장의 균형을 이루기 위해 필요한 이자율의 변화폭을 나타내기 때문이다. 구체적으로 LM곡선의 기울기가 작을수록 이자율의 변화폭은 작아지며 따라서 구축효과도 작아진다. LM곡선의 기울기는 화폐수요의 이자율탄력성에 의해 결정되므로 화폐수요의 이자율탄력성이 클수록 구축효과는 작아진다.

[그림 4-2]는 서로 다른 기울기를 가진 LM곡선에 대해 재정정책에 따른 구축효과의 크기를 비교하고 있다. 독자들은 이 그림이 동일한 경제에서 LM곡선의 기울기가 변하는 경우를 분석하기 위한 것이 아니고 서로 다른 기울기의 LM곡선을 가진 두 경제를 비교하기 위한 것임에 유의해야 한다. 재정정책에 따른 승수효과(E→F)는 동일하지만 구축효과의 크기는 LM_1의 경우 F→E_1이고 LM_2의 경우는 F→E_2로서 LM곡선의 기울기가 작은 경우에 더 작게 나타남을 확인할 수 있다.

이상의 내용을 요약해 보자. 구축효과가 작을수록 재정정책의 효과는 크다. 구축효과의 크기는 화폐수요의 이자율탄력성과 투자의 이자율탄력성에 의해 결정된다. 구체적으로 화폐수요의 이자율탄력성이 높을수록 그리고 투자의 이자율탄력성이 낮을수록 구축효과는 작고 따라서 재정정책의 국민소득에 대한 효과는 크게 나타난다. 이 두 탄력성은 IS곡선과 LM곡선의 기울기를 결정하므로, IS곡선의 기울기가 클수록 그리고 LM곡선의 기울기가 작을수록 재정정책의 효과가 크다고도 할 수 있다.

만약 경제가 유동성 함정에 빠져서 LM곡선이 수평이라면 재정지출 증가에 따른 구축효과는 전혀 나타나지 않으며, 이 경우 재정정책의 효과는 승수효과와 동일하다. 뿐만 아니라 투자가 이자율에 대해 완전비탄력적이어서 IS곡선이 수직인 경우에도 구축효과는 전혀 나타나지 않는다.

그림 4-2 LM 곡선의 기울기와 구축효과의 크기

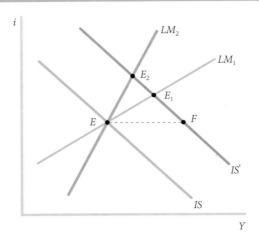

재정지출 증가에 따른 승수효과(E→F)는 동일하나, 구축효과는 LM곡선의 기울기가 작을 경우(F→E₁)가 클 경우 (F→E₂)에 비해 작다. 따라서 LM곡선의 기울기가 작을수록 재정정책의 효과는 크다.

그림 4-3 LM 곡선이 수직인 경우의 재정정책

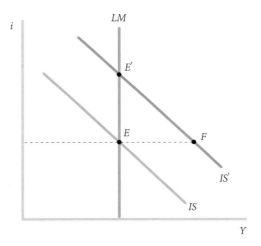

재정지출 증가에 따라 균형점이 E에서 E′로 이동한다. 이때 승수효과(E→F)가 이 자율상승에 따른 구축효과(F→E′)에 의해 완전구축되어 국민소득은 변하지 않는다.

반면에 [그림 4-3]에서와 같이 화폐수요가 이자율에 대해 완전비탄력적이어서 *LM*곡선이 수직이라면 구축효과의 크기는 승수효과의 크기와 동일해지고 재정정책은 국민소득에 전혀 영향을 주지 못한다. 이 경우에는 재정지출 증가의 효과가 민간투자의 감소에 의해 완전구축(full crowding out)되기 때문이다. 재정정책이 완전구축되는 경우에도 총지출의 구성에는 영향을 미친다.

② 통화정책

통화정책(monetary policy)은 통화량 또는 이자율의 변화를 통해 국민소득과 물가에 영향을 미치는 정책이다. 통화정책은 재정정책과 함께 총수요관리정책의 두 축을 이룬다. 그런데 재정정책이 가지는 경직성으로 인하여 거시정책의 운용에 있어 통화정책이 상대적으로 더 큰 비중을 차지하는 것이 현실이다. 복지·의료 부문에 대한 지출을 비롯하여 경직적 지출이 재정의 상당부문을 차지하고 있어 재정지출 규모의 조정에는 한계가 있을 수밖에 없기 때문이다. 의회의 동의과정을 거쳐야 하는 조세정책 역시 현실적으로 경직적일 수밖에 없다. 따라서 통화정책이 가지고 있는 상대적 편의성 때문에 총수요관리정책은 대개 재정정책보다는 통화정책에 더 의존하기 마련이다.

통화정책의 효과와 전달경로

재정정책이 생산물시장에 대한 정부의 개입이라 한다면 통화정책은 화폐시장에 대한 중앙은행의 개입이라 할 수 있다. 이제 다른 조건이 일정할 때 중앙은행이 통화량을 늘리는 정책을 시행하였다고 하자. 화폐공급의 증가는 [그림 4-4]에서와 같이 *LM*곡선을 우측으로 이동시키며 이에 따라 균형점은 *E*에서 *E'*로 이동한다. 기존의 균형점인 *E*에서는 화폐에 대한 초과공급이 존재하게 되어 이자율이 하락하고 이에 따른 투자수요 증가로 인해 국민소득이 증가하기 때문이다.

통화정책이 국민소득에 미치는 효과는 *IS*곡선과 *LM*곡선의 기울기에 달려있다. 구체적으로 *LM*곡선의 기울기가 클수록 그리고 *IS*곡선의 기울기가 작을수록 통화정책의 효과는 크게 나타나는데 그 이유를 알아보기로 한다.

그림 4-4 화폐공급의 증가와 거시균형

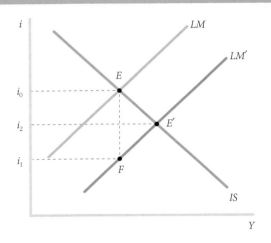

화폐공급의 증가는 균형을 E에서 E′로 이동하게 한다. 새로운 균형에서는 이자율이
하락하고 이에 따른 투자수요의 증가로 인하여 국민소득이 증가한다.

통화정책은 재정정책과는 달리 생산물시장에 직접적으로 개입하는 정책이 아니
다. 따라서 통화정책이 총생산과 국민소득에 영향을 주기 위해서는 화폐공급 증가라
는 화폐시장의 충격을 생산물시장에 전달하는 수단이 필요한데 이를 통화정책의 전달
경로(transmission mechanism)라고 부른다. 통화정책의 전달경로에 대해서는 제16장에서
상세히 설명한다. IS-LM 모형에 내재되어 있는 전달경로는 이자율과 투자를 통한
경로다. 즉 화폐공급 증가는 화폐시장에서 이자율을 하락시키고 이는 투자를 증가시
킴으로써 생산물시장에서의 총수요를 증가시킨다.

통화정책이 큰 효과를 가지기 위해서는 통화정책을 생산물시장에 전달하는 전달
경로가 효과적으로 작동해야 한다. 이를 위해서는 우선 화폐공급 변화에 따라 이자
율이 크게 변해야 하고, 이자율 변화에 따라 투자가 크게 변해야 한다. 화폐공급 변
화에 따라 이자율이 크게 변하기 위해서는 화폐수요의 이자율탄력성(h)이 작아야 한
다. 화폐수요가 이자율에 대해 비탄력적일수록 화폐시장의 초과공급을 해소하기 위
해 이자율이 더욱 크게 하락할 것이기 때문이다. 한편 동일한 이자율 변화에 대응하
여 투자가 더욱 크게 반응하기 위해서는 투자의 이자율탄력성(b)이 커야 한다. 결국
통화정책의 효과는 화폐수요의 이자율탄력성이 작을수록 그리고 투자의 이자율탄력
성이 클수록 크게 나타나는데, 이것이 바로 LM곡선의 기울기가 크고 IS곡선의 기울
기가 작은 경우에 해당한다.

재정정책과 통화정책의 상대적 효과

재정정책과 통화정책이 국민소득에 미치는 영향을 결정하는 요인들을 살펴보면 동일한 요인이 두 정책의 효과에 정반대의 영향을 미침을 알 수 있다. 즉, IS곡선의 기울기가 크고 LM곡선의 기울기가 작을수록 재정정책의 효과가 크게 나타나는 데에 반해 통화정책의 효과는 작게 나타난다. 이는 통화정책의 전달경로가 효과적으로 작동하기 위한 조건이 바로 구축효과가 크게 나타날 조건과 일치한다는 사실에서 확인할 수 있다.

극단적으로 IS곡선의 기울기가 수직이거나 LM곡선의 기울기가 수평인 경우에는 재정정책이 전혀 구축되지 않고 가장 큰 효과를 가지는 데 반해 통화정책은 효과가 전혀 없다. 반대로 LM곡선이 수직인 경우에는 재정정책이 완전구축되어 효과가 전혀 없는 반면 통화정책의 효과는 매우 크다.

고전학파와 통화론자는 화폐수요가 이자율에 대해 완전비탄력적이라고 보았다. 이는 곧 LM곡선이 수직임을 의미한다. 따라서 고전학파나 통화론자는 재정정책이 완전구축되어 효과가 전혀 없다고 주장하였다. 반면에 케인즈학파는 화폐수요가 이자율에 대해 탄력적인 반면 투자는 이자율에 대해 비탄력적이라고 보았다. 즉 LM곡선의 기울기는 작은 반면 IS곡선의 기울기는 크므로 재정정책이 통화정책에 비해 국민소득에 미치는 효과가 더 크다고 보았다.

③ 정책결합

제1절과 제2절에서는 재정정책과 통화정책의 기능과 효과에 대해 설명하였다. 안정적인 거시경제의 운용을 목표로 할 때 두 정책의 수행은 결코 독립적일 수 없으며 상호보완적이어야 할 것으로 기대된다. 여기에 정책결합(policy mix)의 중요성이 있는 것이다.

정책결합의 구체적 내용을 설명하기에 앞서 중앙은행이 직면하는 근본적인 딜레마를 이해할 필요가 있다. 중앙은행은 국민소득과 이자율을 동시에 통제할 수 없고 둘 중 하나만을 정책목표로 삼을 수밖에 없다. 이것은 [그림 4-5]를 통해 쉽게 이해될 수 있다.

그림 4-5 통화당국의 딜레마

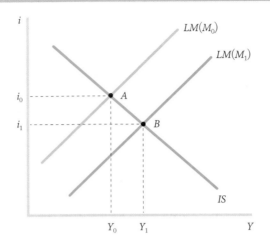

통화정책만으로는 이자율안정과 경기안정의 두 목표를 동시에 달성할 수 없다. 이자율 목표
가 i_1일 때 통화량은 M_1이 되어야 하고 국민소득 목표가 Y_0일 때 통화량은 M_0가 되어야 한다.

주어진 IS곡선에 대해서 통화량이 M_0일 때 균형점은 A이고 M_1일 때 균형점을 B
라고 하자. 만약 중앙은행이 이자율을 i_1에서 안정시키려고 한다면 통화량은 M_1이 되
어야 한다. 반면에 Y_1에서는 경기과열이 염려되기 때문에 바람직한 국민소득 수준이
Y_0라고 판단한다면 목표 통화량은 M_1이 아니라 M_0가 되어야 한다. 이는 중앙은행이
경기안정과 이자율안정의 두 가지 목표를 가지고 있을 경우 통화량의 조절만으로는
두 목표를 동시에 달성할 수 없음을 의미한다. 중앙은행은 두 목표 중 하나만을 선
택하고 나머지는 그 선택의 결과로서 받아들일 수밖에 없는 것이다.

만일 중앙은행이 i_1의 이자율 목표를 선택한다면 통화량은 M_1이 되어야 하며 따
라서 소득수준은 Y_1이 될 수밖에 없다. 반대로 Y_0의 국민소득 목표를 선택할 때 통
화량은 M_0가 되어야 하며 이때 이자율은 i_0가 될 수밖에 없다. 이와 같이 경기안정을
목표로 삼을 것인지 아니면 이자율을 목표로 할 것인지의 여부는 중앙은행이 직면
하는 현안문제로 종종 심각한 논쟁의 대상으로 부각된다. 이를 감안하고 정책결합의
문제를 생각해 보기로 하자.

[그림 4-6]은 정부가 재정지출을 증가시켰을 때 통화당국의 정책대응에 관한 문
제를 보여준다. 기존의 균형점이 A이고 재정지출의 증가로 IS곡선이 우측으로 이동
하여 B가 새로운 균형점이 되었다고 가정하자. 중앙은행의 입장에서는 정부의 재정
지출 증가로 인하여 초래된 이자율 상승과 소득 증가에 어떻게 대응할 것인가의 문

그림 4-6 정책결합

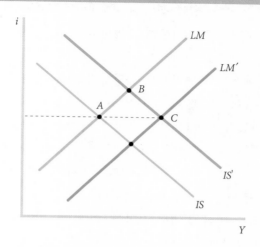

정부의 팽창적 재정정책으로 IS곡선이 우측으로 이동할 때 중앙은행의 정책 대응이 없다면 균형은 A에서 B로 이동하게 된다. 중앙은행이 이자율의 안정에 우선 순위를 둘 경우 통화량이 증가하고 이에 따라 C가 새로운 균형점이 된다.

제에 부딪친다. 만약 통화당국이 아무런 조치를 취하지 않는다면 이자율이 상승하고 이에 따라 민간투자는 구축된다. 민간투자의 감소는 자본축적과 향후의 경제성장을 둔화시킬 우려가 있다. 중앙은행이 민간투자의 구축을 원하지 않는다면 이자율을 안정시키려고 할 것이고 이를 위해서는 화폐공급을 늘릴 것이다.

이때 금리안정화 정책은 재정지출의 재원을 적어도 부분적으로는 국채발행 대신 화폐공급의 증가로 조달하는 결과를 가져온다. 만약 10억원의 재정지출 증가에 대응하여 중앙은행이 화폐공급을 5억원 증가시킨다면 결국 재정지출의 증가로 인해 신규로 발행된 10억원의 국채 중 5억원 어치를 중앙은행이 현금으로 매입하는 셈이다. 만일 중앙은행이 이자율을 재정지출이 증가하기 이전의 수준으로 유지하려 한다면 C가 새로운 균형점이 될 것이다. 물론 이자율을 안정시키려는 정책은 국민소득을 더욱 증가시키는 결과를 가져오게 된다. 만약 B점에서도 다수의 실업자가 존재한다면 금리안정화정책은 오히려 바람직한 것으로 평가될 수도 있다. 그러나 불행히도 그 반대의 경우라면 금리안정화정책은 경기를 과열시키고 인플레이션 압력을 가중시키는 부작용을 초래하게 된다.

그렇다면 통화당국은 실제로 어떤 정책대응을 해 왔는가? 결론부터 말하자면 국가별로 차이가 있으며 그 차이는 각국의 경제성장, 역사적 경험, 국민의 정치·사회적 신조를 반영하고 있다. 예를 들면 독일의 반인플레이션 정책은 제2차 세계대전 이전의 두 차례에 걸친 초인플레이션(hyperinflation)의 경험에서 비롯되었고, 미국의 전통적인 금리안정화정책은 1920년대에 경험하였던 금융공황에 대한 경계심에서 비롯되었다.

1990년대 초 독일에서는 통일비용을 충당하기 위해 막대한 재정지출이 발생하였다. 그런데 이에 대한 독일연방은행(Bundesbank)의 대응은 긴축적 통화정책이었다. [그림 4−6]에서 설명하자면 LM곡선은 오히려 좌측으로 이동하였다. 독일연방은행의 고금리정책은 불경기를 초래하였고 이로 인하여 유럽 환율체제가 잠시 붕괴되는 결과를 가져왔다(제6장 1992년 유럽외환위기 참조). 국제사회에 반인플레이션 정책에 대한 독일의 평판을 다시 한번 확인시켜준 셈이다.

정책결합의 유용성은 여러 곳에서 찾아볼 수 있다. 만약 완전고용이 국민경제의 유일한 목표라 한다면 IS곡선이나 LM곡선 중 어느 하나를 움직여 완전고용 국민소득에 도달하게 하면 된다. 그러나 완전고용의 달성만이 유일한 거시경제정책의 목표가 될 수는 없으며 물가의 안정화라든지 소비, 투자, 정부지출과 같은 국민소득의 구성도 고려되어야 할 중요한 사안이다. 예를 들어 재정정책으로만 실업의 문제를 해결하려 한다면 심각한 구축효과가 기대된다. 반대로 통화정책을 통해서만 거시정책을 운용할 때 통화증발로 인한 인플레이션의 문제를 우려하지 않을 수 없는 것이다. 두 정책의 문제점을 보완하는 데에 바로 정책결합의 의미가 있다.

④ 인플레이션 기대와 IS−LM 분석

지금까지의 IS−LM 분석에서는 케인즈학파 경제이론의 핵심인 가격의 경직성을 가정하였다. 그러나 가격이 경직적인 것은 단기의 경우이고 시간이 흐르면 가격도 변화할 것으로 기대된다. 따라서 지금 당장은 가격이 경직적이라 하더라도 앞으로 모든 가격이 전반적으로 상승하리라는 기대가 나타날 수 있는데, 이와 같은 기대는 현 시점의 거시경제 균형에 영향을 미칠 수 있다. 제4절에서는 향후 물가상승에 대한 기대가 거시경제의 균형에 어떤 영향을 미치는지를 IS−LM 모형을 통해 알아본다.

명목이자율과 실질이자율

물가가 변하면 명목이자율과 실질이자율 간에 차이가 발생하게 된다. 명목이자율 (nominal interest rate)이란 화폐단위로 표시한 이자율로서, 보통 신문에서 "국채금리가 1%대로 하락했다"라든지 "은행의 대출금리가 예금금리에 비해 지나치게 높다"라고 할 때에는 명목이자율에 대해 언급하는 것이다. 반면에 실질이자율(real interest rate)이란 실질구매력 단위로 측정한 이자율을 말한다.

예를 들어 은행의 정기예금에 100만원을 예금하고 일년 후 121만원을 돌려 받는다면 명목이자율은 (121만원－100만원)/100만원＝21%가 된다. 만일 설렁탕 한 그릇의 값이 10,000원이라면 위의 정기예금은 현재 설렁탕 100그릇을 예금하여 일년 후에 121그릇을 받게 되는 셈인데 이 경우 실질이자율은 (121그릇－100그릇)/100그릇 ＝21%가 되어 명목이자율과 차이가 없다. 그런데 이는 설렁탕의 값이 변하지 않는 경우고, 만일 10%의 인플레이션이 발생하여 설렁탕의 값이 일년 후에 11,000원으로 오른다면 위의 정기예금은 설렁탕 100그릇을 예금하여 일년 후에 110그릇을 받는 셈이므로 실질이자율은 (110그릇－100그릇)/100그릇＝10%가 된다.

실질이자율과 명목이자율간의 관계를 보다 정확하게 구해 보기로 하자. 현재 물가수준이 P_t, 일년 후에 예상되는 물가수준이 P_{t+1}^e, 명목이자율이 i_t라고 할 때 실질이자율은 다음과 같이 구할 수 있다.[1]

$$1 + r_t = (1 + i_t)\frac{P_t}{P_{t+1}^e} \tag{4-3}$$

t기와 $t+1$기 사이의 물가상승에 대한 기대는 다음과 같이 정의된다.

$$\pi_t^e = \frac{P_{t+1}^e}{P_t} - 1 \tag{4-4}$$

물가상승에 대한 기대를 예상물가상승률 또는 기대인플레이션율이라고도 부른다. 위 두 식을 결합하면 실질이자율과 명목이자율 간에는 다음과 같은 관계가 성립함을

---

1 설렁탕 한 그릇의 현재가격이 P_t원, 일년 후에 예상되는 가격이 P_{t+1}^e원인 경우 설렁탕 한 그릇을 예금할 경우 일년 후에 받게 되는 설렁탕 그릇수를 계산하는 것과 같다. 설렁탕 한 그릇을 예금하는 것은 P_t원을 예금하는 것이므로 이로부터 일년 후에 받는 원리금은 $(1+i_t)P_t$원이 된다. 이를 일년 후에 예상되는 설렁탕 가격으로 나누면 이 식에서와 같이 설렁탕 그릇수로 환산한 원리금을 얻게 된다.

알 수 있다.

$$(1 + r_t)(1 + \pi_t^e) = 1 + i_t$$

실질이자율과 예상물가상승률의 값이 매우 작은 경우에 그 곱은 0에 가깝다고 할 수 있으므로 실질이자율과 명목이자율 간의 관계를 다음과 같은 근사식에 의해서도 표현할 수 있는데, 이를 피셔방정식(Fisher equation)이라고 한다.

$$r_t = i_t - \pi_t^e \tag{4-5}$$

명목이자율과 실질이자율을 구분해야 하는 이유는 합리적 경제주체는 명목변수가 아니라 실질변수에 의거하여 의사결정을 하기 때문이다. 특히 기업의 투자 의사결정은 명목이자율이 아니라 실질이자율에 의해 이루어진다. 따라서 투자함수는 다음과 같이 고쳐져야 한다.

$$\begin{aligned} I &= \bar{I} - br \\ &= \bar{I} - b(i - \pi^e) \end{aligned} \tag{4-6}$$

이와 같은 투자함수를 IS곡선에 반영하면 [그림 4-7]과 같다. 그림에서 IS는 예상물가상승률이 0%인 경우의 IS곡선을 나타낸다. IS곡선상의 점 A는 명목이자율과 실질이자율이 모두 i_0와 같을 때 국민소득이 Y_0가 되어야 생산물시장이 균형이 됨을 나타낸다. 이제 사람들의 예상물가상승률이 3%로 상향조정되었다고 가정하자. 명목이자율이 i_0로 일정하다면 실질이자율이 하락하고 (4-6)식에 의해 투자수요가 증가하므로 국민소득이 Y_0보다 커져야 생산물시장이 균형을 이룰 수 있다. 따라서 예상물가상승률이 높아지면 IS곡선은 우측으로(또는 상향) 이동한다.

새로운 IS곡선의 정확한 위치는 다음과 같이 구할 수 있다. 예상물가상승률이 3%로 높아지더라도 국민소득을 Y_0로 유지하기 위해서는 실질이자율에 변화가 없어야 한다. 이를 위해서는 명목이자율이 $i_0+3\%$가 되어야 한다. 즉 그림에서 A'점이 새로운 IS곡선상의 점이 되어야 한다. 따라서 기대인플레이션율의 상승은 같은 크기만큼 IS곡선을 상향이동시킨다.

그림 4-7 물가상승 기대와 *IS*곡선

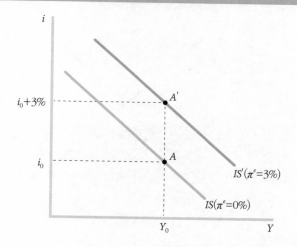

IS 곡선상의 임의의 점 *A*를 생각해보자. *A*는 명목이자율이 i_0일 때 균형국민소득이 Y_0임을 나타낸다. 이때 실질이자율도 i_0가 된다. 만약 예상물가상승률이 3%로 증가하였다면 Y_0의 균형국민소득을 유지하기 위해서는 실질이자율 수준에 아무런 변동이 없도록 명목이자율이 3% 인상되어야 한다.

인플레이션 기대와 거시균형

앞에서 예상물가상승률의 변화에 따른 *IS*곡선의 이동에 관하여 설명하였다. 이를 근거로 물가상승에 대한 기대의 변화가 거시균형에 어떻게 영향을 미치는지 생각해 보자. 우선 [그림 4−8]에서와 같이 예상물가상승률의 변화폭인 $\Delta\pi^e$만큼 *IS*곡선이 상향 이동한다. 반면에 *LM*곡선의 위치는 물가상승에 대한 기대가 변화하더라도 변하지 않는다. 화폐수요를 결정하는 것은 명목이자율이기 때문이다. 화폐수요가 이자율에 영향을 받는 것은 이자율이 화폐보유의 기회비용이기 때문인데, 화폐보유의 기회비용은 실질이자율이 아니라 명목이자율이다.[2]

이 경우 새로운 균형은 *F*점에서 일어나며, 이때 명목이자율은 $\Delta\pi^e$보다 작게 증가하기 때문에 실질이자율은 원래의 균형점인 *E*에서보다 낮아진다. 실질이자율이 더 낮으므로 투자수요는 더 커지고 이에 따라 균형국민소득도 더 커진다. 여기서 중요한 것은 실질이자율이 예상물가상승률의 감소함수라는 점이다.

이제 가격의 신축성으로 인해 언제나 완전고용이 달성되는 고전학파의 세계에서

---

2 연습문제 8번 참조.

그림 4-8 예상물가상승률의 변화와 케인즈학파의 세계

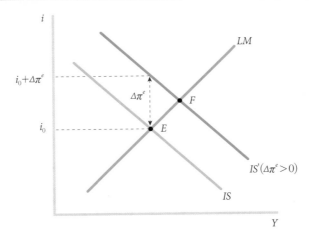

IS곡선은 $\Delta\pi^e$만큼 상향 이동한다. 따라서 균형점은 E에서 F로 이동하며 새로운 균형에서
실질이자율은 하락한다. 즉 예상물가상승률이 상승함에 따라 실질이자율은 하락한다.

는 인플레이션에 대한 기대가 거시균형에 어떤 영향을 미칠지 생각해 보자. [그림 4
-9]에서 Y_F는 완전고용 국민소득을 나타내는데 이는 총수요와는 무관하게 노동, 자
본 등 가용자원의 규모와 생산기술에 의해서 결정된다. 만약 가격이 경직적이라면
예상물가상승률의 상승은 IS곡선을 IS'로 상향이동시키고 그 결과 F가 새로운 균형점
이 될 것이다.

그런데 가격이 신축적이라면 F는 더 이상 균형점이 아니다. F에서는 총수요가 완
전고용 국민소득보다 크기 때문에 물가가 상승할 것이고, 이에 따라 LM곡선이 좌측
으로 이동하게 된다. 결국 물가의 상승과 이로 인한 LM곡선의 이동은 총수요가 완
전고용 국민소득과 같아지는 새로운 균형점 H에 도달할 때까지 계속될 것이다. 물론
가격의 신축성이 보장되는 고전학파의 세계에서 이와 같은 조정과정은 즉각적으로
이루어지게 될 것이다.

새로운 균형점 H에서의 명목이자율의 변화는 예상물가상승률의 변화분인 $\Delta\pi^e$와
정확히 일치하고, 따라서 실질이자율은 인플레이션 기대의 변화에 의해 아무런 영향
을 받지 않는다. 즉 고전학파의 세계에서는 예상물가상승률의 변화가 동일한 크기의
명목이자율 변화를 가져오는데, 이와 같은 예상물가상승률과 명목이자율 간의 1대 1
의 대응관계를 피셔효과(Fisher effect)라 부른다.

그림 4-9 예상물가상승률의 변화와 고전학파의 세계

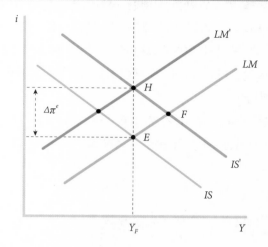

F에서는 Y_F를 초과하는 총수요를 가져와 물가는 오르게 된다. 물가의 상승으로 실질통화량은 감소하여 LM곡선은 좌측으로 이동, 균형은 E에서 H로 이동한다. 새로운 균형에서 명목이자율은 예상물가상승률의 증가분인 $\Delta\pi^e$만큼 오르고 실질이자율은 아무런 변화가 없다.

사례연구

아베노믹스와 양적완화 통화정책

2012년말 재선에 성공한 일본의 아베 총리는 이듬해 확장적 재정정책과 완화적 통화정책 그리고 민간투자를 활성화하는 구조개혁을 골자로 한 아베노믹스라고도 불리는 경제정책을 시행했다. 우선 재정정책은 모두 20.2조엔(2,100억 달러)을 투입하고 그 가운데 10.3조엔(1,160억 달러)을 인프라에 투자했다. 통화정책은 물가가 하락하거나 거의 오르지 않았던 당시 인플레이션 목표를 연 2%로 설정한 일본판 양적완화였다. 일본중앙은행은 막대한 규모의 국채와 상장지수펀드(ETF)를 사들였다. 시행 후 4년간 일본중앙은행의 국채보유량은 3.3배로 증가했고 2018년 9월 유통중인 국채의 45%를 보유한 것으로 알려졌다. 같은 해 3월 일본중앙은행이 매입한 자산은 GDP 대비 70%에 달해 미연준과 유럽중앙은행(25%)보다 월등히 양적완화 규모가 컸다. 2016년 초 일본중앙은행은 유럽중앙은행의 마이너스 금리정책에 동참했다. 양적완화정책은 엔화의 가치가 하락하는 효과를 낳았고 성장률과 물가상승률도 시행 이전보다 높아졌다. 그러나 가계부문의 소비지출과 실질임금을 끌어올리지는 못했다.

일본은 선진국 가운데 최초로 양적완화를 시행한 나라다. 일본중앙은행은 디플레이션에 대응해 2000년초 양적완화를 시행한 적이 있다. 양적완화는 무엇보다도 디플레이션 기대를 제거하고 인플레이션 기대를 심어줌으로써 실질금리를 떨어뜨려 총수요를 높이고자 하는 데 목적이 있다. 그림에서 명목이자율이 제로(0)일 때 인플레이션기대가 일어나면 실질금리는 기대인플레이션율 증가분만큼 마이너스가 되며 균형은 E에서 E'로 이동한다.

양적완화의 또다른 목표는 엔화 가치의 하락을 유도하는 데 있다. 엔화가치 하락이 순수출의 증가를 가져올 때 IS곡선이 우측으로 이동하는 또 다른 요인을 제공하기 때문이다

그림 4-10 유동성함정과 인플레이션 기대

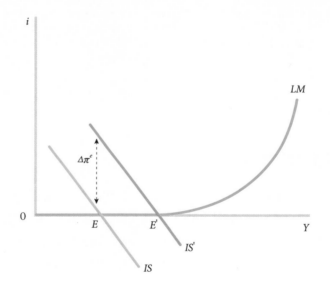

IS-MP 모형의 필요성

IS-LM 모형에서 LM곡선은 통화량 목표 중심의 통화정책, 즉 중앙은행이 통화량 목표를 정하고 실제 통화량을 목표 수준으로 유지하는 형태의 통화정책을 전제로 하고 있다. 그런데 오늘날 현실에 있어서의 통화정책은 두 가지 면에서 이와 다른 형태로 이루어지고 있다. 첫째로, 많은 국가에서 통화정책이 통화량이 아니라 이자율 목표를 중심으로 하여 이루어지고 있다. 미국의 중앙은행인 연방준비제도의 통화정책은 연방자금금리 목표를 추구하며, 한국은행의 통화정책도 한국은행이 금융기관과 환매조건부증권(RP) 매매를 할 때 적용하는 기준금리 목표를 중심으로 이루어진다. 둘째, 통화정책은 물가안정이나 경기안정과 같은 목적을 갖고 있기 때문에 중앙은행이 선택하는 이자율 목표는 인플레이션율, 경제성장률, 실업률과 같은 거시경제 여건을 반영하여 결정된다. 예를 들어 물가상승률과 국내총생산 수준에 따라 이자율 목표를 설정할 것을 제안한 테일러 준칙(Taylor's rule)은 미국 연방준비제도가 설정하는 연방자금금리 목표를 비교적 잘 설명해 주는 것으로 평가된다.

LM곡선이 내포하고 있는 통화량 목표의 한계를 극복하고 현실에 있어서 통화정책의 특성을 반영하기 위해 IS-LM 모형 대신 IS-MP 모형이 이용되기도 한다. IS-MP 모형은 IS곡선과 MP곡선으로 구성된다. IS곡선은 생산물시장을 균형시키는 이자율과 국민소득의 조합으로 IS-LM 모형에서의 IS곡선과 같다. MP곡선은 통화정책에 있어서 이자율 목표가 어떻게 결정되는지를 구체적으로 보여준다. 예를 들어 중앙은행이 다음과 같이 이자율 목표를 설정한다고 하자.

$$i = a + dY, \qquad d>0 \tag{4-7}$$

(4-7)식은 경기가 둔화되면 중앙은행이 이자율 목표를 낮추고, 경기가 과열되면 이자율 목표를 높임을 의미한다. 이와 같은 통화정책은 중앙은행이 경기안정 목표를 추구할 때 흔히 나타날 수 있다.

(4-7)식을 그림으로 나타낸 것이 MP곡선이다. 결국 MP곡선은 이자율 목표가 어떻게 결정되는지를 보여주는 정책반응함수를 나타낸다고 할 수 있다. 물론 중앙은행은 경기안정 외에도 물가안정 목표를 추구할 수도 있으며 이 경우 이자율 목표는 국민소득뿐 아니라 인플레이션율을 반영하여 설정될 수도 있다. 하지만 IS-MP 모형에

서는 *IS–LM* 모형과 마찬가지로 물가가 고정되어 있다고 가정하므로 인플레이션율을 반영한 정책반응함수를 명시적으로 도입하기가 어렵다. 인플레이션율을 반영한 정책반응함수는 제16장에서 소개될 것이다.

재정정책

이제 *IS–MP* 모형을 통해 재정정책의 효과를 분석해 보기로 하자. [그림 4–11]에서 경제는 *IS*곡선과 *MP*곡선이 만나는 *E*점에서 균형을 이루고 있다. 이제 정부가 정부구매를 $\Delta\overline{G}$만큼 증가시키는 팽창적 재정정책을 시행한다면 *IS*곡선이 우측으로 이동할 것이며 그 결과 새로운 거시경제 균형은 *IS'*곡선과 *MP*곡선이 만나는 *E'*점에서 달성될 것이다. 이때 국민소득의 증가분은 *EF*선의 길이가 나타내는 승수효과에 비해 작은데 이는 구축효과가 발생하기 때문이다. 그런데 구축효과가 나타나는 이유는 *IS–LM* 모형에서와 다르다. *IS–LM* 모형에서는 통화량이 고정되어 있는 상태에서 국민소득이 증가함에 따라 화폐수요가 증가하고 이에 따라 이자율이 상승하기 때문에 구축효과가 나타난다. 이와 반면에 *IS–MP* 모형에서는 경기가 상승함에 따라 중앙은행이 이자율 목표를 높일 것이고, 그 결과 실제로 이자율이 상승함에 따라 구축효과가 나타난다.

　　IS–MP 모형에서 재정정책의 효과나 구축효과의 크기는 *MP*곡선의 기울기에 의해

●　**그림 4-11 정부구매 증가와 *IS-MP*모형**

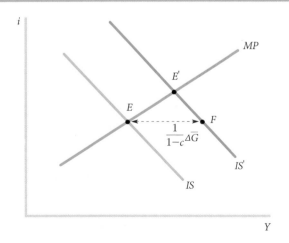

영향을 받는다. 구체적으로 MP곡선의 기울기가 가파를수록 구축효과가 커지고 재정정책의 효과가 작아진다. 그런데 (4−7)식에서 보듯이 MP곡선의 기울기는 계수 d의 값에 의해 결정된다. 계수 d의 값은 경기안정이라는 정책목표가 중앙은행의 통화정책에 있어서 얼마나 중요한지를 반영한다. 경기안정이라는 정책목표가 중요할수록 중앙은행의 이자율 목표는 국민소득 증감에 대해 더 큰 반응을 보일 것이기 때문이다. 실제로 d의 값이 클수록 MP곡선의 기울기는 더 가파르게 되고, 그 결과 IS곡선의 이동에 따른 국민소득의 변화가 더 작아짐을 확인할 수 있다.

통화정책

우상향하는 MP곡선 자체가 경기에 따라서 통화정책이 긴축적 또는 팽창적으로 됨을 나타내지만, 이에 더하여 MP곡선의 위치도 통화정책의 기조를 나타낼 수 있다. 예를 들어 MP곡선이 [그림 4−12]에서와 같이 MP에서 MP′로 상향 이동하는 경우를 생각해 보자. 이러한 변화는 동일한 수준의 국민소득(Y_0)에 대하여 중앙은행이 더 높은 이자율 목표(i_1)를 설정할 때 나타날 수 있다. 이는 곧 통화정책의 전반적인 기조가 원래의 MP곡선이 나타내는 통화정책 기조에 비해 더 긴축적으로 변했음을 나타낸다. 이처럼 다른 여건에 변화가 없는 상태에서 통화정책의 기조가 더욱 긴축적으로 변하는 경우 거시경제 균형은 E점에서 E′점으로 이동하며 그 결과 국민소득은 이전보다 감소하게 된다.

그림 4-12 긴축적 통화정책과 IS-MP모형

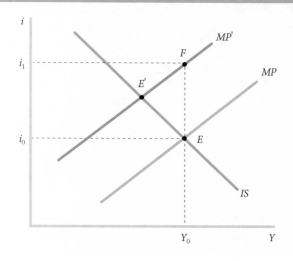

심층분석 | *IS-MP* 모형과 *LM*곡선

현실에 있어서 통화정책이 *IS-MP* 모형에서와 같이 이루어진다면 우리가 앞서 배웠던 *LM*곡선은 아무런 의미가 없는 것일까? 그렇지 않다. 통화정책이 *MP*곡선이 나타내는 바와 같이 시행되더라도 화폐시장은 엄연히 존재하며 화폐시장이 균형을 이루어야 거시경제 균형이 달성될 수 있다. 사실 *IS-MP* 모형은 기존의 *IS-LM* 모형에 통화정책의 정책반응함수를 추가한 모형이라고 할 수 있다.

IS-MP 모형에서 *LM*곡선이 가지는 역할은 중앙은행이 이자율 목표를 달성하는 과정을 통해 이해될 수 있다. 예를 들어 어떤 경제에서의 *IS*곡선, *LM*곡선, *MP*곡선이 그림과 같이 주어져 있다고 하자. *LM*곡선의 위치는 통화량에 의해 결정되므로, 그림에서 *LM*곡선은 특정 수준의 통화량$(\overline{M})$이 공급되는 경우에 해당한다. 만일 통화정책이 통화량 목표를 중심으로 이루어진다면 F점이 거시경제 균형이 될 것이다. 통화정책이 *MP*곡선이 나타내는 이자율 준칙에 따라 이루어지면 어떤 일이 일어날까? F점에서의 이자율인 i_0는 국민소득이 Y_0일 때 통화정책이 추구하는 이자율 목

표인 i_T보다 높다. 그렇다면 중앙은행은 이자율 목표를 어떻게 달성할까? 이자율 목표를 달성하기 위해서 중앙은행은 화폐시장을 균형시키는 이자율이 i_T로 하락할 때까지 통화량을 늘릴 것이다. 이는 이자율 목표를 추구하는 통화정책에 있어서는 통화량이 내생변수가 됨을 의미한다. 통화량이 늘어나면 *LM*곡선이 우로 이동하며 G점을 통과할 것이다.

물론 G점은 생산물시장의 균형점이 아니다. G점에서는 생산물시장이 초과수요 상태가 되고 그 결과 국민소득이 증가한다. 결국 거시경제 균형은 *IS*곡선과 *MP*곡선이 만나는 E점에서 달성될 것인데 이는 화폐시장을 균형시키는 이자율이 i_1이 될 때까지 중앙은행이 통화량을 조절함으로써 가능하다. 즉 통화량의 조절에 의해 *LM*곡선이 *IS*곡선과 *MP*곡선이 만나는 E점을 지나도록 이동할 것이다.

이처럼 중앙은행이 이자율 목표를 달성하는 수단이 화폐시장을 균형시키는 이자율이 목표 수준과 같아지도록 통화량을 조절하는 것이기 때문에, *LM*곡선은 *IS-MP* 모형에서도 중요한 의미를 가진다.

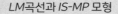

LM곡선과 *IS-MP* 모형

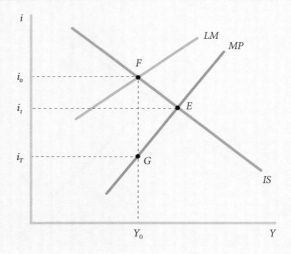

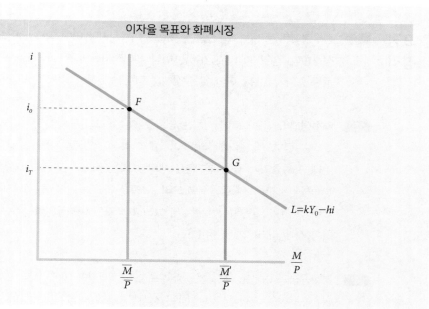

이자율 목표와 화폐시장

요점 정리

1 정부구매의 증가는 *IS*곡선을 우측으로 이동시키며 이에 따라 국민소득과 이자율이 상승한다. 정부구매의 증가뿐만 아니라 이전지출의 증가와 조세의 감소도 국민소득을 증가시키는데 이와 같은 정책을 팽창적 재정정책이라 한다.

2 재정정책이 국민소득에 미치는 영향은 승수효과와 구축효과로 나눌 수 있다. 구축효과란 정부지출 증가에 따른 이자율의 상승이 민간투자를 감소시키는 것을 말하는데 구축효과가 클수록 재정정책의 효과는 작게 나타난다. 재정정책의 효과는 *LM*곡선의 기울기가 작을수록 그리고 *IS*곡선의 기울기가 클수록 커지는데, 이는 화폐수요의 이자율탄력성이 클수록 그리고 투자의 이자율탄력성이 작을수록 구축효과가 작게 나타나기 때문이다.

3 통화공급의 증가는 *LM*곡선을 우측으로 이동시키며 이에 따라 이자율이 하락하고 국민소득이 증가한다. 통화정책은 생산물시장에 직접 영향을 미치는 정책이 아니기 때문에 화폐시장의 교란을 생산물시장에 전달시키는 전달경로를 필요로 한다.

4 통화정책의 효과는 *IS*곡선의 기울기가 작을수록 그리고 *LM*곡선의 기울기가 클수록 커지는데, 이는 투자의 이자율탄력성이 클수록 그리고 화폐수요의 이자율탄력성이 작을수록 전달경로가 효과적으로 작동하기 때문이다.

5 정책당국이 경기안정과 이자율안정의 두 가지 정책목표를 가지고 있는 경우에는 재정정책과 통화정책을 결합하는 정책결합에 의해 이를 달성할 수 있다.

6 물가상승이 기대되는 경우에는 실질이자율과 명목이자율 간에 차이가 발생한다. 투자는 명목이자율이 아니라 실질이자율에 의존하기 때문에 기대인플레이션율의 상승은 *IS*곡선을 같은 폭만큼 상향 이동시킨다.

7 *IS-LM* 모형은 통화량 목표 중심의 통화정책을 전제하고 있다. 현실에 있어서는 통화정책이 이자율 목표를 중심으로 이루어지고 있으며, 이자율 목표는 테일러 준칙과 같은 준칙에 의해 결정된다. *MP*곡선은 이와 같은 이자율 목표 중심의 통화정책 반응함수를 나타내며, *LM*곡선 대신 *MP*곡선을 이용한 국민소득 결정모형을 *IS-MP* 모형이라 한다.

: 주요
  용어

- ·재정정책
- ·구축효과
- ·완전구축
- ·통화정책
- ·총수요관리정책
- ·통화정책의 전달경로

- ·정책결합
- ·금리안정화 정책
- ·명목이자율
- ·실질이자율
- ·예상물가상승률
- ·기대인플레이션율

- ·피셔효과
- ·IS−MP 모형
- ·MP곡선
- ·정책반응함수

: 연습
  문제

1 다음의 각 경우에 있어서 IS곡선과 LM곡선 중 어느 곡선(들)이 어느 방향으로 이동하는지를 밝히고 그 이유를 간단히 설명하라.

(1) 외국인 투자가의 국내기업 매입

(2) 자본의 해외유출

(3) 실업보험금의 현금지급

(4) 국채발행을 통한 은행의 부실채권 인수

(5) 모토롤라사가 1억 달러를 해외에서 조달하여 국내에서 공장을 건설

(6) 신용카드 가맹점 수의 증가

(7) 한계저축성향의 증가

2 감세의 효과를 IS−LM 모형을 이용하여 설명하라.

3 IS곡선의 기울기가 작을수록 통화정책의 효과가 커짐을 IS−LM 모형의 그래프를 통해 확인해 보라.

4 통화량의 증가가 소득에 미치는 효과를 다음의 식을 이용하여 그 경로를 살펴보고자 한다.

$$\frac{\Delta Y}{\Delta M} = \frac{\Delta Y}{\Delta I} \times \frac{\Delta I}{\Delta i} \times \frac{\Delta i}{\Delta M}$$

(1) 다음에 주어진 IS곡선과 LM곡선의 식을 이용하여 위 식의 오른쪽 각

항 즉, $\frac{\Delta Y}{\Delta I}$, $\frac{\Delta I}{\Delta i}$, $\frac{\Delta i}{\Delta M}$ 의 값을 각각 구하라.

IS곡선: $Y = \alpha(\overline{A} - bi)$, 단 α는 승수를 표시

LM곡선: $i = \dfrac{k}{h}Y - \dfrac{1}{h}\dfrac{\overline{M}}{P}$

(2) 위 결과를 이용하여 각 항의 값을 결정하는 요인이 무엇인지 설명하라.

5 화폐수요가 이자율에 대해 완전비탄력적인 경우 즉, LM곡선이 수직인 경우 다음의 각 재정정책이 총지출의 구성(C, I, G)에 어떤 변화를 가져오는지를 설명하라.

(1) 정부구매의 증가

(2) 이전지출의 증가

(3) 조세의 감소

(4) 정부구매와 조세가 동일한 규모로 증가

6 화폐수요가 소득의 함수가 아니라 다음과 같이 가처분소득의 함수라고 하자.

$(M/P)^d = k(Y - \overline{T}) - hi$, $(k > 0, h > 0)$

이 경우 조세($\overline{T}$)의 감소가 거시경제에 미치는 영향을 IS–LM 모형을 통해 분석해 보라.

7 세로축을 명목이자율 대신 실질이자율로 둘 때 예상물가상승률의 증가가 IS곡선과 LM곡선을 각각 어떻게 이동시키는지를 설명하라.

8 채권을 1년간 보유할 경우의 이자율이 8%이고 향후 1년간 예상되는 물가상승률이 3%라고 하자.

(1) 채권과 화폐를 1년간 보유할 경우의 명목수익률은 각각 얼마인가? 그 차이는 얼마인가?

(2) 채권과 화폐를 일년간 보유할 경우 기대되는 실질수익률은 각각 얼마인가? 그 차이를 구하고 (1)의 결과와 비교해보라.

9 1990년대 후반에 들어 일본의 명목이자율은 거의 0%에 머물렀으며 이에 따라 많은 경제학자들이 일본 경제가 유동성 함정에 빠져 있다고 주장하였다. 이와 관련하여 다음 질문에 답하라.

(1) 유동성 함정이란 무엇이며 그 이론적 근거는 무엇인가?

(2) IS–LM 모형을 이용하여 경제가 유동성 함정에 빠져 있는 경우 통화팽창은 효과가 없음을 보여라.

(3) 크루그먼은 유동성 함정에 빠져 있는 경제에서도 통화팽창을 통해 인플레이션

기대를 높임으로써 경기를 부양시킬 수 있다고 주장한다. 그 근거를 물가상승에 대한 기대가 포함된 $IS-LM$ 모형을 이용해서 설명해 보라.

10 가계부채가 과다하고 인플레이션갭이 크다고 하자. 중앙은행이 금리인상, 즉 긴축적 통화정책을 수행할 때 어떤 위험요인이 있는지 설명하라. 이 위험요인을 해소하기 위해서는 어떤 재정정책과 정책결합을 이루어야 하는가?

11 (2013년 5급 행정고시) A국의 거시모형이 아래와 같이 주어진 경우 다음 질문에 답하시오.

$C = 200 + 0.75(Y-T)$; $I=200-25r$; $G=T=100$

$(M/P)^d = Y-100r$, $M=1000$

단 C, T, Y, I, r, G, P, $(M/P)^d$, M은 각각 소비, 조세, 소득, 투자, 이자율, 정부구매, 물가, 화폐수요 그리고 화폐공급을 나타낸다.

(1) $P=2$일 때 균형소득과 균형이자율은?
(2) $P=2$이고 재정지출(G)이 100에서 150으로 증가했을 때, 승수효과와 구축효과의 결과로 나타나는 소득의 변화분은 각각 얼마인가?
(3) (2)의 상황에서 구축효과의 크기가 커지기 위해서는 현재의 화폐수요로부터 어떠한 변화가 선행되어야 하는가? 이를 화폐시장 균형방정식을 이용하여 설명하라.

12 다음 통화량 대신 금리준칙 통화정책을 수행하는 거시경제모형을 생각해보자. 단 물가는 경직적이며 모든 계수 값은 영보다 크다.

IS곡선의 식: $Y=m(\bar{A}-bi)$, $\bar{A}$=독립적 지출
LM곡선의 식: $\dfrac{M}{P}=kY-hi$
MP(금리준칙 통화정책)곡선의 식: $i=i_T+d(Y-Y_F)$
Y_F=완전고용국민소득, i_T=완전고용국민소득 하에서의 목표금리

(1) (Y, i)공간에서 세 곡선을 이용하여 거시경제균형을 표시하고 이 균형의 특성을 설명하라. 단 $Y<Y_F$이다.
(2) $\Delta\bar{A}=1$일 때 ΔY, Δi, $\Delta\dfrac{M}{P}$의 값을 구하라.
(3) 통화정책반응함수 모수 d가 증가할 때 균형국민소득과 통화량은 어떻게 변하는지 그리고 그 이유는 무엇인지 설명하라.

경제개방과 거시경제

지금까지는 다른 국가와 어떤 거래도 하지 않는 폐쇄경제에서의 국민소득 결정에 대해 알아보았다. 제5장과 제6장에서는 개방경제에서의 국민소득의 결정에 대해 설명한다. 경제의 개방화는 재화 및 서비스 시장의 개방과 금융시장의 개방에 의해 이루어지는데 전자를 무역자유화라 부르고 후자를 자본자유화라고 부른다. 경제개방이 이루어지면 국내 생산물시장과 금융시장은 각각 범세계적인 생산물시장과 금융시장에 통합된다. 생산물시장의 통합화는 제2차 세계대전 이후 GATT를 중심으로 진전되었으며 WTO체제의 출범에 의해 가속화되었다. 금융시장의 통합화는 1980년대 선진국들을 중심으로 진전되었으며 1990년대에 들어와 아시아 국가들과 동유럽의 체제전환국을 포함한 다수의 개도국도 자본자유화에 합류하였다.

제5장에서는 생산물시장만이 개방되어 있는 경제에서의 국민소득 결정에 대해 설명하고 제6장에서는 생산물시장과 자본시장이 모두 개방되어 있는 경제에서의 국민소득 결정에 대해 설명한다.

❶ 경제개방과 국민경제의 측정

생산물시장의 개방

1960년에 GDP 대비 3%에 불과했던 한국의 수출 비중은 2023년 35%가 넘었다. 이처럼 수출 비중이 커진 것은 수출주도의 경제성장 전략을 추진한 결과라 할 수 있으며 전 세계 교역량이 크게 증가한 데도 원인이 있다. 수입 비중 역시 1960년 10% 남짓했으나 2023년에는 33%에 달했다. 수입 비중이 증가한 것은 경제성장에 따라 자본재와 원자재 수입이 증가한 데다가 무역자유화의 추진에 따라 소비재 수입도 크게 증가했기 때문이다.

수출입 비중의 증가는 이 기간 중 우리나라 생산물시장의 대외 개방도가 진전되었음을 의미하는 것으로 해석할 수 있다. 수출입 비중은 한 국가에 있어서 생산물시장의 개방도를 측정하는 데에 있어서는 유용하지만, 국가간 경제개방도의 비교에 있어서는 유용한 척도가 되지 못할 수도 있다. 〈표 5-1〉은 2022년에 있어서 주요

그림 5-1 국내총생산 대비 수출입 비중

자료: OECD

표 5-1 주요 국가의 GDP대비 수출비중(2022년)

국가	수출비중(%)	국가	수출비중(%)
미국	11.6(7.9)	스위스	76.1(57.5)
일본	21.5(17.6)	오스트리아	62.0(44.3)
독일	45.8(35.4)	벨기에	95.3(71.8)
영국	33.6(17.2)	룩셈부르크	211.3(34.7)

주: ( )안은 상품 수출비중
자료: OECD

OECD 국가들의 국내총생산 대비 수출 비중을 보여 준다. 표에서 볼 수 있듯이 미국과 일본의 수출 비중은 다른 유럽 선진국에 비해 낮은 수준임을 알 수 있다. 이와는 대조적으로 벨기에, 룩셈부르크는 높은 수출 비중을 가지고 있다. 특히 룩셈부르크는 서비스수출 비중이 매우 높다. 그렇다고 해서 미국이나 일본 경제의 개방도가 결코 낮다고 할 수는 없다. 이는 수출입 비중이 개방도뿐만 아니라 국가의 크기, 지리적 여건, 산업정책 등 다른 요인에 의해서도 영향을 받기 때문이다. 규모가 작은 국가는 큰 국가와는 달리 모든 물건들을 직접 생산하기가 어렵기 때문에 수출입에 대한 의존도가 높을 수밖에 없다. 이와 반면에 일본과 같이 규모가 크고 다른 시장으로부터 지리적으로 먼 위치에 있는 국가는 생산물시장이 개방되어 있어도 수출입 의존도가 낮을 수밖에 없다.

국민소득계정과 국제수지

생산물시장의 개방은 국민소득계정에 어떤 영향을 미치는가?

개방경제에서는 폐쇄경제와는 달리 한 나라 국민의 소비, 투자 및 정부구매의 합인 국민총지출(gross national expenditure: GNE)과 국내총생산(GDP) 그리고 국민총소득(GNI)이 서로 같지 않다. 국민경제 활동을 측정하는 세 지표는 다음과 같은 관계를 가진다.

$$GNE = C + I + G \tag{5-1}$$

$$GDP = C + I + G + NX, \qquad NX = X - Q \tag{5-2}$$

$$GNI = C + I + G + NX + NFIA \tag{5-3}$$

위 식에서 NX는 상품 및 서비스 수출에서 수입을 뺀 순수출을 나타낸다. NFIA는 국외순수취요소소득을 나타내는데, 이는 내국인이 해외에서 벌어서 국내로 들여온 각종 소득에서 외국인이 국내에서 벌어 해외로 반출한 소득을 뺀 값이다.

한편 국민총처분가능소득(gross national disposable income, GNDI)은 다음과 같이 정의된다.

$$GNDI \equiv C + I + G + NX + NFIA + NUT \tag{5-4}$$

위 식에서 NUT는 순이전지출(net unilateral transfer)을 말하는데 자국이 외국으로부터 원조 등으로 수취한 이전소득에서 해외에 지급한 이전소득을 차감한 값이다.

여기서 순수출, 국외순수취요소소득과 순이전지출을 합한 값은 경상수지(current account balance, CA)로 정의된다.

$$CA \equiv NX + NFIA + NUT \tag{5-5}$$

국내총생산(GDP)과 국민총처분가능소득(GNDI)의 식으로부터 다음과 같은 국민저축, 투자 그리고 대외수지의 관계식이 유도된다.

$$GDP - C - G = I + NX \rightarrow NS_{GDP} - I = NX \tag{5-6}$$

$$GNDI - C - G = I + CA \rightarrow NS_{GNDI} - I = CA \qquad (5\text{-}7)$$

두 식은 GDP로 측정한 저축에서 투자를 차감한 값은 순수출과 같고 GNDI로 측정한 저축에서 투자를 차감한 값은 경상수지와 같음을 의미한다. 통상 국민저축은 GNDI로 측정된다.

한편 소비, 투자, 정부구매의 재원은 국민총처분가능소득(GNDI) 외에도 외국인을 상대로 자산을 매매하거나 자본이전을 통해 추가로 마련할 수 있으며 다음의 식으로 나타낼 수 있다.

$$GNDI - FA + KA \equiv GNE \qquad (5\text{-}8)$$

위 식에서 FA는 금융계정으로 순대외자산(대외자산 빼기 대외부채)의 증가를 의미하며, KA는 자본수지로 자본이전 및 비생산·비금융자산의 취득과 처분을 나타내는데 단어가 주는 인상과 달리 그 크기는 미미하다.

한편 국민총처분가능소득과 국민총지출(GNE) 간에는 다음의 관계식이 성립한다.

$$GNDI \equiv GNE + CA \qquad (5\text{-}9)$$

두 식으로부터 다음의 식이 성립한다.

$$CA + KA - FA \equiv 0 \qquad (5\text{-}10)$$

국제수지는 다음의 식으로 정의된다.

$$BOP \equiv FA = CA + KA \qquad (5\text{-}11)$$

자본수지(KA)가 균형(0)이라면 국제수지(BOP)는 경상수지(CA)와 같고 다시 금융계정(FA)과 동일하다. 국제수지는 복식부기의 원칙을 따르기 때문에 경상수지 적자는 같은 크기의 금융계정의 적자, 즉 자국이 보유한 순대외자산의 감소로 반영된다.

명목환율

우리가 매일 신문지상에서 보거나 은행에서 외환을 매입할 때 사용하는 환율은 실질환율이 아니라 명목환율이다. 명목환율(nominal exchange rate)이란 두 화폐 간의 교환비율을 말한다. 환율은 외국화폐 한 단위와 교환되는 자국화폐의 양으로 표현될 수도 있고, 자국화폐 한 단위와 교환되는 외국화폐의 양으로 표현될 수도 있다. 예를 들어 원화와 달러화 간의 명목환율은 1달러당 1,200원으로 표현되거나 또는 1원당 0.00083달러로 표현될 수 있다. 우리나라에서는 관습적으로 환율을 외화 한 단위와 교환되는 원화의 양으로 표시한다. 이처럼 환율을 표시할 경우 환율은 원화 단위로 표시한 외화의 가격으로도 해석될 수 있다.

원-달러 환율은 매일매일 변할 뿐만 아니라 하루 중에도 오르내림을 반복하며 변하는 것을 볼 수 있는데, 이와 같은 환율의 변화는 자국화폐의 명목가치의 변화를 의미한다. 환율이 하락할 경우 외국화폐 한 단위와 교환되는 자국화폐의 양이 감소하는데 이를 자국화폐의 가치상승(appreciation) 또는 평가절상이라고 부른다. 반면에 환율이 상승하는 경우를 자국화폐의 가치하락(depreciation) 또는 평가절하라고 부른다.

그렇다면 이와 같은 명목환율의 변화는 어떻게 발생하는 것일까? 환율은 외화의 가격이므로 외화의 수요와 공급에 의해 결정된다. 실제 국제거래에 있어서는 외화(foreign currency)뿐 아니라 환어음과 같은 외화표시증권(bills of exchange)도 지불수단으로 이용되는데, 이들을 총칭해서 외환(foreign exchange)이라고 부르며, 외환이 거래되는 시장을 외환시장이라 한다. 따라서, 환율은 외환시장에서 외환의 수요와 공급에 의해 결정된다고 할 수 있다. 외환의 수요가 공급을 초과한다면 외환의 가격, 즉 환율은 상승하고, 공급이 수요를 초과하면 환율은 하락한다.

이처럼 외환시장에서의 수급여건에 따라 환율이 자유롭게 변동하도록 허용하는 것을 변동환율제도(flexible exchange rate system)라 한다. 그런데 모든 국가가 환율의 자유로운 변동을 허용하고 있는 것은 아니다. 상당수의 국가들은 달러화와 같은 특정 통화에 대한 환율을 일정하게 유지하는데 이를 고정환율제도(fixed exchange rate system)라고 한다.

변동환율제도와는 달리 고정환율제도를 유지하기 위해서는 중앙은행의 적극적인 역할이 필요하다. 예를 들어 현재 외환시장에서 외환의 수요가 공급을 초과하고 있다고 하자. 중앙은행이 아무런 조치를 취하지 않는다면 수요공급의 법칙에 의해 당연히 환율이 상승할 것이다. 환율의 상승을 막기 위해서는 중앙은행이 보유하고 있는 외환을 시장에 공급하여 초과수요를 해소해야 한다. 이처럼 중앙은행이 환율을 목표수준에 유지하기 위해 외환시장에서 외환을 매매하는 것을 외환시장개입(foreign exchange market intervention)이라고 한다. 이는 마치 가뭄 등에 의해 특정한 농산물의 가격이 급등세를 보일 경우 정부가 미리 비축해 놓은 농산물을 공급하여 가격을 안정시키는 것과 마찬가지의 원리다. 중요한 차이는 제6장에서 설명하듯이 외환시장개입이 통화정책을 수행하는 데 제약요인으로 작용한다는 점이다. 중앙은행이 외환시장에 개입하기 위해서는 미리 상당량의 외환을 확보해 놓아야 한다. 중앙은행이 보유하고 있는 외환을 외환보유액(foreign exchange reserves) 또는 준비자산이라고 한다.

중앙은행의 외환시장개입은 고정환율제도에서만 볼 수 있는 현상은 아니다. 변동환율제도에서도 중앙은행이 환율을 안정시키기 위해 외환시장에 개입하기도 하는데 이를 관리변동(managed floating)이라고 부른다. 반면에 중앙은행이 전혀 외환시장에 개입하지 않는 것을 자유변동(free floating)이라고 부른다.

IMF에 따르면 회원국의 13% 이상이 고정환율제도를 34%가 변동환율제도를 채택하고 있다. 나머지는 변동환율제도와 고정환율제도를 절충한 형태다. 우리나라는 1997년 아시아금융위기 이후 자유변동환율제도를 채택하고 있다.

고정환율제도는 환율을 약속으로 본다. 고정환율제도에서는 무역업자, 여행자, 투자자 등 경제주체가 외환을 사고 팔 때 환율변동 위험에서 벗어날 수 있다. 물론 변동환율제도에서도 선물환계약 등으로 환위험을 제어할 수 있으나 비용이 따른다. 고정환율은 이 비용을 절약해 준다.

한편 변동환율제도는 환율을 가격으로 인식한다. 환율이 오르고 내림으로써 외환

그림 5-2 주요통화 명목환율지수

자료: Federal Reserve Bank of St. Louis

시장의 보이지 않는 손이 효율적인 자원배분을 달성한다고 본다. 물론 고정환율제도의 약속이 과연 지킬 수 있는 것인지의 의문이 있듯이 변동환율제도 역시 환율 변동에 대한 두려움(fear of floating)이 있다. 일부 유럽과 아시아 소재 국가를 제외하면 많은 선진국들이 변동환율제도를 채택하고 있다. 외환시장 가격발견의 순기능 때문이다.

[그림 5-2]는 2020년 1월부터 2024년 11월까지 명목 원-달러 환율, 엔-달러 환율, 달러-유로 환율과 주요 교역국 통화 대비 달러화의 가치를 나타내는 달러화 지수를 보여준다 이들 환율을 일목요연하게 비교하기 위해 모든 환율은 코비드-19 대유행병이 시작된 2020년 1월의 값이 100이 되도록 지수화되었다. 지수 값의 상승은 해당 통화의 가치가 상승했음을 의미한다.

2024년 11월 달러화 지수는 109.8로 2020년 1월 대비 9.8% 상승했다. 원-달러 지수는 83.7, 엔-달러 지수는 71.1, 유로-달러 지수는 95.7로 하락했다. 원화는 엔화를 제외한 모든 통화에 대해 가치가 하락했다. 한편 유로화는 달러화에 비해 그 가치가 4.3% 하락했지만 다른 통화에 대해서는 가치가 상승했다.

달러화 지수의 상승폭(9.8%)보다 원-달러 지수의 하락폭(16.3%)이 더 큰 것은 달러화 강세와 함께 원화가 다른 나라 통화에 대해서도 약세를 보였음을 의미한다. 즉, 원-달러 환율의 상승에는 달러화 강세와 함께 원화 약세 요인도 함께 작용했다.

이처럼 외환시장은 단지 시장가격만이 아니라 여러가지 유용한 정보를 제공한다. 이 정보가 주는 의미를 이해하기 위해서는 환율결정모형이 필요하다. 이해를 돕기 위해 제6장 부록에서 합리적 기대 하의 환율결정모형을 소개한다.

실질환율

실질환율(real exchange rate)은 내국재 단위로 표시한 외국재의 가격으로 정의된다. 즉 실질환율은 외국재 한 단위를 사기 위해서 내국재를 얼마나 지급해야 하는지를 나타낸다. 실질환율은 명목환율을 이용하여 다음과 같이 계산될 수 있다. 미국은 오직 테슬라(Tesla)라는 자동차만을 생산하고 한국은 오직 아이오닉이라는 자동차만을 생산한다고 가정하자. 이 경우 한국의 입장에서는 아이오닉이 내국재고 테슬라가 외국재가 된다. 물론 이와 같은 가정은 나중에 보다 현실적인 가정으로 대체될 것이다. 이제 테슬라 한 대의 가격이 미화로 $30,000라고 하고, 아이오닉 한 대의 가격이 원화로 3,000만원이라고 하자. 두 자동차의 품질이 유사하다면 소비자들은 외국재인 테슬라의 가격과 내국재인 아이오닉의 가격을 비교하여 어떤 제품을 구매할 것인지를 결정할 것이다. 그런데 두 제품의 가격은 서로 다른 화폐 단위로 표시되어 있으므로 이들의 가격을 비교하기 위해서는 동일한 화폐단위로 환산해야 한다. 원화와 달러화 간의 명목환율이 1달러당 1,400원이라고 한다면 외국재인 테슬라의 원화 표시 가격은 $30,000 \times 1,400$원/\$$=4,200$만원이 된다. 이는 테슬라 한 대의 가격은 소나타 1.4대의 가격과 동일함을 의미한다. 따라서 원−달러간 실질환율은 1.4가 될 것이다.

현실경제에서는 한국과 미국 양국이 모두 다양한 종류의 생산물을 생산하므로 실질환율도 한국과 미국에서 생산되는 여러 가지 생산물들의 상대적인 가격을 종합적으로 반영할 수 있어야 한다. 이를 위해서는 물가지수를 이용하여 실질환율을 계산할 필요가 있다. 즉 P와 P^f를 각각 한국과 미국의 물가지수라고 하고 원−달러 명목환율을 E로 표시한다고 할 때 한국의 생산물 단위로 표시한 미국 생산물의 가격은 다음과 같이 계산될 수 있다.

$$q = \frac{EP^f}{P} \qquad\qquad (5\text{-}12)$$

그런데 위와 같이 물가지수를 이용하여 실질환율을 계산하는 경우에는 실질환율도 지수(index)와 같은 성격을 가지게 된다. 즉 물가지수와 마찬가지로 실질환율의 절대적인 값이 얼마인지는 의미가 없으며, 다만 실질환율의 등락만이 의미가 있을 뿐이다. 예를 들어 실질환율이 상승한다면 외국재의 가격이 내국재의 가격에 비해 상대적으로 상승한 것을 의미한다.

내국재의 가격이 외국재의 가격에 비해 상승하는 현상을 실질절상(real appreciation)이라 하고, 하락하는 현상을 실질절하(real depreciation)라고 한다. 실질환율을 (5−12)식과 같이 정의할 경우 실질환율의 상승은 실질절하를 의미하고 실질환율의 하락은 실질절상을 의미한다. 측정된 실질환율은 명목환율과 유사한 움직임을 보여주는데 단기에는 물가가 경직적이기 때문이다. 즉 단기에는 실질환율의 변동이 주로 명목환율의 변동을 반영한다. 한편 연 단위와 같이 물가가 보다 신축적인 시간대를 이용해 실질환율을 측정하면 실질환율은 명목환율과 다른 모습을 보인다. 여기에는 뒤에서 설명하는 구매력평가와 발라싸−사무엘슨 효과와 같은 경제원리가 적용된다.

② 개방경제에서의 생산물시장의 균형

실질환율과 순수출

(5−1)식에서 볼 수 있듯이 개방경제에서의 총수요의 크기를 알기 위해서는 소비, 투자, 정부구매 이외에 수출과 수입이 어떻게 결정되는지를 알아야 한다. 수출은 해외부문에 의한 내국재의 매입이므로 수출량은 내국재에 대한 해외수요에 의해 결정된다고 할 수 있다. 수요이론에 따르면 수요량은 일반적으로 가격과 수요자의 소득에 의해 결정되므로 수출량은 내국재의 가격과 외국의 국민소득수준에 의해 결정된다. 따라서 수출함수는 다음과 같이 쓸 수 있다.

$$\text{수출함수: } X = X^d\!\left(\frac{1}{q},\, Y^f\right) \tag{5-13}$$

위 식에서 Y^f는 외국의 국민소득을 나타내며, q는 실질환율을 나타낸다. 실질환율은 내국재 단위로 표시한 외국재의 가격이므로 그 역수인 $1/q$이 외국재 단위로 표시한 내국재(수출재)의 가격이 된다. 따라서 수출은 $1/q$의 감소함수고 Y^f의 증가함수다.
마찬가지로 수입은 외국재에 대한 국내수요에 의해 결정되므로 수입량은 수입재의 가격과 자국의 국민소득에 의해 결정된다. 따라서 수입함수는 다음과 같이 쓸 수 있다.

$$\text{수입함수: } Q = q \cdot Z^d(q,\, Y) \tag{5-14}$$

위의 수입함수에서 Z^d는 외국재 단위로 표시된 외국재의 수입량을 나타낸다. 외국재 수입량은 q의 감소함수이고 Y의 증가함수다. 총수요는 모두 내국재 단위로 표시되므로 외국재 수입량을 내국재 단위로 환산할 필요가 있는데, 이를 위해서 내국재 단위로 표시한 외국재의 가격인 실질환율을 곱하였다.
이제 실질환율의 변화가 재화와 용역의 수출입에 어떤 영향을 미칠 것인지를 알아보기로 한다. (5−3)식과 (5−4)식을 이용하면 순수출은 다음과 같이 쓸 수 있다.

$$NX = X - Q = X^d\!\left(\frac{1}{q},\, Y^f\right) - qZ^d(q,\, Y) \tag{5-15}$$

실질환율의 상승은 내국재의 가격에 비해 외국재의 가격이 상대적으로 상승함을 의미하므로 수요의 법칙에 의해 내국재의 수출량은 늘어나고 외국재의 수입량은 줄어들 것이다. 그러나, 외국재 수입량을 내국재 단위로 환산하기 위해서는 실질환율이 곱해지는데, 실질환율이 상승하면 q는 증가하고 Z^d는 감소하므로 내국재 단위로 환산한 수입량인 qZ^d는 반드시 감소한다고 볼 수 없다. 실질환율이 상승하는 경우 내국재 단위로 환산한 수입량이 감소하기 위해서는 외국재 수입량의 감소율이 실질환율의 상승률보다 커야 한다. 이는 외국재에 대한 수입수요가 탄력적이어야 함을 의미한다.

이상의 논의로부터 실질환율의 상승 즉 실질절하가 순수출을 증가시키기 위해서는 수입수요와 수출수요의 가격탄력성이 충분히 커야 함을 알 수 있다. 구체적으로 η_x와 η_z를 각각 수출수요와 수입수요의 가격탄력성이라 할 때 실질환율의 상승이 순수출을 증가시키기 위해서는 다음의 조건이 성립되어야 한다.

$$\eta_x + \eta_z > 1 \tag{5-16}$$

위 조건을 마샬-러너 조건(Marshall-Lerner condition)이라고 한다.

실제로 평가절하를 시행한 국가들에 있어서 순수출의 움직임을 보면 대부분의 경우에 있어서 평가절하 직후 한동안은 순수출이 오히려 감소했다가 상당한 시간이 흐른 후에야 평가절하 이전에 비해 증가함을 볼 수 있는데, 이와 같은 현상을 J곡선효과(J-curve effect)라 부른다. J곡선효과가 나타나는 원인은 단기에 있어서 수출수요와 수입수요가 비탄력적이어서 마샬-러너 조건이 충족되지 않는 데에 있다. 단기에 있어서 수출수요와 수입수요가 비탄력적인 이유는 계약시차 및 생산시차에 있다. 즉, 평가절하에 따라 내국재의 가격이 외국재의 가격에 비해 하락한다 해도 외국의 수입업자들이 이미 장기구매계약을 체결하였다면 구매선을 쉽사리 바꿀 수가 없으며, 국내 수출업자들이 수출계약을 체결한다 해도 계약에 따라 생산을 하여 수출할 때까지는 시간이 걸리기 때문이다.

평가절하를 하였음에도 불구하고 순수출이 당장 개선되지 않는 이유는 불완전한 환율전가에서도 찾을 수 있다. 불완전한 환율전가는 평가절하에 따른 환율변화폭 만큼 수입가격이 변하지 않을 때 발생한다. 예를 들어 환율이 1달러당 1,000원일 때 국제시장에서 10달러 하는 상품의 국내 수입가격이 10,000원이었다고 하자. 이제 평가절하에 따라 환율이 1달러당 2,000원이 되었다고 하면, 이 상품의 국내 수입가격은 20,000원으로 상승해야 한다. 그런데, 외국의 수출업자는 원화표시 가격이 상승함에 따라 우리나라 시장을 잃어버릴 것을 우려하여 수출가격을 낮춰서라도 우리나라 시장을 유지하려고 할 것이다. 만일 외국의 수출업자가 달러표시 수출가격을 10달러에서 7달러로 낮춘다면 원화표시 수입가격은 14,000원이 될 것이다. 즉 환율이 100% 상승했음에도 불구하고 원화표시 수입가격은 40%만 상승할 것이다. 이처럼 환율변화가 수입가격에 완전하게 반영되지 않는 것을 환율의 불완전전가(incomplete pass-through)라고 한다. 판매망 구축 등에 매몰비용(sunk cost)이 존재할 때 불완전전가가 일어나 환율변동이 순수출에 미치는 효과를 지연시킨다. 반면에 환율변화가 모두 자국통화표시 수입가격에 반영되는 경우 환율의 완전전가(complete pass-through)라 한다. 환율의 전가가 불완전할수록 평가절하에 따른 외국재와 내국재 간 상대가격의 변화가 적을 것이고 따라서 평가절하의 순수출 개선효과가 적을 것이다.

개방경제에서의 국민소득의 결정

이제 개방경제에서의 국민소득 결정에 대해 소개하기로 한다. 생산물시장이 균형을 이루기 위해서는 총수요와 총공급이 같아져야 하므로 개방경제에서의 생산물시장 균형조건은 다음과 같다.

$$Y = C + I + G + X - Q$$

위에 주어진 국민소득 균형조건은 다음과 같이 쓸 수도 있다.

$$(Y - C - G) - I = X - Q \tag{5-17}$$

위 식의 좌변에서 괄호 안의 표현, 즉 국민소득에서 소비지출과 정부구매를 뺀 값을 국민저축(national saving)이라고 부른다. 따라서, 생산물시장의 균형조건은 순수출(NX)이 국민저축과 투자 간의 차이와 같아져야 한다는 조건으로 대체할 수 있다.

$$NS - I = NX \tag{5-18}$$

이제 소비, 투자, 정부구매가 제3장의 단순모형에서와 같이 주어져 있다고 하면, $NS-I$는 다음과 같이 선형식으로 표현될 수 있다.

$$NS - I = Y - \overline{C} - c(Y - \overline{T} + \overline{TR}) - I - \overline{G}$$
$$= -\overline{A} + (1-c)Y \tag{5-19}$$
$$\text{단} \quad \overline{A} = \overline{C} - c\overline{T} + c\overline{TR} + I + \overline{G}$$

순수출은 (5-5)식에서와 같이 자국과 외국의 국민소득과 실질환율에 의해서 결정이 되는데, 여기서는 순수출을 다음과 같은 선형식으로 단순화하기로 한다.

$$NX = \overline{NX} - mY, \qquad 0 < m < 1 \tag{5-20}$$

위 식에서 m은 한계수입성향(marginal propensity to import)으로서 국민소득이 한 단위 증가함에 따른 수입의 증가를 나타낸다. $\overline{NX}$는 순수출 중 국민소득 이외의 요인에 영향을 받는 부분을 나타낸다. (5-5)식에 따르면 $\overline{NX}$는 외국의 소득수준과 실질환율의 영향을 받는데, 외국 소득수준의 증가는 $\overline{NX}$의 값을 증가시키며, 실질환율의 상승, 즉 실질절하는 마샬-러너 조건이 충족되는 경우 $\overline{NX}$의 값을 증가시킨다.

[그림 5-3]은 $NS-I$와 NX를 보여준다. 그림에서 가로축은 국민소득(Y)을 나타내며, 세로축은 NX 및 $NS-I$의 크기를 나타낸다. $NS-I$선은 $-\overline{A}$를 절편으로 하고 $1-c$의 기울기를 가진 직선이며, NX선은 $\overline{NX}$를 절편으로 하고 $-m$의 기울기를 가진 직선이다. 생산물시장의 균형은 직선 $NS-I$와 NX가 만나는 E점에서 성립하며, 이때 균형국민소득은 Y^*가 된다. [그림 5-3]은 생산물시장이 균형을 이룰 때의 국민소득뿐만 아니라 순수출의 크기도 보여 주는데, E점에서는 순수출이 양의 값을 가짐을 알 수 있다.

(5-19)식과 (5-20)식을 (5-18)식에 대입하여 Y에 대해 풀면 다음과 같이 균형국민소득을 구할 수 있다.

$$Y^* = \frac{1}{1-c+m}(\overline{A} + \overline{NX}) \tag{5-21}$$

이 식으로부터 개방경제에서의 투자승수는 $1/(1-c+m)$임을 알 수 있다. 그런데 개방경제의 투자승수는 제3장에서 구한 폐쇄경제에서의 투자승수인 $1/(1-c)$보다 작은 값을 가진다. 폐쇄경제에서는 독립투자 증가에 따른 유발수요가 모두 내국재에 대한 수요로 나타나는 반면에 개방경제에서는 유발수요의 일부가 외국재에 대한 수입수요로 나타나므로 그만큼 국내 생산물에 대한 수요가 줄어들기 때문이다.

그림 5-3 투자의 증가와 거시경제의 균형

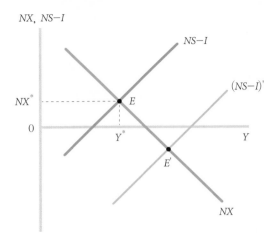

투자의 증가는 NS-I선을 우측으로 이동시키며 균형점은 E'가 된다. 투자를 비롯한 국내흡수의 증가는 국민소득을 증가시키고 순수출을 감소시킨다.

이제 투자의 증가가 개방경제에서의 국민소득과 순수출에 어떤 영향을 주는지를 알아보자. 독립투자가 증가하면 NS-I선은 우측으로 이동하여 새로운 균형은 E'점에서 일어나며 폐쇄경제에서와 마찬가지로 균형국민소득이 증가함을 알 수 있다. 한편 세로축으로 측정되는 순수출은 E점에 비해 감소하므로 투자의 증가는 순수출을 감소시킴을 알 수 있다. 소비, 투자, 정부구매 등 국내 경제주체의 지출을 모두 합한 것을 국내흡수(domestic absorption)라고 하는데, 국내흡수의 증가는 국민소득을 증가시키는 반면에 순수출을 감소시킨다.

다음으로는 실질환율의 변화가 국민소득과 순수출에 어떤 영향을 주는지를 알아보자. 가격이 경직적일 경우 명목환율 변화는 같은 비율의 실질환율 변화를 가져온다. 따라서 평가절하는 실질절하를 가져오고, 실질절하 즉, 실질환율의 상승은 마셜-러너 조건이 충족된다는 전제하에서 $\overline{NX}$값을 증가시키고 이에 따라 NX선이 [그림 5-4]에서와 같이 우측으로 이동한다. 이때 수출수요와 수입수요 탄력성의 합이 크면 클수록 NX선의 이동폭은 더 커진다. 그 결과 새로운 국민경제의 균형점인 E'에서는 국민소득과 순수출이 모두 증가함을 알 수 있다.

그림 5-4 실질절하와 거시경제의 균형

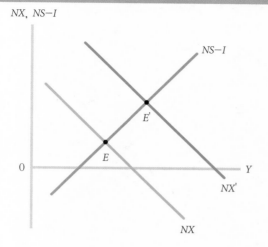

실질환율의 상승은 마샬-러너조건이 충족될 때 NX선을 우측으로 이동시키고 국민소
득과 순수출을 모두 증가시킨다.

❸ 지출조정정책과 지출전환정책

개방경제에서는 고용, 성장과 같은 대내 거시경제변수뿐 아니라 경상수지와 같은
대외변수도 정부의 경제정책에 있어서 중요한 사안이 된다. 경상수지(current account
balance)란 한 국가가 생산물을 수출하여 벌어들인 외환과 외국의 생산물을 수입하기
위해 지급한 외환의 차이를 말한다. 벌어들인 외환이 지급한 외환보다 많은 경우를
경상수지 흑자, 적은 경우를 경상수지 적자라 부른다. 경상수지 적자는 국가 전체가
생산한 것보다 많이 지출할 때에 발생한다. 가계가 소득보다 소비를 많이 할 경우
부채가 증가하듯이 경상수지 적자가 지속될 경우 국가의 대외부채가 증가한다. 가
계의 부채가 영원히 증가할 수 없듯이 국가의 부채도 영원히 증가할 수 없으며 따라
서 경상수지 적자도 영원히 지속될 수 없다. 따라서 현실세계에서는 완전고용을 유
지하는 것 뿐만 아니라 경상수지를 균형으로 유지하는 것도 정부의 중요한 정책목표
가 된다. 제3절에서는 정부가 대내균형과 대외균형을 달성하기 위해 어떤 정책수단
을 사용할 수 있는지를 알아보기로 한다.

그림 5-5 대내균형과 대외균형

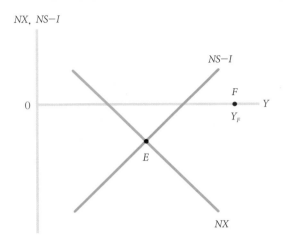

국민소득이 완전고용 국민소득수준(Y_F)과 같고 순수출이 균형을 이루는 *F*점은 대내
균형과 대외균형을 모두 충족시키는 점이다.

제2절에서 소개된 개방경제의 단순모형에서 대내균형은 국민소득을 완전고용 국
민소득 수준(Y_F)으로 유지하는 것에 해당한다. 한편 순수출은 내국재 단위로 표시한
경상수지라고 할 수 있으므로 대외균형 조건인 경상수지 균형은 바로 순수출(NX)을
0으로 유지하는 것에 해당한다.[1] [그림 5–5]에서 *F*점은 바로 대내외 균형조건을 충
족시키는 점이다. 이제 어떤 경제의 *NS–I*선과 *NX*선이 [그림 5–5]에서와 같으며 현
재 이 경제가 *E*점에 있을 때 *F*점을 달성하기 위해서는 정부가 어떤 정책을 사용해야
할 것인가를 논의해 보자.

먼저 재정정책은 *NS–I*선을 이동시킬 수 있는데, 국민소득을 증가시키는 확장적
재정정책은 순수출을 감소시키고, 국민소득을 감소시키는 긴축적 재정정책은 순수
출을 증가시키는 효과를 동반한다. 기존의 경제상태가 경기과열에 경상수지 적자이
거나 불황에 경상수지 흑자라면 전자의 경우 긴축적 재정정책을, 후자의 경우는 확
장적 재정정책을 수행함으로써 대내외 균형에 접근할 수 있을 것이다. 그러나 기존
의 경제상태가 *E*점에서와 같이 불황에 경상수지 적자가 결합된 경우라면 재정정책만

---

1 경상수지에는 상품과 서비스의 순수출에 더하여 본원소득과 경상이전소득이 포함되기 때문에 경상수지
는 엄밀하게는 순수출과 차이가 있다. 그렇지만 재화와 서비스 수출입이 경상수지를 결정하는 주된 요
인이기 때문에 제5장에서 소개된 개방경제 단순모형과 제6장에서 소개하는 먼델-플레밍 모형에서는 순
수출과 경상수지를 구별하지 않고 같은 의미로 사용한다.

으로는 대내외 균형을 동시에 실현할 수 없다. 따라서 대내균형과 대외균형 중 어느 하나를 목표로 정책수단을 사용하고 나머지는 그 결과로서 받아들여야 하는 수밖에 없는 정책 딜레마(policy dilemma)에 빠지게 된다.

통화정책을 추가적인 정책수단으로서 이용할 수 있다고 하더라도 결과는 마찬가지다. 통화정책이나 재정정책 모두 $NS-I$선만을 이동시킬 뿐이기 때문이다. 대내외 균형을 동시에 달성하기 위해서는 NX선을 이동시킬 수 있는 정책수단이 추가적으로 필요하다. 이와 같은 정책수단으로서는 환율정책을 들 수 있다. 만일 물가가 경직적이라면 정책당국은 명목환율을 증감시킴으로써 실질환율에 영향을 줄 수 있으며, 실질환율이 변하면 NX선이 이동하기 때문이다. 불황에 경상수지 적자가 동반된 앞의 예를 다시 생각해 보면 확장적 재정정책과 평가절하를 통하여 $NS-I$선과 NX선을 각각 우측으로 이동시킴으로써 대내외균형을 모두 만족시키는 F점에의 접근이 가능하게 된다.

두 마리의 사냥감을 동시에 잡기 위해서는 두 명의 사냥꾼이 필요하듯 두 개의 정책목표를 달성하기 위해서는 서로 독립적인 두 정책수단이 필요하다. 일반적으로 n개의 정책목표를 달성하기 위해서는 n개의 독립적인 정책수단이 필요하게 되는데 이를 틴버겐의 법칙(Tinbergen's law)이라고 부른다.

재정정책과 환율정책은 어떻게 두 개의 독립적인 정책수단이 될 수 있는 것일까? 이는 두 정책이 총수요에 영향을 미치는 방법이 서로 상이하기 때문이다. 정부지출이나 조세수입 규모의 조정을 통한 재정정책은 총수요의 크기에만 영향을 주는 지출조정정책의 성격을 가진다. 재정정책뿐만 아니라 통화정책도 지출조정정책이라 할 수 있다. 반면에 환율정책은 총수요의 구성에 영향을 미치므로 지출전환정책의 성격을 가진다고 볼 수 있다. 예를 들어 실질환율을 상승시킬 경우 가계, 기업, 정부 등 국내 경제주체들은 상대적으로 값이 비싸진 수입 외국재에 대한 지출을 줄이는 대신에 내국재에 대한 지출을 늘리므로 총지출규모의 변화 없이도 내국재에 대한 수요가 증가하게 된다. 지출전환을 가져 올 수 있는 정책으로는 환율정책 이외에도 관세, 수출보조금, 수입할당(quota) 등을 들 수 있다.

❹ 구매력평가와 실질환율

제3절에서는 대내외 균형을 달성하기 위한 수단으로서 환율정책을 이용할 수 있음을 보았다. 그런데 환율정책을 지출전환정책의 수단으로 이용하기 위해서는 정책당국이 실질환율에 영향을 미칠 수 있어야 한다. 실제로 정책당국이 외환시장 개입에 의해 영향을 줄 수 있는 것은 명목환율이므로 과연 명목환율의 변화를 통해 실질환율에 영향을 미칠 수 있는지의 여부가 지출전환정책 수단으로서의 환율정책의 유용성을 판단하는 데에 관건이 된다. 제4절에서는 실질환율에 영향을 미치는 요인들에 대해서 알아본다.

구매력평가

구매력평가(purchasing power parity: PPP)란 두 국가간 상품의 교역이 자유롭게 일어날 경우 두 국가의 물가수준과 환율 사이에 성립되어야 할 관계로, 두 국가에서의 통화의 구매력이 동일해짐을 의미하기도 한다. 구매력평가의 이론적인 출발점은 일물일가의 법칙이다. 일물일가의 법칙이란 동일한 생산물에는 하나의 가격만이 성립함을 말한다. 운송비용이나 무역장벽이 전혀 없는 이상적인 완전경쟁시장에서라면 동일한 물건은 두 국가에서 동일한 가격에 거래되어야 한다. 만일 동일한 물건이 두 국가에서 서로 다른 가격에 매매가 되고 있다면 낮은 가격에 이를 매수하여 높은 가격에 매도함으로써 이득을 거두는 이른바 차익거래(arbitrage)가 발생할 것이며, 이와 같은 차익거래는 결국 국내가격과 해외가격을 같게 만들 것이다.

이처럼 두 국가가 생산하고 판매하는 모든 생산물의 가격이 일물일가의 법칙을 충족시킨다면 두 국가의 물가수준도 동일해질 것이다. 즉 어떤 국가의 물가수준을 P, 외국의 물가수준을 P^f, 그리고 명목환율을 E라고 할 때 이들 간에는 다음과 같은 관계가 성립되어야 하는데 이를 절대구매력평가(absolute purchasing power parity)라 한다.

$$\frac{EP^f}{P} = 1$$

위 식에서 외국의 물가수준에 환율이 곱해진 것은 외화단위로 표시된 외국의 물가수준을 국내 화폐단위로 환산하기 위한 것이다. 위 식의 좌변은 실질환율과 같으므로 절대구매력평가는 실질환율이 1이 되어야 함을 의미하기도 한다.

그런데 실제로 국제무역의 현실에 있어서는 운송비용과 무역장벽이 엄연히 존재하며 가격에 대한 정보도 불완전하기 때문에 일물일가의 법칙이 정확하게 성립되는 생산물을 찾기란 사실상 불가능에 가까우며, 따라서 위와 같은 절대구매력평가가 엄밀하게 성립되기를 기대하기는 어렵다. 따라서 현실적으로는 국내 물가수준과 외국 물가수준이 반드시 같을 필요가 없으며 단지 이들 사이에 일정한 관계가 존재한다는 완화된 형태의 구매력평가가 성립될 것으로 기대되는데 이를 상대구매력평가(relative purchasing power parity)라 한다.

$$\frac{EP^f}{P} = k \qquad \text{(단, } k \text{는 상수)} \tag{5-22}$$

절대구매력평가는 k의 값이 1일 때만 충족되는 데에 반해 상대구매력평가는 k의 값이 얼마이든 일정한 값만을 가지면 되므로 절대구매력평가보다 훨씬 완화된 조건임을 알 수 있다. 상대구매력평가가 항상 충족되기 위해서는 양국의 물가상승률간에 다음과 같은 조건이 충족되어야 한다.

$$\frac{\Delta P}{P} = \frac{\Delta E}{E} + \frac{\Delta P^f}{P^f} \tag{5-23}$$

위 식은 국내 물가상승률이 외국 물가상승률과 환율상승률의 합과 같아져야 함을 의미한다. 위의 두 식은 모두 상대구매력평가가 성립하는지를 검증하기 위해서 이용될 수 있다.

실제 자료를 이용하여 구매력평가를 검증해 본 연구들은 적어도 단기에 있어서는 구매력평가가 잘 성립되지 않음을 지적하고 있다. 특히 브레튼우즈 체제가 무너지고 주요 국가들이 변동환율제도를 채택한 1970년대 이후의 기간에는 구매력평가가 잘 성립하지 않는다. 뿐만 아니라 오랜 기간의 자료를 이용하여 구매력평가가 장기적으로 성립되는지의 여부를 검증한 실증연구들도 구매력평가가 성립되는지에 대해 일치된 결론을 내리지 못하고 있다. 이처럼 실제로 구매력평가가 잘 성립되지 않는 이유는 무엇일까?

첫째, 무역장벽을 들 수 있다. 관세(tariff)나 수입할당(quota)과 같은 무역장벽이 있을 경우 차익거래가 잘 이루어지지 못하기 때문이다.

둘째, 비교역재의 존재를 들 수 있다. 생산물들 중에는 국가간에 교역이 되지 않는 비교역재(nontraded goods)가 있다. 비교역재는 국가마다 다를 뿐만 아니라 국가간에 교역이 되지 않으므로 두 국가간에 가격차가 나더라도 차익거래가 이루어지지 않고 따라서 일물일가의 법칙(law of one price)을 충족시키리라 기대할 수 없다. 각국이 생산하고 소비하는 생산물에는 교역재뿐만 아니라 비교역재도 상당부분 포함되어 있으므로 교역재와 비교역재를 포함한 모든 생산물의 가격을 대표하는 물가수준간에는 구매력평가가 성립되리라고 기대하기가 어렵다.

셋째, 가격의 경직성을 들 수 있다. 현실적으로 생산물의 가격은 환율에 비해 느리게 움직인다. 따라서 외부적 충격에 의해 명목환율이 변동할 경우 양국의 물가가 경직되어 있다면 구매력평가는 성립될 수가 없다. 이처럼 물가가 경직적인 경우에는 실질환율이 명목환율과 거의 같은 폭으로 변동하게 된다. 실증연구들에서도 명목환율과 실질환율 간에는 높은 상관관계가 있음이 발견된다.

넷째, 시장에 따른 가격설정(pricing to market)도 구매력평가가 성립되는 것을 어렵게 만든다. 수출업자가 수출업자의 통화로 표시된 가격을 정하고, 상대국과의 환율을 감안하여 수출 상대국 통화표시 가격을 정하는 생산자통화표시 가격설정(producer currency pricing: PCP)의 경우, 가격 자체가 구매력평가와 동일한 원리에 의해 설정되므로 구매력평가가 잘 성립될 것이다. 반면에 수출업자가 자국통화표시 가격과는 상관없이 수출 상대국의 시장형편을 고려하여 수출 상대국 통화표시 가격을 직접 결정하는 현지통화표시 가격설정(local currency pricing: LCP)의 경우, 수출가격이 상대국 시장 상황을 감안하여 상대국 통화로 설정되므로 수출상대국에서의 현지가격을 환율을 이용하여 생산자 통화표시 가격으로 환산하더라도 수출국의 국내가격과 같아지리라는 보장이 없다. 물론 현지통화표시 가격설정은 서로 다른 수출국 시장간 시장분할(market segmentation)이 가능함을 전제로 한다.

비교역재와 실질환율

구매력평가가 성립된다면 실질환율은 항상 일정한 값을 가져야 한다. 그러나 실제 실질환율은 일정한 값을 가지지 않고 상당히 크게 변동하는 것이 현실이다. 이와 같은 실질환율의 변동에 대해서는 두 가지 상반된 해석이 가능하다. 우선 구매력평가가 장기적인 균형상태를 나타낸다고 보는 학자들의 입장에서는 이와 같은 실질환율의 변동을 장기 균형상태로부터의 일시적인 이탈이라고 해석할 수 있을 것이다. 반면에 다른 학자들은 실질환율의 변동 자체가 균형상태의 변화로 인한 것이라고 해석하는데 이를 균형실질환율이론(equilibrium real exchange rate theory)이라고 한다.

균형실질환율이론의 입장에서 실질환율의 결정요인을 알아보기 위해 양국의 생산물을 국제무역을 통하여 교역가능한 교역재와 국가간에 교역이 불가능한 비교역재로 구분하고, 양국의 물가를 교역재 물가와 비교역재 물가의 가중평균으로 표시해 보기로 하자.

$$P = (P_T)^\alpha (P_N)^{1-\alpha}$$
$$P^f = (P_T^f)^\beta (P_N^f)^{1-\beta}$$

위 식에서 P_T와 P_N은 각각 자국의 교역재 물가와 비교역재 물가를 나타내며, P_T^f와 P_N^f는 교역상대국의 교역재 물가와 비교역재 물가를 나타낸다. α와 β는 각각 양국 물가에 있어서 교역재와 비교역재가 차지하는 가중치를 나타낸다. 위 식을 이용하면 실질환율은 다음과 같이 표현될 수 있다.

$$\frac{EP^f}{P} = \frac{EP_T^f}{P_T} \times \frac{(P_T/P_N)^{1-\alpha}}{(P_T^f/P_N^f)^{1-\beta}} \qquad\qquad (5\text{-}24)$$

위 식은 실질환율의 변화를 가져오는 요인이 무엇인지를 보여 주는데, 특히 교역재와 비교역재의 상대가격(P_T/P_N)이 실질환율에 큰 영향을 미침을 알 수 있다. 즉, 비교역재 가격이 교역재 가격에 비해 상대적으로 상승하는 경우 실질환율이 하락하는 실질절상 현상이 발생한다. 그렇다면 비교역재와 교역재간 상대가격의 변화는 왜 발생하는 것일까?

첫째, 국내수요가 전반적으로 증가하는 경우 실질절상이 발생한다. 소비, 투자, 정부구매 등의 국내수요가 증가하면 교역재와 비교역재에 대한 수요가 모두 증가한다. 그런데, 교역재에 대한 수요증가는 수입에 의해 충족될 수 있는 반면에 비교역재는 국내에서만 생산이 되므로 단기적으로 공급이 증가하는 데에 한계가 있다. 따라서 국내수요의 증가는 비교역재의 가격상승을 가져오게 된다. 물론 국내수요가 증가하지 않더라도 교역재로부터 비교역재로 선호가 바뀌는 경우에도 비교역재의 가격이 상승한다.

둘째, 생산성 향상과 경제성장은 장기적으로 비교역재의 교역재에 대한 상대가격을 상승시키는 효과가 있는데 이를 발라싸–사뮤엘슨 효과(Balassa-Samuelson effect)라 한다. 생산성 향상은 비교역재 산업보다는 주로 자본집약적인 교역재 산업에서 발생한다. 교역재 산업의 생산성 향상은 교역재 산업의 실질임금을 상승시키게 되고 이는 다시 경제 전체의 실질임금을 상승시킨다. 실질임금의 상승은 노동집약적인 비교역재 산업의 생산비용을 상승시키고 이에 따라 비교역재 가격을 인상시키는 파급효과를 가져온다.[2] 경제성장이 물가를 인상시키는 효과는 부존자원의 차이로도 설명될 수 있다.[3] 선진국은 후진국에 비해 상대적으로 자본이 풍부하기 때문에 노동의 생산성과 실질임금이 후진국보다 높다. 그러므로 임금이 높은 선진국에서 비교역재 가격이 높을 것으로 기대되며 물가수준도 높을 것으로 기대된다.

(5–24)식에 따르면 비교역재와 교역재 간의 상대가격뿐만 아니라 교역조건(terms of trade)의 변화도 실질환율에 영향을 미칠 수 있다. 교역조건은 수출재와 수입재의 상대가격으로 정의되는데 (5–24)식에서 P_T/EP_T^f가 바로 교역조건을 나타낸다고 할 수 있다. P_T/EP_T^f의 값이 상승하는 경우 수출재 한 단위로 살 수 있는 수입재의 양이 늘어나므로 교역조건이 개선된다고 하고 그 반대의 경우 교역조건이 악화된다고 한다. (5–24)식에 따르면 교역조건의 개선은 실질환율의 하락, 즉 실질절상을 가져옴을 알 수 있다.

균형실질환율이론은 장기적으로 통화정책이나 외환정책이 실질환율에 영향을 미칠 수 없다는 함의를 가진다. 균형실질환율이 하락할 때 고정환율제도하에서는 물가의 상승이 일어나고 변동환율제도하에서는 중앙은행이 물가를 안정시키는 경우 명목환율이 하락한다.

2 B. Balassa, "The Purchasing Power Parity Doctrine: A Reappraisal," *Journal of Political Economy* 72, 1964.

3 I.B. Kravis and R.E. Lipsey, *Toward an Explanation of National Price Levels*, Princeton Studies in International Finance 52, Princeton University, 1983.

∶ 요점
정리

1 두 화폐간의 교환비율을 명목환율이라고 한다. 명목환율은 외환시장에서 외환의 수급에 의해 결정된다. 외환의 수요가 공급보다 많을 경우 명목환율이 상승하는데 이를 자국화폐의 가치하락 또는 평가절하라고 한다.

2 고정환율제도에서는 중앙은행이 외환시장개입을 통해 고정환율을 유지한다. 환율이 외환시장에서의 외환수급에 의해 자유롭게 결정되는 것을 허용하는 체제를 변동환율제도라 한다.

3 개방경제에서는 소비, 투자, 정부구매뿐만 아니라 해외로부터의 수요인 순수출도 총수요에 영향을 미친다. 순수출은 외국재와 내국재의 상대가격에 의해 영향을 받는데 이를 실질환율이라 한다.

4 실질절하가 발생하는 경우 순수출이 증가하는지의 여부는 내국재에 대한 해외수요와 외국재에 대한 국내수요의 가격탄력성에 달려 있다. 실질절하가 순수출을 증가시키기 위해서는 두 가격탄력성의 합이 1보다 커야 하는데 이를 마샬–러너 조건이라 한다.

5 개방경제하의 생산물시장 균형조건은 $NS-I=NX$의 조건으로도 쓸 수 있다. 투자나 정부구매의 증가는 국민소득을 증가시키는 반면 순수출을 감소시키며, 실질절하는 국민소득과 순수출을 모두 증가시킨다.

6 완전고용과 경상수지 균형이라는 대내외 균형을 동시에 달성하기 위해서는 지출조정정책과 지출전환정책이라는 두 가지 독립된 정책수단이 필요하다. 재정정책과 통화정책은 지출조정정책수단이며, 환율정책이나 관세부과는 지출전환정책수단이다.

7 생산물시장이 개방되어 교역이 자유롭게 일어날 경우 두 국가의 물가수준과 명목환율 간에 성립되어야 하는 관계를 구매력평가라 한다.

8 실질환율은 비교역재와 교역재 간의 상대가격과 교역조건의 변화에 의해 영향을 받는다.

⫶ 연습
문제

1 어떤 경제의 소비함수, 투자함수, 정부구매함수, 조세함수, 순수출함수가 각각 다음과 같다고 하자.

$$C = 200 + 0.9(Y-T), \quad I = 300, \quad G = 500, \quad T = 0,$$

$$NX = 600 - 0.1Y$$

이 경제에 있어서 국민소득과 순수출 결정모형($NS-I$선과 NX선)의 그림을 그리고, 균형상태에서의 국민소득과 순수출을 구하라. 이 그림을 이용하여 해외의 경기가 좋아질 경우 이 경제에서 어떤 일이 일어날지를 설명하라.

2 개방경제의 총수요 구성요소가 다음과 같다고 하자.

$$C = 400 + 0.5YD$$

$$I = 700 - 4,000i + 0.2Y$$

$$G = 200$$

$$T = 200$$

$$X = 100 + 0.1Y^f + 100q$$

$$Q = 0.1Y - 50q$$

$$q = 2.0$$

$$Y^f = 1,000$$

단, X와 Q는 각각 내국재 단위로 표시한 수출량과 수입량이고, q는 실질환율을 그리고 Y^f는 해외의 국민소득수준을 나타낸다.

(1) 이자율이 10%일 경우 (즉, $i = 0.1$일 경우) 균형국민소득을 구하라.

(2) C, I, G와 순수출의 값을 각각 구하고, 이 네 가지를 더한 총지출이 (1)에서 구한 균형국민소득과 같음을 보여라.

(3) 이자율이 10%이고, 정부지출(G)이 200에서 400으로 증가할 경우

ⅰ) 균형국민소득을 구하라.

ⅱ) G의 증가 결과 순수출이 어떻게 변화했는가를 설명하라.

(4) 처음 가정으로 되돌아가서 이자율이 10%이고, Y^f가 1,000에서 1,200으로 증가할 경우

ⅰ) 균형국민소득을 구하라.

ⅱ) Y^f의 증가 결과 순수출이 어떻게 변화했는가를 설명하고, 정부지출(G)을 동일한 양만큼 증가시켰을 때와 순수출에 미치는 영향이 어떻게 다르게 나타나는지 설명하라.

3 다음의 각 경제충격이 국민소득과 순수출에 미치는 효과를 그림으로 보이고, 각 경우에 대해서 경제의 대내외 균형을 달성하기 위해서는 어떤 정책이 필요한지를 설명하라.

(1) 국내투자의 감소

(2) 교역조건의 악화

4 전량 수입에 의존하던 제품을 국내에서 생산하기 시작하였을 때 국민소득과 순수출에 미치는 효과를 설명하라.

5 1998년에 일본경제는 수년째 지속되는 국내경기불황과 경상수지 흑자를 경험하고 있었다. 지출조정정책과 지출전환정책의 관점에서 이러한 상황에 가장 절실한 정책처방은 무엇인지 설명하라. 신문이나 경제잡지 등을 통해 그러한 정책이 실제로 권고되었는지 확인해 보라.

6 변동환율제도의 채택을 주장하는 학자들은 변동환율제도의 장점으로 완충효과(insulation property)를 강조한다. 즉, 변동환율제도는 외국의 충격으로부터 국내경

제를 완충시켜 준다는 것이다. 소규모 개방경제 모형을 이용하여 변동환율제도의 완충효과가 어떻게 나타날 수 있는지를 설명해 보라.

7 두 국가만으로 구성된 세계경제에서의 생산물시장 균형조건은 다음과 같이 쓸 수 있다.

$$Y = \overline{C} + cY + \overline{I} + \overline{G} + \overline{NX} + m^f Y^f - mY$$

$$Y^f = \overline{C^f} + c^f Y^f + \overline{I^f} + \overline{G^f} - \overline{NX} + mY - m^f Y^f$$

(1) 독립투자 증가에 따른 승수$(\Delta Y / \Delta I)$를 구하라.

(2) 위 (1)에서 구한 승수를 본문에 제시된 소국경제모형에서의 독립투자 증가에 따른 승수와 비교하고, 두 승수의 크기에 차이가 나는 이유를 설명하라.

(3) 평가절하는 자국의 소득수준을 높이는 대신 교역상대국의 소득수준을 낮춘다는 점에서 근린궁핍화정책(beggar-thy-neighbor policy)이라고 불리기도 한다. 위 모형을 이용하여 자국의 평가절하가 교역상대국의 국민소득수준을 낮출 수 있음을 보여라.

8 교역재의 가격이 비교역재의 가격에 비해 상대적으로 상승할 때 국민소득과 순수출에 미치는 효과를 설명하라.

9 다음 표는 우리나라의 경상수지와 국민총저축률(NS/GNI) 및 국내총투자율(I/GNI)의 추이를 보여준다.

연도	국민총저축률(%)	국내총투자율(%)	경상수지/GNI(%)
1989	36.3	33.9	2.3
1991	36.2	39.2	−3.0
1993	35.1	35.1	−0.0
1995	36.1	38.0	−1.9

(1) 위의 표는 경상수지가 국민저축과 국내투자에 의해 결정됨을 보여준다. 개방경제의 국민소득계정을 이용하여 이와 같은 관계가 성립함을 보여라.

(2) 국민총저축은 가계저축, 기업저축, 정부저축으로 구성된다. 정부지출이 일정할 경우 조세의 증가는 정부저축을 증가시킨다. 경상수지 적자를 해소하기 위한 정책으로 조세(즉, 정부저축)를 증가시켜야 한다는 주장에 대해 논하라.

10 수출과 수입이 모두 달러화로 책정되고 결제되는 경우를 생각해보자. 달러화로 표시된 수입재 가격과 수출재가격은 단기적으로 경직적이며 각각 $\overline{P_M^\$}$, $\overline{P_X^\$}$ 이다.

(1) 이와 같이 무역의 달러화가 일어날 때 자국의 수출재단위로 표시한 수입재의 상대가격을 구하라.

(2) 한편 자국과 미국이 교역시 양국수출이 자국통화로 결제될 때 (1)에서 구한 상대가격과 어떻게 다른가. 단 자국의 수출가격은 $\overline{P_X^W}$ 이고 단기적으로 경직적이며 1달러와 교환되는 원화 환율은 E와 같다.

(3) 원화환율 E가 상승했다고 하자. (1)과 (2)의 경우 무역수지에 각각 어떻게 영향을 미칠 것으로 기대되는가? 설명하라.

Chapter

06 국제자본이동과 거시경제

제5장에서는 생산물시장만이 개방되어 있는 경제에 있어서의 국민소득 결정모형에 대해 알아 보았다. 이와 같은 모형은 자본이동에 대한 규제로 인해 생산물의 교역규모에 비해 자본의 유출입 규모가 상대적으로 작은 국가의 국민소득 결정을 설명하는 데에 적합하다. 그러나 오늘날은 각국이 자본시장을 개방하고 컴퓨터와 통신수단의 발달에 힘입어 국가간 자본이동이 매우 활발하게 일어나고 있다. 국제자본이동은 환율과 국제수지 등 대외관련 경제변수뿐만 아니라 국민경제를 안정적으로 운용하기 위한 거시경제정책의 효과에도 영향을 미친다. 이에 따라 제6장에서는 국제자본이동이 국민경제에 어떤 영향을 미치는가에 대하여 알아보기로 한다.

① 자본자유화와 국제자본이동성

국제자본이동의 경제적 이익

국제자본이동은 국제금융시장의 상황과 경제여건에 따라 매우 다양한 형태로 이루어진다. 외국인이 우리나라 기업의 주식이나 부동산을 취득하는 경우, 국내기업이 공장 신축자금을 조달하기 위해 스위스에서 달러화표시 채권을 발행하는 경우, 국내 수입업자가 수입대금의 결제를 위해 수출업자의 거래은행으로부터 무역금융을 얻는 경우, 외국은행이 국내은행에 빌려 준 돈을 회수하는 경우, 국내투자자가 해외 펀드에 투자하는 경우에 있어서 모두 국제자본이동이 발생한다.

국제자본이동이 국민경제에 가져다주는 경제적 이익은 한 개인이 필요한 자금을 융통할 수 있게 됨으로써 누리는 혜택과 같다. 어떤 사람이 은행에서 필요한 자금을 차입할 수 있다면 이 사람의 소비활동은 소득의 일시적 변동에 별다른 영향을 받지 않고 안정적으로 영위될 수 있다. 마찬가지로 국가의 경제활동도 다른 국가로부터의 차입을 통해 안정적으로 이루어질 수 있다.

국제자본이동은 한 국가가 자본축적을 통해 경제성장을 이루는 것을 가능하게 한다. 국내저축이 부족할 경우 해외에서 필요한 자금을 조달하여 투자할 수 있다면 그 국가는 그만큼 더 빠른 성장의 혜택을 향유할 수 있기 때문이다. 자본수출국의 입장에서도 더 높은 금리를 받고 다른 국가에 투자할 수 있다면 그만큼 이득이 될 수 있다.

뿐만 아니라 국제자본이동은 서로 다른 국가간에 위험을 분산시키는 것을 가능하게 한다. 투자자들은 여러 자산에 분산투자를 함으로써 위험을 감소시키려고 하나 한 국가 내의 자산에 대한 분산투자만으로는 제거할 수 없는 위험이 있다. 예를 들어 국제유가가 상승할 경우 원유수입국은 경기침체가 발생하는 반면 산유국은 경기 호황이 발생한다. 이 경우 원유수입국의 거주자는 산유국의 주식에 투자를 함으로써 유가변동에 따른 소득변동 위험을 감소시킬 수 있다.

물론 외국자본을 차입하거나 유치하는 데에는 그만한 위험이 따른다. 채무상환에 대한 의무를 제대로 이행하지 못할 경우 대외신인도의 하락으로 향후 국제금융시장에 대한 접근이 어려워지게 된다. 뿐만 아니라 국제금융시장의 불안으로 인해 투자자들이 채무국으로부터 자금을 갑자기 회수하는 경우에는 장기적인 상환능력이 있는 국가라 하더라도 일시적인 외화유동성 부족으로 인해 외환위기에 처하기도 한다.

국제자본이동의 역사

역사적으로 볼 때 국제자본이동은 현 시대보다는 금본위제도를 시행하였던 1870년대부터 제1차 세계대전 이전까지의 기간에 더 활발했다. 당시 글로벌경제의 중심국이었던 영국, 프랑스, 독일로부터 주변국인 북미, 오세아니아, 북유럽 등으로 금융자본이 투자되었다. 핵심 중심국이었던 영국은 국가간 자본의 흐름에 대하여 자유방임적 태도를 취했으나 채무국의 상환이 제대로 실행되지 못할 때 마치 오늘날 IMF가 채무상환에 어려움을 겪는 나라들에게 내리는 처방과 마찬가지로 구제금융을 제공하고 대신 정부재정개혁을 요구하기도 하였다.

전쟁과 공황은 생산물과 자본의 교역을 위축시킨다. 1914년에 발발한 제1차 세계대전, 러시아 혁명과 사회주의 체제의 등장은 국가간 자본이동을 크게 위축시켰다. 더욱이 1930년대에 세계 대공황을 겪으면서 각국은 자국의 경제적 이익을 보호하기 위해 무역과 자본이동에 대해 제약을 가했다.

국제자본이동이 다시 활발해지기 시작한 것은 1970년대에 들어서부터다. 브레튼 우즈 체제(Bretton Woods system)가 무너지고 주요 국가들이 변동환율제도를 채택하면서 각국은 자본의 유출입에 대한 통제를 철폐하기 시작했고, 오일쇼크 이후 산유국들이 벌어들인 오일달러를 재순환시키는 과정에서 국제자본이동이 크게 증가했다. 1980년대에 들어와 영국과 미국을 비롯한 주요 선진국에서 일관되게 추진된 금융규제 완화정책과 정보 및 통신기술의 비약적인 발달 역시 국제자본이동을 촉진하는 기폭제가 되었다. 한편 멕시코를 비롯하여 많은 채무국들이 외채상환을 이행하지 못하는 외채위기가 발생함에 따라 개도국으로의 자본이동이 위축되기도 하였다.

그러나, 1990년대에 들어서 다수의 개도국들이 금융시장을 개방함에 따라 이른바 신흥시장경제(emerging market economies)라 불리는 개도국으로의 자본흐름이 가속화되었다. 아시아 외환위기 후 2000년대에 들어서는 경상수지 흑자를 리사이클링하는 형태로 신흥시장경제에서 선진국으로의 자본흐름도 일어나고 있다. 이에 따라 국제금융시장은 오늘날 중요한 자본조달 창구의 역할을 수행하고 있다.

국제자본이동성

국가간 자본의 이동은 한 국가 내에서의 자본의 이동과는 상당한 차이가 있다. 국가간 자본이동에 따르는 비용 이외에도 정보의 비대칭성, 국가마다 상이한 법과 제도, 국가채무 불이행의 위험, 정치적 위험, 예상치 못한 환율의 변동 등의 요인으로 인해 국가간 자본의 이동은 한 국가 내에서의 자본이동만큼 원활하게 이루어지기가 어렵다.

국가간 자본이동이 얼마나 자유롭게 이루어지는지의 정도를 국제자본이동성(international capital mobility)이라 한다. 국제자본이동성은 국내외간 자본흐름에 대한 제도적 규제와 국가간 자본이동에 수반되는 거래비용에 의해 결정된다. 국내외간 자본의 유입과 유출에 대한 제도적 규제가 심할수록 자본의 국제이동성은 불완전해진다. 이와 같은 자본통제(capital controls)를 완화하여 자본의 자유로운 유출입을 허용하는 것을 자본자유화(capital market liberalization) 또는 금융시장 개방이라고 한다.

오늘날은 컴퓨터와 통신수단이 발달되고 전자결제시스템이 구축됨에 따라 국가간 자금이동이 국내에서와 마찬가지로 손쉽게 이루어질 수 있다. 그럼에도 불구하고 국제자본이동성을 측정한 연구들은 자본의 자유로운 유출입을 허용하고 있으며, 또한 실제로 대규모의 자본이동이 발생하고 있는 선진국들에 있어서도 국제자본이동성이 완전하다고 볼 수 있는 경험적 증거를 찾지 못했다.

펠트슈타인(Martin Feldstein)과 호리오카(Charles Horioka)는 국가간 자본이동이 자유로울수록 국민저축과 국내투자 간의 상관관계가 낮을 것이라는 점에 착안하여 국제 자본이동성을 측정해 보았다.[1] 즉, 자본이동이 통제된 폐쇄경제에서는 모든 국내투자의 재원이 국민저축에 의해서만 조달되어야 하므로 저축과 투자 간의 상관관계가 1에 가까울 것이지만, 자본의 유출입이 자유롭다면 국내투자가 해외저축에 의해서도 조달될 수 있으므로 국민저축이 해외에 투자될 수도 있기 때문에 저축과 투자 간에는 상관관계가 거의 없을 것이다. 이들은 자본의 자유로운 유출입을 허용하고 있는 OECD 국가들을 표본으로 저축과 투자 간의 상관관계를 측정해 보았는데 예상과는 달리 이들 국가에서 저축과 투자 간의 상관관계가 매우 높다는 사실을 발견했다. 이들이 발견한 높은 상관관계는 40여년이 지난 현재 비록 다소 낮아졌으나 여전히 유효하다.

프렌치(Kenneth French)와 포터바(James Poterba)는 미국을 비롯한 5개국에 대해 국내기업이 발행한 주식 중에서 자국민이 보유하고 있는 주식의 비중을 조사했는데, 미국이 92.2%, 일본이 95.7%, 영국이 92.0%, 독일이 79.0%, 그리고 프랑스가 81.9%인 것으로 나타났다.[2] 이처럼 주식투자가 국내기업에 편중되는 현상을 국제주식투자에 있어서의 자국편중현상(home bias)이라 한다. 자국편중현상은 자본이동에 대한 제약이 없더라도 자본이동성은 완전하지 못할 수 있음을 보여준다. 주식의 자국편중현상은 선진국에서는 상당히 완화되었으나 신흥국에서는 뚜렷이 나타난다.

이처럼 자본 유출입이 자유로운 선진국들 간에도 자본이동이 일국 경제 내에서와 같이 활발하게 이루어지지 못하는 이유는 무엇일까? 우선 국가간 자본거래를 위해서는 자금이동을 위한 운송비용 이외에도 여러 가지 거래비용이 필요하다는 점을 들 수 있다. 여기에는 정보취득 비용뿐만 아니라 국가간 언어의 차이, 상관행의 차이, 법과 제도의 차이 등으로 인한 비용이 포함된다. 따라서, 이러한 비용을 모두 감안한다면 국제자본이동의 비용은 생각보다 높을 수도 있다.

뿐만 아니라 국제 금융거래는 국내 금융거래와는 달리 채무자가 채무를 제대로 이행하지 않는 경우 이를 이행시키도록 하는 효과적인 수단이 제약되어 있다. 이와 같은 문제는 채무자가 국가인 경우에 그리고 선·후진국 사이의 자본거래인 경우에 보다 심각하다. 파산법조차 미비한 개도국이 아직도 상당수 존재하기 때문이다.

---

1 M. Feldstein and C. Horioka, "Domestic Saving and International Capital Flows," *Economic Journal* 90, 1980.

2 K.R. French and J.M. Poterba, "Investor Diversification and International Equity Markets," *American Economic Review* 81, 1991.

❷ 이자율평가

유위험 이자율평가와 무위험 이자율평가

금융시장이 개방되어 국내금융시장이 국제금융시장으로 통합되면 두 시장에서는 동일한 가격이 성립되어야 한다. 금융시장에서의 자금거래에 적용되는 가격은 이자율이라 할 수 있으므로 금융시장이 통합되면 국내금융시장과 국제금융시장에서의 이자율이 동일해져야 하는데 이를 이자율평가(interest rate parity)라고 한다. 즉 이자율평가는 상품시장에서의 일물일가의 법칙이 금융시장에 적용된 것이라 할 수 있다.

국내채권과 외국채권의 두 가지 채권이 있다고 하자. 국내채권은 1원을 투자할 경우 1년 후에 $1+i$원을 지급하며, 외국채권은 1달러를 투자할 경우 1년 후 $1+i^f$달러를 지급한다. 여기서 i와 i^f는 각각 국내이자율과 해외이자율을 대표한다고 할 수 있다. 투자자들은 두 채권에 대한 투자로부터의 기대수익을 비교하여 어느 채권을 매입할 것인지를 결정할 것이다. 문제는 두 채권의 표시통화가 서로 다르기 때문에 단순히 이자율만으로는 기대수익을 비교할 수가 없다는 것이다. 표시통화가 다른 두 채권의 수익률은 다음과 같은 방법으로 비교할 수 있다.

1원을 국내채권에 투자할 경우 1년 후의 기대수익은 $1+i$원이 된다. 동일한 금액을 외국채권에 투자할 경우 1년 후에 받게 되는 기대수익은 다음과 같이 계산할 수 있다. 현재의 환율이 E라면 1원으로 $1/E$달러를 매입할 수 있으며 이를 외국채권에 투자하면 1년 후에는 $(1+i^f)/E$달러의 확정수익이 발생한다. 두 채권에 대한 투자로부터의 기대수익을 비교하기 위해서는 달러화로 표시된 수익을 원화로 환산해야 하는데, 투자시점에는 1년 후의 환율이 얼마인지를 모르므로 1년 후의 환율에 대한 기대치를 이용하게 된다.

즉 E'^e를 1년 후의 환율에 대한 기대치라 할 때 달러화표시 채권투자로부터 기대되는 투자수익은 $(1+i)E'^e/E$원이 된다. 투자자는 당연히 기대수익이 높은 투자대상을 선택할 것이다. 만일 국내채권의 투자수익이 외국채권의 투자수익보다 낮다면 국내채권을 팔고 대신 외국채권을 사려고 할 것이며, 그 결과 국내이자율은 상승하고 해외이자율은 하락할 것이다. 모든 투자자들이 이와 같은 원리에 의해 투자를 한다면 결국 두 채권으로부터의 기대수익은 다음과 같이 같아져야 한다.

$$1 + i = (1 + i^f)\frac{E'^e}{E} \tag{6-1}$$

그런데 위 식에서는 달러화표시 채권의 투자수익을 계산하기 위해 미래 환율의 기대치를 사용했으므로, 실제 투자수익은 기대수익과 달라질 위험이 있다. 따라서 위와 같은 관계를 유위험 이자율평가(uncovered interest rate parity)라 한다. 유위험 이자율평가는 다음과 같은 근사식으로도 표현될 수 있다.

$$i = i^f + \frac{E'^e - E}{E} \tag{6-2}$$

위 식은 국내이자율이 해외이자율과 자국화폐의 예상절하율의 합과 같아져야 함을 의미한다. 사실 (6-2)식에 주어진 유위험 이자율평가는 투자자들이 위험중립적이고, 국내채권과 해외채권이 표시통화만 다를 뿐 다른 조건은 동일하다는 가정하에 성립한다. 그렇지만 현실에서는 투자자들이 위험기피적이고 국가 간에 부도위험의 정도가 다르다. 만일 외국 투자자들이 위험기피적이라면 환율변동에 따르는 위험에 대한 보상, 즉 환위험할증을 요구할 것이다. 더욱이 신흥국에 대한 투자에는 더 높은 부도위험에 대한 프리미엄인 부도위험할증이 추가된다.

$$i = i^f + \frac{E'^e - E}{E} + \text{환위험할증} + \text{부도위험할증} \tag{6-3}$$

(6-3)식 오른편의 둘째, 셋째항을 합쳐 통화할증(currency premium), 마지막 넷째항을 국가할증(country premium)이라고도 부른다.

환율변동으로부터의 위험은 선물환계약(forward contract)을 이용하여 제거될 수도 있다. 즉, 1년 후에 발생하는 달러화표시 투자수익을 미리 정해진 환율에 원화와 매매하는 계약을 체결해 두면 외국채권에서 발생하는 투자수익의 원화가치를 환율변동과 관계없이 미리 확정시킬 수 있다. 이때 선물환거래에 적용되는 환율을 선물환율 (forward exchange rate)이라고 한다. 앞의 예에서 투자자가 F의 선물환율로 선물환계약을 체결할 경우의 달러화표시 채권으로부터의 투자수익은 $(1+i^f)F/E$원이 되며 따라서 이자율평가는 다음과 같이 표현될 수 있다.

$$1 + i = \left(1 + i^f\right)\frac{F}{E} \tag{6-4}$$

위와 같은 관계를 무위험 이자율평가(covered interest rate parity)라 부른다. 여기서 선물환계약은 환위험을 제거할 뿐이고 부도위험까지 제거하는 것은 아니다.

무위험 이자율평가도 다음의 근사식으로 표현될 수 있다.

$$i = i^f + \frac{F-E}{E}$$

유위험 이자율평가나 무위험 이자율평가가 성립되기 위해서는 두 국가간 자본이동성이 완전해야 한다. 자본통제와 같은 제도적 제약이나 거래비용으로 인해 두 국가간 자본이동성이 완전하지 못하다면 이자율평가가 성립되지 않더라도 국가간 자본이동이 발생할 수가 없기 때문에 이자율 격차가 줄어들지 않을 것이기 때문이다.

③ 외환시장과 화폐시장

금융시장의 개방은 국내외 경제, 특히 외환시장, 금융시장 및 화폐시장 간의 연계성을 높이는 요인으로 작용하며 외환시장이 그 창구 역할을 수행한다. 이들 간의 연계성을 이해하기 위해 유위험 이자율평가가 성립하고 자국이 해외이자율에 영향을 미칠 수 없는 소국 개방경제를 가정하고 외환시장과 화폐시장이 어떻게 상호작용을 하는지 살펴보기로 한다. 화폐시장 균형은 M/P로 주어진 화폐공급과 소득의 증가함수고 이자율의 감소함수인 화폐수요가 같을 때 달성된다. 한편 외환시장 균형은 유위험 이자율평가로 대체될 수 있다.

$$\text{화폐시장 균형} : \frac{M}{P} = L(Y, i) \tag{6-5}$$

$$\text{외환시장 균형} : i = i^f + \frac{E'^e - E}{E}$$

그런데 외환의 수요와 공급은 주식, 채권, 대출과 같은 금융거래 외에도 상품과 서비스의 수출입을 포함하는 경상거래에 의해서도 영향을 받는데, 어떻게 유위험 이자율평가가 외환시장 균형을 나타낼 수 있을까? 그 답은 자본의 국제이동성이 매우 높은 경우에는 금융거래에 따른 외환수급 불균형이 경상거래에 따른 불균형보다 훨씬 더 큰 값을 가질 수 있기 때문이다. 예를 들어 국내이자율이 유위험 이자율평가

그림 6-1 화폐시장과 외환시장의 연계

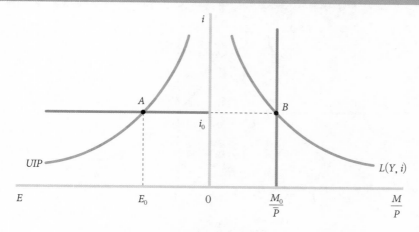

금융개방은 화폐시장과 외환시장을 긴밀히 연계하게 하며 (E_0, i_0)의 조합이 두 시장의 동시적 균형을 가져온다.

를 충족시키는 이자율보다 낮다고 하자. 이 경우 국내의 자금은 더 높은 수익률을 벌기 위해 해외로 유출될 것이다. 금융시장이 개방되어 자본의 국제이동성이 매우 높다면 해외로 유출되는 자금의 규모는 엄청나게 커질 것이고, 이에 따라 외환수급 불균형의 규모도 엄청나게 커질 것이다. 이와 반면에 경상거래에 따른 외환의 초과수요는 물리적 한계로 인해 단기간에 금융거래에 따른 외환수급 불균형을 상쇄할 정도로 큰 값을 가질 수 없다. 따라서 외환수급이 균형을 이루기 위해서는 금융거래에 따른 외환수급 불균형이 지나치게 크지 않아야 하며, 이를 위해서는 유위험 이자율평가가 성립되어야 한다.

[그림 6-1]은 외환시장 균형과 화폐시장 균형을 보여준다. 왼편 그림에서 UIP 곡선은 해외이자율과 미래 예상환율이 주어져 있을 때 유위험 이자율평가를 충족하는 환율과 국내이자율의 조합을 보여주는데, 그림과 같이 우상향하는 모습을 가진다. 왼편 그림에서 가로축은 왼쪽으로 갈수록 환율이 더 높은 값을 가지도록 그려졌다. 외환시장의 균형은 국내이자율이 유위험 이자율평가를 충족하는 경우, 즉 국내이자율을 나타내는 수평선과 UIP 곡선이 만나는 A점에서 달성된다. 그림의 오른편은 화폐시장의 균형을 보여주는데, 수직인 화폐공급곡선과 우하향하는 화폐수요곡선이 만나는 B점에서 균형이 달성된다. 그림처럼 동일한 국내이자율이 외환시장과 화폐시장의 균형을 충족할 때 두 시장은 동시에 균형을 이룬다. 이때 균형환율과 이자율은 각각 E_o와 i_o다.

그림 6-2 해외이자율 상승과 화폐·외환시장 연계

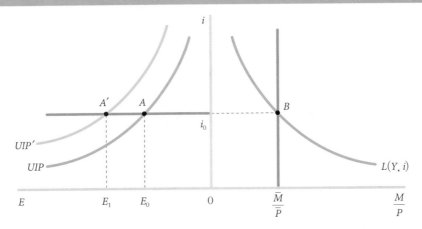

다른 조건이 일정할 때 해외이자율의 상승은 환율의 상승$(E_0 \rightarrow E_1)$을 동반한다.

여기서 해외이자율 i^f가 상승한다고 하자. 해외이자율이 상승하면 [그림 6-2]에서 보듯이 UIP 곡선이 상승분만큼 상향이동한다. 해외이자율 변화는 화폐수요곡선과 화폐공급곡선에 영향을 미치지 못하며, 그 결과 국내이자율에는 변화가 없다. 그렇지만 UIP 곡선이 상향이동했으므로 A점은 더 이상 외환시장 균형점이 아니다. 변동환율제도에서는 i_0에서의 수평선과 상향이동한 UIP곡선이 만나는 A′점이 새 균형점이 된다. 결국 국내이자율은 변함이 없고 환율이 상승하며 국내통화의 가치가 하락한다. 환율상승(자국 통화가치 하락)이 예상되어 환율변화율 $\dfrac{E'^e - E}{E}$이 높아질 때도 마찬가지로 UIP곡선이 상향이동하고 그 결과 해외이자율 상승의 경우와 동일한 조정과정이 일어나며 환율이 상승하지만 국내이자율은 변함이 없다. 이처럼 변동환율제도에서는 환율이 해외이자율 상승이나 예상되는 환율상승 충격을 흡수해 국내이자율에 영향을 미치지 않도록 충격완충장치(shock observer)의 역할을 수행한다.

한편 환율을 E_o에서 고정시키는 고정환율제도에서는 해외이자율의 상승은 어떤 변화를 가져올까? 고정환율제도에서의 외환시장과 화폐시장의 연계는 변동환율제도와 다르다. 우선 고정환율제도가 계속 유지된다면 예상되는 미래 환율과 현재 환율이 모두 E_o와 같을 것이다. 이 경우 유위험 이자율평가에 따르면 국내이자율이 해외이자율과 같아져야 한다. 따라서 고정환율제도에서는 해외이자율 상승 이전의 균형상태에서 국내이자율이 해외이자율인 i^f와 같을 것이다. 해외이자율이 상승하면 UIP곡선이 해외이자율 상승폭만큼 상향이동한다. 이때 환율이 E_o로 고정되어야 하므로 외환시장의 새로운 균형은 새 UIP 곡선과 E_0에서의 수직선이 만나는 점이 되어야 한다. 이를 위해서는 국내이자율이 해외이자율 상승폭만큼 높아져야 한다. 국내이자율이 높아지려면 오른편 그림에서 화폐공급곡선(M/P)이 좌측으로 이동해야 한다. 즉 실질통화량이 감소해야 하는데, 국내물가가 일정하다면 이는 명목통화량이 감소해야 함을 의미한다. 구매력평가($P = EP^f$)가 성립한다면 소국 개방경제의 물가는 $E_0 P^f$와 같고 환율이 고정되어 있기 때문에 해외물가 P^f가 일정하게 주어져 있다면 국내물가도 일정할 것이다. 물론 단기에는 물가가 경직적이라는 케인즈학파의 주장도 국내물가가 일정한 근거가 될 수 있다.

여기서 명목통화량의 감소는 중앙은행이 고정환율을 유지하기 위해 외환시장에 개입하는 과정에서 자연스럽게 이루어진다. 고정환율제도를 유지하기 위해서는 외환수급 불균형이 발생하더라도 환율이 변하지 않도록 중앙은행이 외환시장개입을 해야 한다. 해외이자율이 상승하는 경우 국내이자율에 변화가 없다면 국내자금이 더 높은 수익을 내기 위해 해외로 유출될 것이다. 해외투자를 하기 위해서는 외환이 필요하므로 자금의 해외유출은 외환에 대한 수요를 증가시키고, 그 결과 환율이 상승 압력을 받을 것이다. 이러한 상황에서 환율을 고정하기 위해서는 중앙은행이 보유하고 있는 외환, 즉 준비자산을 매각하는 외환시장개입을 통해 외환의 공급을 증가시키면 된다. 그런데 제15장에서 설명했듯이 중앙은행이 준비자산을 매각할 경우 그 대금을 자국통화로 수취함에 따라 본원통화와 통화량이 감소한다. 이러한 외환시장개입은 국내이자율이 해외이자율과 같은 폭만큼 상승하여 더 이상 해외로 자금을 유출한 유인이 사라질 때까지 계속될 것이다. 이상의 분석으로부터 환율을 특정 수준에 고정하거나 안정시키고자 하는 정책은 이를 뒷받침하는 통화정책을 필요로 하며, 이는 결과적으로 인플레이션과 실업에 대응하는 통화정책의 자율성을 제약함을 알 수 있다.

고정환율제도에서도 예상환율 상승의 효과를 분석할 수 있지만 그 의미를 이해할 필요가 있다. 변동환율제도에서는 환율이 외환수급을 반영하여 변동하므로 미래 예상환율이 현재 환율과 다를 것이라 예상하는 것은 자연스러운 현상이다. 그렇지만 고정환율제도에서는 미래 예상환율이 현재 환율과 달라지는 것은 고정환율제도가 성공적으로는 유지되지 못함을 기대하는 것과 같다. 고정환율제도에서도 평가절하나 평가절상에 의해 고정시키고자 하는 환율을 변경할 수 있다. 하지만 이는 자주 발생하는 현상은 아니며 성공적인 고정환율제도에서는 거의 발생하지 않는 현상이다.

다음으로는 금융기술 발전에 따른 화폐수요 감소가 외환시장과 화폐시장에 미치는 효과를 분석해 보자. 이 경우 [그림 6-1]의 오른편에 있는 화폐수요곡선이 왼쪽으로 이동하고 이자율이 하락한다. 국내이자율이 하락하면 외환시장에 영향을 미치는데 변동환율제도에서는 바로 그림 왼편의 UIP곡선을 따라 환율이 상승한다. 고정환율제도에서 어떤 조정과정이 일어나는지는 독자들이 직접 분석해 보되, 다만 고정환율의 경우 화폐수요 감소가 실질통화량의 감소를 가져와야 한다는 사실에 유념할 필요가 있다. 고정환율제도와 같이 환율안정을 추구하는 정책당국은 화폐수요 충격을 제어하려 하는 대신 이를 통화정책으로 수용해야 하기 때문이다.

④ 개방경제와 거시경제정책

IS-LM-FX 모형

폐쇄경제의 *IS-LM* 모형에서는 경제의 균형조건으로 생산물시장의 균형과 화폐시장의 균형만을 고려했다. 개방경제가 균형을 이루기 위해서는 이들 균형조건 외에 외환시장 균형조건이 추가되어야 한다. 외환시장이 불균형일 경우 변동환율제도에서는 환율이 변동하며 이에 따른 총수요 변동으로 인해 생산물시장이 균형을 이루지 못한다. 고정환율제도에서는 외환시장이 불균형이라면 고정하고자 하는 환율에서 발생하는 외환수급 불균형을 외환시장개입에 의해 제거해야 하는데, 외한시장개입 과정에서 통화량이 변하기 때문에 화폐시장이 균형을 이루지 못한다. 따라서 개방경제가 균형을 달성하기 위해서는 환율제도에 상관없이 외환의 수요와 공급이 같아지는 외환시장 균형이 달성되어야 한다.

여기서는 외환시장 균형조건이 추가된 개방경제 *IS-LM* 모형으로 *IS-LM-FX* 모형을 소개한다. 이 모형은 국제자본이동을 고려한 개방경제의 *IS-LM* 모형을 처음 개발한 두 경제학자의 이름을 따서 먼델-플레밍 모형(Mundell-Fleming model)이라고도 부른다.[3] 자본의 국제이동성이 매우 높은 개방경제의 *IS-LM-FX* 모형은 다음의 세 식으로 구성된다.

$$IS곡선 : Y = C(Y) + I(i) + \bar{G} + NX\left(\frac{E\bar{P}^f}{\bar{P}}, Y, Y^f\right) \tag{6-6}$$

---

3 R. Mundell, *International Economics*, Macmillan, 1967; Fleming, M. "Domestic Financial Policies under Fixed and under Floating Exchange Rates," *IMF Staff Papers* 9, 1962.

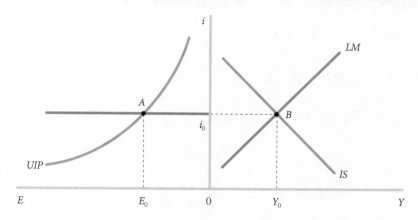

그림 6-3 *IS-LM-FX* 모형

금융개방 시 국민경제의 균형은 생산물시장, 화폐시장, 외환시장이 동시적 균형을
이룰 때 성립한다.

$$LM곡선 : \frac{M}{P} = L(Y, i)$$

$$UIP곡선 : i = i^f + \frac{E'^e - E}{E}$$

여기서 변동환율제도를 가정할 때 내생변수는 소득(Y), 금리(i), 환율(E)이며 나머
지 변수는 모두 외생변수다. 생산물시장에 대한 외생적 충격은 모두 *IS*곡선을 이동시
킨다. 예를 들어 정부구매가 증가하면 *IS*곡선이 우측으로 이동한다. 외환시장에서의
외생적 충격도 *IS*곡선을 이동시킬 수 있다. 외환시장의 외생변수인 해외이자율(i^f)이
나 미래 예상환율(E'^e)의 변화가 현재 환율(E)에 영향을 미치고, 환율은 총수요의 구
성요소인 순수출에 영향을 미치기 때문이다. 예를 들면 해외이자율 i^f가 상승하면 다
른 조건이 일정할 때 외환시장에서 환율(E)이 상승한다. 환율의 상승은 마샬–러너조
건이 충족될 때 순수출을 증가시키며 그 결과 *IS*곡선은 우측으로 이동한다. 앞으로
환율이 오를 것으로 예상될 때, 즉 E'^e가 상승할 때에도 외환시장에서 현재 환율(E)
이 상승하며 그 결과 *IS*곡선이 우측으로 이동한다.

[그림 6–3]은 *IS-LM-FX* 모형을 보여준다. 개방경제에서 국민경제가 균형을 이
루기 위해서는 생산물시장, 화폐시장, 외환시장이 동시에 균형을 이뤄야 하는데 이
를 위해서는 [그림 6–3]의 A점과 B점과 같이 *IS*곡선과 *LM*곡선이 만나는 점에서의
국내이자율이 유위험 이자율평가를 충족해야 한다. 모형에 대한 이해를 돕기 위해

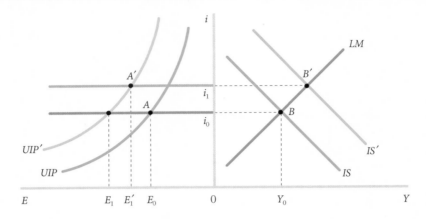

해외이자율의 상승은 UIP곡선을 상향이동하게 하며 환율은 상승 압력을 받는다. 환율의 상승은
지출전환효과를 일으켜 IS곡선을 우측으로 이동하게 한다. 균형은 (*A*, *B*)에서 (*A*′, *B*′)로 이동한다.

앞서 든 해외이자율 상승이 국민경제에 미치는 영향을 분석해 보기로 한다.

변동환율제도에서 해외이자율(i^f) 상승은 [그림 6-4]와 같이 *UIP*곡선을 상향이동
하게 한다. 만일 국내이자율이 i_o에 머물러 있다면 환율은 E_1으로 상승할 것이다. 환
율상승, 즉 국내통화가치의 하락은 지출전환효과를 통해 순수출을 증가시키며 그 결
과 *IS*곡선이 우측으로 이동한다. 새로운 국민경제 균형은 [그림 6-4]의 *A*′점과 *B*′점
에서 달성된다.

새로운 균형에서는 환율과 국내이자율과 국민소득이 모두 상승한다. 순수출은 환
율상승에 따른 정의 지출전환효과와 소득증가에 따른 부의 지출조정효과가 서로 반
대 방향으로 영향을 미친다. 그렇지만 새로운 균형을 달성하기 위해서는 지출전환효
과가 지출조정효과보다 더 커서 순수출이 증가해야 한다. *B*′점처럼 소득이 증가하기
위해서는 순수출증가가 국내이자율 상승에 따른 투자감소를 상쇄하고도 남아야 하기
때문이다. 해외이자율 상승의 영향이 앞서 화폐시장만 고려하여 분석한 경우와 다른
것은 *IS*곡선이 이동하기 때문이다.

한편 기존의 환율(E_o)을 유지하고자 하는 고정환율제도에서는 해외이자율이 상승
하면 새로운 *UIP*곡선과 *A*점을 지나는 수직선이 만나는 점까지 국내이자율이 상승해
야 하며, 이를 위해서는 *LM*곡선이 좌측으로 이동해야 한다. *LM*곡선의 이동은 자금
의 해외유출로 인한 외환의 초과수요를 외환시장개입(준비자산 매각)에 의해 해소하는
과정에서 통화량이 감소함에 따라 이루어진다. 환율이 고정되어 있으므로 *IS*곡선은

이동하지 않는다. 새로운 국민경제의 균형은 좌측으로 이동한 새로운 LM곡선과 IS곡선이 만나는 점에서 달성된다.

변동환율제도와 통화정책

이제 변동환율제도에서 화폐공급의 증가, 즉 확장적 통화정책의 효과를 분석해 보자. 정책효과를 분석함에 있어서 우리는 다음과 같은 가정을 할 것이다.

첫째, 정책을 시행하기 이전의 경제는 장기균형상태에 있다.

둘째, 분석하고자 하는 국민경제는 소국경제다. 이 경제에서의 변화는 해외변수에 영향을 미치지 못하며 따라서 해외이자율과 같은 해외경제의 변수는 외생변수가 된다.

셋째, 우리는 일시적인 통화정책이나 재정정책의 효과만을 분석한다. 정책이 일시적인지 또는 항구적인지는 미래 예상환율에 대한 가정에 영향을 미친다. 예를 들어 확장적 통화정책에 의해 증가한 통화량이 계속 유지된다면 장기균형을 변화시키고 이에 따라 균형환율도 장기적으로 변할 것이다. 이러한 장기 균형환율 변화는 정

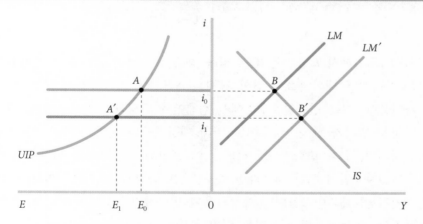

그림 6-5 변동환율제도와 통화정책

통화량 공급의 증가는 LM곡선을 우측으로 이동하게 하고 UIP곡선을 따라 환율은 상승한다. 환율상승에 따른 지출 전환 효과와 국민소득 증가에 따른 지출조정효과가 반대 방향으로 작용하여 순수출에 미치는 영향은 분명치 않다.

$$Y(+) = C(+) + I(+) + NX(?)$$
$$E(+),\ i(-)$$

책 시행시점에서는 미래 예상환율이 변화함을 의미한다. 반면에 확장적 통화정책이 일시적이라면 통화량은 일시적으로 증가했다가 다시 원래 수준으로 되돌아갈 것이며 경제는 다시 원래의 장기균형상태로 돌아갈 것이다. 이 경우 환율도 원래의 장기균형상태와 같을 것이다. 따라서 일시적 정책이 시행되는 경우에는 미래 예상환율이 불변이라고 가정할 수 있다.

[그림 6-5]는 일시적인 통화팽창의 효과를 보여준다. 화폐공급이 증가하면 LM곡선은 우측으로 이동하고 국내이자율(i)이 하락한다. 이자율이 하락함에 따라 UIP곡선을 따라서 환율이 상승한다. 새로운 균형은 IS곡선과 새로운 LM곡선이 만나는 점에서 일어난다. 환율상승에도 불구하고 IS곡선의 이동이 일어나지 않는 것은 앞서 분석했던 해외이자율 상승의 경우와 달리 UIP곡선이 이동하는 대신 UIP곡선을 따라서 이동함으로써 이자율과 환율 사이의 관계에 아무런 변화가 일어나지 않았기 때문이다.

이쯤에서 여러분은 환율이 변하는데도 왜 해외이자율 상승의 경우는 IS곡선이 이동하고, 통화정책의 경우에는 IS곡선이 이동하지 않는지가 의아할 것이다. 이는 IS-LM-FX 모형에서는 IS곡선이 유위험 이자율평가를 내포하고 있기 때문인데, 이에 대해 상세히 설명해 보자.

UIP곡선의 식을 E에 대해 풀어서 (6-6)에 주어진 IS곡선의 식에 대입하면 IS곡선의 식을 다음과 같이 쓸 수 있다.

$$Y = C(Y) + I(i) + \bar{G} + NX\left[\frac{E'^e \bar{P}^f}{(1+i-i^f)\bar{P}}, Y, Y^f\right] \tag{6-7}$$

IS-LM-FX모형에서 IS곡선은 (6-6)식을 충족하는 국민소득(Y)과 국내이자율(i)의 조합이다. 따라서 국내이자율의 변화 자체는 IS곡선을 이동시키지 않고 IS곡선상의 이동을 가져온다. 이는 변동환율제하에서 정책이나 외생적 충격으로 인해 환율이 변하더라도 환율 변화가 해외이자율이나 미래 예상환율의 변화에 따른 것이라면 IS곡선이 이동하지만, 환율 변화가 IS곡선의 식에 포함된 외생변수의 변화로 인한 것이 아니라 국내이자율만에 의한 것이라면 IS곡선은 이동하지 않음을 의미한다. UIP곡선과 관련시키자면, 해외이자율이나 예상환율이 변화하면 [그림 6-3]과 같이 UIP곡선이 이동하지만, 이들 두 변수의 변화 없이 국내이자율만 변화하는 경우는 이자율과 환율 사이의 관계에 아무런 변화가 없고 따라서 [그림 6-5]에서와 같이 UIP곡선이 이동하지 않는다. 물론 해외이자율이나 미래 예상환율 이외에도 정부구매나 해외 국민소득처럼 (6-7)식에 포함된 외생변수의 변화 역시 IS곡선을 이동시킨다. 이와 반면에 통화팽창의 경우에는 IS곡선에 포함된 외생변수의 변화에 해당하지 않으므로 IS곡선이 이동하지 않는다. 대신 국내이자율이 하락함에 따라 환율이 상승하고 이에 따라 순수출이 증가함에 따라 원래의 IS곡선을 따라서 국민소득이 증가하는 것이다.

새로운 균형을 기존의 균형과 비교해 보면 이자율 하락에 따라 투자가 증가하므로 국민소득이 증가한다. 순수출에 미치는 영향은 환율상승에 따른 지출전환효과와 국민소득 증가에 따른 지출조정효과가 반대 방향으로 작용하기 때문에 분명치는 않다. 하지만 지출조정효과가 더 커서 순수출이 감소한다 해도 그 감소폭은 이자율 하락으로 인한 투자지출 증가폭보다는 작을 것이다. 새 균형에서 국민소득이 늘어났기 때문이다.

이상의 분석은 통화량 증가가 일시적이라 가정하고 있는 데 따른 것이다. 만약 통화량 증가가 항구적이라면 미래 환율의 예상치(E^e)가 증가함에 따라 UIP곡선은 상향이동하고 IS곡선도 우측으로 이동한다.

고정환율제도와 통화정책

이제 고정환율제도에서 일시적인 통화정책의 효과를 분석해 보자. 확장적 통화정책으로 통화량이 증가하면 LM곡선이 [그림 6-6]과 같이 우측으로 이동하며 이자율이 하락한다. 국내이자율이 해외이자율보다 낮아짐에 따라 자금의 해외유출이 발생하며 외환시장이 초과수요상태가 된다. 환율을 기존 수준에서 유지하기 위해 중앙은행이 보유외환을 매각하는 외환시장개입을 하며, 그 결과 통화량이 감소하고 LM곡선이 좌측으로 이동한다. 외환시장개입은 통화량이 충분히 감소하여 국내이자율이 원래 수준으로 되돌아갈 때까지 지속될 것이고, 그 결과 LM곡선은 원래의 위치로 되돌아간다. 중앙은행이 화폐공급을 증가시키려고 했지만 결국 통화량에는 변함이 없고 그 결과 이자율과 국민소득에는 아무런 변화가 없다. 다만 중앙은행의 보유하고 있는 준비자산은 외환시장개입 과정에서 당초 늘어난 통화량만큼 줄어든다.

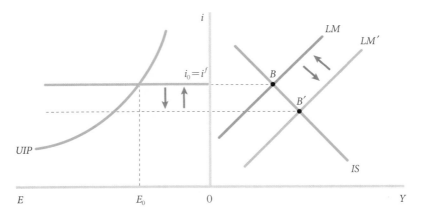

화폐공급의 증가는 *LM*곡선을 우측으로 이동하게 하나 외환시장에서 환율상승압력
이 일어나 중앙은행은 보유외환을 외환시장에 매각해 환율을 안정한다. 보유외환의
매각은 국내이자율과 통화량이 이전 수준으로 돌아갈 때까지 일어나며 그 결과 늘어
난 통화량만큼 보유외환은 감소한다.

$$Y(0) = C(0) + I(0) + NX(0)$$
$$E(0), \ i(0)$$

불가능성 정리

이상의 논의로부터 소국 경제에서는 금융시장 개방, 고정환율제도, 독자적 통화
정책의 세 가지 정책이 동시에 추구될 수 없으며 셋 중 어느 하나는 포기되어야 한
다는 결론을 얻을 수 있다. 이를 불가능성 정리(impossibility theorem) 또는 불가능한
삼위일체(impossible trinity)라고 하는데 개방거시경제의 중요한 성질이다. 즉, 환율관
리와 통화관리를 동시에 추구하기 위해서는 자본의 유출입에 대한 제약이 불가피하
며, 자본자유화를 추구한다면 통화관리와 환율관리 중 한 가지를 포기해야 한다는
것이다. 통화정책을 물가안정이나 완전고용을 달성하기 위해 사용할 수 있다는 점은
많은 국가들이 환율제도를 선택함에 있어 중요한 고려사항이 된다. 물론 국제자본이
동성이 불완전하다면 환율관리와 통화관리 목표를 동시에 추구하는 것이 가능한데,
이에 대해서는 심층분석에서 설명한다.

심층분석 | 국제자본이동성과 통화정책

불가능성 정리가 함축하듯이 국제자본이동성은 고정환율제도에서 통화정책의 자율성을 크게 제약한다. 그렇다면 국제자본이동성이 불완전하면 어떨까? 이를 고려한 외환시장 균형조건을 생각해보자.

$$BP = CA\left(\frac{E\bar{P}^f}{\bar{P}}, Y, X\right) + \phi\left(i - i^f - \frac{E'^e - E}{E}\right) = 0, \ \phi > 0$$

위 식에서 X는 순수출 이외의 경상수지 결정요인으로 국외순수최요소소득과 해외이전을 결정하는 외생적 요인을 나타낸다. 외환의 초과수요를 나타내는 BP는 첫째 항인 경상수지(CA)와 둘째 항인 금융수지의 합과 같다. 위 식에서 금융수지는 대외 금융거래에 따른 외환의 순유입액으로 정의되며, 제5장 제1절에서 소개된 금융계정과는 절대값은 같지만 반대 부호를 가진다. 위 식에서 금융수지는 국내외 이자율 차이가 커짐에 따라 증가한다. 국내이자율이 높을수록 해

외로부터 자금이 국내로 유입될 것이기 때문이다. 다만 유입되는 자금의 규모는 국제자본이동성의 정도에 달려있다. 국제자본이동성이 높을수록 동일한 국내외 이자율 차이로 인한 자금유입액이 더 클 것이기 때문이다. BP의 값이 0일 때 외환시장이 균형을 이룬다.

국제자본이동성은 BP곡선의 기울기를 결정한다. 국제자본이동성이 완전할 때, 즉 $\phi \to \infty$ 일 때에는 유위험 이자율평가가 성립하고 BP곡선은 그림과 같이 수평이 된다. $\phi \to 0$일 때 국제자본이동이 전혀 발생하지 않으며, BP의 값은 경상수지에 의해서만 결정된다. 이 경우 BP곡선은 수직이다. 한편, 자본의 국제이동성이 불완전할 때 ϕ는 유한한 양수이며, BP곡선은 그림에서와 같이 우상향하는 기울기를 가진다.

국제자본이동성이 불완전할 때에는 환율관리와 통화관리목표를 동시에 추구하는 것이 어느 정도 가능하다. 고정환율제도하에서 $\phi \to 0$인 경우, 즉 BP곡선

국제자본이동성과 BP곡선의 기울기

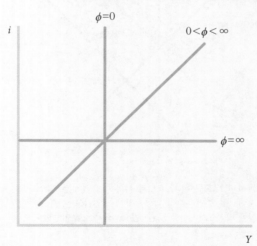

국제자본이동성이 높을수록 외환시장이 균형을 이루는 BP곡선의 기울기가 완만하게 되며, 국제자본이동성이 완전한 경우에는 BP곡선이 수평이 된다.

이 수직인 경우를 생각해보자. 국제자본이동성이 불완전할 때에는 그림과 같이 IS곡선, MP곡선, BP곡선을 모두 하나의 그림에 넣어서 분석하는 것이 편리한데, 이를 IS-LM-BP 모형이라고도 부른다. 현재 E점에 있는 경제는 통화량을 늘릴 때 LM곡선이 우측으로 이동해 F점으로 이동한다. F점에서는 국민소득이 경상수지를 균형으로 하는 소득수준보다 높아서 경상수지는 적자상태에 있다. $\phi \to 0$일 때 경상수지적자는 곧 국제수지적자를, 국제수지적자는 곧 외환의 초과수요를 의미한다. 외환의 초과수요는 환율을 상승시키는 압력으로 작용하므로 고정환율을 유지하기 위해서는 중앙은행이 외환시장에서 보유하고 있는 외환을 매도해야 하며 그 결과 통화량이 감소하고 LM곡선이 좌측으로 이동한다. 결국 경제는 균형점인 E로 되돌아간다.

궁극적으로 통화정책이 효과가 없기는 마찬가지지만 UIP가 성립하는 경우와는 차이가 있다. 통화공급 증가에 따라 우측으로 이동했던 LM곡선이 다시 좌측으로 이동하는 원인이 $\phi \to \infty$일 때 자본유출에 있으나 $\phi \to 0$일 때 경상수지 적자에 있다. 자본이동은 단기간 내에 대규모로 이루어질 수 있으나 경상수지는 그럴 수 없다. 수출과 수입에 필요한 제품을 생산하고 운반하는 데 시간이 걸리기 때문이다. 따라서 자본의 국제이동성이 제한되어 있는 경우에는 LM곡선이 원래 위치로 돌아오는 데 상당한 시간이 걸리므로 이 기간 동안에는 통화정책이 어느 정도 효과를 가질 수 있다. 즉, 자본의 국제이동성이 제한되어 있는 경우 통화량의 감소가 천천히 발생한다는 의미에서 단기적으로 통화관리와 환율관리의 동시추구가 가능하다고 말할 수 있다.

고정환율제도에서의 통화정책 – 국제자본이동이 없는 경우

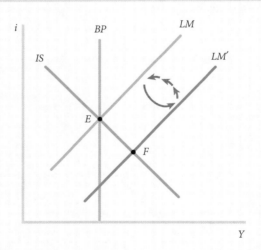

화폐공급이 증가하면 LM곡선이 우측으로 이동하며 경제는 F점으로 이동한다. F에서는 경상수지가 적자이므로 중앙은행이 외환시장에 개입하고 이에 따라 통화량이 감소한다. 통화량이 감소함에 따라 LM곡선은 느린 속도로 좌측으로 이동한다.

변동환율제도와 재정정책

다음으로 변동환율제도에서의 일시적인 재정정책의 효과를 분석해 보자. 정부구매를 늘리는 확장적 재정정책은 [그림 6-7]과 같이 IS곡선을 우측으로 이동하게 하고 그 결과 국내이자율이 상승한다. 이자율이 상승하면 외환시장에서는 UIP곡선을 따라 환율이 하락한다. 이때 환율 하락에 따른 지출전환효과와 국민소득 증가에 따른 지출조정효과가 같은 방향으로 일어나 순수출은 감소한다. 이자율이 상승함에 따라 투자수요도 감소한다. 다만 순수출과 투자수요의 감소는 늘어난 정부구매를 초과할 수는 없다. 그림에서 보듯이 국민소득이 증가했기 때문이다.

고정환율제도와 재정정책

정부구매의 증가와 같은 확장적 재정정책은 [그림 6-8]과 같이 IS곡선을 우측으로 이동하게 하고 그 결과 이자율과 국민소득이 증가한다. 국내이자율이 상승함에 따라 해외로부터 자본유입이 증가하고 이로 인한 외환의 초과공급으로 환율은 하락

그림 6-7 변동환율제도와 재정정책

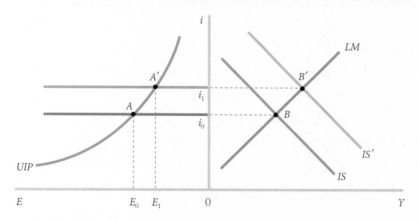

정부구매 증가는 IS곡선을 우측이동하게 하며 환율은 UIP곡선을 따라 하락한다. 이자율은 상승한다. 환율하락에 따른 지출전환 효과와 금리인상으로 인한 구축효과는 총수요증가를 제한하는 압력으로 작용한다.

$$Y(+) = C(+) + I(-) + G(+) + NX(-)$$
$$E(-),\ i(+)$$

그림 6-8 고정환율제도와 재정정책

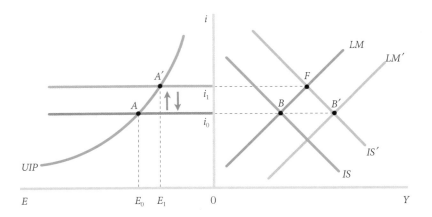

정부구매증가는 IS곡선을 우측이동하게 하고 UIP곡선을 따라 환율은 하방압력을 받는다. 환율안정을 위해 중앙은행은 외환을 개입하는 외환시장개입을 수행하며 외환시장개입은 이자율이 원래 수준으로 하락할 때까지 계속된다. 지출전환효과와 구축효과가 발생하지 않기 때문에 변동환율제도보다 총수요에 미치는 재정정책효과가 훨씬 크다.

$$Y(+) = C(+) + I(0) + G(+) + NX(-)$$
$$E(0),\ i(0)$$

압력을 받는다. 환율을 고정시키기 위해서는 중앙은행이 준비자산의 매입을 통해 외환의 초과공급을 해소해야 하며, 그 결과 통화량이 증가하고 LM곡선이 우측으로 이동한다. 통화량 증가와 LM곡선의 이동은 국내이자율이 해외이자율 수준으로 하락하여 자본유입의 유인이 사라질 때까지 계속될 것이다. 결국 새 IS′와 LM′가 만나는 새로운 균형에서는 이자율과 환율은 변함이 없고 국민소득이 증가한다. 정부구매가 증가했지만 이자율이 변하지 않기 때문에 투자에 대한 구축효과는 일어나지 않는다. 다만 소득증가에 따른 지출조정효과로 순수출은 감소한다.

이상의 분석에 따르면 환율제도에 따라서 재정정책과 통화정책의 국민소득에 대한 효과가 다르다는 점을 알 수 있다. 구체적으로 변동환율제도에서는 통화정책의 효과가 그리고 고정환율제도에서는 재정정책의 효과가 더 크다.

1992년의 유럽 외환위기

1999년 유로화의 출범으로 본격적인 통화 단일화가 시작되기 전까지의 유럽국가들 간의 금융협력은 유럽통화제도(European Monetary System: EMS)를 기초로 하고 있었다. EMS 회원국들은 환율변동을 목표환율대내로 제한하는 환율조절장치(Exchange Rate Mechanism: ERM)를 운용함으로써 사실상의 단일통화를 모색하였다. 1979년에 EMS가 설립될 당시만 해도 국가간 자본이동성이 낮았기 때문에 환율의 안정성을 유지하면서도 각국은 상당한 정도로 통화정책의 자율성을 확보할 수 있었다. 그러나 1980년대에 들어와 자본자유화와 금융혁신으로 인하여 국제자본이동성이 급격히 높아지면서 회원국은 독자적인 통화정책의 기능을 상실하게 되었으며, 1990년 독일의 통일은 ERM이 무너지는 결과를 초래하였다. 통일비용의 조달을 위한 막대한 재정지출로 인해 독일의 이자율이 상승했고, 이에 따라 ERM을 유지하기 위해서는 다른 회원국들도 이자율을 인상해야 했으나 이미 두 자리가 넘는 실업률을 기록하고 있었던 EMS 회원국들로서는 이자율을 인상할 수 없었다. 이로 인한 이자율 차이는 유럽 각국으로부터 독일로의 자본유출을 발생시켰고 결국 1992년에 시작된 약세통화에 대한 투기적 공격을 계기로 1993년에 환율변동폭을 대폭 확대함으로써 사실상 ERM은 와해되었다. 당시 EMS 회원국들은 통화정책의 독자성을 확보하기 위하여 환율의 안정성을 포기한 셈이다.

단일통화는 당초예정보다 2년 늦은 1999년에야 도입되었다.

---

⑤ 자본자유화와 외환위기

자유로운 국제자본이동은 여러 가지 면에서 경제적 혜택을 가져올 수 있다. 그런데 실제로 자본시장을 개방한 국가들의 경험을 보면 자본자유화에는 혜택만이 있는 것이 아니라 여러 가지 부작용도 따를 수 있음을 알 수 있다.

자본자유화와 자본유입의 문제

자본자유화가 가져올 수 있는 대표적인 문제점으로는 단기간 내에 대규모의 자본이 유입됨으로써 발생하는 여러 가지 부작용을 들 수 있다. 1980년대 후반부터 국내자본시장에 대한 외국인 투자를 개방한 아시아 국가들, 1980년대 중반까지만 해도 외채위기로 인해 국제금융시장으로부터의 차입이 제한되어 있었던 중남미 국가들, 그리고 시장경제로의 체제전환을 시작한 구 동구권 국가들을 포함한 소위 신흥시장국들은 공통적으로 1980년대 후반부터 대규모의 자본유입을 경험했다. IMF에 따르면 전체 신흥시장국으로의 자본의 순유입규모는 1990년의 532억 달러로부터 증가하기 시작하여 동아시아 외환위기가 발생하기 직전인 1996년에는 2,311억 달러에 달했다.

이론적인 분석에 따르면 자본의 유입은 국내저축의 부족을 해소함으로써 자본축적과 경제성장의 속도를 높일 수 있다. 그러나 이론의 예측과는 달리 많은 신흥시장국들이 자본유입에 따른 심각한 부작용을 경험했다. 즉, 과도한 자본유입은 통화팽창, 실질절상과 이에 따른 경상수지 적자, 부동산과 주식을 비롯한 자산가격 인플레이션, 저축률 감소 등의 문제를 초래했다.

이와 같이 자본의 급격한 유입이 가져올 수 있는 부작용을 일반적으로 자본유입의 문제(capital inflow problem)라 부른다. 물론 자본유입을 경험하는 국가들은 외환시장 개입, 재정긴축, 자본자유화의 속도조절 등을 통해 자본유입의 문제를 완화시키려고 노력하지만 워낙 단기간 내에 대규모의 자금이 유입되기 때문에 어느 정도의 문제발생은 불가피하다는 것이 공통된 경험이다.[4]

자본유입의 문제는 여러 형태로 나타날 수 있다. 우선 해외로부터 공급된 자본은 국내 유동성을 증가시킴에 따라 소비와 투자 등 국내지출이 증가하고 그 결과 생산물가격 인플레이션과 자산가격 인플레이션이 발생한다. 이처럼 해외부문의 과잉유동성으로 인하여 초래된 경제적 불균형을 이른바 스페인 질병(Spanish disease)이라고 부르기도 한다.

자본유입에 의해 야기되는 또 하나의 문제는 실질절상과 이에 따른 경상수지 적자다. 해외로부터 자금이 유입되면 국내이자율이 하락하고 소비와 투자가 증가하는데, 이처럼 국내흡수가 증가하면 비교역재의 가격이 교역재에 비해 상대적으로 상승하는 실질절상 현상이 발생한다. 교역재에 대한 수요는 해외로부터의 수입에 의해

---

4 G.L. Kaminsky, C.M. Reinhart, and C.A. Végh, "When It Rains, It Pours: Procyclical Capital Flows and Macroeconomic Policies," in *NBER Macroeconomics Annual 2004*, M. Gertler and K. Rogoff (eds.), MIT Press, 2005.

충족될 수 있지만 비교역재에 대한 수요는 국내 공급능력의 한계에 부딪혀 가격상 승을 가져오기 때문이다. 실질절상이 발생하면 자본과 노동 등의 생산요소가 교역재 부문으로부터 비교역재 부문으로 이동하고 결국 교역재 부문이 위축되게 된다. 이처 럼 수출산업과 수입대체산업으로 구성된 교역재 부문이 위축됨에 따라 경상수지 적 자는 더욱 확대되고 외채규모가 증가하는 불균형이 나타난다.

보다 심각한 문제는 자본유입의 문제가 초래하는 불균형이 영구히 지속될 수 없 다는 점이다. 자본유입에 따라 외채가 급증한 상태에서 교역조건의 악화나 국제금리 의 상승으로 인해 개도국에 대한 낙관론이 비관론으로 대체될 경우 자본유입에서 자 본유출로의 급작스러운 반전이 일어난다. 이러한 자본흐름의 반전은 외환 부족과 환 율 급등에 따른 외환위기를 초래할 수 있다. 1994년 페소화 위기를 경험한 멕시코, 1997년에 바트화 위기를 경험한 태국과 뒤이어 외환위기를 겪은 인도네시아, 말레이 시아, 한국 등의 아시아 국가들, 그리고 1998년에 들어 외환위기를 겪은 러시아와 브 라질은 모두 공통적으로 1980년대 후반부터 1990년대 중반까지 해외로부터의 급격한 자본유입을 경험한 국가들이다.

2007년 미국의 서브프라임 사태로부터 시작되어 2008년 가을 세계적인 투자은행 인 리먼브라더즈(Lehman Brothers)의 파산으로 절정에 달했던 글로벌 금융위기는 자본 자유화의 장단점에 대해 재평가할 계기를 제공했다. 위기의 진원지인 미국과 유럽은 물론 거시경제여건이 비교적 건전했던 신흥시장국들조차 환율이 급등하고 주가가 폭 락하는 등 미국과 유럽 못지 않은 혼란을 겪었기 때문이다. 신흥시장국의 외환시장 과 금융시장이 이처럼 큰 혼란을 겪은 것은 자금사정이 어려워진 선진국 금융기관들 이 이들 국가로부터 투자금을 회수하였기 때문인데, 특히 금융시장의 개방도가 높아 외국인 투자액이 컸던 국가들이 더 큰 타격을 입었다.

이처럼 자본자유화와 이에 따른 급격한 자본유입이 신흥시장국의 안정을 위협하 는 자주 일어남에 따라, 신흥시장국은 상황에 따라서는 급격한 자본유입을 관리하기 위해 자본흐름관리수단을 활용할 필요가 있다는 주장도 제기된다.

외환위기

1997년 말 한국경제는 환율이 급등하고 가용 외환보유액이 거의 고갈되어 외채 부도위기 직전까지 내몰리는 등 심각한 외환위기를 겪었다. 외환위기(currency crisis)란 일국의 통화가치가 단기간 내에 급락하는 현상을 말한다.[5] 과거에도 많은 국가들이 외환위기를 경험하였는데 상당수의 외환위기는 고정환율을 유지하면서 통화를 지나치게 많이 발행함으로써 화폐가치가 고평가(overvaluation)된 데에 원인이 있었다.

앞서 논의된 바와 같이 국제자본이동성이 완전한 경우에는 환율관리와 통화관리의 목표를 동시에 추구할 수 없다. 즉 어떤 국가가 고정환율을 유지하려고 한다면 이에 부합되는 통화공급을 해야 한다. 만일 어떤 국가가 통화를 과잉공급한다면 국내이자율이 해외이자율에 비해 하락할 것이고 이에 따라 자본유출이 발생할 것이다. 이때 중앙은행이 고정환율을 유지하기 위해 외환시장에 개입한다면 중앙은행의 외환보유액이 감소할 것이다. 이 국가가 계속 통화공급을 늘린다면 위와 같은 과정이 반복되면서 중앙은행의 외환보유액이 지속적으로 감소할 것이다. 결국 중앙은행의 외환보유액은 바닥이 날 것이고, 중앙은행의 개입이 사라진 외환시장에서는 환율이 급등하게 된다.

더욱이 외환보유액이 어느 정도 감소하여 중앙은행의 외환시장 개입능력에 대해 의심이 생기면 투기적 공격(speculative attack)이 가세하여 외환보유액이 가속적으로 감소하게 된다. 투기적 공격의 근거는 다음과 같은 유위험 이자율평가에서 찾을 수 있다.

$$i = i^f + \frac{E'^e - \overline{E}}{\overline{E}} \tag{6-8}$$

만일 시장참여자들이 $\overline{E}$의 고정환율이 계속 유지될 것이라고 기대한다면 $E'^e = \overline{E}$이므로 국내이자율이 해외이자율에 비해 낮지만 않으면 대규모의 자본유출이 발생하지는 않을 것이다. 그러나 시장참여자들이 고정환율의 붕괴와 환율의 급등을 예상하게 되면 $E'^e > \overline{E}$이므로 국내이자율이 해외이자율과 같은 수준이라 해도 평가절하에 따른 환차익을 거두기 위해 외화표시 채권에 투자하려 할 것이다. 이처럼 어떤 통화의 가치가 하락할 것으로 예상하고 이를 매도하는 행동을 투기적 공격이라고 한다. 투기적 공격이 발생하면 중앙은행의 외환보유액이 일시에 고갈되면서 외환위기가 발생하게 된다.

그런데 학자들은 1997년 하반기에 한국을 비롯한 아시아 국가들이 경험한 외환위기는 이와 같은 전통적인 외환위기와는 성격이 다르다는 점에 의견을 같이한다. 왜냐하면 한국, 태국, 인도네시아 등의 국가에서는 통화관리가 비교적 건전하게 이루

---

5 광의의 외환위기는 통화가치가 폭락하는 경우 뿐만 아니라 통화가치가 폭락하지 않더라도 대규모의 투기적 공격으로부터 통화가치를 유지하기 위하여 통화당국이 이자율을 대폭 인상하거나 대량의 외환보유액을 소모하는 경우도 포함한다.

어졌으므로 통화의 과잉공급으로 인해 외환위기가 발생했다고 보기는 어렵기 때문이다. 아시아 외환위기에 있어서는 국제금융시장으로부터 외자를 도입하는 데에 중심적인 역할을 했던 금융기관들이 부실화될 것을 우려한 국제투자자들이 이들 금융기관에 빌려주었던 외화자금을 긴급히 회수한 것이 주요한 원인이었다. 이런 점에서 아시아 외환위기는 금융위기의 성격을 강하게 가지고 있다.

은행이 예금인출사태로 인해 부도위기에 처하는 것을 은행위기(banking crisis)라고 하며, 이와 같은 은행위기가 광범위하게 확산되어 금융시장 전체의 체계적 위험으로 나타나는 것을 금융위기(financial crisis)라 한다. 금융위기와 외환위기는 함께 발생하는 경우가 흔히 있지만 두 위기가 반드시 함께 발생하는 것은 아니다. 1992년 유럽 외환위기에서는 금융위기가 동반되지 않았다.

1997년 아시아 외환위기는 금융위기뿐만 아니라 외채위기의 성격도 가지고 있다. 외채위기(debt crisis)란 민간부문이나 정부가 대외부채를 상환할 수 없게 되는 상황을 의미한다. 외채위기의 대표적인 예로는 1980년대 초반 멕시코를 비롯한 중남미 국가들이 외채 원리금 지급이 어려워지자 외채 지불유예를 선언한 것을 들 수 있다. 특히 한국의 외환위기는 외채 지불유예까지 이르지 않았지만 자본유출이 본격화된 원인이 외채 지불능력을 의심한 외국 금융기관들이 단기외채의 차환(roll-over)를 거부한 데에 있었다는 점과 1997년 12월에는 한국은행의 가용 외환보유액(usable reserves)이 거의 바닥을 드러냄에 따라 실제로 국가부도위기 직전까지 내몰렸다는 점에서 외채위기의 성격을 강하게 가지고 있다.

신흥국 경제위기

신흥국에서는 선진국과 달리 위기가 진정되지 않고 한 유형의 위기가 또다른 유형의 위기로 전이되는 쌍둥이, 세쌍둥이 위기가 전형적으로 발생한다. 그 결과 신흥국의 위기는 경제적 피해가 막대하고 쉽게 회복되지 않는 특성을 가진다.[6] 여기에는 앞에서 설명한 자본유입의 문제에서 보듯이 취약한 금융인프라와 느슨한 규제와 감독 등 여러 요인이 있으나 자국통화표시로 외채를 발행할 수 없는 이른바 신흥국의 원죄(original sin)에도 근본적인 문제가 있다.

신흥국은 성장잠재력은 높으나 국민저축이 부족해 투자를 하기 위해서는 외국자

---

6 C.M. Reinhart and K.S. Rogoff, *This Time Is Different: Eight Centuries of Financial Folly*, Princeton University, 2009.

본을 유치해야 하기 때문에 통상 대외채권보다 대외채무가 더 많다. 그런데 신흥국은 선진국과 달리 외채를 자국통화가 아니라 달러화와 같은 국제통화로 조달할 수밖에 없다.

페소화가 자국통화인 한 신흥국의 대외자산이 $100, 대외부채가 $200로 순대외부채는 $100라고 하자. 만약 환율이 달러당 1페소, 즉 $1=PS1에서 $1=PS1.1로 10% 상승해 페소화 가치가 하락한다고 하자. 환율상승은 순대외부채를 페소화로 환산할 때 $100=PS100에서 $100=PS110로 10페소가 늘어나는 결과를 초래한다. 늘어난 순외채를 다시 달러화로 환산하면 PS10=$9.1이다. 상환해야 할 외채가 페소-달러 환율의 상승으로 늘어난 것인데, 이를 평가효과(valuation effect)라고 한다. 평가효과는 환율변동에 따라 상환해야 할 외채의 가치가 재평가되는 것을 말한다. 페소화 가치의 하락은 이 나라의 재무구조가 그만큼 악화되는 평가효과를 동반한다.

한편 만약 이 나라가 자국통화인 페소화로 외채를 발행했다면, 즉 대외자산이 $100, 대외부채가 PS200이고 $1=PS1일 때 순대외부채는 PS100=$100로 앞의 예와 같다. 이때 환율이 $1=PS1.1로 상승하면 대외자산 $100=PS110, 대외부채 PS200로 순대외부채는 10페소 줄어든다. 줄어든 순대외부채를 달러화로 환산하면 PS10=$9.1이 되어 앞의 경우와 반대다.

달러화로 외채를 발행한 경우 외환위기는 쉽게 외채위기로 확산될 수 있다. 평가효과로 인해 갚아야 할 외채 부담이 더 커지기 때문이다. 여기서 외채가 신흥국 은행권의 외채라면 은행위기로 파급될 수도 있다. 같은 조건이라고 해도 자국통화로 외채를 발행할 때 외환위기는 반대로 순대외부채가 줄어드는 평가효과를 동반한다.

사례연구

유로존 위기

유로존(Eurozone)은 1999년 독일, 프랑스, 이탈리아, 벨기에, 네덜란드, 룩셈부르크, 아일랜드, 포르투갈, 스페인, 오스트리아, 핀란드 등 11개 유럽국가가 유로를 단일 통화로 채택함으로써 출범하였다. 그 후 그리스, 슬로베니아, 사이프러스, 몰타, 슬로바키아 그리고 2015년 리투아니아가 19번째 회원국으로 가입하였다. 유로존은 글로벌 금융위기 이후 그리스, 아일랜드, 포르투갈, 스페인 등 일부 주변국들이 심각한 경기침체를 겪으면서 국가채무가 크게 증가하여 채무불이행 위험에 빠지게 되자 이탈리아, 프랑스와 같은 중심국까지 재정위기가 파급되면서 일대 위기를 맞게 되었다.

당초 유로존은 공통화폐를 사용함으로써 역내 교역에 따르는 거래비용을 줄이고 시장통합을 이루어 공동의 번영을 달성하는 데 목적이 있었다. 공통화폐에 대한 이론적 배경을 제공한 먼델(Robert Mundell)은 그 공로를 인정받아 1999년에 노벨 경제학상을 수상하였다. 단일통화가 구체화된 것은 사회주의체제가 붕괴된 이후 유럽공동체를 대폭 확장하기 위한 노력에서 체결된 1991년 마스트리트조약(Maastricht Teraty)이었다.

유로존을 운영하기 위한 각종 기구는 유로를 사용하지 않는 나라까지 포함하여 EU 회원국이 일정한 지분을 가지고 운영하기 때문에 마치 주식회사체제와 유사하다. 예를 들면 유로를 발행하는 유럽중앙은행(European Central Bank: ECB)은 일반 중앙은행과는 달리 최종대부자 기능을 명문화하고 있지 않다. 최종대부자 기능이 자칫 재정위기에 빠진 나라를 구제하는 데 남용될 수 있다고 보았기 때문이다. 또한 유럽중앙은행의 독립성과 투명성을 대폭 강화함으로써 회원국의 공동 이해에 반하는 어떤 정치적 압력도 배제하고자 하였다. 그러나 유로존 위기를 대처하는 과정에서 ECB는 사실상 최종대부자기능을 수행했다.

유로존 국가가 발행하는 국채는 비록 해당 국가의 정부가 보증하는 것이기는 하나 개별 국가에 화폐발행권이 없기 때문에 사실상 회사채와 크게 다를 바가 없다. 그 결과 정부지출이 수입보다 커서 국가채무가 지속 불가능할 정도로 늘어날 때에는 재정개혁만이 유일한 대응책이 된다.

이처럼 재정 건전성 유지의 중요성을 인식하여 유로존이 출범한 당초에는 「안정과 성장 협정」(Stability and Growth Pact)을 체결하여 GDP 대비 재정적자가 3%를 넘어서는 회원국에 대해 벌금을 물리도록 하였다. 그러나 실제로 이 협정은 한 번도 준수되지 않았다. 유로존 위기는 재정동맹 없는 통화동맹을 유지하기가 얼마나 어려운지를 단적으로 보여준다. 재정동맹은 재정이 방만한 회원국에 대한 강력한 제재와 함께 재정위기에 처한 회원국의 구제를 위한 회원국들 간 이전을 필요로 하나, 주식회사체제와 유사한 국가연합체(confederation)에서는 이러한 조치를 취하는 것이 어렵다. 더욱이 유로존 회원국이 늘어나면서 소득수준, 산업구조, 저축률 등에 있어서 이질성이 높아져 공동 이해의 장이 넓지 않았기 때문에 유로존위기에 신속하게 대응하기가 어려웠다.

근본적으로 단일통화의 채택이 재정위기의 극복을 어렵게 했다. 국가채무위기에 직면한 회원국들은 자국통화를 포기했기 때문에 자국화폐 대외가치의 조정 없이 위기를 극복해야 하며 그만큼 재정개혁에 따른 내핍의 고통은 길고 클 수밖에 없다. 만약 이들 국가들이 자국통화를 보유하고 있다면 환율 변화를 통해 대외경쟁력을 가질 수 있으며 그만큼 경제회복도 빨랐을 것이다.

⑥ 금융글로벌화와 뉴 트리핀 딜레마

아시아금융위기를 계기로 금융의 글로벌화가 급속히 추진되었다.[7] 여기에는 1980년대부터 영미권에서 시작된 선진국의 금융통합과 1991년 소련의 붕괴가 상징하는 사회주의의 실패로 시장경제가 전세계로 확장된 데 그 배경이 있다.

금융글로벌화로 크게 증가한 자본의 흐름은 글로벌경제 중심국의 통화, 즉 달러화에 대한 막대한 수요를 불러일으켰다. 국제결제은행(BIS)이 3년마다 발표하는 「외환 및 장외파생상품시장에 대한 중앙은행 서베이」에 따르면 아시아금융위기가 일어난 다음해인 1998년 일평균 외환거래는 5,392억달러였는데, 이 가운데 달러화는 89.9%에 해당하는 4,580억 달러를 차지했다.

한편 2022년 외환거래액은 1998년 대비 14배 증가한 7조 5,060억달러였는데, 이 가운데 달러화가 6조 6388억달러로 88.4%를 차지했다. 사실 외환거래액이 크게 늘어난 것은 달러화에 대한 수요가 크게 늘어났기 때문이다. 이처럼 금융글로벌화가 달러화 수요를 폭발적으로 늘어나게 한 것은 달러화 중심의 국제통화질서에 그 배경이 있지만, 이에 못지 않게 중요한 것은 지급결제시스템, 다양한 만기구조를 가진 자금시장(☞제17장) 등의 인프라를 구비한 달러화 표시 금융시장을 대체할 수 있는 통화가 없다는 사실이다.

그러나 한편으로는 달러화의 막강한 위력에도 불구하고 세계경제에서 차지하는 미국의 위상은 점차 하락하고 있다. 〈표 6-1〉은 2023년 세계경제지도를 중국이 세

● 표 6-1 2023년 세계경제지도[1)]

	국가 수	국내총생산[2), 3)]	수출	인구
선진국	41(29)	40.7(57.1)	61.8(75.7)	13.8(15.4)
미국		15(22.0)	9.9(14.2)	4.2(4.6)
신흥개도국[4)]	155(153)	59.3(42.9)	38.2(24.3)	86.2(84.6)
중국		18.7(11.6)	11.3(3.7)	17.9(21.1)

주1) 괄호 안은 2000년
주2) 국가 수를 제외하면 모두 전 세계에 대한 백분율(%)로 표시
주3) 구매력 평가기준
주4) 2000년 체제전환국으로 분류된 국가 포함
자료: IMF 세계경제전망 각호

---

7 1997년 동아시아 외환위기는 2008년 글로벌금융위기와 비교하기 위해 아시아금융위기로 부르고 있다.

계무역기구(WTO)에 가입하기 한해 전인 2000년과 비교하고 있다. 선진국으로 분류된 국가의 수는 늘어났지만 이들이 전 세계에서 차지하는 국내총생산, 수출, 인구의 비중은 모두 감소했다. 이 추세는 미국에도 그대로 적용된다. 이와 반대로 신흥개도국이 차지하는 비중은 모두 증가했다. 특히 중국의 약진이 두드러진다. 중국은 WTO에 가입한 후 고속성장을 이뤄 2010년대에 들어와 미국에 버금가는 경제력을 가지게 되었다.

금융 및 외환 부문에서의 미국의 위상과 실물경제의 위상이 엇갈리는 추세는 미국 나아가 세계경제가 딜레마에 빠질 가능성을 제기한다. 세계경제가 성장하면서 미국 국채와 같은 달러화 자산에 대한 수요가 지속적으로 높아짐에 따라 희소성의 문제에 당면하게 된다. 특히 세계에서 가장 신용도와 유동성이 높은 미국 국채는 안전자산으로서 달러화 자금을 조달하고 변동성 높은 국제자본흐름에 대응한 자기보험, 즉 준비자산을 확충하는 데 필요하다.

글로벌 불균형(global imbalance)은 아시아금융위기 후 신흥국들이 최종소비국인(consumer of last resort) 미국을 상대로 막대한 규모의 경상수지 흑자를 쌓으면서 부각된 문제다. 여기에는 신흥국이 아시아금융위기 후 높아진 국제자본흐름의 변동성에 대응하기 위해 대대적으로 확충한 준비자산의 상당부분이 경상수지 흑자를 통해 조달된 데 그 배경이 있다.

이와 반면에 신흥국들의 수요를 충족시켜줄 수 있는 달러화 자산의 공급에는 한계가 있다. 대표적인 달러화표시 자산은 미국의 국채인데, 미국 정부라고 해서 무한정 빚을 질 수 없기 때문이다. 미국 국채의 발행이 과도하게 증가해 국가채무의 상환가능성에 대한 회의가 일어날 때 신뢰위기와 함께 달러화가치 하락으로 달러화의 특별한 지위가 위태로워질 수 있다.

달러화의 수요와 공급에 관한 이와 같은 딜레마를 뉴 트리핀 딜레마(new Triffin dilemma)라고 하는데 한 국가의 통화가 세계의 기축통화로도 사용되는데 그 근본적인 원인이 있다. 당초 트리핀 딜레마(Triffin dilemma)는 제2차 세계대전 후 달러화 중심의 고정환율제도인 브레튼우즈 체제가 안고 있었던 결함을 지적한 트리핀(Robert Triffin)의 이름을 따서 만들어진 용어다. 트리핀은 기축통화로서 달러화에 대한 지속적인 수요 증가는 미국의 지속적인 경상수지 적자를 초래할 수밖에 없는 반면 미국의 경상수지 적자가 지속적으로 발생한다면 달러화에 대한 신뢰가 상실되어 달러화 중심의 브레튼우즈 체제가 유지될 수 없는 모순을 지적했다. 실제로 금 1온스를 미화 35달러에 고정하는 브레튼우즈체제는 1970년대에 들어와 막을 내리게 되었고 국제통화체제는 변동환율제도 중심으로 전환되었다.

당시 제기되었던 트리핀 딜레마는 기축통화로서 절대적인 위상을 가진 달러화가 그 가치의 하락으로 인해 고정환율체제가 유지될 수 없을 것이라는 예측에서 비롯한 것이다. 하지만 변동환율체제인 오늘날에 있어서 트리핀 딜레마는 준비자산과 안전자산에 대한 수요를 충족시켜 주는 미국 국채의 공급 증가는 미국 정부부채의 누적으로 인해 달러화에 대한 신뢰의 문제를 가져온다는 의미로 재해석될 수 있는데 이를 뉴 트리핀 딜레마라고 한다. 즉 글로벌 불균형이 지속될 때 기축통화로서 달러화에 대한 신뢰는 흔들릴 수밖에 없는 결과를 초래하게 되는 것이다.

국제 자본흐름의 규모와 변동성 증대, 이에 대응한 외환보유액의 확충과 이에 따른 글로벌 불균형에 대한 논쟁은 글로벌경제에 걸맞은 지배구조가 없음을 의미한다. IMF는 경제의 기초여건은 건전하나 유동성위기의 위험이 있는 국가들에 대한 사전 신용공여제도를 도입하였고 실제로 일부 국가들에 대해 신용을 공급한 사례가 있으나 그 규모가 신흥시장국의 외환보유액에 비해 매우 작아 그 실효성에 대한 의문이 있다. 글로벌 불균형을 해소하기 위해서는 현실성 있는 대안이 필요하다.

한편 신흥시장국은 양적인 면에서는 약진하였으나 질적인 면에서는 여전히 한계를 안고 있다. 무엇보다도 통화국제화의 정도가 미흡하여 외환보유액 이외에는 외채위기나 외환위기의 위험을 관리할 마땅한 수단이 없다. 그렇다고 해서 마냥 외환보유액을 늘리기도 어렵다. 외환보유액은 미국의 국채와 같이 유동성과 신용도가 높은 증권에 투자되어야 하기 때문에 수익률이 낮을 수밖에 없다. 통상 중앙은행이 외환을 매입할 때에는 통화량이 증가하지 않도록 증권을 발행하여 증가한 통화량을 흡수하는데 이를 중화 외환시장개입(sterilized intervention)이라 한다. 그런데 신흥시장국의 중앙은행이 중화를 위해 발행하는 증권의 이자율은 미국 국채보다 높다. 따라서 신흥시장국이 외환보유액을 많이 쌓을수록 이자율 격차에 따른 비용 부담이 증가한다.

이와 반면에 기축통화국인 미국의 입장에서는 신흥시장국이 외환보유액을 많이 쌓을수록 낮은 금리로 자금을 조달해서 높은 수익률로 운용할 수 있는 기회를 갖는 셈이 된다. 실제로 미국은 대외자산보다 대외부채가 많으나 대외자산으로부터 수취한 투자소득과 대외부채에 대해 지급하는 이자의 차이, 즉 투자소득수지는 흑자를 보인다. 이처럼 달러화가 가지는 특권은 트리핀의 딜레마에도 불구하고 달러화가 기축통화로서 여전히 높은 위상을 누리는 것을 가능케 한다는 주장도 제기된다.

환율결정의 합리적 기대모형

가격이 신축적이며 무역이 자유롭고 자본이 개방된 두 나라를 생각해보자. 환율결정모형은 다음의 세 식에 의존한다.

화폐시장균형: $M = L(i)PY = exp(-\lambda i)PY$, $M^f = L(i^f)P^f Y^f = exp(-\lambda i^f)P^f Y^f$

구매력평가: $P = EP^f$

유위험 이자율평가: $i = i^f + \dfrac{E'^e - E}{E}$

세 식은 다음과 같은 로그식으로 다시 나타낼 수 있다.

$$m = -\lambda i + p + y,\ m^f = -\lambda i^f + p^f + y^f$$
$$p = e + p^f$$
$$i = i^f + e'^e - e$$

시간을 나타내는 하첨자를 추가하고 합리적 기대를 가정해 다음식으로 대체한다.

$$m_t = -\lambda i_t + p_t + y_t,\ m_t^f = -\lambda i_t^f + p_t^f + y_t^f$$
$$p_t = e_t + p_t^f$$
$$i_t = i_t^f + Ee_{t+1} - e_t$$

화폐시장균형식과 두 평가식을 이용해 다음식을 구한다.

$$m_t - m_t^f = -\lambda(i_t - i_t^f) + (p_t - p_t^f) + (y_t - y_t^f)$$
$$\rightarrow m_t - m_t^f = -\lambda(Ee_{t+1} - e_t) + e_t + (y_t - y_t^f)$$

이 식을 환율에 대해서 풀면 다음과 같은 식을 구할 수 있다.

$$e_t = \frac{1}{1 + \lambda}\{(m_t - m_t^f) - (y_t - y_t^f)\} + \frac{\lambda}{1 + \lambda}Ee_{t+1}$$
$$= \frac{1}{1 + \lambda}x_t + \frac{\lambda}{1 + \lambda}Ee_{t+1},\ 단\ x_t \equiv (m_t - m_t^f) - (y_t - y_t^f)$$

이 식에 따르면 오늘의 환율이 오늘의 변수 x_t와 내일 기대환율의 가중평균치와 같다. 이 식은 e_{t+1}에 대해서도 성립되어야 하므로 e_{t+1}의 식을 이 식의 e_{t+1}에 대입하면 다음의 식을 구할 수 있다.

$$e_t = \frac{1}{1+\lambda} x_t + \frac{\lambda}{1+\lambda}\left(\frac{1}{1+\lambda} Ex_{t+1} + \frac{\lambda}{1+\lambda} Ee_{t+2}\right)$$

같은 방식으로 시간변수를 확장해 식을 전개하면 다음의 식을 얻을 수 있다.

$$e_t = \frac{1}{1+\lambda} \sum_{s=0}^{T-1}\left(\frac{\lambda}{1+\lambda}\right)^s Ex_{t+s} + \left(\frac{\lambda}{1+\lambda}\right)^T Ee_{t+T}$$

$T \rightarrow \infty$ 일 때 $\left(\frac{\lambda}{1+\lambda}\right)^T Ee_{t+T}$가 영(0)으로 수렴하면 환율결정의 식을 구할 수 있다.

$$e_t = \frac{1}{1+\lambda} \sum_{s=0}^{\infty}\left(\frac{\lambda}{1+\lambda}\right)^s Ex_{t+s}, \ x_{t+s} \equiv (m_{t+s} - m_{t+s}^f) - (y_{t+s} - y_{t+s}^f)$$

환율결정식은 몇 가지 중요한 함의를 준다. 우선 환율이 변수 x 흐름의 현재가치의 합으로 표시된다는 점이다. 만약 변수 x가 배당흐름이라면 제17장에서 설명하는 주식가격에 해당되며 임대료라면 부동산가격이 된다. 즉 환율은 자산가격과 마찬가지로 오늘을 포함한 미래의 통화정책 경로와 성장 경로에 의존한다. 자국이 교역상대국보다 완화적 통화정책이 기대될수록, 낮은 성장경로가 기대될수록 자국통화는 약세를 보인다. 제5장에서 포스트 코비드 기간에 폭등한 원-달러 환율이 달러강세와 함께 원화약세 요인에도 원인이 있었다는 사실은 우리나라 통화정책경로와 성장경로의 모습에 대한 외환시장의 기대를 반영했음을 의미한다.

둘째, 같은 크기의 충격이라도 그 충격이 일시적인가 아니면 항구적인가에 따라 환율에 미치는 영향이 다르다. 물론 항구적 충격이 일시적인 충격보다 그 영향이 큰 것을 확인할 수 있다.

셋째, 실현되지는 않았으나 미래에 예상되는 통화정책경로와 성장경로가 오늘의 환율에 영향을 미친다. 마지막으로 변수 x가 먼 미래의 시점일수록 그 가중치는 줄어든다. 예를 들어서 화폐수요의 금리탄력성이 0.5라고 가정하면, 즉 $\lambda = 0.5$일 때 식 오른편 계수는 $\frac{2}{3}\sum_{s=0}^{\infty}\left(\frac{1}{3}\right)^s$가 되며 x_t의 가중치는 $\frac{2}{3}$, x_{t+1}의 가중치는 $\frac{2}{3} \times \frac{1}{3}$, x_{t+2}의 가중치는 $\frac{2}{3} \times \left(\frac{1}{3}\right)^2$이다.

넷째, 이미 알려진 정보는 환율에 영향을 미치지 못하여 오직 알려지지 않았던 정보의 취득, 즉 새로운 소식만이 환율에 영향을 미친다.

:: 요점 정리

1　국가간 자본이동은 환율과 국제수지 등 대외관련 경제변수뿐만 아니라 국민경제를 안정적으로 운용하기 위한 거시경제정책의 효과에도 영향을 미친다.

2　국제자본이동성은 국가간 자본이동이 얼마나 자유롭게 일어나는지를 나타내는데, 자본 유출입에 대한 제도적 규제가 심할수록 또는 국가간 자본이동에 필요한 거래비용이 높을수록 국제자본이동성이 불완전해진다.

3　자본시장이 개방되어 국내자본시장이 국제자본시장으로 통합되면 자본의 가격인 이자율이 동일해져야 하는데 이를 이자율평가라고 한다. 이자율평가로는 유위험 이자율평가와 무위험 이자율평가가 있다.

4　개방경제의 $IS-LM$ 모형에서는 경제의 균형조건으로서 생산물시장의 균형과 화폐시장의 균형에 더하여 외환시장 균형조건이 추가적으로 필요하다. 외환시장 균형조건이 추가된 개방경제의 $IS-LM$ 모형을 $IS-LM-FX$ 모형이라 한다.

5　UIP 곡선은 유위험이자율평가를 만족하는 이자율과 환율의 조합인데 국제자본이동성이 완전할 때에는 외환시장 균형조건이 된다.

6　고정환율제도는 화폐수요가 화폐공급을 결정한다. 고정환율제도에서의 화폐수요는 정책당국이 제어할 수 없으며 통화량의 조정으로 수용되어야 한다. 즉 통화량은 내생변수가 된다. 통화량의 조정은 고정환율을 유지하기 위해 중앙은행이 외환시장에 개입하는 과정에서 자연스럽게 이루어진다.

7　개방경제에 있어서 거시경제정책의 효과는 환율제도와 국제자본이동성의 정도에 따라 다르게 나타난다. 변동환율제도에서 국제자본이동성이 완전한 경우 통화정책은 국민소득에 매우 큰 영향을 주나 재정정책은 효과가 매우 작다.

8　고정환율제도에서 자본이동성이 완전한 경우 통화정책은 효과가 없다. 고정환율 유지를 위한 외환시장개입으로 인해 통화량이 내생화되기 때문이다. 그러나 재정정책은 전혀 구축되지 않고 국민소득에 큰 영향을 미친다.

9　자본시장 개방, 고정환율제도, 독자적 통화정책의 세 가지 정책은 동시에 추구될

수 없다. 환율관리와 통화관리를 동시에 추구하기 위해서는 자본의 유출입에 대한 제약이 불가피하며, 자본자유화를 추구한다면 통화관리와 환율관리 중 한 가지를 포기해야 한다.

10 자본자유화는 혜택만 있는 것이 아니라 여러 가지 부작용도 따른다. 해외부문의 과잉유동성으로 경제가 불균형을 이루거나 실질절상으로 인해 경상수지 적자가 발생하는 것을 자본유입의 문제라 한다.

11 뉴 트리핀 딜레마는 달러화 중심의 국제통화질서하에서 안전자산으로서 미국 국채에 대한 광범위한 수요 증가를 충족하기 위해서는 미국 정부가 발행하는 국채 공급이 증가해야 하는데, 이 경우 정부부채 증가에 따라 미국 국채와 달러화에 대한 신뢰도가 하락할 것이라는 상충 문제를 말한다.

주요 용어

- 국제자본이동
- 국제자본이동성
- 해외직접투자
- 증권투자
- 자본통제
- 자본자유화
- 불가능성 정리
- 유위험 이자율평가
- 선물환율
- 무위험 이자율평가
- 불편예측치
- 환위험할증
- 먼델-플레밍 모형

- 국제수지
- 경상수지
- 자본수지
- *BP*곡선
- 외환시장개입
- 준비자산
- 자본유입의 문제
- 스페인 질병
- 실질정상
- 외환위기
- 투기적 공격
- 은행위기
- 금융위기

- 외채위기
- 글로벌 불균형
- 트리핀의 딜레마
- 자본유입의 문제
- 평가효과
- 뉴 트리핀 딜레마
- 원죄
- 부도위험할증
- 통화할증
- 국가할증
- 안전자산
- 중화 외환시장개입

연습 문제

1 국제자본이동성이 완전할 경우 고정환율제도하에서의 통화정책은 효과가 없음을 보았다. 만일 이 국가가 국제이자율 수준에 영향을 미칠 수 있는 대국이라면 통화 공급의 증가는 어떤 효과를 가질 것인지를 분석해 보라.

2 고정환율제도하에서의 통화정책과 재정정책의 효과를 논하되 국제자본이동성이 불완전한 경우 즉 ϕ가 0보다 큰 상수값을 가지는 경우를 분석하라. (Hint: 이 경우에는 BP곡선이 우상향하는 기울기를 가진다. BP곡선의 기울기가 LM곡선의 기울기보다 큰 경우와 작은 경우로 나눠서 분석하도록 한다.)

3 변동환율제도하에서의 통화정책과 재정정책의 효과를 논하되 국제자본이동성이 불완전한 경우 즉 ϕ가 0보다 큰 상수값을 가지는 경우를 분석하라. (Hint: BP곡선이 우상향하는 기울기를 가지는 경우 환율의 변화는 IS곡선뿐만 아니라 BP곡선도 이동시킨다.)

4 변동환율제도에서 국제자본이동성이 완전한 경우 사람들이 미래에 환율이 상승하리라고 기대한다면 단기적으로 경제에 어떤 영향을 미칠 것인지를 먼델-플레밍 모형을 이용하여 분석하라. 만일 고정환율제라면 어떤 일이 발생할 것인가?

5 어떤 국가가 국제금리에 영향을 미칠 수 있는 대국이라고 하자. 이 국가가 변동환율제도를 택하고 있고 국제자본이동성이 완전하다고 할 때 확장적 재정정책의 효과를 논하되 위의 정책이 다른 국가들에게 어떤 영향을 미칠지도 설명하라.

6 자국과 타국의 두 국가만으로 구성된 세계경제에서 각국의 총수요가 다음과 같이 결정된다고 할 때 아래 질문에 답하라.

[자국]

소비: $C = 320 + 0.4(Y - T) - 200i$

투자: $I = 150 - 200i$

총생산: $Y = 1,000$

세금: $T = 200$

정부구매: $G = 275$

[타국]

소비: $C^f = 480 + 0.4(Y^f - T^f) - 300i$

투자: $I^f = 225 - 300i$

총생산: $Y^f = 1,500$

세금: $T^f = 300$

정부구매: $G^f = 300$

(1) 국제자본시장에서의 균형이자율과 각 나라의 소비, 국내저축, 투자, 순수출을 구하라.

(2) 자국의 정부지출이 50만큼 증가하여 325가 되었고 이에 따른 재정적자를 보전하기 위하여 조세를 50만큼 증가시켰다고 하자. 이럴 경우 국제자본시장에서의 균형이자율과 각 나라의 새로운 소비, 국내저축, 투자, 순수출의 값은 얼마인가?

7 어떤 소규모 개방경제의 국제자본이동성이 완전하다고 가정할 때 다음의 경우 환율제도에 따라 이 경제의 균형에 어떻게 영향을 미치는지 설명하라.

(1) 국제금리의 상승

(2) 자국제품에 대한 해외수요의 감소

(3) 경기비관론에 따른 독립적 투자 지출의 감소

8 BP곡선의 식이 $i = i^f + \dfrac{E'^e - E}{E}$라고 가정하자. 변동환율제도 하에서 확장적 통화정책과 재정정책의 효과를 설명하라. 단 통화정책과 재정정책이 미래의 환율에 영향을 미치지 않는다.

9 (2018년 5급 행정고시) 국제금융시장에서 결정된 금리가 어떤 소규모 개방경제국(A국)의 금리보다 낮아졌다고 가정하자. 이 경우 먼델–플레밍(Mundell–Fleming) 모형을 이용하여 다음 물음에 답하라.

(1) A국이 변동환율제도를 채택하고 있고 국제금융시장의 저금리기조에 대하여 아무런 정책적 대응을 하지 않는다면, 실질환율과 실질국민소득은 어떻게 변하는지 설명하라.

(2) (1)의 변화 이후, A국이 국민소득을 원래의 수준으로 유지하고자 한다면 어떤 정책을 시행하는 것이 타당하며, 그 결과 실질환율은 어떻게 변하는지 설명하라.

10　(2023년 입법고서) 최근 미국 연준에서는 물가안정을 위하여 이자율을 대폭 인상하고 있다. 미국과 교역하는 개방 경제인 A국의 거시경제모형이 다음과 같으며, 변동환율제도를 시행하고 있다고 하자.

생산물시장: $Y = C(Y) + I + G + CA\left(\dfrac{EP^*}{P}, Y\right)$

화폐시장: $\dfrac{M^s}{P} = L(R, Y)$

외환시장: $R = R^* + \dfrac{E'^e - E}{E}$

(여기서 $\dfrac{EP^*}{P}$ 는 실질환율, E는 A국 통화로 표시한 명목환율, P는 A국 물가수준, P^*는 미국 물가수준, R은 A국 이자율, R^*는 미국 이자율, E'^e는 예상환율임.)

(1) 생산물시장, 화폐시장, 외환시장의 일반균형을 나타내는 그림을 이용하여 미국의 이자율 인상이 A국의 생산량(국민소득), 환율, 경상수지에 미치는 영향을 설명하시오.

(2) (1)번의 조정과정에서 A국 화폐시장이 어떻게 변화하는지 설명하고, A국 이자율과 미국 이자율의 차이를 설명하시오.

(3) 투자가 이자율에 의존하는 경우[즉, $I = I(R)$], 생산량(국민소득), 환율, 경상수지에 미치는 영향이 어떻게 달라지는지 설명하시오.

11　(2023년 행정고시) 현재 우리나라 채권 금리는 연이율 4%, 미국 채권 금리는 연이율 10%이며, 현물환율은 1,250원/달러, 12개월 선물환율은 1,225원/달러라고 가정한다. 국가 간 자본의 이동이 완전하다고 할 때, 다음 물음에 답하시오. (단, 투자자는 위험 중립적이다)

(1) 투자자가 6개월 만기 채권에 투자할 때, 6개월 후 환율을 1,200원/달러로 예상한다면 우리나라와 미국 채권 중 어느 것에 투자하며, 이때 발생하는 국제적 자본의 이동과 환율의 변동을 설명하시오.

(2) 1년 만기 채권에 투자하려는 투자자는 우리나라와 미국 채권 중 어느 것에 투자하며, 이때 발생하는 국제적 자본의 이동과 환율의 변동을 설명하시오. 그리고 현실에서 무위험이자율평가가 성립하지 않는 이유를 설명하시오.

Macroeconomics

03

PART **3**

국민소득과
물가

Chapter

07 총수요-총공급 모형

제7장에서는 거시경제의 일반균형 분석의 기초가 되는 총수요곡선과 총공급곡선을 도출하고 이를 거시경제현상의 분석에 적용하고자 한다. 총수요곡선은 제3장에서 소개된 *IS-LM* 모형으로부터 도출될 수 있다. 총공급곡선을 도출하기 위해서는 노동시장에 대한 이해가 필요하므로, 노동수요와 공급의 결정요인에 대해서도 설명한다.

① 일반균형모형의 필요성

제3장에서는 케인즈학파의 거시경제이론을 대표한다고 볼 수 있는 *IS-LM* 모형을 중심으로 국민소득의 결정에 대해 설명하였다. *IS-LM* 모형이 실제로 얼마나 유용한 것인가는 이 모형이 현실을 얼마나 잘 설명하고 예측하는가에 달려 있다. *IS-LM* 모형은 복잡한 국민경제를 생산물시장과 화폐시장으로 단순화시킨 데다가 가격이 경직적임을 가정하고 있기 때문에 비현실적으로 보일 수 있겠으나 적어도 단기적으로는 현실세계를 잘 묘사하고 있다. 실제로 각 경제연구기관에서 경기예측과 정책효과 평가를 위해 이용하고 있는 거시경제모형도 *IS-LM* 모형을 기초로 하고 있다.

그러나 이미 지적하였듯이 *IS-LM* 모형은 그 단순성으로 말미암아 많은 거시경제현상을 설명하기에 불충분하다는 한계를 가진다. *IS-LM*모형이 가지는 문제점으로 흔히 다음의 두 가지가 지적되고 있다. 첫째로, 가격경직성을 전제로 하고 있기 때문에 물가의 변동 특히 인플레이션이나 스태그플레이션(stagflation)과 같은 현상을 설명하지 못한다. 둘째로, 총수요에만 초점을 둔 모형이므로 기술 변화나 원자재가격 상승과 같이 공급요인으로 인한 국민소득의 변동을 설명하지 못한다.

이와 같은 문제점을 해결하기 위해서는 총수요와 총공급에 의해 물가와 국민소득의 결정이 모두 설명되는 일반균형모형을 필요로 하는데 이를 총수요-총공급 모형이라고 한다. 총수요-총공급 모형을 이용하면 거시경제학의 여러 학파들 간의 견해차이를 비교하는 것도 가능하다. 물론 총수요-총공급 모형으로 모든 학파의 이론을 제대로 나타내는 것은 어렵지만 각 학파의 특성과 중요한 견해 차이를 나타내는 것은 가능하다. 총수요-총공급 모형을 소개한다고 해서 지금까지 배운 *IS-LM* 모형이 쓸모가 없어지는 것은 아니다. *IS-LM* 모형은 총수요의 변화를 설명하기 위한 기본적인 모형으로서 여전히 중요한 역할을 한다.

② 총수요곡선

총수요곡선의 도출

총수요곡선(aggregate demand curve)이란 각 물가수준에서의 최종생산물에 대한 수요를 나타내는 곡선이다. 물가가 변함에 따라 총수요가 어떻게 변하는지는 *IS-LM* 모형을 통해 알아볼 수 있다. 사실 *IS-LM* 모형은 본래 총수요가 어떻게 결정되는지를 보여주는 모형이다. 다만 케인즈학파가 주장하는 것처럼 가격경직성으로 인해 물가가 미리 정해진 수준에 고정되어 있는 경우에는 총수요가 바로 생산량을 결정하므로 *IS*곡선과 *LM*곡선이 만나는 점에서 균형국민소득이 결정된다. 그러나 물가가 신축적인 경우에는 *IS*곡선과 *LM*곡선이 만나는 점은 단지 주어진 물가수준에서 총수요가 얼마인지를 가르쳐 줄 뿐이다.

총수요곡선과 *IS-LM* 모형 간의 관계에 대해 좀 더 자세히 알아보자. 제3장의 (3-27)식에 주어진 *IS*곡선의 식과 (3-31)식에 주어진 *LM*곡선의 식을 연립하여 *Y*에 대해 풀면 다음과 같은 해를 구할 수 있다.

$$Y = \frac{1}{kb + h(1-c)} \left[b\frac{\overline{M}}{P} + h\overline{A} \right] \tag{7-1}$$

위 식은 *IS*곡선과 *LM*곡선이 만나는 점에서의 *Y*의 값을 보여준다. 위 식의 우변은 모두 상수나 외생변수만으로 구성되어 있으므로 이 식은 바로 균형국민소득이 얼마인지를 가르쳐 준다. 그런데 만일 물가가 고정되어 있지 않고 변한다면 위 식의 우변에서 $\bar{P}$는 P로 대체되어야 하며, 이 경우 위 식은 물가의 함수로서의 총수요를 나타내는 식이 된다.

[그림 7-1]의 (a)는 명목통화량이 일정한 상태에서 물가수준이 변화할 때 IS곡선과 LM곡선이 만나는 점이 어떻게 변하는지를 보여준다. 물가수준이 P_0일 때 IS곡선과 LM곡선이 만나는 점은 A이며 이때 총수요는 Y_0가 된다. 만약 물가가 P_1으로 상승한다면 명목통화량이 변하지 않더라도 실질통화량이 물가가 P_0일 때에 비해 감소하며, 이에 따라 LM곡선은 좌측으로 이동한다. 이때 IS곡선과 LM곡선은 B점에서 만나고 총수요는 Y_1으로 감소하게 된다. [그림 7-1]의 (b)는 이와 같은 과정에 의해 유도된 총수요곡선이 우하향하는 모습을 가짐을 보여준다.

총수요곡선의 도출과정으로부터 알 수 있는 것은 총수요곡선상의 모든 점에서 화폐시장이 균형을 이루고 있다는 사실이다. 이는 [그림 7-1]에서 A, B점이 모두 LM곡선상의 점이라는 사실로부터 확인할 수 있다. 따라서 총수요곡선은 각 물가수준에서 화폐시장을 균형시키는 총수요가 얼마인지를 보여 준다고 할 수 있다.

[그림 7-1]에서 도출한 총수요곡선은 미시경제학에서 취급하는 개별 재화의 수요곡선과 동일한 모습을 가지고 있지만, 총수요곡선이 우하향하는 기울기를 가지는 이유는 개별 재화의 수요곡선이 우하향하는 기울기를 가지는 이유와 전혀 다르다. 개별 재화의 경우 가격 상승은 곧 다른 재화에 대한 상대가격의 상승을 의미하며 따라서 대체효과를 통해 수요가 감소한다. 그러나 총수요곡선의 경우 물가 상승은 반드시 상대가격의 변화를 의미하지는 않는다. 물가는 모든 생산물의 가격을 대표하기 때문이다. 따라서 물가 상승에 따라 총수요가 감소하는 것은 대체효과 때문이 아니다.

물가 상승에 따라 총수요가 감소하는 이유로는 크게 세 가지를 들 수 있다. 첫째는 물가 상승으로 인해 실질통화량이 감소함에 따라 이자율이 상승하고 그 결과 투자수요가 감소하기 때문인데 이를 물가변화의 이자율효과라 한다. 다음으로는 물가 상승으로 인해 자산의 실질가치가 하락함에 따라서 소비수요가 감소하기 때문인데 이를 물가변화의 자산효과라 한다. 마지막으로 개방경제에서는 물가상승으로 인해 실질통화량이 감소하고 이자율이 상승함에 따라 해외로부터 자본이 유입되고 그 결과 화폐가치가 상승하고 순수출이 감소하는 효과가 추가되는데 이를 물가변화의 환율효과라 한다.

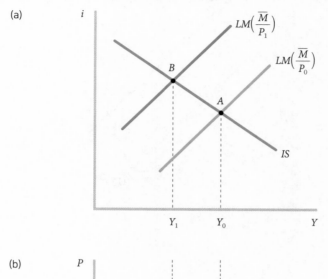

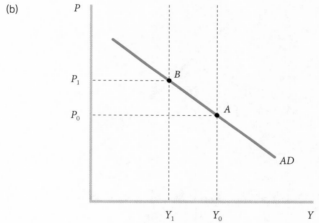

물가가 P_0에서 P_1으로 상승할 때 명목통화량이 변하지 않더라도 실질통화량의 감소로 인하여 LM곡선은 좌측으로 이동하며 총수요는 Y_0에서 Y_1으로 감소한다. 이와 같이 총수요곡선은 각 물가수준에서 화폐시장을 균형시키는 최종생산물에 대한 수요를 나타낸다.

총수요곡선의 이동

총수요곡선상의 이동과 총수요곡선 자체의 이동은 구분되어야 한다. 물가변화에 따라 총수요가 변하는 것은 총수요곡선상의 이동이다. 그러나 재정지출이나 화폐공급의 변화는 총수요곡선 자체를 이동시킨다.

그림 7-2 재정지출의 증가와 총수요곡선의 이동

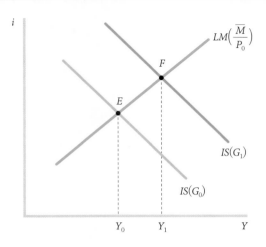

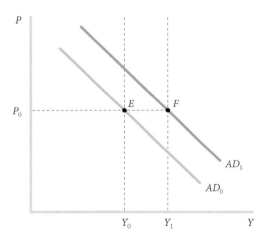

물가수준이 고정된 상태에서 정부구매의 증가는 IS곡선을 우측으로 이동하게 하고 이에 따라 총수요는 증가한다. 이와 같은 총수요의 증가는 모든 물가수준에서 발생하므로 결국 총수요곡선 자체가 우측으로 이동한다.

예를 들어 [그림 7-2]에서 물가가 P_0로 일정할 때 정부구매가 G_0에서 G_1으로 증가한다고 하자. 정부구매의 증가는 IS곡선을 우측으로 이동시키고, 이에 따라 물가수준 P_0에서의 총수요를 증가시킨다. 다른 모든 물가수준에서도 이와 마찬가지로 총수요가 증가할 것이므로 정부구매의 증가는 결국 총수요곡선 자체를 우측으로 이동시킨다.

정부구매뿐만 아니라 독립수요의 증가와 같이 IS곡선을 우측으로 이동하게 하거나 화폐공급의 증가와 같이 LM곡선을 우측으로 이동하게 하는 요인들은 모두 총수요곡선을 우측으로 이동하게 한다. 반대로 긴축적 통화정책과 같이 $IS-LM$ 모형에서 균형국민소득을 감소시키는 요인들은 모두 총수요곡선을 좌측으로 이동하게 한다.

통화정책이나 재정정책에 따른 총수요곡선의 이동폭은 IS곡선과 LM곡선의 기울기에 달려 있다. 제4장에서는 IS곡선과 LM곡선의 기울기에 따라 재정정책과 통화정책이 국민소득에 미치는 효과가 상이함을 보았는데, 이때 국민소득에 미치는 효과가 큰 경우가 바로 총수요곡선의 이동폭이 큰 경우에 해당한다.

③ 총공급곡선

총공급곡선(aggregate supply curve)은 각 물가수준에서 기업들이 공급하고자 하는 최종생산물의 양을 나타내는 곡선이다. 케인즈학파와 고전학파는 총공급곡선이 어떤 모습을 가지고 있는지에 대해 상반된 주장을 제기했다.

케인즈학파의 총공급곡선

케인즈학파는 총공급곡선이 [그림 7-3]의 AS와 같이 미리 정해진 물가수준에서 수평이라고 보았다. 이는 케인즈학파가 물가가 경직적이고 경제에 유휴생산능력이 존재한다고 믿었기 때문이다. 이와 같은 상황에서는 기업들이 물가수준 $\bar{P}$에서 어떤 양의 생산물도 공급할 의사와 능력이 있다는 것이다. 총공급곡선이 수평인 경우에는 [그림 7-3]에서 볼 수 있듯이 총수요곡선의 위치가 곧 균형국민소득을 결정한다. 확장적 재정정책이나 통화정책으로 인해 총수요곡선이 우측으로 이동하면 균형국민소득도 같은 폭만큼 증가하게 된다. IS곡선과 LM곡선이 만나는 점이 바로 균형국민소득을 나타낼 수 있는 것도 $IS-LM$ 모형이 바로 수평인 총공급곡선을 전제로 하고 있기 때문이다.

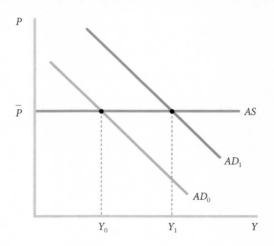

그림 7-3 케인즈학파의 총공급곡선

케인즈학파의 총공급곡선은 물가수준 P̄에서 기업이 얼마든지 생산물을 공급하고자
함을 의미한다. 그러므로 총수요의 변화는 물가의 변동 없이 같은 크기의 국민소득
의 변화를 가져온다.

고전학파의 총공급곡선

　고전학파는 케인즈학파와는 달리 총공급곡선이 수직이라고 주장하였다. 고전학파
에 따르면 모든 가격은 신축적이므로 노동을 비롯한 모든 생산요소는 언제나 완전고
용되며, 이에 따라 총생산량은 물가수준에 관계없이 항상 완전고용 국민소득과 일치
한다는 것이다. 따라서 총공급곡선은 [그림 7-4]에서와 같이 완전고용 국민소득(Y_F)
에서 수직인 모습을 갖게 된다.

　이처럼 총공급곡선이 수직인 경우에는 어떤 총수요의 변화도 물가만 변화시킬 뿐
국민소득에는 아무런 영향을 미치지 못한다. 예를 들어 [그림 7-4]에서와 같이 총
수요곡선이 AD_0에서 AD_1으로 이동하였다고 하자. 총수요가 증가함에 따라 물가는
상승할 것이고 이에 따라 기업들은 고용과 생산량을 늘리려고 할 것이다. 그러나 경
제가 이미 완전고용상태에 있으므로 노동수요의 증가는 단지 명목임금만을 상승시키
고 새로운 고용의 증가를 가져오지 못한다. 결국 생산물시장에서의 초과수요는 단지
물가만을 P_0에서 P_1으로 상승시킬 뿐 총생산량에는 아무런 변화가 발생하지 않는다.
본 장의 부록에서는 고전학파의 거시경제모형을 체계적으로 소개한다.

그림 7-4 고전학파의 총공급곡선

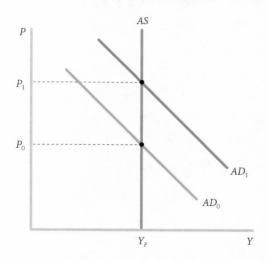

고전학파에 따르면 총공급곡선은 완전고용 국민소득 Y_F에서 수직이다. 이때 총수요의 변화는 물가만을 변화시킬 뿐 국민소득에는 영향을 미치치 못한다.

단기총공급곡선과 장기총공급곡선

케인즈학파와 고전학파가 총공급곡선의 기울기에 대해 상반된 주장을 펴고 있는 것은 단기의 경우에 한정되어 있다. 가격이 조정될 수 있는 시간이 충분히 주어진 장기에 있어서는 케인즈학파도 고전학파가 주장하는 바와 같이 총공급곡선이 완전고용 국민소득에서 수직이 될 수 있음을 부인하지 않는다.

그러나 과연 단기에 있어서도 총공급곡선이 고전학파의 주장대로 수직인지에 대해서는 의문이 있다. 특히 수직인 총공급곡선으로는 다음 두 가지 현상을 설명하기가 어렵다.

첫째, 총공급곡선이 수직이라면 실질국내총생산은 통화량 변동에 관계없이 완전고용 수준에서 결정된다. 따라서 통화량 증가율과 국내총생산 증가율 간에는 상관관계가 없어야 한다. 그러나 실제로 통화량 증가율과 실질 국내총생산 증가율은 정의 상관관계를 가지고 있는데, 수직인 총공급곡선으로는 이와 같은 현상을 설명하기 어렵다.

둘째, 고전학파의 총공급곡선으로는 경기변동에 따라 실업률이 상당히 큰 폭으로 변동하는 현실을 설명하기 어렵다. 고전학파에 따르면 경제는 항상 완전고용상태에 있으므로 실업률 변동은 자연실업률의 변화에 의해서만 가능하다. 그러나 제9장에서 볼 수 있듯이 자연실업률을 결정하는 요인들은 주로 제도적 요인이기 때문에 단기적으로는 크게 변동하지 않는다. 따라서 자연실업률만으로는 경기변동에 따른 실업률의 변동을 설명하는 것이 불가능하다.

이와 같은 비판에 따라 현대 거시경제학자들은 총공급곡선이 케인즈학파가 주장한 것처럼 수평은 아니더라도 적어도 단기에 있어서는 어느 정도의 기울기를 가지고 있음을 인정하고 있다. 즉 단기에 있어서는 총공급곡선이 우상향의 기울기를 가지고, 장기에 있어서는 수직의 기울기를 가진다는 것이다. 단기총공급곡선이 우상향의 기울기를 가지는 이유를 설명하기 위해서는 먼저 노동시장을 이해해야 한다.

④ 노동시장의 이해

생산을 담당하는 경제주체는 기업이므로 총공급이 어떻게 결정되는지를 보려면 기업의 생산활동을 분석해야 한다. 그런데 기업의 생산량 결정은 고용량 결정과 불가분의 관계에 있으며 고용량 결정은 임금 수준에 의존하므로, 총공급에 대해 분석하기 위해서는 임금이 노동시장에서 어떻게 결정되는지를 알아 볼 필요가 있다.

사실 총공급곡선의 모양은 노동시장의 고용행태와 깊은 관계가 있다. 그러므로 노동시장의 올바른 이해는 장기와 단기의 두 가지 총공급곡선뿐만 아니라 제8장에서 설명할 보다 다양한 형태의 총공급곡선에 대한 이해를 위해서도 필수적이다. 본 절에서는 노동시장에서 고용량이 결정되는 과정에 대한 기본적인 설명을 하고자 한다.

노동수요곡선

노동의 수요는 기업에 의해 결정된다. 노동수요가 어떻게 결정되는지를 이해하기 위해서 이윤 극대화를 추구하는 기업의 고용과 생산 의사결정에 대해 생각해 보기로 한다. 기업이 가지고 있는 생산기술은 다음과 같은 생산함수에 의해 대표될 수 있다.

$$Y = A \cdot F(K, L)$$

위 식에서 K와 L은 각각 자본과 노동의 투입량을 나타내며, A는 생산성 또는 기술 수준을 나타낸다. 그런데 자본투입량은 최장기가 아닌 기간에 있어서는 고정되어 있다고 가정할 수 있다. 이는 기업들이 경기변동과 같은 단기적인 수요 변동에 따라 생산요소의 투입량을 조절할 필요가 있는 경우에는 자본투입량보다는 노동투입량을 우선적으로 조절하기 때문이다. 예를 들어 자신의 생산물에 대한 단기적인 수요 증가를 경험하는 기업들은 우선적으로는 잔업, 야근, 이교대제 등을 이용하여 생산량을 늘리며, 수요 증가가 장기적 현상이라고 판단될 때에만 높은 비용이 소요되는 공장증설과 시설투자에 착수할 것이다. 자본투입량이 고정되어 있다면 생산량은 다음과 같이 노동만의 함수로 표현될 수 있다.

$$Y = A \cdot F(\overline{K}, L) = A \cdot f(L), \qquad f' > 0, \ f'' < 0 \qquad (7\text{-}2)$$

위에서 f''이 음의 값을 가지는 것은 노동투입량이 증가함에 따라 노동의 한계생산물이 감소하기 때문이다. 생산물시장과 생산요소시장이 모두 완전경쟁시장인 경우 이윤극대화를 추구하는 기업은 다음과 같이 고용량을 결정할 것이다.

$$P \cdot A \cdot f'(L) = W \qquad (7\text{-}3)$$

여기서 W는 노동 한 단위당 지급되는 명목임금을 나타내며 P는 생산물의 가격을 나타낸다. 거시경제학에서는 개별 재화의 공급이 아니라 한 경제에서 생산되는 모든 재화와 서비스의 공급을 취급하므로 P는 곧 물가수준을 나타낸다고 할 수 있다. 따라서 위 식은 노동의 한계생산물의 가치가 명목임금과 같아지도록 고용량이 결정됨을 의미한다.

한편 실질임금을 w라 할 때 $w = W/P$이므로 위 (7-3)식은 다음과 같이 쓸 수도 있다.

$$w = A \cdot f'(L) \qquad (7\text{-}4)$$

[그림 7-5]는 노동의 한계생산물함수인 $A \cdot f'(L)$을 보여주는데 f''가 음의 값을 가지므로 우하향의 기울기를 가진다. 그림에서 B점은 실질임금이 w_0일 때 기업의 최적 고용량이 L_0임을 나타낸다. 그런데 L_0는 실질임금이 w_0일 때의 노동수요량이라고도 할 수 있으므로 [그림 7-5]는 곧 노동수요곡선을 보여준다고 할 수 있다. 즉 노동의 한계생산물곡선이 바로 노동수요곡선이 되는 것이다.

그림 7-5 노동수요곡선

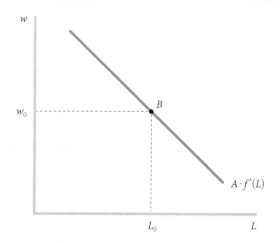

한계생산물 체감의 법칙으로 인하여 이윤을 극대화하는 경쟁적 기업의 노동수요곡선은 우하향한다. 다른 조건이 일정하다면 노동생산성의 향상은 노동수요곡선을 우측으로 이동시킨다.

노동수요곡선이 우하향하는 형태를 가지는 것은 노동투입량 증가에 따라 노동의 한계생산물이 감소하기 때문이다. 한편 노동수요곡선의 위치는 노동생산성(A)에 의존하는데, 노동생산성의 향상을 가져오는 기술변화는 노동수요곡선을 우측으로 이동시킨다.

노동공급곡선

노동의 수요는 기업에 의해 결정되는 반면에 공급은 가계에 의해 결정된다. 가계는 자신의 효용이 극대화되도록 소비와 여가시간을 선택하며, 그 결과 노동공급시간이 결정된다. 가계의 효용극대화로부터 노동공급곡선을 도출하는 과정은 부록에서 자세히 설명하기로 하고 여기서는 노동공급은 다음과 같이 실질임금의 증가함수라고 가정하기로 한다.

$$L = L^S(w), \qquad L^{S\prime} > 0 \tag{7-5}$$

노동공급이 명목임금이 아닌 실질임금의 함수로 표시된 것은 노동자가 화폐환상 (money illusion)에 빠지지 않음을 의미한다. 화폐환상이란 경제주체의 의사결정이 실질가격이 아닌 명목가격에 의해 영향을 받는 것을 말한다. 예를 들어, 명목임금이 10% 상승할 때 물가도 10% 상승한다면 노동자의 실질임금, 즉 임금의 실질구매력에는 아무런 변화가 없으므로 노동공급에도 아무런 변화가 없어야 한다. 만일 노동자가 실질임금에 변화가 없음에도 불구하고 명목임금이 상승함에 따라 노동공급을 변화시킨다면 이 노동자는 화폐환상에 빠져 있다고 할 수 있다. 한편 (7−5)식에서 노동공급함수는 단조증가함수이므로 노동공급량과 실질임금은 일대일 대응관계에 있다. 따라서 노동공급곡선은 다음과 같은 식으로도 표현될 수 있다.

$$w = h(L), \qquad h' > 0 \tag{7-6}$$

위 식은 역함수로 표현된 노동공급함수라 할 수 있다. 한편 노동공급곡선의 위치는 소비와 여가에 대한 가계의 선호체계에 의해 결정된다. 예를 들어 가계가 여가를 더 선호하게 되면 노동공급곡선은 좌측으로 이동한다.

노동시장의 균형

노동시장이 균형을 이룰 때, 즉 노동의 수요와 공급이 일치할 때 균형고용량과 균형임금이 결정된다. 앞에서 노동의 수요와 공급이 각각 실질임금의 함수임을 보았다. 그런데 실제 노동시장에서의 임금협상이나 임금지급은 실질임금이 아니라 명목임금의 형태로 이루어진다. 따라서, 명목임금 변화의 분석이 용이하도록 노동수요함수와 노동공급함수를 다음과 같이 고쳐 쓰도록 한다.

$$W = P \cdot A \cdot f'(L), \qquad f'' < 0 \tag{7-7}$$
$$W = P \cdot h(L), \qquad h' > 0$$

[그림 7−6]은 노동의 수요곡선과 공급곡선을 보여준다. (a)는 명목임금을 세로축으로 하여 (7−7)식에 제시된 노동수요 및 공급곡선을 보여주고, (b)는 실질임금을 세로축으로 하여 (7−4)식과 (7−6)식에 제시된 노동수요 및 공급곡선을 보여준다. 물가수준이 P_0인 경우 (a)에 제시된 노동수요 및 공급곡선은 (b)에 제시된 노동수요

그림 7-6 노동시장의 균형

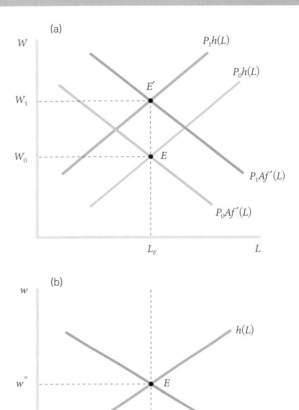

물가가 P_0일 때 명목임금을 세로축으로 한 노동 수요곡선과 공급곡선은 모두 실질임금을 세로축으로 한 곡선에 비해 P_0배 위쪽으로 이동하므로, 두 곡선이 만나는 점에서의 고용량은 동일하며, 균형명목임금은 균형실질임금의 P_0배가 된다. 물가가 P_1으로 상승하더라도 균형실질임금과 고용량에는 변화가 없이 명목임금만 상승한다.

및 공급곡선에 비해 P_0배만큼 위쪽에 위치하게 된다. 따라서 (a)와 (b)에 있어서 모두 두 곡선이 만나는 점인 E에서의 가로축 값은 동일한 값의 균형고용량을 나타낸다. 한편 (a)에서 결정되는 균형명목임금인 W_0와 (b)에서 결정되는 균형실질임금인 w^* 사이에는 $W_0 = P_0 \times w^*$의 관계가 성립한다.

노동수급이 균형을 이루는 E점에서는 노동시장이 완전고용 상태에 있다. E점에서는 노동의 수요와 공급이 일치하는데, 이는 균형임금인 w^*에서 노동을 공급하고자 하는 노동자는 모두 고용이 됨을 의미한다.

노동시장의 균형에 대해 보다 상세히 알아보기 위해 물가가 P_0에서 P_1으로 상승하는 경우를 생각해 보자. 물가가 상승하더라도 실질임금의 함수로 표시된 노동수요곡선과 공급곡선은 [그림 7−6]의 (b)에서와 같이 전혀 영향을 받지 않는다. 그러나 명목임금의 함수로 표시한 노동수요곡선과 공급곡선은 [그림 7−6]의 (a)에서처럼 물가상승률만큼 상향 이동한다. 노동자와 기업은 모두 명목임금이 물가상승률만큼 상승해야 실질임금이 물가상승 이전과 동일해짐을 알기 때문에 노동자는 물가상승률만큼 높아진 명목임금을 요구할 것이고 기업도 물가상승률만큼 높아진 명목임금을 지급할 용의가 있기 때문이다. 결국 균형점은 E로부터 E'로 이동할 것이다. 이때 물가상승은 균형실질임금과 고용량은 변화시키지 않고 명목임금만을 물가상승률만큼 상승시키게 된다. 즉 물가상승 이전과 이후의 균형명목임금간에는 $W_1/W_0 = P_1/P_0$의 등식이 성립하며 그 결과 균형실질임금에는 변화가 없다.

이와 반면에 노동수요함수 또는 노동공급함수 자체가 변할 때에는 균형고용량과 균형실질임금이 변화할 수 있다. 노동생산성이 향상되는 경우를 예로 들어보자. 노동생산성의 변화는 A값의 변화를 가져온다. A의 값이 A_0로부터 A_1으로 상승하는 경우 실질임금의 함수로 표시한 노동수요곡선이 [그림 7−7]의 (b)에서처럼 우측으로 이동한다. 이에 따라 균형점은 E에서 E'로 이동하여 실질임금과 고용량 모두가 증가하게 된다. 물가수준에 아무런 변화가 없다면 명목임금 역시 (a)에서와 같이 실질임금과 같은 비율로 상승하게 된다.

소비자의 여가와 소비에 대한 선호관계의 변화도 균형실질임금과 균형고용량에 영향을 줄 수 있다. 만일 여가에 대한 선호도가 증가한다면 노동공급곡선이 좌측으로 이동하고 이에 따라 균형실질임금은 상승하고 균형고용량은 감소한다.

⑤ 총공급곡선의 도출

앞서 소개된 노동시장에 대한 이해를 토대로 하여 총공급곡선을 도출해 보기로 한다. 총공급곡선은 각 물가수준에 있어서 기업들이 생산하여 공급하고자 하는 생산

그림 7-7 생산성증가와 노동시장 균형

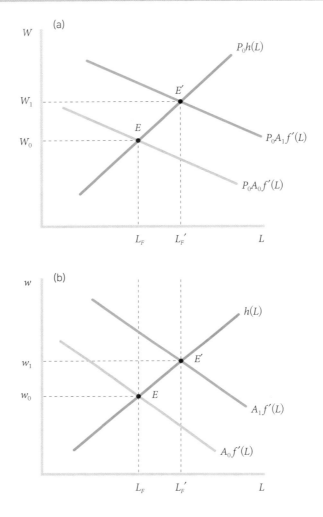

노동생산성이 증가함에 따라 노동수요곡선은 우측으로 이동하고 균형실질임금과 고용량이 모두 증가한다. 명목임금도 실질임금과 같은 비율로 상승한다.

물의 양을 나타낸다. 노동수요곡선을 도출할 때와 같이 자본투입량이 고정되어 있다고 할 경우 이윤극대화를 추구하는 경쟁적 기업의 고용량은 (7−3)식에서와 같이 결정된다. 고용량이 결정되면 (7−2)식에 주어진 생산함수에 의해 생산량이 결정된다. 이 기업이 국민경제내의 모든 기업들을 대표한다고 가정한다면 이 두 식을 이용하여 총공급곡선을 도출할 수 있다.

고용량의 결정식인 (7−3)식에 따르면 명목임금이 고정되어 있다면 물가상승은

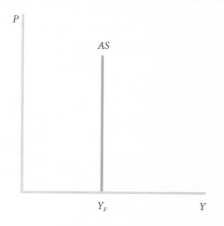

(a) 물가수준에 관계없이 완전고용 국민소
득 Y_F가 언제나 유지된다.

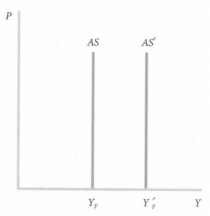

(b) 생산성의 향상으로 완전고용 국민소득
이 Y_F'로 증가하였다.

실질임금을 하락시키고 이에 따라 고용량과 생산량을 증가시킨다. 그러나 물가가 상
승할 경우 명목임금이 전혀 변화하지 않으리라고 기대하기는 어렵다. 실질임금을 중
시하는 노동자들이 더 높은 명목임금을 요구할 것이기 때문이다. 결국 물가가 변함
에 따라 생산량과 고용량이 어떻게 변할것인는 명목임금이 얼마나 신축적으로 반응
하는가에 달려 있다.

장기총공급곡선

명목임금이 신축적인 경우에는 [그림 7-6]에서 보았듯이 물가의 상승은 명목임
금을 물가상승률과 같은 비율만큼 상승시키고 이에 따라 실질임금과 고용량에는 변
화가 없다. 고용량에 변화가 없으므로 생산량에도 변화가 없다. 노동시장이 균형을
이루는 완전고용상태에서의 생산량을 $Y_F = A \cdot f(L_F)$라 하자. Y_F는 모든 가격이 신축적
일 수 있을 때에 경제가 생산할 수 있는 총생산량으로 이를 완전고용 국민소득 또는
잠재생산량이라 부른다. 모든 가격이 신축적일 경우 총공급곡선은 [그림 7-8]의 (a)
에서와 같이 Y_F에서 수직인 형태를 가지게 되는데 이것이 바로 고전학파의 총공급곡
선이다. 고전학파의 총공급곡선은 노동시장에 대한 고전학파의 관점을 전제로 하고
도출된 것이다.

고전학파의 노동시장은 최선의 세계를 가정하고 있다. 명목임금이 신축적이므로 노동시장의 균형이 언제나 성립하고 화폐환상이 존재하지 않는다. 뿐만 아니라, 고전학파의 노동시장은 시장참여자간에 존재할 수 있는 협상력의 불균형이나 정보의 불완전성과 비대칭성을 배제하고 완전경쟁과 완전정보를 전제로 하고 있다. 그러므로 이와 같은 고전학파의 노동시장이 과연 얼마나 현실의 노동시장과 부합되는지를 알아 볼 필요가 있다.

첫째, 화폐환상의 문제를 생각해 보자. 화폐환상이 존재하지 않는다는 것은 노동공급이 명목임금이 아니라 실질임금의 함수임을 의미한다. 노동자가 실질임금에 따라 노동공급을 결정하는 것은 너무나 당연한 것으로 보일지 모르지만 실제로는 그렇지만은 않다. 예를 들어 물가가 하락함에 따라 기업이 갑이라는 노동자의 명목임금을 물가하락률만큼 낮추자고 제의한다고 하자. 명목임금이 하락하더라도 실질임금에는 변화가 없으므로 갑은 이 제의를 받아들이는 것이 타당하다. 그런데 갑이 자신의 명목임금이 이웃인 을의 명목임금에 비해 낮아지는 것을 못마땅하게 생각하고 이 제의를 거절한다면 이는 화폐환상의 예에 해당한다.

둘째, 새 고전학파(new classical school)는 정보가 불완전할 경우 노동시장이 균형을 이루지 못할 수 있음을 지적하였다. 노동에 대한 수요함수식인 $W = P \cdot A \cdot f'(L)$에 따르면 물가상승이나 생산성 향상이 모두 노동수요를 증가시키게 된다. 그런데 노동수요의 증가가 물가의 상승에서 비롯된 것인지 또는 노동생산성의 향상에 기인하는 것인지가 불확실하면 이에 대한 노동자들의 대응에 오류가 발생할 수 있다. 예를 들어 노동생산성의 변화 없이 물가만이 상승하였고 이에 따라 노동수요가 증가하였다고 하자. 노동자들이 물가에 대한 정확한 정보를 가지고 있다면 실질임금을 일정 수준으로 유지하기 위해 보다 높은 명목임금을 요구할 것이고 이에 따라 [그림 7−6]의 (a)에서와 같이 노동공급곡선이 물가상승률만큼 상향 이동하게 된다. 결국 새로운 균형점인 E'에서는 물가상승에도 불구하고 동일한 실질임금이 유지된다. 반면에 노동자들이 물가변화에 대한 정확한 정보를 가지고 있지 못하다면 노동자들은 노동수요 증가가 물가상승과 생산성 향상 모두에 원인이 있다고 생각할 것이고 그 결과 노동공급곡선의 상향 이동폭은 (a)에서보다 작을 것이다. 이 경우에는 고용량이 완전고용수준보다 높아지게 된다.

셋째, 케인즈학파는 보다 근본적인 문제를 제기하고 있다. 이들은 고전학파의 노동시장이 언제나 수요와 공급이 일치할 때 균형이 일어나는 경매시장과 하등 차이가 없다는 사실에 주목하면서, 현실 세계에서의 노동시장이 이와 같을 수는 없다고 주장한다. 현실 세계에서는 임금협상과정에서 발생하는 거래비용으로 말미암아 노동시장은 경매시장과 같이 자주 열리지 않으며, 대신 노동시장의 균형은 장기임금계약의 형태로 이루어진다. 이와 같은 균형은 수요와 공급이 일치하는 점에서 일어나는 경쟁적 균형과는 같을 수 없다. 사실 케인즈학파에 있어서 거래비용은 고전학파의 명목가격 신축성을 비판하는 중요한 무기가 된다. 거래비용의 존재는 단지 노동시장뿐만 아니라 일반적인 생산물시장에서도 명목가격을 경직적으로 만드는 요인이 되기 때문이다. 우리는 종이값이 올랐다고 해서 즉각 신문이나 잡지의 구독료가 따라 오른다거나 유가가 하락했다고 해서 버스요금이 쉽사리 내리지 않음을 잘 알고 있다.

물론 위에서 제기된 비판은 단기에 있어서의 문제고 시간이 충분히 주어진 장기에는 고전학파가 전제하는 이상적인 노동시장의 조건이 어느 정도 충족될 수 있다. 즉, 장기에는 물가에 대한 정보가 보다 정확해짐에 따라 화폐환상이 사라지고, 임금계약도 새로운 여건을 반영하여 갱신될 수 있으므로 명목임금이 신축적으로 된다.

이와 같은 이유에서 [그림 7-8]에 도출된 총공급곡선은 장기에 있어서의 물가와 총공급과의 관계를 나타내는 곡선, 즉 장기총공급곡선(long run aggregate supply curve: LAS)이라고 불린다.

장기총공급곡선의 위치는 노동수요함수와 노동공급함수에 영향을 줄 수 있는 요인에 의해 좌우된다. 예를 들어 생산성이 향상되는 경우 [그림 7-7]에서와 같이 노동시장을 균형시키는 고용량이 증가함에 따라 완전고용 국민소득수준이 Y_F'로 증가하며, 이에 따라 장기총공급곡선은 [그림 7-8]의 (b)에서와 같이 우측으로 이동한다. 반대로 유가상승, 가계의 재산증가, 여가에 대한 선호증가와 같은 충격은 장기총공급곡선을 좌측으로 이동시킨다.

단기총공급곡선의 도출

앞서 수직인 총공급곡선을 얻으려면 고전학파가 제시하는 노동시장의 전제조건이 충족되어야 하며, 적어도 단기에 있어서는 이와 같은 이상적인 조건이 충족되기가 어려움을 설명하였다. 여기서는 단기에 있어서 명목임금이 경직적이라고 가정하고 총공급곡선을 도출해 보고자 한다. 명목임금이 경직적인 이유로는 여러 가지가 지적될 수 있다. 우선 케인즈 자신은 화폐환상으로 말미암아 명목임금이 하방경직적임을 지적하였다. 최저임금제와 같은 제도적 요인도 명목임금을 하방경직적으로 만든다. 뿐만 아니라 노동시장에서 흔히 볼 수 있는 장기임금계약도 계약기간 중에는 명목임금을 경직적으로 만든다.

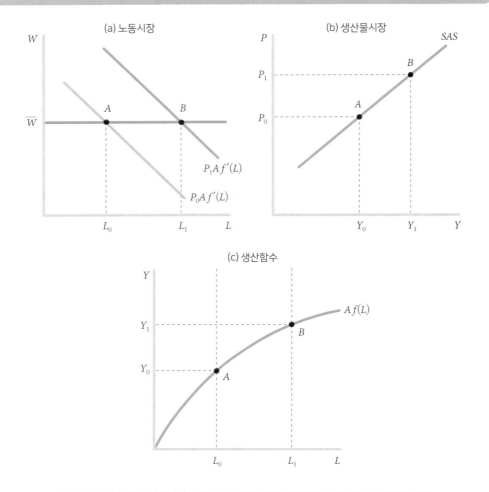

그림 7-9 단기총공급곡선의 도출

(a) 노동시장

W

$\overline{W}$

A　　B

$P_1 A f'(L)$

$P_0 A f'(L)$

L_0　　L_1　L

(b) 생산물시장

P　　　　　　　　SAS

P_1　　　　　　B

P_0　　A

Y_0　Y_1　Y

(c) 생산함수

Y

$A f(L)$

Y_1　　　　　B

Y_0　A

L_0　　L_1　L

물가가 P_0에서 P_1으로 상승하면 노동수요곡선이 상향 이동하고 이에 따라 고용량과 생산량이 L_1과 Y_1으로 증가한다. 따라서 단기총공급곡선은 우상향의 형태를 가진다.

　　명목임금이 미리 정해진 수준인 $\overline{W}$에 고정되어 있는 경우 노동공급곡선은 [그림 7-9]의 (a)에서와 같이 $\overline{W}$에서 수평이 된다. 이 경우 고용량은 노동수요에 의해 결정된다. 물가수준이 P_0인 경우 고용량은 L_0이고 (c)에 그려져 있는 생산함수로부터 생산량은 Y_0가 된다. 이제 물가가 P_1으로 상승하면 노동수요곡선도 같은 비율로 상향 이동하며 이에 따라 고용량과 생산량이 모두 L_1과 Y_1으로 증가한다. 즉 명목임금이 경직적인 경우의 총공급곡선은 [그림 7-9]의 (b)에서와 같이 우상향하는 형태를 가지게 되는데, 이를 단기총공급곡선(short run aggregate supply curve: SAS)이라고 한다. 이

그림 7-10 생산성 향상과 단기총공급곡선

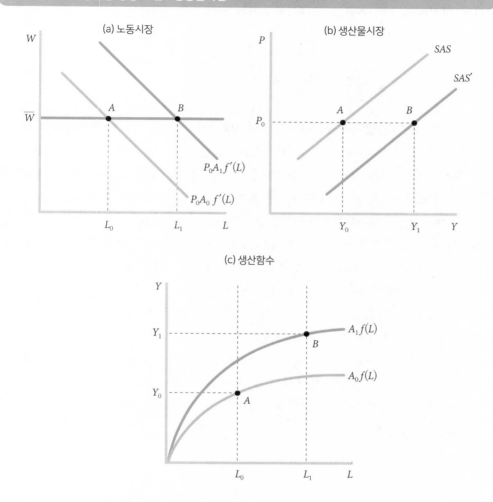

생산성이 A_0에서 A_1으로 증가함에 따라 (a)에서와 같이 노동수요곡선이 상향 이동하고 이에 따라 고용량이 증가한다. 물가수준이 P_0로 일정하더라도 고용량과 생산량이 증가하므로 단기총공급곡선은 (b)에서와 같이 우측으로 이동한다.

처럼 물가가 상승함에 따라 총공급이 증가하는 것은 명목임금이 단기적으로 고정된 상태에서의 물가상승은 실질임금을 하락시키고 이에 따라 기업의 최적고용량을 증가시키기 때문이다.

　　제8장에서 설명하듯이 단기총공급곡선이 우상향하는 모습을 가지는 이유는 여러 가지가 있다. 명목임금이 경직적인 경우 이외에 물가에 대한 정보가 불완전하거나 생산물의 가격이 경직적인 경우에도 총공급곡선이 우상향하게 된다. 이 경우 총공급

곡선의 기울기는 명목임금 경직성 또는 가격 경직성의 정도를 반영한다. 임금 또는 가격이 경직적일수록 총공급곡선의 기울기는 완만해질 것이다.

생산성 변화와 단기총공급곡선의 이동

생산성의 증가가 단기총공급곡선에 어떤 영향을 미치는지를 알아보기로 하자. 이를 위해 생산함수가 $Y = Af(L)$으로 주어졌을 때 생산성이 A_0로부터 A_1으로 향상되었다고 하자. 이와 같은 생산성의 증가는 [그림 7-10]의 (c)에서 보듯이 생산함수를 시계 반대방향으로 회전이동시킨다. 뿐만 아니라 생산성 향상은 노동수요곡선을 (a)에서와 같이 상향 이동시킨다. 단기에 있어서 노동공급곡선은 $\overline{W}$에서 수평이므로 물가수준이 P_0로 고정되어 있더라도 고용량은 L_0로부터 L_1으로 증가하고, 이에 따라 생산량도 (c)에서와 같이 Y_0로부터 Y_1으로 증가한다. 즉 생산성의 향상으로 인해 단기총공급곡선은 (b)에서와 같이 우측으로 이동한다.

총공급곡선의 위치는 생산성 변화 이외에도 국제원유가격과 같은 원자재 가격의 변화에 의해서도 영향을 받는다. 국제원유가격이 하락하면 노동수요곡선이 [그림 7-10]의 (a)에서와 같이 상향 이동한다. 왜냐하면 생산비가 하락할 경우 기업은 더 많은 노동을 고용하여 생산량을 늘림으로써 이윤을 증가시킬 수 있기 때문이다. 따라서, 국제원유가격의 하락은 생산성 증가의 경우와 마찬가지로 단기총공급곡선을 우측으로 이동시킨다.

⑥ 경제의 단기균형과 장기균형

지금까지 케인즈학파와 고전학파의 두 극단적인 총공급곡선과 그 사이의 보다 일반적인 총공급곡선에 대해 설명하였다. 이와 같이 다양한 형태의 총공급곡선에 대하여 옳고 그름을 가리기보다는 경제환경에 따라 총공급곡선의 형태가 어떻게 영향받는가를 이해하는 것이 보다 중요한 과제라 할 수 있다. 일반적인 견해에 따르면 총공급곡선은 장단기에 있어서 각기 다른 모습을 가진다. 즉, 단기에는 총공급곡선이 우상향하는 형태를 가지고 있으며 장기에는 고전학파와 같이 완전고용 국민소득에서

그림 7-11 단기균형과 장기균형

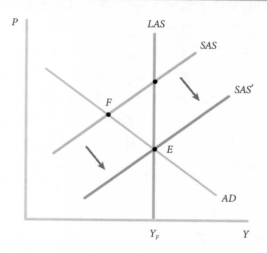

F점에서는 총생산량이 완전고용 국민소득수준보다 낮으므로 노동시장이 초과공급상태에 있으나 명목임금의 경직성으로 인해 이 점에서 단기적인 균형을 이룬다. 시간이 지나서 명목임금이 하락함에 따라 단기총공급곡선이 우측으로 이동하고 결국 경제는 E점에서 장기균형상태에 도달한다.

수직인 형태를 가지고 있다고 한다. 이와 같은 견해는 장단기에 있어서 가격의 행태에 차이가 있다는 현실에 근거하고 있다. 즉, 장기적으로는 모든 가격이 신축적이나 단기적으로는 임금을 포함한 많은 재화 및 서비스의 가격이 경직적이기 때문에 수요와 공급의 변동을 신속하게 반영하지 못하는 것이 현실이다. 이러한 가격행태의 차이로 말미암아 총수요의 변화는 장단기에 있어서 국민소득에 상이한 영향을 미치게된다. 다음에서는 국민경제에 대한 충격이 장단기에 있어서 경제에 미치는 영향을 총수요–총공급 모형을 통해 알아본다.

단기균형과 장기균형

[그림 7-11]은 한 경제의 총수요곡선, 단기총공급곡선, 장기총공급곡선을 함께 보여 준다. 총수요곡선과 장기총공급곡선이 만나는 점인 E점은 이 경제의 장기균형점이라고 할 수 있다. 장기균형점에서는 화폐시장, 노동시장, 생산물시장을 포함한 모든 시장이 균형을 이루고 있다.

그런데, 이 경제의 단기총공급곡선이 SAS라면 단기에 있어서는 총수요곡선과 단기총공급곡선이 만나는 F점에서 일시적으로 균형을 이루게 된다. F점에서는 화폐시장과 생산물시장은 균형상태에 있지만 노동시장은 초과공급상태에 있다. 총생산량이 완전고용 국민소득보다 낮기 때문이다. 명목임금이 신축적이라면 노동시장의 초과공급은 명목임금을 하락시키고 이에 따라 단기총공급곡선이 우측으로 이동할 것이다. 그러나 명목임금이 경직적인 경우에는 노동시장이 초과공급상태에 있더라도 명목임금이 움직이지 못하므로 경제는 F점에 머무르게 된다. 물론 충분한 시간이 경과하여 명목임금이 하락하기 시작하면 단기총공급곡선이 우측으로 이동할 것이다. 단기총공급곡선의 이동은 결국 장기균형점인 E점에서 세 곡선이 만나서 노동시장이 균형을 이룰 때까지 계속될 것이다.

총수요 변화의 효과

어떤 경제가 현재 장기균형상태에 있다고 하자. 장기균형점은 [그림 7-12]의 (c)에서와 같이 총수요곡선(AD)과 장기총공급곡선(LAS) 그리고 단기총공급곡선(SAS)이 모두 교차하는 점인 E에 해당한다. 이때 물가수준은 P_0이며, 노동시장은 W_0를 균형 명목임금으로 하여 완전고용상태에 있다.

이제 다른 조건이 일정한 상태에서 통화량이 $\overline{M}$로부터 $\overline{M}'$로 증가하였다고 하자. [그림 7-12]의 (a)에서 볼 수 있듯이 물가가 P_0로 고정된 경우 통화량의 증가는 LM곡선을 우측으로 이동시키고 이에 따라 IS곡선과 LM곡선의 교차점에서 결정되는 총수요를 Y_F로부터 Y_0로 증가시킨다. 물가수준이 P_0일 때의 총수요가 Y_0로 증가하므로 총수요곡선 역시 (c)에서와 같이 G점을 지나도록 우측으로 이동한다.

반면에 통화공급의 증가는 노동수요함수와 공급함수에 직접적인 영향을 미치지 않으므로 장기총공급곡선의 위치는 변하지 않는다. 이 경우 원래의 물가수준 P_0에서는 생산물에 대한 초과수요가 존재하므로 물가가 상승하게 된다. 명목임금이 신축적이라면 물가상승에 따라 노동의 수요곡선과 공급곡선이 모두 물가상승률과 같은 비율로 상향 이동할 것이다. 그런데 단기에 있어서는 명목임금의 경직성으로 인해 (b)에서처럼 노동공급곡선이 W_0에서 수평이므로 노동수요곡선만이 상향 이동하고 이에 따라 고용량이 증가하게 된다. 따라서, 물가가 상승함에 따라 경제는 우상향하는 단기총공급곡선(SAS)을 따라서 F점으로 이동한다.

F점에서는 총수요와 총공급이 일치되므로 생산물시장과 화폐시장이 균형을 이루고 있는 반면 국민소득이 완전고용 수준을 초과하므로 노동시장은 불균형상태에 있

그림 7-12 총수요의 변화와 장·단기 균형

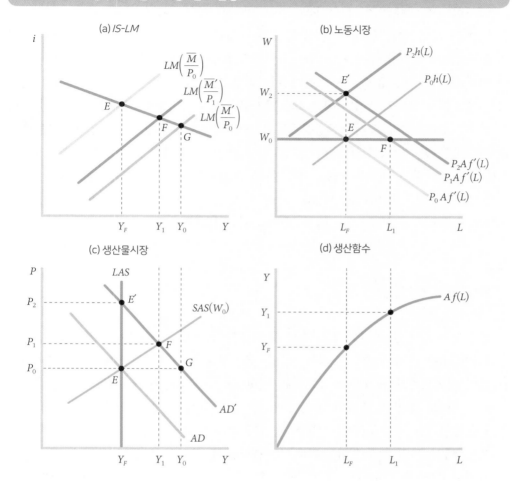

다. 물론 명목임금이 신축적이라면 노동의 초과수요는 명목임금을 상승시키고 이에 따라 균형점은 E'로 이동하겠지만, 단기적으로는 명목임금이 경직적이기 때문에 경제는 F점에 머무르게 되는 것이다. 따라서 F점을 거시경제의 단기균형점이라 부를 수 있다.

시간이 어느 정도 흘러서 명목임금이 신축적이 되면 명목임금이 상승하고 이에 따라 단기총공급곡선이 좌측으로 이동하게 된다. 명목임금의 상승과 단기 총공급곡선의 이동은 균형국민소득이 완전고용 국민소득인 Y_F로 되돌아가서 노동시장이 균형을 이루어야 멈출 것이고 따라서 새로운 장기균형점은 E'가 될 것이다. 결국 장기에 있어서는 고용량과 실질국민소득에는 변화가 없이 물가와 명목임금만 통화량 증가율만큼 상승하게 된다. 즉 $P_2/P_0=W_2/W_0=\overline{M}'/\overline{M}$가 된다.

이처럼 장단기에 있어서의 가격행태의 차이는 장단기에 있어서 거시정책의 효과를 상이하게 만든다. 앞에서 본 것처럼 통화정책은 단기적으로는 통화당국의 의도대로 국민소득에 영향을 줄 수 있으나, 장기적으로는 단지 물가수준과 명목임금만을 변화시킬 뿐 이자율과 국민소득에는 어떠한 영향도 줄 수 없다. 재정정책도 단기적으로는 효과가 있지만 장기적으로는 완전구축되어 국민소득 자체에는 아무런 영향을 줄 수 없다. 결국 경기안정정책으로서 재정정책과 통화정책의 유용성은 '단기'가 과연 얼마나 긴 기간인가에 달려 있다. '단기'가 매우 짧다면 구태여 거시경제정책을 시행하지 않더라도 경제는 짧은 시간 내에 완전고용을 달성한다. 케인즈학파는 '단기'가 상당히 긴 기간이라고 보았고 따라서 완전고용을 달성하기 위해 정부가 적극적으로 총수요관리정책을 사용해야 한다고 주장하였다.

총공급 충격의 영향

총수요의 변화와 마찬가지로 총공급에 대한 충격도 거시경제에 영향을 미친다. 총공급에 대한 충격의 예로는 가뭄, 파업, 유가상승 등을 들 수 있다. 특히 우리나라와 같이 대외의존도가 높은 소규모 개방경제에서는 교역조건, 엔-달러 환율, 국제이자율의 변화도 총공급 충격의 요인이 될 수 있다. 이와 같은 공급충격은 기업의 생산비에 직접적인 영향을 주기 때문에 물가와 경기에 많은 영향을 미칠 수 있다.

제5절에서 보았듯이 원유가격의 상승과 같이 기업의 생산비 부담을 증가시키는 충격이 발생할 경우 단기총공급곡선은 좌측으로 이동한다. 유가상승뿐만 아니라 수입원자재 가격상승, 임금상승, 가뭄 등과 같이 생산비를 증가시키는 경제적 충격은 모두 총공급곡선을 좌측으로 이동시키는데 이와 같은 충격을 부(負)의 공급충격(negative supply shock)이라고 부른다. 반면에 생산비를 감소시키는 충격을 정(正)의 공급충격(positive supply shock)이라 부른다.

[그림 7-13]의 (a)는 국제원유가격 상승의 단기적 효과를 보여준다. 유가가 상승할 경우 단기총공급곡선이 좌측으로 이동하며, 경제는 새로운 단기총공급곡선(SAS')과 총수요곡선이 만나는 점인 F로 이동한다. 이때 경제는 소득의 감소와 물가의 상승을 동시에 경험하게 되는데 이처럼 경기후퇴(stagnation)와 인플레이션(inflation)이 동시에 나타나는 현상을 스태그플레이션(stagflation)이라고 한다.

물론 F는 장기균형점이 아니다. 따라서 시간이 경과하여 명목임금이 신축적으로

그림 7-13 공급충격과 스태그플레이션

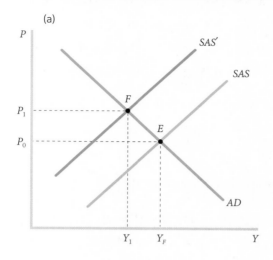

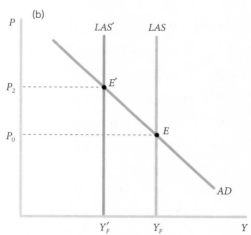

총수요에 아무런 변동이 없다면 원유가격 상승으로 인한 공급충격으로 경제는 E에서 F로 이동하게 된다. 장기적으로는 명목임금의 신축성이 회복됨에 따라 새로운 완전고용 국민소득수준에서 장기균형을 회복하게 된다.

됨에 따라 경제는 새로운 장기균형점을 향해 움직일 것이다. 이때 경제가 어느 방향으로 움직이는지는 새로운 장기총공급곡선의 위치에 달려 있다. 왜냐하면 부의 공급충격은 노동수요함수 자체의 변화를 통해 완전고용 국민소득 수준을 감소시키므로 단기총공급곡선뿐만 아니라 장기총공급곡선도 [그림 7-13]의 (b)에서와 같이 좌측으로 이동하기 때문이다.

장기균형은 새로운 장기총공급곡선과 총수요곡선이 만나는 점인 E'에서 달성된다. 이때 새로운 장기균형에서는 실질임금이 공급충격 이전보다 낮아지게 된다. 그 이유는 공급충격 이후에도 기업의 생산비가 이전과 같은 수준으로 유지되기 위해서는 실질임금이 감소해야 하기 때문이다. 실질임금이 얼마나 감소할 것인지는 충격의 크기와 생산요소 간의 대체성과 같은 기술적 요인에 의존하게 된다.

사례연구

코비드-19 전염병에 의해 발생한 경기침체

2020년에 코비드-19(COVID-19)라는 신종 바이러스의 유행으로 발단이 된 전 세계적인 경기후퇴는 다른 경기후퇴에 비해 빠른 속도로 진행되고 침체가 더 깊다는 특징을 갖고 있었다. 1999년 4사분기에 2.7%였던 우리나라의 경제성장률은 2020년 2사분기에 −2.6%로 하락했으며, 1999년 12월에 3.4%였던 실업률은 2000년 5월에 4.5%로 상승했다. 미국의 경우 2020년 2월부터 4월 사이에 고용이 성인인구의 61.1%에서 51.3%로 감소했으며 그 결과 2020년 4월의 실업률이 14.7%에 달했다.

코비드-19로 인한 경기후퇴의 속도와 깊이는 [그림 7-14]에서와 같이 총수요-총공급 모형을 통해 설명될 수 있다. 그림에서 AD와 SAS는 각각 코비드-19 유행 전의 총수요곡선과 단기총공급곡선을 나타내며, 경제는 두 곡선이 만나는 E점에서 균형을 이루고 있다. 코비드-19의 유행은 우선 총수요곡선을 AD'와 같이 왼쪽으로 이동시켰다. 2019년 12월31일 중국 우한 지역에서 첫 사례가 보고된 이래 9월 1일까지 미국에서만 18만 명 이상 그리고 전 세계적으로 85만 명 이상이 이 바이러스로 인해 사망했다. 많은 국가들이 바이러스의 확산을 늦추기 위해 경제폐쇄 조치를 시행했고, 이에 따라 음식점, 소매점, 영화관을 비롯하여 사람들이 재화와 서비스를 구입하는 장소들이 폐쇄되었다. 폐쇄되지 않은 사업체들도 감염위험을 우려한 사람들의 회피 대상이 되었고 그 결과 모든 물가수준에서 총수요가 감소했다.

코비드-19는 총수요뿐 아니라 총공급에도 영향을 미쳤다. 감염 위험에 대한 우려와 폐쇄 조치로 인해 많은 기업들이 일시적으로 생산을 멈추고 근로자들을 해고했으며 이에 따라 자연실업률이 상승하고 완전고용 국민소득 수준이 감소했으며 이는 단기총공급곡선을 왼쪽으로 이동시켰다. 단기총공급곡선이 이동하지 않았더라면 경제는 단기균형점인 F점으로 이동하고 총생산은 Y_1으로 감소했을 것이다. 하지만 단기총공급곡선이 *SAS'*로 이동했기 때문에 새로운 단기균형점은 *E'*가 되고, 총생산은 Y_2로 더 크게 감소했다. 결론적으로 코비드−19는 총수요곡선과 총공급곡선을 동시에 왼쪽으로 이동시켰기 때문에 경기침체가 더 심해진 것이다.

경기침체의 심각성이 명확해짐에 따라 정책담당자들은 세금 감면, 생계비 보조, 정부지출 증가, 소규모 업체에 대한 대출 제공 등의 정책 수단을 통해 대응했다. 일반적으로 이와 같은 정책은 경기안정을 목적으로 시행된다. 그렇지만 이 시기에 시행된 이들 정책의 목적은 경기 부양이 아니었다. 정책담당자들은 바이러스의 빠른 확산을 막기 위해서는 폐쇄 조치와 이에 따른 경기침체가 불가피함을 알고 있었다. 이들 정책의 목표는 사람들과 기업들의 고통을 경감시키고, 코비드−19의 세계적인 대유행이 종식된 후에 경제가 다시 정상적인 활동수준으로 되돌아갈 수 있는 능력을 유지하는 데 있었다.

코비드−19로 인한 경기변동은 경기회복 국면에서도 다른 경기변동과는 다른 특징을 가지는데, 바로 백신 보급의 확대와 폐쇄 조치의 종료로 경제활동이 점차 정상을 회복함에 따라 총수요는 빠르게 증가한 반면 총생산의 회복 속도는 느렸다는 것이다. 총생산이 빠른 속도로 회복되지 못한 데는 몇 가지 이유가 있다.

첫째로 글로벌 공급망의 교란을 들 수 있다. 코비드−19 유행 전까지는 공급망의 세계화로 부품이나 원재료의 생산이 비교우위를 가진 국가에 널리 분산되어 있었다. 문제는 백신의 보급 속도, 의료체계, 폐쇄 조치의 지속정도에 따라 코비드−19로

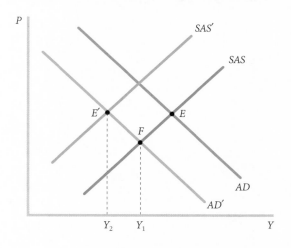

부터의 회복은 국가 간에 차이가 있었으며 이로 인해 여러 나라로 분산된 공급망 중 일부가 회복되지 못함에 따라 부품이나 원자재의 공급이 원활하게 이루어지지 못했고 이에 따라 생산량 증가에 차질이 생겼다.

둘째로 경제활동인구가 감소했다. 폐쇄 기간 중 실업보험 급여가 증가함에 따라 많은 사람들이 일자리로 돌아갈 이유가 사라졌다. 이에 더하여 감염을 우려하여 일시적으로 일을 멈췄던 사람들은 조기 은퇴를 선택했고 그 결과 노동공급이 감소했다.

이와 반면에 총수요는 빠른 속도로 회복했다. 사람들은 경제폐쇄 기간 중 세금 감면과 생계비 보조로 인해 축적된 저축을 소비하기 시작했으며, 여기에 그동안 하지 못했던 여행, 외식 등에 대한 소위 보복소비가 가세했다. 보복소비란 재난 상황으로 움츠러들었던 소비가 폭발적으로 분출하는 현상을 말한다.

결국 왼쪽으로 이동했던 총수요곡선은 빠른 속도로 오른쪽으로 이동한 반면에 단기총공급곡선은 총수요곡선만큼 빠른 속도로 오른쪽으로 이동하지 못했고 그 결과 인플레이션이 빠른 속도로 심화되었다. 2022년 3월에 미국의 인플레이션율이 8.5%에 달하는 등 전 세계적으로 인플레이션이 심화되자 각국의 중앙은행은 서둘러 긴축적인 통화정책을 채택했다.

Chapter

07 부록

A. 노동공급곡선의 도출

본문에서는 노동공급이 실질임금의 증가함수임을 가정하였다. 여기서는 효용을 극대화시키기 위해 소비와 여가를 선택하는 소비자선택 문제로부터 노동공급함수를 도출해 보기로 한다. 다음과 같이 소비와 여가로부터 효용을 얻는 소비자를 생각해 보자.

$$U = u(C, N)$$

여기서 C는 소비량을 그리고 N은 여가시간을 표시한다. 전체 가용시간($\bar{L}$) 중에서 노동을 하지 않는 시간을 모두 여가시간이라고 한다면 이 소비자의 노동공급은 $\bar{L}-N$과 같다. 이 소비자가 근로소득 이외에는 다른 소득이 없으며, 단위시간당 명목임금이 W이고 소비재 물가수준이 P라 할 경우 소비자의 예산제약은 다음과 같이 쓸 수 있다.

$$P \cdot C = W \cdot (\bar{L} - N)$$

소비자의 최적 소비와 여가의 선택은 [그림 7-15]를 통해 볼 수 있다. 예산제약선은 여가축 절편을 $\bar{L}$로 하고 기울기가 $-W/P$인 직선이다. 예산제약선의 기울기의 절대값은 실질임금과 같으며 이는 소비재 단위로 표시한 여가의 기회비용을 나타낸다. 소비자 균형은 예산제약선이 무차별곡선과 접하는 A점에서 이루어지며, 이 점에서 선택되는 여가시간을 N^*라 할 때, 노동공급은 $L^*=\bar{L}-N^*$가 된다.

이제 실질임금(W/P)이 상승하는 경우 노동공급에 어떤 영향을 미치는지를 알아 보자. 실질임금이 상승하는 경우 예산제약선의 기울기는 가파르게 된다. 따라서 예산제약선이 [그림 7-16]에서와 같이 여가축 절편($\bar{L}$)을 중심으로 하여 시계방향으로 회전이동하며 이에 따라 소비자 균형점은 A에서 B로 이동한다. 실질임금의 상승이

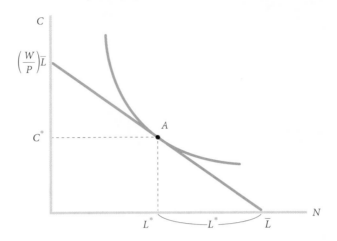

무차별곡선과 예산제약선이 접하는 A점에서 소비와 여가가 선택된다. 가계가 선택하는 여가가 N^*이므로 노동공급은 $N^* = \bar{L}\text{-}N^*$가 된다.

소비자 균형에 미치는 효과는 소득효과와 대체효과로 나누어 볼 수 있다. 그림에서와 같이 새로운 예산제약선과 평행이면서 기존의 무차별곡선에 접하는 가상적인 예산제약식을 그린 후 이 가상적인 예산제약선이 무차별곡선과 접하는 점을 D라고 하자. 기존의 무차별곡선을 따른 A에서 D로의 이동은 대체효과를 나타낸다. 대체효과는 상대적으로 가격이 상승한 재화에 대한 수요를 감소시킨다. 실질임금의 상승은 소비재 단위로 표시한 여가의 기회비용을 높이므로 대체효과는 여가에 대한 수요를 감소시키고 그 결과 노동공급을 증가시킨다.

한편 D에서 B로의 이동은 소득효과를 나타낸다. 그림에서 새로운 예산제약선이 가상적인 예산제약선보다 우상방향에 있으므로 실질임금의 상승은 소득을 증가시키는 경우에 해당한다. 소득이 증가하는 경우 수요가 증가할 것인가의 여부는 그 재화나 서비스가 정상재인지의 여부에 달려 있다. 소비와 여가가 모두 정상재라고 할 때 소득효과는 소비와 여가에 대한 수요를 모두 증가시키고 이에 따라 노동공급을 감소시킨다. 결국 〈표 7−1〉에서 볼 수 있듯이 실질임금이 상승하는 경우 대체효과와 소득효과는 노동공급에 상반된 영향을 미친다. 따라서 노동공급이 실질임금의 증가함수인가의 여부는 실질임금 상승시 대체효과가 소득효과보다 클 것인가에 달려 있다. 본문에서 노동공급이 실질임금의 증가함수라고 가정한 것은 바로 실질임금 상승에 따른 대체효과가 소득효과보다 크다는 것을 가정한 것과 마찬가지다.

그림 7-16 실질임금 상승과 노동공급

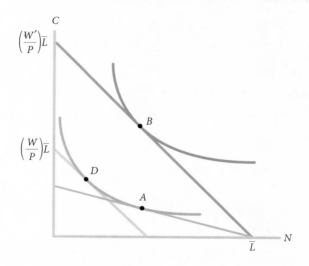

실질임금이 상승함에 따라 예산제약선의 기울기가 가파르게 되고 소비자 균형점이
A에서 B로 이동한다. 실질임금증가의 효과는 A에서 D로의 대체효과와 D에서 B로의
소득효과로 나누어 분석할 수 있다.

표 7-1 실질임금 상승의 효과

	소비(C)	여가(N)	노동공급(L)
대체효과 ($A \rightarrow D$)	↑	↓	↑
소득효과 ($D \rightarrow B$)	↑	↑	↓
임금효과 ($A \rightarrow B$)	↑	?	?

B. 고전학파 모형

　본 장에서는 총수요–총공급 모형을 소개하면서 총공급곡선이 완전고용 국민소득
수준에서 수직인 기울기를 가지는 경우가 고전학파 모형에 해당한다고 하였다. 총수
요–총공급 모형은 고전학파, 케인즈학파, 통화론자, 새 고전학파 등 여러 학파의 국
민소득과 물가의 결정에 대한 이론을 동일한 분석틀을 가지고 비교 분석할 수 있는
수단을 제공한다. 그러나 총수요–총공급 모형만으로는 모든 학파, 특히 고전학파의

견해를 제대로 제시하는 데에 한계가 있다. 본 부록에서는 고전학파의 거시경제모형을 보다 체계적으로 제시해 본다.

고전학파의 거시경제모형은 미시경제학의 원리를 기초로 하여 경제의 균형 생산량과 고용량이 어떻게 이윤극대화 및 효용극대화에 의해 설명될 수 있는지를 보여준다. 고전학파 모형은 완전경쟁시장과 가격신축성을 상정하고 있기 때문에 장기의 거시경제 현상을 분석하는 데 있어서 가장 기본적인 모형이다. 물론 고전학파는 장단기의 구분이 무의미하다고 보았다. 고전학파 모형은 노동시장, 생산물시장, 화폐시장의 세 시장으로 구성된다.

총생산량, 고용 및 실질임금의 결정

노동시장에서는 노동의 수요와 공급에 의해 고용량과 실질임금이 결정된다. 그리고 고용량이 결정되면 총생산함수로부터 총생산량이 결정된다. 노동시장에서의 노동수요곡선과 공급곡선은 [그림 7−17]의 (b)와 같으며, 두 곡선이 만나는 균형점인 E 점에서 고용량과 실질임금이 결정된다. 경제 전체의 고용량이 결정되면 생산물의 총공급량이 총생산함수에 의해 다음과 같이 결정된다.

$$Y = A \cdot F(\overline{K}, L)$$

여기서 K와 L은 생산요소인 자본과 노동의 투입량을 나타내며 A는 생산성을 나타낸다. 최장기가 아닌 시간대에 있어서는 자본의 양이 고정되어 있다. 생산성은 변동할 수 있지만 그 값은 외생적으로 결정되어 주어진다. 따라서 노동시장의 균형으로부터 경제 전체의 고용량이 결정되면 위 식에 의해 총생산량이 결정된다. 그런데 노동시장이 균형을 이룰 때 경제는 완전고용상태에 있으므로, 이때의 총생산량은 바로 완전고용 국민소득이다.

생산물시장과 대부자금시장

고전학파에 따르면 완전고용 국민소득은 바로 생산물시장을 균형시키는 총생산량이다. 하지만 노동시장을 균형시키는 고용량에 의해 생산되는 완전고용 국민소득은

그림 7-17 고전학파 모형

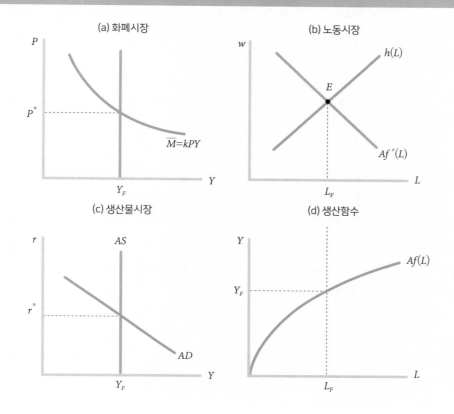

(a) 화폐시장

(b) 노동시장

(c) 생산물시장

(d) 생산함수

생산물의 공급량이다. 그렇다면 어떻게 완전고용 국민소득이 생산물시장을 균형시키는 국민소득 수준이 될 수 있을까? 다시 말해서 어떤 경제원리에 의해 생산물에 대한 총수요가 완전고용 국민소득 수준과 같아질 수 있을까? 이 질문에 대한 답은 "공급이 스스로 수요를 창조한다"고 알려진 세이의 법칙(Say's law)에서 찾을 수 있다. 고전학파 경제학자 밀(John Stuart Mill)은 세이의 법칙을 제품의 생산은 생산된 제품에 대한 시장을 창출하는 보편적 이유라고 재해석하였다.

보다 구체적으로 고전학파는 생산물에 대한 총수요가 총공급 즉 완전고용 국민소득과 같아지는 것은 대부자금시장(loanable fund market)의 기능이라고 보았다. 대부자금시장은 경제주체들 간에 자금을 빌려주고 빌리는 거래가 이루어지는 금융시장이다.

대부자금의 공급은 저축에 의해 이루어진다. 폐쇄경제의 경우 한 국민경제에 있어서 대부자금의 공급은 가계저축, 기업저축, 정부저축의 합과 같고, 개방경제의 경우는 이와 같은 국민저축에 해외저축이 더해진다. 대부자금의 수요는 기업의 투자지출에 의해 결정된다. 가계의 저축은 실질이자율이 상승함에 따라서 증가한다. 기업의 투자는 실질이자율이 상승함에 따라서 감소한다. 따라서 폐쇄경제를 가정할 경우 대부자금의 공급과 수요는 각각 다음과 같이 실질이자율의 증가함수와 감소함수가 된다.

$$대부자금의 \ 공급 = NS(r), \qquad NS' > 0$$
$$대부자금의 \ 수요 = I(r), \qquad I' < 0$$

대부자금시장에서는 실질이자율의 가격기능에 의해 균형이 달성된다. 그렇다면 어떻게 대부자금시장이 생산물시장의 균형을 가져올까? 대부자금의 수요와 공급이 일치한다는 것은 결국 한 경제의 저축과 투자가 동일해지는 것과 같다. 그런데 제3장의 폐쇄경제에서의 균형국민소득 조건에서 보았듯이 저축과 투자가 같다는 것은 곧 생산물시장에서의 총수요와 총공급, 즉 총생산이 같을 조건과 동일하다. 즉 국민저축의 정의와 폐쇄경제의 국민소득계정상의 항등식으로부터 $NS = S + (T - TR - G) = Y - C - G$이므로 대부자금시장의 균형조건인 $NS = I$는 생산물시장의 균형조건인 $Y = C + I + G$와 동치가 된다.

고전학파 모형에서는 총공급은 완전고용 국민소득과 같다. 한편 투자와 소비가 실질이자율의 감소함수이므로 총수요는 실질이자율의 감소함수가 된다. 따라서 실질이자율을 세로축으로 할 때 생산물시장의 균형은 [그림 7-17]의 (c)에서와 같이 완전고용 국민소득 수준(Y_F)에서 수직인 총공급곡선과 우하향하는 총수요곡선이 만나는 점에서 달성된다.

심층분석 | 개방경제의 저축과 투자

개방경제에서는 저축과 투자가 일치하지 않는다. 그 의미를 이해하기 위해 높은 금융시장 개방으로 인해 실질금리가 국제 실질금리(r^*)와 같은 소규모 개방경제를 생각해 보자. 이때 투자수요는 국제 실질금리에 의존하게 된다. 한편 국민저축은 소득과 소비 및 정부구매 간 차이인데, 앞서 설명했듯이 소득은 국내총생산(GDP) 또는 국민총처분가능소득(GNDI)으로 측정된다.

그림은 개방경제에서 국민저축 공급곡선과 투자수요곡선을 나타낸다. 국민저축공급은 이자율의 증가함수고 투자수요는 이자율의 감소함수라 하자. 우상향하는 저축공급곡선(NS')는 제12장에서 상세히 설명한다. 이 경제가 자본의 국제이동이 없는 폐쇄경제라면 저축공급곡선과 투자수요곡선이 만나는 D점에서 균형이 일어난다.

그러나 개방경제에서는 국민저축과 투자가 같을 것으로 기대할 수 없으며 그림처럼 국제 실질금리 r^* 에서 국민저축의 공급이 투자의 수요를 AC만큼 초과할 수 있다. GDP로 소득을 측정하면 AC는 순수출에 해당하며, GNDI로 소득을 측정하면 경상수지에 해당한다.

여기서 저축, 보다 정확하게 말해서 국민저축은 민간저축과 정부수입에서 지출을 차감한 정부저축의 합이므로 정부부문은 저축에 영향을 미칠 수 있다. 예를 들어서 감세나 정부지출의 증가는 저축공급곡선을 왼쪽으로 이동하게 하며 투자수요를 위축시킬 뿐 아니라 국제수지를 악화시키는 요인이 된다. 이 그림을 이용하여 국제금리의 변동이나 투자의 독립적 변동과 같은 외생변수가 국제수지에 미치는 영향도 분석할 수 있을 것이다.

개방경제의 저축과 투자

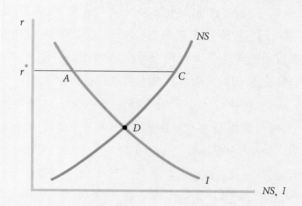

국제 실질금리 r^* 에서 저축이 투자를 초과하는 초과저축(AB)은 순수출 또는 경상수지흑자를 나타내며 저축공급곡선이 우상향할 때 초과저축(AC)은 증가한다.

화폐시장과 물가

고전학파 모형에서 물가는 화폐시장에서 화폐의 수급에 의해 결정된다. 제4장에서 언급하였듯이 고전학파의 화폐수요이론에 따르면 화폐수요는 이자율에 대해서 완전비탄력적이다.[1] 따라서 고전학파 모형에서 화폐수요함수와 공급함수는 다음과 같이 쓸 수 있다.

---

1 고전학파의 화폐수요이론인 화폐수량설에 대해서는 제15장에서 상세히 설명할 것이다.

$$\left(\frac{M}{P}\right)^d = kY$$

$$\left(\frac{M}{P}\right)^s = \frac{\overline{M}}{P}$$

위 식에서 k는 상수이며 $\overline{M}$는 중앙은행에 의해 결정되는 명목통화량이다. 화폐시장이 균형을 이루려면 화폐수요와 공급이 일치해야 하므로 화폐시장의 균형조건은 다음과 같이 쓸 수 있다.

$$\overline{M} = kPY$$

위 식에서 Y는 통화량과는 관계없이 노동시장의 균형에 의해 결정되는 완전고용 국민소득과 같다. 따라서 위 조건에 따르면 물가는 통화량과 비례하여 증감한다. 다시 말하면 명목통화량의 변화는 그에 비례하는 물가변화만을 가져올 뿐 실질국민소득이나 실질이자율과 같은 실질변수에는 영향을 미치지 못한다.

[그림 7-17]의 (a)는 화폐시장의 균형조건을 보여준다. 그림에서 우하향하는 곡선은 $\overline{M} = kPY$, 즉 화폐시장을 균형시키는 물가와 국민소득의 조합을 보여준다. 수직선은 완전고용 국민소득을 보여준다. 두 선이 만나는 점에 해당하는 물가가 바로 화폐시장을 균형시키는 물가수준이다. [그림 7-17]의 (a)는 [그림 7-11]에 소개된 장기에서의 총수요-총공급 모형과 동일한 모습을 가지나 두 그림이 가지는 의미는 상이하다. 일반적으로 총수요-총공급 모형은 생산물시장을 균형시키는 물가와 국민소득을 보여주나 [그림 7-17]의 (a)는 화폐시장의 균형조건을 충족시키는 물가를 보여준다.

모형의 적용

지금까지 고전학파 모형에 대해 소개했다. 이제 고전학파 모형을 적용하여 생산성 향상, 정부지출의 증가, 통화공급의 증가와 같은 외생변수의 변화가 경제에 어떤 영향을 미치는지 알아보자.

생산성 향상 다른 조건이 일정할 때 생산성 향상(A의 증가)과 같은 정의 공급충격은 노동시장에서의 노동수요곡선을 우측으로 이동시키고 그 결과 노동시장을 균형시키는 고용량이 증가한다. 고용량 증가와 함께 생산함수에서 A도 증가하므로 완전고용 국민소득이 증가한다. 그 결과 [그림 7-17]의 총공급곡선이 우측으로 이동하며 생산물시장이 균형을 이루기 위해서 실질이자율이 하락한다. 실질이자율이 하락하는 이유는 국민소득이 증가함에 따라 저축 즉 대부자금의 공급이 증가하기 때문이다. 한편 완전고용 국민소득이 증가함에 따라 그림 (a)에서 수직선이 우측으로 이동하며 그 결과 물가가 하락한다.

정부지출의 증가   정부지출의 증가는 노동시장의 균형에 영향을 미치지 못하며 그 결과 완전고용 국민소득과 총공급곡선에도 영향을 미치지 못한다. 이와 반면에 정부지출의 증가는 총수요를 증가시키므로 그림 (c)에서 총수요곡선이 우측으로 이동하며 그 결과 실질이자율이 상승한다. 다른 조건이 동일한 상태에서 정부지출의 증가는 정부저축을 감소시키고 그 결과 대부자금의 공급을 감소시키기 때문이다. 실질이자율 상승에 따른 투자 감소는 정부지출 증가에 따른 총수요 증가분을 완전히 상쇄시켜 완전구축이 일어난다. 화폐시장에는 아무런 변화가 발생하지 않으므로 물가는 변함이 없다.

화폐공급의 증가   통화량 증가 역시 노동시장의 균형에 영향을 미치지 못하므로 완전고용 국민소득과 총공급곡선에는 변함이 없다. 통화량은 총수요에도 영향을 미치지 못하므로 총수요곡선에도 변함이 없으며 그 결과 그림 (c)로부터 실질이자율도 변함이 없다. 한편 통화량 증가에 따라 그림 (a)에서 화폐시장의 균형조건을 나타내는 곡선이 우상 방향으로 이동하고 그 결과 물가가 상승한다. 즉 통화량의 변화는 물가만 통화량 증가율과 같은 비율로 증가시키며 실질국민소득, 실질임금, 실질이자율 등의 실질변수에는 영향을 미치지 못하는 화폐의 중립성 (neutrality of money)이 성립된다. 이처럼 실물변수가 실물부문의 균형을 화폐변수가 화폐부문의 균형을 결정하는 성질을 고전학파의 양분성(the classical dichotomy)이라고 한다. 예상물가상승률과 명목이자율 사이의 일대일 대응관계를 의미하는 피셔효과(Fisher effect)는 고전학파의 양분성을 보여주는 좋은 예라고 할 수 있다. 인플레이션에 대한 기대는 화폐적 현상에 불과하므로 실질이자율에는 영향을 미칠 수 없는 것이다.

1 인플레이션 현상을 설명하고 공급충격의 효과를 분석하기 위해서는 물가와 국민소득이 모두 내생적으로 설명될 수 있는 일반균형 모형이 필요한데, 이를 총수요-총공급 모형이라 한다.

2 총수요곡선은 각 물가수준에서의 최종생산물에 대한 수요를 나타내는 곡선이다. 총수요곡선은 *IS-LM* 모형을 통해 도출할 수 있는데, 물가가 상승함에 따라 총수요는 감소하므로 우하향하는 모습을 가진다.

3 독립수요의 증가와 같이 *IS*곡선을 우측으로 이동하게 하거나 통화공급의 증가와 같이 *LM*곡선을 우측으로 이동하게 하는 요인들은 모두 총수요곡선을 우측으로 이동하게 한다. 반대로 긴축적 통화정책이나 긴축적 재정정책은 총수요곡선을 좌측으로 이동하게 한다.

4 총공급곡선은 각 물가수준에서 기업들이 공급하고자 하는 최종생산물의 양을 나타내는 곡선이다. 케인즈학파와 고전학파는 총공급곡선의 형태에 대해 상반된 주장을 펴고 있다. 케인즈학파는 가격경직성으로 말미암아 총공급곡선은 미리 정해진 물가수준에서 수평이라고 보았다. 반면에 고전학파는 임금과 가격이 모두 신축적이므로 경제는 항상 완전고용상태에 있고 따라서 총공급곡선은 완전고용 국민소득수준에서 수직이라고 보았다.

5 현대의 거시경제학자들은 총공급곡선이 케인즈학파가 주장한 것처럼 수평은 아니더라도 적어도 단기에 있어서는 어느 정도의 기울기를 가지고 있음을 인정하고 있다. 즉, 단기총공급곡선은 우상향의 기울기를 가지고, 장기총공급곡선은 수직의 기울기를 가진다.

6 생산을 담당하는 경제주체는 기업이므로 총공급이 어떻게 결정되는지를 보려면 기업의 생산활동을 분석해야 한다. 기업의 생산량 결정은 고용량 결정과 불가분의 관계에 있으며, 고용량 결정은 임금수준에 의존하므로 총공급을 분석하기 위해서는 임금이 노동시장에서 어떻게 결정되는지를 알아야 한다.

7 노동수요는 이윤극대화를 추구하는 기업에 의해 결정되며 실질임금의 감소함수다. 노동공급은 효용극대화를 추구하는 가계에 의해 결정되며 실질임금의 증가함수다.

8 노동시장의 균형은 노동수요와 공급이 일치하는 점에서 이루어진다. 노동시장의 균형점에서는 노동시장이 완전고용상태에 있다.

9 화폐환상, 장기임금계약 등의 요인으로 인해 명목임금이 경직적이거나 정보가 불완전할 경우에는 총공급곡선이 우상향하는 모습을 가진다. 단기적으로 명목임금이 경직적인 상태에서 물가가 상승하면 실질임금이 하락하고 이에 따라 기업은 고용량과 생산량을 늘리므로 총공급이 증가하게 된다.

10 통화공급 증가나 재정지출 증가에 따라 총수요가 증가할 경우 단기적으로 물가와 국민소득이 상승한다. 그러나 단기균형점에서는 국민소득이 완전고용 국민소득보다 높으므로 노동시장이 초과수요의 불균형상태에 있다. 따라서, 시간이 흘러 명목임금의 신축성이 회복되면 명목임금이 상승하고 이에 따라 국민소득이 다시 완전고용수준으로 되돌아간다.

11 수입원자재 가격의 상승, 가뭄, 파업, 명목임금의 상승 등과 같이 기업의 생산비를 상승시키는 충격은 단기총공급곡선과 장기총공급곡선을 모두 좌측으로 이동시키고 이에 따라 경제는 물가상승과 경기침체를 동시에 경험하게 되는데 이를 스태그플레이션이라 한다.

주요 용어

- 총수요-총공급 모형
- 노동수요곡선
- 노동공급곡선
- 화폐환상
- 명목임금
- 실질임금

- 총수요곡선
- 장기총공급곡선
- 단기총공급곡선
- 총공급 충격
- 부의 공급충격
- 정의 공급충격

- 스태그플레이션
- 잠재생산량
- 세이의 법칙
- 대부자금시장
- 화폐의 중립성
- 고전학파의 양분성

1 총수요곡선상의 모든 점에서는 화폐시장이 균형을 이루고 있다고 하였다. 동일한 총수요곡선상에서 우하방향에 있는 점이 좌상방향에 있는 점들에 비해 낮은 수준의 균형이자율을 가지고 있음을 증명하라.

2 IS곡선과 LM곡선의 방정식으로부터 총수요곡선의 함수식을 도출하고, 이를 이용하여 총수요곡선의 기울기를 결정하는 요인들을 분석해 보라.

3 케인즈학파에 따르면 노동시장이 초과공급상태에 있는 경우 단기에는 명목임금이 경직적이나 장기에는 명목임금이 하락하고 이에 따라 단기총공급곡선이 우측으로 이동하게 된다. 명목임금의 하락이 단기총공급곡선을 우측으로 이동시킬 수 있음을 그림을 통해서 증명해 보라. (Hint: 케인즈학파에 있어서 명목임금의 하락은 수평인 노동공급곡선의 하향 이동을 말한다.)

4 사람들이 이전에 비해 여가를 더 선호하게 될 경우 거시경제에 미치는 영향을 분석해 보라.

5 어떤 경제가 하나의 대표적인 기업으로 구성되어 있고, 이 기업의 노동의 한계생산물(MPL)이 다음과 같이 주어져 있다고 하자.

$$MPL = A(100 - L)$$

위 식에서 A는 생산성을 그리고 L은 총노동시간을 의미한다. A의 값이 원래 1.0이었는데, 생산성 충격으로 인해 1.1로 상승하였다고 하자.

(1) 노동공급곡선이 $L^s = 45 + 0.1w$ (단, w는 실질임금)와 같을 때 생산성 충격 이전과 이후의 균형 고용량과 실질임금을 구하라.

(2) 노동공급곡선이 $L^s = 10 + 0.8w$라 할 경우 생산성 충격 이전과 이후의 균형 고용량과 실질임금을 구하라.

(3) 실물적 경기변동론(real business cycle theory)은 경기변동의 원인이 주로 생산성 충격에 있다고 주장한다. 위의 예를 이용하여 실물적 경기변동론이 경기변동에 따라 실질임금과 고용량이 함께 변동하는 현상을 설명할 수 있는지를 논하라.

6 어떤 경제의 총수요곡선과 총공급곡선이 다음과 같다고 하자.

$$총수요곡선:\ Y = 300 + 30\frac{M}{P}$$

총공급곡선: $Y = Y_F + 10(P - P^e)$

단, $Y_F = 500$, $M = 400$이라 하자.

(1) 기대물가수준(P^e)이 60일 경우 총수요곡선과 총공급곡선의 그림을 그려보고, 생산물시장을 균형시키는 물가(P)와 총생산(Y)을 구하라.

(2) 예상치 못한 통화공급이 발생하여 M이 700으로 증가하였다고 하자. 통화공급 증가가 예측 불가능했기 때문에 P^e는 60으로 고정되어 있다. 이때 생산물시장을 균형시키는 물가수준과 총생산량을 구하라.

(3) 중앙은행이 통화공급을 $M=700$으로 증가시킨다고 발표하였고, 이 발표를 사람들이 믿을 때 물가수준, 기대물가수준(P^e)과 총생산량의 균형값을 구하라.

7 명목통화량의 감소가 물가수준, 국민소득, 실질통화량에 단기와 장기에 있어서 각각 어떤 영향을 미칠지를 분석하라. 단, 총공급곡선이 양의 기울기를 갖고, 명목임금이 시간에 따라 천천히 조정된다고 가정하라.

8 다음의 명제들에 대하여 자신의 의견을 제시하고 그 근거를 설명하라.

(1) 화폐가 중립적이기 때문에 총생산에 영향을 주기 위해 통화정책을 사용하는 것은 결국 효과가 없을 것이다.

(2) 재정정책이 완전고용 국민소득수준을 변화시킬 수 없기 때문에 정부지출 역시 중립적이라고 할 수 있다.

(3) 과거 25년간의 모든 경기침체들은 정부 정책의 변화에 의해서 야기되었다.

9 일국 경제에 X, Y재 산업 두 부문이 존재하며 각 부문의 생산함수는 다음과 같다. $X=AL_X$, $A>1$; $Y=L_Y$, $L_i(i=X, Y)$는 두 산업에 투입되는 고용량을 표시하며 그 부존량은 일정하다: $\bar{L}=L_X+L_Y$. 한편 두 부문간 노동이 자유롭게 이동한다고 가정한다.

(1) 두 부문간 자유로운 노동이동성의 조건은 무엇인가. 단 명목임금, X재 명목가격, Y재 명목가격을 각각 W, P_X, P_Y로 정의하되 X재 가격이 $P_X=1$로 주어졌다고 가정한다.

(2) 한편 총요소생산성 A의 증가율이 $\dfrac{\Delta A}{A}=\hat{A}$로 표시될 때 Y재 가격의 증가율 $\hat{P_Y}=$ 를 구하라

(3) 이 경제의 명목 GDP($=X+P_Y Y$)와 실질 GDP를 구하라. 단 기준연도 Y재 가격을 $P_Y=\bar{P}_Y$으로 놓고 실질 GDP를 구할 것.

(4) GDP 디플레이터를 결정하는 요인은 무엇인가. 설명하라.

10 다음 그림은 어떤 경제의 총수요곡선과 단기총공급곡선을 보여 준다. 현재 이 경제가 E_0점에 있다고 할 때 다음 질문에 답하라.

(1) E_0점이 이 경제의 단기균형점이 될 수 있는 이유를 새 케인즈학파와 새 고전학파의 입장에서 각각 설명하라.

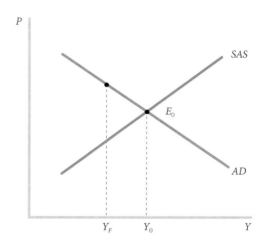

(2) 이 경제의 장기균형점을 보이고, 이 장기균형점에 있어서의 이자율과 실질임금이 단기균형점(E_0)에 비해 어떻게 다른지를 설명하고 그 이유를 밝히라.

11 본문의 [그림 7-13]에서 공급충격이 일시적인 경우 즉 완전고용 국민소득이 일시적으로 $Y_F{'}$로 감소하였다가 다시 Y_F로 회복되는 경우를 생각해 보자.

(1) 총수요에 아무런 변동이 없다면 시간에 따른 경제의 균형은 어떻게 변하는가?

(2) 만약 중앙은행이 일시적인 공급충격에 대해 소득수준을 Y_F에서 유지하기 위해 경기안정정책을 수행하였다면 그 결과는 무엇인가?

12 다음 문장을 총수요곡선과 총공급곡선을 통해 설명하라.

(1) 단기에는 총수요가 소득의 크기를 결정하고 총공급이 물가수준을 결정한다.

(2) 장기에는 총공급이 소득의 크기를 결정하고 총수요가 물가수준을 결정한다.

(3) 지난 20년간 연평균 5%의 경제성장률을 기록하였다.

13 독립소비($\overline{C}$)의 감소가 국민경제에 미치는 영향을 (1) 명목임금이 경직적인 단기, (2) 모든 가격이 신축적인 장기로 각각 나누어 설명하라.

14 가격이 완전신축적이라고 가정하고 다음의 IS–LM 모형을 생각해보자.

화폐시장균형의 식: $\dfrac{M}{P} = L(i)Y$

생산물시장균형의 식: $Y = C(Y) + I(r)$

피셔의 관계식: $i = r + \pi^e$

완전고용 국민소득 수준: Y_F

(1) 통화량(M)이 1% 증가할 때 화폐의 중립성이 성립함을 설명하라.

(2) 통화량 증가율($\dfrac{\Delta M}{M}$)이 1% 증가할 때 일어나는 균형에서 고전학파의 양분성이 성립함을 보여라.

(3) 화폐수요가 증가할 때, 즉 $L'(i) > L(i)$일 때 양분성이 성립함을 보여라

(4) (3)에서 만약 소비가 소득뿐 아니라 실질잔고의 증가함수일 때, 즉 $C(Y, \dfrac{M}{P})$일 때 새로운 균형에서 양분성이 성립하는지 여부를 설명하라.

Chapter

08 총공급곡선의 이해

제7장에서는 임금계약으로 인해 단기총공급곡선이 우상향하는 모습을 가질 수 있음을 보였다. 경제학자들은 단기총공급곡선이 우상향하는 이유를 설명하기 위해 임금계약모형 이외에도 여러 가지 모형들을 제시하였는데, 제8장에서는 이 모형들을 소개한다. 이들은 물가의 상승이 총생산의 증가를 가져오는 요인으로서 노동시장이나 생산물시장에 있어서 가격 경직성이나 정보 불완전성의 문제를 들고 있다.

① 단기총공급곡선

제7장에서는 우상향하는 단기총공급곡선을 소개했다. 구체적으로 단기총공급곡선의 식은 다음과 같이 표현된다.

$$Y = Y_F + a(P - P^e), \qquad a > 0 \tag{8-1}$$

위 식에서 Y_F는 완전고용 국민소득을 나타내며 P^e는 물가에 대한 예측치를 나타낸다. [그림 8-1]은 (8-1)식에 제시된 총공급곡선을 보여준다.

이와 같은 총공급곡선은 실제물가와 경제주체들의 예상물가가 다를 때 총공급이 완전고용에 상응하는 생산량과 달라짐을 나타낸다. 즉, 위 식에 따르면 실제물가가 예상물가보다 높을 경우 즉, $P > P^e$일 때 총공급은 완전고용 수준을 초과하며, 반대로 실제물가가 예상물가보다 낮을 경우 총공급은 완전고용 수준보다 낮아진다. 물가가 총공급에 미치는 영향은 상수 a의 값에 달려 있는데, a의 값이 클수록 총공급곡선의 기울기는 완만해지며 물가가 총공급에 미치는 영향은 커진다. $a = \infty$일 때에 총

그림 8-1 기대형성과 총공급곡선

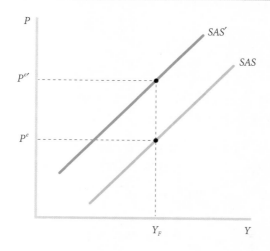

물가의 예측오차가 없는 경우 즉, $P=P^e$인 경우 총생산량은 완전고용 국민소득수준과 같다. 실제
물가가 예상물가를 초과하는 경우 즉, $P>P^e$일 때의 총공급은 완전고용수준을 초과한다. 예상물
가가 $P^{e'}$으로 상향조정되었을 때 총공급곡선은 예상물가상승분만큼 상향 이동한다.

공급곡선은 $P=P^e$의 함수형태를 가지는데, 이는 수평인 케인즈학파의 총공급곡선과
다름이 없다. $a=0$일 때에는 총공급곡선의 식은 $Y=Y_F$로서 고전학파의 총공급곡선과
같다.

　거시경제학자들은 단기총공급곡선이 (8−1)식과 같은 형태를 가진다는 점에 대해
서는 대체로 의견을 같이 하지만 그 이유에 대해서는 상이한 근거를 제시하고 있다.
케인즈학파와 새 케인즈학파(new Keynesian)는 주로 명목임금의 경직성이나 명목가격
의 경직성에서 단기총공급곡선이 우상향하는 이유를 찾는데, 이에 해당하는 모형으
로는 임금계약모형과 경직적 가격모형이 있다. 고전학파의 전통을 잇는 새 고전학파
(new classical)는 주로 정보의 불완전성 또는 비대칭성에서 그 이유를 찾는데, 이에 해
당하는 모형으로는 불완전 정보모형과 비대칭적 정보모형이 있다. 통화론자는 노동
자가 실제 물가수준을 잘못 알고 있다는 가정으로부터 우상향하는 단기총공급곡선을
도출하는데 이를 노동자 오인모형이라 한다. 노동자 오인모형은 크게는 비대칭적 정
보모형의 범주에 속한다. 제1절에서는 이들 네 가지 모형을 소개한다.

임금계약모형

임금계약모형(wage contract model)은 장기 임금계약으로 인해 명목임금이 경직적임을 강조한 모형으로 경직적 임금모형(sticky wage model)이라고도 한다. 임금협상과정이나 종업원의 교체과정에서 발생하는 높은 거래비용으로 인하여 노동수급은 필요할 때마다 수시로 열리는 노동시장보다는 주로 장기 임금계약을 통해서 이루어진다. 일단 계약에 의해 명목임금이 결정되면 계약기간 중 발생하는 예상치 못한 경제여건의 변화에도 불구하고 명목임금을 변경할 수는 없다. 이처럼 명목임금이 경직적일 때 예상치 않은 물가의 상승은 곧 실질임금의 하락을 가져오고 그 결과 고용량과 산출량의 증가를 가져오는데, 이것이 바로 총공급곡선이 우상향하는 기울기를 가지는 이유다.

임금계약모형에 따르면 총공급곡선은 다음과 같은 두 가지 가정으로부터 유도될 수 있다.

첫째, 계약기간 중의 명목임금은 노사간 임금협상에 따라 사전에 결정된다.
둘째, 계약기간 동안 실제 고용량은 기업의 노동수요에 의해 결정된다.

이를 감안할 때 계약임금은 다음의 두 가지 요소의 곱으로 나타낼 수 있을 것이다.

$$W^c = w^* \times P^e$$

여기서 W^c는 계약임금을, w^*는 목표실질임금을, 그리고 P^e는 계약기간 중 예상되는 물가수준을 표시한다. 목표실질임금은 협상력이 우월한 쪽이 원하는 실질임금에 가깝게 결정될 것이나 여기서는 완전경쟁적인 노동시장을 균형시키는 임금수준과 동일하다고 가정한다. 임금계약은 계약기간동안 적용될 명목임금을 미리 정하는데, 이때 계약임금은 목표실질임금이 보장될 수 있도록 계약기간 중 예상되는 물가를 근거로 산출된다. 물론 계약기간 동안의 물가수준에 대한 예상치가 실제 물가수준과 일치하리라는 보장은 없다. 따라서 실제로 실현된 물가수준에 따라 정해지는 사후적 실질임금인 W^c/P는 목표실질임금인 w^*와 다를 수 있다.

임금계약에 따르면 계약기간 중 노동공급은 계약임금수준에서만 이루어지므로 노동공급곡선은 W^c에서 수평(완전탄력적)이 되며, 따라서 계약기간 중의 고용량은 기업의 노동수요에 의해 정해진다. 그런데 기업은 실제로 관측되는 물가수준을 보고 고용량을 결정할 수 있으므로 기업의 노동수요는 사후적인 실질임금인 W^c/P에 의해서 다음과 같이 결정된다.

$$L = L^d\left(\frac{W^c}{P}\right), \quad L^{d\prime} < 0 \tag{8-2}$$

위에서 L^d는 기업의 노동수요함수를 나타낸다.

고용수준이 결정되면 총생산 또는 국민소득은 다음의 생산함수에 의해서 결정된다(생산성 수준을 나타내는 A를 생략하기로 한다).

$$Y = f(L) \tag{8-3}$$

사후적 실질임금과 목표실질임금의 관계는 다음의 식으로 나타낼 수 있다.

$$\frac{W^c}{P} = \frac{W^c}{P^e} \times \frac{P^e}{P} \tag{8-4}$$

$$= w^* \times \frac{P^e}{P}$$

만일 실제물가가 예상된 물가와 동일하다면 즉 $P = P^e$이면 사후적 실질임금은 목표실질임금과 같아지며, 이에 따라 노동시장은 완전고용상태가 된다. 그러나 예상치 않은 물가의 변화가 일어난다면 즉, $P \neq P^e$이면 목표실질임금과 사후적 실질임금간에 괴리가 일어나며, 이에 따라 고용량도 완전고용수준과 달라진다.

위에서 주어진 세 식으로부터 물가에 대한 예측오차, 실질임금, 고용량 그리고 국민소득간의 관계를 다음과 같이 유도할 수 있다.

$$P \gtreqqless P^e \Leftrightarrow \frac{W^c}{P} \lesseqqgtr w^* \Leftrightarrow L \gtreqqless L_F \Leftrightarrow Y \gtreqqless Y_F$$

실제물가가 예상물가보다 높은 경우 즉, $P > P^e$인 경우를 생각해 보자. 이때에는 사후적 실질임금이 완전고용을 보장하는 목표실질임금보다 낮아진다. 이에 따라 경쟁적 생산물시장에서 이윤극대화를 추구하는 기업은 노동의 한계생산물이 사후적 실질임금과 같아지는 수준까지 고용을 늘리게 되고 그 결과 고용은 완전고용수준을 초과하게 된다. 고용이 완전고용수준을 초과할 때 국민소득(Y)도 완전고용 국민소득(Y_F)보다 클 것이다. 이상의 논의로부터 단기총공급곡선이 (8-1)식에서와 같은 모양을 가지게 됨을 알 수 있다.

경직적 가격모형

경직적 가격모형(sticky price model)은 명목임금의 경직성 대신 생산물시장에서의 명목가격의 경직성에서 단기총공급곡선이 우상향하는 이유를 찾고 있다. 명목가격이 경직적이라 함은 수요의 변화에 대응하여 가격이 신속하게 조정되지 않음을 의미한다. 새 케인즈학파는 이처럼 가격이 느리게 조정되는 이유로 메뉴비용(menu cost)의 존재를 든다. 여기서 말하는 메뉴비용은 단순히 메뉴판을 바꾸는 데 드는 비용이기보다는 생산자와 구매자 사이에 형성된 장기계약, 장기적인 고객관계, 관행 등을 포함하는 광범위한 개념을 의미한다. 이들 요인들은 수급상황의 변화가 그대로 가격에 반영되는 것을 어렵게 만듦으로써 기업이 이윤 극대화를 위한 가격정책을 수행하는 데 있어서 제약을 가져온다. 메뉴비용은 개별기업이 자신이 공급하는 생산물에 대해서 어느 정도의 독점력을 행사하는 독점적 경쟁시장에서 발생한다.

이제 인플레이션으로 인하여 어떤 기업의 생산원가가 상승하였다고 하자. 이 기업이 자신이 공급하는 생산물에 대해서 독점력을 행사할 수 있는 가격설정자라면 가격 인상을 통하여 생산비용 증가분의 일부를 소비자에게 전가하려고 할 것이다. 그러나 메뉴비용은 그와 같은 가격의 조정을 쉽지 않게 한다. 구체적으로 메뉴비용이 10이라면 가격을 인상하지 않았기 때문에 입게 될 잠재적 이윤의 감소분이 10을 초과하지 않는 한 이 기업은 가격을 올리지 않을 것이다. 그러므로 개별기업의 차원에서 메뉴비용이 비록 작지만 무시할 수 없는 크기를 가진다면 생산물시장 전체의 가격조정은 신축적이고 연속적으로 이루어지기보다는 경직적이며 불연속적으로 일어날 것으로 기대된다. 가격 경직성의 정도는 메뉴비용의 크기에 의해 좌우되는데, 실제로 메뉴비용을 측정하기란 쉽지 않다.

메뉴비용을 감안한 총공급곡선은 다음과 같이 유도될 수 있다. 독점적 경쟁시장에 두 종류의 기업들이 있다고 가정하자. 하나는 메뉴비용이 전혀 없는 기업들이고 또 하나는 메뉴비용이 있는 기업들이다. 메뉴비용이 전혀 없다면 기업들은 다음과 같이 가격을 설정할 것이다.

$$P_i = P + b(Y - Y_F), \quad b > 0 \tag{8-5}$$

위 식에서 P_i는 기업 i가 공급하는 생산물의 가격이다. 위 식에 따르면 기업의 가격설정은 물가와 국민소득의 두 경제변수에 의해 영향을 받는다. 물가가 상승하면 생산비용이 증가하므로 기업은 보다 높은 가격을 받으려고 할 것이다. 국민소득이 증가하는 경우에는 소득효과에 의해 기업의 생산물에 대한 수요가 증가할 것이므로 가격을 인상함으로써 이윤을 극대화시킬 수 있다.

한편 메뉴비용이 존재하는 기업들은 생산물의 가격을 수시로 변경시킬 수가 없으므로 앞으로 일정 기간동안 받을 가격을 미리 정해야 한다. 이때 사전에 결정된 가격을 다음과 같이 표시할 수 있을 것이다.

$$P_j = P^e + b(Y^e - Y_F), \quad b > 0$$

P_j는 메뉴비용을 가진 기업 j가 공급하는 생산물의 가격을 표시하며 P^e와 Y^e는 각각 미리 정해진 가격이 적용되는 기간 동안의 물가와 국민소득에 대한 예상을 나타낸다. 분석의 단순화를 위해 국민소득의 예측치(Y^e)가 완전고용 국민소득과 같다고 가정한다면, 이 기업이 사전에 결정한 가격은 물가에 대한 예측치인 P^e와 동일할 것이다.

$$P_j = P^e$$

경제 전체에서 i유형에 속한 기업이 차지하는 비중이 $\lambda(0 < \lambda < 1)$이고, j유형에 속한 기업의 비중이 $1 - \lambda$일 때 경제 전체의 물가는 이들 기업들의 생산물 가격의 가중평균과 같다.

$$P = \lambda P_i + (1 - \lambda)P_j = \lambda[P + b(Y - Y_F)] + (1 - \lambda)P^e$$

위 식을 풀어 정리하면 다음과 같은 총공급곡선의 식을 구할 수 있다.

$$Y = Y_F + a(P - P^e), \quad a = \frac{1 - \lambda}{\lambda b}$$

총공급곡선의 기울기를 결정짓는 a의 값은 메뉴비용을 가진 기업의 비중에 의존한다. 만일 모든 기업이 메뉴비용을 가지고 있다면 λ의 값은 0이고 총공급곡선을 표시하는 식은 $P=P^e$가 되어 케인즈의 총공급곡선과 동일하게 된다. 반대로 메뉴비용을 가진 기업이 전혀 없다면 λ의 값은 1이고 총공급곡선의 식은 $Y=Y_F$가 되어 고전학파의 총공급곡선과 동일해진다.

비대칭적 정보모형

비대칭적 정보모형은 명목임금이 경직적임을 전제로 하는 임금계약모형과는 달리 명목임금이 노동시장에서의 수급에 따라 신축적으로 변할 수 있음을 인정한다. 대신 노동자가 기업에 비해 물가에 대한 정보가 부족하기 때문에 물가가 상승하더라도 실질임금에 변화가 없는 것으로 혼동함으로써 총공급곡선이 우상향하는 기울기를 가질 수 있음을 주장한다. 이처럼 실질임금의 변화와 명목임금의 변화를 혼동하는 것을 화폐환상(money illusion)이라고 함은 제7장에서 설명한 바 있다.

제7장에서는 노동공급의 결정이 실질임금에 의해 이루어짐을 보았다. 노동자들이 관심을 갖는 것은 명목임금 자체가 아니라 명목임금의 실질구매력이기 때문이다. 그런데 노동자들이 자신이 받는 명목임금의 실질구매력을 계산하기 위해서는 물가수준을 알아야 하는데, 그때그때의 물가가 얼마인지를 정확히 파악하기는 어렵다. 수많은 제품의 가격을 조사하여 물가수준을 파악하기 위해서는 많은 비용이 들기 때문이다. 따라서, 노동자들은 나름대로 물가수준을 예상하여 실질임금을 계산하고 노동공급량을 결정할 것이다. 이 경우 노동공급함수는 다음과 같이 쓸 수 있다.

$$\frac{W}{P^e} = h(L) \quad \text{또는} \quad W = P^e h(L), \quad h'(L) > 0 \tag{8-6}$$

한편 기업은 생산물의 판매나 원자재의 구매를 위해 물가에 대한 정보를 항상 수집하고 있으므로 노동자들에 비해서는 물가수준을 잘 파악하고 있다. 따라서, 기업의 노동수요는 실제 물가에 의해 계산된 실질임금에 의해 결정된다.

$$\frac{W}{P} = f'(L) \quad \text{또는} \quad W = Pf'(L), \quad f''(L) < 0 \tag{8-7}$$

[그림 8-2]는 물가에 대한 정보가 비대칭적인 경우의 노동수요곡선과 공급곡선을 보여준다. 현재 물가가 P_0라면 노동수요곡선은 $P_0 f'(L)$로 표시된 곡선이 된다. 노

그림 8-2 비대칭적 정보와 노동시장의 균형

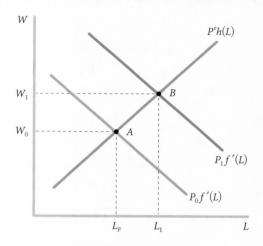

물가가 P_0에서 P_1으로 상승하여 노동수요곡선이 우측으로 이동한다고 하자. 노동자는 물가가 P_1으로 상승했다는 사실을 모른다. 즉, $P^e = P_0$이므로 노동공급곡선은 이동하지 않고, 노동수급은 B점에서 일어난다. B점에서는 실질임금이 하락하고 이에 따라 고용량은 완전고용수준을 초과한다.

동공급곡선의 위치는 물가에 대한 예상치에 의해 결정된다. 만일 물가에 대한 예상치인 P^e가 실제물가인 P_0와 같다면 노동공급곡선은 그림에서와 같은 위치에 있을 것이고 노동시장은 완전고용상태에서 균형을 이루게 된다.

이제 물가가 P_1으로 상승했다고 하자. 물가에 대한 정보를 빠르게 입수하는 기업의 노동수요곡선은 그림에서와 같이 $P_1 f'(L)$로 상향 이동한다. 반면에 물가가 상승하였다는 정보를 가지고 있지 않은 노동자들은 물가수준이 여전히 P_0라고 생각할 것이다. 이 경우에는 물가상승에도 불구하고 노동공급곡선이 원래 위치에 머물게 되며, 이에 따라 노동수급은 B점에서 이루어진다. B점에서의 실질임금 W_1/P_1은 A점에서의 실질임금 W_0/P_0에 비해 낮으며, 이에 따라 고용량은 완전고용수준인 L_F를 초과하게 된다.

이상을 종합해 볼 때 노동자가 물가수준을 정확히 파악하지 못하는 비대칭적 정보하에서 물가와 고용과 국민소득 간에는 다음의 관계가 성립하는데, 이는 바로 총공급곡선이 (8-1)식과 같은 모양을 가짐을 의미한다.

$$P \gtreqqless P^e \Leftrightarrow L \gtreqqless L_F \Leftrightarrow Y \gtreqqless Y_F \tag{8-8}$$

비대칭적 정보모형에서 물가가 상승함에 따라 고용량이 늘어나는 이유는 물가가

상승할 경우 종전과 동일한 실질임금을 보장받기 위해서는 보다 높은 명목임금을 요구하는 것이 당연함에도 불구하고 노동자들이 물가가 상승했다는 사실을 모르기 때문에 보다 높은 명목임금을 요구하지 않기 때문이다. 이런 의미에서 비대칭적 정보모형을 노동자 오인모형(worker misperception model)이라고도 한다.[1] 물론 정보의 비대칭성은 단기적인 현상이다. 어느 정도 시간이 지나서 노동자들도 물가에 대한 정보를 취득하게 되면 노동자들은 더 높은 명목임금을 요구할 것이고 이에 따라 노동공급곡선이 상향 이동하여 결국 고용량이 완전고용수준인 L_F로 되돌아 갈 것이다. 따라서 정보의 비대칭성이 해소되는 장기에는 총공급곡선이 완전고용 국민소득에서 수직이 된다. 비대칭적 정보모형에서 장기란 노동자들이 물가에 대한 완전한 정보를 취득하는 데에 걸리는 시간이므로 그다지 긴 시간이 아니다.

불완전 정보모형

불완전 정보모형(imperfect information model)은 비대칭적 정보모형과 마찬가지로 명목가격 또는 명목임금의 경직성을 가정하지 않고, 대신 정보의 불완전성에서 단기총공급곡선이 우상향하는 기울기를 가지는 이유를 찾는다. 불완전 정보모형에서 도출되는 단기총공급곡선을 루카스 공급곡선(Lucas supply curve)이라고 부른다. 정보의 불완전성을 강조하는 점에서는 비대칭적 정보모형과 유사하나, 비대칭적 정보모형처럼 기업이 노동자에 비해 더 정확한 정보를 가지고 있음을 가정하지는 않는다. 대신 모든 경제주체가 동일한 정보를 가지고 있으나 정보 자체가 충분치 않음으로 인해 단기총공급곡선이 우상향하는 형태를 가짐을 보여준다.

다수의 재화를 투입하여 한 가지의 생산물을 생산하는 기업을 생각해 보자. 이 기업은 자신이 생산하는 생산물의 가격이 얼마인지는 잘 알지만, 다른 재화들의 가격이 얼마인지는 정확하게 파악하지 못한다고 하자. 이처럼 물가에 대한 정보가 불완전할 경우 생산자들은 물가의 일반적인 상승과 상대가격의 변화를 혼동하게 된다.

예를 들어 이 기업 생산물의 시장가격이 상승하였다고 하자. 만일 생산물 가격의 상승이 상대가격의 변화 없이 모든 물가가 똑같이 상승한 결과라고 한다면 이 기업은 생산량을 변경할 이유가 없다. 반면에 생산물 가격의 상승이 생산물간 수요의 변

---

1 프리드먼(Milton Friedman)은 노동자의 오인에 의해 통화량이 실질국민소득에 영향을 미칠 수 있다고 하였는데 이는 곧 노동자 오인에 의해 총공급곡선이 우상향하는 기울기를 가짐을 의미하는 것이다. 따라서 노동자 오인모형은 바로 통화론자의 총공급곡선 모형이라고도 할 수 있다.

화에 의해 상대가격이 변화한 결과라면 이윤극대화를 위해서 생산량을 늘려야 한다.

불행히도 생산자는 자신의 생산물 이외의 생산물들의 가격이 얼마인지 정확하게 모르기 때문에, 자신의 제품가격 상승이 물가상승으로 인한 것인지 또는 상대가격의 상승으로 인한 것인지를 판단할 수가 없다. 이 경우 생산자는 물가상승과 상대가격 변화가 모두 발생하였다고 추측하고 생산량을 일부 증가시키는 것이 최선의 대책일 것이다.

이제 어떤 경제에서 상대가격의 변화 없이 일반 물가가 상승하였다고 하자. 이 경우 대부분의 기업들은 자신의 제품가격 상승을 경험할 것이다. 기업들은 제품가격의 상승이 물가상승만에 의한 것임을 모르기 때문에 제품가격 상승에 대응하여 생산량을 일부 늘릴 것이며 이에 따라 경제 전체의 생산량이 늘어난다. 결국 물가상승은 총생산량을 증가시키므로 단기총공급곡선은 우상향의 기울기를 가지게 된다.

구체적으로 정보의 불완전성하에서의 총공급곡선을 구해 보자. 완전경쟁시장에서 정보가 완전하다면 i번째 생산물을 생산하는 기업의 이윤극대화 조건은 다음과 같다.

$$\frac{P_i}{P} = MC_i \tag{8-9}$$

P_i는 생산물 i의 시장가격을, MC_i는 i번째 생산물을 생산하는 기업의 실질한계생산비용을, P는 일반 물가를 각각 표시한다. 이때 $MC_i = (y_i^*)^\alpha$라고 가정하자. y_i^*는 완전정보 하에서의 이윤극대화 산출량을 표시하며 α는 양의 값을 가지는 상수다. 이때 이윤극대화 조건은 다음과 같다.

$$\frac{P_i}{P} = (y_i^*)^\alpha \tag{8-10}$$

불완전 정보모형은 생산물 i의 생산자는 자신이 공급하는 생산물 가격인 P_i는 관측하나, 일반 물가 P는 정확히 알 수 없다는 가정을 하고 있다. 따라서 이윤극대화 조건을 표시하는 식에서 실제물가는 그 예측치인 P^e로 대체된다.

$$\frac{P_i}{P^e} = (y_i)^\alpha \tag{8-11}$$

위 식에서 y_i는 불완전 정보하에서의 이윤극대화 산출량을 표시한다. 위 두 식으로부터 다음과 같은 관계식이 성립한다.

$$\frac{P^e}{P} = \left(\frac{y_i^*}{y_i}\right)^{\alpha}$$

(8-12)

여기서 완전정보하에서 이 경제의 총생산량을 완전고용 국민소득이라 정의한다면 완전고용 국민소득은 개별 생산자의 최적산출량의 합으로 표시할 수 있을 것이다.

$$Y_F = \sum_i y_i^*$$

(8-13)

한계생산비용이 생산량의 증가함수임을 감안할 때 예측오차와 개별기업의 최적산출량 그리고 개별기업의 생산량을 합한 총산출량 $Y(=\sum_i y_i)$간의 관계를 다음과 같이 종합할 수 있다.

$$P \gtreqless P^e \iff y_i \gtreqless y_i^* \iff Y \gtreqless Y_F$$

(8-14)

그러므로 다른 모형에서와 마찬가지로 불완전 정보하에서의 총공급곡선은 우상향하는 기울기를 가지게 된다.

모형의 평가

지금까지 단기총공급곡선을 유도하는 네 가지 모형을 설명하였다. 각 모형은 가격의 경직성에 초점을 두고 있는지 또는 정보의 부족에 초점을 두고 있는지에 따라 새 케인즈학파와 새 고전학파의 접근방식으로 구분된다. 나아가 동일한 접근방식이라 하더라도 불완전성이 노동시장에 있는지 또는 생산물시장에 있는지에 따라 구분될 수도 있다.

중요한 것은 과연 어떤 모형이 현실세계를 보다 잘 설명하느냐에 있다. 이에 대한 단서는 실질임금, 고용 그리고 총생산량간의 상관관계에서 찾을 수 있다.

첫째, 일반적으로 고용과 총생산량은 경기변동에 따라 높은 상관관계를 가지고 움직인다. 즉, 호황기에는 고용의 증가가 관찰되고 불황기에는 고용의 감소가 일반적으로 관찰되는데, 이와 같은 사실은 네 가지 모형 모두에 의해 설명될 수 있다.[2]

둘째, 현실에 있어서 실질임금은 미약하지만 경기동행적(pro-cyclical)이라는 연구결과가 보고되고 있는데, 이와 같은 경기동행적 실질임금의 변동은 임금계약모형이나 비대칭적 정보모형, 그리고 불완전 정보모형의 예측과는 어긋난다. 세 모형에 따르면 실질임금이 떨어질 때 고용량과 총생산량이 증가하기 때문에 실질임금은 경기역행적(counter-cyclical)이어야 한다. 사실 네 모형 중 유일하게 경직적 가격모형만이 간접적이기는 하지만 경기동행적인 실질임금의 변동을 설명할 수 있다. 생산물 가격이 경직적일 때 총수요의 증가에 대응하여 기업은 가격을 인상하는 대신 생산을 늘리게 되고 생산의 증가는 노동수요의 증가와 함께 명목임금의 상승을 가져온다. 물가가 신축적이지 못할 때 이와 같은 명목임금의 상승은 실질임금의 상승을 초래하게 된다.

이와 같이 각 모형의 예측과 현실과의 괴리는 이들 모형의 유용성에 한계가 있음을 시사하고 있으며, 가격의 경직성을 강조하는 새 케인즈학파와 균형론적 접근을 시도하는 새 고전학파 모두에게 경기변동을 설명하는 새로운 이론에 대한 모색이 필요하다는 과제를 남겨주었다.

② 기대형성과 총공급곡선

제1절에서 도출된 단기총공급곡선에는 경제주체의 물가에 대한 기대가 반영되어 있다. 이는 물가에 대한 기대가 어떻게 형성되는가가 총공급곡선의 위치와 형태에 영향을 미치며, 이는 다시 거시경제 균형에 영향을 미치게 됨을 의미한다. 합리적 기대가설이 등장하기 이전까지는 경제학자들은 기대가 어떻게 형성되는지에 대해 큰 관심을 기울이지 않았다. 다만 기대는 과거의 경험에 근거하여 형성된다고 보았는데 이를 적응적 기대라고 한다. 제2절에서는 적응적 기대와 합리적 기대에 대해 알아 보고, 기대형성이 총공급곡선과 거시경제균형에 어떤 영향을 미치는지를 분석해 본다.

---

2 고용량의 변화가 총노동시간의 변화를 의미할 때 이것이 기존 취업자의 노동시간 변화에 따른 것인지 또는 취업인원의 변화에 따른 것인지를 구분할 필요가 있다. 그러나 본문에 제시된 모형들은 이를 구분하지 않는다.

적응적 기대

적응적 기대(adaptive expectation)란 실제 경험을 토대로 미래에 대한 기대를 수정하는 것을 말한다. P_t^e와 P_{t+1}^e를 각각 $t-1$기와 t기에 다음 기의 물가를 예측한 값이라 할 때 적응적 기대는 다음 식에 의해 정의될 수 있다.

$$P_{t+1}^e = P_t^e + \theta(P_t - P_t^e), \qquad 0 \le \theta \le 1 \tag{8-15}$$

위 식은 물가의 예측치와 실제 물가간에 차이가 있을 때 그 차이의 일부만큼 향후의 예측치를 조정함을 의미한다. θ는 예측오차 중 얼마 만큼이 예측치를 조정하는 데에 반영되는지를 나타내는 상수로, θ의 값이 클수록 예측치는 신속하게 조정된다. $t+1$기의 물가에 대한 예측치뿐만 아니라 과거의 예측치들도 모두 위 식과 같은 방법으로 형성되었다면 적응적 기대에 의한 예측치는 다음과 같이 표현될 수도 있다.

$$P_{t+1}^e = \theta \sum_{i=0}^{\infty} (1-\theta)^i \, P_{t-i} \tag{8-16}$$

위 식에 따르면 미래 물가에 대한 적응적 기대는 과거 경험한 물가의 가중평균과 같으며, 현 시점에 가까운 과거의 물가일수록 기대형성에 큰 영향을 미친다.

적응적 기대의 한 극단적인 경우로 θ의 값이 1일 때에는 현재 경험한 물가가 바로 미래 물가에 대한 예측치로 이용되는데, 이와 같은 기대형성방법을 정태적 기대(static expectation)라 한다.

[그림 8–3]은 단기총공급곡선의 식이 (8–1)식과 같을 때 거시경제의 균형이 경제주체의 기대형성에 어떻게 의존하는가를 보여준다. SAS_t는 t기의 단기총공급곡선이며, P_t^e는 t기의 물가에 대한 예상치다. $t-1$기 현재 이 경제가 총수요곡선 AD_{t-1}과 장기총공급곡선이 만나는 A점에서 균형을 이루고 있다고 하자. A점에서의 물가수준은 P_{t-1}이므로 정태적 기대하에서는 $P_t^e = P_{t-1}$이 되고, 따라서 t기의 단기총공급곡선은 그림에서의 SAS_t와 같이 A점을 지나고 우상향하는 직선이 된다.

이제 t기에 정부가 통화량을 증가시킴에 따라 총수요곡선이 AD_t로 이동하였다고 하자. 이 경우 AD_t와 SAS_t가 만나는 B점에서 생산물시장의 균형이 일어나며 국민소득 Y_t는 완전고용 국민소득을 초과한다. 그러나 B점은 $P_t^e < P_t$일 때, 즉 물가를 과소예측할 때 얻어지는 일시적 균형에 불과하다. 즉, $t+1$기 물가의 예측치는 $P_{t+1}^e = P_t$로 상향조정되며, 이에 따라 $t+1$기의 총공급곡선인 SAS_{t+1}은 D점을 지나도록 상향 이동

그림 8-3 적응적 기대와 거시균형

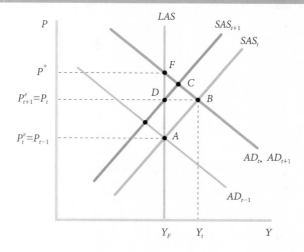

t기의 기대물가가 $t-1$기의 실제물가와 같을 때 통화량증가로 총수요가 AD_t로 이동, t기 균형은 B에서 일어난다. 장기균형 F에 이를 때까지 물가를 과소예측하는 예측의 오류가 일어나 장기총공급곡선, 단기총공급곡선, 총수요곡선이 한 점에서 만나는 장기균형의 달성은 매우 더디다.

하고 그 결과 $t+1$기에서는 AD_t와 SAS_{t+1}이 만나는 C점에서 생산물시장의 균형이 일어난다. 이와 같이 정태적 기대하에서는 물가에 대한 과소예측과 예측치의 조정으로 인한 총공급곡선의 상향 이동이 반복되면서 장기균형점인 F에 이르게 된다.

이상의 모형에서 장기균형의 달성이 매우 느린 속도로 이루어지는 것은 정태적 기대 또는 적응적 기대를 가정했기 때문이다. 그런데, 적응적 기대는 장기균형점으로 가는 과정에서 경제주체들이 실제물가를 지속적으로 과소예측하는 체계적 오류 (systematic error)를 인정하고 있다. 더욱이 물가상승률이 일정수준 이상일 때 과연 적응적 기대가 타당한 기대의 형태인지에 대해서는 회의적일 수밖에 없다. 합리적 기대는 이와 같은 적응적 기대의 문제점을 해결해 준다.

합리적 기대

합리적 기대(rational expectation)란 이용가능한 모든 정보를 최적으로 이용하여 형성된 기대를 말한다. 합리적 기대는 경제주체들이 예측을 위해 모든 정보를 이용한다는 것 뿐만 아니라 각 정보가 예상하고자 하는 경제변수에 어떤 영향을 줄 것인지를 알고 있음을 전제로 한다. 예를 들어 미래 물가에 대한 합리적 기대는 물가를 결정하는 요인들이 무엇인지를 파악하고, 통화정책과 재정정책, 국제 원자재 가격 등과 같이 물가에 영향을 주는 요인들이 어떻게 변화할 것인지를 충분히 감안하여 형성된다. Ω_t를 t기 현재 이용가능한 모든 정보의 집합이라 할 때, 미래 물가에 대한 합리적 기대치는 다음과 같이 정의될 수 있다.

$$P_{t+1}^e = E_t[P_{t+1}] = E[P_{t+1}|\Omega_t]$$

(8-17)

다시 말하면, 미래물가에 대한 합리적 기대치는 현재 이용가능한 정보를 모두 활용하여 형성된 조건부 기대치라고 할 수 있다.

물론 합리적 기대하에서도 예측오차는 발생할 수 있다. 미리 예상하지 못한 정책의 변화나 원자재 가격의 변화는 미래 물가에 대한 합리적 기대에 반영될 수가 없기 때문이다. 이는 합리적 기대에 따른 예측의 정확성이 얼마나 많은 정보를 가지고 있는지에 달려 있음을 의미한다. 이처럼 합리적 기대에 있어서는 정보가 매우 중요한 역할을 한다. 사실 합리적 기대이론은 정보집합만 동일하다면 모든 경제주체들이 동일한 예측을 할 수 있다고 주장한다. 다시 말하면, 합리적으로 기대를 형성하는 두 경제주체의 미래 물가수준에 대한 예측치가 다르다면 이는 예측능력에 차이가 있기 때문이 아니라 두 경제주체가 가지고 있는 정보집합이 서로 상이하기 때문이라는 것이다.

물가에 대한 기대가 합리적으로 형성된다면 거시경제의 균형이 어떻게 달라지겠는가? 앞서 적응적 기대를 적용해서 분석한 예상치 못한 통화팽창의 효과의 예를 가지고 설명하되 비대칭적 정보모형을 이용해 보자. [그림 8−4]에서 t−1기 현재 이 경제가 총수요곡선 AD_{t-1}과 장기총공급곡선이 만나는 A점에서 균형을 이루고 있다고 하자. 이제 t기에 중앙은행이 통화량을 증가시키며, 이와 같은 통화팽창정책이 사전에 발표되지 않았다고 하자. t기 물가에 대한 기대치가 형성되는 시점에서는 아직 통화팽창정책이 시행될 것이라는 사실을 모르므로 P_t^e의 값은 합리적 기대 하에서도 P_{t-1}과 같을 것이다. 따라서 단기총공급곡선 SAS_t는 t−1기와 동일할 것이다. 이때 통화량이 증가하면 t기의 총수요곡선은 AD_t로 이동할 것이고 그 결과 P_{t-1}의 물가수준에서는 생산물시장에서 초과수요가 발생하므로 물가가 상승하게 된다. 물가가 상승하면 물가수준에 대한 정보를 파악하고 있는 기업의 노동수요곡선은 상향 이동한다. 반면에 물가에 대한 정보가 불완전한 노동자들은 물가가 여전히 P_{t-1}과 같다고 생각할 것이므로 노동공급곡선은 변화가 없을 것이고 이에 따라 노동시장을 균형시키는 고용량이 늘어난다. 결국 단기에는 B점에서 균형을 이룰 것이다.

그림 8-4 합리적 기대와 거시균형

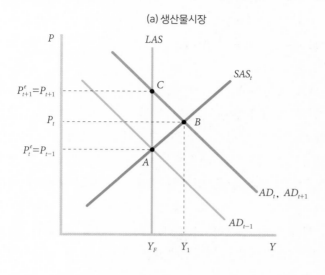

(a) 생산물시장

(b) 노동시장

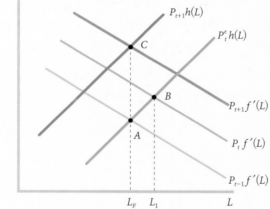

합리적 기대하에서 예상치 못한 통화량의 증가는 물가에 대한 예측의 오류를 발생하게 하여 t기 균형은 B에서 얻어진다. 합리적 기대에서는 적응적 기대와 달리 체계적인 예측의 오차가 존재하지 않기 때문에 $t+1$기에 장기균형 C가 달성된다.

이제 한 기간이 지나서 모든 경제주체가 팽창적인 통화정책이 시행되었다는 사실을 알게 되면, 노동자와 기업을 포함한 경제주체들은 이와 같은 정보를 반영하여 물가에 대한 기대를 새롭게 형성할 것이다. 구체적으로 경제주체들은 총수요-총공급

모형을 통하여 생산물시장이 C점에서 균형을 이룰 것이고 물가수준이 P_{t+1}이 될 것이라고 예상할 것이다. 또한 이와 같은 예상을 반영하여 노동수요곡선과 노동공급곡선도 각각 $P_{t+1}f'(L)$과 $P_{t+1}h(L)$로 이동할 것이며 이때 고용량은 L_F와 같아진다. 결국 $t+$1기에는 실제로도 새로운 총수요곡선 AD_t와 장기총공급곡선이 만나는 C점에서 균형을 이루게 된다.

합리적 기대하에서도 예상치 못한 통화팽창은 단기적으로 실질국민소득을 증가시키는 효과가 있다. 위의 예에서 만일 정부가 통화팽창정책을 시행하면서 이를 미리 알려준다면 통화팽창의 효과는 달라진다. 통화팽창정책의 내용이 미리 발표된다면, t기의 물가에 대한 기대치가 형성되는 시점에 이미 통화팽창정책의 시행 사실을 알고 있기 때문에 경제주체들은 이와 같은 정보를 반영하여 물가에 대한 기대치를 형성하게 된다. 즉 경제주체들은 C점이 새로운 균형점이 될 것이고 이때 물가수준이 P_{t+1}임을 예상할 것이며 이에 따라 경제는 바로 C점으로 이동할 것이다. 즉 미리 알려진 통화정책은 물가와 명목임금과 같은 명목변수만을 변화시킬 뿐 실질국민소득에는 아무런 영향을 미치지 못한다.

이와 같은 논리는 새 고전학파의 정책무력성 명제(policy ineffectiveness proposition)의 근거가 된다. 즉 합리적 기대 하에서는 정책당국이 통화정책을 시행하더라도 경제주체들이 그에 관한 정보를 충분히 갖고 있다면 그 정책은 실질국민소득이나 고용량과 같은 실질변수에 영향을 주지 못한다는 것이다. 물론 기대가 합리적으로 형성되고 정책에 대한 정보가 미리 알려지더라도 가격이 경직적이라면 그 정책은 단기에 있어서는 여전히 실질변수에 영향을 미칠 수 있을 것이다. 이 점이 바로 새 고전학파와 케인즈학파의 차이점이다.

⋮ 요점
정리

1 새 케인즈학파는 단기총공급곡선이 우상향하는 이유를 명목임금의 경직성 또는 명목가격의 경직성에서 찾았고, 새 고전학파는 정보의 불완전성 또는 정보의 비대칭성에서 찾았다.

2 임금계약모형에 따르면 임금계약기간 중에는 명목임금이 경직적이므로 예상치 않은 물가의 상승은 실질임금의 하락을 가져오고 그 결과 고용량과 산출량의 증가를 가져온다.

3 경직적 가격모형에 따르면 총수요가 증가하는 경우 독점적 경쟁력을 가진 기업은 이윤을 극대화시키기 위해 생산물의 가격을 인상해야 하는데, 메뉴비용으로 인하여 가격을 조정하는 것이 어려울 경우 대신 생산량을 증가시킨다.

4 비대칭적 정보모형은 명목임금이나 명목가격은 신축적이지만 노동자가 기업에 비해 물가에 대한 정보가 부족하기 때문에 물가가 상승하더라도 실질임금에 변화가 없는 것으로 혼동함으로써 총공급곡선이 우상향하는 기울기를 가질 수 있음을 주장한다.

5 불완전 정보모형은 명목임금이나 명목가격은 비대칭적 정보모형과 같이 신축적이지만 기업이 노동자에 비해 더 정확한 정보를 가지고 있는 것이 아니라 모든 경제주체가 동일한 정보를 가지고 있으나 정보 자체가 충분치 않음으로 인해 단기총공급곡선이 우상향하는 형태를 갖는다고 주장한다.

6 기대형성은 총공급곡선과 거시경제균형에 영향을 미치는데, 적응적 기대는 예측치와 실제값의 차이, 즉 예측오차 중 일정 부분을 미래 예측치를 조정하는 데에 반영시키는 것이다. 경제주체가 적응적 기대를 가질 경우 경제는 단기균형상태로부터 상당한 기간의 조정과정을 거쳐 장기균형상태로 이행한다.

7 합리적 기대는 현재 이용가능한 정보를 모두 최적으로 활용하여 형성된 기대를 말한다. 경제주체가 합리적으로 기대를 형성할 경우 단기균형상태로부터 장기균형상태로의 이행이 빠른 속도로 이루어진다. 뿐만 아니라 정부가 정책시행을 미리 발표하는 경우에는 단기균형점을 거치지 않고 바로 장기균형점에 도달할 수도 있다.

연습 문제

1 임금계약이 계약기간 동안의 물가상승률이 명목임금에 100% 반영될 수 있도록 물가연동(wage indexation) 조항을 가지고 있다고 하자. 계약기간 중 다음의 사건이 일어났을 때 국민소득에 미치는 영향이 통상적인 임금계약에 비해 어떻게 다른지를 설명하라.[3]
(1) 예상치 않은 통화량의 증가
(2) 예상치 않은 생산성의 증가

2 합리적 기대하에서 예상치 못한 총수요의 항구적인 증가가 발생하여 단기에 있어서의 일시적 균형이 [그림 8-4]의 B점에서 일어났다고 하자. 불완전 정보모형과 메뉴비용모형 중 어떤 모형에서 장기균형점인 C에 도달하는데 소요되는 시간이 적은가? 그 이유는 무엇인가?

3 경직적 가격모형과 불완전 정보모형의 유사점과 차이점을 서술하라.

4 사람들이 합리적으로 기대를 형성하고 경제가 임금계약모형과 같이 움직인다고 할 때 아래의 항목들이 참인 이유를 설명하시오.
(1) 임금계약시에 예상되지 않은 통화공급의 변화만이 실질국민소득에 영향을 미친다.
(2) 만약 중앙은행이 사람들이 임금계약을 체결하는 것과 동시에 통화공급을 결정

---

3 J. Gray, "Wage Indexation: A Macroeconomic Approach," *Journal of Monetary Economics* 2, 1976.

하며, 따라서 민간경제주체와 동일한 정보를 가지고 통화정책을 결정한다면, 통화정책은 경기를 안정화시키기 위해 사용될 수 없다.

(3) 사람들이 임금계약을 체결한 후에 중앙은행이 통화공급을 결정하며 그 결과 민간경제주체보다 많은 정보를 가지고 통화정책을 결정한다면 통화정책은 경기안정을 위해 체계적으로 사용될 수 있다.

5 새 케인즈학파 모형에서는 합리적 기대를 전제하면서도 정책효과가 유효하다는 주장을 펴고 있는데 그 이론적 근거를 제시하시오.

6 통화론자의 노동자 오인모형과 새 고전학파의 비대칭적 정보모형은 모두 노동자와 기업 간의 물가에 대한 정보의 비대칭성을 전제로 하고 있지만, 두 학파 간의 차이는 노동자의 물가에 대한 기대가 적응적 기대인지 또는 합리적 기대인지의 차이에 있다고 할 수 있다. 예상치 않은 통화량 증가가 경제에 미치는 효과를 비대칭적 정보모형을 이용하여 분석하되 적응적 기대와 합리적 기대의 두 경우로 나누어서 분석하라.

7 (8-16)식을 (8-15)식으로부터 도출하라.

8 [그림 8-4]에 제시된 합리적 기대가설하에서의 비대칭적 정보모형의 예에서 $t-1$ 기 현재 경제가 장기균형점에 있으며, $t-1$기에 통화당국이 t기부터 화폐공급을 항구적으로 늘릴 것을 미리 발표하지만 막상 t기에 이르러서는 화폐공급을 늘리지 않는다고 하자. t기의 물가와 국민소득에는 어떤 변화가 생길까?

9 (2011년 5급 행정고시) 어떤 경제모형(이하 기본모형)이 아래와 같이 주어졌을 때 다음 물음에 답하라.

소비함수: $C = 200 + 0.75(Y - T)$

투자함수: $I = 200 - 25r$

실질화폐수요 함수: $\left(\dfrac{M}{P}\right)^d = 5 - 100(r + \pi^e)$

단 Y는 국민소득, r은 실질이자율(%), G(정부지출)=100, T(조세)=100, M^s(통화량)=1000, π^e(예상물가상승률)=0이다.

(1) 위의 기본모형에서 총수요곡선을 수식으로 표현하라.

(2) 기본모형에 총공급부문을 아래와 같이 추가할 경우, 균형물가수준과 균형국민

소득을 구하라.

총생산함수: $Y = 935 + 2N - 0.05N^2$

노동공급함수: $N^s = 9 + \omega$

 (N은 노동투입량, ω은 실질임금)

(3) 기본모형에 루카스 공급곡선을 아래와 같이 추가한다. (단 위의 (2)에서 추가했던 부문은 제외). $P^e = 3$일 때 단기균형에서 물가수준과 국민소득수준을 구하라.

루카스 공급곡선: $Y = Y^* + 75(P - P^e)$

(4) 위 (3)의 장기균형에서 물가수준, 기대물가수준 및 국민소득을 구하라.

10 다음과 같은 합리적 기대모형을 생각해보자(모든 변수는 로그값으로 표시한 것이다).

노동공급함수: $\omega = E[p] = l$

노동수요함수: $\omega = p + a - \dfrac{1}{3} l$

생산함수: $y = a + \dfrac{2}{3} l$

단 확률 $\dfrac{1}{2}$ 로 $p = \{0, 1\}$, $a = \{-1, 0\}$의 값을 가진다.

(1) 위 모형으로부터 기대부가 단기총공급곡선의 식을 유도하라.

(2) (1)에서 실제물가와 기대물가가 같은 경우, 즉 $p = E[p]$일 때 총공급곡선의 식을 구하라

(3) (1)에서 물가에 대한 예측의 오차가 존재할 경우, 즉 $p \neq E[p]$일 때 총공급곡선의 식을 구하라.

Chapter

09 실업

실업자가 많다는 것은 그만큼 국민경제에 존재하는 노동이라는 자원이 충분하게 활용되지 못함을 의미한다. 따라서, 실업 상태에 있는 실업자의 고통도 덜어줄 뿐만 아니라 국민경제 차원에서 자원의 효율적 이용을 도모한다는 점에서 실업을 감소시키고 완전고용을 달성하는 것은 거시경제정책의 중요한 목표 중의 하나다. 그런데 실업은 그 발생원인에 따라 여러 가지 종류로 구분될 수 있으며, 원인에 따라 상이한 실업대책을 필요로 한다. 제9장에서는 실업의 원인을 설명하는 이론들을 소개한다.

① 실업의 종류

실업은 그 발생원인에 따라 여러가지 종류로 구분될 수 있으며, 실업의 원인에 따라 상이한 실업대책을 필요로 한다. 여기서는 세 가지 종류의 실업, 즉 마찰적 실업, 구조적 실업, 그리고 경기적 실업에 대해 소개한다.

마찰적 실업

어떤 원인에 의해서든 일단 실업 상태에 처하게 된 사람들은 새로운 일자리를 찾으려는 노력을 하게 된다. 그런데, 사람들은 빈 일자리가 있다고 해서 무조건 이를 택하는 것이 아니라 자신이 원하는 임금과 근로조건을 제공하는 일자리를 구할 때까지 구직활동을 계속하는데, 이를 직장탐색(job search)이라고 한다. 이와 같이 직장탐색을 하는 과정에서 발생하는 실업을 마찰적 실업(frictional unemployment)이라고 한다.

만일 모든 사람들이 구직활동을 시작하자마자 바로 자신이 원하는 직장을 발견할 수 있다면 마찰적 실업은 존재하지 않을 것이다. 예를 들어 모든 노동자가 동일한 능력을 가지고 있고 모든 일자리가 동일한 조건을 갖고 있다면 실업자들은 짧은 시간 내에 새로운 직장을 구할 수 있을 것이다. 그러나 현실에 있어서 노동자들은 경험, 숙련도, 재능, 거주지역 등 여러 면에서 차이가 있고 직장도 근무시간, 급여, 자격조건, 위치 등 여러 면에서 차이가 있다. 취업이 이루어지려면 노동자가 자신이 원하는 조건을 가진 일자리를 찾아야 할 뿐만 아니라 빈 일자리를 가진 기업 역시 그 일자리에 적합한 능력을 가진 노동자를 찾아야 한다. 즉, 기업과 노동자가 서로를 원해야만 취업이 이루어진다. 따라서 실업자들이 자신에게 맞는 일자리를 구하는 데에는 상당한 시간이 걸릴 수밖에 없으며 이에 따라 마찰적 실업의 발생이 불가피하다.

마찰적 실업은 경기호황기에도 발생할 수 있다. 경기가 아무리 좋더라도 문을 닫는 기업이 생기기 마련이고, 현재의 직장을 떠나 보다 나은 직장을 찾으려는 사람이 있기 마련이기 때문이다. 따라서, 마찰적 실업을 완전히 제거하여 실업률을 0%로 만드는 것은 현실적으로 불가능하다. 뿐만 아니라 마찰적 실업은 다른 종류의 실업에 비해 그 경제적 비용이 그다지 크지 않다. 마찰적 실업은 당장 빈 일자리가 있다 해도 이를 택하지 않고 더 조건이 좋은 일자리를 찾겠다는 개인의 선택에 따른 자발적 실업(voluntary unemployment)이기 때문이다.

뿐만 아니라 마찰적 실업은 경제의 생산성을 높이는 데에도 도움을 줄 수 있다. 직장탐색활동을 통해 각 개인이 자신의 능력을 보다 효율적으로 발휘할 수 있는 일자리를 구하게 되면 노동자 개인으로서도 보수의 증가라는 혜택이 발생하지만 경제 전체로도 노동자가 저생산성 부문으로부터 고생산성 부문으로 재배치됨에 따른 이득이 발생한다. 이처럼 마찰적 실업은 생산적인 기능을 가지고 있으므로 거시경제정책도 굳이 마찰적 실업까지 완전히 제거하는 것을 목표로 삼을 필요가 없다.

구조적 실업

마찰적 실업은 노동시장이 균형일 때, 즉 일자리를 구하는 사람의 수가 제공되는 일자리의 수와 같은 경우에도 존재한다. 그런데 어떨 때에는 노동시장에서 일자리를 구하는 사람이 과잉인 상태가 지속적으로 나타나는 경우가 있다. 예를 들어 신발산업이 국제경쟁력을 상실하고 사양화되는 경우를 생각해 보자. 이 경우 신발기술자에 대한 수요는 경기가 아무리 좋아도 항구적으로 감소할 것이다. 이와 반면에 신발기술자의 공급은 은퇴를 하거나 훈련을 통해 다른 기능을 가진 직종을 택하기 전까지는 감소하지 않을 것이다. 물론 사양산업이 있는 반면 통신산업과 같이 새로 부상하는 산업도 있는 만큼 신발산업에 종사하던 노동자들이 통신산업에서 바로 고용될 수 있다면 실업기간이 단기에 그칠 것이다. 그러나 각 산업이 필요로 하는 기능의 종류는 서로 상이하므로 한 산업에서 요구되는 기능을 보유한 숙련노동자가 바로 다른 산업에서 일자리를 구하는 것은 어렵다. 따라서 이와 같은 요인에 의한 실업은 장기화된다는 특성이 있다. 컴퓨터가 발달함에 따라 주판을 잘 놓은 사무원에 대한 수요가 감소하는 경우도 마찬가지다.

이처럼 산업구조나 기술 변화에 의해 특정한 기능을 가진 노동자에 대한 수요가 감소함에 따라 지속적으로 나타나는 실업을 구조적 실업(structural unemployment)이라 한다. 구조적 실업이 존재한다 함은 특정한 노동시장에서 노동공급의 과잉상태가 상당 기간 지속됨을 의미하는데, 이는 어떤 이유에서든 임금이 이 노동시장을 균형시킬 수 있는 수준보다 높은 수준에 계속 머물러 있기 때문이다.

한편 특별한 기능을 요구하지 않는 비숙련 노동에 대한 시장에서는 만성적으로 공급초과 현상이 관찰되는데, 이것 역시 구조적 실업의 예라 할 수 있다. 특히 비숙련 노동시장에서는 정부가 정한 임금의 하한선인 최저임금(minimum wage)이 구조적 실업을 발생시킨다. 즉, 최저임금이 비숙련 노동자의 공급과 수요를 일치시킬 수 있는 임금수준보다 높다면 비숙련 노동시장에서는 최저임금이 곧 시장임금이 될 것이고, 비숙련 노동에 대한 공급이 수요를 초과할 것이다.

경기적 실업

경기적 실업(cyclical unemployment)이란 경기후퇴에 따라 발생하는 실업을 말한다. 경기가 후퇴하면 생산량이 감소하게 되고 이에 따라 생산활동에 투입되는 생산요소에 대한 수요가 감소한다. 특히 기업들은 단기적으로 생산량을 변화시킬 필요가 있는 경우에는 자본투입량보다는 노동투입량을 주로 조절하기 때문에 경기침체는 노동에 대한 수요감소를 가져오고 이에 따라 경기적 실업이 발생하게 된다. 경기적 실업은 비자발적 실업의 대표적인 예다. 경기적 실업을 줄이기 위해서는 경기안정정책이 필요하다.

완전고용

이제 실업의 원인에 대해 소개한 만큼 완전고용의 정의에 대해 보다 상세히 설명할 때가 되었다. 완전고용은 이용가능한 모든 노동자원이 경제적으로 가장 효율적으로 사용되고 있는 상태로서, 경기안정정책이 추구해야 할 중요한 목표다.

가장 이상적인 완전고용의 정의는 실업이 전혀 존재하지 않는 상태, 즉 실업률이 0%인 상태일 것이다. 하지만 실업률이 0%인 상태를 경기안정정책의 목표로 삼기는 곤란하다. 거시경제정책 수단을 통해 0%의 실업률을 달성하려 들면 경기과열이나 인플레이션과 같은 부작용이 지나치게 커지기 때문이다. 이에 따라 거시경제학에서는 경기과열이나 인플레이션의 가속화와 같은 부작용을 발생시키지 않으면서 달성할 수 있는 가장 낮은 수준의 실업률 달성을 완전고용상태로 인정한다.

그렇다면 완전고용상태에서도 어느 정도 실업의 존재를 인정한다는 것인데, 문제는 실업의 존재를 어느 정도까지 인정할 것인가이다. 앞서 제시된 세 가지 종류의 실업 중에서 가장 유력한 후보는 마찰적 실업이다. 마찰적 실업은 구직자의 수와 일자리의 수가 같더라도 직장탐색 과정에서 필연적으로 발생하며, 자원의 효율적 배분에 도움이 되는 생산적인 실업이기 때문이다. 다음으로는 구조적 실업이 있다. 구조적 실업의 존재는 인적자원의 효율적 사용을 저해하지만 그 원인이 산업구조의 변화나 제도적 요인에 있으므로 경기와는 무관하게 발생할 수 있다. 경기가 아무리 좋더라도 사양산업이 있기 마련이고 기술진보에 따라 불필요해지는 기능이 있기 마련이기 때문이다. 따라서 경기안정정책을 가지고 구조적 실업을 제거하려 할 경우 효과가 작을 뿐만 아니라, 오히려 경기과열과 인플레이션의 부작용이 나타날 수 있다.

결국 완전고용의 정의에 대한 대안은 마찰적 실업의 존재만을 인정하는 방안과 마찰적 실업에 더하여 구조적 실업의 존재까지 인정하는 방안의 두 가지로 좁혀진다. 두 대안 간의 선택은 결국 경기안정정책을 통해 구조적 실업을 줄이거나 제거하려고 할 경우 기대되는 실업 감소의 혜택과 경기과열 및 인플레이션이라는 비용 간 상대적 크기에 대한 판단에 달려 있다.

오늘날 거시경제학에서 가장 보편적으로 채택되는 완전고용의 정의는 마찰적 실업에 더하여 구조적 실업의 존재까지도 인정한다. 여기에는 경기안정정책을 통해 구조적 실업을 제거하려 하는 것이 부적절하다는 판단이 근저에 있다. 그런데 앞서 제시한 세 종류의 실업 중 마찰적 실업과 구조적 실업을 빼면 경기적 실업만이 남는다. 마찰적 실업과 구조적 실업만이 존재하는 상태라는 완전고용의 정의는 바로 경기적 실업이 존재하지 않는 상태와 동일한 정의가 된다.

그렇다면 이와 같은 완전고용의 정의는 노동시장의 균형과 어떤 관계가 있는 것일까? 앞서 제1장과 제7장에서는 노동시장의 균형 즉 노동수요곡선과 노동공급곡선이 만나는 점에서 완전고용이 달성된다고 하였다. 물론 노동시장이 균형을 이룰 때에도 실업은 존재한다. 예를 들어 제7장 [그림 7-6]의 (b)에 제시된 노동시장모형에서 노동공급곡선상 E점보다 오른쪽에 위치한 노동자들은 실업 상태에 있다. 그런데 이들은 균형임금보다 더 높은 수준의 임금을 요구하기 때문에 실업 상태에 있다. 즉, 이들은 모두 균형임금보다 더 높은 수준의 임금을 지급하는 직장을 탐색하느라고 실업 상태에 있는 마찰적 실업자들이다. 따라서 경기적 요인에 의한 실업자들이 존재하지 않는다는 점에서 E점과 같은 노동시장의 균형점에서는 완전고용이 달성된다고 할 수 있다.

다만 [그림 7-6]에 제시된 노동시장 균형에서는 구조적 실업의 존재가 명확하게 나타나지 않는다. 사실 구조적 실업은 경제 전체의 노동시장에서 보편적으로 발생하는 현상이 아니라 특정 연령대, 교육정도, 기능과 숙련도를 가진 노동시장에서 발생하는 실업이다. 따라서 기능이나 산업에 따른 노동의 이질성(heterogeneity)을 감안하지 않고 모든 노동수요와 공급을 하나의 시장으로 단순화시키는 총수요-총공급 모형으로는 구조적 실업의 존재나 증감을 설명하는 것이 사실상 어렵다. 이런 의미에서 [그림 7-6]에 제시된 노동시장모형은 구조적 실업의 존재를 배제한 단순화된 노동시장 모형이라고 해석할 수 있다. 즉 그림상으로는 구조적 실업의 존재가 명확히 제시되지 못하지만 총수요-총공급 모형의 완전고용상태나 노동시장 균형에서는 마찰적 실업뿐만 아니라 구조적 실업도 존재한다고 해석할 필요가 있다.

② 자연실업률

자연실업률의 의의와 측정

앞서 설명하였듯이 완전고용상태에서도 실업은 존재할 수 있는데, 이때의 실업률을 자연실업률(natural rate of unemployment)이라 한다. 완전고용은 마찰적 실업과 구조적 실업만이 존재하는 상태로 정의되므로, 자연실업률은 마찰적 실업과 구조적 실업만이 존재하는 경우의 실업률로 정의되기도 한다. 여러 가지 실업의 개념 간의 관계는 다음과 같이 정리될 수 있다.

$$자연 실업 = 마찰적 실업 + 구조적 실업$$
$$실제 실업 = 자연 실업 + 경기적 실업$$

그런데 현실에 있어서 자연실업률이 얼마인지를 파악하는 것은 간단한 일이 아니다. 위와 같은 실업의 분류는 개념적인 분류일 뿐이고 실제 개개인의 실업자가 어떤 종류의 실업자인지를 판별하는 것이 어렵기 때문에, 실업자 중에서 마찰적 실업자와 구조적 실업자가 몇 명인지를 측정하여 자연실업률을 계산하는 것이 사실상 불가능하기 때문이다.

일반적으로 자연실업률은 다음과 같은 방법을 이용하여 추정한다. 실제로 관찰되는 실업률은 자연 실업뿐 아니라 경기적 실업을 포함하고 있다. 그런데 만일 실제 실업률이 자연실업률을 중심으로 상하로 변동한다고 하면, 장기적인 평균 실업률을 자연실업률에 대한 척도로 삼을 수 있을 것이다. 거시경제학자들은 인플레이션을 가속화시키지 않고 달성할 수 있는 가장 낮은 수준의 실업률이라는 자연실업률의 특성을 이용하여 계량경제학적 방법을 통해 자연실업률을 추정하기도 한다.

이와 같이 추정된 자연실업률 수준은 국가간에 차이가 있을뿐 아니라 같은 국가에서도 시간에 따라 변화한다. 미국의 경우 의회예산처가 추정한 자연실업률이 1960년 5.5%에서 1980년에 6.2%까지 상승했다가 2019년에는 4.6%로 하락했다.

자연실업률 결정모형

자연실업률이 어떻게 결정되는지를 간단한 모형을 통해 알아보자.[1] 우선 경제활동인구를 L, 취업인구를 E, 실업인구를 U로 표시한다면, 정의에 의해 경제활동인구는 취업인구와 실업인구의 합과 같다.

$$L = E + U \tag{9-1}$$

분석의 단순화를 위해 경제활동인구는 고정되어 있고 노동자들은 취업 상태와 실업 상태의 두 상태만을 경험한다고 하자. 노동자들은 이직에 의해 취업 상태로부터 실업 상태로, 그리고 취업에 의해 실업 상태로부터 취업 상태로 이전할 수 있는데 s

---

1 R.E. Hall, "A Theory of the Natural Rate of Unemployment and the Duration of Unemployment," *Journal of Monetary Economics* 5, 1979.

를 이직률(job separation rate), 즉 취업인구 중에서 매달 일자리를 잃는 노동자의 비율이라 하고, f를 취업률(job finding rate), 즉 실업인구 중에서 매달 취업이 되는 노동자의 비율이라 하자.

자연실업률은 노동시장이 균형을 이룰 경우의 실업률인데 이 상태에서는 매달 일자리를 잃는 노동자의 수(sE)와 취업이 되는 노동자의 수(fU)가 같을 것이다.

$$fU = sE \tag{9-2}$$

이제 (9-1)식을 이용하여 (9-2)식의 우변에서 E를 소거한 다음 양변을 L로 나누면 다음과 같은 관계를 구할 수 있다.

$$f\frac{U}{L} = s\left(1-\frac{U}{L}\right) \tag{9-3}$$

위식을 U/L에 대해 풀면 다음과 같이 자연실업률이 구해진다.

$$\frac{U}{L} = \frac{s}{s+f} \tag{9-4}$$

위 식은 이직률과 취업률이 자연실업률의 결정에 중요한 영향을 미침을 보여준다. 만일 이직률이 1%이고 취업률이 19%라면 (9-4)식으로부터 자연실업률은 0.01/0.20=5.0%가 된다. (9-4)식에 따르면 이직률이나 취업률에 영향을 미칠 수 있는 요인들은 자연실업률의 변화를 가져올 수 있다. 이는 곧 자연실업률을 줄이기 위한 정부의 정책은 이직률을 낮추거나 취업률을 높일 수 있는 정책이어야 함을 뜻한다.

자연실업률 결정요인

그렇다면 자연실업률에 영향을 줄 수 있는 요인들은 어떤 것이 있는지를 알아보자. 자연실업률에 영향을 미칠 수 있는 중요한 요인으로 실업보험제를 들 수 있다. 실업보험(unemployment insurance)이란 노동자가 취업 중에 보험에 가입하여 보험료를 납부하다가 일자리를 잃고 실업자가 되면 약정된 금액을 매월 보험금으로 지급받는 제도를 말한다. 우리나라는 1995년부터 고용보험이라는 실업보험제도를 도입하여 시행하기 시작했다.

실업보험제도가 시행되면 이 제도가 없는 경우에 비해 자연실업률이 높아질 것이다. 우선 실업보험제도가 있으면 실업 상태에 있는 노동자가 여유를 가지고 직장을 구할 수 있으므로 새로운 직장을 찾는 데에 좀 더 오랜 시간이 걸릴 것이고 따라서 취업률이 감소하게 된다. 뿐만 아니라 실업보험제도가 있으면 노동자들이 좀 더 쉽게 직장을 떠날 수 있고 기업으로서도 종업원을 해고시키는 것이 쉬울 것이므로 이직률이 높아지게 된다. 마찬가지 논리에 의해 실업보험의 혜택이 관대할수록 자연실업률은 높아지게 된다.

인구구성의 변화도 자연실업률에 영향을 미친다. 예를 들어 베이비 붐 세대와 같이 출산률이 높아져 어떤 연령의 인구가 많아지면 그 연령층의 실업률이 높아지는 경향이 있다. 한꺼번에 많은 사람들이 노동시장에 진입하므로 취업률이 낮아질 가능성이 높기 때문이다. 평균수명의 연장도 자연실업률에 영향을 미친다. 평균수명이 길어짐에 따라 경제활동인구 중 노년층이 차지하는 비중이 높아지면 자연실업률도 높아진다. 노년층은 청장년층에 비해 일자리를 구하기가 어려우므로 취업률이 낮을 것이기 때문이다.

노동시장의 구조나 제도도 자연실업률에 영향을 미친다. 취업알선기관과 직업훈련기관이 잘 정비되어 있고 취업정보가 효율적으로 전달되는 경우 직장탐색기간이 줄어듦에 따라 취업률이 상승하고 자연실업률은 낮아지게 된다.

③ 실업과 경기변동

자연실업률은 시간에 따라 변할 수 있지만 그 변화는 점진적으로만 이루어진다. 하지만 실제 실업률은 경기적 실업이 변화함에 따라 단기적으로 변동한다. [그림 9－1]의 (a)는 1959년부터 2023년까지 미국의 실제 실업률과 의회예산처(Congressional Budget Office)가 추정한 자연실업률을 함께 보여주는데, 실제 실업률이 점진적으로 변화하는 자연실업률을 중심으로 변동함을 알 수 있다.

자연실업률을 중심으로 한 실제 실업률의 변동은 경기변동에 따른 총생산량의 변화를 반영하고 있다. 일반적으로 실업률은 경기하강기에 상승하고 경기상승기에 하락한다. 그 이유를 이해하고 이와 같은 규칙에 대한 예외에 대해 이해하기 위해 총생산량과 실업률 간의 관계를 살펴볼 필요가 있다.

실업률과 총생산 갭

잠재생산량 또는 완전고용 국민소득은 보통 경제가 성장함에 따라 꾸준히 증가한다. 하지만 실제 총생산량은 잠재생산량을 중심으로 변동을 한다. 실제 총생산량이 잠재생산량에 미달할 때는 디플레이션 갭이 발생하고 실제 총생산량이 잠재생산량을 초과할 때는 인플레이션 갭이 발생한다. 실질국내총생산의 실제 수준과 잠재생산량 간의 차이를 나타내는 비율을 총생산 갭(output gap)이라 부른다.

경제가 잠재생산량보다 적은 양을 생산할 때, 즉 디플레이션 갭이 있을 때에는 생산자원을 전부 활용하고 있지 못하다. 완전히 활용되지 못하는 자원 중에는 노동이 있다. 따라서 디플레이션 갭은 일반적으로 높은 실업률과 상응하리라 예상할 수 있다. 이와 같은 논리를 적용하면 실업률과 총생산 갭 사이에는 다음과 같은 단순한 관계가 존재할 것으로 기대된다. 첫째, 실제 총생산량이 잠재생산량과 같을 때 실제 실업률은 자연실업률과 같다. 둘째, 총생산 갭이 양의 값을 가질 때(인플레이션 갭) 실업률은 자연실업률보다 낮으며, 총생산 갭이 음일 때(디플레이션 갭) 실업률은 자연실업률보다 높다. 달리 표현하자면 잠재생산량의 장기 추세를 중심으로 한 총생산량의 변동은 자연실업률을 중심으로 한 실업률의 변동에 상응된다.

[그림 9-1]의 (b)는 이와 같은 관계를 확인시켜 준다. 그림 (b)는 두 가지 시계열을 보여준다. 하나는 미국의 실제 실업률과 의회예산처에 의해 추정된 자연실업률 간의 차이인 경기적 실업률인데 왼쪽 세로축으로 측정된다. 다른 하나는 의회예산처에 의해 추정된 미국의 총생산 갭인데 오른쪽 세로축으로 측정된다. 이들 간의 관계를 분명히 보이기 위해 총생산 갭의 시계열은 위와 아래를 바꿔서 거꾸로 그려져 있다. 즉 실제 총생산량이 잠재생산량보다 커질 때 해당 선이 하락하고 실제 총생산량이 잠재생산량 밑으로 감소할 때 선이 상승한다. 그림에서 보듯이 두 시계열은 같은 방향으로 움직인다. 즉 1982년, 1992년, 2009년, 그리고 2020년과 같이 경기적 실업률이 높은 해는 강한 디플레이션 갭이 나타난 해이기도 하다. 그리고 1996년이나 2000년과 같이 경기적 실업률이 낮았던 해는 강한 인플레이션 갭이 나타난 해이기도 하다.

그림 9-1 경기적 실업과 총생산 갭

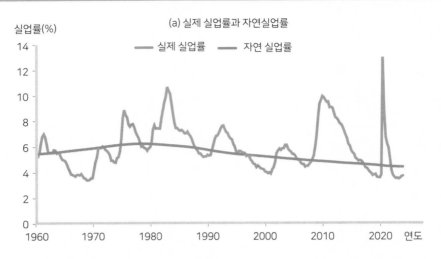

(a) 실제 실업률과 자연실업률

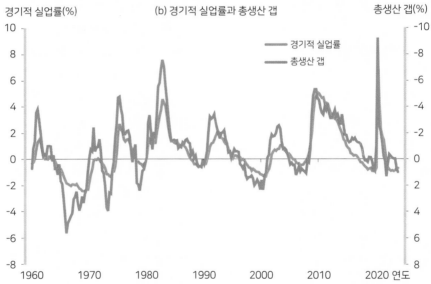

(b) 경기적 실업률과 총생산 갭

(a)는 1960년부터 2023년까지 미국의 실제 실업률과 의회예산처가 계산한 자연실업률의 추정치를 보여준다. 실제 실업률은 자연실업률 주변에서 변동한다. (b)는 실제 실업률과 자연실업률의 차이인 경기적 실업률과 의회예산처에 의해 추정된 총생산 갭을 보여준다. 총생산 갭을 나타내는 축은 상하가 반전되어 있으므로 총생산 갭과 실업률이 경기변동에 따라서 동일한 방향으로 움직임을 알 수 있다.

자료: Congressional Budget Office, Bureau of Labor Statistics

그런데 경기적 실업률과 총생산 갭이 함께 움직이기는 하나 경기적 실업률의 변동폭은 총생산 갭의 변동폭보다 작다. 예를 들어 1982년에 총생산 갭은 −8%에 달한 반면 경기적 실업률은 4%에 불과했다. 이와 같은 관찰이 오쿤의 법칙이라 불리는 중요한 관계의 기초가 되었다.

오쿤의 법칙

1960년대 초에 케네디 대통령의 수석 경제자문이었던 오쿤(Arthur Okun)은 총생산량과 실업률 사이의 관계에 대해 중요한 사실을 지적했다. 실업률의 상승과 하락이 장기추세를 중심으로 한 실질국내총생산의 변동과 밀접하게 대응되지만 실업률의 변동은 보통 이에 상응하는 총생산 갭의 변동에 비해 작다는 사실인데 이를 오쿤의 법칙(Okuns law)이라 한다.

총생산 갭과 실업률 간의 관계에 대한 오늘날의 추정치는 총생산 갭이 1% 포인트 증가할 때 실업률이 1% 포인트의 1/2 감소함을 보여준다. 즉 현대판 오쿤의 법칙은 다음과 같다.

$$실업률 = 자연실업률 - 0.5 \times 총생산 갭$$

예를 들어 자연실업률이 5.2%이고 경제가 현재 경제가 잠재생산량의 98%만을 생산하고 있다고 하자. 이 경우 총생산 갭은 −2%이고 이에 따라 오쿤의 법칙은 실업률이 5.2%−0.5×(−2%)=6.2%가 될 것으로 예측한다.

오쿤의 법칙에서 "0.5"라는 계수는 물리적 성질이 아니라 경험적인 추정치며 그 값은 시간에 따라 변할 수 있다. 사실 이 계수에 대해서는 대상 국가, 추정기간, 추정이 이루어진 상황 등에 따라 수많은 추정치가 제시되었다. 그렇지만 중요한 것은 오쿤의 법칙에 있어서 계수의 추정치가 모두 1보다 훨씬 작다는 사실이다.

그렇다면 총생산 갭과 실업률 사이에 일대일 대응관계가 나타나지 않는 이유는 무엇일까? 총생산량이 1% 증가하기 위해서는 고용이 1% 늘어나야 하고 따라서 실업률이 1% 감소해야 되지 않을까? 하지만 실제로는 그렇지 않다.

총생산 갭과 실업률 사이의 관계가 일대일보다 작은 점에 대해서는 두 가지 이유가 제시되고 있다. 첫째로 기업들은 종종 기존 종업원의 작업시간을 변화시킴으로써 수요 변화에 대응한다는 점이다. 예를 들어 갑작스러운 제품수요 증가를 경험하는 기업들은 더 많은 근로자를 고용하는 대신 기존 근로자들의 작업시간을 늘려서 이에 대처할 수도 있다. 반대로 매출 감소를 경험하는 기업은 종업원을 해고하는 대신 작업시간을 줄이기도 한다. 이와 같은 대응은 총생산의 변동이 고용된 근로자의 수에 미치는 영향을 완충시켜 준다.

둘째 이유는 일자리를 구하는 근로자의 수가 취업가능한 일자리의 수에 의해 영향을 받는다는 사실에 있다. 일자리의 수가 백만 개 감소하더라도 측정된 실업자의 수는 백만 명보다 적게 증가하는 경우가 종종 있는데 이는 실업자들 중 일부가 실망을 하여 적극적으로 직장을 구하는 것을 포기하기 때문이다. 이와 같은 실망실업자(discouraged worker)는 실업자가 아닌 비경제활동인구에 포함된다. 실업상태로 있는 기간이 길수록 취업률은 떨어지며 실망실업자로 남게 될 가능성이 높다.

이미 잘 알려진 이들 두 요인 이외에도 노동생산성 증가율은 일반적으로 (실제 총생산량이 잠재생산량보다 빠르게 성장하는) 경기상승기에 가속화되고 (실제 총생산량이 잠재생산량보다 느리게 성장하는) 경기하강기에는 감속되거나 음의 값을 갖기도 한다. 이와 같은 현상의 원인에 대해서는 경제학자들 간에 논쟁이 계속되고 있다. 하지만 이러한 현상은 경기변동이 실업률에 미치는 영향을 완충시키는 역할을 한다.

오쿤의 법칙에 따르면 경제성장률이 양의 값을 보이는 경기회복기에는 실업률이 하락할 것으로 기대된다. 실제로 대부분의 경기회복 국면에서는 실업률이 하락한다. 그렇지만 미국의 경우 1990~1992년의 경기후퇴와 2001년의 경기후퇴 직후의 경기회복 국면에서는 실업률이 1년 이상 계속 상승했는데 이를 고용 없는 경기회복이라 한다. 다음의 사례 연구는 고용 없는 경기회복에 대해 설명한다.

사례연구

고용 없는 경기회복

경기적 실업이 경기변동과 반대방향으로 움직이기 때문에 경제가 수축하는 경기후퇴기에는 실업률이 상승하고 경기회복기에는 실업률이 하락할 것으로 예상된다. 그런데 경기가 팽창한다고 해서 항상 실업률이 하락하는 것은 아니다. [그림 9-2]는은 1949년부터 2023년까지 미국의 실질국내총생산 증가율과 실업의 변화를 보여주는 산포도다. 그림에서 수평축은 실질국내총생산 증가율을, 수직축은 전년 대비 실업률의 증가분을 나타내며, 각 점은 특정 연도의 성장률과 실업률 변화를 보여준다.

그림을 보면 보라색 선 왼쪽에 있는 점들, 즉 성장률이 마이너스인 해에는 대개 실업률이 상승했음을 알 수 있다. 그런데 이 선의 오른쪽 점들을 보면 경제가 성장하고 있음에도 불구하고 실업률이 오히려 상승하는 해들이 있음을 알 수 있다. 이

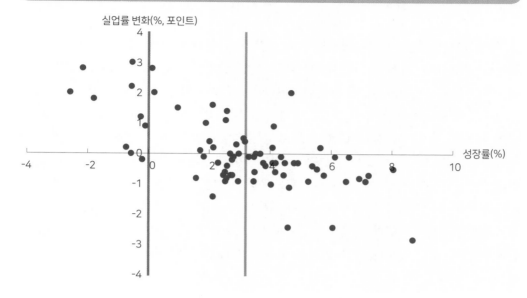

그림 9-2 미국의 경제성장률과 실업률 변화, 1949~2023

처럼 경제가 성장하고 있지만 실업률이 상승하는 현상을 고용 없는 경기회복(jobless recovery)이라 한다.

고용 없는 경기회복은 오쿤의 법칙에 대한 예외일까? 반드시 그렇지만은 않다. 그림에서 초록색 수직선은 1949년부터 2023년까지의 미국의 연평균 성장률인 3.15%에 해당하는 선이다. 이 선의 오른쪽에 있는 점들은 성장률이 평균성장률을 초과하여 높은 성장을 보인 해에 해당하는데 대개 실업률이 하락했다. 양의 성장률을 보였지만 실업률이 상승한 해에 해당하는 점들은 대개 초록색 선의 왼쪽에 있다. 이는 경기가 회복하더라도 회복세가 강하지 못하다면 실업률이 하락하지 않을 수도 있음을 의미한다.

오쿤의 법칙은 총생산 갭이 양의 값을 가질 때 실업률이 하락함을 나타낸다. 그런데 총생산 갭이 부호는 실제 총생산량과 잠재생산량 간의 차이에 의해 결정되는데, 잠재생산량은 성장추세를 따라 증가한다. 따라서 총생산 갭이 양의 값을 가지는 해는 경제성장률이 잠재생산량 증가율을 초과하는 해에 해당하는데 초록색 선의 오른쪽에 있는 점들이 바로 이 경우에 해당한다. 만일 잠재생산량 증가율이 전체 기간의 평균 성장률과 유사하다면 보라색 선과 초록색 선 사이에 있는 점들에서는 경제가 성장하기는 하나 성장률이 잠재생산량 증가율에 못 미치기 때문에 총생산 갭이 음의 값을 가질 것이고, 따라서 오쿤의 법칙에 따른다면 실업률이 상승할 수 있다.

④ 비자발적 실업

실업자들 중에는 마찰적 실업과 같이 자발적인 선택에 의해 실업 상태에 있는 사람들뿐만 아니라, 자신이 원하지 않는데도 실업 상태에 빠져 있는 사람들도 많이 섞여 있다. 노동자가 자신의 의사에 반하여 실업 상태로 있는 경우 이를 비자발적 실업(involuntary unemployment)이라 한다. 여기서 자신의 의사에 반한다는 것은 자신과 비슷한 능력을 가진 노동자들이 현재 받고 있는 임금을 받고 일할 용의가 있음에도 불구하고 취직이 안 되는 것을 말한다. 예를 들어 대학을 갓 졸업한 사람이 월 300만원을 주는 일자리를 찾고 있으나 취업을 못하고 있는 경우를 생각해 보자. 만일 비슷한 능력을 가진 대학 졸업자의 초봉이 월 300만원 수준이라면 이 사람은 비자발적 실업자로 분류할 수 있다. 만일 대학 졸업자의 초봉이 월 200만원 수준이라면 이 사람은 남들이 받는 것보다 높은 임금을 요구하기 때문에 취업이 안 된 자발적 실업자라 할 수 있다.

자발적 실업과 비자발적 실업의 차이를 그림을 통해 좀 더 명확하게 알아보기로 하자. [그림 9-3]은 노동시장에서의 수요곡선과 공급곡선을 보여준다. 편의상 모든 노동자의 능력이 동일하다고 가정하기로 하자. 노동의 수요는 임금의 감소함수고 노동의 공급은 임금의 증가함수다. 노동공급은 경제활동인구($\bar{L}$)보다 커질 수 없으므로 노동공급곡선은 $\bar{L}$에서 수직이 된다. 이 노동시장에서의 균형임금과 균형고용량은 수요곡선과 공급곡선이 교차하는 E점에서 결정된다. E점에서는 노동의 수급이 일치하는데, 이는 곧 균형임금인 w_F를 받고 일하고자 하는 노동자는 모두 고용이 됨을 의미하며 따라서 비자발적 실업은 존재하지 않는다. 물론 $\bar{L}-L_F$에 해당하는 노동자는 실업 상태에 있지만, 이들은 다른 노동자들이 받고 있는 균형임금수준인 w_F보다도 높은 임금을 받아야만 일을 할 의사가 있는 노동자이므로 자발적 실업자다.

이제 어떤 이유에서든 이 노동시장에서의 임금수준이 균형임금수준보다 높은 w^*에 고정되어 있다고 하자. 이 경우에는 AB의 길이만큼 노동의 초과공급이 발생하게 되는데 이 부분이 바로 비자발적 실업에 해당한다. 이 부분에 해당하는 노동공급곡선을 보면 노동자들은 다른 노동자들이 받고 있는 임금수준인 w^*와 같거나 낮은 임금만을 받고 노동을 공급할 의사가 있음에도 불구하고 취업을 못하고 있기 때문이다.

그런데, 한편으로 생각하면 과연 비자발적 실업이 존재할 수 있는가에 대해 의문이 생긴다. 그림에서 비자발적 실업 상태에 있는 노동자들은 C점과 B점 사이의 노동공급곡선상에 위치해 있으므로 취업중인 노동자들이 받고 있는 임금인 w^*보다 낮

그림 9-3 비자발적 실업

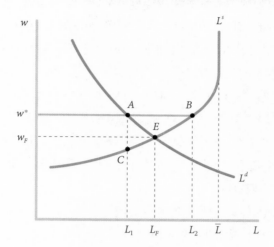

임금이 w^*에서 경직적이라면 L_2-L_1만큼의 실업자가 존재한다. 이들은 현재 임금수준에서 일할 의사가 있음에도 불구하고 취업을 하지 못하고 있으므로 비자발적 실업자다.

은 임금에 노동을 공급할 의사가 있다. 따라서 이들은 취업을 하기 위해 w^*보다 낮은 임금에 일을 하겠다고 나설 것이고 만일 기업들이 이들을 고용한다면 실제로 임금이 하락할 것이다. 사실 기업들의 입장에서는 같은 능력을 가진 노동자를 보다 낮은 임금에 고용하는 것을 마다할 이유가 없기 때문이다. 결국 임금하락은 비자발적 실업이 사라질 때까지 계속되는 것이 마땅하다. 따라서 현실적으로 비자발적이 실업이 존재한다 함은 임금이 하락하지 못하는 요인이 있음을 의미한다.

비자발적 실업과 임금 경직성

앞에서 비자발적 실업의 존재를 설명하기 위해서는 임금이 경직적이어야 함을 지적하였다. 임금이 경직적인 이유로는 여러 가지를 들 수 있다. 우선 최저임금제도나 장기임금계약과 같은 제도적인 이유를 들 수 있다. 최저임금제도는 가장 숙련도가 낮은 단순노동자들에 있어서 비자발적 실업의 존재를 설명할 수 있다. 최저임금제도가 존재할 경우 명목임금은 최저임금수준보다 낮아질 수 없다. 따라서, 단순노동자에 대한 수요와 공급을 일치시키는 균형임금이 최저임금보다 낮을 경우에는 단순노동자에 대한 임금은 최저임금과 같아지고 단순노동자의 초과공급이 존재하게 된다.

노동자와 기업간에 장기임금계약(long-term wage contract)이 체결된 경우에도 명목임금은 경직적이 된다. 임금계약기간 도중에 경제상황의 변화가 발생하더라도 계약내용, 특히 계약에 명시된 임금을 변경하는 것이 불가능하기 때문이다.

이상에서 제시된 최저임금제도나 장기임금계약은 주로 명목임금의 경직성(nominal wage rigidity)을 설명할 수 있는 요인이다. 그런데 비자발적 실업은 명목임금의 경직성 뿐만 아니라 실질임금의 경직성(real wage rigidity)에 의해서도 발생할 수 있다. 실제 자료를 보더라도 실업률은 경기변동에 따라 크게 변하는 반면에 실질임금은 그다지 변하지 않는데, 이와 같은 현상을 설명하기 위해 실질임금이 경직적일 수 있음을 보여주는 이론들이 제시되었다.

실질임금의 경직성으로 인해 비자발적 실업이 발생할 수 있음을 보여주는 이론으로는 효율임금이론, 내부자−외부자 이론, 그리고 암묵적 계약이론을 들 수 있다. 효율임금이론은 높은 임금을 지불함으로써 종업원들의 근로효율이 향상되기 때문에 기업은 시장균형임금보다 높은 임금을 지급한다고 주장하며, 내부자−외부자이론은 기업에 고용된 근로자들은 임금계약에 있어서 우월한 협상력을 가지기 때문에 시장균형임금보다 높은 임금으로 기업과 계약을 맺는다고 주장한다. 다음에서는 이들 이론에 대해 보다 상세하게 알아보기로 한다.

효율임금이론

기업이 고용하는 노동자들은 같은 시간을 일하더라도 각자의 숙련 정도나 근로노력의 정도에 따라 생산에 기여하는 정도가 다르다. 효율임금이론(efficiency wage theory)은 노동자의 생산성이 임금수준에 의해 영향을 받는다고 주장한다. 이와 같은 주장이 옳다면 노동시장이 초과공급상태에 있다고 하더라도 기업으로서는 임금을 낮추지 않을 유인이 존재한다. 임금을 낮출 경우 생산성이 크게 하락하여 오히려 이윤이 감소할 우려가 있다면 기업으로서는 임금을 낮추지 않는 것이 더 낫기 때문이다.

효율임금이론의 논리를 기업의 이윤극대화 모형을 이용하여 설명해 보자. 분석의 단순화를 위해 기업이 노동만을 생산요소로 사용한다고 할 때 생산물 단위로 측정한 이윤은 다음과 같다.

$$\Pi = f(eL) - wL \tag{9-5}$$

위 식에서 e는 근로효율(efficiency of labor) 또는 근로노력을 나타내며 w는 실질임금, 그리고 L은 노동투입량을 나타낸다. 근로효율이 임금수준과 관계없이 항상 일정하다면 기업은 같은 수의 노동자를 고용하더라도 임금이 낮을수록 이윤이 증가하므로 임금하락을 마다할 이유가 없다.

그러나, 만일 근로효율이 다음과 같이 임금의 증가함수라면 사정은 달라진다.

$$e = e(w), \quad \frac{de}{dw} > 0$$

위 식을 (9-5)식에 대입하면 기업의 이윤은 다음과 같이 고쳐 쓸 수 있다.

$$\Pi = f[e(w)L] - wL \tag{9-6}$$

이 경우에는 임금이 하락하면 생산비용(wL)은 감소하지만, 근로효율이 하락하고 이에 따라 생산량과 매출이 감소하므로 오히려 이윤이 감소할 수도 있다.

솔로우(Robert Solow)는 기업의 이윤이 위와 같이 주어질 경우에는 기업은 이윤을 극대화하기 위해 고용량뿐만 아니라 임금수준도 선택할 수 있다고 하였다.[2] 즉, (9-6)식을 고용량과 임금으로 미분한 값을 각각 0으로 놓으면 다음과 같은 이윤극대화 조건이 구해진다.

$$\frac{d\Pi}{dL} = e \cdot f' - w = 0 \tag{9-7}$$

$$\frac{d\Pi}{dw} = L \cdot f' \cdot \frac{de}{dw} - L = 0 \tag{9-8}$$

(9-7)식은 노동의 한계생산물이 근로효율 단위당 실질임금과 일치해야 함을 나타낸다. (9-8)식은 (9-7)식을 이용하여 다음과 같이 고쳐 쓸 수 있다.

$$\frac{w}{e} \cdot \frac{de}{dw} = \frac{de/e}{dw/w} = 1 \tag{9-9}$$

---

2 R. Solow, "Another Possible Source of Wage Stickiness," *Journal of Macroeconomics* 1, 1979. 노동시장이 완전경쟁시장이라 해도 기업이 임금수준을 선택하는 것이 가능하다. 즉 노동시장이 완전경쟁시장이라면 개별 기업이 시장의 균형임금 수준에는 영향을 미칠 수 없지만 이윤극대화를 위해 자신이 지급하는 임금을 시장임금보다 높은 수준으로 선택하는 것은 가능하다.

위 조건은 이윤을 극대화하기 위해서는 근로효율의 임금에 대한 탄력성이 1이 되도록 임금이 선택되어야 함을 의미하는데 이를 솔로우 조건(Solow condition)이라 부른다. 솔로우 조건을 만족하는 실질임금수준을 효율임금(efficiency wage)이라 부른다.

[그림 9-4]는 근로효율함수의 한 예를 보여준다. 예를 들어 A점은 실질임금이 w_0인 경우 종업원의 근로효율이 e_0와 같음을 나타낸다. A점과 원점 O를 연결한 선분 OA의 기울기는 e_0/w_0인데 이는 임금단위당 평균근로효율이라 할 수 있다. [그림 9-4]에서는 B점에서 임금단위당 평균근로효율이 가장 높다. 원점과 B점을 연결한 선분 OB의 기울기는 근로효율곡선상의 어떤 다른 점과 원점을 연결한 선분의 기울기보다 크기 때문이다.

그런데 임금단위당 근로효율이 극대화되는 B점에서의 접선은 직선 OB와 일치하므로 B점에서의 근로효율곡선의 기울기(de/dw)와 임금단위당 근로효율(e/w)이 동일함을 알 수 있다. 즉, $de/dw=e/w$인데 이는 곧 (9-9)식과 동일한 조건이다. 즉, 효율임금이란 곧 실질임금 한 단위당 근로효율을 극대화시키는 임금 또는 근로효율 한 단위당 지급되는 실질임금수준을 최소화시키는 임금임을 알 수 있다.

이제 식 (9-9)의 조건을 만족시키는 효율임금을 w^*라 하자. 만일 모든 기업들이 선택하는 효율임금이 w^*와 같고, w^*가 [그림 9-4]에서처럼 노동수급을 균형시키는 실질임금(w_F)보다 높다면 실제 노동시장에서는 w^*의 실질임금이 지급되고 그 결과 L_2-L_1만큼 비자발적 실업이 존재하게 된다.

이상에서 설명된 효율임금이론은 근로효율이 실질임금의 증가함수라는 주장에 기초하고 있다. 그렇다면 왜 임금의 상승은 근로효율을 증가시키는 것일까? 그 근거로는 여러 가지 이론이 제시되어 있다. 우선, 가장 고전적인 이론으로 영양이론(nutrition theory)을 들 수 있다. 높은 임금을 받는 노동자일수록 영양가가 높은 식사를 할 수 있고 이에 따라 체력과 건강이 향상되어 높은 생산성을 발휘할 수 있다는 것이다. 그러나, 이와 같은 영양이론은 임금이 최저생계비 수준에 불과한 저소득국가에는 적용이 가능하겠지만 임금이 최저생계비 수준을 훨씬 웃도는 선진국에는 적용하기 어렵다는 문제가 있다.

두 번째 이론으로는 근무태만모형(shirking model)을 들 수 있다. 종업원들의 효용이 근로노력의 감소함수라면 종업원들은 근무 중에도 가능한한 일을 적게 하려고 할 것이다. 물론 기업의 경영자는 종업원들이 태만하지 않도록 감독을 하겠지만 모든 종업원을 일일이 감독하려면 비용이 지나치게 많이 든다. 뿐만 아니라 노동자가 근무태만을 하다가 발각되어 해고를 당하더라도 해고되자마자 바로 이전 직장에서와 동일한 임금을 받는 새로운 직장을 구할 수 있다면 근무태만으로 인해 노동자가 받는

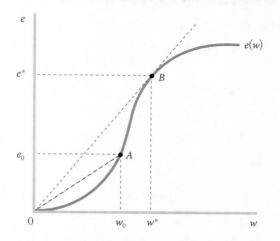

그림 9-4 근로효율곡선과 효율임금

근로효율곡선상의 점과 원점을 연결한 직선의 기울기는 임금 한 단위당 평균근로효율을 나타낸다.
임금단위당 평균근로효율은 B점에서 가장 높은데, 이에 해당하는 임금을 효율임금이라고 한다.

불이익은 하나도 없다고 할 수 있다. 따라서 노동자들이 근무태만을 하지 않도록 하
기 위해서는 이에 따른 불이익이 존재해야 하는데, 시장임금보다 높은 수준의 임금
을 지급하는 것이 근무태만에 따른 불이익을 창출할 수 있는 방법 중의 하나다. 즉,
현재의 직장이 다른 직장에 비해 높은 임금을 지급한다면 근무태만을 하다가 발각되
어 해고될 경우 새로운 직장을 구한다 해도 임금격차만큼의 불이익이 발생하게 된
다. 임금격차가 클수록 불이익이 크므로 노동자는 해고당하지 않도록 근로노력을 높
일 것이고 이에 따라 근로효율이 높아질 것이다.

　세 번째 효율임금이론으로는 역선택모형(adverse selection model)을 들 수 있다. 이
이론에 따르면 기업은 높은 임금을 지불함으로써 종업원의 평균적인 질을 높일 수
있으며 이에 따라 근로효율을 향상시킬 수 있다는 것이다. 만일 기업이 임금을 삭감
하면 보다 높은 임금을 주는 직장을 구할 능력이 있는 가장 우수한 종업원들이 먼저
이직을 할 것이고 다른 곳에서 직장을 구하기 어려운 열등한 종업원들만이 남을 것
이기 때문이다.

　네 번째 이론으로는 이직모형(job turnover model)을 들 수 있다. 이는 기업이 높은
임금을 지불함으로써 종업원의 이직을 줄일 수 있다는 것이다. 기업이 종업원을 새
로 채용하고 그 기업에 필요한 교육훈련을 시키는 데에는 상당한 시간과 비용이 든
다. 따라서 기존의 종업원이 직장을 그만둔다면 새 종업원을 채용한다 해도 상당한

기간동안은 이직한 종업원과 같은 근로효율을 발휘할 수 없으며 따라서 전체 종업원의 평균적인 생산성이 저하될 수밖에 없다. 만일 기업이 다른 기업보다 높은 임금을 지불한다면 종업원들의 이직이 줄어들 것이고 이에 따라 기업은 전체 종업원의 근로효율을 높은 수준으로 유지할 수 있다.

사례연구

헨리 포드와 효율임금

포드자동차 회사의 창립자인 헨리 포드(Henry Ford)는 1914년에 충격적인 선언을 하였다. 그의 회사는 모든 숙련 근로자에게 하루 8시간 작업을 시키고 최소한 5달러의 일당을 지급하겠다고 선언한 것이다. 이전까지만 해도 9시간 작업에 평균 2.34달러를 받던 근로자로서는 대단한 임금인상인 셈이다. 이는 당시 포드사의 순이익의 절반에 해당하는 큰 규모의 임금인상이었다.

포드 자신이 왜 이와 같은 임금인상을 결정했는지는 불분명하다. 분명한 것은 이 회사가 이전의 임금수준에 근로자를 구하지 못해서 그런 것은 아니라는 점이다. 사실 포드사는 근로자들의 불만이 높고 이직이 매우 잦다는 문제를 안고 있었다. 그 동기가 무엇이든 간에 포드의 결정은 매우 극적인 변화를 가져왔다. 연간 이직률은 1913년의 31.7%에서 1915년에는 16%로 떨어졌으며, 결석률도 1913년의 10%에서 1914년에는 2.5%로 떨어졌다. 임금인상의 결과 포드사의 생산성은 30~50% 높아진 것으로 추정된다.

헨리 포드가 효율임금이론을 이해하고 있었는지는 모르겠지만, 이와 같은 큰 생산성 증가를 초래한 것이 임금인상이라는 점에 대해서는 의심의 여지가 없다. 우리나라도 대기업들이 중소기업에 비해 높은 임금을 지급하는 것이 일반적인 현상인데, 이것 역시 효율임금이론으로 설명될 수 있다.

내부자-외부자 이론

린드백(Assar Lindbeck)과 스노우어(Dennis Snower)의 내부자-외부자 이론(insider-outsider theory)은 임금협상에 있어서 내부자와 외부자 간의 협상력의 차이로 인해 비자발적 실업이 발생한다고 주장한다.[3] 여기서 내부자라 함은 이미 기업에 고용되어 있는 노동자들을 의미하며 외부자는 실업자들을 의미한다. 이미 기업에 고용되어 있는 노동자들은 임금협상 과정에 있어서 우월한 협상력(bargaining power)을 행사할 수 있기 때문에 노동시장을 균형시키는 실질임금수준보다 높은 수준의 임금으로 기업과 계약을 맺는다. 이처럼 내부자−외부자 이론은 실질임금의 경직성과 비자발적 실업의 원인을 주로 노동자 측면에서 찾고 있다. 반면에 앞서 설명한 효율임금이론은 비자발적 실업의 원인을 기업측에서 찾고 있다.

내부자들이 우월한 협상력을 가지는 이유는 기존의 노동자가 그만둘 경우 기업은 새로운 노동자를 구해야 하는데 빈 일자리에 적합한 노동자를 구하고 훈련을 시키는 데에는 상당한 시간과 비용이 들기 때문이다. 노동조합의 결성도 내부자에게 우월한 협상력을 제공한다. 노동조합이 있는 경우 임금은 완전경쟁시장에서의 노동수급에 의해 결정되는 것이 아니라 노동조합과 기업간의 단체협상(collective bargaining)에 의해 결정된다. 노동조합이 기업과 임금협상을 할 때에는 현재의 고용수준을 위협하지 않는 한도 내에서 가장 높은 실질임금을 받고자 노력한다. 이는 노동조합이 이미 고용되어 있는 노동자들의 이익을 대표하기 때문이다. 물론 이와 같은 협상결과는 낮은 실질임금을 받더라도 고용기회가 늘어나기를 원하는 실업자들의 이익과는 상충된다. 그러나 실업자들은 임금협상 과정에 참여할 수 없는 외부자이기 때문에 실질임금이 균형임금보다 높게 결정되는 것을 방지하기가 어렵다.

이상의 주장이 맞는다면 노동조합의 결성도가 높은 국가일수록 실업률이 높을 것으로 기대된다. 실제로 1985년의 자료를 이용한 한 실증연구에서는 경제활동인구 중 노동조합원의 비율이 10% 포인트 증가함에 따라 실업률이 1.2% 포인트 증가함을 발견하였다.[4] 그런데, 스웨덴의 경우에는 〈표 9−1〉에서와 같이 미국에 비해 경제활동인구의 노동조합 가입률이 매우 높음에도 불구하고 실업률은 역사적으로 매우 낮은 수준을 유지하여 왔다. 그 이유로는 미국과 같은 국가에서는 임금협상이 기업 또는 사업장 단위로 이루어지는 반면에 스웨덴에서는 국가전체 차원에서 이루어지기 때문에 정부가 실업자들의 이익을 위해 균형수준에 가깝게 실질임금이 결정되도록 임금협상 과정에 영향을 미칠 수 있는 여지가 많기 때문이다.

---

3 A. Lindbeck and D. Snower, *The Insider-Outsider Theory of Employment and Unemployment*, MIT Press, 1988.

4 L.H. Summers, "Why is Unemployment Rate So Very High Near Full Employment?" *Brookings Papers on Economic Activity* 2, 1986.

표 9-1 노동조합 가입률(2016년) (단위: %)

Sweden	66.8
Denmark	67.2
United Kingdom	23.7
Germany	17.0
Japan	17.3
United States	10.3
France	7.9[1]

주 1) 2015년
자료: OECD

암묵적 계약이론

수요공급이론에 따르면 경기침체로 인해 노동에 대한 수요가 감소할 경우 고용량과 임금이 함께 감소할 것으로 기대된다. 그러나 실제로는 단기적인 경기변동에 따라 고용량은 민감하게 반응하는 반면 실질임금은 별로 변동하지 않음을 볼 수 있다. 베일리(Martin Baily)와 아자리아디스(Costas Azariadis)는 이와 같은 실질임금의 경직성을 노동자와 기업 간에 이루어지는 암묵적 계약(implicit contract)의 결과라고 해석한다.

이 이론은 노동자와 기업의 위험에 대한 태도가 비대칭적이라는 전제로부터 출발한다. 노동자들은 위험기피적이기 때문에 기업으로부터 안정된 실질임금을 보장받기를 원한다. 반면에 기업은 위험중립적이기 때문에 위험기피적인 노동자들을 소득변동으로부터 보호하기 위해 일정한 실질임금을 지급하는 데에 동의할 것이다.

예를 들어 노동자의 효용이 [그림 9-5]와 같이 실질임금의 증가함수라고 하자. 이 효용함수에 따르면 소득이 증가함에 따라 한계효용이 체감하는데 이와 같은 효용함수를 가진 경제주체를 위험기피자(risk averter)라고 부른다. 이제 노동자가 받는 실질임금이 불황시에는 w_1, 호황시에는 이보다 높은 w_2이며, 불황의 확률을 p라고 하자. 이 노동자가 평균적으로 받을 것으로 기대하는 임금은 다음과 같다.

$$E(w) = p \cdot w_1 + (1-p) \cdot w_2$$

이 기대임금으로부터의 효용은 $U[E(w)]$로서 [그림 9-5]의 C점에 해당한다. 한편 이 노동자의 기대효용은 다음과 같이 계산될 수 있다.

그림 9-5 위험기피적 노동자의 효용함수

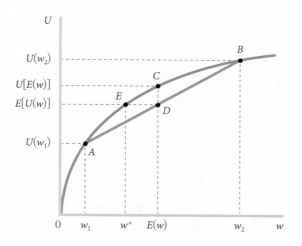

위험기피적인 노동자에게는 경기침체와 경기호황시에 w_1과 w_2로 임금이 변동하는 것과 기대임금보다는 낮지만 일정한 실질임금 w^*를 받는 것이 동일한 효용을 제공한다.

$$E[U(w)] \; = \; p \cdot U(w_1) \; + \; (1-p) \cdot U(w_2)$$

　노동자의 기대효용수준은 [그림 9-5]의 점 D에 해당한다. 그런데 기대효용수준은 기대임금을 확실하게 받을 경우의 효용수준보다도 낮은데 이것은 이 노동자가 위험기피자이기 때문이다.

　이처럼 위험기피적인 노동자들은 기대효용 즉 D점과 동일한 효용을 주는 점인 E에 해당하는 확실한 임금을 받을 용의가 있다. 즉, 노동자들에게는 확실한 임금 w^*가 주는 효용수준이 불확실한 임금으로부터의 기대효용수준과 같으므로 w^* 이상의 어떤 수준에서도 고정된 임금을 받는 임금계약을 할 용의가 있을 것이다. 결국 위험중립적인 기업이 이윤극대화를 목표로 한다면 w^* 수준의 임금만을 제공하려 할 것이다. 따라서 노동자와 기업 모두 경기변동에 관계없이 w^* 수준의 임금을 지급하는 데에 동의할 것이다.

　이상에서 보듯이 기업이 경기변동에 따른 실질임금 변동으로부터 노동자들을 보호해주는 보험의 기능을 수행하도록 암묵적인 계약이 이루어지며, 그 결과 실질임금은 경직적이 된다. 그런데 이와 같은 암묵적 계약이 과연 경기변동에 따른 고용량 변동을 설명할 수 있는가에 대해서는 논란의 여지가 있다. 배로우(Robert Barro)가 지적하였듯이 기업이 노동자의 소득변동에 대한 보험을 제공한다면 실질임금뿐만 아니라 고용도 경기변동에 관계없이 안정적으로 유지되어야 하기 때문이다.

⑤ 유럽의 동맥경화증

실업과 관련된 특이한 현상으로는 1980년대 이래 유럽국가들에서 높은 실업률이 장기적으로 지속된 것을 들 수 있는데 이를 유럽의 동맥경화증(Eurosclerosis)이라 부른다. 유럽국가들의 실업률은 1970년대만 해도 평균 4.2%였으나 1980년에 들어 9.8%로 치솟은 이후 계속 두 자리 수를 위협하고 있다. 1983~2010년 중 프랑스의 평균실업률은 9.5%에 달했으며, 1991~2010년 중 독일의 평균실업률은 9.7%에 달했다. 이처럼 유럽에서 높은 실업률이 장기간 지속되고 있다는 사실은 이 기간 중 자연실업률이 큰 폭으로 상승하였음을 의미한다. 실제로 독일과 프랑스의 자연실업률은 8%를 초과하는 것으로 추정되는데 이는 미국의 자연실업률이 5~6%로 추정되는 것과 대조가 된다.

그렇다면 유럽국가들의 자연실업률이 이처럼 크게 상승한 원인은 무엇일까? 여기에 대해서는 학자들 간 의견이 일치되지 않고 있다. 많은 학자들은 유럽의 높은 자연실업률이 정부정책의 부작용으로 인한 것이라 주장한다. 이 가설에 따르면 지속적으로 높은 실업률은 노동자를 돕기 위한 의도에서 시행된 정책으로 인한 것이다. 이와 같은 정책의 예로는 높은 실업급여 혜택을 들 수 있다. 많은 유럽국가들이 실업자가 실업급여를 수령할 수 있는 기간에 대한 제한을 폐지했으며, 유럽의 실업자가 받을 수 있는 실업급여는 미국보다도 훨씬 더 높다. 여기에 기술변화에 따라 비숙련 노동자에 대한 수요가 감소한 것도 한 몫을 하였다. 비숙련 노동자의 임금이 감소함에 따라서 많은 비숙련 노동자들이 차라리 실업자가 되어 실업급여를 수령하는 것을 선택한 것이다. 유럽국가들의 최저임금 수준이 높은 것도 자연실업률을 높인 원인이 된다.

다른 학자들은 1970년대 후반부터 유럽국가들이 경험한 고실업률의 경험 자체가 자연실업률을 항구적으로 상승시킨 원인으로 본다. 이와 같이 어떤 경제적 충격이 사라진 후에도 장기적이고 지속적인 영향을 미치는 현상을 자기이력현상(hysteresis)이라고 한다. 유럽국가들의 자연실업률에 있어서 자기이력현상이 나타난 이유로는 다음의 여러 가지를 들 수 있다.

첫째, 실업이 지속됨에 따라 실업자들이 실업 상태에 적응하였기 때문이다. 실업자들은 여러 가지 실업에 따르는 혜택을 받아내는 방법을 알아내게 되고, 일하지 않는 생활에 적응함으로써 취업을 위한 노력이 약화될 수 있다.

둘째, 기업들은 노동자들의 실업기간을 노동자의 능력에 대한 신호로 받아들일 수 있다. 즉, 1970년대 후반의 오랜 경기침체로 인해 노동자들의 실업기간이 다른 경기침체기에 비해 장기화되었는데, 기업들은 이를 감안하지 않고 단지 노동자에게 문제가 있기 때문에 장기실업 상태에 처했을 것이라 간주하고 이들의 고용을 꺼릴 수 있다.

셋째, 내부자-외부자 이론에 따르면 이미 고용되어 있는 노동자들은 임금협상에 있어서 높은 협상력을 이용하여 임금을 높이는 데에 주력할 것이고, 그 결과 기업들의 노동수요가 감소하여 실업이 증가하게 된다.

⁝ 요점 정리

1 실업은 그 발생원인에 따라 몇 가지의 유형으로 구분할 수 있다. 경기적 실업은 경기침체로 인해 노동에 대한 수요가 감소함에 따라 발생하는 실업이다. 구조적 실업은 산업구조의 변화나 기술의 발달 등으로 말미암아 특정한 기능을 가진 노동자에 대한 수요가 감소함에 따라 발생하는 실업을 말한다. 한편 새로운 직장을 탐색하는 과정에서 발생하는 실업을 마찰적 실업이라고 한다.

2 자연실업률이란 완전고용상태에서의 실업률 즉 마찰적 실업과 구조적 실업만이 존재하는 경우의 실업률로 정의된다. 자연실업률 결정모형에 따르면 취업률이 높을수록 그리고 이직률이 낮을수록 자연실업률은 낮아진다. 자연실업률에 영향을 주는 요인으로는 실업보험제도, 인구 구성, 노동시장의 제도 등을 들 수 있다.

3 실제 실업률은 점진적으로 변하는 자연실업률을 중심으로 단기적인 변동을 가진다. 자연실업률을 중심으로 한 실제 실업률의 변동은 경기변동에 따른 총생산량의 변화를 반영한다. 디플레이션 갭이 존재할 때에는 실업률이 상승하며 인플레이션 갭이 존재할 때에는 실업률이 감소한다. 그러나 실업률의 변동폭은 총생산 갭의 변동폭보다 작은데 이를 오쿤의 법칙이라 한다.

4 자신과 비슷한 능력을 가진 노동자들이 현재 받고 있는 임금을 받고 일할 용의가 있음에도 불구하고 취직이 안 되는 것을 비자발적 실업이라 한다. 비자발적 실업의 존재는 명목임금의 경직성이나 실질임금의 경직성에 의해 설명될 수 있다. 장기임금계약이나 최저임금제도는 명목임금을 경직적으로 만든다. 반면에 효율임금이론, 내부자-외부자이론, 암묵적 계약이론 등은 실질임금이 경직적인 이유를 제시한다.

5 효율임금이론은 근로효율이 임금의 증가함수일 경우 기업이 시장균형임금보다 높은 실질임금을 지급할 동기가 있음을 주장한다. 임금이 근로효율에 영향을 미칠 수 있는 이유로는 영양상태, 근무태만, 이직, 역선택 등을 들 수 있다.

6 내부자-외부자이론에 따르면 취업자는 노동조합을 결성할 수 있는 반면 실업자는 조직화되어 있지 않으므로 양자간의 협상력에 차이가 있고 이에 따라 임금수준이 완전고용을 달성하기에는 지나치게 높은 수준에서 결정된다.

7 암묵적 계약이론에 따르면 노동자는 위험기피적인 반면 기업은 위험중립적이므로 기업이 경기변동에 따른 실질임금 변동으로부터 노동자들을 보호해주는 보험기능을 수행하도록 암묵적인 계약이 이루어지며, 그 결과 실질임금은 경직적으로 된다.

8 유럽은 1980년대와 1990년대에 걸쳐 장기간 높은 수준의 실업률을 경험하고 있다. 학자들은 1970년대 후반부터 유럽국가들이 경험한 고실업률의 경험 자체가 자연실업률을 상승시킨 원인으로 보는데 이와 같이 어떤 경제적 충격이 사라진 후에도 장기적이고 지속적인 영향을 미치는 현상을 자기이력현상(hysteresis)이라고 한다.

**⦂ 주요
용어**

- 실업
- 경기적 실업
- 고용 없는 경기회복
- 구조적 실업
- 마찰적 실업
- 자발적 실업

- 비자발적 실업
- 효율임금
- 자연실업률
- 내부자−외부자 이론
- 암묵적 계약
- 자기이력현상

- 생산가능연령인구
- 비경제활동인구
- 총생산 갭
- 오쿤의 법칙
- 실망실업자

**⦂ 연습
문제**

1 실질임금(w)에 따른 노동자의 근로효율(e)이 다음과 같이 주어졌다고 가정하자.

실질임금(w)	근로효율(e)
8	7
10	10
12	15
14	17
16	19
18	20

노동자의 수를 L이라 할 때 노동의 한계생산물(MPL)은 다음과 같다고 하자.

$MPL = e(100-L) / 15$

(1) 기업이 위의 여섯 개의 실질임금 중 하나만을 지불한다 할 때 어떤 실질임금을 선택하겠는가?

(2) 이 기업이 소재한 도시에 200명의 노동자가 있고 모두 실질임금이 8이면 일을 할 용의가 있다고 하자. 이것이 (1)의 답에 어떤 영향을 미치겠는가를 그 이유와 함께 설명하시오.

(3) 경직성은 실질변수뿐만 아니라 명목변수에서도 관측된다. 새 케인즈학파의 입장에서 명목임금의 경직성을 초래하는 이유들을 간단히 설명하시오.

2 다음의 변화가 자연실업률에 어떠한 영향을 주는지 논하라.

(1) 노동조합의 소멸

(2) 노동시장으로의 10대들의 참여 증가

(3) 총수요의 큰 증가

(4) 실업수당의 증가

(5) 최저임금의 인상

(6) 총수요 구성 측면에서의 큰 변화

3 현재 어떤 국가의 생산가능인구가 2,600만명이다. 그 중에서 1,300만명은 고용이 되었으며 100만명은 실업 상태이다.

(1) 경제활동인구를 구하라.

(2) 실업률을 구하라.

(3) 비취업률(nonemployment rate)을 구하라.

(4) 생산가능인구에 대한 비경제활동인구의 비율을 구하라.

4 기업이 노동자를 해고하는 것을 더욱 까다롭게 만드는 법안이 통과되었다고 하자. 만약 이러한 법안이 직장탐색률에 영향을 미치지 않으면서 해고비율을 줄인다면 자연실업률은 어떻게 변화할 것인가? 이 법안이 직장탐색률에 영향을 미치지 않는 것이 가능하다고 생각하는가?

5 실업을 줄이기 위해서는 사람의 힘으로 할 수 있는 작업에 기계를 사용하는 것을 금지하면 될 것이라는 우스개 소리가 있다. 만일 정부가 이와 같은 정책을 택한다면 다음 경제변수에 어떤 영향을 미칠 것인지를 논의해 보라.

(1) 실질임금

(2) 취업인구

(3) 실업인구

(4) 노동생산성

6 어떤 국가가 지난 2년간 경기후퇴를 겪은 후 경기가 팽창국면에 접어들었다고 하자. 이 국가의 경제정책 담당자는 이제 실업률이 하락할 것을 기대했지만, 경기가 팽창국면에 접어든 후에도 6개월간 실업률은 그대로이다. 이와 같이 경제가 경기 팽창국면에 있어도 실업률이 하락하지 않는 이유를 오쿤의 법칙을 이용해서 설명해 보라.

Chapter

10 인플레이션과 물가안정정책

대부분의 사람들은 인플레이션이 매우 중요한 사회문제라고 생각한다. 1970년대에 미국의 포드 대통령은 인플레이션을 '공공의 적 제1호(public enemy number one)'라고 선언하였으며, 레이건 대통령은 인플레이션을 '가장 잔인한 세금'이라고 하였다. 실제 여론조사에서도 인플레이션은 실업과 함께 가장 중요한 두 가지 경제문제로 손꼽히고 있다. 제10장에서는 인플레이션이 초래하는 자원배분의 왜곡과 함께 인플레이션의 원인과 대책에 대해서 알아보고자 한다.

① 인플레이션

인플레이션(inflation)이란 모든 생산물의 평균적인 가격수준인 물가가 지속적으로 상승하는 현상이다 [그림 10-1]은 1300년대부터 약 700년간에 걸친 영국의 소비자 물가를 보여준다. 그림의 세로축은 동일한 상승률이 동일한 크기를 갖도록 로그 눈금으로 표시되어 있다. 그림을 보면 전체적으로는 물가가 상승하는 추세를 가지고 있지만 제2차 세계대전 이전에는 물가가 상승하기도 하고 하락하기도 하였음을 알 수 있다. 특히 물가는 경기변동과 동행하여 움직이는 경향이 강하여 경기팽창기에는 물가가 상승하고 경기수축기에는 물가가 하락하는 것이 일반적이었다.

우리는 흔히 물가란 오르기만 하는 것으로 알고 있는데 이는 현 세대의 독특한 경험이라 해도 과언이 아니다. 그림을 보면 제2차 세계대전이 종식된 1945년 이후에는 물가가 상승하기만 했지 거의 하락한 적이 없다. 1300년부터 영국의 물가가 20배 상승하는데 650년이 걸린 반면 제2차 세계대전 이후 물가는 불과 50년만에 20배 이상 상승했다. 이처럼 심각한 인플레이션 시대를 살아 온 우리는 물가란 상승하기 마련인 것으로 알고 있는 것이 당연하다. 하지만 1800년대에 태어난 사람들은 물가란

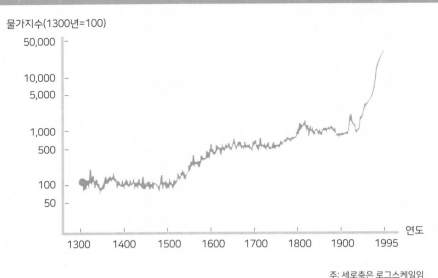

그림 10-1 700년간의 영국 소비자물가

물가지수(1300년=100)

연도

주: 세로축은 로그스케일임
자료: Roger P. Bootle, *The Death of Inflation*, Nicholas Brealey, 1997

오르기도 하고 내리기도 하는 것으로 알고 있었을 것이다.

물론 과거에도 인플레이션이 존재했다. 특히 금본위제도하에서는 금광의 발견으로 인해 금의 생산이 증가하면 물가가 상승했다. 금의 공급이 증가하면 금값이 하락하는데, 금본위제도에서는 금이 바로 가치척도의 역할을 하므로 금값의 하락은 곧 화폐가치의 하락이고 따라서 물가의 상승을 의미하는 것이기 때문이다. 화폐가 내재가치도 없고 금과 같은 상품에 의해 뒷받침되지도 않는 명령화폐(fiat money)로 바뀐 다음에는 중앙은행이 화폐를 지나치게 많이 발행하는 것이 물가상승의 원인이 되었다. 제15장에서 설명하듯이 중앙은행이 명령화폐를 공급하는 데에는 거의 비용이 들지 않기 때문이다. 제1차 세계대전 이후에 독일이 경험한 초인플레이션(hyperinflation)은 정부지출에 충당하기 위해 천문학적 규모의 화폐를 찍어낸 결과였다. 하지만 전 세계적으로 인플레이션이 만연한 시기는 제2차 세계대전부터 1980년대까지의 기간이었다.

제2차 세계대전 이후 1980년대까지는 전 세계가 인플레이션을 경험한 반면에, 1990년대에 들어서는 물가하락을 경험하는 국가들이 나타나기도 했다. 소위 잃어버린 10년을 겪은 일본이 1999년부터 2005년까지 지속적인 물가하락을 경험한 것이 대표적인 예다. 이처럼 물가가 지속적으로 하락하는 현상을 디플레이션(deflation)이라고 한다.

인플레이션은 여러 가지 경제적 비용을 초래한다. 인플레이션의 경제적 비용은 인플레이션이 예견될 수 있었는지의 여부에 따라 상이하다.

완전히 예견된 인플레이션

인플레이션이 발생하면 가격이 명목금액으로 고정된 자산의 실질가치가 감소한다. 소비자물가지수를 기준으로 할 때 1970년말부터 1995년말까지 25년간 한국의 물가는 약 10배 상승하였는데 이는 동일한 명목금액을 가진 자산의 실질가치가 1970년에 비해 십분의 일에 불과함을 의미한다. 예를 들어 1995년에 25년 만기 정기예금이 만기가 되어 100만원의 원리금을 지급받은 사람은 이 금액이 정기예금 가입 당시의 10만원의 구매력밖에 없음을 알게 될 것이다. 1970년에 퇴직하면서 매달 50만원의 연금을 수령하던 사람은 1995년에는 연금의 실질가치가 퇴직 당시에 비해 십분의 일에 불과함을 알게 될 것이다.

이처럼 인플레이션이 발생하는 경우에 고정된 명목금액을 수령하는 계약을 체결한 사람은 손해를 보게 된다. 그러나 인플레이션이 계약 당사자들에 의해 사전에 예견된다면 예상되는 물가상승을 감안하여 어느 일방이 손해를 보지 않도록 계약조건이 정해질 것이기 때문에 그 경제적 효과와 비용은 그다지 크지 않을 것이다.

예를 들어 어떤 경제의 물가가 매년 5%씩 상승하고 있고, 모든 사람들이 이를 예상한다고 하자. 이와 같은 경제에서는 모든 계약이 5%의 물가상승률을 감안하여 체결될 것이다. 이 경제에서 어떤 사람이 1년간 자금을 빌려준다고 할 때 물가가 5% 상승하면 1년 후에 받게 되는 원금의 실질가치는 자금을 빌려줄 당시에 비해 5% 감소하게 된다. 차입자와 대부자는 모두 이 사실을 알기 때문에 대차계약을 체결할 때 명목이자율을 물가상승이 전혀 없을 때에 비해 5% 인상함으로써 대부자가 손해를 보는 일이 없도록 할 것이다. 기업과 노동자 간에 체결되는 임금계약 역시 매년 명목임금을 5%씩 인상하도록 하여 노동자들이 받는 실질임금에 변동이 없도록 할 것이다. 따라서, 이와 같은 경제에서는 인플레이션으로 인해 발생할 수 있는 경제적 비용은 다음 세 가지 밖에 없다고 할 수 있다.

첫째로, 인플레이션세(稅)와 구두창비용(shoe leather cost)을 들 수 있다. 인플레이션이 발생하면 지폐와 주화를 포함한 현금의 실질구매력이 감소한다. 그런데 현금은 이자를 지급하지 않으므로 사전에 인플레이션이 예상된다 하더라도 명목이자율의 인상과 같은 방법을 통해 실질가치의 감소를 보상할 수가 없다. 따라서 현금 보유자는 물가상승에 따른 실질잔고의 감소분만큼 손실을 보게 된다. 그렇다면 이득을 보는 것은 누구인가? 현금은 근본적으로는 중앙은행의 부채이므로 결국 이득을 보는 것은 정부라고 할 수 있다. 즉, 인플레이션이 발생하면 민간부문으로부터 정부부문으로 부의 재분배가 발생하는데 이는 마치 민간부문이 정부에 세금을 내는 것과 같으므로 이를 인플레이션세(inflation tax)라고도 부른다. 인플레이션세는 소득세나 재산세와는 달리 정부가 고지서를 발부하여 징수하는 세금이 아니다. 인플레이션세는 정부의 발권력을 통한 재원조달(seigniorage)의 결과 발생하는 것이다. 즉 정부가 재정지출의 재원을 조달하기 위해 화폐를 발행할 경우 인플레이션이 발생하고 그 결과 인플레이션세가 발생하는 것이다.[1]

현금보유자가 부담하는 실질 인플레이션세의 크기는 다음 식에서와 같이 물가상승률(π)과 현금보유량(M)에 의해 결정되는데 물가상승률은 세율에 그리고 현금 실질잔고의 보유량은 세원에 해당한다고 할 수 있다.

$$\text{실질 인플레이션세} = \pi \times \frac{M}{P}$$

물론 물가상승에 따른 인플레이션세의 부담을 줄일 수 있는 방법이 없는 것은 아니다. 대부분의 자금을 이자를 지급하는 예금으로 보유하고 필요할 때마다 은행에서 조금씩 현금을 찾아 씀으로써 가능한 한 현금을 적게 보유한다면 현금보유에 따른 인플레이션세의 부담을 낮출 수 있다. 그러나 이를 위해서는 은행방문 횟수가 증가하게 되고 이에 따른 소요시간이나 교통비 등의 비용이 증가하는데 이를 구두창비용이라고 부른다. 인플레이션세를 줄이는 대신 구두창비용이 증가하므로 결국 어느 정도의 비용발생은 불가피하다는 것이다.

특히 인플레이션이 매우 심할 때에는 구두창비용이 무시할 수 없을 정도로 커진다. 예를 들어 1984~1985년에 매우 심한 인플레이션을 겪은 이스라엘에서는 사람들이 가능한 한 현금을 적게 보유하려 하는 바람에 은행창구나 현금자동출납기 앞에 항상 사람들이 길게 줄을 서 있었다. 독일의 초인플레이션(hyperinflation)은 역사상

---

1 통화를 증발할 경우 정부는 화폐의 액면가치와 주조비용의 차이만큼 주조차익(seigniorage)을 얻는데, 이를 통해 정부는 재정지출의 재원을 조달할 수 있다.

가장 유명한 인플레이션 사례다. 1922~1923년 사이의 5개월 동안 독일의 물가는 약 5,000억% 상승했다. 매일 물가가 16%씩 상승한 셈이다. 이처럼 물가가 빠른 속도로 상승함에 따라 상인들은 하루에도 여러 차례 현금을 은행으로 가져가서 이자지급부 예금에 넣거나 외화로 환전하는 일을 전담하는 심부름꾼을 고용하기도 했다. 이로 인해 은행업무가 폭증함에 따라 독일의 은행 종업원 수는 1913년부터 10년 사이에 4배 가까이 증가하기도 했다. 21세기에 들어서는 짐바브웨가 초인플레이션을 겪었다. 현금자동출납기 앞에서 기다리는 시간, 현금을 은행으로 나르기 위한 심부름꾼의 임금, 늘어난 은행원의 임금이 바로 구두창비용이다.

둘째로, 메뉴비용을 들 수 있다. 물가가 상승하면 음식점에서는 식단의 가격표를 다시 만들어야 한다. 백화점도 가격표를 바꿔야 하고, 자동판매기나 공중전화도 인상된 제품가격에 맞춰서 조정되어야 한다. 이처럼 가격표를 새로 만드는 데에 드는 비용을 메뉴비용(menu cost)이라 한다. 인플레이션이 매우 심할 때에는 메뉴비용이 무시하지 못할 정도로 커질 수 있다. 1990년에 초인플레이션을 경험한 브라질에서는 슈퍼마켓 종업원들이 업무시간의 절반 이상을 가격표를 교체하는 데 썼다고 한다.

셋째로, 계산단위비용을 들 수 있다. 화폐는 제15장에서 설명하듯이 여러 가지 기능을 수행하는 데 그 중 하나가 계산단위로서의 기능이다. 계산단위 기능이란 화폐가 가격을 정하고 경제적 계산을 하기 위한 단위로 사용되는 것을 말한다. 모든 경제주체들이 1그램이나 1미터가 얼마인지를 알 때 경제 내에서의 거래가 원활하게 일어날 수 있듯이 모든 사람들이 1원이 얼마만한 가치가 있는지를 알 때 교환이 원활하게 일어날 수 있다. 따라서 인플레이션이 발생하여 화폐의 가치가 계속 변하고 경제주체들이 화폐가치를 정확하게 평가할 수 없다면 이들의 경제적 의사결정의 질이 저하되고 그 결과 경제 전체적으로 자원배분의 효율성이 저하될 것이다.

구두창비용, 메뉴비용, 계산단위비용 등은 실제로 발생하는 비용이지만 완만한 인플레이션이 발생하고 완전히 예견될 수 있다면 그 규모는 그다지 크지 않다고 할 수 있다.

그럼에도 불구하고, 현실에 있어서는 정부의 경제정책이 인플레이션을 억제하는 데에 상당한 비중을 두고 있다. 이는 인플레이션이 실제로는 매우 불규칙적으로 일어나서 완전히 예견하기가 불가능하며 이에 따라 상당한 경제적 비용을 발생시키고 있기 때문이다.

예상치 못한 인플레이션

예상치 못한 인플레이션이 발생하는 경우에는 이로 인해 손해를 보거나 이득을 보는 사람이 생기게 된다. 즉, 예상치 못한 인플레이션은 채권자로부터 채무자로의 부의 재분배를 가져온다. 예를 들어, 현금, 예금, 채권 등을 보유하고 있는 채권자는 손해를 보는 반면 개인이나 은행으로부터 돈을 빌린 채무자는 이익을 보게 된다. 또한 고정된 급여를 받는 종업원들은 손해를 보는 반면 이를 지급하는 기업들은 이득을 보게 된다.

경제부문별로 보면 기업은 자금수요부문이고 가계는 자금공급부문이기 때문에 예상치 못한 인플레이션이 발생하면 기업은 이득을 보는 반면 가계는 손해를 본다. 특히 부채가 많은 기업일수록 인플레이션으로 인한 이득이 크기 때문에 인플레이션이 심할수록 기업의 부채의존도가 높아지는 경향이 있다. 대부분의 국가들에 있어서 정부는 정부활동에 필요한 재원을 조달하기 위해 국공채를 발행하기 때문에 자금수요부문이다. 따라서 정부 역시 인플레이션의 발생으로 이득을 본다.

인플레이션은 부와 소득의 재분배를 초래할 뿐만 아니라 자원의 효율적 배분을 저해하기도 한다. 시장경제에서는 자원의 효율적 배분이 가격의 기능에 의해 이루어진다. 소비자는 가격을 보고 소비여부를 결정하고 생산자는 가격을 보고 생산량을 결정한다. 예를 들어 생산자는 자신이 생산하는 제품의 가격이 상승하면 공급량을 늘리는데, 이는 시장실패가 발생하지 않는 한 자동적으로 자원의 효율적 배분을 달성한다. 그런데 예상치 못한 인플레이션이 발생하는 경우에는 제품가격의 상승이 시장에서의 초과수요로 인한 상대가격의 상승 때문인지 또는 일반적인 물가상승 때문인지를 구별하기가 어렵다. 만일 인플레이션으로 제품가격이 상승했는데도 생산자들이 생산량을 늘린다면 이는 자원의 비효율적 배분을 낳는다.

이와 같은 이유에서 인플레이션은 상대가격 변화에 따른 물가상승과는 구분되어야 한다. 예를 들어 중동에서 전쟁이 발발하여 원유의 공급이 감소한다고 하자. 당연히 원유가격과 원유를 원자재로 사용하는 제품의 가격이 상승할 것이고 이에 따라 물가도 상승할 것이다. 하지만 이와 같은 물가상승은 원유의 공급이 감소함에 따라 그 상대가격이 상승한 결과지 모든 생산물의 가격이 일반적으로 상승한 결과는 아니다. 그리고 이와 같은 상대가격의 상승은 자원의 효율적 배분을 위해서도 반드시 필요한 현상이다. 즉, 석유화학제품의 가격 상승은 과거에 비해 희소해진 원유라는 자원이 이를 가장 필요로 하고 잘 활용할 수 있는 가계나 기업에 효율적으로 배분되는 것을 가능하게 하기 때문이다.

정책담당자들이 문제시하는 것은 상대가격의 변화 없이 모든 생산물의 가격이 전반적으로 상승함에 따라 물가가 상승하는 현상이다. 이와 같은 물가상승은 상대가격의 변화가 없으므로 자원의 효율적 배분과는 관계가 없다.

인플레이션과 물가연동제

예상치 못한 인플레이션이 발생하는 경우에는 이득을 보는 사람과 손해를 보는 사람이 생기기 마련이다. 특히 초인플레이션(hyperinflation)과 같이 심한 인플레이션이 발생하는 경우에는 물가상승률 자체의 변동도 매우 심하기 때문에 어느 정도로 물가가 상승할 것인지를 예상하기가 더욱 어렵다. 따라서 예상치 못한 인플레이션으로 인한 손해를 방지하기 위해 계약조건을 명목금액으로 고정시키지 않고 물가에 연동시키는 계약형태가 고안되어 사용되고 있는데 이를 물가연동제(indexation)라 한다. 물가연동제의 예로는 물가연동채권과 임금물가연동제를 들 수 있다.

물가연동채권과 변동금리채 물가연동채권(inflation indexed bond)이란 이자 또는 원금 지급액이 물가상승률에 따라 조정되는 채권을 말한다. 물가연동채권은 대개 미리 정한 실질이자율에다 사후적으로 실현된 인플레이션율을 더한 이자율을 지급한다. 예를 들어 미리 정해진 실질이자율이 3%이고 실제로 발생한 물가상승률이 18%였다면 지급이자율은 21%일 것이고, 물가상승률이 50%였다면 지급이자율은 53%가 된다. 브라질, 아르헨티나, 이스라엘 등과 같이 인플레이션이 매우 심했던 국가에서는 물론이고 인플레이션이 그다지 심하지 않은 국가인 영국과 미국에서도 정부가 물가연동채권을 발행하고 있는데 그 이유는 물가연동채권이 제공하는 인플레이션 보험기능에 대한 투자자들의 선호로 인해 정부가 부담해야 할 실질이자율이 감소하기 때문이다. 바로 이런 이유에서 우리나라도 2007년부터 물가연동채권인 물가연동국고채를 발행하기 시작했다.

변동금리채(floating rate note)도 예상치 못한 인플레이션에 따른 채권자의 손실을 줄일 수 있다. 변동금리채란 이자지급액이 이자계산기간 동안의 단기이자율에 연동되어 조정되는 채권을 말한다. 변동금리채는 원래 이자율 변동에 따른 위험부담을 감소시키기 위해 고안된 것이지만 단기이자율은 그때그때의 인플레이션 예상을 반영하여 변동하므로 예상치 못한 인플레이션에 따른 손실을 방지해 줄 수 있다.

임금교섭에는 많은 시간과 노력이 소요된다. 이에 따라 임금교섭에 따른 거래비용을 줄이기 위해 노동시장의 균형은 흔히 1~3년의 장기 임금계약의 형태로 나타난다. 임금계약은 계약기간 중 지급되는 명목임금을 미리 정하게 된다. 물론 계약기간 중 발생할 것으로 예상되는 인플레이션을 감안하여 명목임금이 정해지겠지만 계약체결 후 예상치 못했던 인플레이션이 발생하면 노동자가 받는 명목임금의 실질구매력은 계약체결시 기대했던 것보다 감소하게 된다. 이를 방지하기 위해 임금계약에는 계약기간 중의 명목임금 상승률을 물가상승률에 연동시키는 조항이 포함되기도 하는데 이를 생계비조정(cost-of-living adjustment: COLA)이라 한다. COLA 조항은 임금물가연동제(wage indexation)의 대표적인 예로서 인플레이션이 심한 국가의 임금계약에서 흔히 발견할 수 있다.

③ 필립스곡선

필립스곡선이란?

필립스곡선(Phillips curve)이란 물가상승률과 실업률 간의 경험적인 관계를 보여주는 곡선을 말한다. 뉴질랜드 출신 경제학자인 필립스(A.W.H. Phillips)는 영국의 명목임금 상승률과 실업률 간의 산포도(scatter diagram)를 그려본 결과 두 변수간에 부(負)의 상관관계가 있음을 발견했다. 이와 같은 부의 상관관계는 단순히 노동시장에서의 수요공급의 법칙을 나타내는 것이라 해석할 수 있다. 실업률이 낮을수록 노동시장에서의 초과수요가 크므로 임금이 더욱 빠른 속도로 상승할 것이기 때문이다.

경제학자들은 명목임금 상승률과 실업률뿐만 아니라 물가상승률과 실업률 간에도 이와 같은 부의 상관관계가 존재함을 발견했다. [그림 10-2]는 1955년부터 1969년까지의 미국의 소비자물가 상승률과 실업률 간의 관계를 산포도로 보여주는데 두 변수간 부의 상관관계가 분명하게 나타난다. 이와 같은 부의 상관관계를 간단하게 선형식으로 나타내면 다음과 같다.

$$\pi_l = -\lambda(u_t - u_n), \ \lambda > 0 \tag{10-1}$$

위 식에서 u_n은 자연실업률을 나타내며, π_t와 u_t는 각각 t기의 물가상승률과 실업

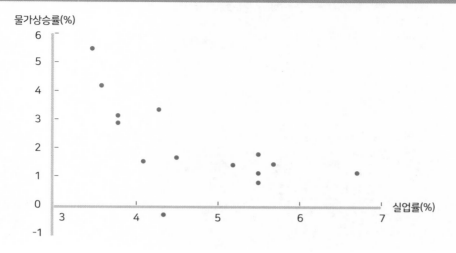

그림 10-2 인플레이션과 실업률 1955~1969

률을 나타낸다.

경제학자들은 이와 같은 필립스곡선이 인플레이션과 실업간의 상충관계(trade-off)를 나타내는 것이라 해석한다. 필립스곡선에 나타난 과거의 경험이 앞으로도 적용된다면 정책당국이 실업률을 낮추려고 할 경우에는 물가상승률이 높아질 것이고, 물가상승률을 낮추려 한다면 실업률이 높아질 것이므로 단기적으로는 실업률과 물가상승률을 동시에 낮추는 것이 불가능하다는 것이다. 즉, 필립스곡선은 완전고용과 물가안정의 두 목표를 추구하는 정부가 달성할 수 있는 물가상승률과 실업률에 대한 제약조건으로 작용하게 된다.

기대부가 필립스곡선

[그림 10-2]는 인플레이션과 실업 간의 상충관계를 분명하게 보여주며, 이와 같은 필립스곡선은 한동안 거시경제정책 분석의 중심이 되었다. 그런데 시간이 경과하여 [그림 10-2]의 산포도에 새로운 점들이 추가됨에 따라 과거에 보았던 것과 같은 단순한 필립스곡선이 더 이상 관찰되지 않는 문제가 발생하였다. [그림 10-3]은 1955년부터 1992년까지의 미국의 물가상승률과 실업률 간의 관계를 보여주는데 [그림 10-2]에서 보았던 부의 상관관계는 더 이상 찾아볼 수 없다.

그렇다면 필립스곡선은 사라진 것일까? [그림 10-4]는 이 점들을 1955~1969년,

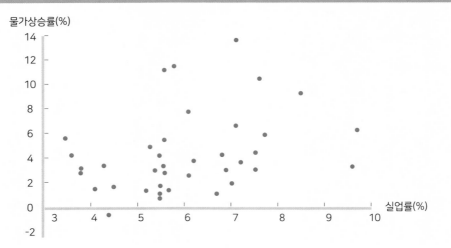

그림 10-3 인플레이션과 실업률 1955~1992

1970~1979년, 1980~1992년의 세 기간으로 묶어서 보여준다. 그런데 이 그림을 보면 각 기간 내에서는 물가상승률과 실업률 간의 부의 상관관계가 명확하게 나타난다. 이는 필립스곡선이 기간에 따라 상하로 이동하였음을 의미한다. 그렇다면 필립스곡선이 이동한 원인은 무엇일까?

프리드먼(Milton Friedman)과 펠프스(Edmund Phelps)는 인플레이션에 대한 기대의 변화가 필립스곡선을 이동시키는 원인이라고 주장했다. 위의 세 기간 중의 물가상승률을 비교해 보면 1955년~1969년은 가장 물가가 안정적이었었던 반면, 1970~1979년은 두 차례에 걸친 오일쇼크(oil shock)로 인해 전세계적으로 인플레이션이 가장 심했던 기간이다. 즉, [그림 10−4]에서 세 필립스곡선의 위치는 바로 이에 상응하는 기간 중 경험된 인플레이션의 정도와 일치한다. 인플레이션이 심한 시기에는 인플레이션에 대한 기대도 높아진다. 이상의 설명으로부터 필립스곡선은 다음 식에서와 같이 우하향하는 기울기를 가지고 예상물가상승률이 변화함에 따라 상하로 이동한다고 결론지을 수 있다.

$$\pi_t = \pi_t^e - \lambda(u_t - u_n), \qquad \lambda > 0 \tag{10-2}$$

위에 제시된 필립스곡선은 물가상승에 대한 기대가 더해졌다고 해서 기대부가 필립스곡선(expectations augmented Phillips curve)이라고 부른다.

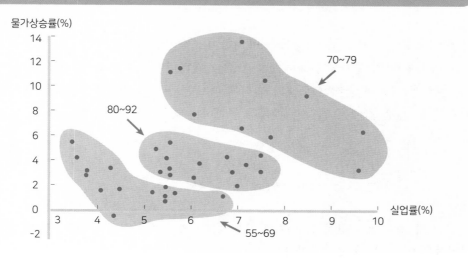

그림 10-4 기간별 인플레이션과 실업률

필립스곡선의 이론적 도출

총생산량과 실업률이 부의 상관관계를 가진다는 점을 감안한다면 필립스곡선은 단기총공급곡선을 달리 표현한 것이라고 볼 수 있다. 즉, 물가와 총생산량 간의 정의 상관관계를 나타내는 단기총공급곡선은 물가상승률과 실업률 사이의 상충관계를 나타내는 필립스곡선을 그대로 반영한다고 볼 수 있다. 따라서, 필립스곡선도 단기총공급곡선의 식으로부터 도출할 수 있다.

다음과 같은 단기총공급곡선의 식을 생각해 보자.

$$y_t = y_F + a(p_t - p_t^e) + \varepsilon_t, \qquad a > 0 \tag{10-3}$$

위 식에서 모든 변수는 로그값으로 표현되었으며, ε_t는 국제유가 변화나 생산성 변화와 같은 공급충격을 나타낸다.[2] 완전고용국민소득(y_F)과 물가에 대한 예측치(p_t^e)가 주어져 있다면 위 식은 우상향하는 기울기를 가진 단기 총공급곡선을 나타낸다. 위 식을 물가 p_t에 대해서 정리한 후 양변에서 p_{t-1}를 차감하면 다음과 같은 식을 구할 수 있다.

---

2 이 식은 제8장 (8-1)식에 주어진 단기총공급곡선의 식에서 각 변수들을 로그값으로 대체하고 공급충격을 나타내는 ε_t항을 더한 것이다.

$$\pi_t = \pi_t^e + \frac{1}{a}(y_t - y_F - \varepsilon_t) \tag{10-4}$$

여기서 π_t는 t기의 물가상승률을 표시하며 $\pi_t \equiv p_t - p_{t-1}$로 정의된다.[3] 마찬가지로 π_t^e는 $t-1$기에 t기의 물가상승률을 예상한 값을 나타내며 $\pi_t^e \equiv p_t^e - p_{t-1}$로 정의된다.

한편 제9장에서 소개한 오쿤의 법칙에 따르면 실제 실업률과 자연실업률 간의 차이와 총생산 갭 간에는 일정한 관계가 성립하는데, 이를 다음과 같은 식으로 표현할 수 있다.

$$y_t - y_F = -b(u_t - u_n), \qquad b > 0 \tag{10-5}$$

미국의 경우 b의 값은 2로 추정된다. 즉 총생산 갭이 1% 포인트 증가할 때마다 실업률은 0.5% 포인트 감소한다.

위 식을 (10−4)식에 대입하면 다음과 같이 필립스곡선을 나타내는 식이 유도된다.

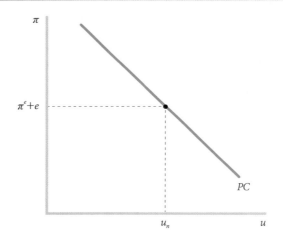

○ 그림 10-5 필립스곡선

필립스곡선을 나타내는 식 $\pi = \pi^e - \lambda(u - u_n) + e$로부터 그 기울기가 λ이며 실업률이 자연실업률과 같을 때에 물가상승률 π가 기대물가상승률 π^e와 공급충격 e를 합한 값과 같음을 알 수 있다. 따라서 기대물가상승률이 높아지거나 부(負)의 공급충격($e>0$)이 발생하면 필립스곡선은 상향 이동한다.

---

3 사실 이 식은 물가상승률에 대한 근사값이다. p_t와 p_{t-1}의 값에 큰 차이가 없을 때 $p_t - p_{t-1} = \log(P_t \,/\, P_{t-1})$ $= \log(1 + \pi_t) \doteqdot \pi_t$의 근사식이 성립한다.

$$\pi_t = \pi_t^e - \lambda(u_t - u_n) + e_t, \qquad \lambda = \frac{b}{a} > 0, \ \ e_t = -\frac{1}{a}\varepsilon_t \qquad \text{(10-6)}$$

여기서 계수 λ는 필립스곡선의 기울기를 나타내며, e_t는 양의 값을 가질 때 가뭄이나 원유가격 상승과 같이 경제에 부정적인 영향을 주는 공급충격이 발생했음을 나타낸다. [그림 10-5]는 단기 총공급곡선과 오쿤의 법칙으로부터 유도된 필립스곡선을 보여준다. (10-6)식으로부터 알 수 있듯이 필립스곡선은 $-\lambda$의 기울기를 가지고 있으며 $(u_n, \pi_t^e + e_t)$점을 지나는 선이다. 따라서, 예상물가상승률이 상승하거나 부의 공급충격이 발생하면 필립스곡선은 상향 이동한다.

인플레이션의 원인

(10-6)식에 제시된 필립스곡선의 식은 인플레이션이 다음의 세 가지 원인에 의해 발생할 수 있음을 보여준다. 첫째로, 총수요의 증가에 따라 발생하는 인플레이션으로 이를 수요견인 인플레이션(demand-pull inflation)이라고 부른다. (10-6)식의 두 번째 항인 $-\lambda(u_t - u_n)$에 따르면 총수요의 증가에 따른 경기호황으로 인해 실업률이 자연실업률보다 낮아지면 그 차이에 필립스곡선의 기울기를 곱한 값만큼 물가상승률이 높아진다.

인플레이션의 두 번째 요인은 국제 원자재가격 상승이나 가뭄과 같은 공급충격인데 이는 필립스곡선의 식에서 세 번째 항인 e_t에 의해 대표된다. 부(負)의 공급충격(negative supply shock)은 기업의 생산비용을 상승시키고 이에 따라 제품가격을 상승시킴으로써 인플레이션을 발생시키게 되는데, 이와 같이 생산비 상승에 의해 발생하는 인플레이션을 비용인상 인플레이션(cost-push inflation)이라고 부른다.

마지막으로 필립스곡선의 식에서 첫 번째 항인 π^e는 기대인플레이션율이 높아짐에 따라 실제로 물가상승률이 높아짐을 보여준다. 기대인플레이션율이 필립스곡선의 식에 들어 있는 이유는 물가상승에 대한 기대가 명목임금의 결정에 영향을 주기 때문이다. 보다 높은 물가상승률이 예상되는 경우 노동자들은 이전과 같은 실질임금을 보장받기 위해 보다 높은 명목임금을 요구할 것이다. 명목임금이 상승하면 생산비용이 상승하므로 모든 기업은 제품가격을 상승시킬 것이고 이에 따라 물가가 상승하게 된다. 물가가 상승하면 기대인플레이션율이 높아지고 다시 위에서 서술된 과정이 반복해서 나타나게 된다. 인플레이션이 진행되는 과정에서는 흔히 임금과 물가가 서로 꼬리에 꼬리를 물고 상승하는 현상(wage price spiral)을 관찰할 수 있는데 이와 같은 현상은 바로 π^e항에 의해 설명된다.

사례연구 🖋

일자리 증가가 왜 주식시장에는 나쁜 소식이었을까?

"오늘 발표된 고용상황보고(Employment Situation Report)에 따르면 2022년 11월 중 미국의 비농장 급여대상자는 예상치인 20만 명을 훨씬 넘어선 26만 3천 명에 달했으며, 시간당 평균임금 역시 전년 동기 대비 5.1% 증가하여 예상치인 4.6%를 넘어섰다. 실업률은 3.7%로 예상치와 부합했다. 고용상황보고가 발표된 직후 다우존스지수는 350포인트 하락했다."

이상은 2022년 12월 2일에 미국 CNBC에서 방송된 내용이다. 그런데 의아한 점은 이 소식에 주가가 상당히 큰 폭으로 하락했다는 사실이다. 급여대상자가 예상보다 많다는 것은 그만큼 노동에 대한 수요가 크고 경기가 좋다는 얘기이고, 이는 주식시장에는 좋은 소식인데 왜 주가가 하락했을까? 이 시기에는 인플레이션에 대응하여 연준이 긴축적인 통화정책의 고삐를 조이고 있었기 때문이다.

2021년 1월만 해도 전년 동기 대비 1.4%였던 미국의 물가상승률이 12월에는 7.0%에 달하는 등 인플레이션이 가속화되는 모습을 보이자 미국의 중앙은행인 연방준비제도는 긴축적 통화정책을 통해 인플레이션을 진정시키려 했다. 미국 통화정책의 기준금리인 연방자금금리 목표는 2022년 3월 16일 0.25% 포인트 인상을 시작으로 계속 상승했으며 위의 내용이 방송될 때에는 3.75~4%에 달했다. 하지만 2022년 11월의 물가상승률이 7.1%에 달하는 등 인플레이션이 좀체 진정될 보이지 않자 금융시장은 연방준비제도가 앞으로 기준금리를 얼마나 더 올릴 것인가에 대해 촉각을 곤두세우고 있었다.

매달 초에 발표되는 고용상황보고는 비농장 급여대상자 증감, 실업률, 시간당 평균 임금 등 노동시장의 상태에 대한 정보를 제공하는데 이는 연준이 인플레이션을 진정시키기 위한 금리인상을 계속할 것인지에 대한 하나의 가늠자로 여겨졌다. 그 이유는 인플레이션이 진행되는 과정에서 임금과 물가가 서로 꼬리에 꼬리를 물고 상승하는 현상이 나타나기 때문이다. 즉, 물가가 상승하면 인플레이션 기대가 발생하고 이에 따라 명목임금이 상승하며 이는 다시 물가를 추가적으로 상승시키는 현상이 꼬리를 물고 발생한다.

이런 이유에서 연준은 긴축적 통화정책을 계속할 것인지의 여부를 결정하기 위해 물가상승률뿐만 아니라 고용시장 상황을 예의 주시한다. 예상보다 많은 일자리 증가와 예상보다 높은 명목임금 상승률은 노동에 대한 수요가 왕성함을 의미하며 이는 물가상승의 압력이 상당히 큼을 의미한다. 따라서 이처럼 노동시장의 열기가 진정될 기미가 보이지 않는다면 연준은 기준금리의 추가 인상과 화폐공급 축소를 통해 통화긴축의 고삐를 더 조일 것이며, 이는 주식 투자자들에게는 좋은 소식이 아니다. 실제로 2023년 1월에 열린 공개시장위원회에서는 기준 금리를 0.5% 포인트 인상하는 소위 빅스텝(big step)의 금리인상을 단행했다.

단기필립스곡선과 장기필립스곡선

필립스곡선의 식에 포함된 기대인플레이션율(π^e)은 장기와 단기의 필립스곡선의 형태에 중요한 영향을 미친다. 앞서 설명되었듯이 기대인플레이션율이 필립스곡선의 식에 들어 있는 이유는 물가상승에 대한 기대가 명목임금에 영향을 미칠 수 있기 때문이다. 따라서 필립스곡선의 형태는 물가상승에 대한 기대가 어떻게 형성되고 이 기대가 얼마나 신축적으로 명목임금에 반영되느냐에 좌우된다고 할 수 있다.

단기에 있어서는 정보의 불완전성으로 말미암아 노동자들이 실제 물가상승률이 얼마인지를 정확하게 알고 있지 못하며, 물가상승률이 얼마인지를 안다고 해도 명목임금의 경직성으로 인해 즉각 명목임금의 인상으로 반영될 수도 없다. 따라서 단기에 있어서는 필립스곡선에 부가되는 기대인플레이션율은 실제 물가상승률과 다른 값을 가지는 상수로 볼 수 있다. 이 경우 필립스곡선은 우하향하는 형태를 가지며 기대인플레이션율의 값에 따라 그 위치가 결정되는데 이를 단기필립스곡선이라 한다.

장기에 있어서는 노동자와 기업의 물가상승률에 대한 기대가 정확하게 형성되고 명목임금도 신축적이어서 실제 물가상승률을 정확하게 반영할 수 있다. 이는 장기에는 (10-6)식의 π_t^e를 실제 물가상승률인 π_t와 같게 둘 수 있음을 의미한다. 이에 더하여 공급충격을 나타내는 e_t가 0이라고 가정한다면 (10-6)식으로부터 $u_t = u_n$이라는 식을 구할 수 있다. 이는 장기에 있어서는 필립스곡선이 [그림 10-6]에서와 같이 자연실업률 수준에서 수직인 형태를 가지게 됨을 의미하는데 이와 같은 필립스곡선을 장기필립스곡선(long-run Phillips curve: LPC)이라 부른다.

단기필립스곡선에 따르면 인플레이션과 실업률 간에는 상충관계가 존재한다. 따라서 단기적으로는 실업률을 자연실업률 수준 이하로 낮추는 것이 가능하다. 즉, (10-6)식에 따르면 정책당국은 예상치 못한 인플레이션을 발생시킴으로써 실업률을 자연실업률 수준보다 낮출 수 있다. 그러나 장기에 있어서는 실업률을 자연실업률 수준 이하로 낮추는 것이 불가능한데 이를 자연실업률 가설(natural rate of unemployment hypothesis)이라고 한다.

그림 10-6 장기필립스곡선

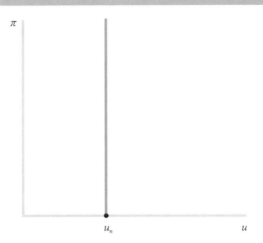

장기필립스곡선은 수직의 형태를 갖고 있다. 따라서 장기에는 인플레이션과 실업률 간에 상충관계가 존재하지 않는다.

자연실업률 가설

자연실업률 가설에 대한 이해를 돕기 위해 다음과 같은 단기필립스곡선의 식을 생각해 보기로 한다.

$$\pi_t = \pi_{t-1} - \lambda(u_t - u_n), \qquad \lambda > 0 \tag{10-7}$$

위의 식은 (10-6)식에서 공급충격을 0으로 두고 π_t^e를 $t-1$기의 물가상승률인 π_{t-1}로 대체한 것인데 이와 같이 할 수 있는 근거로는 다음을 들 수 있다.

첫째, 물가상승에 대한 기대가 적응적(adaptive expectation)으로 형성되는 경우에는 과거에 경험한 물가상승률이 물가상승률에 대한 기대를 형성하는 데에 중요한 영향을 미친다.

둘째, 기대가 합리적으로 형성된다 하더라도 물가상승률을 정확하게 예측하는 데에 필요한 정보가 충분하지 않은 경우에는 이미 가지고 있는 정보인 과거의 물가상승률이 물가상승률에 대한 기대의 형성에 중요한 영향을 미친다.

셋째, 물가상승에 대한 기대가 정확하게 형성된다 하더라도 장기임금계약 등으로 인해 명목임금이 경직적인 경우에는 이 기대가 명목임금에 반영되는 데에 시간이 걸린다.

넷째, 현실적으로 임금협상 과정에서 명목임금의 인상폭이 앞으로 예상되는 물가상승에 대한 보상보다는 과거에 발생한 물가상승에 대한 보상차원에서 결정되는 경우가 많다.

(10-7)식에 주어진 필립스곡선을 가속도론자 필립스곡선(accelerationist Phillips curve)이라고 부른다. (10-7)식의 필립스곡선을 그림으로 그리면 (u_n, π_{t-1})점을 통과하고 기울기가 $-\lambda$인 직선이 된다. 이제 어떤 경제의 자연실업률이 3%, λ의 값이 1이라 하고 $t-1$기의 물가상승률이 1%였다고 하자. t기에 있어서 이 경제의 단기필립스곡선은 [그림 10-7]의 PC_t선과 같이 실업률 u가 3%일 때 π가 1%인 점을 지나고 기울기가 -1인 직선이 된다. 이제 t기에 정부가 통화팽창정책을 통해 실업률을 2%로 낮춘다고 하자. 단기에는 단기필립스곡선상의 실업률과 인플레이션율의 조합만 선택할 수 있으므로 2%의 실업률을 달성하기 위해서는 E_1점에서와 같이 물가상승률이 2%가 될 것이다. t기에 2%로 높아진 물가상승률을 경험한 노동자들은 $t+1$기에도 물가상승률이 높아질 것으로 예상하고 이를 명목임금에 반영시키려고 할 것이고, 그 결과 $t+1$기의 단기필립스곡선은 상향 이동하여 PC_{t+1}과 같이 u가 3%일 때 π가 2%인 점을 지나게 된다. 이처럼 필립스곡선이 이동하게 되면 물가상승률이 t기와 마찬가지로 2%라 해도 실업률은 다시 3%로 상승하게 된다. 즉, 경제는 E_2점으로 이동하게 된다.

그림 10-7 단기필립스곡선의 이동과 장기필립스곡선

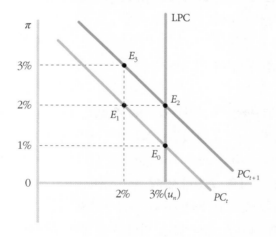

단기적으로는 팽창적인 통화정책에 의해 경제는 E_0에서 E_1으로 이동하여 실업률이 하락한다. 그러나, 기대물가상승률이 2%로 상승함에 따라 필립스곡선도 상향 이동하고 이에 따라 경제는 E_2로 이동하며 실업률은 자연실업률 수준으로 되돌아간다. 따라서 장기필립스곡선은 E_0와 E_2를 통과하는 수직선의 형태를 갖는다.

정책당국이 $t+1$기에도 실업률을 2%로 유지하기를 원한다면 물가상승률이 3%가 되도록 더욱 팽창적인 통화정책을 시행해야 할 것이다. 이와 같은 과정이 반복된다면 실업률을 자연실업률 수준인 3%보다 낮게 유지하기 위해서는 물가상승률이 매 기간마다 높아져야 함을 알 수 있다. 즉, 인플레이션을 영구히 가속화시키지 않고서는 실업률을 자연실업률보다 영구히 낮추는 것이 불가능한데 이것이 바로 자연실업률 가설이다. 이런 의미에서 자연실업률은 인플레이션을 가속화시키지 않고 달성할 수 있는 최소 수준의 실업률이라는 뜻으로 NAIRU(non-accelerating inflation rate of unemployment)라고 부르기도 한다.

새 케인즈학파 필립스곡선

기대부가 필립스곡선과 자연실업률 가설이 등장하기 전까지 필립스곡선은 경기조절을 위한 총수요관리정책의 근거를 제공했다. 인플레이션과 실업 간 상충관계가 안정적으로 존재한다면, 이 관계를 이용하여 실업률을 낮추는 것이 가능하기 때문이다. 즉, 인플레이션을 발생시킬 수 있는 팽창적인 재정정책이나 통화정책을 시행함으로써 단기적으로는 경기와 실업률에 영향을 미칠 수 있다.

하지만 임금과 가격이 신축적으로 결정되고 기대가 합리적으로 형성된다면, 단기는 매우 짧은 기간일 수밖에 없다. 현재의 물가를 예측하는 데 필요한 정보만 주어진다면 단기필립스곡선이 자연실업률 수준에서 수직이 될 것이기 때문인데, 이와 같은 정보를 취득하는 데 걸리는 시간은 길지 않을 것이기 때문이다. 자연실업률 가설의 등장과 함께 필립스곡선이 거시경제학자들의 관심에서 멀어진 것은 놀라운 일이 아니다.

하지만 새 케인즈학파는 미시경제적 기초에 의거하여 현재의 물가를 예측하는 데 필요한 정보가 주어진다 해도 단기필립스곡선이 우하향함을 보였는데, 이를 새 케인즈학파 필립스곡선(New Keynesian Phillips curve)라 한다. 새 케인즈학파에 따르면 기업들은 제품의 가격을 수시로 조정하지 않는다. 제8장에서 설명했듯이 메뉴비용이 존재할 경우에는 웬만큼 큰 가격조정 요인이 발생하지 않는 한 현재의 가격을 유지하는 것이 최적이기 때문이다. 이와 같은 기업은 현재의 임금뿐 아니라 미래에 예상되는 임금을 감안하여 제품의 가격을 정할 것이다. 그런데 미래의 예상임금은 다시 미래에 예상되는 물가상승률에 의해 영향을 받을 것이다. 따라서, 이와 같은 기업들이 존재하는 경제에서의 필립스곡선은 다음과 같은 식에 의해 대표될 수 있다.

$$\pi_t = \pi_{t+1}^e - \lambda(u_t - u_n) \qquad (10\text{-}8)$$

이처럼 현재의 물가상승률이 예상되는 미래 물가상승률에 의해 결정될 경우 현재의 물가에 대한 정보가 모두 주어진다 해도 필립스곡선은 우하향의 기울기를 가지게된다. 다시 말해서 필립스곡선이 우하향의 기울기를 가지는 단기라는 기간이 결코짧지 않은 기간이 된다. 총수요관리정책이 단기적으로 총생산과 실업률에 영향을 미칠 수 있음은 물론이다.

심층분석 | 물가안정과 필립스곡선의 기울기

2013년 IMF에서 발간한 세계경제전망은 세계경제가 침체기에 진입한 2007~2012년 기간 동안 높은 실업률과 함께 낮지만 정(+)의 인플레이션이 일어나 결과적으로 필립스곡선의 기울기가 완만해진 현상에 주목하였다.[4]

필립스곡선이 인플레이션과 실업 사이의 상충관계를 보인다는 점을 생각하면 높은 실업률 하에서는 물가가 하락하는 디플레이션이 발생해야 마땅하기 때문이다. 그러므로 물가상승률과 실업률 사이의 상충관계에 대한 전례를 고려할 때 비록 낮지만 여전히 물가상승이 일어나는 현상은 수수께끼처럼 보인다. 정(+)의 인플레이션 배경으로서 당시 선진국을 중심으로 다수의 중앙은행들이 수행한 제로금리 하에서 완화적 통화정책 즉 양적완화 통화정책을 들 수 있겠으나 높은 실업률은 여전히 설명하기 어렵다. 이와 같이 통상적인 실업과 인플레이션 사이의 상충관계가 성립하지 않는 것은 인플레이션에 대한 기대가 매우 안정적이라는 가능성으로 설명될 수 있다. 매우 완만한 필립스곡선의 기울기는 (10-6)식에서 계수 λ의 값

이 매우 작음을 의미한다. 매우 작은 λ의 값은 (10-3)식에 주어진 단기총공급곡선 기울기의 역수인 a가 매우 큼을 의미한다. 물론 오쿤의 법칙을 설명하는 (10-5)식의 계수 b의 값이 작기 때문일 가능성도 있겠으나 현실적으로 설득력이 떨어진다. 그렇다면 단기총공급곡선의 기울기가 매우 완만한 것은 어떤 이유에서일까? 물가안정에 대한 기대감이 매우 높을 때 총수요 변동에 대해 물가보다는 양적 조정, 즉 생산량의 변동이 크게 발생하기 때문이다. 이에 대해서는 제19장의 화폐적 균형경기변동론에서 상세하게 설명한다. 한편 완만한 필립스곡선의 기울기는 본장 부록에 소개한 마크업 모형을 이용하여 필립스 곡선을 유도한 케인즈학파의 입장에서도 설명가능하다. 불황에도 불구하고 물가가 떨어지지 않을 것이라고 기대할 때 노동자들은 임금을 삭감하는 것을 거부할 것이고, 이 경우 기업은 판매가격을 낮추기보다는 생산량을 줄임으로써 불황에 대응하고자 할 것이다. 어느 경우이든 물가안정에 대한 기대감이 팽배할 때 필립스곡선의 기울기는 완만해지게 된다.

---

4 IMF, *World Economic Outlook*, April 2013.

④ 물가안정정책

　　어떤 경제가 완전고용을 달성하고 있으나 심한 인플레이션을 겪고 있는 경우 정책당국은 물가안정정책(disinflation policy)을 통해 인플레이션을 진정시키려고 할 것이다. 물가안정을 위해 정부가 시행할 수 있는 정책은 바로 총수요의 증가율을 낮추는 것인데 이는 긴축적인 통화정책을 통해 이루어질 수 있다.

　　이처럼 물가안정을 위해 시행해야 할 정책처방이 분명함에도 불구하고 많은 국가들이 인플레이션을 진정시키는 데 있어 어려움을 겪었던 이유는 무엇일까? 이에 대한 해답은 인플레이션과 실업 간의 상충관계를 나타내는 단기필립스곡선에서 찾아볼 수 있다. 물가상승률을 하락시키기 위해서는 경기침체와 실업의 증가라는 비용을 치러야 하는데 정부의 입장에서는 물가안정뿐만 아니라 완전고용도 중요한 정책목표이기 때문에 경기와 고용을 희생하면서 물가안정만을 추구하기는 어렵다.

　　사실 물가안정정책을 시행함에 있어서 정책당국이 해결해야 할 가장 큰 과제는 어떻게 물가를 안정시킬 것인가가 아니라 어떻게 하면 최소한의 비용으로 물가를 안정시킬 수 있는가에 있다고 해도 과언이 아니다. 다음에서는 물가안정정책의 비용을 감소시키기 위해 고려될 수 있는 전략들에 대해 살펴보기로 한다.

물가안정의 속도

　　물가안정정책을 시행함에 있어서 정부가 고려할 수 있는 전략은 디스인플레이션(disinflation), 즉 물가상승률의 하락을 얼마나 빠른 속도로 달성할 것인가이다. [그림 10-8]과 [그림 10-9]는 두 가지 전략인 급랭 전략과 점진주의 전략을 비교하고 있다.

　　급랭 전략(cold turkey strategy)이란 물가상승률을 단기간 내에 목표수준으로 하락시키는 것을 말한다. 현재 경제가 [그림 10-8]의 E점에서와 같이 완전고용상태에서 5%의 인플레이션을 경험하고 있으며 정부는 물가상승률을 2%로 낮추려고 한다고 하자. 정부가 단기간 내에 물가상승률을 2%로 떨어뜨리기 위해 통화량 증가율을 급격하게 감소시킨다면 경제는 단기필립스곡선을 따라 E_1으로 이동하고 이에 따라 실업의 증가와 경기침체라는 비용을 치르게 된다. 물론 시간이 흐르면 기대물가상승률이 하락함에 따라 단기필립스곡선이 하향이동하고 이에 따라 경제는 완전고용상태에서 2%의 인플레이션이 발생하는 E'로 이동하게 된다.

그림 10-8 급랭 전략에 의한 디스인플레이션

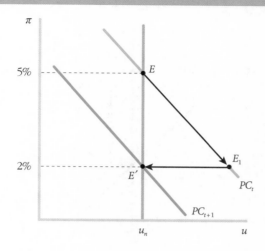

통화량 증가율이 급격히 감소하면 경제는 기존의 필립스곡선을 따라 E_1으로 이동하고 이에 따라 실업률이 크게 상승한다.

점진주의 전략(gradualism)이란 한꺼번에 물가상승률을 낮추는 것이 아니라 여러 기간에 걸쳐 점차적으로 물가상승률을 낮추는 방법이다. [그림 10-9]는 점진적 물가안정정책에 따른 경제의 변화를 보여준다. t시점에 통화량 증가율을 약간 낮추면 경제는 t기의 단기필립스곡선인 PC_t를 따라 E_1으로 이동한다. $t+1$시점에는 낮은 물가상승률의 경험으로 인해 기대인플레이션율이 하락하므로 단기필립스곡선이 약간 하향 이동하는데 이때 통화량 증가율을 약간 더 낮추면 경제는 다시 $t+1$기의 필립스곡선인 PC_{t+1}상의 E_2로 이동하며 이와 같은 과정을 반복하여 결국 경제는 완전고용상태에서 2%의 인플레이션이 발생하는 E'로 이동하게 된다. 점진주의 전략하에서의 경제의 동태적 이동경로를 보면 급랭 전략의 경우에 비해 훨씬 완만한 경기침체와 실업률 상승을 경험함을 알 수 있다.

그러나 실업률 상승폭이 작다고 해서 점진주의 전략이 급랭 전략에 비해 반드시 물가안정의 비용이 낮다고 할 수는 없다. 실업률이 얼마나 높아지는지도 중요하지만 높은 실업률이 얼마나 오래 지속되는지도 중요하기 때문이다.

물가안정정책의 비용을 비교하기 위해서는 희생률(sacrifice ratio)을 사용한다. 희생률이란 물가상승률을 1% 포인트 낮추기 위해서 발생하는 실업률 증가분의 누적치로 정의된다. 희생률은 실업률 증가분 대신에 생산량 감소분의 누적치로 측정되기도 한다. 예를 들어 자연실업률이 2%인 경제에서 물가상승률을 연간 5%에서 3%로 2%

그림 10-9 점진주의 전략에 의한 디스인플레이션

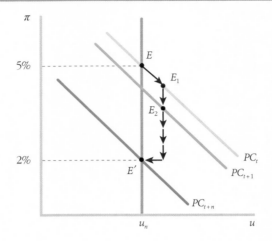

통화량 증가율을 점진적으로 감소시킴에 따라 경제는 경제는 $E \to E_1 \to E_2$ …의 경로를 따라 천천히 E'로 이동하며, 이 과정에서 발생하는 실업률의 상승폭은 급랭 전략에 비해 작다.

포인트 낮추는 데에 3년이 걸렸고 이 기간 동안 실업률이 각각 5%, 4%, 3%였다면 희생률은 $(3\% + 2\% + 1\%)/2 = 3(\%\ \text{point-year})$가 된다. 점진주의 전략을 사용할 경우 실업률의 상승폭은 작은 반면 그 기간이 길어지기 때문에 희생률에 의해 측정된 비용이 결코 급진적인 물가안정정책에 비해 작다고 할 수 없다.

정책 신뢰도

급진적인 물가안정정책을 지지하는 사람들은 점진적인 물가안정정책이 오랜 기간에 걸친 경기침체를 가져오기 때문에 중도에 포기될 가능성이 높으며 따라서 정책의 신뢰도가 급진적 물가안정정책보다도 낮다는 점을 지적하면서 오히려 급랭 전략이 점진주의 전략에 비해 물가안정의 비용이 낮다고 주장한다. 그렇다면 정책 신뢰도가 어떻게 물가안정정책의 비용에 영향을 미칠 수 있는 것일까?

기대부가 필립스곡선에 따르면 물가상승률에 대한 기대가 단기필립스곡선의 위치에 영향을 미친다. 만일 정책당국이 물가안정을 위해 긴축적인 통화정책을 시행할 것을 미리 발표하고 노동자들을 포함한 민간경제주체들이 정부의 정책의도를 신뢰한다면 합리적으로 기대를 형성하는 경제주체들은 물가상승률에 대한 기대를 낮게 잡을 것이다. 이때 단기필립스곡선은 정책시행과 동시에 하향 이동하므로 물가상승률 하락에 따른 실업률 상승폭이 작아진다. 극단적으로 단기필립스곡선의 하향 이동폭이 충분히 크다면 즉, 기대인플레이션율이 실제 인플레이션율과 동일하다면 물가안정은 실업 증가의 비용을 전혀 치르지 않고도 달성될 수 있다. 이 경우 경제는 장기필립스곡선을 따라 E에서 E'로 이동하게 되어 고통 없는 디스인플레이션이 가능하게 된다.

물론 합리적 기대가설을 믿는 대표적인 새 고전학파 연구자들인 루카스(Robert Lucas)와 사전트(Thomas Sargent)조차도 물가안정이 실업률 상승이라는 경제적 비용을 전혀 치르지 않고 달성될 수 있다고 주장하지는 않는다. 그러나 사전트는 심한 인플레이션을 종식시켰던 과거의 물가안정정책 시행 사례들에 있어서 실업 증가의 비용을 측정해 본 결과 물가안정을 위해 치러야 할 비용이 상당히 작을 수도 있으며, 이 경우 경제적 비용의 크기는 물가안정정책의 신뢰도에 달려 있다는 결론을 내렸다.

명목임금 경직성과 임금계약

피셔(Stanley Fischer)와 테일러(John Taylor)는 신뢰성 있는 물가안정정책의 경제적 비용이 매우 작을 것이라는 주장에 대해 동의하지 않는다. 두 사람은 명목임금의 경직성으로 인해 디스인플레이션에 대한 기대가 명목임금에 반영되기까지는 시간이 걸리기 때문에 급진적 물가안정정책은 신뢰성이 있다 해도 실업률이 크게 높아지는 비용을 치르게 된다고 주장한다.

피셔에 따르면 명목임금 상승률은 임금계약에 의해 미리 결정되는데 정부가 물가안정정책을 시행하기 이전에 체결된 임금계약에는 높은 물가상승률에 대한 기대가 이미 반영되어 있으므로 물가안정정책을 시행하더라도 단기필립스곡선이 당장 하향 이동하지 않는다. 따라서 물가안정을 위해서는 어느 정도 실업 증가의 비용을 부담하는 것은 불가피하다.[5]

테일러는 임금계약 자체에 따른 명목임금 경직성에 더하여 모든 임금계약이 동시에 체결되지 않는 현상 즉, 임금계약 체결시점의 불일치(staggering of wage decisions) 현상이 명목임금을 더 경직적으로 만든다고 주장한다.[6] 그 이유는 임금을 결정할 때 노동자는 자신이 받는 실질임금의 절대적 수준뿐만 아니라 다른 노동자가 받는 실질

---

5 S. Fischer, "Long-Term Contracts, Rational Expectations, and the Optimal Money Supply Rule," *Journal of Political Economy* 85, 1977.

6 J. Taylor, "Union Wage Settlements During a Disinflation," *American Economic Review* 73, 1983.

임금과의 상대적 격차에도 관심을 가지기 때문이다. 즉, 물가안정정책이 시행된 이후에 체결되는 임금계약에 있어서 노동자들은 이미 높은 물가상승률에 대한 기대하에서 결정된 다른 노동자들의 임금수준과 크게 다르지 않은 임금을 받으려고 할 것이며 이에 따라 이들이 정부의 물가안정정책을 신뢰한다 하더라도 그만큼 빨리 명목임금 상승률이 하락하지는 않는다는 것이다.

바로 이와 같은 이유에서 오늘날 대부분의 중앙은행은 물가안정을 통화정책의 목표로 삼고 인플레이션에 대한 기대가 고착화되기 이전에 미리 인플레이션의 발생을 방지하기 위해 노력한다. 일단 인플레이션이 심화되어 인플레이션 기대가 고착화되고 이와 같은 기대로 인해 명목임금 상승률이 높아지면 이를 다시 낮추는 것이 어려우며, 인플레이션을 진정시키기 위해서는 경기후퇴와 실업 증가라는 높은 비용을 치뤄야 하기 때문이다.

⑤ 디플레이션

디플레이션의 원인

디플레이션(deflation)이란 모든 생산물의 가격이 지속적으로 하락하는 현상을 말하며 인플레이션과는 반대되는 개념이다. 디플레이션은 물가상승률의 하락을 의미하는 디스인플레이션(disinflation)과는 구분되어야 한다.

제2차 세계대전 이전까지만 해도 디플레이션은 드물지 않은 현상이었다. 경기호황국면에는 물가가 상승하고 경기불황국면에는 물가가 하락하는 것이 일반적인 현상이었다. 디플레이션이 경기불황을 의미하는 용어로 사용되는 것도 이와 같은 이유에서다.

그런데 오늘날 디플레이션이 먼 과거의 골동품처럼 여겨지는 것은 제2차 세계대전 이후 1990년대 초반에 이르기까지 세계 경제가 지속적인 인플레이션을 경험하였기 때문이다. 사실 이 시기는 세계 경제사 중에서 가장 인플레이션이 심했던 시기라고 할 수 있다. 그런데, 1990년대 후반에 들어 디플레이션에 대한 논의가 다시 고개를 들기 시작했다. 그 이유는 1990년대 후반에 들면서 세계적으로 디플레이션의 조짐이 나타났기 때문이다. G7 국가들의 생산자물가는 1990년대 후반부터 종종 마이너스의 상승률을 보이고 있으며 소비자물가의 상승률도 점차 하락하고 있다. 1998년에는 스위스, 중국, 홍콩, 싱가포르가 물가하락 현상을 경험하였다. 많은 국가들이 물가하락은 아니더라도 0%에 가까운 물가상승률을 경험하고 있다.

인플레이션이 가져오는 여러 가지 부작용을 감안한다면 디플레이션은 환영할 만한 현상이 아니냐는 주장이 나올지도 모른다. 이에 대한 답은 디플레이션의 원인이 어디에 있는지에 달려 있다. 디플레이션은 인플레이션과 마찬가지로 총공급과 총수요의 두 부문에서 모두 발생할 수 있다.

첫째로, 물가 하락은 생산성의 비약적인 발전으로 인한 생산비용의 하락으로부터 발생할 수 있다. 생산비의 하락은 총공급곡선을 우측으로 이동시키고 이에 따라 물가가 하락하게 된다. 인터넷과 전자상거래의 발달로 인한 구매비용의 하락이 그 예다. 무역자유화나 유럽의 단일통화 출범도 국가간 가격경쟁을 심화시킴으로써 생산비를 하락시킬 것이다. 이처럼 생산비의 하락으로 인한 디플레이션은 실질소득을 증가시키고 생활수준을 향상시키므로 환영할 만하다.

둘째로, 물가 하락은 투자위축이나 통화공급 감소와 같은 총수요의 감소에 의해 발생할 수 있는데, 이와 같은 수요 위축에 따른 디플레이션은 경제에 매우 부정적인 영향을 미친다. 1930년부터 1933년까지 미국의 소비자물가가 25% 하락하면서 실질 GDP가 30% 감소한 것이 이와 같은 디플레이션의 위험을 잘 대변해 준다.

1990년대 후반부터 나타나고 있는 디플레이션의 조짐은 위의 두 가지 요인을 모두 반영하고 있다고 할 수 있다. 문제는 총수요의 위축에 의한 요인이 무시하지 못할 정도라는 점이다. 일부 학자들은 총수요의 위축이 각국이 중앙은행의 역할을 지나치게 물가안정에 치중시킨 데에 원인이 있다고 주장한다. 각국의 중앙은행이 물가안정을 위해 통화긴축을 한 결과 물가는 안정되었으나 총수요의 위축으로 디플레이션의 우려가 나타나고 있다는 것이다.

디플레이션의 비용

수요위축으로 인해 발생하는 디플레이션은 경제에 매우 부정적인 영향을 미친다. 우선, 디플레이션에 대한 기대가 발생할 경우 소비자들은 물품의 구매를 가격이 하락할 미래로 미룰 것이고 이는 총수요를 더욱 위축시킬 것이다. 총수요가 위축됨에 따라 기업들은 실제로 가격을 인하할 것이고 이에 따라 다시 디플레이션에 대한 기대가 심화되는 악순환이 되풀이 될 것이다.

이에 더하여 디플레이션은 채무자의 원리금 상환부담을 증가시킴으로써 경제에 부정적 영향을 미친다. 예상치 못한 인플레이션이 발생할 경우 채권자가 손실을 입고 채무자가 이득을 보는 것과 마찬가지 논리로 예상치 못한 디플레이션이 발생할 경우에는 채무자가 손실을 입고 채권자가 이득을 본다. 채무자가 갚아야 할 원리금의 실질가치가 커지기 때문이다. 그런데 채권자의 경우에는 돌려받을 원리금의 실질가치가 낮아질 경우 자신이 가진 재산이 줄어들 뿐이지만, 채무자의 경우에는 갚아야 할 원리금의 부담이 높아짐에 따라 이를 감당하지 못하고 부도를 낼 수도 있다. 이처럼 채무자들이 원리금 상환 부담을 감당하지 못하여 부도를 내면 은행을 비롯한 금융기관이 부실화되고 자금 공급이 줄어들어 금융시장에서 자금을 조달하는 것이 어렵게 되는 등 신용경색 현상이 발생하게 된다. 신용경색은 다시 총수요를 위축시키고 그 결과 디플레이션이 더욱 심화되는데, 이처럼 신용수축으로 인해 발생하는 디플레이션을 부채 디플레이션(debt deflation)이라 부른다.

디플레이션이 경제에 부정적 영향을 미치는 또 하나의 이유는 일단 디플레이션이 발생하면 통화정책을 통해 대응하기가 어렵다는 데에 있다. 디플레이션이 발생하고 디플레이션에 대한 기대가 형성되면 실질이자율이 상승한다. 실질이자율은 명목이자율에서 기대인플레이션율을 뺀 값과 같은데, 디플레이션 기대가 형성되면 기대인플레이션율이 음의 값을 가지기 때문이다. 실질이자율이 상승하면 소비와 투자가 감소하고 총수요가 감소한다. 따라서 디플레이션이 발생할 경우 중앙은행은 팽창적 통화정책을 통해 경기를 부양하려 든다. 구체적으로 팽창적 통화정책을 통해 명목이자율을 낮추면 주어진 디플레이션 기대 하에서 실질이자율이 감소할 것이고 그 결과 총수요가 증가할 것이기 때문이다. 하지만 명목이자율을 낮추는 데에는 한계가 있다. 바로 명목이자율을 영보다 낮추는 것이 사실상 불가능하기 때문인데 이를 영의 이자율 하한(zero interest rate bound)이라 한다. 명목이자율이 영보다 낮다는 것은 이자를 주면서 돈을 빌려주거나 예금하는 것을 말하는데, 이 경우 사람들은 자신의 자금을 은행에 예금하거나 빌려주느니 차라리 현금으로 금고에 넣어 둘 것이다. 따라서 디플레이션 기대가 크다면 명목이자율이 영이 되더라도 실질이자율이 상당히 높은 값을 가질 수 있으며, 명목이자율의 하락을 통해 실질이자율을 하락시키는 것이 더 이상 불가능하므로 전통적인 통화정책으로는 총수요를 증가시키는 효과를 거두기가 어렵다.

이상에서 소개된 세 가지 이유로 인해 수요위축에 의한 디플레이션은 같은 크기의 인플레이션에 비해 경제에 미치는 부정적인 영향이 훨씬 더 크다. 바로 이런 이유에서 경제학자들은 중앙은행이 추구하는 물가안정 목표가 0%의 인플레이션보다는 완만한 수준의 인플레이션이 되어야 한다고 주장한다. 0%의 물가안정 목표를 추구하다가 예기치 않은 충격으로 높은 디플레이션의 비용을 치르는 것보다는 완만한 수준의 인플레이션으로 인한 낮은 비용을 치르는 것이 더 낫다는 논리다. 실제로도 물가안정목표를 제시하는 중앙은행들은 2% 내외의 정도의 완만한 수준의 물가상승률을 통화정책의 목표로 설정하고 있다.

뿐만 아니라 디플레이션이 발생할 위험이 높아질 경우 디플레이션이 발생을 사전에 방지하기 위해 명목이자율 목표를 사실상 영으로 설정하는 데 더하여 통상적인 통화정책에 비해 엄청난 양의 채권을 매입하는 비전통적 통화정책을 동원하기도 하는데 이와 같은 통화정책을 양적완화(quantitative easing) 통화정책이라 부른다. 양적완화 통화정책은 디플레이션을 사전에 방지하기 위한 목적으로도 사용되지만 일단 디플레이션이 발생할 경우 디플레이션으로부터 탈출하는 데에도 유용할 수 있다. 양적완화 통화정책은 대개 인플레이션 기대가 나타날 때까지 계속 엄청난 양의 통화를 공급하는 것을 목표로 하기 때문이다. 양적완화 통화정책을 통해 디플레이션 기대가 감소하거나 인플레이션 기대가 높아질 경우 명목이자율이 영보다 낮아지지 않더라도 실질이자율이 하락할 것이고 그 결과 총수요곡선이 우측으로 이동할 것이다.

A. 마크업 모형에 의한 필립스곡선의 도출

본문에서는 단기총공급곡선과 오쿤의 법칙을 이용하여 단기필립스곡선의 식을 도출하였다. 단기필립스곡선은 마크업 가격결정모형(markup pricing model)에 의해서도 도출될 수 있는데 이를 소개하고자 한다.

임금 결정식

필립스곡선의 이론적 배경은 필립스에 의해 발견된 명목임금 상승률과 실업률 간의 부의 상관관계에 있다. 이와 같은 관계는 다음 식에 의해 표현될 수 있다.

$$g_w = g_A + \pi^e - \lambda(u - u_n), \qquad \lambda > 0 \tag{10-9}$$

위 식에서 g_w는 명목임금의 상승률을, u와 u_n은 각각 실업률과 자연실업률을 나타내며, g_A는 노동생산성의 증가율을 나타낸다. 위 식은 명목임금의 상승률이 노동생산성 증가율, 노동시장의 수급여건, 그리고 기대인플레이션율의 세 가지 요인에 의해 영향을 받음을 나타낸다.

(10−9)식의 우변의 첫 번째 항은 노동생산성이 명목임금에 미치는 영향을 나타낸다. 노동생산성이 높아지면 그만큼 실질임금이 상승하고 따라서 명목임금도 상승하게 된다. 두 번째 항은 예상되는 물가상승률만큼 명목임금이 상향조정됨을 나타낸다. 실질임금을 보장받기 위해 노동자들이 예상되는 물가상승률만큼 명목임금을 올려 받을 것을 요구하기 때문이다.

마지막 항은 노동시장에서의 수급여건이 명목임금의 상승률에 미치는 영향을 나타낸다. 예를 들어 $u = u_n$인 경우를 생각해 보자. 이 경우는 노동시장이 완전고용상태에 있으며 따라서 노동수급의 불균형으로 인한 임금상승 압력이 존재하지 않으므로 명목임금은 노동생산성의 증가율과 기대인플레이션율의 합만큼만 상승한다. 반면에 $u < u_n$인 경우, 즉 노동시장에서 초과수요가 존재하는 경우에는 임금상승 압력으로 인해 명목임금이 노동생산성 증가율과 기대인플레이션율의 합보다 더욱 빠른 속도로 증가한다. 즉, 노동시장에서의 초과수요 크기에 따라 임금상승률이 영향을 받는다는 수요공급법칙을 반영하는 것이라 할 수 있다.

가격 결정식

(10-9)식의 임금 결정식으로부터 본문 (10-2)식의 기대부가 필립스곡선식을 도출하기 위해서는 임금과 가격의 관계에 대한 가정이 필요하다. 이를 위해서 마크업 가격결정모형이 이용될 수 있다. 마크업 가격결정(markup pricing)이란 기업이 자신이 생산하여 판매하는 제품의 가격을 결정할 때 제품 단위당 생산비용에 적정한 이윤을 더해서 결정하는 것을 말한다. 물론 제품시장이 완전경쟁시장이라면 이와 같은 마크업 가격결정을 할 수가 없다. 따라서 마크업 가격결정은 기업들이 자신의 제품에 대해 어느 정도 독점력을 가지고 있는 독점적 경쟁을 전제로 하고 있다.

기업이 노동만을 투입하여 제품을 생산한다고 가정하면 마크업 가격결정에 따른 제품가격은 다음 식으로 나타낼 수 있다.

$$P_t = (1+z)\frac{W_t}{A_t} \tag{10-10}$$

위 식에서 A는 노동 한 단위당 제품생산량, W는 노동 한 단위당 명목임금을, 그리고 z는 이윤율(markup)을 나타낸다. 즉 위 식은 기업이 제품 단위당 생산비인 W/A에 적정이윤율 z를 더해서 제품가격을 결정함을 나타낸다. $t-1$기의 제품가격도 마크업에 의해 결정된다면 다음 식으로 나타낼 수 있다.

$$P_{t-1} = (1+z)\frac{W_{t-1}}{A_{t-1}}$$

위의 두 식으로부터 다음 식을 도출할 수 있다.

$$\left(\frac{P_t}{P_{t-1}}\right)\left(\frac{A_t}{A_{t-1}}\right) = \frac{W_t}{W_{t-1}} \qquad (10\text{-}11)$$

이제 물가상승률, 노동생산성 증가율, 명목임금상승률을 각각 π, g_A, g_W라 하면 (10－11)식은 다음과 같이 쓸 수 있다.

$$(1 + \pi)(1 + g_A) = 1 + g_W$$

위 식에 나타난 세 변수간의 관계는 다음 식에 의해 근사될 수 있다.

$$\pi = g_W - g_A$$

위 식은 경제 내의 기업들이 마크업에 의해 가격을 결정할 경우 물가상승률은 명목임금 상승률과 노동생산성 증가율의 차이와 같아짐을 나타낸다. 이 식을 이용하여 (10－9)식에서 g_W를 소거하면 (10－2)식에 제시된 기대부가 필립스곡선의 식을 구할 수 있다.

wage － price spiral

이상에서 도출된 필립스곡선은 인플레이션이 진행되는 과정에서 임금과 물가가 서로 꼬리에 꼬리를 물고 상승하는 현상(wage-price spiral)이 나타남을 잘 설명해 준다. 즉, 어떤 이유에서든 물가가 상승하면 물가상승에 대한 기대가 생기게 된다. (10－9)식의 임금결정식에 의하면 물가상승에 대한 기대는 명목임금을 상승시킨다. 한편 명목임금이 상승하면 제품생산비용이 상승하므로 (10－10)식에 주어진 가격결정 방식에 따라 모든 기업은 제품의 가격을 상승시키게 되고 이에 따라 물가가 상승하게 된다. 물가가 상승하면 위에서 서술된 과정이 다시 반복해서 나타나게 된다. 이처럼 물가와 명목임금이 누가 먼저라고 할 것 없이 꼬리에 꼬리를 물고 상승하는 현상은 인플레이션이 심화되는 과정에서 흔히 관찰되는 현상이다.

: 요점 정리

1 인플레이션(inflation)이란 모든 상품의 평균적인 가격수준을 의미하는 물가가 지속적으로 상승하는 현상을 말한다. 인플레이션은 상대가격 변화에 따른 물가상승과는 구분되어야 한다.

2 인플레이션이 모든 사람들에 의해 완전하게 예견될 수 있다면 그 경제적 효과와 비용은 그다지 크지 않을 것이다. 이와 같은 경제에서는 물가상승으로 인해 어느 일방이 손해를 보지 않도록 모든 계약이 예상되는 물가상승률을 감안하여 체결될 것이기 때문이다. 인플레이션이 완전히 예견될 수 있는 경우에도 인플레이션세, 구두창비용, 메뉴비용, 계산단위비용 등이 발생할 수 있다.

3 예상치 못한 인플레이션이 발생하는 경우에는 소득과 부의 재분배가 발생한다. 즉, 고정된 명목금액을 지급하는 계약을 체결한 사람은 이득을 보는 반면 수령하는 계약을 체결한 사람은 손해를 보게 된다.

4 필립스곡선(Phillips curve)은 물가상승률과 실업률 간의 경험적인 상충관계를 나타내는 곡선을 말한다. 필립스곡선은 단기총공급곡선으로부터 도출될 수 있으며 기대물가상승률과 공급충격에 따라 상하로 이동한다.

5 장기에 있어서는 필립스곡선이 자연실업률 수준에서 수직인 형태를 가진다. 이는 실업률을 영구히 자연실업률 수준 이하로 유지하는 것이 불가능함을 의미하는데 이를 자연실업률 가설(natural rate of unemployment hypothesis)이라고 한다.

6 물가상승률이 하락하는 것을 디스인플레이션(disinflation)이라 하며 이를 위해 시행하는 정책을 물가안정정책이라 한다. 물가안정정책의 시행에는 단기적으로 실업률 증가와 경기후퇴라는 경제적 비용이 발생하게 된다.

7 물가안정정책에 따른 경제적 비용은 물가안정에 따라 단기필립스곡선이 얼마나 신속하게 하향 이동하는지에 달려 있다. 신뢰도 있는 물가안정정책의 발표와 시행을 통해 디스인플레이션의 경제적 비용을 줄일 수는 있지만 임금계약의 존재와 임금계약이 서로 다른 시기에 체결되는 현상으로 인해 어느 정도의 경제적 비용은 불가피하다.

8 디플레이션(deflation)이란 모든 생산물의 가격이 지속적으로 하락하는 현상을 말한다. 디플레이션은 물가상승률의 하락을 의미하는 디스인플레이션(disinflation)과는 구분되어야 한다.

**주요
용어**

- 인플레이션
- 메뉴비용
- 인플레이션세
- 구두창비용
- 지수연동채권
- 임금물가연동제
- 기대부가 필립스곡선
- 오쿤의 법칙

- 수요견인 인플레이션
- 비용인상 인플레이션
- 가속도론자 필립스곡선
- NAIRU
- 희생률
- 단기필립스곡선
- 장기필립스곡선
- 물가안정정책

- 디스인플레이션
- 급랭 전략
- 점진주의 전략
- 자연실업률 가설
- 디플레이션
- 부채 디플레이션
- 양적완화 통화정책

**연습
문제**

1 필립스곡선의 식이 다음과 같을 때 아래 질문에 답하라.

$$\pi_t = \pi_{t-1} - 0.5(u_t - 6)$$

(1) 자연실업률은 얼마인가?

(2) 단기와 장기에 있어서의 물가상승률과 실업률의 관계를 그림으로 그려보라.

(3) 물가상승률을 5% 포인트 하락시키는데 필요한 경기적 실업률은 얼마인가?

(4) 물가상승률이 10%일 때 중앙은행이 이를 5%로 낮추기를 원한다면 이러한 목표를 달성하기 위한 정책시나리오 두 가지를 밝혀라.

2 다음과 같은 필립스곡선을 가진 경제가 있다.

$$\pi_t = \pi_{t-1} - 0.5(u_t - u_n)$$

u_n은 자연실업률이며 과거 2년간의 평균실업률에 의존한다. 즉, $u_n = 0.5(u_{t-1} + u_{t-2})$이다.

(1) 위의 방정식에서의 가정처럼 자연실업률이 최근의 실업률에 의존하는 이유를 설명하라.

(2) 중앙은행이 물가상승률을 1% 포인트 영구히 낮추기 위해 물가안정정책을 실시한다고 하자. 이와 같은 정책이 시간이 흐름에 따라 실업에 어떤 영향을 미치는지 설명해 보라.

(3) 이 경제의 희생률(sacrifice ratio)은 얼마인가? 그 이유를 설명하라.

(4) 위의 방정식들이 의미하는 실업과 물가 간의 장·단기 상충관계를 설명하라.

3 필립스곡선이 $\pi_t = \pi_{t-1} + 3(6 - u_t)$로 주어져 있다. $t-1$기의 실업률은 자연실업률과 같다고 하고, 물가상승률은 0%이라 하자. t기에 다음의 두 가지 사건이 발생했다고 하자.

- 정부는 실업률을 5% 수준으로 유지하려 한다.
- 모든 노동자들의 절반이 물가에 연동한 임금계약을 한다.

(1) 새로운 필립스곡선의 식을 구하라.

(2) t, $t+1$, $t+2$기의 물가상승률을 각각 구하라.

(3) 임금물가연동제(wage indexation)가 자연실업률 이하로 실업률을 유지하는데 어떤 영향을 미치는가?

4 아래와 같은 필립스곡선의 식을 생각해보자. 현재 이 경제는 높은 물가상승률로 인하여 전체 노동계약 가운데 $\lambda(0 < \lambda < 1)$만큼에 있어서 명목임금이 인플레이션에 연동되어 결정된다. 이 경우 필립스곡선의 식에서 π_t^e는 $\lambda \pi_t + (1 - \lambda)\pi_t^e$로 대체될 수 있다. 한편 예상물가상승률은 적응적 기대에 의해 $\pi_t^e = \pi_{t-1}$과 같다고 가정하자.

$$\pi_t = \pi_t^e - \alpha(u_t - u_n)$$

(1) 자연실업률보다 낮은 실업률을 선호하는 중앙은행에게 임금의 물가연동은 어떤 함의를 주는지 설명하라.

(2) 중앙은행이 인플레이션율을 $\pi_{t-1} = 12\%$에서 $\pi_t = 2\%$로 10% 포인트 떨어뜨리고자 할 때 필요한 희생률을 구하라.

(3) 실제로 중앙은행이 인플레이션율을 2%로 떨어뜨리겠다는 발표를 하였다. 이때 중앙은행의 발표로 기대물가상승률이 아래와 같이 형성되었다고 가정하자. 앞의 경우와 마찬가지로 노동계약 중 λ의 비율로 명목임금이 인플레이션율에 연동되어 있다고 할 때 희생률을 구하라.

$$\pi_t^e = \theta \times 2\% + (1 - \theta)\pi_{t-1}$$

5 가속도론자 필립스곡선에 따르면 정책입안자가 실업률을 자연실업률 이하로 지속적으로 유지하려 할 경우 물가상승률은 어떻게 될 것인지를 설명하라.

6 스태그플레이션(stagflation) 현상을 필립스곡선을 이용하여 설명하라.

7 고통없는 물가안정정책의 조건은 무엇인가?

8 다음과 같은 단기총공급곡선의 식을 생각해 보자.

$$y_t = y_F + a(p_t - p_t^e) + \varepsilon_t$$

단, $y_t = \ln(Y_t)$, $y_F = \ln(Y_F)$, $p_t = \ln(P_t)$, $p_t^e = \ln(P_t^e)$

(1) ε_t가 영의 값을 가질 때 위 단기총공급곡선의 식은 제8장에서 소개한 단기총공급곡선의 식이 가지는 다음 특성을 갖고 있음을 보여라.

$P_t > P_t^e$일 때 $Y_t > Y_F$

$P_t = P_t^e$일 때 $Y_t = Y_F$

(2) ε_t의 증가는 정의 공급충격을 나타냄을 보여라.

(3) 위 식이 다음과 같은 단기총공급곡선의 식으로부터 도출될 수 있음을 보여라.

$$Y_t = Y_F \left(\frac{P_t}{P_t^e} \right)^a \exp(\varepsilon_t)$$

9 (합리적 기대와 Cagan 모형) 다음과 같이 실질금리가 영(0)이며 피셔효과를 가정한 화폐시장의 균형에 관한 식을 생각해보자. 단 모든 변수는 로그 값으로 표시한 것이다.

$$m_t - p_t = -\frac{1}{2}(Ep_{t+1} - p_t)$$

(1) t기 물가 p_t의 식을 m_t와 Ep_{t+1}로 표시하라.

(2) (1)에서 구한 p_t의 식을 m_t, Em_{t+1}과 Ep_{t+2}로 표시하라.

(3) (2)에서 구한 p_t의 식을 m_t, Em_{t+1}, Em_{t+2}, Em_{t+3}, $\cdots$, Em_{t+T-1}과 Ep_{t+T}로 표시하라.

(4) (3)에서 구한 p_t의 식으로부터 $T \to \infty$일 때 현재와 미래에 예상되는 통화량으로 표시하라. 단 $\lim_{T\to\infty} Ep_{t+T}$은 유한하다고 가정한다.

(5) (4)에서 구한 p_t의 식에서 어떤 조건하에서 화폐의 중립성이 성립하는지 설명하라.

10 (2020년 행정고시) 어떤 경제의 거시경제 상황은 다음과 같다.

총수요곡선 : $Y_t = 300 + 10(m_t - \pi_t)$

총공급곡선 : $Y_t = Y^* + 10(\pi_t - \pi_t^e)$

오쿤의 법칙 : $Y_t - Y^* = -2.5(u_t - u_n)$

$\pi_t, \pi_t^e, Y_t, u_t, m_t$는 각각 인플레이션율, 기대인플레이션율, 총생산, 실업률, 통화증가율을 나타낸다. 단, 자연율 수준에서 총생산(Y^*)과 실업률(u_n)은 각각 500과 4%이고 인플레이션율, 통화증가율 및 실업률의 단위는 %이다. 다음 물음에 답하시오.

(1) 통화증가율이 장기간 30%로 유지되어 왔고, 앞으로도 계속 30%로 유지될 경우 π_t, π_t^e, Y_t, u_t를 각각 구하시오.

(2) 예상치 못하게 통화증가율이 35.5%로 증가했다고 하자. 이때 π_t, Y_t, u_t가 단기적으로 어떻게 변화할지 계산하고, Y_t의 변화를 통화정책의 전달 경로 중 이자율 경로를 이용하여 설명하시오.

(3) 주어진 식으로부터 필립스곡선을 도출하고, 이에 내재된 인플레이션과 실업의 관계를 장단기로 나누어 설명하시오.

11 가계에서 정부로 이전되는 실질인플레이션세를 시뇨리지(seigniorage)라고 한다. 정부가 통화량 ΔM을 발행해서 지출할 때 시뇨리지는 다음의 식으로 표시할 수 있다.

$$S = \frac{\Delta M}{P} = \frac{\Delta M}{M} \frac{M}{P}$$

화폐시장균형의 식 $\frac{M}{P} = L(i, \bar{Y})$과 피셔방정식 $(i = \bar{r} + \pi^e)$을 이용해 다음 문제를 생각해보자.

(1) 실질잔고$\left(\frac{M}{P}\right)$가 일정한 균제상태(steady state)에서 $\frac{\Delta M}{M} = \pi = \pi^e$가 성립하는 것을 보여라. 단 실질금리 $(\bar{r})$와 산출량 $(\bar{Y})$은 일정하다고 가정한다.

(2) 이 때 정부가 통화공급증가율$\left(\frac{\Delta M}{M}\right)$을 높일 때 더 많은 시뇨리지를 챙길 수 있는지 답하라.

11 경기안정정책 논쟁

정부의 경제정책 담당자들은 경기안정을 자신의 주된 책임이라고 생각하고, 재정정책과 통화정책 등의 거시정책수단을 적극적으로 동원하여 경기안정을 이루려고 한다. 경기침체가 가져오는 국민후생 손실을 생각한다면 경기안정을 위해 정부가 적극적인 경제정책을 시행하는 데에는 명분이 있다. 뿐만 아니라 국민소득 결정모형에 따르면 이와 같은 경기안정정책을 고안하고 시행하는 것은 어렵지 않은 일인 것처럼 보인다.

이처럼 경기안정을 위해 경제정책을 사용할 분명한 명분이 있고 또한 어떤 경제정책을 사용해야 하는지를 가르쳐 주는 모형이 있음에도 불구하고 경제정책을 적극적으로 사용해서는 안 된다고 주장하는 경제학자들도 있다. 이들은 여러 가지 이유로 인해 경제정책의 효과는 불확실하기 때문에 적극적인 경제정책의 사용이 오히려 경기변동을 심화시킬 수도 있다고 한다. 제11장에서는 경기안정정책과 관련된 경제학자들간의 논쟁에 대해 알아본다.

❶ 대공황과 거시경제정책

경기안정정책에 대한 현대적인 이론들은 대공황의 경험을 바탕으로 발전되었다. 제1절에서는 대공황의 역사적 경험에 대해 알아보고 이를 계기로 하여 태어난 새로운 경제이론에 대해 소개한다.

대공황

대공황(the Great Depression)은 1929년부터 1938년에 걸쳐 미국을 비롯한 세계 경제가 경험한 경기침체를 말한다. 대공황과 관련하여 가장 널리 알려진 사건은 주가폭락사태다. 미국의 대표적인 주가지수인 다우존즈(Dow Jones) 평균지수는 1929년 10월 29일 하루 동안에 12% 하락한 것을 비롯하여 1929년 9월부터 1932년 6월 사이에 85%나 하락했다.

그림 11-1 대공황기간 중 미국의 주요 거시경제변수

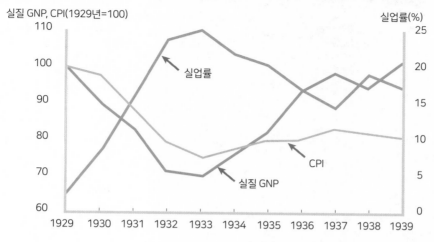

자료: *Economic Report of the President*, 1957.

주가폭락에 앞서 1929년 8월부터 미국경제는 이미 경기 하강국면에 진입했는데, [그림 11-1]에서 볼 수 있듯이 1929년부터 1933년까지 미국의 국민총생산은 30% 가까이 감소했다. 같은 기간 중 소비자물가도 약 25% 하락했는데, 이처럼 물가와 국민소득이 동시에 감소하는 것은 전형적인 디플레이션(deflation) 현상이라 할 수 있다.

대공황은 대량 실업으로도 유명하다. 1929년 이전까지만 해도 3%대에 머물던 미국의 실업률은 1931년부터 1940년까지의 10년간 평균 18.8%를 기록했다. 이 기간 중 가장 높은 실업률을 기록한 해는 1933년의 24.9%였으며 가장 낮은 실업률도 1937년의 14.3%에 달했다. 참고로 제2차 세계대전 후 미국경제가 경험한 가장 높은 실업률은 1982년의 11%다.

그렇다면 대공황 기간 중의 미국의 거시경제정책은 어떠했는지 알아보자. 〈표 11-1〉에서 보듯이 M_1통화량은 1929년부터 1933년까지 지속적으로 감소했다. 통화량이 감소한 것은 은행의 대량 부도사태에 원인이 있다. 주가폭락으로 은행부도가 증가하자 예금자들이 부도위험이 높은 은행으로부터 예금을 인출하여 현금으로 보유하였을 뿐만 아니라 은행으로서도 예금인출사태에 대비하여 지불준비금을 증가시켰고 그 결과 통화승수가 감소했기 때문이다. 이처럼 통화승수가 감소함에 따라 통화량이 크게 감소했음에도 불구하고, 미국의 중앙은행인 연방준비제도는 통화량의 감소와 금융시장의 붕괴를 막기 위해 적극적인 조치를 취하지 않았다.

표 11-1 대공황기간 중 미국의 주요경제지표

지표 연도	GNP(10억 달러) 1992년 불변가격	실업률(%)	상업어음 이자율(%)	주가*	재정흑자 비율**	M_1통화량 (1929 = 100)
1929	938.1	3.2	5.9	83.1	−0.8	100.0
1930	850.2	8.7	3.6	67.2	−1.4	96.2
1931	784.9	15.9	2.6	43.6	−3.1	89.4
1932	676.1	23.6	2.7	22.1	−0.9	78.0
1933	662.1	24.9	1.7	28.6	1.6	73.5
1934	713.7	21.7	1.0	31.4	0.2	81.4
1935	777.4	20.1	0.8	33.9	0.1	96.6
1936	882.7	16.9	0.8	49.4	−1.1	110.0
1937	923.5	14.3	0.9	49.2	1.8	114.8
1938	885.7	19.0	0.8	36.7	0.6	115.9
1939	953.0	17.2	0.6	38.5	−0.1	127.3

주: * 주가는 Standard & Poor's 500 지수.
　　** 재정흑자비율은 완전고용 재정흑자(full employment surplus)/완전고용 국민소득(full-employment output)임.
　자료: R. Dornbusch, S. Fischer and R. Startz, *Macroeconomics*, 7th ed., Irwin-McGraw Hill, 1998.

　　통화정책뿐만 아니라 재정정책 역시 경기안정에 도움이 되지 못하였다. 이때까지만 해도 정책담당자들은 경제에 문제가 생길 경우 균형재정을 이루려고 하는 것이 상례였다. 실제로 경제침체 속에서 치러진 1932년의 미국 대통령 선거전에서는 양당의 후보들이 한결같이 균형재정을 이룰 것을 주장했다. 경기침체로 인해 세수가 줄어듦에 따라 연방정부재정은 1931년부터 1933년까지 국민총생산의 2.6%에 달하는 적자를 기록하였는데, 이처럼 재정이 적자를 기록하자 연방정부와 지방정부는 오히려 세금을 올려서 재정적자를 메우려 했다. 이와 같은 세금인상이 총수요에 어떤 영향을 줄지는 분명하다.

　　대공황의 경험은 미국에만 국한된 것은 아니다. 1930년대에 들어서는 거의 세계 모든 국가들이 심각한 경기침체를 경험했다. 이처럼 미국의 대공황이 전세계로 파급된 이유로는 국제금융질서의 붕괴와 보호무역정책의 확산을 들 수 있다. 특히 경기침체가 심해지자 각국은 앞을 다투어 관세를 인상하고 평가절하를 실시하였는데 이와 같은 보호무역정책은 세계 전체의 교역과 생산을 위축시켰다.

케인즈학파의 등장

대공황은 서구경제가 경험한 가장 큰 경제위기였다고 할 수 있다. 따라서, "대공황의 원인은 무엇이었으며, 과연 이를 피할 수 있었는가?, 대공황으로부터 벗어나기 위한 정책처방은 무엇인가?, 그리고 대공황과 같은 위기가 재발할 수 있는가?"와 같은 질문들이 끊임없이 제기되었다. 그러나 대공황 당시의 고전학파 경제이론으로는 대공황에서 경험한 것과 같은 지속적인 고실업률을 설명할 수 없었을 뿐만 아니라 이를 해결하기 위한 정책처방을 제시할 수도 없었다.

고전학파는 충격에 의해 경제가 일시적으로 균형상태에서 벗어나더라도 가격이 신축적으로 조정됨으로써 곧바로 완전고용상태의 균형을 회복할 수 있다고 보았다. 따라서 일시적으로 경제가 침체에 빠지고 실업률이 상승하더라도 적극적인 경제정책을 사용하지 않고 보이지 않는 손에 맡겨 두는 것이 고전학파의 유일한 정책처방이었다.

대공황의 원인을 설명하고 이로부터 벗어나기 위한 정책처방이 제시된 것은 케인즈(John M. Keynes)에 의해서다. 케인즈는 거의 10년간에 걸쳐 두 자리수의 실업률을 기록한 1920년대 영국의 경기침체와 1930년대 미국의 대공황의 경험을 토대로 하여 1936년에 그의 경제이론을 집대성한 「고용, 이자, 화폐에 관한 일반이론」을 저술했다.[1] 이 책에서 케인즈는 투자기회의 고갈에 따른 투자수요 감소와 이에 따른 총수요의 감소를 대공황의 주된 원인으로 지적했다. 물론 긴축적인 재정정책도 경기침체를 악화시키는 데에 한 몫을 했다. 케인즈의 단순모형은 대공황에 대한 케인즈의 해석을 잘 보여준다. 케인즈의 모형은 대공황의 원인을 잘 설명할 뿐만 아니라 앞으로 이를 방지하기 위해서 어떤 정책이 필요한지를 보여주었다.

② 적극적 경기안정정책에 대한 논쟁

케인즈의 이론은 시대의 상황에 적절한 정책처방을 제시했으며 케인즈 혁명(the Keynesian revolution)이라 불리는 과정을 통해 거시경제학의 중심이론으로 자리잡았다. 케인즈의 이론을 수용한 경제학자들은 정부가 적극적으로 재정정책과 통화정책을 이

---

1 J. M. Keynes, *General Theory of Employment, Interest and Money*, Macmillan, 1936.

용하여 불필요한 경기변동을 제거해야 한다고 주장했다. 경제에는 부단히 총수요와 총공급에 대한 충격이 발생하고 있으며, 가격의 경직성으로 말미암아 충격으로 인한 불균형상태가 상당기간 지속된다고 보았기 때문이다. 더욱이 거시경제학에 대한 연구가 활발히 진행되고 거시경제의 원리와 구조에 대한 이해가 높아짐에 따라 언젠가는 거시경제정책을 이용하여 미세한 경기변동마저 제거하는 소위 경기의 미세조정 (fine tuning)이 가능해질 것이라는 주장도 대두되었다.

그러나 이와 같은 적극적 경기안정정책에 대해 비판적인 경제학자들도 많다. 이들은 경기안정정책을 시행할 경우 나타나는 효과가 거시경제모형에서 보는 것처럼 확실하지가 않기 때문에 섣불리 경제정책을 쓸 경우 오히려 경기변동을 심화시킬 우려가 있음을 지적한다. 따라서 경제정책은 경제의 자연스러운 성장을 저해하지 않는 범위 내에서 소극적으로 사용되어야 한다고 주장한다. 경기안정정책의 효과가 불확실한 원인으로는 정책효과의 시차와 기대형성의 문제를 들 수 있다.

경제정책 효과의 시차

통화정책이나 재정정책을 시행한 후 그 효과가 곧바로 나타난다면 경제정책을 통해 경기안정을 이루는 것은 그다지 어렵지 않은 일일 것이다. 정책효과가 원하지 않는 방향으로 나타나면 곧바로 정책을 수정할 수 있기 때문이다. 그러나 현실에서는 정책의 효과가 상당한 시간을 두고 나타나기 때문에 경제정책을 시행하더라도 그 효과가 언제 나타나며 얼마나 크게 나타날 것인지가 불확실하다. 정책효과와 관련된 시차는 크게 내부시차와 외부시차로 나눌 수 있다.

내부시차(inside lag)란 정책의 필요성을 인지하고 적절한 정책을 시행하는 데에 걸리는 시간을 말한다. 경기안정정책이 필요한지의 여부를 결정하기 위해서는 현재 경제가 어떤 상태에 있는지를 판단해야 하는데 이것은 쉬운 일이 아니다. 예를 들어 1사분기에 경제성장률이 감소하는 경우 이것이 일시적 현상인지, 본격적인 경기후퇴 국면의 시작인지, 또는 잠재성장률의 추세전환으로 인한 것인지를 바로 판별하기는 어렵다. 경기예측을 전문으로 하는 연구기관들 간에 경기동향에 대한 판단이나 경기전망이 서로 다르게 나타난다는 사실은 경제의 현 상태를 올바로 판단하는 것이 얼마나 어려운지를 보여준다. 경제에 교란요인이 발생한 후 이를 인식하는 데에 걸리는 시간을 인식시차(recognition lag)라 하는데, 카레켄(John Kareken)과 솔로우(Robert

Solow)의 연구는 미국에 있어서 인식시차가 5개월 정도라고 보고하고 있다.[2]

정책의 필요성을 인식한다해도 재정정책과 같이 예산승인이나 입법절차를 필요로 하는 정책은 당장 시행할 수가 없다. 정책시행여부를 결정하고 필요한 행동을 취하는 데에 시간이 걸리기 때문이다. 이와 같은 정책결정시차(decision lag)와 정책시행시차(action lag)도 내부시차를 증가시킨다.

외부시차(outside lag)란 정책이 시행된 후 기대되는 경제적 효과를 가져오는 데에 걸리는 시간을 말한다. 예를 들어 통화공급의 증가가 경기부양의 효과를 가져오기 위해서는 기업의 투자결정에 큰 영향을 주는 장기이자율이 하락해야 하며, 장기이자율의 하락에 따라 기업의 투자지출이 증가해야 한다. 그런데 기업들은 시설투자를 하기 훨씬 전에 미리 투자계획을 수립하기 때문에 이자율 하락이 투자지출을 증가시키기까지는 상당한 시간이 경과해야 한다.

이처럼 재정정책과 통화정책은 그 효과가 나타날 때까지의 시차가 클 뿐 아니라 일정하지도 않기 때문에 이들을 이용하여 경기안정을 이루는 것은 현실적으로 쉽지 않은 일이다. 뿐만 아니라 이와 같은 정책은 오히려 경기변동을 심화시킬 가능성도 있다. 정책효과가 나타나기까지 긴 시간이 걸린다면 정책효과가 나타날 무렵의 경제상황은 경제정책의 필요성을 인식하는 시점의 경제상황과는 상당히 다를 수도 있기 때문이다. 예를 들어 경기후퇴를 인식하고 경기팽창정책을 시행하는 경우 그 효과가 나타날 무렵에 이미 경기가 회복국면에 진입해 있다면 팽창정책은 오히려 경기를 과열시킬 수도 있다.

[그림 11-2]는 정책시차의 존재가 어떻게 경기변동을 심화시킬 수 있는지를 보여준다. 그림에서 빨간색 실선은 경기안정정책이 시행되지 않을 경우 국내총생산의 움직임을 보여준다. 경제는 t_0부터 경기침체 국면에 진입하며 어느 정도 시간이 지난 t_2에는 경기안정정책 없이도 다시 완전고용상태를 회복한다. 그렇다면 경기안정정책을 시행할 경우에는 어떻게 될 것인가? 우선 내부시차로 말미암아 경기안정정책은 경제가 침체국면에 진입한 후 상당시간이 경과한 t_1시점이 되어서야 시행될 것이다. 뿐만 아니라 외부시차로 인해 경기안정정책이 실제로 국내총생산에 영향을 주는 것은 이보다도 훨씬 후의 일일 것이다. 따라서 경기안정정책이 시행될 경우의 국내총생산은 [그림 11-2]의 초록색 실선과 같이 움직여서 경기안정정책이 시행되지 않은 경우보다 더 큰 변동을 보이게 된다.

바로 이와 같은 이유에서 프리드먼과 같은 통화론자들은 정부가 통화정책을 경기

---

2 J. Kareken and R. Solow, "Lags in Monetary Policy," in *Stabilization Policies*, prepared for the Commission on Money and Credit, Englewood Cliffs, N.J., 1963.

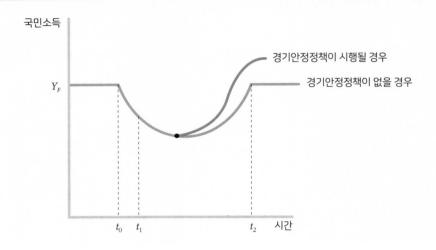

그림 11-2 정책시차와 경기변동 증대

안정을 위해 적극적으로 사용해서는 안 된다고 주장한다. 통화론자의 주장에 따르면 화폐수요는 이자율에 대해서 완전비탄력적이고 *LM*곡선은 수직이므로 재정정책은 완전 구축되어 총생산에 영향을 미치지 못한다. 반면에 통화정책은 총수요와 총생산에 효과적으로 영향을 미칠 수 있다. 그런데 왜 통화론자들은 경기안정을 위해 통화정책을 적극적으로 사용하는 것에 반대했을까? 바로 정책시차로 인해 통화정책의 효과가 불확실하기 때문이다. 통화론자들은 경기안정을 위해 시행된 정부의 통화정책이 오히려 경기변동을 심화시킨다고 주장한다. 이들은 경제에 미치는 여러 가지 충격 중에서 통화공급의 변동이 경기변동의 가장 주된 원인이라고까지 주장한다. 따라서 경기변동에 따라 통화량을 조절하는 적극적 정책보다는 차라리 통화량 증가율을 경제성장률에 맞추어 일정 수준으로 고정시키는 소극적 경제정책(nonactivist policy)이 국민소득, 고용, 물가의 안정화에 가장 크게 기여할 수 있다고 한다. 통화량 증가율을 항상 3%로 유지하자는 이른바 3퍼센트 준칙의 제안이 소극적 경제정책의 예라고 할 수 있다.

정부가 경기안정을 위해 적극적 경제정책(activist policy)을 시행해야 한다고 주장하는 학자들도 시차의 존재로 인해 경제정책을 시행함에 있어서는 매우 신중해야 함을 인정한다. 그럼에도 불구하고 이들은 경제정책이 통화론자가 주장하는 것처럼 완전히 소극적일 필요는 없다고 주장한다. 특히 경제가 장기적인 침체상태에 빠져 있을 때에는 적극적인 정책이 필요하다는 것이다.

뿐만 아니라 경제정책 중에는 제3장에서 소개한 자동안정장치(automatic stabilizer)

와 같이 정책시차가 짧은 정책도 있다. 소득세나 실업보험은 새로운 정책의 도입 없이도 경기변동을 완화시킬 수 있다. 누진적인 소득세는 경기침체기에 가계가 부담하는 소득세를 줄여주며 실업보험제도는 경기침체기에 가계로의 이전지출을 자동적으로 증가시킴으로써 총수요의 변동을 줄이고 이에 따라 경기변동을 완화시킬 수 있다. 이와 같은 자동안정장치는 정책의 필요성을 인식하고 필요한 정책을 시행하는데에 시간이 들지 않으므로 내부시차가 없는 경제정책이라고 할 수 있다.

기대형성과 경제정책

거시경제정책이 어떤 효과를 가져올지가 불확실한 두 번째 이유로는 정책과 기대형성 간의 상호작용을 들 수 있다. 경제정책의 효과는 이 정책이 현재의 경제상태에 어떤 영향을 미치는지 뿐만 아니라 경제주체들의 미래에 대한 기대에 어떤 영향을 미치는지에 의해서도 좌우된다. 미래의 경제상태에 대한 기대는 가계의 소비와 자산선택 그리고 기업의 투자와 고용을 비롯한 경제주체들의 의사결정에 중요한 영향을 미치기 때문이다. 따라서 정책효과를 예측하기 위해서는 정책시행에 따라 경제주체들의 기대가 어떻게 형성되고 이와 같은 기대에 근거하여 경제주체들이 어떤 반응을 할 것인지가 파악되어야 한다.

기대가 가지는 역할의 중요성이 부각되기 이전에는 경제학자들은 경제를 기계와 마찬가지로 일정한 경제정책에 대해 항상 일정한 반응을 보이는 수동적인 시스템으로 보았다. 이와 같은 견해를 대표하는 것이 거시계량경제모형(macroeconometric model)에 의한 정책효과의 평가다. 거시계량경제모형은 소비함수나 투자함수와 같이 경제변수들간의 관계를 나타내는 행태방정식들로 구성된다. 이 방정식들은 과거의 자료를 이용하여 계량경제학적인 방법에 의해 추정되는데 이는 곧 경제변수들간에 존재해 온 과거의 관계를 추정하는 셈이다. 케인즈학파는 이와 같은 거시계량경제모형을 이용하여 정책의 효과를 미리 예측하고 분석할 수 있다고 보았다.

반면에 합리적 기대를 거시경제분석에 도입한 새 고전학파는 정책시행에 따른 경제주체의 기대형성과 반응을 고려하지 않고 단지 과거의 통계자료에 근거하여 정책의 효과를 평가하는 전통적 접근방식에 문제가 있음을 지적했다. 특히 루카스(Robert Lucas)는 새로운 정책이 시행되면 경제주체들의 기대와 반응이 바뀌고 이에 따라 경제변수들간의 관계 즉, 행태방정식에 있어서의 계수값이 변할 것이기 때문에 이를 감안하지 않고 기존의 거시계량경제모형을 이용하여 정책효과를 분석할 경우 실제정책효과를 제대로 파악할 수 없게 된다고 주장한다. 이와 같이 기대형성을 감안하지 않은 전통적 경제정책효과의 평가방법에 대한 비판을 루카스 비평(Lucas critique)이라 한다.

루카스 비평은 경제정책의 시행은 기계와 같은 수동적인 시스템을 최적으로 통제하는 것이 아니라 정책당국과 민간부문의 경제주체 사이에 벌어지는 전략적 게임으로 인식되어야 함을 확인시켜 준다. 즉, 가계와 기업의 의사결정은 정부가 어떤 정책을 수행할 것인가에 대한 기대에 의존하며 한편 정부의 정책은 가계와 기업이 어떤 기대를 형성하는지를 감안하여 선택된다. 정부와 민간경제주체 간에 되풀이되는 전략적 게임이 얼마나 바람직한 거시균형을 가져다 줄 것인가는 정부의 정책이 얼마나 신뢰성이 있는가의 문제와 직결된다.

③ 재량에 의한 정책과 준칙에 의한 정책

경제정책에 관한 경제학자들간의 또 하나의 쟁점으로는 경제정책이 재량적으로 시행되어야 하는가 또는 미리 정해진 규정에 따라서만 시행되어야 하는가의 논쟁을 들 수 있다. 준칙에 의한 정책(policy by rule)이란 각 경제상황에 따라서 어떤 정책을 시행할 것인지를 미리 규정하고 실제로 이 규정을 준수하는 것을 말한다. 반면에 재량에 의한 정책(policy by discretion)이란 그때그때의 상황에 따라 정책담당자가 적절하다고 판단하는 정책을 시행하는 것을 말한다.

준칙에 의한 정책과 재량에 의한 정책 간의 선택은 적극적 정책과 소극적 정책 간의 선택과는 다른 문제다. 준칙에 의한 정책이 반드시 소극적 정책이 아닐 수도 있기 때문이다. 예를 들어 연간 통화공급 증가율을 3%로 고정시키도록 규정하는 것은 소극적인 통화정책이다. 그러나 다음과 같은 통화공급 준칙은 적극적 통화정책이라 할 수 있다.

$$통화공급\ 증가율\ =\ 5\% \ + \ (실업률\ - \ 3\%)$$

위의 준칙에서 5%는 경제가 완전고용상태를 유지하며 성장할 경우의 잠재성장률 수준을 나타내고, 3%는 자연실업률을 나타낸다고 할 수 있다. 정책당국이 위의 준칙을 따른다면 실업률이 자연실업률과 같을 경우에는 통화공급의 증가속도는 경제의 자연스러운 성장속도와 동일하게 되지만, 경기침체가 발생하여 실업률이 자연실업률보다 높아지는 경우에는 통화공급 증가속도가 높아져서 자연스럽게 팽창적인 정책이 이루어질 수 있다.

사실, 재량에 의한 정책은 경제상황의 변화에 유연하게 대처할 수 있다는 장점을 가지고 있다. 따라서 정책담당자가 상황을 판단하여 국민경제에 가장 유리한 정책을 택할 수 있는 능력과 의지가 있다면 급변하는 경제상황에 대처함에 있어서 재량에 의한 유연성을 확보하는 것이 바람직함은 부인할 수 없다. 재량보다는 준칙에 의한 경제정책을 주장하는 이유는 바로 이와 같은 전제가 성립되기 어렵기 때문이다. 재량보다 준칙에 의한 정책이 더 나은 결과를 가져올 수 있는 이유로서는 정책에 대한 불신의 문제와 정책담당자에 대한 불신의 문제를 들 수 있다.

심층분석 | 테일러 준칙

준칙에 의한 적극적 정책의 한 예로 테일러(John Taylor)가 제안한 테일러 준칙(Taylor's rule)을 들 수 있다.[3] 테일러 준칙은 물가안정이라는 장기목표와 경기안정이라는 단기목표를 동시에 달성하기 위해 미국의 연방준비제도가 통화정책 수단인 연방자금금리(federal funds rate)를 어떻게 설정해야 하는가를 제안한 것이다. 일반적으로 테일러 준칙은 다음과 같은 식으로 표현될 수 있다.

$$i_t^* = \bar{r} + \pi_t + \lambda_\pi(\pi_t - \bar{\pi}) + \lambda_y(y_t - \bar{y}_t)$$

위 식에 따르면 연방자금금리 목표는 실제 물가상승률과 목표 물가상승률($\bar{\pi}$)과의 차이, 실질국내총생산과 잠재생산량($\bar{y}_t$)과의 차이, 완전고용을 달성할 수 있는 균형단기이자율(균형단기실질이자율 + 물가상

승률)의 세 가지 요인을 감안하여 결정되어야 한다. 예를 들어 실제 물가상승률이 목표 물가상승률보다 높거나 실제 국내총생산이 잠재생산량보다 높다면 연방자금금리는 균형단기이자율 수준보다 높게 설정되어야 하는데 이는 곧 긴축적인 통화정책을 의미한다. 실제로 테일러는 목표 물가상승률을 2%로 하고, λ_π와 λ_y 값을 모두 0.5로 설정할 것을 권고했다.

흥미로운 사실은 테일러 준칙은 실제로 2008년 글로벌 금융위기 이전 미국 연방준비제도의 통화정책을 비교적 잘 설명해 준다는 점이다. 이는 연방준비제도가 명시적으로 위와 같은 테일러 준칙을 따르고 있지는 않았다고 하더라도 암묵적으로는 2% 정도의 물가상승률 장기목표와 단기적인 경기안정 목표를 추구하여 왔음을 의미하는 것으로 해석된다.

---

3 J.B. Taylor, "Discretion versus Policy Rules in Practice," *Carnegie Rochester Conference Series on Public Policy* 10, 1993.

동태적 불일치성과 정책신뢰도

경제상황에 따라서는 정부가 민간경제주체의 기대형성에 영향을 주기 위해서 사전에 정부의 정책의지를 천명하는 경우가 있다. 예를 들어 물가안정이 정부정책의 최우선 과제임을 사전에 홍보할 때 인플레이션에 대한 기대심리는 보다 안정적으로 변할 수 있다. 그런데 막상 발표된 정책이 시행될 것을 기대하고 민간경제주체들이 새로운 의사결정을 내린 후에는 정책담당자들의 입장에서 볼 때 가장 적절한 정책이 이미 발표한 정책과 다를 수가 있는데 이를 정책의 동태적 불일치성(dynamic inconsistency) 또는 시간 불일치성(time inconsistency)이라고 부른다. 동태적 불일치성이 존재하는 경우, 정부정책이 재량적으로 이루어질 수 있다면 정부로서는 당연히 사전에 발표한 것과는 다른 정책을 시행할 것이다.

그런데 이것이 이야기의 끝이 아니다. 민간경제주체들이 정부가 발표한 정책이 동태적 불일치성을 갖고 있음을 안다면 정책 자체를 불신할 것이며 따라서 정부가 사전에 정책의도를 발표하더라도 민간경제주체의 기대에 영향을 줄 수가 없을 것이다. 이 경우에 발표된 정책에 신뢰감을 심어주기 위해서는 정책 자체를 재량에 의해 변경할 수 없도록 준칙으로 확정시키면 될 것이다. 즉, 이미 약속한 정책을 뒤바꿀 수 있는 재량보다는 그 정책을 변경할 수 없게 함으로써 신뢰도를 높이는 것이 보다 바람직한 균형을 가져오게 된다.

동태적 불일치성의 문제는 다음과 같은 예를 통해 쉽게 이해될 수 있다. 많은 국가들은 비행기를 납치하는 인질범과는 절대로 협상을 하지 않는다는 입장을 천명하고 있다. 이와 같은 비협상정책은 비행기 납치로부터 기대되는 이득을 제거함으로써 납치기도를 미연에 방지하는 데에 목적이 있다. 즉 납치범들의 기대에 영향을 미치고 이를 통해 이들의 행동에 영향을 미치려는 것이다.

그런데 비협상정책에도 불구하고 막상 납치사건이 발생한다면 어떻게 되겠는가? 정책담당자들로서는 협상을 거부하다가 승객들을 희생시키는 것보다는 인질의 석방을 위해 납치범의 요구를 들어 주려는 유혹이 매우 강할 것이다. 납치범들도 이와 같은 사실을 알고 있을 것이고 따라서 비협상정책의 선언은 납치기도를 줄이는 데에 별로 효과가 없을 것이다. 이 경우 정책담당자들로부터 협상의 재량을 박탈함으로써 비협상정책이 확실하게 이행되도록 하는 것이 납치기도를 효과적으로 줄이는 방안이 될 수 있다.

정책시행에 있어서의 동태적 불일치성의 문제는 여러 가지 다른 상황에서도 발생할 수 있다.

- 정부는 투자를 촉진하기 위해서 자본소득에 대해 과세를 하지 않을 것이라고 약속한다. 그러나 이와 같은 정책을 믿고 투자를 통해 자본형성이 이루어진 다음에는 과세를 하더라도 이미 형성된 자본스톡에는 영향을 미치지 않는 반면에 재정수입이 발생하므로 약속을 어기려는 동기가 발생한다.
- 신약의 개발을 촉진시키기 위해 정부는 신약을 개발하는 회사에 대해서 독점권을 인정해 주겠다고 약속한다. 그러나, 독점적 지위를 기대하고 연구개발이 활발히 이루어지고 그 결과 신약이 개발된 다음에 정부의 입장에서는 보다 많은 사람들이 이 약을 이용할 수 있도록 가격을 규제하는 것이 최선의 정책이 된다.
- 학기초에 교수는 학생들이 수업내용을 공부하도록 하기 위해서 학기말 시험을 치를 것이라고 공고한다. 그러나 학기말이 되어 이미 학생들이 시험에 대비하여 수업내용을 충실하게 공부한 상태에서는 시험을 치르지 않고 채점의 수고라도 줄이는 것이 더 낫다.

이와 같은 동태적 불일치성의 논리는 통화정책의 시행에 있어서도 적용될 수 있다. 정부가 물가안정정책을 시행하는 경우 단기적으로 실업의 증가라는 비용을 치르게 된다. 그런데 이와 같은 실업과 인플레이션 간의 상충관계는 기대인플레이션율을 변화시킴으로써 완화될 수 있다. 즉, 물가안정정책이 발표됨에 따라 경제주체들이 기대인플레이션율을 낮춘다면 물가안정에 따른 실업증가라는 경제적 비용을 줄일 수 있다. 그러나 이와 같은 물가안정정책은 동태적 불일치의 가능성을 내포하고 있다.

물가안정정책에 있어서의 동태적 불일치성의 문제를 설명하기 위해 정부의 정책선호를 나타내는 손실함수(loss function)가 다음과 같이 주어져 있다고 하자.

$$L(\pi, u) = \pi^2 + 2u \qquad (11\text{-}1)$$

위의 손실함수에 따르면 정부는 물가상승률(π)과 실업률(u)을 모두 감소시킴으로써 손실함수의 값을 극소화시키고자 할 것이다. 그러나 단기적으로 인플레이션과 실업률 간에는 상충관계가 존재하는데 이는 다음과 같은 기대부가 필립스곡선에 의해 대표될 수 있다.

$$\pi = \pi^e - (u - 3) \qquad (11\text{-}2)$$

위 식에서는 자연실업률 수준이 3%로 주어졌다. 정부는 (11−2)식에 주어진 상

그림 11-3 동태적 불일치성

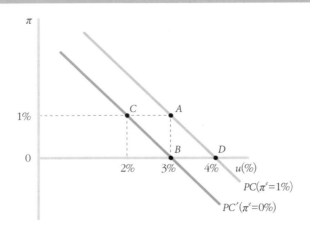

충관계의 제약 아래에서 (11−1)식에 주어진 손실함수가 극소화되도록 인플레이션과 실업률의 조합을 선택하게 된다.

이제 어떤 경제가 장기균형상태에서 1%의 물가상승률을 경험하고 있고 이에 따라 기대물가상승률도 1%에 고정되어 있다고 하자. 이 경제의 현 상태는 [그림 11−3]에서 A점에 해당하는데, 정부의 손실함수가 (11−1)식과 같다면 정부로서는 〈표 11−2〉에서와 같이 A점보다는 물가상승률이 낮은 B점을 더 선호하므로 물가상승률을 0%로 낮추는 정책을 선택할 것이다. 그런데 (11−2)식의 필립스곡선에 따르면 단기적으로 B점을 달성하기 위해서는 민간경제주체들이 예상하는 물가상승률이 0%로 감소해야 하며 따라서 민간경제주체의 기대에 영향을 주기 위해 제로 인플레이션 정책의 시행을 미리 발표할 필요가 있다. 만일 모든 민간경제주체가 정부의 발표를 믿고 물가상승률이 0%가 될 것으로 예상하고 임금을 결정한다면 그 경제의 필립스곡선은 그림에서와 같이 PC′으로 하향 이동할 것이다.

그런데 이와 같이 필립스곡선이 하향 이동한 후 통화당국은 물가상승률은 1%로 유지하면서 실업률을 2%로 하는 C점을 선택하는 것이 가능해진다. 만일 〈표 11−2〉에서와 같이 정부가 B점보다는 C점을 더 선호한다면 미리 발표한 대로 제로 인플레이션 정책을 고수하기보다는 C점과 같이 실업률을 자연실업률 이하로 낮추고자 하는 유혹을 받을 수 있다. 즉 민간경제주체가 1%의 물가상승률을 기대하고 있는 한 물가상승률을 0%로 만들기 위해 통화증가율을 낮추는 것이 최선의 정책이지만, 이 정책을 발표한 후 민간경제주체가 기대하는 물가상승률이 0%로 바뀐 경우

	π(%)	u(%)	L
A	1	3	7
B	0	3	6
C	1	2	5
D	0	4	8

주: 손실(L)의 값은 (11-1)식에 주어진 손실함수로부터 계산된 것임. 손실의 값이 작을수록 더 선호되는 정책임.

에는 통화증가율을 원래대로 유지하는 것이 최선의 정책이 되는데 이것이 바로 동태적 불일치성이다.

그러나 민간경제주체가 이와 같이 정부의 통화정책이 재량적으로 변경될 수 있음을 인식한다면 통화증가율을 낮추는 정책은 신뢰할 수 없는 정책이라 생각할 것이다. 따라서 정부가 이와 같은 정책을 시행하겠다고 발표하더라도 기대인플레이션율은 변하지 않을 것이다. 이 경우 만일 정부가 발표한 대로 통화공급 증가율을 낮춘다면 경제는 단기적으로는 D점으로 가는데 이 경우에는 손실이 가장 높아 차라리 정책을 시행하지 않는 것만도 못한 결과를 가져온다. 만일 정부가 통화공급 증가율 목표를 재량적으로 조절하지 않고 이를 낮추는 것을 변경할 수 없는 준칙으로 만듦으로써 민간경제주체들의 신뢰를 얻을 수 있다면 통화공급 증가율을 낮출 경우 경제는 바로 B점으로 갈 수 있으며 이 경우 실업률의 증가라는 경제적 비용을 치르지 않고도 물가안정을 이룰 수 있다. 여기서는 A가 재량균형, B가 준칙균형이다. 나머지는 기대물가상승률과 실제물가상승률이 같지 않기 때문에 균형이 될 수 없다.

이처럼 통화정책이 재량이 아니라 준칙에 따라 수행될 때 동태적 불일치성의 문제는 극복될 수 있다. 그러나 준칙이 신용경색과 같은 예상치 못한 경제충격에까지 적용될 경우 금융위기의 발생이라는 거대한 비용을 치를 수도 있다. 더욱이 통화정책이 명시적인 준칙을 따르지 않음에도 불구하고 물가안정을 이룬 미국이나 독일의 예는 준칙만이 동태적 불일치성의 문제를 극복하는 유일한 방법이 아님을 가르쳐준다. 동태적 불일치성 문제 해결의 핵심은 비록 준칙을 따르지 않더라도 기대인플레이션율을 낮출 수 있는 통화정책을 시행하는 것이다. 이런 점에서 위임(delegation)과 평판(reputation)이 동태적 불일치성의 문제를 극복하기 위한 현실적인 대안으로 제시되고 있다.

위임은 (11-1)식에 제시된 손실함수에 반영된 인플레이션과 실업에 대한 선호와는 다른 선호를 가진 사람을 통화정책의 책임자로 임용하는 것이다. 예를 들어 다음과 같은 손실함수를 가진 사람이 통화정책의 책임자가 되는 경우를 생각해 보자.

$$L(\pi, u) = \pi^2 + u \qquad\qquad\qquad (11-3)$$

새로운 손실함수는 (11-1)식의 손실함수와 비교할 때 같은 실업률 수준에 대해서 느끼는 손실의 크기가 반밖에 되지 않는다. 그러므로 이 정책담당자는 실업률을 다소 희생하더라도 보다 낮은 물가상승률을 추구할 것으로 기대되며 이에 따라 기대인플레이션율도 낮아지게 된다(연습문제 7 참조).

평판은 위임과 달리 정책담당자가 인플레이션과 실업에 대해 어떤 선호관계를 갖고 있는지 불확실한 경우에 적용될 수 있다. 예를 들면 정책담당자의 손실함수가 (11-1)식과 같은지 또는 (11-3)식과 같은지가 불확실한 경우다. 민간부문은 정책담당자의 유형을 모르기 때문에 정책담당자가 선택하는 통화정책으로부터 그 유형에 대한 정보를 구하려고 할 것이다. 정책담당자의 입장에서는 이와 같은 사실을 이용하여 자신의 특성을 숨기고 보다 낮은 기대인플레이션율의 형성을 유도함으로써 향후 보다 유리한 정책메뉴를 확보하려는 유인을 가지게 된다. 그런데 이와 같은 유인은 다음의 두 가지 조건이 충족될 때에만 강하게 나타난다. 우선 정책담당자가 현재의 인플레이션과 실업뿐 아니라 미래의 인플레이션과 실업도 고려해야 하는데 이를 위해서는 충분한 임기가 남아 있어야 한다. 다음으로 현재뿐 아니라 미래의 인플레이션과 실업에 대해서도 실제로 높은 관심을 가져야 한다. 비록 임기가 충분히 남아 있어도 미래 인플레이션과 실업에 대해 개의치 않는다면 동태적 불일치성의 문제는 여전히 남게 된다. 정책담당자는 단지 현재의 인플레이션과 실업에 대한 선호관계에 따라 통화정책을 운용할 것이기 때문이다.

정책담당자들에 대한 불신

지금까지의 경제정책에 대한 논의는 정부가 경제 전체를 위해 최선의 정책을 선택함을 전제로 하고 있다. 그러나 일부 경제학자들은 이와 같은 전제 자체를 의심의 눈초리로 바라본다. 정치가 또는 정책담당자들의 기회주의적 성향이나 무능함으로 인해 경제 전체를 위한 최선의 정책이 선택될 수 없는 경우 통화정책이나 재정정책과 같은 강력한 정책을 이들의 재량에 맡길 수 없다는 것이다.

정책에 대한 불신은 여러 가지 이유에서 발생할 수 있다. 우선 거시경제현상은 매우 복잡하기 때문에 정책담당자들이 올바른 정책결정에 필요한 지식이나 정보를 충분히 가지지 못한 상태에서 의사결정을 내려야 할 때가 종종 있다. 이 경우 겉으로는 그럴 듯 하지만 실제로는 적절하지 않은 정책이 선택될 수도 있다.

뿐만 아니라 경제정책을 정책담당자들의 재량에 맡겨 놓을 경우 경제 전체의 입장에서가 아니라 정치가들 자신 또는 영향력이 큰 일부 이익집단에게만 최선인 정책이 선택되는 소위 대리인 문제(agency problem)도 발생할 수 있다. 예를 들어 정책담당자들은 장기적인 고용안정보다는 단기적으로 선거에서의 승리를 위해 경제정책을 사용할 우려가 있다. 만일 유권자들의 투표가 최근의 경제상황에 의해 크게 좌우된다면, 집권당으로서는 선거가 있는 해에 경제상황이 좋게 보일 수 있도록 정책을 집행할 유인이 존재한다. 이 경우 새로운 집권당은 집권초기에는 물가안정을 위해 경기를 다소 위축시켰다가 선거가 다가옴에 따라 경기부양을 위한 정책의 강도를 높이려고 할 것이다. 이와 같이 선거에서의 승리를 위해 거시경제의 상황을 조정함으로 인해 발생하는 경기변동을 정치적 경기변동(political business cycle)이라 한다.

❹ 경기안정정책은 불필요한가?

이상의 논의를 종합해 보면 경제학자들은 경기안정정책의 필요성에 대해 의견의 일치를 보지 못하고 있는 것처럼 보인다. 이는 거시경제이론이 하나로 통일되어 있지 않고 서로 대립하고 있는 양상을 보이는 데에도 원인이 있다. 구체적으로 말하자면 명목가격의 신축성 여부에 따라 케인즈학파와 고전학파적인 시각으로 양분된다고 할 수 있을 것이다. 두 학파간의 시각의 차이는 가격의 보이지 않는 손이 제 기능을 수행하는가의 여부에서 비롯된다. 시장이 제 기능을 발휘할 때 경제는 총수요와 총공급에 대한 다양한 충격으로부터 손쉽게 자기 복원력을 가지고 안정성을 유지할 수 있을 것이다. 그렇지 않다면 경제는 작은 충격에도 쉽게 손상받을 수 있다.

그러므로 안정화를 위한 거시정책의 유용성의 문제는 경제가 자율적인 자기 복원력을 가지고 있는가에 대한 판단의 여부와 직결된다고 볼 수 있다. 케인즈학파로서는 안정화를 위한 거시정책의 필요성이 끊임없이 요청될 수밖에 없으며, 고전학파의 입장에서는 총수요를 관리하는 거시정책은 불필요할 뿐 아니라 그와 같은 정책으로 인하여 경제주체간에 정보의 불균형을 초래할 때 자원배분이 오히려 왜곡될 수 있다고 본다. 1960~1970년대 케인즈학파와 통화론자 사이에 벌어진 안정화 정책에 관한 논쟁은 이들 두 학파 사이의 현실에 대한 이해가 얼마나 다른지를 잘 보여준다.

고전학파의 입장에 선 통화론자들은 앞서 지적한 안정화정책 무용론에서 한 걸음 더 나아가 안정화를 위한 미세조정(fine tuning)은 경제를 오히려 손상시킬 수 있다고 보았다. 뿐만 아니라 합리적 기대가설의 등장은 민간 경제주체의 기대형성에 따라 경기안정정책의 효과가 불확실할 수 있음을 보여주었다.

그렇다면 과연 경기안정정책은 불필요한 것일까? 지나치게 경기가 침체되거나 과열되는 것을 방지한다는 점에서는 안정화정책이 필요하며 실업률이 높거나 인플레이션이 심할수록 보다 적극적인 안정화정책이 요청됨은 물론이다. 그러나 실업률과 성장률을 일정수준으로 유지하거나 경제를 정부가 설정한 목표대에서 운용하는 미세조정은 지양되어야 한다.

예를 들어 완전고용을 유지하는 정책을 생각해 보자. 완전고용정책이 성공적이기 위해서는 자연실업률 수준을 정확히 측정할 수 있어야 한다. 측정된 자연실업률이 실제 자연실업률보다 낮을 때 완전고용정책이 인플레이션을 가속화시킬 것임은 자명하다. 그러나 자연실업률을 과연 정확하게 측정할 수 있는가에 대해서는 회의적이지 않을 수 없다. 경제에 대한 끊임없는 대내외적 충격으로 자연실업률이 수시로 변화하고 있는 점을 고려할 때 어떤 시점에서의 자연실업률을 정확히 측정한다는 것은 불가능에 가까운 일일 것이다.

그러므로 적극적인 안정화정책은 오히려 경제를 손상시킬 수 있는 위험이 있으며 소극적이고 방어적인 안정화정책이 요청된다. 소극적이고 방어적인 안정화정책이란 정부의 신중한 시장개입을 의미한다. 그러나 신중한 시장개입이 곧 정책당국에 족쇄를 채우는 것을 의미하는 것은 아니다. 이와 같은 의미에서 통화량 증가율을 일정하게 유지하도록 규정할 것을 주장한 프리드먼(Milton Friedman)의 3퍼센트 준칙은 안정화를 위한 통화정책의 기능을 완전히 포기한 것이나 다름이 없다. 금융자유화와 규제완화 또는 자산시장에 대한 충격으로 인하여 초래되는 불안정한 화폐수요에 대응한 통화정책이 요청됨은 이미 1980년대와 1990년대에 많은 나라에서 경험한 바 있기 때문이다. 같은 맥락에서 균형예산을 고수하는 재정정책은 안정화를 위한 재정정책의 기능을 전혀 고려하지 않고 있다는 문제가 있다. 더욱이 균형예산을 준수하는 재정정책은 불황시엔 지출의 감소를, 호황시에는 지출의 증가를 초래함으로써 경기변동을 증폭시킬 위험이 있는 것이다.

**⁝ 요점
정리**

1　경기침체가 가져오는 경제적 손실을 생각한다면 정부가 경기안정정책을 시행할 명분이 있다. 그리고 국민소득 결정모형은 거시경제정책이 경제에 어떠한 영향을 미치는지도 보여준다. 그러나 적극적인 경제정책의 사용이 경기변동을 심화시킬 수 있다는 우려에서 경기안정정책 논쟁이 발생하였다.

2　대공황은 세계경제가 경험한 가장 큰 경제위기라 할 수 있다. 그런데 대공황 당시 고전학파의 경제이론으로는 이 위기를 해결하기 위한 정책처방을 내놓을 수 없었다. 이때 케인즈는 대공황의 원인을 설명하고 정책처방을 제시하였다.

3　케인즈의 이론은 정부가 적극적으로 재정정책과 통화정책을 이용하여 불필요한 경기변동을 제거할 수 있음을 보여준다. 거시경제현상에 대한 이해가 깊어짐에 따라 경제정책을 이용하여 경기의 미세조정을 할 수 있을 것이라는 견해마저 나타났다.

4　통화론자와 새 고전학파 경제학자들은 정책효과의 시차와 기대형성의 문제로 인해 경제정책의 효과가 불확실하기 때문에 경제정책을 쓸 경우 오히려 경기변동을 심화시킬 우려가 있음을 지적하고 성장을 저해하지 않는 범위 내에서 소극적으로 사용되어야 한다고 주장하였다.

5　경제정책에는 미리 정해진 규정에 따라 시행되는 준칙(rule)에 의한 정책과 그때그때의 상황에 따라 정책담당자가 적절히 판단하여 시행하는 재량(discretion)에 의한 정책이 있다.

6　재량에 의한 정책을 찬성하는 입장은 정책담당자가 상황을 판단하는 능력과 국민경제를 위한다는 의지가 있다면 급변하는 경제상황에 대처함에 있어서 재량에 의한 유연성을 확보하는 것이 바람직하다고 주장한다.

7　동태적 불일치성(dynamic inconsistency)이 존재하는 경우, 준칙에 의한 정책이 정책의 신뢰성을 확보함으로써 이미 약속한 정책을 뒤바꿀 수 있는 재량에 의한 정책보다 바람직한 균형을 가져온다. 준칙 이외에 위임과 평판도 동태적 불일치성을 해결하는 데 도움이 된다.

8　경기안정정책의 필요성에 대한 의견 차이는 명목가격의 신축성 여부에 대한 시각

에 따라 케인즈학파와 고전학파로 나뉘는 것과 맥을 같이한다. 즉, 명목가격이 신축적이어서 경제가 자기 복원력이 있다면 경기안정정책은 무용하다.

**∷ 주요
용어**

- 경기안정정책 논쟁
- 대공황
- 미세조정
- 내부시차
- 외부시차
- 거시계량경제모형
- 적극적 경제정책

- 소극적 경제정책
- 자동안정장치
- 루카스 비평
- 준칙에 의한 정책
- 테일러 준칙
- 재량에 의한 정책
- 손실함수

- 동태적 불일치성
- 위임
- 평판
- 정치적 경기변동
- 대리인 문제

**∷ 연습
문제**

1 경제의 유일한 불안정 요인이 투자수요의 교란이며, 정부는 다음과 같이 표현되는 재정정책 준칙을 채택하려 한다고 하자.

$$G = \overline{G} + r(Y - Y_0)$$

단, $\overline{G}$와 r은 양수다. 이와 같은 준칙은 총생산의 변동을 감소시킬 수 있는가? 왜 그런지 이유를 설명하라. 만약 그렇지 않다면 안정화정책을 위해 위 식을 어떻게 변화시켜야 하는지 설명하라.

2 경제의 유일한 불안정 요인이 물가충격이라고 할 때 통화공급량을 $\overline{M}$에 고정시키는 정책과 아래 각각의 통화정책 준칙을 비교하라. 각 경우에 있어서 총수요곡선의 모양이 어떻게 달라지는지를 설명하라. (생산량과 물가의 초기값은 각각 Y_0와 1.0이고 $\overline{M}$, s, r은 양수다.)

    (1) $M = \overline{M} + s(P - 1.0)$

    (2) $M = \overline{M} + s(Y - Y_0)$

    (3) $M = \overline{M} + s(P - 1.0) - r(Y - Y_0)$

3 일부 국회의원들이 "통화정책은 다른 국회의원이나 대통령에 의해 면밀히 감독되어야 한다"고 주장했다. 이러한 주장의 의미는 무엇인가?

4 엄격한 균형재정 법안이 통과되어 어떠한 경제상황에서도 예외 없이 재정적자가 '0'이 되어야 한다고 하자. 이러한 정책이 경기 안정에 기여하겠는가? 그렇게 생각하는 이유는?

5 중앙은행의 총재로서 당신은 ① 이자율 유지정책 ② 일정한 통화공급 유지정책의 두 가지 중 하나를 택하려고 한다. 다음 각 경우에 있어서 어떤 정책이 적합한지를 설명하라. 단, *IS−LM* 모형을 통해 분석하라.
(1) 경제의 교란요인이 화폐수요에만 있고 생산물시장에는 교란요인이 전혀 없는 경우
(2) 경제의 교란요인이 투자수요에만 있고 화폐시장에는 교란요인이 전혀 없는 경우

6 중앙은행이 오직 물가안정에만 관심이 있는 경우와 오직 완전고용의 유지에만 관심이 있는 경우에 있어서 각각 다음과 같은 상황에서 중앙은행이 어떠한 조치를 취해야 하는지를 설명하라.
(1) 화폐유통속도의 외생적 감소
(2) 유가(oil price)의 외생적 하락

7 다음과 같은 통화당국의 손실함수를 생각해 보자.
$$L(\pi, u) = \pi^2 + u$$
필립스곡선이 $\pi = \pi^e - (u-3)$으로 주어졌을 때 준칙균형과 재량균형을 각각 구하라. 재량균형이 본문 〈표 11−2〉에서의 예와 차이가 있는 것은 어떤 이유에서인가?

8 (2014년 5급 행정고시) 루카스공급곡선 $Y=\bar{Y}+\alpha(P_t-EP_t)$와 오쿤의 법칙 $\frac{1}{\alpha}(Y_t-\bar{Y})=-\beta(u_t-u_n)$을 이용하여 다음 물음에 답하라.
(단, Y_t: t기의 실제 생산량, $\bar{Y}$: 잠재생산량, P_t: t기의 실제 물가수준, EP_t: t기의 기대물가수준, u_t: t기의 실업률, u_n: 자연실업률, $\alpha>0$ $\beta>0$)
(1) 공급 충격 v를 추가하여 필립스곡선을 도출하고, 인플레이션의 세 가지 원인을 설명하라. (단, 인플레이션율 $\pi_t=P_t-P_{t-1}$)

(2) (1)에서 도출한 필립스곡선에서 공급 충격을 제거한 후 중앙은행의 손실 함수 $L(u_t,\ \pi_t)=u_t+r\pi_t^2$를 이용하여 준칙 및 재량에 의한 금융정책 하에서의 손실함수를 각각 도출하라.

(3) (2)의 결과에 근거하여 어느 정책이 상대적으로 우위에 있는지 판단하고 그 이유를 설명하라.

9 (2018년 5급 행정고시) 어떤 경제의 필립스곡선과 사회후생함수는 다음과 같다.

필립스 곡선: $u=\bar{u}-(\pi-\pi^e)$

사회후생함수: $W=-0.5(u-u^*)^2-0.5(\pi-\pi^*)^2$

단, u는 실제 실업률, $\bar{u}$는 자연실업률, π는 실제 인플레이션율, π^e는 기대인플레이션율, u^*와 π^*는 각각 사회적으로 최적인 수준의 실업률과 인플레이션율이다. 이 경제에는 불확실성이 존재하지 않으며, 사회적으로 최적인 실업률은 자연실업률보다 낮다고 가정한다. 통화정책에 대한 사전적 구속장치(pre-commitment)가 없는 중앙은행이 필립스곡선을 제약조건으로 인식하고 사회후생함수를 극대화하는 인플레이션을 선택한다고 할 때, 다음 물음에 답하라.

(1) 이 경제에서 중앙은행이 확장적 통화정책을 추구할 유인이 있음을 보여라.

(2) 이 경제의 균형 인플레이션과 균형 실업률을 구하고, 통화정책의 효과를 설명하라.

Macroeconomics

04

PART 4

개별 경제주체의 의사결정

Chapter

12 소비와 저축

소비는 국내총생산에 대한 지출의 네 구성요소 중에서 가장 큰 비중을 차지하고 있다. 한국의 경우 1990년대에 민간소비지출이 국내총생산에서 차지하는 비중은 평균 54.5%에 달하였다. 소비가 가지는 특징은 국민소득의 변동에 비해 소비의 변동이 작다는 것이다. 이와 같이 소비의 변동폭이 소득의 변동폭에 비해 작은 현상을 소비평준화(consumption smoothing)라고 한다.

제12장에서는 소비와 저축의 결정요인에 대해 알아본다. 먼저 케인즈의 소비이론에 대해 소개한 다음, 미시경제적 모형을 통해 가계의 소비와 저축의 결정에 대해 분석한다. 다음으로는 두 가지의 대표적인 현대 소비이론인 평생소득이론과 항상소득이론에 대해 알아본다.

❶ 절대소득이론

소비함수에 관한 케인즈의 추측

제3장에서는 매우 단순한 선형 소비함수를 소개하였는데, 이 소비함수는 케인즈의 소비이론인 절대소득이론(absolute income theory of consumption)을 충실하게 반영하고 있다. 요즈음 소비에 대해 연구하는 경제학자들은 방대한 자료와 체계적인 통계 분석기법 그리고 무엇보다도 고성능 컴퓨터의 도움을 받고 있지만, 케인즈가 『일반이론』을 저술한 1930년대만 해도 이와 같은 혜택을 누릴 수가 없었다. 따라서 케인즈는 소비에 대한 통찰과 경험으로부터 다음과 같은 소비의 특징을 추측해 내었다.

첫째, 한계소비성향(marginal propensity to consume)은 0보다 크고 1보다 작다. 케인즈는 소득이 증가하는 경우 사람들은 소비를 증가시키기는 하되 소득 증가분을 다 소비하는 것이 아니라 이 중의 일부만을 소비를 증가시키는 데에 사용할 것이라고 추측하였다. 즉, ΔY를 소득 증가분, ΔC를 소득 증가에 따른 소비 증가분이라 하면 이들 간에는 $0<\Delta C<\Delta Y$의 관계가 성립한다. 이 부등식의 각 변을 ΔY로 나누면 0

$< \Delta C / \Delta Y < 1$이 되는데, $\Delta C / \Delta Y$가 바로 한계소비성향을 나타내므로 결국 한계소비성향이 0과 1 사이의 값을 갖게 됨을 알 수 있다.

둘째, 소득수준이 높아짐에 따라 소득 중 소비가 차지하는 비중 즉, 평균소비성향 (average propensity to consume)이 감소한다. 케인즈는 저축이 사치품과 유사하다고 생각했다. 일반적으로 부유한 사람일수록 소비 중에서 생활필수품이 차지하는 비중은 낮고 사치품이 차지하는 비중은 높다. 따라서 고소득층일수록 소득에서 저축이 차지하는 비중이 높고 소비가 차지하는 비중이 낮을 것이라고 추측할 수 있다.

셋째, 케인즈는 어떤 기간동안의 소비는 주로 그 기간동안의 소득수준에만 의존하며 이자율은 소비의 결정에 중요한 역할을 하지 못한다고 주장하였다. 이와 같은 주장은 이자율이 높을수록 저축이 증가하고 소비가 감소할 것이라는 고전학파 경제학자들의 주장과 상반된 것이다. 케인즈는 이론적으로는 이자율이 소비에 영향을 미칠 수 있으나 실제에 있어서 이자율이 소비에 미치는 영향은 매우 미미하므로 무시할 수 있다고 주장했다.

케인즈학파의 경제모형에서는 흔히 다음과 같은 선형 소비함수를 이용하는데, 이 소비함수가 위에서 제시된 소비에 대한 케인즈의 세 가지의 추측을 모두 만족시키는지를 알아보자.

$$ C = \overline{C} + cY, \qquad \overline{C} > 0, \qquad 0 < c < 1 \tag{12-1} $$

위에서 C는 소비지출, Y는 가처분소득을 나타내며, $\overline{C}$는 독립소비라고 불리는 상수고, c는 한계소비성향을 나타내는 상수다. 한계소비성향인 상수 c가 0과 1사이의 값을 가지기 때문에 첫 번째 추측이 충족되며, 소비는 소득에만 의존할 뿐 이자율은 소비함수에 나타나지 않으므로 세 번째 추측도 충족된다. 한편 소비함수가 위 식과 같은 경우 평균소비성향은 다음의 식으로 나타낼 수 있는데, $\overline{C}$가 일정하므로 소득이 증가함에 따라 평균소비성향(apc)은 감소하며 따라서 두 번째 추측도 만족된다.

$$ apc = \frac{C}{Y} = \frac{\overline{C}}{Y} + c \tag{12-2} $$

실증분석

케인즈의 소비이론이 나온 후에 경제학자들은 여러 가지 소비자료를 이용하여 과연 케인즈의 추측이 맞는지를 검증하기 시작했다. 초기의 실증연구들은 케인즈의 소비이론을 지지하는 결과를 발견하였는데, 이들 연구에는 크게 두 종류의 자료가 이용되었다.

우선, 동일 기간 동안 여러 가계들의 소비와 소득을 수집한 자료가 이용되었는데 이를 횡단면자료(cross section data)라 부른다. 횡단면자료를 분석한 결과 소득수준이 높은 가계일수록 소비와 저축이 모두 높아짐을 발견하였는데, 이는 한계소비성향이 0보다는 크지만 1보다는 작음을 의미한다. 또한 소득수준이 높은 가계일수록 평균소비성향이 낮다는 사실도 발견하였다.

다른 연구들은 한 국가 전체의 소비와 소득에 대한 자료를 여러 기간에 걸쳐 수집한 시계열자료(time series data)를 이용하였다. 이들 연구들은 대공황과 같이 경기침체로 인해 국민소득수준이 낮은 시기에는 소비가 소득에서 차지하는 비중이 유난히 높아짐을 발견하였는데, 이는 케인즈의 두 번째 추측과 부합된다.

이와 같이 횡단면자료와 단기시계열자료를 이용한 초기의 연구들은 케인즈의 소비이론을 지지한 반면, 시간이 흐름에 따라 케인즈의 소비이론으로서는 설명할 수 없는 현상들이 발견되기 시작했다. 특히 쿠즈네츠(Simon Kuznets)는 1869년부터의 소비와 소득의 시계열자료를 이용하여 매년의 평균소비성향을 구한 후 이를 수십 년 단위로 평균을 낸 장기평균소비성향을 구해 보았는데, 이 기간 중 소득이 크게 증가하였음에도 불구하고 장기평균소비성향에는 거의 변화가 없음을 발견하였다. 이는 단기시계열자료에서는 소득증가에 따라 평균소비성향이 감소하나, 장기시계열자료에서는 평균소비성향이 일정함을 의미하는데, 이와 같은 현상은 케인즈의 소비이론으로 설명되지 않는다.

이에 따라 경제학자들은 이 두 가지 실증분석 결과를 모두 설명할 수 있는 소비이론을 찾기 위해 노력하였으며, 그 결과 상대소득이론, 평생소득이론, 항상소득이론과 같은 소비이론들이 제시되었다.

❷ 소비이론의 미시경제적 기초

경제 전체의 소비는 개별 가계의 소비지출을 합한 것이므로, 소비의 움직임을 이해하기 위해서는 개별 가계가 어떻게 소비에 관한 의사결정을 내리는지를 알아볼 필요가 있다. 이와 같이 거시경제현상을 이해하기 위해 이를 구성하고 있는 개별 경제주체의 의사결정에 대해 분석하는 것을 거시경제학의 미시경제적 기초(microeconomic foundation of macroeconomics)라 부른다.

미시경제학에서의 소비자 선택이론은 서로 다른 재화간의 선택의 문제를 취급하고 있다. 즉, 소비자가 주어진 소비지출액을 가지고 최대의 만족을 얻기 위해서는 X 재와 Y재를 각각 얼마 만큼 소비하면 될 것인가를 분석한다. 그러나 거시경제학에서의 소비이론은 재화간의 선택이 아니라 소비지출액의 결정 즉 가계가 주어진 소득 중에서 얼마 만큼을 소비할 것인가에 대해 분석한다. 그런데 주어진 소득에서 소비를 하고 남는 부분이 저축이므로 거시경제학에서의 소비이론은 곧 소비와 저축 간의 선택이론이라고도 할 수 있다.

그런데, 우리가 왜 저축을 하는지를 생각해 보면 이는 곧 미래의 소비를 위한 것이라 할 수 있다. 따라서 거시경제학에서의 소비이론은 결국 현재소비와 미래소비 간의 선택의 문제를 취급한다고 볼 수 있다. 이와 같이 현재와 미래를 포함하여 여러 기간에 걸쳐 소비결정을 하는 것을 기간간 소비선택(intertemporal consumption choice)이라 하는데 여기서는 두 기간만으로 구성된 매우 간단한 모형을 통해 기간간 소비선택을 분석하고자 한다.

두 기간에 걸친 예산제약

분석을 단순화하기 위해 두 기간 동안만 생존하는 소비자의 소비선택문제를 생각해 보기로 한다. 두 기간은 각각 청년기와 노년기를 대표하는데, 이를 각각 1기와 2기라고 부르기로 한다. 각 기간 동안 소비자는 노동공급에 대한 대가로 Y_1과 Y_2 단위의 생산물을 벌어들이고, C_1과 C_2 단위의 생산물을 소비한다. 분석의 단순화를 위해 단 한 가지의 생산물만이 존재한다고 가정하며, 소득, 소비, 저축 등 모든 수량은 이 생산물의 단위로 표시하기로 한다.

만일 소비자가 로빈슨 크루소와 마찬가지로 이웃이 없이 완전히 고립되어 있어 생산물을 남에게 빌려주거나 남으로부터 빌릴 수 있는 길이 없고, 더욱이 생산물을 저장하는 것도 불가능하다면 이 소비자에게는 저축을 할 수 있는 방법이 없다. 이 경우 각 기간의 소비는 각 기간 중에 벌어들이는 소득의 범위 내에서 이루어져야 하므로 소비가능영역은 다음과 같을 것이다.

$$0 \leq C_1 \leq Y_1, \qquad 0 \leq C_2 \leq Y_2$$

소비자의 효용이 생산물 소비량의 증가함수라면 결국 이 소비자는 매기마다 자신의 생산물을 모두 소비하는 것으로 만족해야 할 것이다. 왜냐하면 생산물 중 일부를 소비하지 않고 남긴다 해도 저장이 불가능하여 다음 기간 동안의 소비에 사용할 수 없기 때문에, 남겨서 버리는 것보다는 차라리 그 기간 중에 모두 소비하는 편이 낫기 때문이다. 따라서, 각 기간의 소비는 그 기간 중 벌어들인 생산물의 양과 같을 수밖에 없다.

이와 같이 매기의 소비가 그 기간의 생산물과 같아져야 함은 그만큼 소비로부터의 만족을 추구할 수 있는 기회가 제약됨을 의미한다. 특히 재화의 생산량이 기간마다 매우 불규칙할 경우 저축이나 차입을 통하여 소비량을 기간마다 평준화시킬 수 있는 방법이 없는 것이다.

그러나 이 경제에 여러 명의 소비자가 존재한다면 상황은 달라진다. 이들 중에는 현재 생산물의 일부를 남겨두었다가 다음 기간에 소비하고 싶은 소비자가 있는 반면, 차입을 해서라도 현재의 소비를 더 늘리고 싶은 소비자도 있을 것이다. 이 경우 현재 차입을 원하는 소비자가 저축을 원하는 소비자로부터 차입을 한 후 다음 기간에 이를 갚는 대차거래(borrowing and lending)가 이루어질 수 있다. 결국 대차거래는 소비자가 현재의 소비와 미래의 소비와의 교환을 통해 소비로부터의 효용을 극대화시키는 것을 가능하게 해 준다.

대차거래는 주로 금융시장이나 금융기관을 통해 이루어지며, 채권과 같은 금융상품을 매개로 이루어진다. 즉, 자금을 대부하기 위해서는 채권을 사고, 자금을 차입하기 위해서는 채권을 발행하면 된다. 대차거래에는 이자가 적용되기 마련인데, 이 자율은 금융시장에서 자금의 수요와 공급에 의해 결정된다. 금융시장에서 결정되는 이자율을 r로 나타내기로 한다.

대차거래가 가능한 경우 소비자가 선택할 수 있는 1기와 2기의 소비량은 어떻게 달라질 것인가? 우선 1기 동안의 소비자의 저축은 다음과 같이 정의된다.

$$S_1 = Y_1 - C_1 \tag{12-3}$$

1기의 소득보다 소비가 적은 경우 S_1은 양의 값을 갖는다. 즉, 소비자는 저축을 하고 그 결과 재산이 늘어난다. 반대로 1기의 소비가 소득보다 많으면 S_1은 음의 값을 가지게 된다. 이와 같은 부의 저축은 차입을 의미한다.

저축은 재산, 즉 부(wealth)를 변화시킨다. 이 소비자가 1기초에 아무 재산도 가지고 있지 않았으며, 모든 재산을 채권으로 보유한다면 1기말의 채권보유액은 다음과 같이 된다.

$$B_1 = S_1 = Y_1 - C_1 \tag{12-4}$$

B_1은 음의 값을 가질 수도 있는데, 이는 B_1만큼의 채권을 발행하여 차입을 함을 의미한다. 그런데, 이 소비자가 얼마 만큼의 차입을 할 수 있는지는 2기에 차입금을 갚을 수 있는 능력이 얼마나 되는지에 달려 있다. 2기의 소득에는 근로소득(Y_2) 이외에도 1기말에 취득한 채권으로부터 벌어들인 이자소득(rB_1)이 추가된다. 따라서 2기 중의 저축과 2기 말의 재산은 다음과 같다.

$$S_2 = Y_2 + rB_1 - C_2 \tag{12-5}$$
$$B_2 = B_1 + S_2 = (1 + r)B_1 + Y_2 - C_2$$

그런데, 이 소비자는 두 기간동안만 생존하므로 B_2의 값은 영이 되어야 한다. 그 이유는 다음과 같다. 우선 B_2가 음의 값을 가지는 경우는 소비자가 빚을 남기고 사망함을 의미하는데, 이 경우 이 소비자에게 돈을 빌려 준 사람은 이를 돌려받을 길이 없어지게 된다. 당장 죽을 것이 확실한 소비자에게 돌려받지 못할 돈을 빌려 줄 사람은 아무도 없을 것이므로 이 소비자는 2기에 신규로 차입을 하는 것이 불가능하다.

반면에 B_2가 양의 값을 가지면 이 소비자는 평생동안 벌어들인 소득을 다 소비하지 않음을 의미하는데, 이 경우에는 소비자가 자신의 효용을 극대화시키지 못하게 된다. 물론 현실에 있어서는 자신의 소득을 다 쓰지 않고 죽는 사람도 많은데, 대개의 경우 이는 유산을 남기기 위해서다. 만일 유산을 남기려는 동기가 없다면 B_2는 양의 값을 가지지 않을 것이다.

이제 (12-5)식에서 $B_2 = 0$으로 놓고, B_1 대신 (12-4)식을 대입하면 두 기간의 소비에 대한 예산제약식을 다음과 같이 구할 수 있다.

$$C_1 + \frac{C_2}{1+r} = Y_1 + \frac{Y_2}{1+r} \tag{12-6}$$

위의 예산제약은 소비의 현재가치가 소득의 현재가치와 동일해져야 함을 의미한다. 이와 같은 예산제약조건을 일반화시키면 T기간 동안 생존하는 가계의 기간간 예

그림 12-1 소비 예산제약선

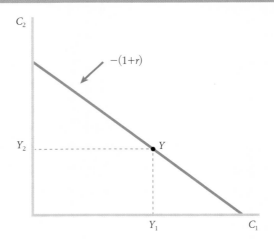

예산제약선은 소득점 Y를 통과하고 기울기가 $-(1+r)$인 직선이다. 예산제약선의 기울기는 미래소비 단위로 표시한 현재소비의 상대가격을 나타낸다.

산제약조건(intertemporal budget constraint)을 다음과 같이 쓸 수 있다.

$$C_1 + \frac{C_2}{1+r} + \cdots + \frac{C_T}{(1+r)^{T-1}} = Y_1 + \frac{Y_2}{1+r} + \cdots + \frac{Y_T}{(1+r)^{T-1}} \qquad (12\text{-}7)$$

[그림 12−1]은 (12−6)식에 제시된 예산제약조건을 보여준다. 그림에서 Y점은 이 사람의 소득점으로 1기와 2기에 벌어들이는 근로소득의 양을 나타낸다. 각 기간의 소득을 각 기간에 모두 소비하는 것은 항상 가능하므로 Y점은 반드시 예산제약선상의 한 점이 된다. 따라서 예산제약선은 소득점인 Y를 통과하면서 기울기가 $-(1+r)$인 직선이 된다. 대차거래는 소비자가 Y점뿐만 아니라 예산제약선상의 모든 점을 소비하는 것을 가능하게 한다.

예산제약선의 기울기는 현재소비와 미래소비 간의 교환비율을 나타낸다. 현재의 소득이 고정된 상태에서 현재소비를 한 단위 증가시키기 위해서는 저축을 한 단위 줄여야 하고, 이에 따라 미래소비가 $1+r$ 단위 줄어들게 된다. 이는 곧 현재의 소비 한 단위는 미래의 소비 $1+r$ 단위와 교환이 가능함을 의미한다. 이자율이 상승하면 현재의 소비를 한 단위 증가시키기 위해서 더 많은 양의 미래소비를 희생해야 한다. 따라서 이자율의 상승은 현재소비가 미래소비에 비해 상대적으로 비싸짐을 의미한다.

소비자의 선호

예산제약선상의 점들 가운데 어느 소비조합을 선택할 것인지는 가계의 선호체계에 달려 있다. 현재와 미래의 소비에 대한 선호체계는 다음과 같은 효용함수에 의해 나타낼 수 있다.

$$U = u(C_1, C_2)$$
$$u_1 > 0, \qquad u_2 > 0, \qquad u_{11} < 0, \qquad u_{22} < 0$$

위에서 u_i와 $u_{ii}(i=1, 2)$는 각각 C_i에 대한 1차 도함수와 2차 도함수의 값을 나타내는데, 위의 가정은 현재와 미래의 소비로부터의 한계효용은 항상 양의 값을 가지며, 소비가 증가함에 따라 한계효용이 감소하는 한계효용체감의 법칙이 작용함을 나타낸다.

효용함수의 한 예로 다음과 같은 함수를 생각해 볼 수 있다.

$$u(C_1, C_2) = v(C_1) + \frac{1}{1+\rho} v(C_2)$$
$$v' > 0, \qquad v'' < 0$$

위 식에서 ρ는 시간선호율(rate of time preference)이라고 부르는데, 소비자가 현재의 효용을 미래의 효용에 비해 얼마나 더 선호하는지를 나타낸다. ρ의 값이 클수록 소비자는 미래의 한 단위 효용보다 현재의 한 단위 효용을 더욱 중요하게 생각하게 된다.

소비자의 선호체계는 무차별곡선으로도 나타낼 수 있다. 무차별곡선은 [그림 12-2]와 같이 우하향하는 기울기를 가지고, 원점을 향해 볼록한 모양을 가진다. 소비자는 무차별곡선과 예산제약선이 접하는 점에서 최적의 소비조합 (C_1^*, C_2^*)를 선택하게 된다. [그림 12-2]에서 소득점은 Y이고 소비점은 C이므로 이 가계는 1기에 $(Y_1-C_1^*)$만큼 저축을 한다. 2기에는 근로소득인 Y_2 1기의 저축과 이로부터 벌어들인 이자를 합한 $C_2=Y_2+(1+r)(Y_1-C_1^*)$를 소비한다.

이상에서 소개한 2기간 소비선택모형으로부터 소비이론을 도출하기 위해서는 현재소득, 미래소득, 이자율 등과 같은 소비결정요인의 변화가 현재의 소비에 어떤 영향을 주는지를 분석할 필요가 있다.

그림 12-2 소비선택

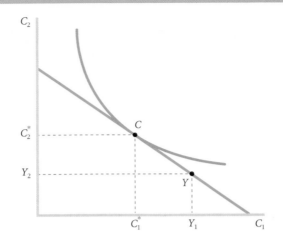

무차별곡선과 예산제약선이 접하는 C점에서 소비가 선택된다. 이 소비자는 1기에 Y_1을 벌어서 C_1^*를 소비하며 $Y_1 - C_1^*$ 만큼 저축을 한다.

소득효과

이제 소비자의 소득이 변하는 경우 현재의 소비에 어떤 영향을 미치는지를 알아보기로 한다. 먼저 1기의 근로소득만이 Y_1'로 증가하는 경우를 보자. [그림 12-3]에서 생산물의 증가는 소득점을 Y'로 이동시키며 이에 따라 예산제약선이 우측으로 평행이동한다. 앞서 설명되었듯이 예산제약선은 소득점을 통과하면서 기울기가 $-(1+r)$인 직선인데, 1기의 소득증가에 의해 소득점은 우측으로 이동한 반면 이자율에는 변화가 없기 때문이다.

이와 같이 예산제약선이 평행이동하는 경우 소비의 선택에 미치는 효과는 소비자 선택이론에서의 소득효과와 마찬가지다. 소비자 선택이론에 따르면 정상재(normal goods)의 수요는 소득이 증가함에 따라 증가하는데, 현재와 미래의 소비는 모든 소비재를 모아 놓은 복합재화로 볼 수 있으므로 이를 정상재로 보아도 무방하다. 따라서 현재소득의 증가는 현재와 미래의 소비를 모두 증가시킨다.

[그림 12-3]과 같은 예산제약선의 평행이동은 현재의 근로소득이 일정하고 대신에 미래의 근로소득만 Y_2'로 증가하여 소득점이 Y''가 되는 경우에도 발생할 수 있다. 이 경우에도 현재와 미래의 소비는 모두 증가하게 된다. 그런데 이 경우에는 현재의 소비가 현재의 소득이 아닌 미래의 소득변화에 의해서도 영향을 받게 되는데, 이는 케인즈의 절대소득이론과는 상충되는 결과다.

그림 12-3 소득효과

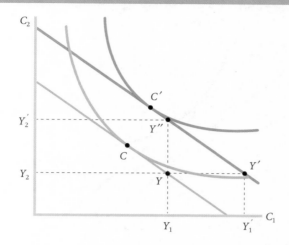

현재소득이 증가하면 소득점이 Y'로 이동하고, 예산제약선이 바깥방향으로 평행이동
한다. 이에 따라 최적 소비점도 C에서 C'로 이동한다.

이자율 효과

다음으로는 이자율 상승이 소비와 저축에 미치는 영향에 대해 알아보기로 한다.
다른 여건이 일정한 상태에서 이자율만 상승한다면, 예산제약선은 [그림 12−4]에서
와 같이 동일한 소득점을 중심으로 기울기만 더 가파르게 된다. 이 경우 새롭게 선
택되는 소비점은 새로운 예산제약선과 무차별곡선이 접하는 C점이 될 것이다. 그런
데, 이자율이 소비에 미치는 효과는 다음과 같이 두 가지로 나누어 볼 수 있다.

우선 새로운 예산제약선과 동일한 기울기를 가지면서 원래의 무차별곡선에 접하
는 직선을 그리고, 이 직선과 원래의 무차별곡선과의 접점을 B라고 하자. A로부터 C
로의 소비점의 이동은 A로부터 B, 그리고 B로부터 C로의 이동으로 나누어 볼 수 있
다. A에서 B로의 이동은 순수하게 예산제약선의 기울기가 변함에 따라 발생한 것이
므로 이를 대체효과라 부를 수 있다. 반면에 B에서 C로의 이동은 기울기에는 변함이
없이 예산제약선이 밖으로 평행이동한 것이므로 이를 소득효과라 부를 수 있다. 대
체효과란 상대적으로 가격이 상승한 재화의 소비를 줄이는 것을 말한다. 예산제약선
의 기울기가 가파르게 되는 것은 현재소비가 미래소비에 비해 상대적으로 비싸지는
것이므로 대체효과는 현재소비를 감소시키고 미래소비를 증가시킨다. 한편 소득효과
는 현재소비와 미래소비가 모두 정상재라는 가정 하에서 두 소비를 모두 증가시키게

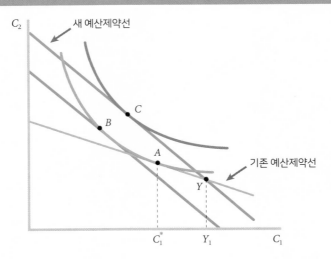

그림 12-4 이자율 상승의 효과—대부자의 경우

이자율이 상승하면 무차별곡선이 소득점 Y를 중심으로 시계방향으로 회전이동한다. 이자율상승의 효과는 A점에서 B점으로의 대체효과와 B점에서 C점으로의 소득효과로 나눌 수 있다.

된다. 결국 〈표 12–1〉에 요약되어 있듯이 이자율 상승은 미래소비를 증가시키나 현재소비에 대한 효과는 불분명하다.

그런데 이자율 상승이 소비에 미치는 효과는 대부자와 차입자에 있어서 서로 다르게 나타난다. 대부자에게는 이자율 상승이 소득증가를 의미한다. 같은 금액을 빌려주더라도 미래에 더 많은 이자수입을 받기 때문이다. 반면에 차입자의 경우에는 이자율 상승이 오히려 소득의 감소를 의미하므로 대부자의 경우와는 정반대의 소득효과가 발생한다. 즉 현재소비와 미래소비가 모두 감소한다. 차입자의 경우 이자율 상승에 따른 대체효과는 대부자의 경우와 마찬가지로 발생한다. 따라서, 차입자의

표 12-1 이자율 상승의 효과(대부자의 경우)

	현재소비(C_1)	미래소비(C_2)
대체효과 ($A{\to}B$)	↓	↑
소득효과 ($B{\to}C$)	↑	↑
이자율효과 ($A{\to}C$)	?	↑

	차입자	대부자	경제 전체
대체효과	+	+	+
소득효과	+	−	0
이자율효과	+	?	+

경우에는 이자율 상승에 따라 현재소비는 감소하지만 미래소비에 대한 영향은 불분명하게 된다.

이자율 상승이 저축에 미치는 영향은 현재소비에 미치는 영향과 반대방향이다. 따라서 차입자의 경우는 저축이 증가하며, 대부자의 경우는 저축에 대한 영향이 불명확하다. 이상은 개별 소비자의 저축에 대한 영향을 말한 것이고, 경제 전체의 저축에 대한 효과는 다음과 같이 분석할 수 있다. 만일 경제 전체의 소비자 중에 차입자와 대부자의 수가 동일하다면 차입자에 대한 소득효과와 대부자에 대한 소득효과가 서로 상쇄되고 대체효과만이 남을 것이다. 따라서 이자율의 상승은 〈표 12−2〉에서와 같이 경제 전체의 저축을 증가시키는 효과가 있을 것이다.

③ 평생소득이론

제2절에서 소개된 기간간 소비선택모형에서 보았듯이 가계는 소비를 결정할 때 현재의 소득뿐 아니라 평생동안의 소득을 계산하여 자신의 효용이 극대화되도록 각 기간의 소비에 배분한다. 이처럼 소비가 평생소득에 의해 결정됨을 강조하는 이론이 바로 평생소득이론(life cycle income theory of consumption)이다.

평생소득(life cycle income)이란 평생동안 소비에 사용할 수 있는 소득을 말하는데 여기에는 근로소득뿐만 아니라 현재 보유하고 있는 주식, 채권, 주택 등의 재산도 포함된다. 즉, 평생소득은 다음과 같이 정의될 수 있다.

$$W = NW + HW \tag{12-8}$$

위 식에서 NW는 주식, 채권과 같은 금융자산과 주택과 같은 실물자산을 합한 비인적자산(non-human wealth)을 나타낸다. HW는 인적자산(human wealth)을 나타내는데, 이는 다음과 같이 정의될 수 있다.

$$HW = YL_1 - T_1 + \frac{YL_2 - T_2}{1+r} + \cdots + \frac{YL_N - T_N}{(1+r)^{N-1}} \tag{12-9}$$

여기서 YL_t와 T_t는 각각 t기중 벌어들이는 근로소득과 이에 대한 근로소득세를 나타낸다. 이와 같이 미래의 세후 근로소득 흐름의 현재가치를 인적자산이라 부르는 것은 인적자산이 매기마다 근로소득을 발생시키는 것이 금융자산이 매기마다 이자소득을 발생시키는 것과 유사하기 때문이다.

평생소득이론을 이해하기 위해 구체적인 모형을 세워 보기로 한다. 현재 나이가 t세인 소비자가 보유하고 있는 비인적자산이 NW원이고, R세에 은퇴할 때까지 매년 YL원의 세후 근로소득을 벌어들인다고 하자. 이자율이 0이라고 가정한다면, 남은 기간동안 이 소비자의 평생소득은 $NW + YL \times (R-t)$원이 된다. 이 소비자가 평생소득을 N세에 사망할 때까지 균등하게 소비에 사용한다면 다음과 같은 등식이 성립한다.

$$C \times (N - t) = NW + YL \times (R - t) \tag{12-10}$$

위 식을 C에 대해 풀면 다음과 같다.

$$C = \alpha NW + \beta YL, \qquad \alpha = \frac{1}{N-t}, \qquad \beta = \frac{R-t}{N-t} \tag{12-11}$$

위 식은 소비가 근로소득뿐만 아니라 현재 보유하고 있는 비인적자산의 규모에 의해서도 결정됨을 보여준다. 이 식을 이용하면 왜 단기평균소비성향은 소득증가에 따라 감소하나 장기평균소비성향은 소득이 증가해도 일정한지를 설명할 수 있다. 위의 소비함수를 이용하면 평균소비성향은 다음과 같이 쓸 수 있다.

$$\frac{C}{YL} = \alpha \frac{NW}{YL} + \beta \tag{12-12}$$

근로소득(YL)은 단기적인 경기변동에 비교적 민감하게 반응하므로 경기가 좋아지면 근로소득이 증가하게 된다. 그러나 금융자산과 실물자산은 오랜 기간 동안의 저축에 의해 형성되었으므로 단기에 있어서는 근로소득이 증가하는 것과 같은 비율로 증가하지 않는다. 따라서 단기적인 경기상승국면에서는 소득이 증가함에 따라 NW/YL은 감소하고 따라서 평균소비성향이 감소한다. 반면에 장기에 있어서는 근로소득과 비인적자산은 거의 같은 속도로 성장할 것이고 따라서 소득증가에도 불구하고 평균소비성향은 일정하게 된다.

평생소득이론은 특히 소비자의 소득이 일생을 거치면서 일정한 패턴을 가지고 변화한다는 사실을 강조한다. 즉, 모든 사람은 공통적으로 유년기와 청장년기를 거친 다음 은퇴하여 노년기에 이르는 생애주기를 가진다. 이 중 유년기와 노년기는 근로소득이 거의 없는 시기인 반면 청장년기는 근로소득이 높은 시기이다. 이와 같은 소득 변화에도 불구하고 각 소비자는 자신의 소비를 평준화시키려고 하므로 결국 유년기와 노년기에는 평균소비성향이 높아지고, 청장년기에는 평균소비성향이 낮아진다. 저축의 경우 청장년기에 가장 높은 평균저축성향을 가지게 된다.

평생소득이론은 인구 연령구성 변화와 기대수명 연장 등과 같은 인구통계학적 요인(demographic factor)이 경제 전체의 소비와 저축에 미치는 영향을 분석하는 데에 유용하다. 예를 들어 인구의 노령화로 인해 청장년기의 인구에 비해 평균저축성향이 낮은 노년기의 인구가 증가하는 경우 경제 전체의 평균저축성향이 낮아질 것으로 예상된다.

그렇다면 기대수명의 연장은 경제 전체의 평균저축성향에 어떤 영향을 미칠까? 기대수명이 연장될 경우 사람들은 소득이 낮은 노년기가 길어질 것에 대비하여 저축을 증가시키려 할 것이며 이는 경제 전체의 평균소비성향을 낮추고 평균저축성향을 높일 것이다. 이는 사람들이 더 오래 살 것으로 예상이 바뀌는 경우다. 실제로 사람들의 수명이 연장되어 노년기 인구가 증가한다면 기대수명 연장과 노년기 인구 증가의 효과가 서로 평균저축성향에 반대 방향으로 영향을 미칠 것이며, 이 경우 어느 영향이 더 큰지에 따라 평균저축성향이 상승할 수도 있고 하락할 수도 있다.

④ 항상소득이론

평생소득이론과 마찬가지로 항상소득이론(permanent income theory of consumption)도 소비가 현재의 소득에만 의존하는 것이 아니라 보다 장기적인 평균소득수준을 의미하는 항상소득과 관련을 가짐을 주장한다. 항상소득(permanent income)이란 미래에도 항구적으로 벌어들일 수 있는 소득수준을 말한다. 프리드먼(Milton Friedman)은 사람들은 자신의 소득 중 어느 정도가 항상소득이고 어느 정도가 일시적으로 발생한 소득인지를 나름대로 계산할 수 있다고 주장한다. 예를 들어 고정된 월급을 받는 사람이 어느 달에 복권에 당첨되어 갑자기 소득이 증가했다고 하자. 이 사람은 복권당첨에 따른 소득은 일시적인 소득이라고 생각할 것이다. 왜냐하면 매달 복권에 당첨될 수는 없기 때문이다. 이와 같이 어떤 사람의 소득은 다음과 같이 항상소득과 일시소득(transitory income)으로 구성된다.

$$Y_t = Y_t^P + Y_t^T \tag{12-13}$$

프리드먼은 소득이 매기마다 변동하더라도 사람들은 소비를 평준화시키기를 원하기 때문에, 소비는 장기평균소득수준인 항상소득에 의해서 결정되고 일시소득은 소비에 영향을 미치지 못한다고 주장한다. 즉, 소비는 다음과 같이 항상소득의 일정 비율로 결정된다.

$$C_t = cY_t^P \tag{12-14}$$

제2절에서 소개한 2기간 소비선택모형의 예를 들어보자. 이 모형에서 소비자는 두 기간동안 각각 Y_1과 Y_2 단위의 소득을 번다. 이제 매 기간마다 동일한 값을 가지면서 이 가계의 소득흐름의 현재가치와 동일한 현재가치를 가지는 소득수준을 Y^P라 하면 이는 다음의 조건을 만족시켜야 한다.

$$Y_1 + \frac{Y_2}{1+r} = Y^P + \frac{Y^P}{1+r} \tag{12-15}$$

위 식을 풀어 구한 Y^P는 이 소비자의 항상소득이라 할 수 있으며, Y_1과 Y^P의 차이는 1기의 일시소득이라 할 수 있다. 이 가계의 소비는 두 기간동안의 소득의 현재가치에 의존하는데, 이는 다시 항상소득 흐름의 현재가치와 같으므로 결국 현재의 소비는 항상소득의 함수가 된다.

$$C_1 = f\left(Y_1 + \frac{Y_2}{1+r}\right) = f\left(\frac{2+r}{1+r}Y^P\right) \tag{12-16}$$

이와 같이 항상소득이론은 평생소득이론과 유사한 출발점을 가지고 있다. 다만 항상소득이론은 사람들이 자신의 항상소득을 어떻게 계산하는가에 초점을 두고 있다는 점에서 평생소득이론과 차이가 있다.

그러면 사람들은 어떻게 자신의 항상소득을 계산하는가에 대해 알아보자. 사람들은 여러 해 동안의 경험을 통해 자신의 항상소득이 어느 정도쯤 될 것인지를 나름대로 계산한다. 따라서 자신의 소득에 변화가 생겨서 현재의 소득수준이 자신이 생각했던 항상소득수준과 달라지게 되면, 자신의 항상소득에 변화가 생겼을지도 모른다고 생각하고 이를 수정하려 할 것이다. 문제는 소득변화 중 얼마 만큼을 항상소득의 변화로 간주할 것인가인데, 한 가지 간단한 방법은 다음과 같이 항상소득을 수정하는 것이다.

$$Y_t^P = Y_{t-1}^P + \theta(Y_t - Y_{t-1}^P), \qquad 0 < \theta < 1 \tag{12-17}$$

위 식은 현재의 소득(Y_t)과 자신이 생각했던 항상소득(Y_{t-1}^P) 간 차이의 일부(θ)를 항상소득의 변화로 인정함을 의미한다. 여기서 θ는 자신의 소득변화중 어느 정도가 항상소득의 변화라고 생각하는지를 나타내는 상수인데 그 크기는 사람에 따라 또는 상황에 따라 달라질 수 있다. 예를 들어 고정된 월급을 받는 사람은 월급이 인상되면 이를 대부분 항상소득의 증가로 간주할 것이므로 이 사람의 θ의 값은 1에 가까울 것이다. 반면에 라스베가스(Las Vegas)에서 직업적으로 도박을 하여 수입을 얻는 도박사의 경우는 어느 달에 갑자기 소득이 증가한다 해도 이를 항상소득의 증가로 간주하기 어려울 것이고 따라서 이 사람의 θ의 값은 0에 가까울 것이다.

항상소득이론을 통해 소득이 증가함에 따라 단기적으로는 평균소비성향이 감소하나 장기적으로는 소득증가에도 불구하고 평균소비성향이 일정한 소비의 수수께끼를 설명할 수 있다. (12-14)식에 주어진 소비함수를 이용하면 평균소비성향을 다음과 같이 쓸 수 있다.

$$apc = \frac{C_t}{Y_t} = c\frac{Y_t^P}{Y_t} \tag{12-18}$$

소비자들은 단기에 있어서는 소득이 증가하더라도 이 중 일부만을 항상소득의 변화로 간주하므로 항상소득은 소득증가에 비해 적은 폭으로 증가할 것이고 따라서 소득이 증가함에 따라 평균소비성향이 감소한다. 반면에 증가한 소득이 장기적으로 지속되면 소득증가분 전체가 항상소득의 증가분이라고 생각할 것이므로 장기에 있어서는 항상소득과 현재소득의 비율이 일정하고 따라서 평균소비성향도 일정하게 된다.

합리적 기대와 소비의 임의보행

　제3절과 제4절에서 보았듯이 합리적 소비자를 전제로 하는 평생소득이론이나 항상소득이론은 절대소득이론이 설명하지 못하는 장기시계열자료에 있어서의 소비의 특성을 잘 설명해 준다. 그렇다면 실증자료는 모두 이들 이론을 지지하는 것일까? 프리드먼의 항상소득이론은 경제주체의 기대가 이용가능한 모든 정보를 활용하여 합리적으로 형성됨을 전제로 합리적 기대가설과 결합되어 현대적인 소비이론으로 발전한다. 특히 홀(Robert Hall)은 사람들의 기대가 합리적으로 형성되고 소비가 항상소득이론의 주장과 같이 결정된다면 소비는 임의보행(random walk)의 확률과정을 따라야 함을 보였다.[1] 이러한 이론은 소비이론에 대한 새로운 실증적 검증 수단을 제공한다.

　홀의 논리를 이해하기 위해 항상소득이론이나 평생소득이론의 근간이 되는 기간간 소비선택모형을 다시 한 번 생각해 보자. 기간간 소비선택모형에 따르면 소비자는 평생 동안 벌어들일 것으로 기대되는 소득을 평생 동안의 효용을 극대화하기 위해 매 기간의 소비에 할당한다. 단순화를 위해 t기와 $t+1$기의 두 기간 동안의 소비로부터 효용을 극대화시키는 소비자의 소비선택 문제를 생각해 보자. 단 제2절에서 제시된 소비선택모형과는 달리 미래의 소득이 확정적이지 않다고 하자. 이처럼 미래소득이 불확실할 때 소비자의 선택 문제는 효용극대화가 아니라 다음과 같은 기대효용극대화의 문제가 된다.

$$\max \quad E_t\left[u(C_t) + \frac{u(C_{t+1})}{1+\rho}\right] \tag{12-19}$$

$$\text{s.t.} \quad C_t + \frac{C_{t+1}}{1+r} = Y_t + \frac{Y_{t+1}}{1+r}$$

　위 식에서 E_t는 합리적 기대, 즉 t기에 이용가능한 모든 정보집합에 대한 조건부 기대를 나타낸다. 이 효용극대화 문제를 풀면 다음과 같은 오일러 조건(Euler condition)을 구할 수 있다.

---

1 R.E. Hall, "Stochastic Implications of the Life Cycle-Permanent Income Hypothesis: Theory and Evidence," *Journal of Political Economy* 89, 1981.

$$u'(C_t) = \frac{1+r}{1+\rho} E_t[u'(C_{t+1})]$$

(12-20)

　위 식은 효용이 극대화된 상태에서는 t기의 소비를 조금 감소시키고 이로 인한 저축을 $t+1$기의 소비를 증가시키는 데에 사용하더라도 전체 효용에 변화가 없어야 한다는 논리로부터도 도출될 수 있다. 만일 이와 같이 함으로써 전체 효용이 증가한 다면 원래의 상태는 효용이 극대화된 상태가 아니기 때문이다.

　예를 들어 소비자가 t기의 소비를 ΔC만큼 줄이는 대신 이를 $t+1$기의 소비를 늘리는 데에 사용한다고 하자. t기의 소비감소로 인한 소비자의 효용감소분은 $u'(C_t)\Delta C$가 될 것이다. 반면에 $t+1$기의 소비는 $(1+r)\Delta C$만큼 증가시킬 수 있고 이로 인한 $t+1$기의 효용증가분은 $u'(C_{t+1})(1+r)\Delta C$가 된다. 마지막으로 $t+1$기 효용증가분을 시간 선호율에 의해 할인한 값과 t기의 효용감소분이 같다고 두면 위와 같은 오일러 조건이 구해진다.

　이제 소비자의 시간선호율(ρ)과 이자율(r)이 같은 값을 가지며, 효용함수가 다음과 같이 이차함수의 형태를 가지고 있다고 가정하자.

$$u(C_t) = -aC_t^2 + bC_t, \qquad a, \; b > 0$$

(12-21)

　이 함수를 위의 오일러 식에 대입하고, $\rho = r$이라 놓으면 다음과 같은 관계를 구할 수 있다.

$$E_t(C_{t+1}) = C_t$$

(12-22)

　위 식은 합리적 기대하에서 소비가 항상소득이론에서와 같이 결정된다면 소비의 변화가 예측 불가능함을 의미한다. 이처럼 변수의 변화를 사전에 예측할 수 없는 경우 그 변수는 임의보행을 따른다고 한다.

　(12-22)식은 이미 알려진 정보만으로는 미래의 소비변화를 예측하는 것이 불가능함을 의미하는 것으로도 해석된다. 이에 따라 항상소득이론을 검증하기 위한 실증연구들은 소비가 예상된 소득변화에 대해 얼마나 민감하게 반응하는지를 분석하는 데 초점을 두었다. 그런데 이들 실증연구들은 항상소득이론이 예측하는 바와 상이한 현상들을 발견하였는데 그 대표적인 예로 소비의 과잉민감성과 소비의 과잉둔감성을 들 수 있다.

소비의 과잉민감성   소비가 항상소득이론을 따를 때 소비의 변화는 항상소득의 변화를 반영한다. 합리적 소비자는 새로운 정보가 발생할 때마다 항상소득을 새로이 추정할 것이다. 어떤 소비자가 2기부터 소득이 증가할 것을 1기에 미리 예상한다고 하자. 예를 들어 내년에 승진으로 인해 소득증가가 확정적이거나 조세감면 법안이 통과되어 내년부터 세금이 줄어들 것이 확실시된다고 하자. 소비자가 합리적 기대에 의해 항상소득을 추정할 경우 이와 같은 예상은 2기뿐만 아니라 1기의 항상소득 추정에도 반영될 것이고, 그 결과 소비평활화를 선호하는 소비자는 1기와 2기의 소비를 유사하게 증가시킬 것이다. 이 경우 2기가 되어 실제로 소득이 1기보다 증가하더라도 소비는 그다지 증가하지 않아야 한다. 그러나 플래빈(Majorie Flavin)의 실증분석에 따르면 사람들의 소비는 예상치 않은 소득 변화뿐 아니라 이미 예상된 소득의 변화에도 영향을 받는다.[2] 즉, 2기의 소득 증가가 이미 예상된 경우에도 사람들은 1기에 비해 2기의 소비를 증가시키는데, 이러한 소비의 소득에 대한 과잉민감성(excess sensitivity)은 항상소득이론의 예측과는 상반된 현상이다.

소비의 과잉둔감성   항상소득이론에 따르면 소득의 변화가 일시적이지 않다면 다시 말해 현재소득의 변화가 적어도 일정 기간동안 미래소득에도 영향을 미친다면 이는 항상소득의 변화로 반영될 것이다. 만약 소득의 변화가 항구적이라면 1원의 소득 증가는 1원의 항상소득 증가를 가져오고, 따라서 1원의 소비 증가를 가져와야 한다. 이 경우 한계소비성향은 1과 같을 것이다. 그러나 반대로 소득의 증가가 일시적이라면 한계소비성향은 0이 되어야 한다. 그런데 소득의 변화에는 어느 정도 항구적인 부분이 있으므로 소비는 소득의 변화에 대해 어느 정도는 반응을 보일 것으로 기대된다. 그럼에도 불구하고 캠벨(John Campbell)과 디이튼(Angus Deaton)의 실증분석에 따르면 소비의 변동성은 소득의 변동성과 비교할 때 지나치게 둔감하다(too smooth)는 성질을 가진다.[3] 이와 같은 과잉둔감성 역시 항상소득이론만으로 설명하기가 어렵다.

왜 실제 소비는 합리적인 소비자를 전제하고 있는 항상소득이론이나 평생소득이론의 예측과 다른 행태를 보이는 것일까? 이 질문에 대한 대답으로는 유동성제약의 존재와 소비자의 근시안성의 두 가지가 대표적으로 제시되고 있다.

---

2 M. Flavin, "The Adjustment of Consumption to Changing Expectations about Future Income," *Journal of Political Economy* 89, 1981.

3 J.Y. Campbell and A. Deaton, "Why Is Consumption So Smooth?" *Review of Economic Studies* 56, 1989.

유동성 제약

제2절에서 제시한 기간간 소비선택모형은 미래의 소득을 담보로 하여 현재에 차입을 하는 것이 가능함을 전제로 하고 있다. 예를 들어 학생들은 현재에는 소득이 별로 없지만 앞으로 졸업 후 취직을 하면 높은 소득을 올릴 것으로 기대된다. 따라서 평생소득이론에 따르면 학생들은 현재소득을 초과하여 소비를 하는 것이 당연하며 이를 위해서는 부족한 금액을 차입해야 한다. 그러나, 실제로 학생들이 은행에 찾아가서 앞으로 졸업해서 취직을 하면 갚을 것이니 지금 돈을 좀 빌리자고 한다면 은행직원의 공손한 거절의 말이라도 들으면 운이 좋은 셈일 것이다. 이 얘기는 실제로 사람들이 현재소득보다 소비를 많이 하기 위해서 차입을 하는 것이 불가능한 경우도 있음을 예시해 준다. 이와 같이 차입에 있어서의 제약으로 말미암아 현재의 소비가 제약을 받는 것을 유동성 제약(liquidity constraint)이라 한다.

유동성 제약에 처한 소비자의 소비는 현재소득에 의해 결정되므로 유동성제약은 다음과 같은 제약식에 의해 표현될 수 있다.

$$C_1 \leq Y_1 \tag{12-23}$$

유동성 제약을 받는 소비자의 소비가능영역은 [그림 12-5]에서 음영으로 표시된 부분과 같다. 만일 소비자가 그림과 같은 무차별곡선을 갖고 있다면, 이 소비자는 현재 C_1^*를 소비하기를 원하나, 실제로는 유동성 제약으로 말미암아 현재소득과 같은 Y_1만 소비하게 된다.

이 경우 만일 소비자의 현재소득만이 Y_1'로 늘어난다면 소비가능영역은 [그림 12-6]의 (a)에서와 같이 늘어나고 이 소비자는 C점 대신 C'점에서 소비를 선택하게 된다. 즉, 현재의 소득 증가분을 모두 소비 증가에 사용하는 것이다. 따라서 유동성 제약에 처한 소비자의 소비는 현재소득에 민감하게 반응하게 된다.

그러므로 소비의 과잉민감성은 소비의 합리성을 부정하는 것이라기보다는 유동성 제약으로 인해 항상소득에 따른 소비의 선택이 불가능하기 때문으로 해석될 수 있다. 유동성 제약에 처한 소비자는 예상되었던 또는 예상치 못하였던 간에 관계없이 소득의 변화를 모두 소비 변화에 반영하게 될 것이기 때문이다.

반면에 이 소비자의 현재소득은 변하지 않고 [그림 12-6]의 (b)에서와 같이 미래소득만 Y_2'로 증가하는 경우에는 소비자가 선택하는 소비점은 C''점이 되므로 현재소비는 여전히 Y_1과 같다.

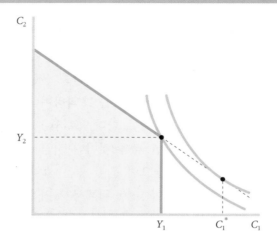

그림 12-5 유동성 제약하에서의 소비선택

유동성 제약이 있는 경우 소비가능집합이 그림과 같이 줄어든다. 소비자는 현재 C_1^* 를 소비하고자 하나 유동성 제약으로 인해 Y_1만을 소비하게 된다.

이제 2기가 되어 실제로 소득이 증가한다고 하자. 2기의 소득 증가를 미리 알았더라도 1기의 소비는 유동성제약으로 인해 증가하지 않은 반면 2기에는 증가된 소득으로 소비를 증가시킬 것이다. 따라서 2기에 이 소비자의 소비는 증가된 소득에 지나치게 민감하게 반응하는 것으로 보일 것이다.

이와 반면에 유동성제약이 없다면 이 소비자는 2기에 증가할 것으로 예상되는 소득을 1기와 2기의 소비를 모두 증가시키는 데 사용할 것이다. 이 경우 2기가 되어 실제로 소득이 증가하더라도 소비는 1기에 비해 별로 증가하지 않아야 한다. 즉 소비 변화가 예상된 소득 증가에 대해 민감하게 반응하지 않는 것이 합리적기대하에서 항상소득이론의 예측과 일치하는 결과다.

한편 유동성 제약에 처한 소비자의 소비는 현재소득의 변화에 대해서는 민감하게 반응하는 반면 예상되는 미래소득의 변화에 대해서는 반응하지 않는데, 이와 같은 성질은 소비가 주로 현재의 소득에 의해 좌우된다는 케인즈의 절대소득이론과 부합된다.

현실적으로는 소비자들 중에는 유동성 제약을 받는 소비자들과 유동성 제약을 받지 않는 소비자들이 섞여 있다. 따라서 경제 전체의 소비는 유동성 제약을 받는 소비자로 말미암아 경제 전체의 현재소득의 변화에 어느 정도 민감한 반응을 보이게 된다. 캠벨(John Campbell)과 맨큐(Gregory Mankiw)는 과연 소비의 과잉민감성 현

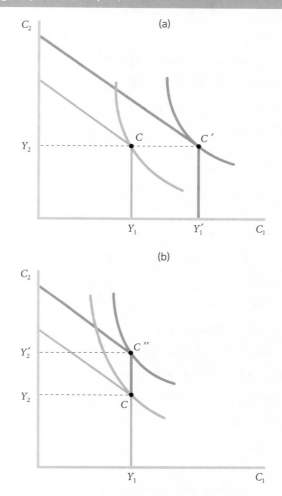

유동성 제약에 의해 현재의 소비가 제약을 받는 경우 현재소비는 현재소득의 증가에
대해서만 민감하게 반응한다. (b)에서 볼 수 있듯이 미래소득의 증가는 현재소비에
영향을 미치지 못한다.

상이 유동성 제약에 의해 설명될 수 있는지를 다음과 같은 방법을 이용하여 파악해
보았다.[4]

  항상소득이론에 따라 소비가 결정되는 사람들의 소비는 (12−22)식과 같이 임의

4 J.Y. Campbell and G.N. Mankiw, "Consumption, Income, and Interest Rates: Reinterpreting the
 Time Series Evidence," in *NBER Macroeconomics Annual* 1989, O.J. Blanchard and S. Fischer (eds.), MIT
 Press, 1989.

보행 확률과정을 따르므로 그 변화분은 독립적으로 분포된 확률 충격과 같아진다.[5] 즉, ΔC_{Pt}를 항상소득이론에 따라 소비를 결정하는 사람들의 소비변화라 하고, ε_t를 독립적 분포를 가진 확률변수라 할 때 $\Delta C_{Pt} = \varepsilon_t$이다. 반면에 유동성 제약에 처한 사람들의 소비는 앞에서 보았듯이 현재의 가처분소득의 변화에 민감하게 반응한다. 따라서 $\Delta C_{Lt} = \Delta YD_t$가 된다. 만일 경제 전체의 소비자 중에 유동성 제약에 처한 소비자들의 비중이 λ이고 그 나머지인 $1-\lambda$의 소비는 항상소득이론에서와 같이 결정된다면 경제 전체의 소비변화는 $\lambda \Delta C_{Lt} + (1-\lambda)\Delta C_{Pt}$와 같으며 이는 다시 다음과 같이 쓸 수 있다.

$$\Delta C_t = \lambda \Delta YD_t + (1-\lambda)\varepsilon_t \tag{12-24}$$

캠벨과 맨큐는 미국의 자료를 이용하여 위 식을 추정한 결과 λ의 값으로 0.49를 구했는데 이는 미국 소비자의 절반 정도는 소비가 유동성 제약에 의해 영향받음을 의미하는 것으로 해석할 수 있다. 김준경(1995)은 한국의 자료를 이용하여 동일한 모형을 추정하였는데 λ의 값은 0.64로 추정되었다.[6] 이와 같은 추정결과는 한국에 있어서 유동성 제약에 처한 소비자의 비중이 더 높음을 의미하는 것으로 해석될 수 있다. 우리나라는 1990년대에 들어 금융자유화가 진전되기 이전까지만 해도 산업부문에 대한 자금지원을 위해 금융기관에 의한 소비자금융을 규제한 결과다. 그러나 외환위기 전후로 유동선제약은 빠른 속도로 경감되었다.[7]

근시안적 소비

소비가 현재소득에 지나치게 민감하게 반응하는 또 하나의 이유로는 근시안적 소비를 들 수 있다. 이는 소비자가 소비계획을 세울 때 평생소득이론에서 주장하는 것과 같이 먼 미래까지 감안하지 않고 가까운 미래만을 감안한다는 것이다. 유동성 제약은 평생소득이론이나 항상소득이론의 기본적인 틀을 유지하면서 과잉민감성을 설명하는 데 반해 소비의 근시안성(myopia)은 소비자가 합리적 소비선택을 함을 전제로 하는 이들 이론 자체를 비판하는 것이라 할 수 있다.

문제는 근시안적 소비에 의한 소비행태와 유동성 제약으로 인한 소비행태는 서

---

5 이와 같은 확률적 충격을 백색잡음(white noise)이라고도 부른다.

6 김준경, "유동성 제약과 소비지출: 한국·일본·미국 비교분석," KDI 정책연구 제17권, 1995.

7 허석균, "횡단면 자료를 이용한 가계소비결정요인에 관한 연구," 한국개발연구 제27권, 2005.

로 구분하기가 어렵다는 것이다. 예를 들어 윌콕스(David Wilcox)는 사회보장지불금의 증액 통보가 실제로 증가된 지불금을 수령하기 전까지는 소비에 별 영향을 미치지 않음을 발견했다.[8] 이는 미래에 기대되는 소득증가가 현재의 소비에 영향을 미치지 않음을 의미하는데, 이와 같은 현상은 소비자의 소비계획 시야가 근시적일 경우에도 발생할 수 있으며 현재소비가 유동성 제약에 의해 제한받고 있는 경우에도 발생할 수 있다.

⑥ 저축의 동기

소비이론은 사람들이 왜 저축을 하는가라는 질문에 대한 해답을 제시해 준다. 평생소득이론에 따르면 사람들은 퇴직 후의 소비를 위해 저축을 하는데 이를 생애주기적 동기(life-cycle motive)에 의한 저축이라 할 수 있다. 즉, 소득이 감소하는 퇴직 후에도 어느 정도의 소비수준을 유지하기 위해서는 소득이 높을 때 저축을 하였다가 이를 은퇴 후에 사용한다는 것이다. 따라서 평생소득이론에 따르면 은퇴 후의 고령 소비자들은 부(−)의 저축을 할 것으로 기대된다. 그러나 이론의 예측과는 반대로 고령 소비자들은 대부분 실제로 정(+)의 저축을 하고 있다. 이는 저축이 은퇴 후의 소비에 충당하기 위한 생애주기적 동기 이외에도 다른 동기에 의해 이루어지기 때문이다.

고령자들이 저축을 하는 이유로는 우선 후손에게 상속재산을 남기기 위한 상속동기(bequest motive)와 예상치 않은 소비지출에 대비하기 위한 예비적 동기를 들 수 있다. 상속동기는 자식에 대한 애타심에서 비롯된다. 소비자는 자신의 소비로부터도 만족을 느끼지만 다른 사람의 효용으로부터도 만족을 느낄 수 있다. 이처럼 어떤 사람의 효용이 자신의 소비 이외에 다른 사람의 효용에도 영향을 받는 것을 애타심(altruism)이라고 한다. 애타심의 대표적인 예로는 자식의 효용수준이 부모의 효용에 영향을 미치는 것을 들 수 있다. 예를 들어 U_0를 부모의 평생 동안의 소비로부터의 효용이라 하고, U_1을 자식의 평생 동안의 소비로부터의 효용이라 하면 애타심을 가진 부모의 효용함수는 $u(U_0, U_1) = U_0 + aU_1$이라고 표현할 수 있다. 여기서 a

---

8 D.W. Wilcox, "Social Security Benefits, Consumption Expenditure, and the Life Cycle Hypothesis," *Journal of Political Economy* 97, 1989.

는 애타심의 정도를 나타내는 양의 상수로 a의 값이 클수록 강한 상속동기를 가진다. 소비자가 이와 같은 효용함수를 가진 경우 자신의 소비를 줄이고 대신 상속을 하면 U_0의 값이 감소하는 반면 U_1의 값이 증가하는데, 이때 aU_1의 증가분이 U_0의 감소분을 초과한다면 상속이 일어나게 되며 이를 위해 은퇴 후에도 한동안 저축을 할 유인이 있다.

또 다른 저축의 동기로는 질병이 발생하는 경우와 같이 예상치 않은 미래의 소비지출이나 소득변동에 대비하기 위한 예비적 동기(precautionary motive)를 들 수 있다. 사람들에게는 소비지출이 크게 감소할 때 발생하는 고통이 동일 규모로 소비지출이 증가할 때 발생하는 만족보다도 더 크게 느껴진다. 따라서 미래의 소득이 불확실성을 가지고 변동할 것으로 기대되는 경우 사람들은 여건의 악화로 인해 소비지출이 크게 감소하는 것을 방지하기 위해 미리 완충용 자산(buffer asset)을 마련하려고 저축을 한다.[9] 이와 같은 예비적 동기의 저축은 미래의 지출이나 소득의 불확실성이 높아질수록 증가하게 된다. 그런데 효용함수가 제5절 식(12−21)에서와 같은 형태를 가질 경우에는 예비적 동기에 의한 저축이 나타나지 않는다. 이를 효용함수가 이처럼 특수한 형태를 취할 경우에만 나타나는 결과이고, 일반적으로는 사람들의 소비결정에는 예비적 동기의 저축이 반영된다.

---

9 C. Carroll, "Buffer-Stock Saving and the Life Cycle/Permanent Income Hypothesis," *Quarterly Journal of Economics* 112, 1997.

:: 요점 정리

1 케인즈는 (1) 한계소비성향은 0보다 크고 1보다 작으며, (2) 소득이 증가함에 따라 평균소비성향이 감소하며, (3) 소비는 오직 현재소득만의 함수임을 주장하였는데 이를 절대소득이론이라고 부른다.

2 횡단면자료와 단기시계열자료는 절대소득이론이 예측하는 바와 같이 소득수준이 높아짐에 따라 평균소비성향이 감소함을 보여준다. 그러나, 장기시계열자료에서는 평균소비성향이 소득수준과 관계없이 일정한데 이는 절대소득이론의 예측과는 일치되지 않는다.

3 거시경제학에서의 소비결정은 현재소비와 미래소비 간의 선택의 문제다. 이를 미시경제적인 기초를 가지고 분석하기 위해서는 여러 기간에 걸쳐 효용을 극대화하도록 소비를 선택하는 합리적 소비자의 문제를 분석할 필요가 있다.

4 기간간 소비선택모형을 분석한 결과 현재소비는 현재소득뿐만 아니라 보유자산, 미래소득, 이자율 등에 의해 영향을 받음을 알 수 있다. 현재소득증가는 현재와 미래의 소비를 모두 증가시킨다. 이자율 상승은 차입자인 소비자의 현재소비를 감소시키나 대부자인 소비자의 현재소비에 대한 영향은 불분명하다.

5 가계는 소비를 결정할 때 현재의 소득뿐만 아니라 평생동안의 소득을 계산하여 자신의 효용이 극대화되도록 각 기간의 소비에 배분하는데 이처럼 소비가 평생소득에 의해 결정됨을 강조하는 이론이 평생소득이론(life cycle income theory of consumption)이다. 특히 모든 사람은 공통적으로 유년기와 청장년기를 거친 다음 은퇴하여 노년기에 이르는 생애주기를 가지는데, 이 중 청장년기에는 노년기에 대비하여 저축을 하므로 평균소비성향이 낮아지고, 유년기와 노년기에는 평균소비성향이 높아진다.

6 항상소득이론(permanent income theory of consumption)은 소비가 현재의 소득에만 의존하는 것이 아니라 보다 장기적인 평균소득수준을 의미하는 항상소득과 관련을 가짐을 주장한다. 매기마다의 소득은 항상소득과 일시소득으로 구성되는데 소비는 주로 항상소득에 의해서 결정된다. 소비자들은 소득이 변하더라도 이 중 일부만을 항상소득의 변화로 간주하기 때문에 소비의 변화는 소득변화에 비해 완만하게 나타난다.

7 실증분석에 따르면 소비가 평생소득이론이나 항상소득이론이 예측하는 것보다 현재소득의 변화에 민감한 반응을 보인다. 이와 같은 과잉민감성 현상은 유동성 제약과 근시안적 소비행위에 의해 설명될 수 있다.

8 소비이론은 저축의 결정요인을 분석하는 데에 도움을 준다. 저축의 동기로는 생애주기에 따른 소득변화에 대비하여 소비를 평준화시키려는 생애주기 동기, 자식에 대한 애타심에 근거한 상속동기, 그리고 미래의 예상치 못한 소비지출의 필요나 소득변화에 대비하기 위한 예비적 동기 등을 들 수 있다.

주요 용어

· 절대소득이론	· 평생소득이론	· 소비의 근시안성
· 한계소비성향	· 항상소득이론	· 생애주기적 동기
· 평균소비성향	· 일시소득	· 애타심
· 횡단면자료	· 임의보행	· 예비적 동기
· 시계열자료	· 유동성 제약	· 소비 평준화
· 기간간 소비선택	· 과잉민감성	· 인적자산
· 기간간 예산제약조건	· 과잉둔감성	· 비인적자산

연습 문제

1 대차거래와 재화의 저장이 모두 불가능할 경우의 예산제약은 다음과 같이 쓸 수 있다.

$$0 \leq C_1 \leq Y_1, \qquad 0 \leq C_2 \leq Y_2$$

위 예산제약식을 그림으로 표시하고, 최적 소비는 Y_1과 Y_2가 됨을 보여라.

2 효용함수가 다음과 같이 주어져 있다고 하자.

$$u(C_1, C_2) = v(C_1) + \frac{1}{1+\rho}v(C_2), \qquad v' > 0, \qquad v'' < 0$$

(1) 무차별곡선의 기울기를 구하라.

(2) $Y_1 = Y_2$이고 $r > \rho$인 경우 $C_1 < C_2$임을 보여라. 이 경우 $S_1 > 0$ 임을 보여라.

3 본문에서 제시된 2기간 모형에서 재화의 대차거래는 불가능하나 생산물의 저장이 가능한 경우의 소비가능집합을 구하라. 단, 한 단위의 생산물을 저장할 경우 δ 단위만큼 감가상각된다고 가정하라. (단, $0 < \delta < 1$)

4 동갑내기인 갑과 을 중 갑의 기대수명이 더 높다고 한다. 수명을 연장시킬 수 있는 방법이 없다고 가정하면, 갑과 을 중 누구의 저축성향이 더 높을 것인가?

5 소득세율이 금년에 한해 한시적으로 10% 인상되는 경우 금년의 소비에 어떤 영향을 미칠 것인지를 절대소득이론과 항상소득이론을 이용하여 분석하라.

6 일반적으로 전쟁이나 핵위험이 증가하는 경우 사람들의 기대수명이 짧아진다고 한다. 한반도에서의 전쟁위험 증가가 한국인의 소비에 어떤 영향을 미칠 수 있는지를 적절한 소비이론을 이용하여 설명하라.

7 만일 모든 사람들이 미래의 근로소득을 담보로 하여 금융기관으로부터 차입하는 것이 가능해진다면 다음 각각에 어떤 영향을 미칠 것인지를 설명하고 그 근거를 제시하라.
(1) 현재의 소비수준
(2) 투자승수의 크기

8 앞서 2기간 소비선택모형을 이용하여 이자율 상승이 저축에 미치는 영향을 분석했다. 만일 소비자가 현재 부(負)의 저축을 하고 있는 차입자라면 이자율 상승이 소비와 저축에 어떤 영향을 미칠 것인지를 2기간 소비선택모형을 이용하여 설명하라.

9 갑과 을은 동일한 효용함수 $u(C_1, C_2) = \log C_1 + \log C_2$를 갖고 있지만, 근로소득은 갑이 1, 2기에 각각 50원과 100원이며, 을은 반대로 100원과 50원이다. 이자율이 10%인 경우와 20%인 경우에 대해 각각 갑과 을의 1기의 소비와 저축을 계산하고 비교하라.

10 현재 20세인 사람이 80세까지 사는데 60세가 될 때까지 매년 3,000만원의 근로소득을 벌고 그 이후에는 은퇴한다고 하자. 이자율이 0이라 할 때, 평생소득이론에 입각하여 다음 물음에 답하라.

(1) 이 사람이 현재 아무 재산이 없고, 유산을 남기지 않을 작정이라면, 매년 얼마를 소비할 것인가? 이 경우 50세, 60세, 70세, 80세가 될 때의 재산은 각각 얼마인가?

(2) 이 사람이 현재 2억 4,000만원의 재산을 갖고 있고 유산을 남기지 않을 작정이라면 매년 얼마를 소비할 것인가?

(3) 이 사람이 현재 재산이 없고 3억원을 유산으로 남길 예정이라면 매년 소비는 얼마가 될 것인가?

(4) 정부가 근로소득의 20%를 사회보장세로 징수하여 은퇴 후 사망시까지 매년 일정액을 연금으로 준다고 하자. 정부가 징수된 사회보장금을 모두 연금으로 지출한다면 이 사람이 매년 받는 연금은 얼마인가?

(5) 위 (4)번의 경우 현재 재산이 없고 유산을 남기지 않는다면 매년의 소비는?

11 어떤 사람의 소비함수가 $C = 80 + 0.9Y^P$라 하자. 여기서 Y^P는 항상소득인데 이는 당해연도와 전년도의 가처분소득의 평균이라 하자.

(1) 첫 해와 둘째 해의 가처분소득이 모두 3,000만원이라면, 둘째 해의 소비는 얼마인가?

(2) 셋째 해부터 계속 가처분소득이 4,000만원이라면 셋째 해와 넷째 해 그리고 그 이후의 소비는 얼마인가?

(3) 첫 해와 둘째 해의 가처분소득이 3,000만원이고 셋째 해부터 가처분소득이 4,000만원으로 증가하는 경우, 소비의 변화분을 가처분소득의 변화분으로 나눈 한계소비성향은 얼마인가? 여기서 구한 한계소비성향과 소비함수에서 볼 수 있는 장기적인 한계소비성향을 비교하라.

12 금융자유화의 추진으로 인한 소비자 금융의 확대는 소비에 어떤 영향을 미칠 것인지를 설명하라.

13 복권에 당첨된 사람이 승용차를 구입하였다면 항상소득이론과 일관성을 가지고 있는 것인지를 설명하라.

14 당초 영이의 소득흐름이 $\{Y_t, Y_{t+1}, Y_{t+2}, \cdots\} = \{10, 10, 10, 10, \cdots\}$으로 기대되었으나 t기에 부(−)의 충격이 일어나 t기 소득이 감소하여 소득흐름이 $\{9, 10, 10, 10, \cdots\}$으로 변했다. 이자율은 r로 시간에 관계없이 일정하다.

1) 부(−)의 충격이 있기 전 영이의 항상소득을 구하라.

2) 부(−)의 충격 이후 새로운 항상소득을 구하라.

3) 충격 이후 영이의 저축흐름을 구하라.

4) 만약 t기에 영이가 차입제약에 빠졌다면 소비흐름은 무엇인가? 단 영이는 이 소득흐름이 유일한 소비의 재원이다.

15 현재 철수의 은행잔고는 W원이다. 철수가 은행잔고를 항상 W로 유지하면서 매달 은행에서 인출할 수 있는 금액은 얼마인가? 단 월 금리는 r로 일정하다.

16 영이의 소득흐름은 아래와 같다.

$$\{Y_t, \ \tilde{Y}_{t+1}, \ \tilde{Y}_{t+2}, \ \tilde{Y}_{t+3}\cdots\}$$

여기서 t기에 Y_t를 제외하면 나머지 소득흐름은 정확히 알 수 없다고 가정한다.

(1) t기 영이의 소득흐름의 현재가치 W_t의 기대값 $E[W_t|\Omega_t]$를 구하라. Ω_t는 t기에서 영이 소득흐름에 대한 모든 유용한 정보의 집합이다.

(2) t기 영이의 항상소득의 기대값 $E[Y_t^p|\Omega_t]$을 W_t의 기대값 $E[W_t|\Omega_t]$로 표시하라.

(3) t기에서 본 $t+1$기 영이의 항상소득의 기대값 $E[Y_{t+1}^p|\Omega_t]$을 $E[W_{t+1}|\Omega_t]$로 표시하고 $E[W_{t+1}|\Omega_t]=E[W_t|\Omega_t]$의 등식이 성립하는 이유를 설명하라.

(4) $E[Y_{t+1}^p|\Omega_{t+1}]-E[Y_{t+1}^p|\Omega_t]$의 값은 무엇에서 비롯하는지 설명하라.

17 다음 내용을 읽고 소비패턴에 어떤 영향을 주는지 설명하라.

(1) 1999년 3월 정부는 동해에 한국이 30년간 소비할 수 있는 천연가스가 매장되었다고 발표하였다.

(2) 1주일 뒤 매장량은 30년이 아니라 5년간 소비량이라고 정정발표하였다.

(3) 다시 1주일 뒤 동해의 천연가스는 경제성이 없다고 발표하였다.

(4) 케인즈의 소비함수와 비교할때 어떤 차이가 있는지 설명하라.

18 다음과 같은 효용함수와 예산제약식을 생각해보자.

$$\text{Max} \quad E_t\left[u(C_t) + \frac{u(C_{t+1})}{1+\rho} + \cdots + \frac{u(C_T)}{1+\rho^{(T-t)}}\right]$$

$$\text{s.t.} \quad C_t + \frac{C_{t+1}}{1+r} + \cdots + \frac{C_T}{(1+r)^{T-t}} = E_t\left[Y_t + \frac{Y_{t+1}}{1+r} + \cdots + \frac{Y_T}{(1+r)^{T-t}}\right]$$

(1) C_t와 C_{t+1} 사이의 최적화 조건, 즉 오일러 조건이 다음과 같음을 보이라. (Hint: 예산제약식을 C_{t+1}에 대해 풀어서 효용함수의 C_{t+1}에 대입한 후, 이를 C_t에 대해 미분하여 정리하라.)

$$u'(C_t) = \frac{1+r}{1+\rho} E_t[u'(C_{t+1})]$$

(2) 효용함수가 $u(C_t) = -aC_t^2 + bC_t$일 때 소비가 예측 불가능함을 보여라. 즉 소비는 $C_{t+1} = C_t + \varepsilon_{t+1}$의 형태를 가지며 ε_{t+1}은 현재의 정보집합에 포함되지 않는다. 즉 $E_t(\varepsilon_{t+1}) = 0$이다. 단 $a > 0$, $b > 0$이며 $0 < C < b/2a$이다.

19 일반적으로 공적 연금제도는 자신이 번 근로소득의 일부를 연금기관에 납부하고 은퇴 후 수익률 실적에 따라 돌려받는 적립식시스템(fully funded system)과 현재 소득이 있는 청장년 세대로부터 세금을 거두어 은퇴한 노년세대에게 이전지출의 형태로 지급하는 부과식(pay-as-you-go system)으로 구분된다. 이제 연금제도가 최초로 도입하였다고 하자.

(1) 두 종류의 연금시스템 도입이 각각 국민저축에 미치는 영향을 설명하라.

(2) 각각의 연금시스템이 도입된 상태에서 장수에 대한 기대감이 높아질 경우 저축에 어떤 영향을 미칠 것인가?

(3) 각각의 연금시스템이 도입된 상태에서 인구증가율이 현저히 감소하는 추세가 나타난다면 저축률에 어떤 영향을 미칠 것인가?

20 (2017년 5급 행정고시) 한 경제 내에는 두 종류의 소비자(A, B)가 있다. 이들은 모두 두 기간만 생존하고 이들의 효용함수는 $U(c_1, c_2) = \sqrt{c_1 c_2}$로 동일하다. 여기서 c_1과 c_2는 각각 1기와 2기의 소비를 의미한다. 소비자 A의 1기와 2기 소득은 각각 1,000과 1,800이며 소비자 B의 1기와 2기의 소득은 각각 1,500과 1,200이다. 경제 내에서 소비자 A와 B는 각각 절반씩 존재한다고 가정하자. 소비자들은 기간 간 예산제약하에서 자신의 효용을 극대화 하도록 두 기간의 소비를 선택하고자 한다. 다음 물음에 답하라. (단, 계산결과가 소수로 나오는 경우, 소수점 이하 둘째자리에서 반올림한다.)

(1) 이 경제는 외국과의 자본거래가 없는 폐쇄경제이고 소비자는 시장균형이자율로 자기가 원하는 만큼 빌리거나 빌려줄 수 있다고 가정하자. 각 소비자의 최적소비조합($C_1^{A^*}$, $C_2^{A^*}$, $C_1^{B^*}$, $C_2^{B^*}$)과 시장균형이자율(r^*)을 구하라.

(2) 문제 (1)의 상황이 변하여 자본시장자유화로 외국자본이 국내로 대량 유입되면서 국내이자율이 국제 자본시장의 균형이자율인 10%가 되었다고 가정하자. 각 소비자의 소득수준이 전혀 변하지 않았다면, 자본자유화 이후 각 소비자의 최적소비조합을 구하고, 이 결과가 의미하는 바를 간단하게 서술하라.

(3) 문제 (2)에서 자본자유화를 시행하면서, 1기의 차입은 각 소비자의 1기 소득의 20%를 넘을 수 없도록 하는 규제를 도입했다고 가정하자. 이런 금융구조하에서 각 소비자의 최적소비조합을 구하고, 규제의 효과를 간단하게 서술하라.

Chapter
13 투자

기업이 생산을 하기 위해서는 노동과 자본 등의 생산요소가 투입되어야 한다. 자본이란 기계나 공장과 같은 내구적 생산요소를 말하며, 투자란 이와 같은 자본을 유지하거나 증가시키기 위해서 사용되는 생산물의 양을 일컫는다.

투자는 비록 총수요에서 차지하는 비중은 작지만 대신 변동이 매우 심하므로 총수요변동과 경기변동에 있어서 중요한 역할을 한다. 제13장에서는 설비투자, 건설투자, 재고투자가 각각 어떤 요인에 의해서 결정되는지를 알아본다.

❶ 투자의 형태와 경제적 역할

투자의 이중성

투자는 거시경제에서 두 가지 중요한 역할을 가지고 있다. 첫째로, 투자를 하기 위해서는 생산물을 사용하여야 하므로 투자는 총수요의 중요한 구성부분이 된다. 투자는 총수요에서 차지하는 비중이 작은 반면에 [그림 13-1]에서 볼 수 있듯이 변동이 매우 심하므로 경기변동에 있어서 중요한 역할을 한다. 둘째로, 투자는 자본량을 증가시킴으로써 경제의 생산능력을 확충하고 미래 생산물의 공급을 증가시킨다. 따라서 제18장에서 설명하고 있는 것처럼 투자는 장기적인 경제성장에 중요한 요인이 된다. 이와 같이 투자는 생산물의 공급능력을 증가시키는 한편 총수요를 증가시키는 두 가지 역할을 하는데 도마(Evsey Domar)는 이를 가리켜 투자의 이중성(dual character of investment)이라 불렀다.

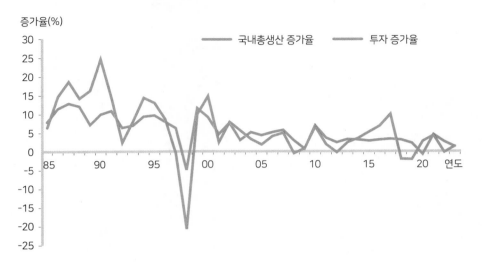

그림 13-1 투자와 국내총생산의 변동

증가율(%)

국내총생산 증가율　　투자 증가율

자료: 한국은행 경제통계시스템

투자의 형태

자본은 다양한 형태를 가지고 있으며, 이에 따라 투자도 다양한 형태로 이루어진다. 국민소득계정에서는 투자를 크게 설비투자, 건설투자, 지식재산생산물투자 그리고 재고투자의 네 가지로 분류하고 있다.

설비투자란 기계, 차량, 컴퓨터 등과 같은 자본재를 확충하기 위한 기업의 지출을 의미하며, 건설투자는 공장, 상업용 건물, 주택 등의 신축과 보수를 위한 기업의 지출을 의미한다. 지식재산생산물투자는 1년 이상 장기간에 걸쳐 생산과정에 사용될 것으로 예상되는 연구개발인데 여기에는 오락·문학작품 및 예술품 원본, 컴퓨터 소프트웨어 및 데이터베이스와 광물탐사가 포함된다. 재고투자는 재고의 증가를 의미하는데, 여기서 재고란 기업이 보유하고 있는 원자재, 생산 중에 있는 재공품, 완성품 등의 저장량을 말한다.

또한 투자에 있어서 총투자(gross investment)와 순투자(net investment)를 구분할 필요가 있다. 투자가 발생한다고 해서 그만큼 자본량이 증가하는 것은 아니다. 대부분의 자본은 생산에 이용됨에 따라 마모가 되는데 이를 자본의 감가상각(depreciation)이라고 한다. 기업이나 국민경제에서 일어나는 투자 중 일부는 마모된 자본을 보충하는 데에 이용되고, 그 나머지는 자본량을 증가시키는 데에 이용되는데 전자를 대체투자라 하고 후자를 순투자라고 한다. 따라서, 기업의 투자지출 중에서 자본량을 증가시키는 것은 순투자다.

t기 초에 기업이 보유하고 있는 자본량을 K_t라 하고, 매기간마다의 감가상각률을 δ라 하면, t기 중에 발생하는 순투자(I_t^n)와 총투자(I_t^g) 간에는 다음과 같은 관계가 성립한다.

$$I_t^n = I_t^g - \delta K_t \tag{13-1}$$

한편 $t+1$기 초의 자본량은 t기 초의 자본량에 t기 중 발생한 순투자를 더한 값이 된다.

$$K_{t+1} = K_t + I_t^n \tag{13-2}$$

위의 두 식을 결합하면 다음과 같은 자본축적에 관한 기본식을 구할 수 있다.

$$K_{t+1} = (1 - \delta)K_t + I_t^g \tag{13-3}$$

❷ 자본의 한계효율이론

현재가치

어떤 사람이 여러분에게 새로운 사업에 투자할 것을 권유한다고 하자. 사업계획서에 따르면 현재 C원의 비용을 들이면 앞으로 n년 동안 운영비용을 제하고 R_1, R_2, $\cdots$, R_n원의 수익이 발생한다고 하자. 이 사업이 과연 투자할 가치가 있는 것인지를 어떻게 확인해 볼 수 있을 것인가?

한 가지 기준은 투자로부터의 수익의 합이 투자비용을 초과하는지의 여부를 보는 것이다. 즉, R_1부터 R_n까지 합이 C보다 크면 투자를 하는 것이다. 그러나, 이와 같은 기준에는 한 가지 문제가 있다. R_1, R_2, $\cdots$, R_n은 모두 서로 다른 시점에 발생하는데 이를 단순하게 더할 수 있는지의 문제다.

이 문제를 이해하기 위해 다음과 같은 예를 생각해 보자. 만일 여러분이 주위 사람들에게 1년 후에 100만원을 줄 터이니 지금 100만원을 빌려달라고 한다면 여러분이 아무리 신용이 있다 하더라도 이를 빌리기가 어려울 것이다. 그러나 여러분이 1년 후에 100만원에 적절한 이자를 더해 줄 터이니 지금 100만원을 빌려달라고 한다면 사정은 달라질 것이다. 이 예는 현재의 100만원과 미래의 100만원의 가치가 서로 다르다는 사실을 가르쳐 준다. 따라서 서로 다른 시점에 발생하는 수익을 단순하게 더하는 것은 타당하지 않다. 그렇다면 서로 다른 시점에 발생하는 수익을 어떻게 더할 것인가? 한 가지 방법은 동일한 시점의 가치로 환산한 후 이를 더하는 것이다. 그렇다면 서로 다른 시점의 금액을 어떻게 동일 시점의 가치로 환산할 것인가?

현재와 1년 후의 100만원의 가치를 서로 다르게 평가하는 이유는 이자의 존재에 있다. 현재의 100만원을 채권에 투자할 경우 1년 후에는 100만원에 더해서 이자가 발생하기 때문이다. 따라서 만일 이자율이 i라면 현재의 100만원은 1년 후의 100만 $\times (1+i)$원과 동일한 가치가 있다고 할 수 있다. 마찬가지 논리로 1년 후의 1원은 현재의 $1/(1+i)$원과 동일한 가치가 있다. 따라서 1년 후에 발생하는 수익인 R_1원의 현재가치를 구하기 위해서는 이를 $1+i$로 나누면 될 것이다. 이자율이 일정할 경우 2년 후의 1원은 1년 후의 $1/(1+i)$원과 동일한 가치가 있으므로 2년 후에 발생하는 이익인 R_2원의 현재가치를 구하기 위해서는 이를 $(1+i)^2$로 나누면 될 것이다. 이와 같이 미래의 가치를 현재가치로 환산하는 것을 할인(discount)이라고 부르며, 할인을 위해 사용되는 이자율을 할인율(discount rate)이라고 부른다.

이자율이 i로 일정하다고 가정하면 미래수익의 현재가치는 다음과 같이 쓸 수 있다.

$$V_0 = \frac{R_1}{1+i} + \frac{R_2}{(1+i)^2} + \cdots + \frac{R_n}{(1+i)^n} \qquad (13\text{-}4)$$

투자자들은 투자로부터 기대되는 수익의 현재가치가 현재의 투자비용보다 높은 경우에만 투자를 할 것이다. 이와 같이 투자로부터의 수익흐름의 현재가치를 기준으로 투자를 결정하는 방법을 현재가치법(present value method)이라고 한다.

내부수익률

현재가치법에 대한 대체적인 투자결정 방법으로 내부수익률법이 있다. 내부수익률(internal rate of return)이란 투자로부터 기대되는 수익흐름의 현재가치와 현재의 투자비용을 같게 만드는 할인율을 말한다. 현재 C원의 투자비용이 들고 앞으로 n년 동안 R_1, R_2, $\cdots$, R_n원의 수익이 기대되는 투자대상의 내부수익률을 μ라 하면, 이는 다음과 같이 구해질 수 있다.

$$C = \frac{R_1}{1+\mu} + \frac{R_2}{(1+\mu)^2} + \cdots + \frac{R_n}{(1+\mu)^n} \qquad \text{(13-5)}$$

투자비가 C원이 소요되는 사업으로부터 계산된 내부수익률이 μ라 함은, 이 사업에 투자하는 것이나 C원을 μ의 이자율을 받고 은행에 예금하는 것이나 마찬가지라는 것을 의미한다. 따라서 내부수익률이 이자율수준보다 낮으면 예금을 하는 편이 더 유리하다. 결국 내부수익률이 이자율보다 높은 경우에만 해당 사업에 대한 투자가 이루어진다.

자본의 한계효율이론

케인즈의 투자이론을 자본의 한계효율이론이라 하는데 이는 내부수익률법과 밀접한 관련이 있다. 자본의 한계효율(marginal efficiency of capital: MEC)은 자본을 한 단위 증가시킴에 따라 기대되는 수익 증가분의 현재가치와 투자비용을 일치시키는 내부수익률로 정의된다. 자본을 한 단위 증가시키기 위해서는 자본재를 구입해야 하므로 투자비용은 자본재의 가격인 P_K와 같게 된다. 따라서 자본을 한 단위 증가시킴으로써 기대되는 미래수익 증가분을 ΔR로 표현하면 다음 식을 만족시키는 μ의 값이 바로 자본의 한계효율이 된다.

$$P_K = \frac{\Delta R_1}{1+\mu} + \frac{\Delta R_2}{(1+\mu)^2} + \cdots + \frac{\Delta R_n}{(1+\mu)^n} \qquad \text{(13-6)}$$

자본의 한계효율은 자본의 양이 증가함에 따라 감소한다. 이는 기업이 투자를 할

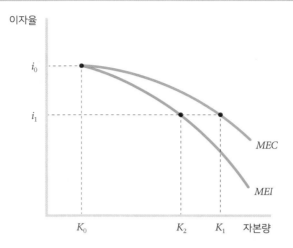

● 그림 13-2 자본의 한계효율과 투자의 한계효율

자본의 한계효율(MEC)은 자본량이 증가함에 따라 감소한다. 투자증가에 따른 자본재 가격
의 상승을 감안한 투자의 한계효율(MEI)은 자본의 한계효율보다 빠른 속도로 감소한다.

때 내부수익률이 가장 높은 투자대상에 우선 순위를 두기 때문에, 자본량이 늘어날
수록 이로 인해 추가되는 수익 증가분은 작아지기 때문이다. 그러므로, 자본의 양과
자본의 한계효율과의 관계를 나타내는 자본의 한계효율곡선은 [그림 13-2]에서와
같이 우하향하는 모습을 가질 것이다.

기업은 자본의 한계효율이 자본조달비용인 이자율보다 높은 한 자본량을 늘리는
것이 유리하다. 따라서 기업의 최적자본량은 자본의 한계효율이 이자율과 같아지는
수준이 된다. [그림 13-2]에서 현재의 이자율이 i_0라면, 기업의 최적자본량은 이자율
과 자본의 한계효율이 같아지는 K_0가 된다. 만일 이자율이 i_1으로 하락한다면 기업의
최적자본량은 K_1이 되며, 이와 같은 최적자본량을 달성하기 위해 K_1-K_0만큼 투자가 이
루어진다. 최적자본량은 이자율의 감소함수이므로 투자도 이자율의 감소함수가 된다.

그런데, 실제로는 K_1-K_0만큼의 투자는 단번에 이루어지지 않고 여러 기간에 걸쳐
이루어지는 경우가 많은데 이를 부분조정이라고 한다. 케인즈는 부분조정의 원인을
다음과 같이 설명한다. 자본량을 늘리기 위해서는 기계와 같은 자본재가 필요하다.
이자율이 감소하는 경우 모든 기업들이 자본량을 늘리려고 하므로, 경제 전체의 자
본재 수요가 증가하고 이에 따라 자본재 가격이 상승하게 된다. 자본재 가격 즉 P_K
가 상승하면 (13-6)식으로부터 계산되는 내부수익률은 자본재 가격이 고정되어 있
는 경우에 비해 하락하게 된다. 투자증가에 따른 자본재 가격 상승효과를 고려할 경

우 자본의 한계효율의 변화를 나타내는 곡선을 투자의 한계효율(marginal efficiency of investment: MEI)곡선이라 하는데, 이는 [그림 13-2]에서 보듯이 자본의 한계효율곡선보다 낮은 위치에 있게 된다. 기업은 단기적으로는 투자의 한계효율이 이자율과 같아질 때까지만 투자를 늘리는 것이 최적이므로, 이자율이 i_1으로 하락할 경우투자는 K_2-K_0만큼 일어나게 된다. 이상의 논의로부터 투자는 미래의 예상수익과 이자율에 의존함을 알 수 있다.

❸ 자본의 사용자비용이론 – 신고전적 접근

신고전적 투자이론은 미시경제학적 기초에 가장 충실한 투자이론이다. 이 이론에 따르면 기업은 기업가치를 극대화하는데 필요한 자본량을 확보하기 위해 투자를 하는데, 기업의 최적자본량을 결정하는 것이 바로 자본의 사용자비용이라는 것이다.

여기서는 신고전적 투자이론을 다음의 두 단계로 나누어 소개하고자 한다. 첫 단계에서는 기업의 최적자본량이 어떤 요인에 의해 결정되는지를 보이는 두 이론인 자본의 사용자비용이론과 토빈의 q이론을 소개하고, 두 번째 단계에서는 최적자본량을 달성하기 위한 투자가 어떤 요인에 의해 결정되는지를 보일 것이다.

자본의 사용자비용과 최적자본량

분석의 편의를 위해 생산기업과 임대기업이라는 두 종류의 기업이 존재한다고 가정하자. 생산기업은 자본과 노동을 고용하여 제품을 생산한다. 임대기업은 자본재를 소유하고 있으며 이를 생산기업에 임대한다. 자본재에 대한 투자는 임대기업에 의해서만 이루어진다. 현실 경제에 있어서는 동일기업이 제품을 생산하고 투자를 하는 등 생산기업과 임대기업의 역할을 모두 수행하기도 하지만, 경제적인 분석을 위해서는 이와 같이 두 기능이 서로 다른 기업에 의해 수행되는 것처럼 생각하는 것이 도움이 된다.

생산기업은 주어진 생산기술을 가지고 이윤을 극대화하기 위해 자본과 노동의 고용량을 결정한다. 생산물시장과 생산요소시장이 모두 완전경쟁시장일 경우 기업은

그림 13-3 자본의 한계생산물곡선

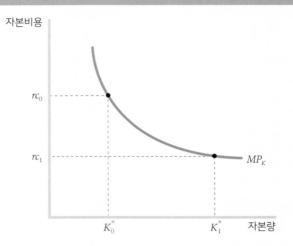

자본의 임대비용이 rc_0로부터 rc_1으로 감소함에 따라 기업이 투입하고자 하는 자본량이 K_0^*로부터 K_1^*로 증가한다. 기업이 자본량을 늘리기 위해서는 K_1^*-K_0^*만큼의 투자가 이루어진다.

자본의 한계생산물이 자본의 임대료와 같아질 때까지 자본을 고용할 것이다. 이와 같은 관계를 수식으로 나타내면 다음과 같다.

$$MP_K = rc \qquad (13\text{-}7)$$

위 식에서 MP_K는 자본의 한계생산물을, rc는 자본의 실질임대료 즉, 생산물 단위로 표시한 자본의 임대료를 나타낸다. (13−7)식에 따르면 기업이 투입하는 자본량은 자본의 임대비용에 따라 결정되는데 이 관계를 그림을 통해 알아보도록 하자.

[그림 13−3]은 자본의 한계생산물곡선을 보여준다. 수확체감의 법칙에 의해 자본투입량이 증가함에 따라 자본의 한계생산물이 감소하므로 MP_K곡선은 우하향하는 기울기를 가진다. 그런데 이 한계생산물곡선은 자본의 임대료가 변함에 따라 기업이 투입하기를 원하는 자본량이 얼마인지를 가르쳐 준다. 즉, 한계생산물곡선은 기업의 자본수요곡선이라고도 할 수 있다. 예를 들어 실질임대료가 그림에서의 rc_0와 같다면 자본투입량이 K_0^*가 되어야 (13−7)식이 충족된다. 만일 실질임대료가 rc_1으로 하락한다면 자본투입량이 K_1^*가 되어야 (13−7)식이 충족되므로 기업은 자본투입량을 증가시키려 할 것이다. 따라서 자본임대료가 하락함에 따라 기업이 투입하기를 원하는 자본량은 증가함을 알 수 있다.

기업이 원하는 자본투입량은 임대료에 의해서만 좌우되는 것은 아니다. 자본의 한계생산물의 변화도 목표자본량에 영향을 미친다. 예를 들어 [그림 13-3]에서 자본의 한계생산물곡선이 상향 이동한다면 자본의 임대료에 변화가 없어도 기업이 원하는 자본량이 증가한다. 기업의 생산함수가 $Y = AF(K, L)$이라 할 때 자본의 한계생산물은 무엇보다도 생산성(A)에 의해 좌우된다. 즉, 생산성이 향상되면 자본의 한계생산물곡선이 상향이동하며, 목표자본량이 증가한다. 물론 생산성 외에도 한계생산물곡선을 상향이동시키는 변화는 모두 목표자본량을 증가시킨다. 따라서 목표자본량은 다음과 같이 자본의 임대료와 생산성에 의해 결정된다.

$$K^* = k(\overset{-}{rc}, \overset{+}{A})$$

(13-8)

기업의 목표자본량을 좌우하는 임대료가 어떻게 결정되는지를 알기 위해서는 임대기업의 의사결정을 보아야 한다. 임대기업은 렌트카 회사처럼 자본재를 구입해서 이를 임대하는 역할만을 한다. 세금을 고려하지 않는다면 임대기업의 비용은 크게 자금조달비용과 감가상각으로 이루어진다. 우선 기계설비 임대업을 하기 위해서는 기계설비를 보유하고 있어야 하는데, 여기에 필요한 자금을 차입에 의해 조달할 경우 차입금에 대한 이자비용이 발생한다. 한편 생산기업에 임대된 기계설비는 생산과정에서 마모가 된다. 따라서 임대기간이 만료된 후에 임대기업이 돌려 받는 기계설비는 원래 임대해 준 기계설비보다 가치가 떨어지게 된다. 이처럼 임대기간 중 발생한 기계설비의 마모도 임대기업이 치르는 비용이다. 기계설비 한 단위의 가격을 P_K, 이자율을 i, 그리고 감가상각률을 δ라 하면 기계설비 한 단위를 임대함에 따라 발생하는 비용은 $(i+\delta)P_K$가 된다.

반면에 임대기업은 임대 기간동안 임대료를 수입으로 받는다. 또한 임대 기간 동안에 자본재의 가격이 상승한다면 이에 따른 차익도 수입이 된다. 따라서 명목임대료를 RC, 임대 기간 중 예상되는 자본재 가격의 변화분을 ΔP_K^e라 하면 임대기업의 수입은 $RC+\Delta P_K^e$가 된다.

자본재 임대산업에 대한 진입과 퇴출이 자유롭고, 임대시장이 완전경쟁시장이라면 장기적으로 임대기업의 초과이윤은 0이 될 것이다. 따라서 자본의 임대료는 임대기업의 수입과 비용이 같아져야 한다는 조건으로부터 다음과 같이 결정된다.

$$RC = \left(i + \delta - \frac{\Delta P_K^e}{P_K}\right)P_K$$

(13-9)

만일 자본재의 가격이 일반 물가와 같은 속도로 상승할 것으로 기대된다면, 위 식의 괄호 안의 마지막 항은 예상물가상승률과 같아지게 된다. 그리고 명목이자율(i)은 실질이자율(r)과 예상물가상승률의 합과 같으므로 자본의 임대료는 다음과 같이 쓸 수도 있다.

$$RC = (r + \delta)P_K \tag{13-10}$$

위 식의 양변을 P로 나누면 자본의 실질임대료는 다음과 같다.

$$rc = \frac{RC}{P} = (r + \delta)\frac{P_K}{P} \tag{13-11}$$

위 식에서의 rc를 자본의 사용자비용(user cost of capital) 또는 자본의 임대비용(rental cost of capital)이라고 부른다. 자본의 사용자비용은 실질이자율과 감가상각률이 높을수록 커지게 된다.

이제 (13−8)식과 (13−11)식으로부터 기업이 보유하기를 원하는 목표자본량(desired capital stock)을 다음과 같이 구할 수 있다. 여기서 A는 생산성 이외에도 자본의 한계물에 영향을 미치는 충격을 포함한다.

$$K^* = k[\frac{(r+\delta)P_K}{P}, A] \tag{13-12}$$

토빈의 q이론

앞서 자본의 사용자비용을 구하는 과정에서 투자를 위한 자금은 차입에 의해 조달됨을 가정하였다. 실제로는 투자를 위한 자금은 채권의 발행이나 금융기관으로부터의 대출뿐만 아니라 주식의 발행에 의해서도 조달될 수 있다. 이 경우 기업의 소유자 즉, 주주들로서는 주가가 높을 때에 주식을 발행하여 자금을 조달하는 것이 유리하다. 주가가 높으면 낮을 때에 비해 적은 수의 주식을 발행하더라도 동일한 규모의 자금을 조달할 수 있기 때문이다. 이와 같은 사실은 주식시장의 상태가 투자에 영향을 미칠 가능성이 있음을 시사해 준다.

토빈의 q이론은 바로 주식시장과 투자를 연결해 주는 투자이론이다. 토빈(James Tobin)은 기업의 투자의사결정이 다음에 주어진 비율에 의해 결정된다고 주장하는데

이 비율을 토빈의 q라고 부른다.[1]

$$q = \frac{\text{설치된 자본의 시장가치}}{\text{설치된 자본의 대체비용}}$$

토빈의 q식에 있어서 분자는 주식시장에서 평가되는 자본의 가치로서 기업이 발행한 주식의 수에 주식시장에서 결정되는 주식의 가격을 곱한 값이 된다. 분모는 기업이 보유하고 있는 기계, 차량, 건물 등을 각각 자본재시장에서 새로 구입할 경우에 드는 비용이다.

경영자가 기업의 가치극대화를 추구하는 경우 투자는 q의 값이 1보다 큰지 여부에 따라 결정된다. q의 값이 1보다 크다면 이는 주식시장이 기업에 설치된 자본의 가치를 자본을 설치하는 데에 들어가는 대체비용보다 높게 평가함을 의미한다. 이 경우에는 기업의 경영자들은 더 많은 자본을 설치함으로써 기업의 가치를 높일 수 있다. 새로운 기업을 시작하려는 기업가도 아예 공장을 새로 신축하는 것이 기존의 기업을 인수하는 것보다 싸게 든다. 반대로 q의 값이 1보다 작을 때에는 설치된 자본의 시장가치가 대체비용보다 낮게 평가되어 있으므로 차라리 자본을 감소시키는 것이 낫다. 따라서 기업의 목표자본량은 q의 값이 1과 같아지게 되는 자본량이 된다. q이론은 관측이 용이한 주가와 투자를 연결시켜 주는 이론이라는 점에서 의미가 있다.

투자의 결정

(13−12)식은 기업이 기업가치극대화를 위해 보유하고자 하는 목표자본량을 가르쳐 준다. 기업이 실제 보유하고 있는 자본량과 목표자본량에 차이가 있을 경우 기업은 목표자본량을 달성하기 위해 투자를 하게 된다. 이때 기업은 목표자본량을 달성하기 위해 투자를 얼마나 빠른 속도로 할 것인가를 선택하게 되는데, 이와 같은 기업의 행동을 신축적 가속도모형(flexible accelerator model)으로 나타낼 수 있다.

$$I_t = \lambda(K^* - K_t), \qquad 0 \leq \lambda \leq 1 \tag{13-13}$$

위에서 λ는 투자속도를 나타내는 상수다. λ가 1의 값을 가지는 경우에는 목표자본량

---

1 원래 토빈의 q는 설치된 자본을 한 단위 더 늘림에 따른 기업가치 증가분을 자본의 대체비용으로 나눈 비율로서 이를 한계적 q(marginal q)라고 한다. 반면에 본문에 정의된 q는 평균적 q(average q)라 부를 수 있다.

이 한 기간 내에 달성되도록 투자가 이루어지는데 이를 단순가속도모형(simple accelerator model)이라 한다. 그러나 일반적으로 λ는 1보다 작은 값을 가지는데, 이는 기업이 목표자본량을 단기간 내에 달성하는 것이 아니라 시간을 두고 점진적으로 자본량을 조절해 감을 의미한다. 이처럼 투자가 점진적으로 이루어지는 이유로는 여러 가지가 지적되고 있다. 기업의 투자속도에 영향을 미치는 요인들을 구체적으로 살펴보기로 하자.

기간 단축 비용 기업이 목표자본량을 달성하기 위한 투자를 점진적으로 하는 한 가지 이유는 단기간 내에 목표자본량을 달성하기 위해서는 추가적인 비용이 들 수 있기 때문이다. 예를 들어 기업이 공장 건물을 증설할 필요가 있다고 하자. 같은 건물이라도 이를 짓는 방법은 여러 가지가 있을 수 있다. 이 중 건축기간을 상당히 단축시킬 수 있는 방법은 정상적인 방법에 비해 더 큰 비용이 들 것이다. 건축에 필요한 자금조달 비용도 투자가 점진적으로 이루어지는 요인이 될 수 있다. 기업의 자금조달 방법에는 사내유보이윤, 은행 대출, 채권 발행, 주식 발행 등 여러 가지가 있다. 기업은 이 중 가장 값싼 자금을 우선 사용할 것이다. 그러나 단기간 내에 대규모 자금을 조달하려면 높은 비용을 감수할 수밖에 없을 것이다.

신용할당 기업이 투자를 하기 위해서는 자금이 필요하다. 기업은 투자에 충당하기 위해 이윤 중 일부를 배당하지 않고 유보하기도 하나 이와 같은 사내유보만으로 부족할 경우에는 채권발행이나 금융기관으로부터의 대출 등을 통해 외부자금을 차입한다. 그런데 항상 기업이 필요한 자금을 차입할 수 있는 것은 아니다. 높은 금리를 주더라도 필요한 자금을 원하는 만큼 차입할 수 없는 경우도 있는데 이와 같은 현상을 신용할당(credit rationing)이라 한다. 신용할당에는 여러 가지 원인이 있지만 주된 원인은 금리가 높을수록 자금의 차입자가 부도를 낼 확률이 높아지는 데에 있다. 이에 대해서는 제17장에서 보다 상세히 설명될 것이다. 신용할당이 존재하는 경우 투자에 필요한 자금을 차입하지 못하는 기업이 존재하게 되고 이러한 기업의 투자는 결국 조달가능한 자금규모에 의해 제약되게 된다.

투자에 대한 실증연구들은 기업의 현재 이윤이 클수록 투자가 증가함을 발견하였는데 이와 같은 사실은 신용할당에 의해 잘 설명이 된다. 신용할당에 직면한 기업들은 자신이 보유한 자금만을 가지고 투자를 할 수밖에 없는데 현재의 이윤이 클수록 투자의 재원으로 이용할 수 있는 현금흐름(cash flow)이 커지므로 투자가 증가하게 된다. 이는 마치 유동성 제약에 처한 가계의 소비가 현재의 가처분소득에 민감하게 의존하는 것과 마찬가지의 원리다.

불확실성과 비가역적 투자   기업이 미래 상황에 대해서 완전하게 예견할 수 있다면, 즉 미래 상황에 대한 현재의 예측하에서 선택된 목표자본량이 실제 미래가 되어도 변함이 없다면 이를 가능한 한 빨리 달성하는 것이 최적일 것이다. 하지만 현실에 있어서는 불확실성이 항상 존재하며, 현재의 예측하에서 최적이라고 판단되는 자본량이 실제 미래가 되어 예측과 다른 상황이 발생했을 때에는 최적이 아닌 경우가 빈번하게 발생한다. 이처럼 미래가 불확실할 경우 기업의 투자는 목표자본량을 달성하기 위한 투자보다 작은 규모로 이루어질 가능성이 높다.

불확실성이 투자에 미치는 이와 같은 영향은 투자가 비가역적일 경우 더욱 커진다. 투자의 가역성(reversibility)이란 일단 투자가 이루어진 후에 제품수요가 예상에 미치지 못할 경우에는 자본량을 줄이고 원래의 투자금액을 회수할 수 있음을 의미한다. 그러나 현실적으로는 대부분의 자본재는 고유의 용도를 가지고 있기 때문에 투자는 어느 정도 비가역성을 가질 수밖에 없다.

비가역적 투자(irreversible investment)의 경우에는 투자의 시점이 중요한 선택변수가 된다. 왜냐하면 당장 수익성이 있어 보여서 투자를 했다가 나중에 자본량을 줄일 필요가 생길 경우에는 큰 손해를 보기 때문이다. 따라서 기업은 지금 투자를 할 것인지 또는 투자를 미루고 대신 투자 수익성에 영향을 미칠 새로운 정보를 기다릴 것인지를 결정할 필요가 있다.

딕시트(Avinash Dixit)와 핀다익(Robert Pyndick)은 이와 같이 기업이 투자시점을 미룰 수 있는 것은 마치 콜 옵션을 보유하고 있는 것과 유사하다고 보았다.[2] 기업이 지금 투자를 할 것을 결정하면 투자시점를 미래로 미루고 새로운 정보를 기다리는 옵션을 상실하게 된다. 따라서 투자를 실행함에 따라 잃어버리게 되는 옵션의 가치도 기회비용으로서 투자의 비용에 포함되어야 한다. 이와 같이 옵션의 가치를 투자비용에 포함시킬 경우에는 예상되는 투자수익률이 자본의 사용자비용보다 훨씬 높아야만 투자가 이루어지게 된다. 실제로 고정투자가 자본의 사용자비용에 의해 결정되는지에 대한 실증분석 결과를 보면 두 변수간의 상관관계가 존재하지 않거나 매우 약한 상관관계만이 존재하는 것으로 나타나는데 이와 같은 사실은 투자의 비가역성에 의해 설명될 수 있다. 즉, 기업으로 하여금 투자를 시행토록 하는 최소한의 수익률 수준이 자본의 사용자 비용보다도 훨씬 높다면 자본의 사용자비용이 다소 변동하더라도 기업의 투자여부에는 별로 영향을 미치지 못할 것이기 때문이다.

---

2 A.K. Dixit and R.S. Pindyck, *Investment under Uncertainty*, Princeton University, 1994.

④ 주택투자[3]

주택투자 결정모형

국민소득계정상의 건설투자에는 공장의 증설과 같은 기업의 건설투자뿐만 아니라 주택투자도 포함된다. 주택투자라 함은 주택의 신축을 의미한다. 주택 신축에 영향을 미치는 요인들은 여러 가지가 있지만 가장 중요한 요인은 신축주택의 가격일 것이다. 그런데 주택은 내구연한이 매우 길기 때문에 신축주택의 공급은 전체 주택공급의 극히 일부에 지나지 않으며 따라서 신축주택의 가격은 이미 지어진 주택의 가격과 무관하게 결정되지 않는다. 따라서, 주택투자의 결정요인을 분석하기 위해서는 기존주택의 가격에 영향을 미치는 요인들을 살펴볼 필요가 있다.

[그림 13-4]는 기존주택에 대한 저량 수요곡선과 저량 공급곡선을 보여준다. 그림 (a)에서 HD곡선은 기존주택에 대한 수요곡선으로 주택가격(PH)이 상승함에 따라 주택수요가 감소함을 보여준다. 한편 주택수요곡선은 주택가격 이외의 요인이 변화함에 따라 좌우로 이동하는데 이 요인들에 대해 살펴보기로 하자.

첫째, 주택은 자산의 일종이므로 가계의 재산증가는 주택수요를 증가시키고 이에 따라 수요곡선은 우로 이동한다. 둘째, 채권이나 주식과 같은 다른 자산의 수익률이 상승하면 주택보다 이들 자산을 보유하는 것이 더 나으므로 수요곡선은 좌로 이동한다. 셋째, 주택 자체를 보유함으로써 기대되는 수익률이 높아지면 주택수요곡선은 우로 이동한다. 주택보유에 따른 기대수익률은 주택으로부터의 임대료, 재산세, 주택가격 상승에 대한 기대 등에 의해 결정된다.

한편 일정 시점에 있어서의 주택의 저량공급은 고정되어 있다. 주택을 신축하는 데에는 시간이 걸리므로 주택의 양은 단기간 내에 변화하는 것이 불가능하기 때문이다. 따라서 [그림 13-4]의 (a)에서 주택의 저량공급곡선 HS는 수직의 형태를 가진다. 기존 주택의 균형가격은 저량수요곡선과 저량공급곡선이 만나는 E_0점에서 결정이 되며 그림에는 PH_0로 표시되어 있다.

[그림 13-4]의 (b)는 신축주택의 공급곡선이 주택가격의 증가함수임을 보여준다. 분석의 편의상 신축주택과 기존주택은 모두 동질적이며 따라서 동일한 가격이 적용된다고 가정한다. 신축주택의 공급곡선은 주택건설에 필요한 비용이 감소하거나 주택건설기술이 발달함에 따라 우측으로 이동할 수 있다. 일정시점에 있어서 존재하고

---

3 J.G. Witte Jr., "The Microfoundations of the Social Investment Function," *Journal of Political Economy* 71, 1963.

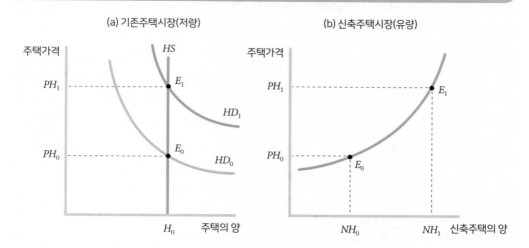

주택수요가 증가하더라도 주택공급은 단기적으로 증가하기 어려우므로 주택가격이 PH_0
으로부터 PH_1으로 상승한다. 주택가격이 상승하면 주택의 신축을 위한 투자가 증가한다.

있는 주택의 양을 나타내는 기존주택 공급곡선과는 달리 신축주택 공급곡선은 일정
기간동안 신축되는 주택의 양을 나타내는 유량공급곡선이다.

이 신축주택 공급곡선에 따르면 기존주택시장에서 주택가격이 PH_0로 결정이 되
면 주택건설업자들은 NH_0만큼의 주택을 신규로 건립하여 판매를 하게 된다. 물론
주택가격이 높을수록 더 많은 신축주택이 건설될 것이며 이는 주택투자가 증가함
을 의미한다. 따라서 기존주택에 대한 수요에 영향을 미칠 수 있는 요인들은 모두
주택가격에 영향을 주고 나아가 주택투자에 영향을 주게 된다. 예를 들어 이자율
이 하락하는 경우를 생각해 보자. 이자율이 하락하면 자산으로서 주택에 대한 수요
가 증가하고 따라서 기존주택의 수요곡선이 그림의 HD_1과 같이 우로 이동하게 되
며 그 결과 주택가격은 PH_1으로 상승하고 이에 따라 신축주택의 공급 즉, 주택투자
가 NH_1으로 증가하게 된다.

주택시장의 장기균형

[그림 13-4]에서 E_0점이나 E_1점은 주택시장에서의 단기균형을 나타내는 점이기는
하나 장기균형점은 아니다. 주택수요곡선이 HD_0인 경우를 예로 들어보자. 이 경우

기존주택시장에서 주택가격이 PH_0로 결정되고 따라서 NH_0의 주택이 신축되어 공급될 것이다. 그런데 시간이 흐름에 따라 NH_0만큼 주택이 신축되는 경우 주택의 저량공급곡선이 우측으로 이동하고 이에 따라 주택가격이 하락하게 된다. 따라서 PH_0가 장기균형가격이 되기 위해서는 신축주택이 공급되더라도 기존주택의 공급곡선에 변화가 없어야 한다. 이를 위해서는 신축주택의 양이 기존주택의 감가상각분과 동일해야 한다. 즉, δ를 주택의 감가상각률이라 할 때 $NH_0=\delta H_0$라면 NH_0의 주택이 신축된다 하더라도 전체 주택의 저량공급에는 변화가 없으며 따라서 E_0점은 주택시장의 장기균형점이 될 수 있다.

이상의 모형에서 한 가지 개선할 점이 있다면 신축주택의 공급을 결정하는 것은 현재의 주택가격이 아니고 미래에 예상되는 주택가격이라는 사실이다. 주택을 건설하는 데에는 시간이 걸리기 때문에 주택건설업자의 주택신축에 직접적인 영향을 주는 것은 주택이 완성될 미래시점에 예상되는 주택가격이기 때문이다. 그럼에도 불구하고 미래에 예상되는 주택가격은 현재의 주택가격에 영향을 받을 것이기 때문에 위 모형은 어느 정도는 타당성이 있다고 하겠다.

⑤ 재고투자

경기변동과 재고투자

재고투자는 원자재, 생산 중인 제품, 완성품 등의 재고가 증가하는 것을 말한다. 기업들은 여러 가지 이유에서 재고를 보유한다. 도소매업자들은 예상되는 제품수요를 충족시키거나 예상치 못한 수요 증가에 대비하기 위해 재고를 보유한다. 제품을 생산하는 데에는 시간이 걸리기 때문에 미리 수요증가에 대비하는 것이다. 제조업자들은 제품수요가 변하더라도 생산활동을 일정하게 유지하기 위해서 재고를 보유한다. 변동성이 심한 수요에 맞춰 생산량을 변화시키는 데는 많은 비용이 들기 때문이다. 재고는 생산과정에서 불가피하게 발생하기도 한다. 정유공장의 파이프라인에 있는 원유나 원유정제품은 생산과정에서 발생하는 재고다.

기업들은 각자의 상황에 따라 판매량 대비 최적 재고비율을 선택하는데 이는 이자율 등 여러 경제변수에 의해 영향을 받을 것이다. 그럼에도 불구하고 재고투자의 상당부분은 단순가속도모형에 의해 설명될 수 있다. 즉, Y_t와 Y_{t-1}을 각각 t기와 $t-1$기의 생산량이라 하고, 기업들이 생산량의 일정 비율을 재고로 보유하고자 한다면 t기 중 재고투자는 다음과 같이 구할 수 있다.

$$\Delta INV_t = INV_t - INV_{t-1} = \alpha(Y_t - Y_{t-1})$$

즉, 단순가속도모형에 따르면 재고투자는 자본비용에 의해 영향을 받지 않고 생산량의 변화에 비례한다.

그러나 위의 모형만으로 재고투자를 모두 설명할 수는 없다. 이는 재고투자가 계획된 재고투자와 계획되지 않은 재고투자로 구성되기 때문이다. 판매가 예상 외로 부진하면 기업에는 판매되지 않은 재고가 쌓이는데 이를 계획되지 않은 재고투자 또는 예상되지 않은 재고투자라 한다. 반면에 기업이 미래의 수요증가를 예상하고 이에 대비하여 미리 재고를 늘린다면 이는 계획된 재고투자가 된다.

두 종류의 재고투자는 총수요와 서로 상반된 관계를 가진다. 계획되지 않은 재고투자는 예상외로 낮은 총수요로 인해 발생한다. 반면에 계획된 재고투자는 앞으로 총수요가 크게 늘어날 것이라는 기대에서 비롯된다. 따라서 재고투자의 급격한 증가는 총수요가 급격히 감소하는 기간에도 발생할 수 있으며 반대로 급격히 증가하는 기간에도 발생할 수 있다.

재고투자도 국내총생산에 대한 지출로서 총수요의 일부를 구성한다. 그러나 선진국들을 기준으로 할 때 재고투자가 국내총생산에서 차지하는 비중은 0.5% 미만이다. 반면에 소비지출과 고정자본 투자지출이 국내총생산에서 평균적으로 차지하는 비중은 각각 67%와 15%에 달한다. 그럼에도 불구하고 재고투자는 경기순환과정에서 다른 어떤 총수요의 구성요소보다도 심하게 변동한다. 이와 같은 재고투자의 특징 역시 재고투자가 예상되지 않은 투자와 예상된 투자로 구성된다는 점에 의해서 설명될 수 있다.

경기의 정점으로부터 총수요가 감소하는 경기후퇴의 초기에는 총수요가 예상보다 빨리 감소함에 따라 재고가 증가할 것이다. 즉, 경기후퇴의 초기에는 예상되지 않은 재고투자가 발생한다. 그러나 경기후퇴가 지속됨에 따라 기업은 총수요의 감소에 맞춰 재고를 감소시킬 것이고 따라서 재고투자도 감소하게 된다. 한편, 시간이 흘러 경기가 회복기에 접어들면 그 초기에는 총수요가 예상보다 빨리 증가함에 따라 예상되지 않은 재고의 감소가 발생할 것이다. 이와 같은 이유에서 재고투자는 다른 어떤 총수요의 구성요소보다 심하게 변동하는 것이다.

:: 요점 정리

1 투자는 총수요를 증가시키는 동시에 생산물의 공급능력을 증가시키는데, 도마는 이를 가리켜 투자의 이중성이라 불렀다.

2 투자는 크게 설비투자, 건설투자, 그리고 재고투자의 세 가지로 분류할 수 있다. 총투자 중 대체투자를 제외한 순투자만이 자본량을 증가시킨다.

3 투자여부를 결정하는 기초적인 기준은 투자로부터의 기대수익의 현재가치가 투자비용을 초과하는지의 여부를 보는 것인데 이를 가리켜 현재가치법(present value method)이라고 한다.

4 투자로부터 기대되는 수익흐름의 현재가치와 현재의 투자비용을 같게 만드는 할인율을 내부수익률(internal rate of return)이라고 하는데 이 내부수익률이 이자율보다 높은 경우에는 투자가 이루어진다.

5 자본을 한 단위 증가시키는데 따라 기대되는 수익의 증가분의 현재가치와 이에 필요한 비용을 일치시키는 내부수익률을 자본의 한계효율(marginal efficiency of capital)이라 한다.

6 기업의 최적자본량은 자본의 사용자비용(user cost of capital)이 작을수록, 그리고 예상되는 생산량이 클수록 커진다. 자본의 사용자비용은 실질이자율의 감소함수다. 그러므로 최적자본량은 실질이자율이 낮을수록 그리고 예상되는 생산량이 클수록 커진다.

7 토빈의 q이론에 따르면 기업이 발행한 주식의 시장가치가 기업이 보유한 자본재의 대체비용보다 클 경우 즉, q의 값이 1보다 클 때에는 자본을 증가시키는 것이 기업의 가치를 높이게 된다.

8 기업은 목표자본량을 달성하기 위해 투자를 얼마나 빠른 속도로 증가시킬 것인가를 선택하여야 한다. 신용할당(credit rationing)으로 인한 차입제약이나 투자의 비가역성(irreversible investment)은 투자를 점진적으로 이루어지게 만드는 요인이다.

9 주택투자는 기존주택의 수요에 영향을 주는 요인에 의해 결정된다. 이러한 요인으로

는 가계의 재산규모, 대체자산의 수익률, 임대료, 미래의 주택가격 등을 들 수 있다.

10 재고투자는 계획된 재고투자와 계획되지 않은 재고투자로 구성되며, 투자의 다른
어떤 구성요소보다 심하게 변동한다.

‥ 주요
용어

- 투자의 이중성
- 설비투자
- 총투자 / 순투자
- 감가상각
- 할인률

- 현재가치법
- 내부수익률
- 자본의 한계효율
- 투자의 한계효율
- 자본의 사용자비용

- Tobin의 q이론
- 신축적 가속도모형
- 단순가속도모형
- 신용할당
- 비가역적 투자

‥ 연습
문제

1 지금 어떤 기계를 사들여서 제품을 생산할 경우 1년 후 100만원, 2년 후 150만
원, 3년 후 150만원의 수익이 발생하며, 4년 이후에는 기계를 사용할 수 없게 된
다고 할 때 다음 질문에 답하라.
(1) 이자율이 10%인 경우 이 기계로부터의 수익의 현재가치를 구하라.
(2) 기계를 사는 데 드는 비용이 300만원이라 할 때 이 기계에 대한 투자로부터
의 내부수익률을 계산하라.

2 어떤 기업의 생산함수가 다음과 같은 콥-더글라스 생산함수로 주어져 있다고 하
자. 이 기업이 생산물시장과 요소시장에서 모두 완전경쟁기업이라 하고 자본의 실
질 임대비용이 rc라 할 때 이 기업의 최적자본량을 생산량(Y)과 자본의 실질 임대
비용의 함수로 나타내라.

$$Y = AK^\alpha L^{1-\alpha}$$

3 어떤 와인 투자자가 가지고 있는 와인 한 병을 오늘 내다팔면 700만원을 받을 수

있고, 이를 30년 동안 보관하였다가 팔면 2,000만원을 받을 수 있다고 하자. 이자율이 30년간 4%로 고정될 것으로 기대되는 경우 와인 투자자는 어떻게 해야 하는가?

4 어떤 기업에 있어서 q의 값이 1보다 클 때 다음 모두가 타당할 수 있음을 설명하여라.

(1) 이 기업은 유상증자를 하는 것이 바람직하다.

(2) 이 기업의 가치가 과대평가되었다.

(3) 이 기업에 속한 산업에 진입규제가 있다.

5 기업이 언제나 최적자본량을 고용할 수 있다면 $q=1$의 등식이 성립한다. 왜 그런가 설명하라.

6 아래의 자료는 단기 국공채 수익률과 GNP 디플레이터 자료다.

연도	국공채 수익률(%)	GNP 디플레이터
1970		42.0
1971	4.3	44.0
1972	4.1	46.5
1973	7.0	49.5
1974	7.0	54.0
1975	5.8	59.3
1976	5.0	63.1
1977	5.3	67.3
1978	7.2	72.2
1979	10.0	78.6
1980	11.5	85.7

(1) 이자소득세율이 30%라 할 때 1971~1980년 각각의 사후적인 세후 실질수익률(명목수익률-물가상승률)을 계산하라. 단순화를 위해 각 연도의 이자율은 각 연도의 1월 1일부터 1년간 투자된 수익률이며, 각 연도의 GNP 디플레이터는 그 해 12월 31일의 물가수준이다.

(2) 1971년 1월 1일에 저축한 1,000만원이 12월 31일에 가지는 실질가치를 세후 수익률을 고려하여 계산하라.

(3) (1)번 문제에서 세후 실질수익률이 음의 값을 갖는 경우를 보았을 것이다. 만

약 세후 실질 수익률이 음이라면 국공채를 사거나 은행에 예치하는 것보다 장롱 속에 현금으로 갖고 있는 것이 더 나은가?

7 어느 기업이 백만 주의 주식을 발행하였으며 한 주당 시장가격은 2만 5천원이다. 기업이 가진 모든 자본스톡의 대체비용은 1천 8백만원이다.

(1) 이 기업이 물적자본에 투자(순투자)를 할 것인가?

(2) 만약 대체비용이 2천 5백만원으로 변한다면 (1)의 답은 변하겠는가?

8 최적자본량이 $K^* = g(rc, Y^e) = \theta Y^e / rc$로 주어져 있으며 $\theta = 0.3$, $Y^e = 50$억, $rc = 0.12$라 할 때 아래 질문에 답하라.

(1) 최적자본량 K^*는?

(2) Y^e가 60억으로 상승할 것으로 기대된다. 이에 따른 최적자본량 K^*는?

(3) 예상되는 소득수준의 변화가 발생하기 전에 자본량이 최적수준이었다고 하자. 최적투자로의 조정계수 λ가 0.4라고 하자. 예상소득이 변화한 이후의 첫 번째 해의 투자액과 두 번째 해의 투자액을 구하라. (Hint : $I = K_t - K_{t-1} = \lambda(K^* - K_{t-1})$)

(4) (3)번 문제의 답이 총투자인지 또는 순투자인지를 구별하라.

9 미국은 1950년대에 출생률 급등을 경험하였다. 이 베이비붐 세대 사람들은 1970년대에 성인이 되어 그들의 가정을 꾸리게 되었다. 주택투자모형을 이용하여 위의 사건이 1970년대의 주택가격과 주택투자에 미치는 영향을 예측하라.

10 (2013년 5급 행정고시) 현재 어떤 아파트의 가격이 P_t이다. 어떤 투자자가 은행으로부터 아파트 구입자금 전액을 1년간 차입하여 그 아파트를 구입하고 1년 뒤 이를 시장에 되팔아 은행 부채를 청산한다고 하자. 투자자는 부채 청산을 위해 은행에 원금과 연간 이자율 i_t로 이자를 지불해야 하며 1년 뒤 판매 가격은 P_{t+1}에서 결정된다. 수수료, 세금, 감가상각 등 기타 거래 비용과 보유 비용은 발생하지 않는다고 가정한다.

(1) 위와 같은 방법으로 투자자가 해당 아파트를 1년간 소유할 때 발생하는 투자자의 사용자 비용을 구하라. (단, 사용자 비용은 양(+)의 값이다)

(2) 현재 그 아파트의 전세 가격은 R_t이다. 임차인이 필요한 전세 대금을 전액 은행으로부터 차입하여 지급하고 아파트에 입주하였다. 1년 후 전세 대금을 환

급받아 전세 계약을 해지하고 은행 부채를 청산할 경우, 임차인에게 발생하는 비용을 구하라. (단, 연간 이자율은 i_t로 위의 경우와 동일하며 다른 비용은 발생하지 않는다)

(3) (1)의 사용자 비용과 (2)의 임차인 비용이 같아지는 수준에서 전세 가격이 결정될 경우, 은행 이자율이 불변인 상태에서 아파트의 가격 상승률이 하락한다면, R_t/P_t의 비율이 어떤 방향으로 변할지 R_t/P_t를 아파트 가격 상승률의 함수로 도출하여 설명하라.

Chapter 14 재정과 정부부채

정부의 재정지출과 조세수입은 항상 일치할 수만은 없다. 재정지출이 조세수입을 초과하는 경우 정부는 채권을 발행하여 부족한 재원을 충당하게 된다. 따라서, 조세수입과 정부부채는 서로 대체적인 재원조달수단이라고 할 수 있다.

1980년대에 들어 미국 정부는 대규모의 재정적자를 지속적으로 경험하였다. 재정적자가 누적됨에 따라 1980년에 국내총생산의 33%에 달했던 정부부채가 2019년에는 국내총생산의 100%를 넘는 23조 달러에 이르렀다. 이와 같은 정부부채의 증가속도는 전시를 제외하고는 미국 역사상 유례가 없는 일이다. 2008년 글로벌 금융위기 이후에는 유럽 국가들의 재정위기가 세계 경제의 현안으로 부상하였다. 이처럼 정부부채가 전례 없는 규모로 증가함에 따라 경제학자들 사이에는 재정적자와 정부부채의 경제적 효과에 대한 논쟁이 새로이 고조되었다. 본 장에서는 정부의 재정활동의 내역에 대해 알아보고, 재정적자 규모가 경제적으로 어떠한 의미를 가지는지에 대한 대립된 견해들에 대해 살펴보고자 한다.

1 정부지출과 재정수입

통합재정수지

정부는 치안, 국방, 일반행정, 사회복지 등의 정부활동을 수행하기 위해 조세, 수수료, 국공채발행 등을 통해 재원을 마련하는데 이와 같은 정부의 재원조달 및 지출활동을 재정이라고 한다. 여기서는 통합재정수지를 중심으로 우리나라 정부의 재정에 대해 알아보기로 한다.

통합재정수지는 중앙은행 등 공공 금융기관을 제외한 비금융 공공부문의 재정수입과 지출의 내역을 보여주는데, 재정이 건전하게 운용되었는지를 판단하는 데 유용한 지표로 활용될 뿐만 아니라 재정활동이 국민경제에 미치는 효과를 분석하는 데에도 도움이 된다. 또한 IMF의 회원국들은 통합재정수지를 작성하여 보고할 의무가 있으므로 국제적인 비교 목적으로도 사용할 수 있다.

원래 우리나라의 통합재정은 예산편성 및 결산작성의 시차와 회계과목간의 불일치 등의 이유로 지방정부를 제외하고 중앙정부의 일반회계와 기업특별회계를 중심으로 작성되었었다. 하지만 2005년부터는 재정의 투명성과 포괄성을 위해 지방재정과 지방교육재정을 포괄하여 작성되고 있다.

재정수입

〈표 14-1〉은 2012년, 2017년, 2023년의 세 해에 있어서 우리나라 통합재정수지의 기본 내역을 보여준다. 재정수입은 조세수입, 세외수입, 사회보장기여금 그리고 자본수입으로 구성되는데 이 중 조세수입이 가장 주된 재정수입원이다. 조세수입 중에는 소득세와 법인세를 포함하는 소득 및 이익세와 부가가치세를 포함하는 재화 및 용역세가 가장 큰 비중을 차지하고 있다.

국세수입과 지방세수입을 국내총생산으로 나눈 비율을 조세부담률이라 하고, 국세 및 지방세 수입에 사회보장기여금을 합한 금액을 국내총생산으로 나눈 비율을 국민부담률이라고 한다. 2023년 우리나라의 조세부담률과 국민부담률은 각각 23.2%와 31.4%에 달했다. 우리나라의 국민부담률을 〈표 14-2〉에 제시된 2016년의 다른 선진국들이나 OECD 평균 국민부담률과 비교해 보면 미국에 비해서는 약간 높은 수준이나 프랑스, 독일, 영국 등 유럽의 선진국들에 비해서는 아직 낮은 수준에 머물러 있다.

재정지출

재정지출은 경제적 성질에 따라 경상지출과 자본지출 그리고 순융자로 나뉘는데 자본지출은 주로 사회간접자본 투자나 자산취득 등을 위한 투자지출을 말하며, 순융자는 국민주택기금의 융자, 제조업체 육성을 위한 융자, 농어민 융자, 에너지관리공단 융자 등이 대부분을 차지한다. 경상지출은 재화와 용역의 구입, 이자지출, 그리고 보조금 및 경상이전으로 구성되는데 이 중 보조금 및 경상이전이 가장 큰 비중을 차지하고 있다. 경상이전은 지방자치단체 지원교부금, 연구소·사회단체 등의 비영리기구에 지원하는 금액, 가계부문에 대한 사회보장지출 등의 이전지출로 구성된다. 보조금 및 경상이전 다음으로는 재화와 용역의 구입이 두 번째로 큰 비중을 차지하고 있다. 2023년도 이자지급은 전체 정부지출의 4.0%에 그쳤다.

표 14-1 한국의 통합재정수지 (단위: 십억원, %)

구분	2012		2017		2023	
	금액	구성비	금액	구성비	금액	구성비
Ⅰ. 경상지출	278,031	76.4	332,719	87.6	523,270	93.5
• 재화 및 용역	113,563	31.2	67,536	17.8	90,389	16.1
• 이자지급	14,785	4.1	13,976	3.7	22,362	4.0
• 보조금 및 경상이전	146,121	40.1	248,513	65.4	405,733	72.5
• 기업특별회계경상지출	3,562	1.0	2,694	0.7	4,785	0.9
Ⅱ. 자본지출	78,554	21.6	30,952	8.1	36,437	6.5
Ⅲ. 순 융 자	7,533	2.1	16,138	4.2	20,647	3.7
재정지출합계(Ⅰ+Ⅱ+Ⅲ)	364,118	100.0	379,809	100.0	559,707	100.0
Ⅰ. 경상수입	378,429	98.4	400,659	99.2	539,887	99.3
1. 조세수입	300,853	78.2	325,845	80.7	255,099	46.9
• 소득 및 이익세	102,256	26.6	134,242	33.2	196,253	36.1
• 재 산 세	31,932	8.3	12,945	3.2	25,311	4.7
• 재화 및 용역세	92,331	24.0	95,535	23.7	97,008	17.8
• 관세	9,816	2.6	8,529	2.1	7,288	1.3
• 기타조세	20,618	5.4	14,133	3.5	82,211	3.4
2. 사회보장기여금	43,900	11.4	60,460	15.0	88,918	16.4
3. 세외수입	77,576	20.2	74,814	18.5	103,898	19.7
Ⅱ. 자본수입	6,515	1.6	3,180	0.8	3,700	0.7
재정수입합계(Ⅰ+Ⅱ)	384,583	100.0	403,839	100	543,586	100.0

자료: 기획재정부

표 14-2 조세부담률 및 국민부담률 국제 비교(2016년) (단위:%)

구분	한국	일본	미국	독일	영국	프랑스	OECD
조세부담률(A)	19.4	18.2	19.7	23.4	26.5	28.8	24.9
사회보장부담률(B)	6.9	12.4	6.2	14.1	6.2	16.7	9.2
국민부담률(C=A+B)	26.2	30.6	25.9	37.4	32.7	45.5	34.0

자료: OECD database

② 재정적자와 총수요

재정적자

정부의 재정수입과 재정지출이 항상 일치할 수는 없다. 재정지출이 재정수입을 초과하는 재정적자(government budget deficit)가 발생하거나 재정수입이 재정지출을 초과하는 재정흑자가 발생하는 것이 일반적이다. 재정지출은 크게 정부구매(G), 이전지출(TR), 순지급이자(INT) 등으로 구성되므로 t기 중의 재정적자(BD)는 다음과 같이 정의될 수 있다.

$$재정적자(BD_t) = 재정지출 - 조세수입 \qquad (14\text{-}1)$$
$$= 정부구매 + 이전지출 + 순지급이자 - 조세수입$$
$$= G_t + TR_t + INT_t - T_t$$

재정적자는 순지급이자를 제외하고 정부구매＋이전지출－조세수입으로 정의되기도 하는데 이를 본원적 재정적자(primary government budget deficit)라 부른다.

$$본원적 재정적자 = 정부구매 + 이전지출 - 조세수입$$

본원적 재정적자는 정부가 현재 추진 중인 업무를 수행하기 위해서 충분한 조세수입을 거두고 있는지의 여부를 판단하는 기준이 된다. 순지급이자는 현재 수행중인 업무의 비용이 아니라 과거 수행한 업무를 위해 부족한 재원을 차입한 데에 따른 비용이기 때문에 본원적 재정적자의 계산에서는 제외된다.

[그림 14－1]은 한국의 국내총생산 대비 통합재정수지의 비율과 실업률을 보여준다. 그림에서 왼쪽 축은 실업률을 나타내며 오른쪽 축은 재정수지비율을 나타낸다. 그런데 오른쪽 축은 아래·위가 반대로 그려져 있다. 따라서 재정수지비율을 나타내는 붉은색 선이 위로 올라가는 것은 재정수지비율 감소 또는 재정적자비율 증가를 의미한다. 그림에서 볼 수 있듯이 실업률과 재정수지비율을 나타내는 두 선은 대체로 같은 방향의 움직임을 갖고 있는데, 이는 실업률이 감소하는 경기 호황기에는 재정적자가 작아지고 실업률이 증가하는 경기 불황기에 재정적자가 커짐을 의미한다.

이처럼 재정적자의 규모는 경기변동에 따라서 내생적으로 변하기 때문에 실제로

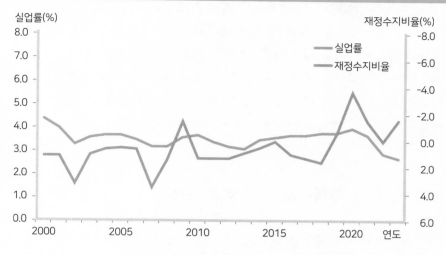

자료: 기획재정부 열린재정 재정정보공개시스템, 통계청 KOSIS 국가통계포털

관측되는 재정적자 규모 변화만을 가지고는 재정정책의 기조를 판단하기가 어렵다. 정책담당자들이 정부지출 증가나 조세 감소를 통해 확장적 재정정책을 시행할 경우에도 재정적자 규모가 커질 수 있지만, 확장적 재정정책을 시행하지 않더라도 경기가 후퇴함에 따라서 재정적자 규모가 커질 수도 있기 때문이다. 따라서 재정적자 규모 변화를 통해 재정정책의 기조를 판별하기 위해서는 경기변동의 영향을 배제하고 재정적자의 규모를 측정할 필요가 있다.

이를 위해 경제학자들은 완전고용 재정적자(full-employment budget deficit)라는 개념을 개발했다. 완전고용 재정적자란 경제가 완전고용상태에 있을 경우에 나타날 가상적인 재정적자 규모를 말한다. 이는 국내총생산이 변함에 따라 재정수입과 재정지출이 어떻게 변할 것인지를 나타내는 반응함수를 추정한 다음 이를 이용하여 국내총생산이 완전고용 수준에 있을 경우의 재정수입과 재정지출이 얼마인지를 계산함으로써 추정될 수 있다. 다른 학자들은 재정적자를 경기변동과 관계없이 발생하는 구조적 재정적자(structural deficit)와 경기변동에 따라 발생하는 경기순환적 재정적자(cyclical deficit)의 두 부분으로 분리해서 추정하기도 하는데, 구조정 재정적자가 바로 완전고용 재정적자에 해당한다.

완전고용 재정적자나 구조적 재정적자는 실제 재정적자에 비해 재정정책의 기조를 보다 정확하게 보여준다. 구체적으로 완전고용 재정적자의 증가는 재정지출 증가와 조세수입 감소, 즉 확장적 재정정책이 시행되고 있음을 나타내며, 반대로 완전고용 재정적자의 감소는 긴축적 재정정책이 시행되고 있음을 나타낸다. 앞서 배운 *IS-LM* 모형이나 총수요-총공급 모형에 따르면 정부지출 증가에 의한 것이든 조세 감소에 의한 것이든 재정적자의 확대는 모두 총수요를 증가시킴으로써 적어도 단기에 있어서는 총생산을 증가시키는 효과를 가진다. 그러나 일부 학자들은 조세 감소에 의한 재정정책의 경제적 효과에 대해서 이와 다른 의견을 제시했다. 이들의 주장을 이해하기 위해서는 먼저 정부의 예산제약에 대하여 알 필요가 있다.

정부의 예산제약-현재의 조세와 미래의 조세

정부의 재정적자는 국채발행 등을 통한 정부차입에 의해 보전될 수 있다. 그렇다면 정부는 무한정 국채를 발행하여 재정적자를 보전할 수 있는 것일까? 개인이나 기업이 부채를 갚아야 하듯이 정부도 언젠가는 부채를 갚아야 하며 따라서 정부도 소비자와 마찬가지로 예산제약의 범위 내에서만 지출을 해야 한다.

정부의 예산제약에 대해 알아보기 위해 1기와 2기의 두 기간 동안만 존재하는 정부를 생각해 보자. 이 정부가 1기 초에 아무런 부채를 가지고 있지 않았다고 할 때 1기와 2기 말의 부채규모는 각각 다음과 같이 결정될 것이다.

$$D_1 = G_1 - T_1 \tag{14-2}$$

$$D_2 = (1+r)D_1 + G_2 - T_2 \tag{14-3}$$

위 식에서 G_1과 G_2는 각각 1기와 2기의 정부구매를 나타낸다. 단순화를 위해 이전지출은 없다고 가정하였다. 그런데 이 정부가 두 기간만 존재하고 사라진다고 한다면 2기 말의 정부부채는 0이 되어야 한다. 정부가 사라질 것을 안다면 아무도 이 정부에 돈을 빌려 주지 않을 것이기 때문이다.

이제 (14-2)식과 (14-3)식에 $D_2 = 0$의 조건을 적용하면 다음과 같은 동태적 예산제약식을 구할 수 있다.

$$G_1 + \frac{G_2}{1+r} = T_1 + \frac{T_2}{1+r} \tag{14-4}$$

위 식은 정부지출 흐름의 현재가치가 조세수입 흐름의 현재가치와 같아야 한다는 정부의 예산제약(government budget constraint)을 나타낸다. 이 제약조건에 따르면 1기와 2기의 정부지출 규모를 그대로 둔 채 현재의 조세(T_1)를 감소시키는 것은 결국 미래의 조세증가를 의미하는데 그 이유는 다음과 같다. 정부지출의 변화 없이 현재의 조세를 감소시키려면 정부차입을 통해 부족한 재원을 충당해야 하며, 그 결과 정부부채가 증가한다. 그런데 정부는 언젠가는 이 부채를 상환해야 하고 그 재원을 마련하기 위해서는 미래에 조세를 증가시켜야 한다.

리카도 동등성 정리

리카도(David Ricardo)를 비롯한 고전학파와 새 고전학파 학자들은 케인즈학파와는 달리 재정지출의 변화 없이 조세수입만의 변화에 의한 재정적자 규모의 변화는 경제에 아무런 영향을 미치지 못한다고 주장했는데 이들의 주장을 리카도 동등성 정리(Ricardian equivalence theorem)라고 한다. (14−1)식에 따르면 재정지출의 변화 없이 현재의 조세를 감소시키는 것은 정부부채의 증가를 의미하기 때문에 리카도 동등성 정리는 정부지출의 재원을 현재 조세로 충당하든지 정부부채로 충당하든지 그 경제적 효과가 동일함을 의미하는 것으로도 해석될 수 있다. 이 정리는 19세기 영국의 경제학자인 리카도에 의해 착안되었지만 1970년대에 들어 배로우(Robert Barro)에 의해 오늘날 잘 알려진 이론의 형태로 발전된다.[1] 이런 연유로 인해 이 정리는 리카도−배로우 정리(Ricardo Barro theorem)라고도 불린다.

전통적인 거시경제모형에서의 조세감면의 거시경제적 효과는 가계의 소비수요 증가에서 비롯된다. 조세가 감면되어 가처분소득이 증가하면 가계는 소비수요를 증가시키고 이에 따라 IS곡선과 총수요곡선이 우측으로 이동한다. 그러나 리카도 동등성을 주장하는 사람들에 따르면 정부의 예산제약을 이해하는 합리적 소비자는 조세감소에 따라 가처분소득이 증가하더라도 현재의 소비를 증가시키지 않을 것이라고 한다. 이들에 따르면 정부가 재정지출을 감소시키지 않고 조세만을 감소시킬 경우 합리적이고 미래지향적(forward looking) 소비자는 다음과 같이 생각할 것이다.

"정부는 조세를 감면하였지만 정부지출을 감소시킬 계획은 가지고 있지 않다.

---

1 R. Barro, "Are Government Bonds Net Wealth?" *Journal of Political Economy* 82, 1974.

그렇다면 조세감면은 정부부채의 증가를 가져 올 것이고 증가된 정부부채의 상환을 위해서는 결국 미래의 조세가 증가해야 할 것이다. 그렇다면 조세감면에 의해 지금 당장은 내 가처분소득이 증가하지만 미래에는 가처분소득이 감소할 것이므로 내가 평생 동안 벌어들이는 가처분소득의 현재가치에는 변화가 없을 것이다. 따라서 나는 소비를 증가시킬 이유가 없다."

이 논리를 좀 더 명확하게 이해하기 위해 두 기간동안만 생존하며 평생동안 벌어들이는 가처분소득을 모두 소비에 충당하는 소비자의 예산제약을 생각해 보자.

$$C_1 + \frac{C_2}{1+r} = Y_1 - T_1 + \frac{Y_2 - T_2}{1+r} \tag{14-5}$$

만일 정부가 현재의 조세(T_1)를 감소시킨다면 현재의 가처분소득($Y_1 - T_1$)은 증가할 것이다. 그러나 소비자가 정부가 (14−4)식에 주어진 예산제약을 적용받고 있음을 알고 있다면 현재의 조세감소는 바로 미래의 조세증가를 의미함을 이해할 것이다.

더욱이 정부지출 계획을 나타내는 G_1과 G_2의 값에 변화가 없다면 미래 조세 증가액의 현재가치는 현재 조세 감소액과 일치할 것이며 따라서 (14−5)식에 주어진 예산제약식의 우변의 값에는 변화가 없을 것이다. 이와 같은 사실은 정부의 예산제약조건인 (14−4)식을 이용하여 가계의 예산제약조건인 (14−5)식에서 조세를 제거하면 더욱 분명해진다.[2]

$$C_1 + \frac{C_2}{1+r} = Y_1 + \frac{Y_2}{1+r} - \left(G_1 + \frac{G_2}{1+r} \right) \tag{14-6}$$

즉, 정부지출의 현재가치에 변함이 없이 조세를 감면하더라도 가계의 평생소득에는 변함이 없고 따라서 가계가 선택하는 현재와 미래의 소비지출 수준에도 변화가 없게 된다.

리카도 동등성 정리가 성립한다 함은 결국 가계는 정부가 발행하는 채권을 순자산(net wealth)으로 간주하지 않음을 의미하기도 한다. 정부는 조세감소에 따른 재정적자를 충당하기 위해 채권을 발행하여 가계를 포함한 민간부문에 매각하며, 민간부문

---

2 이와 같은 결과는 모든 조세가 정액세이고 조세부담이 모든 가계에 동일하게 부과된다는 가정하에서 도출된 것이다.

은 가처분소득의 증가에 따른 저축을 재원으로 하여 정부채권을 매입할 것이다. 결국 조세감면액만큼 민간부문의 자산이 증가하게 된다. 평생소득이론이나 항상소득이론에 따르면 이와 같은 자산의 증가는 가계의 소비를 증가시켜야 하는데 왜 소비가 변하지 않는다는 것일까? 리카도 동등성을 주장하는 학자들에 따르면 사람들은 정부채권의 발행이 미래의 조세증가를 가져올 것을 알기 때문에 정부채권을 순자산으로 간주하지 않는다는 것이다. 즉, 정부채권이 가지고 있는 자산으로서의 가치가 미래 조세부담이라는 부채의 가치에 의해 상쇄되어 순자산으로서의 가치가 없다고 간주한다는 것이다.

이와 같은 리카도 동등성 주장에 대응하여 재정적자의 거시경제적 효과를 주장하는 학자들은 미래의 조세는 현재의 조세에 비해 현재의 소비지출에 미치는 영향이 훨씬 작기 때문에 현재의 조세감면은 현재의 소비지출을 증가시키는 효과가 있다고 주장한다. 결국 리카도 동등성 정리의 성립여부에 대한 논쟁은 소비이론에 대한 논쟁으로 귀착이 된다고 할 수 있다. 미래의 조세가 현재의 조세에 비해 현재소비에 미치는 영향이 작은 이유로는 근시안적 소비와 유동성 제약을 들 수 있다.

근시안적 소비 리카도 동등성 정리가 성립하기 위해서는 합리적이고 미래지향적인 소비자들이 현재의 조세감소에 따른 미래의 조세증가를 서로 상쇄시켜야 한다. 그러나 소비자들이 계획시야(planning horizon)가 짧은 근시안적 소비행태를 가지고 있다면 먼 미래의 조세증가는 현재의 조세감소에 비해 소비에 미치는 영향이 작을 것이다. 예를 들어 정부가 조세를 감소시키면서 대신 30년 만기 국채를 발행한다고 하자. 계획시야가 짧은 소비자들이라면 현재의 소비와 저축 선택에 있어서 30년 후의 조세부담 증가를 고려하지 않을 수도 있다.

유동성 제약 리카도 동등성 정리는 항상소득이론에 근거하고 있다. 그러나 제12장의 소비이론에서 보았듯이 항상소득이론은 소비자가 효용을 극대화시키도록 여러 기간에 걸친 소비를 선택하는 과정에서 필요한 차입을 자유롭게 할 수 있다는 전제하에서만 성립된다. 만일 금융시장의 불완전성으로 인해 소비자가 소비에 필요한 재원을 차입할 수 없는 유동성 제약에 처해 있다면 현재의 조세는 미래의 조세에 비해 현재 소비에 훨씬 큰 영향을 미칠 수 있다. 예를 들어 (14−5)식의 예산제약조건에 더해 소비자가 다음과 같은 유동성 제약을 받는다고 하자.

$$C_1 \leq Y_1 - T_1 \tag{14-7}$$

만일 소비자의 효용을 극대화시킬 수 있는 현재소비 수준이 현재의 가처분소득보다 크다면 (14−7)식에 주어진 유동성 제약에 의해 현재의 실제 소비액은 가처분소득, 즉, Y_1-T_1과 같아질 것이다. 이 경우 정부가 조세를 감소시킨다면 가처분소득이 증가하고 따라서 소비자는 원하는 소비 수준을 달성하기 위해 소비를 증가시킬 것이다.

미래 세대의 조세부담과 애타심

소비자들이 계획시야가 짧은 것은 소비자들이 합리적이지 않기 때문일 수도 있지만 소비자의 수명이 정부의 수명보다 짧은 데에도 원인이 있다. 정부가 조세를 감면하면서 30년 만기 국채를 발행하여 재정적자를 보전할 경우 50세 이상의 소비자들이라면 현재의 소비결정에 있어서 30년 후의 조세부담 증가에 대한 기대가 큰 영향을 미치지 않을 수도 있다. 왜냐하면 30년 후의 조세증가는 대부분 미래 세대의 부담이 될 것이기 때문이다.

그러나 리카도 동등성 정리를 주장하는 학자들은 소비자들이 자신의 소비뿐만 아니라 자식의 소비로부터도 만족을 느낀다면 미래 세대의 조세부담 증가는 자신의 조세부담 증가나 마찬가지라고 생각할 것이라 주장한다. 소비자가 자신의 소비뿐만 아니라 자식의 소비로부터도 만족을 느끼는 것을 애타심(altruism)이라 하는데, 이 경우 소비자는 미래의 조세증가에 따른 자식의 소비감소에 대비하여 현재의 조세감면에 따른 가처분소득의 증가분을 소비하지 않고 저축하였다가 자식에게 유산으로 물려준다는 것이다.

실증분석

이상에서 우리는 조세감면에 따른 재정적자 증가의 거시경제적 효과에 대한 상반된 견해를 보았다. 어느 이론이 현실적으로 적합한지는 결국 소비자가 합리적이며 계획시야가 장기적인지의 여부와 소비에 있어서 유동성 제약의 존재여부에 의하여 좌우되므로 어느 주장도 이론적으로 틀리다고 하기는 어렵다. 결국 어느 주장이 맞는지는 실증분석에 의존할 수밖에 없다. 경제학자들은 과거 대규모의 재정적자가 발생한 사례를 중심으로 실증분석을 해 보았으나 어느 주장이 옳은지에 대해서는 확실한 결론을 내리지 못하고 있다.

1980년대 미국의 재정적자를 예로 들어보자. 당시 미국의 재정적자 확대의 원인이 레이건 행정부의 조세감축에 있었던 만큼 정부부채의 경제적 효과에 대한 두 주장을 평가하기에 적당한 사례라 할 수 있다. 얼핏보면 이 사례는 전통적인 견해를 지지해 준다. 재정적자의 확대가 국민저축의 감소, 고금리, 경상수지 적자를 동반했기 때문이다. 그러나, 리카도 동등성 정리를 주장하는 사람들의 해석은 다르다. 1980년대 미국 재정적자 확대가 저축을 감소시킨 것은 사람들이 현재의 조세감소가 미래의 조세를 증가시키는 대신 미래의 재정지출 감소를 가져올 것이라고 기대하였기 때문일 수도 있다는 것이다.

이처럼 동일한 사례에 대한 해석이 상이하고 어떤 해석도 분명히 잘못되었다고 판단할 수가 없기 때문에 재정적자의 경제적 효과에 대한 두 논쟁은 여전히 지속되고 있다. 그렇지만 많은 거시경제학자들은 조세감면이 현재소비에 전혀 영향을 주지 못한다는 리카도 동등성 정리는 지나치게 극단적이라고 생각한다. 현재 조세의 감면이 미래 조세의 증가를 의미하더라도 유동성 제약이나 근시안적 소비와 같은 여러 이유로 인해 어느 정도는 현재소비에 영향을 미치며 나아가 총수요와 국민소득에 영향을 미친다는 것이다.

❸ 정부부채와 재정위기

재정적자의 확대를 통한 팽창적 재정정책은 단기적으로 경기를 활성화시킬 수 있다. 하지만 장기적으로는 재정적자가 누적되어 정부부채가 지나치게 커질 경우 경제성장을 저해할 수도 있을 뿐 아니라 그리스나 아일랜드와 같이 재정위기를 겪을 수도 있다.

일반정부부채와 공공부문부채

정부부채에는 어느 기관의 부채까지를 포함시킬지에 따라서 여러 가지 지표가 있는데, 대표적인 정부부채의 척도로는 국가채무, 일반정부부채, 공공부문부채가 있다.

현금주의 원칙에 입각해 작성하는 국가채무는 중앙 및 지방정부의 회계와 기금만 감안하는 가장 보수적인 지표다. 일반정부부채는 발생주의 원칙에 따라 국가채무에 더하여 비영리공공기관 채무를 포함하는데, 정부부채의 국제 비교를 위해 주로 이용된다. 마지막으로 공공부문부채(public debt)는 국제통화기금(IMF)의 공공부문부채 작성지침을 토대로 집계되는데, 일반정부부채에 더하여 비금융공기업 부채까지 포함한다.

한 가지 유의할 점은 국가채무라 하더라도 공적 연기금이 보유한 국공채는 일반정부부채와 공공부문부채에 포함되지 않는다는 사실이다. 공적 연기금이 보유한 국공채는 정부의 한 부문이 발행한 채권을 다른 정부 부문이 보유하고 있는 셈이므로 보다 광의의 정부부채 계산에서 제외되는 것이다. 공적 연기금의 예로는 국민연금이나 공무원연금을 들 수 있다.

경제학자들은 정부부채 규모를 측정함에 있어서 실제로 발생한 부채뿐만 아니라 법령이나 정부의 보증 등에 의해 향후 발생할 것으로 예상되는 암묵적 채무(implicit liabilities)까지 포함시켜야 한다고 주장한다. 암묵적 채무의 대표적인 예로는 국민연금을 들 수 있다. 현재 국민연금은 연급지급액보다 기여액이 더 많아서 기금이 증가하고 있으나, 점차 지급액이 기여액을 초과하여 앞으로 수십 년이 지나면 기금이 고갈될 것으로 예상된다. 이 경우 정부가 국민연금의 지급을 보장하고 있는 만큼 부족한 지급액은 정부가 책임을 져야 하는데 이것이 바로 정부의 암묵적 채무가 된다.

정부적자와 정부부채비율

재정적자가 발생하면 정부는 부족한 재원을 조달하기 위해 차입을 하게 되고 그 결과 정부부채가 증가한다. 즉, D_t를 t기말 현재의 정부부채라 하고, BD_t를 t기 중 발생한 재정적자라 하면 이들 간에는 다음과 같은 관계가 성립한다.

$$D_t - D_{t-1} = BD_t \tag{14-8}$$

(14−1)식과 (14−8)식을 결합하면 다음과 같이 정부부채 규모와 재정적자간의 관계를 구할 수 있다.

$$D_t - D_{t-1} = G_t + TR_t + rD_{t-1} - T_t \tag{14-9}$$

위 식에서 t기 중 정부가 지급하는 이자인 rD_{t-1}는 (14-1)식에서의 INT_t에 해당한다. 위 식을 정리하면 다음과 같이 정부부채규모의 동태적인 움직임을 보여 주는 식을 구할 수 있다.

$$D_t = (1+r)D_{t-1} + G_t + TR_t - T_t \qquad (14\text{-}10)$$

정부부채가 지나치게 많은지를 판단하기 위해서는 정부부채의 절대적 규모보다는 부채비율, 즉 국내총생산 대비 정부부채비율(debt-GDP ratio)을 보는 것이 적합하다. 정부부채 상환능력에 대한 척도로 정부부채비율을 보는 것은 단순히 국가의 규모에 대해 조정하는 것보다 더 큰 의미가 있다. 정부부채를 상환하기 위한 재원은 결국 조세수입이고, 국민소득이 클수록 더 많은 조세수입을 거둘 수 있기 때문에 분모에 들어가는 국내총생산은 결국 정부의 부채상환능력의 척도가 된다. 즉 정부부채비율은 상환능력에 대비한 부채 규모를 나타낸다. 이런 이유에서 국채투자자들은 상환능력 평가에 있어서 정부부채 비율을 중요시한다.

(14-11)식은 국내총생산 대비 정부부채비율의 동태적인 움직임을 보여 주는데 그 도출과정은 부록에 제시되어 있다.

$$\frac{D_t}{Y_t} - \frac{D_{t-1}}{Y_{t-1}} = (r-g)\frac{D_{t-1}}{Y_{t-1}} + \frac{G_t + TR_t - T_t}{Y_t} \qquad (14\text{-}11)$$

위 식에 따르면 정부부채비율의 변화는 크게 두 가지 요인에 의해 결정된다. 실질이자율(r)이 실질성장률(g)에 비해 크거나 본원적 재정적자규모가 국내총생산 규모에 비해 클수록 부채비율이 빠른 속도로 증가하게 된다.

[그림 14-2]는 미국의 국내총생산 대비 연방정부의 부채규모를 연도별로 보여준다. 빨간색 선은 모든 정부부채의 비율을 나타내고, 초록색 선은 민간부문이 보유하고 있는 정부부채의 비율을 나타낸다.

제2차 세계대전기간 중 전쟁수행에 필요한 엄청난 비용을 충당하기 위해 정부가 채권을 발행한 결과인데 제2차 세계대전의 종반에는 정부부채비율이 100%를 초과했었다.

그러나 전쟁이 종식된 후 약 35년간 미국정부의 본원적 재정적자는 평상시 수준으로 되돌아갔고 실질이자율은 경제성장률보다 낮은 수준에 머물렀다. 그 결과 정부부채 비율은 1980년까지 지속적으로 감소했다. 특히 1970년대에는 예상보다 심한 인플

그림 14-2 미국의 국내총생산 대비 정부부채규모

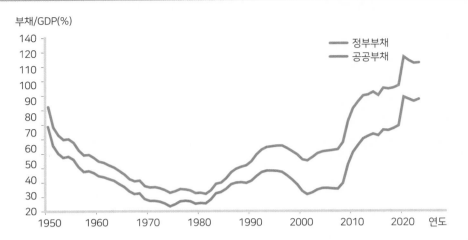

자료: Department of the Treasury and Office of Management and Budget

레이션이 발생함에 따라 실질이자율이 큰 폭으로 하락한 결과 정부부채 비율의 하락 속도가 빨라졌다. 반면에 1980년대에 들어서는 레이건 행정부의 감세정책으로 인해 본원적 재정적자 규모가 크게 증가한데다가, 경제성장률이 하락한 반면 실질이자율이 재정적자 증대로 인해 상승함에 따라 정부부채 비율이 다시 증가하기 시작했다.

2008년에는 서브프라임 위기로 인한 금융기관 구제와 경기부양을 위해 재정지출이 증가함에 따라 정부부채비율이 가파르게 상승했다. 이처럼 정부부채비율이 상승함에 따라 2011년 8월에 신용평가기관인 S&P는 미국의 국가신용등급을 최고 수준인 AAA로부터 한 단계 아래인 AA+로 강등시켰다. 미국의 국가신용등급이 강등된 것은 1917년에 신용평가기관인 무디즈(Moody's)로부터 AAA를 부여받은 후 처음 있는 일이었다. 2020년부터는 COVID-19 대유행병과 경제폐쇄로 인해 침체된 경기를 부양하기 위한 대규모 정부지출로 인해 정부부채비율이 급격히 증가했다.

[그림 14–3]은 한국의 국가채무 규모와 국내총생산 대비 국가채무 비율을 보여준다. 1997년 이전에는 GDP대비 국채 비율이 감소추세를 보였으나 외환위기 이후 금융기관 구조조정을 위해 공적자금이 투입됨에 따라 국가채무가 크게 증가했고 이에 따라 국가채무가 GDP에서 차지하는 비중도 크게 증가했다. 2000년대에 들어서도 국가채무와 국가채무비율은 상당히 빠른 속도의 증가추세를 보였으며, 다른 국가들과 마찬가지로 COVID-19 대유행병에 대응하는 과정에서 더욱 빠른 속도로 증가했다.

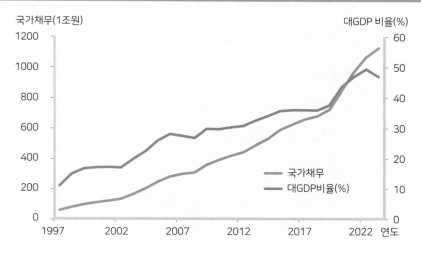

그림 14-3 한국의 국가채무 1997~2023

국가채무(1조원)

대GDP 비율(%)

국가채무
대GDP비율(%)

1997　2002　2007　2012　2017　2022　연도

자료: 기획재정부 열린재정 재정정보공개시스템

재정위기

2010년 초 그리스에서 시작된 재정위기는 아일랜드, 포르투갈, 스페인 등 유로존 주변국들로 번졌을 뿐 아니라 2011년에 들어서는 이탈리아와 프랑스까지도 위협하는 등 유로존 전체의 국가부채위기(sovereign debt crisis)로 발전했다. 이들 국가들은 글로벌 금융위기로 인해 어려움에 처한 자국 금융기관을 구제하고 경기침체를 막기 위해 확장적 재정정책을 편 결과 국가채무가 과도하게 증가했다.

전쟁이나 재앙이 자주 발생하지 않는 현대사회에서 국가부채가 위험 수위에 이르는 것은 종종 분에 넘치는 복지정책의 결과 발생한다. 과다한 국가부채가 경제에 미치는 악영향은 (14-5)식을 통해 쉽게 보일 수 있다. 국가부채가 과다할 때 국채 투자자들은 더 높은 신용위험 할증을 요구하게 되며 그 결과 실질금리가 상승하여 정부의 이자부담이 늘어나게 된다. 재정위기에 몰린 유로존 국가에 있어서 국채금리가 치솟을 경우 향후 정부의 채무부담이 더욱 늘어나게 되고 이로 인해 다시 위험할증이 높아지는 악순환이 일어나게 된다.

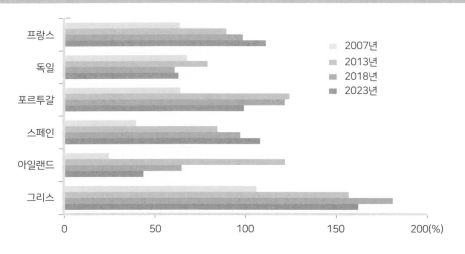

그림 14-4 유럽 국가들의 정부부채비율

자료: Trading Economics

유럽의 재정위기

사실 재정위기를 겪은 유로존 국가들 중 그리스를 제외한 아일랜드, 스페인, 포르투갈은 2007년까지만 해도 유로존 국가들 중에서 가장 재정이 건전한 국가에 속했었다. [그림 14-4]는 일부 유럽 국가들의 2007년 말, 2013년 말, 2018년 말과 2023년 말 정부부채비율을 비교해서 보여준다. 그림은 글로벌 금융위기가 발생하기 전인 2007년까지만 해도 정부부채비율을 기준으로 할 때 아일랜드와 스페인의 재정이 독일이나 프랑스보다 훨씬 더 건전했음을 보여준다. 이들 두 국가의 정부부채비율은 독일이나 유로화지역 평균보다 훨씬 낮을 뿐 아니라 감소추세를 보이고 있었다. 하지만 2008년 글로벌 금융위기를 겪으면서 이들 국가의 정부부채비율은 급격히 상승하여 독일보다 훨씬 더 높아졌다.

이처럼 정부부채비율이 급격히 상승한 것은 주택담보대출로 인해 부실화된 은행을 구제하고 침체위기에 빠진 경제를 부양하기 위해 정부지출이 크게 증가했고 이로 인한 재정적자를 메우기 위해 정부부채가 크게 증가하였기 때문이다.

한 가지 주목할 점은 재정위기를 겪은 그리스, 아일랜드, 포르투갈의 정부부채비율이 2013년 말에 각각 156.9%, 121.7%와 124.1%였는데 반해 일본의 정부부채비율은 222.7%에 달했는데도 일본은 재정위기를 겪지 않았다는 사실이다. 그 이유는 일본 국채의 대부분을 일본의 국내투자자들이 보유하고 있다는 사실에서 찾을 수 있다. 일반적으로 각국 정부가 발행하는 국채는 해당 국가의 화폐 단위로 발행되는 채권 중에서 가장 신용도가 높다. 정부는 조세징수를 통해서 부채를 상환할 수 있는데다 필요하다면 발권력을 동원할 수도 있기 때문이다. 이런 이유에서 국내투자자들은 국채의 안정적인 투자기반이 된다. 안전자산을 선호하는 국내투자자들은 자국 정부가 발행하는 국채에 투자할 수밖에 없기 때문이다.

그런데 유로존의 경우에는 유로화의 출범과 함께 이 모든 것이 달라졌다. 유로존 국가들이 모두 동일한 화폐를 사용함에 따라 이들 국가가 발행한 국채들에게는 자국민이 자연스러운 투자기반이 되지 않는다. 대신 이들 국가가 발행한 국채들은 유로존 투자자들의 투자대상이 되기 위해 서로 경쟁해야 한다. 이러한 경쟁에 있어서 중요한 것은 발행자의 상환능력이다. 그리스, 아일랜드, 포르투갈의 정부부채비율이 다른 유로존 국가에 비해 더 높아짐에 따라 이들의 상환능력이 의심받기 시작하자 이들 국가의 국민들조차 자국의 국채를 외면하고 다른 유로존 국가의 국채에 투자하려 든 것은 너무나도 당연한 현상이다. 이와 반면에 엔화표시 안전자산에 투자하고자 하는 일본 국민은 일본정부가 발행한 국채에 투자할 수밖에 없기 때문에 정부부채비율이 훨씬 더 높더라도 재정위기가 발생하지 않은 것이다.

재정위기에 대한 대응

재정위기는 정책담당자나 경제학자들에게 이를 극복하기 위해 어떤 정책을 시행해야 할 것인가라는 과제를 제시했다. 정부부채 증가의 원인이 재정적자에 있는 만큼 정부지출을 줄이고 세수를 늘려서 재정적자 규모를 줄이는 것이 근본적인 대책이 될 것임은 당연하다.

하지만 크루그먼을 비롯한 다른 학자들은 이와 같은 내핍정책에 동의하지 않았다. 이들은 유럽의 재정위기를 극복하기 위해서는 궁극적으로는 재정긴축이 이루어져야 한다는 점에는 동의하나 당장은 내핍정책보다는 재정팽창을 통해 성장률을 높임으로써 정부부채비율을 낮춰야 한다고 주장한다. 재정적자를 줄이기 위한 정부지출 축소나 세수 증대와 같은 정책은 긴축적 재정정책을 시행하는 것과 마찬가지의 효과를 경제에 미치기 때문이다. 즉 이러한 정책은 총수요를 감소시키고 이에 따라 총생산을 감소시킬 것이다. 이미 글로벌 금융위기로 인해 모든 유럽 국가들이 심각한 경기후퇴를 겪고 디플레이션의 우려마저 나타나고 있는 상태에서 재정지출 축소나 조세 증가는 총수요를 감소시키고 이에 따라 경기를 더욱 둔화시켜서 오히려 정부부채비율을 더 높이고 재정위기를 더 심화시킬 수도 있다는 것이다.

이 두 견해의 논리는 (14−11)식을 통해 이해될 수 있다. 내핍정책을 통해 재정적자폭을 줄이는 것은 다른 조건이 같다면 (14−11)식의 우변 둘째 항의 분자를 감소시킴으로써 정부부채비율을 감소시키는 효과가 분명히 있다. 내핍정책에 반대하는 견해는 긴축재정으로 인해 경제성장률이 둔화되면 (14−11)식에서 g의 값이 감소하고 이는 정부부채비율을 증가시킴을 강조한다. 만일 총수요 둔화로 인한 우변 첫째 항의 증가폭이 충분히 크다면 재정적자 감소로 인한 둘째 항의 감소폭을 상쇄시켜 오히려 정부부채비율이 높아질 수도 있다. 이에 더하여 경기침체가 심화되고 정부부채비율이 상승하리라는 예상은 투자자들로 하여금 정부부채에 대하여 더 높은 부도위험 할증을 요구하도록 만들고 이에 따라 이 국가가 차입을 하기 위해 치러야 하는 이자율을 상승시킬 것이다. 이는 정부부채비율을 상승시키는 추가적인 요인이 되며 이는 다시 이자율을 높이는 악순환이 나타날 수도 있다.

재정위기 극복을 위한 정책방안에 대한 논쟁은 거시경제학이 가지는 구성의 모순을 다시 한 번 부각시켜 준다. 만일 한 가계가 가계부채비율이 지나치게 높다면, 가계부채비율을 낮추기 위해서는 지출을 줄여서 부채를 갚는 것이 최선일 것이다. 하지만 이것이 개별 가계가 아니라 모든 가계에서 동시에 일어나는 일이라면 얘기가 달라진다. 부채를 낮추기 위해 한 가계가 지출을 줄이는 것은 총수요에 거의 영향을 주지 못하지만, 모든 가계가 지출을 줄이려 든다면 총수요와 국민소득이 감소할 것이고 이에 따라 개별 가계의 소득도 감소할 것이다. 소득 감소폭이 크다면 부채를 줄이기 위한 내핍이 오히려 부채를 늘리는 결과를 가져올 수도 있다. 정부도 마찬가지다. 정부는 국민경제에서 차지하는 규모가 크기 때문에 정부의 지출은 경제 전체의 총수요에 있어서 중요한 구성요소다. 한 개인이 지출을 감소시키는 것은 총수요에 거의 영향을 주지 못하나 정부의 지출 축소는 총수요와 국민소득에 중대한 영향을 미친다.

재정위기 대응 방법에 대한 두 견해 간의 논쟁은 아직도 결론이 나질 않고 있다. 내핍정책을 지지하는 학자들은 유로존 국가들이 채택한 경기부양책에도 불구하고 재정위기가 더 심화되고 있는 점을 들어 재정팽창을 통한 경기부양이 재정위기 극복에 도움이 되지 않는다고 주장한다. 이에 대하여 재정팽창을 지지하는 학자들은 유로존 국가들의 재정팽창이 충분하게 큰 규모로 이루어지지 않았기 때문에 정부부채비율을 낮출 만큼 국민소득이 팽창하지 못했다고 주장한다.

재정위기 극복방안에 대한 논쟁은 일단 재정위기에 처하게 되면 이를 극복하는 것이 얼마나 어려운 과제인지를 단적으로 보여준다. 따라서 정부는 국가채무 규모가 지나치게 커져서 재정위기 상황에 처하는 것을 방지하기 위해 미리 재정건전성을 확보하려 노력해야 한다. 그럼에도 불구하고 현실에 있어서는 재정건전성을 유지하는 것은 쉽지 않은 과제다. 재정지출 증가나 조세감면으로 인해 이득을 보는 것은 현 세대인 반면에 정부부채를 상환하기 위해 조세부담을 져야 하는 것은 미래 세대이기 때문이다. 당장 선거에서 승리가 필요한 정부나 정치인에게 현재 투표권이 없는 미래 세대보다는 투표권을 가진 현 세대의 만족도를 높이는 것이 중요할 것임은 말할 나위가 없다.

Chapter 14 부록

A. GDP대비 정부부채 비율 변화식의 도출

본 부록에서는 본문의 (14−5)식에 제시된 국내총생산 대비 정부부채 비율의 변화를 설명하는 식을 도출하고자 한다. (14−4)식의 양변을 Y_t로 나누면 다음과 같다.

$$\frac{D_t}{Y_t} = (1+r)\frac{D_{t-1}}{Y_t} + \frac{G_t + TR_t - T_t}{Y_t}$$

우변의 첫 항에서 D_{t-1}/Y_t는 $(D_{t-1}/Y_{t-1})(Y_{t-1}/Y_t)$와 같으므로 위 식은 다음과 같이 고쳐 쓸 수 있다.

$$\frac{D_t}{Y_t} = (1+r)\left(\frac{Y_{t-1}}{Y_t}\right)\left(\frac{D_{t-1}}{Y_{t-1}}\right) + \frac{Y_{t-1}}{Y_t}\frac{D_{t-1}}{Y_{t-1}} + \frac{G_t + TR_t - T_t}{Y_t}$$

이제 국내총생산의 증가율을 g라 하면 Y_{t-1}/Y_t는 $1/(1+g)$로 대체할 수 있고, r과 g의 값이 작은 경우 $(1+r)/(1+g)$는 $(1+r-g)$로 근사시킬 수 있으므로 다음의 결과를 구할 수 있다.

$$\frac{D_t}{Y_t} = (1+r-g)\left(\frac{D_{t-1}}{Y_{t-1}}\right) + \frac{G_t + TR_t - T_t}{Y_t}$$

:: 요점 정리

1 통합재정수지는 공공 금융기관을 제외한 비금융 공공부문의 재정수입과 지출의 내역을 보여주고, 재정이 건전하게 운용되었나를 판단하는 유용한 지표다.

2 통합재정수지는 한 국가의 재정수입과 재정지출을 보여주는데 재정수입은 조세수입, 세외수입, 자본수입으로 구성되며 재정지출은 경상지출, 자본지출, 순융자지출로 나누어진다.

3 재정지출이 재정수입을 초과하면 재정적자가 발생한다. 본원적 재정적자는 정부구매＋이전지출−조세수입으로 정의된다.

4 국내총생산 대비 정부부채의 비율변화는 크게 두 가지 요인에 의해 결정된다. 실질이자율이 실질성장률에 비해 크거나 본원적 재정적자의 규모가 국내총생산 규모에 비해 클수록 국내총생산 대비 정부부채규모가 증가한다.

5 정부가 조세를 감면시키는 대신 국채발행을 늘리는 경우 합리적 소비자라면 조세감소에 따라 가처분소득이 증가하더라도 현재의 소비를 증가시키지 않을 것이다. 왜냐하면 조세감면은 정부부채의 증가를 가져 올 것이고 증가된 정부부채의 상환을 위해서는 결국 미래의 조세가 증가할 것이기 때문이다. 이것을 리카도 동등성 정리(Ricardian equivalence theorem)라 한다.

6 리카도 동등성 정리에 대응하여 재정적자의 경제적 효과를 주장하는 학자들은 미래의 조세증가가 현재의 조세감소에 비해 현재소비에 미치는 영향이 작은데 그 이유는 근시안적 소비와 유동성 제약 때문이라고 주장한다.

7 재정적자의 확대를 통한 재정정책은 단기적으로 경기를 활성화시킬 수 있지만, 장기적으로는 재정적자가 누적되어 정부부채가 지나치게 커짐에 따라 경제성장을 저해할 수도 있을 뿐 아니라 재정위기를 초래할 수도 있다.

8 정부부채 상환능력을 평가하기 위해 흔히 정부부채비율이 이용된다. 정부부채비율은 본원적 재정적자 규모가 커질수록 그리고 실질이자율이 경제성장률보다 높을수록 더 빠른 속도로 증가한다.

9 　2010년 초 그리스에서 시작된 재정위기가 아일랜드, 포르투갈, 스페인 등 유럽 국가들로 번짐에 따라 재정위기 대응방안에 대한 정책 논쟁이 시작되었다. 전통적인 견해는 재정지출을 줄이거나 조세를 늘리는 내핍정책을 통해 본원적 재정적자를 줄임으로써 정부부채비율을 낮추는 것을 목표로 한다. 그러나 다른 학자들은 글로벌 금융위기 후 유럽이 경기침체와 디플레이션의 위협을 받는 상황에서 이와 같은 내핍정책은 긴축적 재정정책과 같은 효과를 경제에 미쳐서 오히려 정부부채비율을 더 높일 수도 있다고 주장한다. 이들은 궁극적으로는 본원적 재정적자 규모를 줄이는 것이 필요하지만 당장은 정부지출 증가와 조세 감소를 통해 성장률을 높임으로써 재정적자비율을 낮출 필요가 있다고 주장한다.

∷ 주요 용어

- 통합재정수지
- 재정수입
- 재정지출
- 재정적자
- 본원적 재정적자
- 완전고용 재정적자
- 구조적 재정적자
- 국민총생산 대비 정부부채규모
- 리카도 동등성 정리
- 정부부채비율
- 재정위기
- 내핍정책

∷ 연습 문제

1 　감세 후 같은 액수의 국채를 발행하여 정부지출에 조달하는 경우를 생각해 보자. *IS-LM* 모형에 따르면 감세는 가처분소득을 증가시키고 소비지출을 증가시킴으로써 *IS*곡선은 우측으로 이동한다. 그러나 감세로 가처분소득이 증가하였다고는 하나 감세액 만큼의 국채를 매입하는 데 지출하였으므로 가처분소득의 증가가 곧 소비지출의 증가를 의미하는 것은 아니다. 그렇다면 어떻게 *IS*곡선이 우측으로 이동하고 감세의 효과가 일어나는 것인가?

2 사회보장제도는 노동자에게 조세를 부과하여 고령자에게 수혜되도록 한다. 국회에서 조세와 사회보장수혜를 모두 증가시켰다고 하자. 단순화를 위해 국회는 이와 같은 조치를 1년 동안만 한시적으로 실시한다고 공포하였다고 하자.

(1) 이러한 공포가 경제 전체의 저축에 미치는 영향을 설명하라.

(2) 여러분의 답변이 세대간 애타심의 존재여부에 따라 어떻게 달라질 수 있는지를 논의해 보라.

3 조세대신 차입에 의한 재원조달로 재정지출을 일시적으로 증가시키는 것이 이자율, 투자, 가격수준에 미치는 효과의 차이를 분석하라. 단, 자신이 사용한 가정을 명시하라. (리카도 동등성 정리의 성립 여부에 따라 결과가 달라짐에 유의하라.)

4 정부지출과 조세 및 정부부채의 규모가 최초 '0'이라고 하자. 1기에 정부가 매년 50억원을 환경보호를 위해 지출하기 시작했다. 정부는 매년 이 프로그램의 재원마련을 위해 채권을 발행하였다. 정부부채 및 재정적자는 경상가격으로 측정되며 다음 식에 따라 변화한다.

$$D_t = (1 + r)(D_{t-1} + G_t)$$

$$BD_t = D_t - D_{t-1}$$

  단, G는 경상가격으로 측정되며 최초 물가수준은 1이다.

(1) 이자율이 5%, 물가상승률이 0%일 경우 처음 5년 동안 매년의 정부부채와 재정적자의 실질가치 및 명목가치를 계산하라.

(2) 물가가 매년 5% 상승한다고 하자. 명목이자율이 5%로 유지될 경우 처음 5년 동안 매년의 정부부채와 재정적자의 실질가치 및 명목가치를 계산하라.

(3) 물가상승률이 5%, 명목이자율이 10.25%인 경우 처음 5년 동안 매년의 정부부채와 재정적자의 실질가치 및 명목가치를 계산하라.

(4) 실질 정부부채의 경로가 (1), (2), (3)의 문제에 따라 어떻게 달라지는지 설명하라.

(5) 문제 (1), (3)에서는 실질 정부부채규모가 같음을 알 수 있다. 그러나 실질 재정적자는 매년 (1)이 (3)보다 높음을 알 수 있다. 높은 재정적자가 높은 정부부채를 야기하지 않는 이유는 무엇인가?

(6) (1), (2), (3) 중 어떠한 경우에 물가가 금융시장에서 예견되었다고 할 수 있는가? 그 이유는 무엇인가?

5 재정적자와 정부부채와의 관계를 설명하라. 국민총생산 대비 정부부채의 변화를 결정하는 요인이 무엇인지를 설명하라. 본원적자에도 불구하고 GDP대비 국가채무가 관리가능하다는 논리적 근거는 어디에서 비롯한 것인가. 설명하라.

6 재정적자와 본원적 재정적자의 차이점을 설명하고 왜 이 두 가지 개념을 구분할 필요가 있는지를 설명하라.

7 정부와 모든 가계들이 1기와 2기의 두 기간만 존재하며, 각 기간의 정부구매를 G_1과 G_2, 조세수입(정액세)을 T_1과 T_2, 가계소득을 Y_1과 Y_2, 가계소비를 C_1과 C_2, 그리고 이자율을 r이라 하자.

(1) 현재(1기) 이 가계가 소득보다도 더 많은 소비를 하고 있다고 하자. 이 가계의 예산제약선과 무차별곡선의 그림을 그리고 소득점과 소비점을 표시하라. 이 그림을 이용하여 이자율이 상승하는 경우 이 가계의 현재 소비에 어떤 영향을 미치는지를 분석하라.

(2) 정부가 1기의 정부구매를 증가시킨다고 하자. 리카도 동등성이 성립되는 경우 정부구매 증가 발표가 가계의 현재 소비에 어떤 영향을 미칠 것인지를 설명하되 반드시 예산제약식을 제시하라. 이 경우 1기에 있어서 경제 전체의 총생산에는 어떤 영향을 미칠까? 단 현재 이 경제는 잠재생산량보다 낮은 수준의 생산을 하고 있다고 가정하라.

8 (2016년 5급 행정고시) 기간 1과 기간 2의 두 기간에 걸친 정부의 예산제약식이 다음과 같이 주어졌다.

$$T_1 + \frac{1}{1+r}T_2 = G_1 + \frac{1}{1+r}G_2$$

기간 1과 기간 2에서 정부구매에는 변화가 없는 상태에서 정부가 기간 1의 조세만 ΔT_1만큼 삭감하였다고 가정하자. 단, T_1과 G_1은 기간 1에서의 정부의 조세와 지출, T_2와 G_2는 기간 2에서의 정부의 조세와 지출, r은 이자율을 나타낸다. 다음 물음에 답하시오.

(1) 정부가 예산제약을 지키는 경우 기간 2에서 조세 ΔT_2는 어떻게 변해야 하는가?

(2) 리카도의 동등성정리(Ricardian equivalence theorem)가 성립한다고 할 때, 소비자의 저축은 어떻게 변화하는가?

9 (2022년 행정고시) 정부부채와 재정수지는 다음의 관계를 충족한다.

$$G + rB_{-1} = T + (B - B_{-1})$$

B, G, T, R은 실질정부부채, 실질정부지출, 실질조세수입 및 실질이자율이다. 실질국내총생산의 증가율과 실질이자율은 일정하다. 다음의 물음에 답하시오.

$(Hint: B = (1 + r)B_{-1} + (G - T) - S, S = \dfrac{\Delta M}{P})$

(1) 실질국내총생산 대비 실질정부부채 비율($\dfrac{B}{Y}$)이 일정하기 위한 조건을 구하라.

(2) 중앙은행의 통화증발을 통한 정부부채의 화폐화(monetization of government debt)가 가능한 경우, 실질국내총생산 대비 실질정부부채 비율이 일정하기 위한 조건은 (1)과 비교하여 어떻게 달라지는지 답하고, 그 의미를 설명하라.

(3) (1)과 (2)의 결과를 이용하여 정부부채의 증가가 인플레이션의 원인이 될 수 있다는 주장에 대해 논하라.

10 제5장 [그림 5-1]에서 리카도 동등성 정리가 성립할 때 정부지출을 일정하게 유지하면서 조세를 감면할 경우 대외수지와 투자에 미치는 영향은 무엇인가?

05

PART 5

화폐와
금융

Chapter
15 화폐수요와 공급

화폐는 지불수단으로서 통용되는 등 교환경제에서 매우 중요한 역할을 가지고 있으며, 통화량은 국민소득, 실업률, 이자율, 물가, 주가, 환율 등 많은 경제변수들과 매우 밀접한 움직임을 가지고 있다. 이에 따라 통화정책은 가장 중요한 거시경제정책의 수단으로 이용되고 있다.

제15장에서는 화폐의 공급과 수요의 결정에 대해서 논의한다. 화폐의 공급과 관련해서는 화폐의 정의, 상업은행의 신용창조기능, 통화량을 조정하기 위한 중앙은행의 통화정책수단을 이해하는 것이 중요하다. 한편 화폐수요이론으로는 유동성선호설, 현금재고관리모형, 자산선택모형, 화폐수량설, 신화폐수량설 등이 소개된다.

① 왜 화폐가 중요한가?

화폐가 거시경제학에서 중요한 연구대상이 되는 이유는 화폐의 양을 의미하는 통화량(quantity of money)과 우리가 관심을 가지는 주요 거시경제변수들간에 매우 밀접한 움직임이 있기 때문이다. 통화량과 물가와의 관계는 이미 잘 알려진 사실이지만 통화량은 경기, 이자율, 실업률, 주가, 환율 등의 경제변수들과도 매우 밀접한 움직임을 가지고 있다.

화폐와 인플레이션

인플레이션(inflation)이란 물가수준이 지속적으로 상승하는 현상이다. 인플레이션의 원인에 대해서는 제10장에서 설명했지만 〈표 15-1〉은 이에 대한 한 가지 단서를 제공한다. 〈표 15-1〉은 몇몇 국가에 있어서 1970년부터 1998년 사이의 연평균 물가상승률과 통화량 증가율을 보여주는데, 통화량 증가율이 높았던 국가들이 바로

국가	물가상승률	통화량 증가율
터키	49.1	59.3
칠레	48.2	63.9
이스라엘	47.1	58.0
멕시코	33.0	40.9
아이슬란드	23.8	29.3
스페인	9.9	12.7
한국	9.6	22.4
미국	5.3	7.7
독일	3.4	7.9

주: 물가상승률은 소비자 물가지수, 통화량 증가율은 총통화(M_2)를 기준으로 함.
자료: World Bank, *Development Data*, 2003
　　 International Monetary Fund, *International Financial Statistics*, 2003

인플레이션이 심했던 국가들임을 알 수 있다. 반면에 통화량 증가율이 낮게 유지되었던 독일이나 미국은 물가상승률 역시 가장 낮았다. 이와 같이 통화량이 인플레이션에서 가지는 중요한 역할을 강조하기 위해 프리드먼(Milton Friedman)은 "인플레이션은 언제 어디서나 화폐적 현상이다"라고도 하였다.[1]

화폐와 경기

통화량은 경기변동과도 어느 정도 관계가 있다. [그림 15-1]은 우리나라 *M2* 통화량의 전년 동기 대비 증가율을 보여준다. 그림에서 음영(陰影)으로 처리된 부분은 우리나라 통계청에서 발표하는 공식적인 경기변동일지에 따른 경기후퇴(recession)국면을 나타낸 것이다. 그림을 보면 모든 경기국면에서 나타나는 현상은 아니지만 대체로 경기후퇴에 앞서서 통화증가율이 감소하고 있는 현상을 볼 수 있는데, 이는 화폐가 경기변동의 한 원인일 수도 있음을 시사해 준다. 또한 음영으로 표시된 경기후

---

1 "Inflation is always and everywhere a monetary phenomenon." M. Friedman, *Dollars and Deficits*, Prentice-Hall, 1968, p. 39.

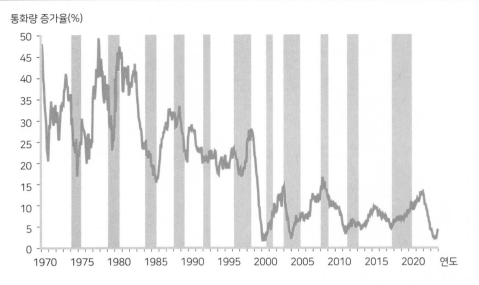

그림 15-1 통화량 증가율과 경기

통화량 증가율(%)

자료: 한국은행 경제통계시스템

퇴국면의 후반부에 들어서는 대체로 통화량 증가율이 상승함을 볼 수 있는데, 이는 통화정책의 방향이 경기순환에 대응하여 변화되었을 가능성을 시사해 준다.

통화정책

통화량이 중요한 거시경제변수들과 밀접한 움직임을 가지고 있다 함은 통화량을 조절함으로써 다른 거시경제변수들을 목표로 하는 방향으로 움직일 수 있는 가능성을 의미한다. 물론 통화량과 거시경제변수들 간의 밀접한 움직임이 반드시 통화량의 변화가 다른 거시경제변수들에 영향을 미쳐서 나타나는 인과관계를 의미하는 것은 아니다. 그러나 많은 연구들이 적어도 단기적으로는 통화량이 명목변수는 물론 실물변수에도 영향을 줄 수 있음을 보여주었다. 이들 연구들은 통화정책에 의해 결정되는 이자율 역시 실물변수에 영향을 미칠 수 있음을 보여주었다.

더욱이 통화량이나 이자율을 조절하는 것은 재정지출을 조절하는 것에 비해 훨씬 비용이 적게 든다. 예를 들어 정부구매를 증가시키기 위해서는 정부가 생산물을 구매하고 이에 대한 대가를 지불해야 하는 반면에 통화량을 늘리기 위해서는 지폐를 찍어내거나 예금은행들의 중앙은행 지준예치금을 장부상으로만 증액시키면 되므로 비용이 거의 들지 않는다. 이와 같은 이유에서 통화정책은 가장 중요한 거시경제정책 수단으로 이용되고 있다.

② 화폐의 기능과 정의

화폐의 기능

통화량이 거시경제변수들과 밀접한 움직임을 갖는 것은 화폐가 가지는 경제적 기능 때문이다. 따라서 경제학에서는 화폐가 가지는 경제적 기능을 중심으로 화폐를 정의한다. 화폐의 주요한 기능으로는 교환의 매개수단, 가치의 저장수단, 그리고 계산의 단위의 세 가지를 들 수 있는데, 이 중 앞의 두 기능을 본원적 기능이라 하고 계산의 단위를 파생적 기능이라 한다.

교환의 매개수단 화폐(money)는 모든 거래에 있어서 교환의 매개수단(medium of exchange)으로 이용될 수 있다. 지불수단으로서 화폐의 기능이 얼마나 중요한지는 화폐가 없다면 어떤 일이 일어날 것인가를 상상해 보면 알 수 있다. 만일 화폐가 없다면 모든 거래는 물물교환에 의해 이루어져야 할 것이다. 그런데 물물교환이 이루어지기 위해서는 거래의 쌍방이 사고 팔고자 하는 물건의 종류가 서로 일치해야 하는데 이를 욕망의 이중적 일치(double coincidence of wants)라 한다. 예를 들어 치아를 치료하고 싶은 경제학 교수는 경제학 강의를 듣기를 원하는 치과의사를 찾아야 하는데 이것이 얼마나 힘든 일인지 상상하는 것은 어렵지 않다.

이처럼 거래의 상대방을 찾기 위해 들어가는 시간과 노력을 거래비용(transaction cost)이라고 부른다. 화폐는 거래비용을 줄여 줌으로써 경제적 효율성을 증진시키는 기능을 한다. 앞서 예로 들었던 경제학 교수의 경우 먼저 경제학을 배우기를 원하는 학생들에게 강의를 하고 강의료로 화폐를 받은 다음, 이 화폐를 가지고 치과의사를 찾아가면 된다. 이처럼 화폐를 지불수단으로 이용할 경우 물물교환에 비해 거래비용이 적게 드는데, 이는 화폐가 모든 거래에서 일반적인 지불수단으로 인정되기 때문이다.

화폐의 두 번째 기능으로는 가치의 저장수단(store of value)을 들 수 있다. 재화나 용역의 판매시점과 구매시점이 불일치하는 경우 두 시점간에 구매력을 저장할 수 있는 수단이 필요하다. 가치저장수단으로서의 기능이란 바로 화폐가 소득이 발생하는 시점과 지출이 이루어지는 시점을 분리시켜 주는 수단을 제공함을 말한다. 화폐만이 가치의 저장수단이 될 수 있는 것은 아니다. 주식, 채권, 주택, 금, 보석 등을 포함하는 어떠한 자산도 가치저장수단이 될 수 있다. 이러한 자산들 중에는 화폐보다 훨씬 유리한 가치저장수단도 상당수 있다. 채권은 이자를 지급하며, 주택은 거주 서비스를 제공할 뿐만 아니라 가격상승에 따른 이득도 기대할 수 있다. 그럼에도 불구하고 화폐가 가치저장수단의 하나로서 보유되는 이유는 화폐는 다른 자산보다 쉽게 교환의 매개수단으로 사용될 수 있기 때문이다.

계산의 단위 화폐의 세 번째 기능으로는 계산의 단위(unit of account)로서의 기능을 들 수 있는데, 이는 물건의 가격이나 부채 등이 화폐단위로 표시되고 언급되는 것을 말한다. 우리는 물건의 무게나 길이가 얼마인지를 얘기할 때 킬로그램이나 미터를 쓰는 것과 마찬가지로 물건의 값이 얼마인지를 얘기하거나 앞으로 갚을 금액이 얼마인지를 얘기할 때 화폐를 단위로 사용한다.

화폐의 정의와 통화지표

이론적으로 화폐는 교환의 매개수단으로서 일반적으로 수용되는 자산이라고 정의될 수 있다. 그렇지만 이와 같은 정의에 따라 실제로 화폐의 양을 어떻게 측정할 것인지를 결정하는 것은 간단하지가 않다. 가치의 저장수단으로서의 기능을 수행할 수 있는 자산은 그 종류가 매우 다양하며 종류에 따라서 교환의 매개수단으로서의 기능을 수행할 수 있는 정도에 차이가 있기 때문에 구체적으로 어떤 자산을 화폐에 포함시킬 것인지를 판단하는 것이 쉽지 않기 때문이다.

우선 지폐와 주화를 포함하는 현금(cash)은 가장 일반적인 지불수단으로서 받아들여지므로 당연히 화폐에 포함되어야 한다. 반면에 현금 이외의 자산들은 직접적인 지불수단으로 사용하기가 어려운 경우가 많다. 예를 들어 정기예금이나 주식은 자산임에도 불구하고 정기예금통장이나 주권으로는 버스요금을 지불할 수 없다. 그렇지만, 직접적으로는 지불수단이 될 수 없는 자산이라 하더라도 은행으로부터 예금을 인출하거나 주식시장에서 주식을 매도함으로써 현금이라는 직접적인 지불수단으로 전환될 수는 있다. 따라서 비교적 쉽게 현금으로 전환될 수 있는 자산은 화폐에 포함될 수 있을 것이다.

가장 현금으로 전환되기 쉬운 자산은 요구불예금(demand deposit)이다. 요구불예금은 그 자체가 지불수단이 되는 것은 아니지만, 지불요구를 하여 잔고를 인출함으로써 바로 현금으로 전환할 수 있기 때문이다. 요구불예금은 수표를 발행하거나 체크카드를 사용하여 굳이 현금으로 인출하지 않고서도 지불을 위해 사용될 수 있다. 그런데 수표나 체크카드는 지불수단으로 사용되기는 하지만 그 자체는 화폐가 아니다. 이들을 지불수단으로 사용하는 경우에도 요구불예금의 잔고를 초과해서 수표를 발행하거나 체크카드를 사용할 수는 없기 때문이다. 결국 요구불예금의 잔고를 화폐로 보는 것이 타당하다.[2]

이와 같이 현금과 요구불예금이 일반적인 지불수단이 될 수 있음을 인정한다면 단기간 내에 현금이나 요구불예금으로 전환될 수 있는 다른 자산들도 교환의 매개수단으로 간주할 수 있을 것이다. 예를 들어 은행이 취급하는 시장금리부 수시입출식 예금(MMDA), 증권회사나 투자신탁회사가 취급하는 단기금융펀드(money market fund: MMF) 등은 입출금이 자유로우므로 쉽게 현금이나 요구불예금으로 전환될 수 있다. 정기예금이나 정기적금 등도 이자율에서 다소 손해를 보거나 중도해지수수료를 내면 만기 전에 해약하여 현금이나 요구불예금으로 전환될 수 있다. 반면에 어떤 자산들은 단기간 내에 일반적인 지불수단으로 전환하기가 어렵거나 전환하는 데에 많은 비용이 든다. 예를 들어 주식은 가격변동이 심하므로 당장 이를 팔아서 현금으로 전환하는 경우 손해를 볼 수도 있다. 주택의 경우는 현금으로의 전환비용이 더욱 크다. 자금이 필요해서 보유한 주택을 급히 팔아야 할 경우 대개 주택을 시세보다 낮은 가격에 내놓게 되는데, 이로 인한 가격손실이 바로 주택을 현금으로 전환하는 데에 드는 비용이기 때문이다.

어떤 자산이 필요할 때에 얼마나 쉽게 다른 자산으로 교환될 수 있는가를 나타내는 척도를 유동성(liquidity)이라 한다. 여러 종류의 자산들은 유동성의 정도에 따라 순서를 매길 수 있다. 예를 들어 요구불예금이나 저축성예금은 유동성이 매우 높은 자산이고 채권이나 주식은 이들보다는 유동성이 낮은 자산이다. 유동성이 높은 자산일

---

2 신용카드도 매우 편리한 지불수단이지만 화폐로 취급되지 않는다. 신용카드는 근본적으로 차입에 의한 지불수단이다. 즉, 결제할 금액만큼을 신용카드회사로부터 차입하여 지불하고 일정 기간마다 이를 갚는 것이 신용카드의 원리다. 따라서 신용카드는 화폐가 아니다. 화폐는 근본적으로 가치저장수단, 즉 자산 이어야 하는데 신용카드의 잔고는 자산이 아니라 부채이기 때문이다.

통화지표	M1	= 현금통화 + 요구불예금 + 수시입출식 저축성예금
	M2	= M1 + 정기예·적금 및 부금(단, 만기 2년 이상 제외) + 시장형 금융상품 + 실적배당형 금융상품(단, 장기금전신탁 제외) + 금융채 + 거주자외화예금 + 기타(투신증권저축, 종금사 발행어음)
유동성 지표	Lf (종전 M3)	= M2 + M2 포함 금융상품 중 만기 2년 이상 정기예적금 및 금융채 등 + 한국증권금융(주)의 예수금 + 생명보험회사(우체국보험 포함)의 보험계약준비금 + 농협 국민생명공제의 예수금 등
	L	= Lf + 정부 및 기업 등이 발행한 유동성 시장금융상품(증권회사 RP, 여신전문기관의 채권, 예금보험공사채, 자산관리공사채, 자산유동화전문회사의 자산유동화증권, 국채, 지방채, 기업어음, 회사채 등)

수록 교환의 매개수단으로 전환하기가 쉬우므로 이론적인 화폐의 정의를 잘 충족시 킨다고 볼 수 있다. 결국, 화폐의 정의와 측정은 어느 정도의 유동성을 가진 자산까 지를 화폐에 포함시킬 것인가에 달려 있다. 유동성이 높은 자산만을 포함하여 협의 의 화폐로 정의할 수도 있으며, 유동성이 좀 떨어지는 자산까지를 포함하여 광의의 화폐로도 정의할 수 있을 것이다.

가장 협의로 정의된 화폐를 통화라 하는데 여기에는 현금과 요구불예금만이 포함 된다. 통화보다 광의의 개념으로는 총통화가 있는데 여기에는 현금과 요구불예금에 더하여 저축성예금이 포함된다. 가장 광의의 화폐의 개념으로는 유동성을 들 수 있 는데 여기에는 금융기관의 모든 유동성 부채가 포함된다.

각 국가마다 금융기관이 취급하는 금융자산의 종류가 다르므로 각국의 중앙은행 은 나름대로 자국의 통화량을 측정하기 위한 척도를 설정하고 있는데, 이를 통화지 표라고 한다. 한국은행은 1951년부터 통화 및 총통화를 통화지표로 편제하기 시작 했으며, 2002년부터는 IMF의 2000년 통화금융통계매뉴얼 기준에 부합하는 새 통화 지표와 유동성지표를 〈표 15−2〉와 같이 개발했다. 이들 지표는 금융기관의 제도적 형태를 중심으로 한 과거의 통화지표와는 달리 금융상품의 유동성 정도를 기반으로 한다.

협의통화(M1)는 화폐의 지불수단으로서의 기능을 중시한 지표로서 민간이 보유하 고 있는 현금과 예금취급기관의 결제성예금의 합으로 정의된다. 현금은 가장 유동성 이 높은 금융자산으로 지폐와 동전으로 구성된다. 결제성예금은 예금취급기관의 요구불예금(당좌예금과 보통예금)과 저축예금, 시장금리부 수시입출식예금, 단기금융펀드 등 수시입출식 저축성예금으로 구성된다. 결제성예금은 비록 현금은 아니지만 수표 발행 등을 통해 지불수단으로 사용되거나 즉각적으로 현금과 교환될 수 있으며 기능면에서 현금과 거의 같기 때문에 협의통화에 포함되고 있다. 결제성예금에 저축예금, MMDA, MMF 등이 포함된 것은 이들도 각종 자동이체서비스(ATS: automatic transfer service)를 비롯한 결제기능 등을 갖추고 있어 요구불예금과 마찬가지로 입출금이 자유로운 금융상품이기 때문이다. 이와 같이 협의통화는 유동성이 매우 높은 결제성 단기금융상품으로 구성되어 있어 단기금융시장의 유동성 수준을 파악하는 데 적합한 지표다.

광의통화($M2$)는 협의통화보다 넓은 의미의 통화지표로서 협의통화에 포함되는 현금과 결제성예금뿐만 아니라 예금취급기관의 정기예금, 정기적금 등 기간물 정기예적금 및 부금, 거주자외화예금 그리고 양도성예금증서(CD), 환매조건부채권(RP), 표지어음 등 시장형 금융상품, 금전신탁, 수익증권 등 실적배당형 금융상품, 금융채, 종금사 발행어음, 신탁형 증권저축 등을 포함한다. 다만, 유동성이 낮은 만기 2년 이상의 장기 금융상품은 제외한다. 이와 같이 광의통화($M2$)에 기간물 정기예적금 및 부금 등 단기 저축성예금뿐만 아니라 시장형 금융상품, 실적배당형 금융상품 등이 포함된 것은 이들 금융상품이 자산을 증식하거나 미래의 지출에 대비하여 일정 기간 동안 저축수단으로 보유되지만 약간의 이자소득만 포기한다면 언제든지 인출이 가능하여 결제성예금과 유동성 면에서 큰 차이가 없기 때문이다.

유동성지표는 한 국가 경제가 보유하고 있는 전체 유동성의 크기를 측정하기 위한 지표로 금융기관 유동성(Lf)과 광의유동성(L)이 있다. 광의유동성에는 광의통화($M2$)에 더하여 보험회사, 증권회사 등 기타금융기관의 보험계약 준비금, 장단기채권 등의 유동성 금융상품, 기업 및 정부 등 비금융부문이 발행하는 기업어음, 회사채, 국채 등의 유동성 시장 금융상품 중 민간보유분 등이 포함된다.

금융혁신과 통화지표

한국은행이 통화지표를 새롭게 편제한 것은 기존의 통화지표가 통화량의 척도로서 한계를 드러냈기 때문인데 여기에는 새로운 금융상품의 등장이 중요한 역할을 하였다. 여타 산업과 마찬가지로 금융산업에서도 금융혁신과 신상품 개발이 끊임없이 이루어지고 있다. 사실 요즈음 우리가 이용하고 있는 금융상품 중에는 삼십여 년 전만 해도 존재하지 않았던 것이 상당수 있다. 주택대출담보채권, 각종 파생상품, 주가연동예금, MMF, MMDA 등이 그 예다. 이와 같은 금융혁신(financial innovation)의 원인으로는 금리변동위험과 환위험의 증가, 수요자의 요구 변화와 같은 금융환경 변화나 컴퓨터와 통신수단의 발달과 같은 신기술의 등장을 들 수 있다. 특히 금융산업은 그 특성상 규제를 가장 심하게 받고 있는 산업이므로 금융혁신의 배경에는 무엇보다도 규제가 중요한 요인으로 작용하였다. 금융산업에 대한 규제가 심했던 1980년대 이전에는 주로 규제를 피하기 위해서 금융혁신이 이루어졌다고 해도 과언이 아니다. 그러나 1980년대부터는 전세계적으로 금융산업에 대한 규제완화(deregulation)가 진행되었고, 이에 따라 새로운 금융혁신이 이루어지기도 하였다.

새로운 금융상품의 등장은 통화량의 측정과 통화지표의 편제에 많은 영향을 미쳤다. 새로이 등장한 금융상품 중에는 기존의 통화지표에 포함되어 있지 않지만, 기존 통화지표에 포함된 금융상품과 대체성이 매우 높은 상품이 있다. 우리나라의 예를 들자면, 새로 도입된 금융상품 중 MMDA, MMF, 금전신탁 등은 총통화인 구$M2$에 포함되지는 않지만 구$M2$에 포함된 금융상품들과 비슷한 수준의 유동성을 가지고 있다. MMDA와 MMF는 입출금이 자유로운 금융상품이며, 금전신탁은 소정의 해지수수료를 지급하면 약정된 기간 이전에도 현금으로 전환될 수 있다. 이처럼 총통화와 대체성이 높은 금융상품들이 등장함에 따라 총통화에 포함된 금융상품과 신규 금융상품 간 자금이동이 빈번해지게 되었고, 그 결과 총통화 자체가 과거에 비해 불안정한 움직임을 보일 뿐만 아니라 더 이상 거시경제변수들과의 안정적인 관계를 보이지 않게 되었다.

예를 들어 1996년 5월에 은행의 신탁제도가 개편됨에 따라 신탁계정의 자금이 갑자기 은행계정으로 이동하였고 이에 따라 구$M2$의 증가율이 연 14%대에서 19%대로 치솟았다. 특별히 통화공급을 늘리지 않았는데도 통화지표상으로는 통화량이 크게 증가한 셈이다.

이처럼 기존의 통화지표가 통화량의 척도로서 문제점을 드러낸 것은 무엇보다도 이들 지표가 금융상품의 유동성 정도보다는 취급 금융기관의 제도적 분류를 기준으로 구성되었다는 점에 있다. 유동성이 비슷한 두 금융상품은 대체성이 높기 때문에 수익률에 영향을 미칠 수 있는 변화가 발생할 경우 금융상품간 자금이동이 대규모로 발생하게 된다. 이와 같은 두 금융상품이 취급 금융기관의 제도적 분류가 상이하다는 이유만으로 하나는 통화지표에 포함되고 다른 하나는 포함되지 않는다면 그 통화지표가 매우 불안정한 움직임을 보이는 것이 당연하다.

심층분석 | 비트코인과 가상화폐

가상화폐(Cryptocurrency)는 온라인 결제시스템을 통해 거래되는 디지털 통화다. 2009년 비트코인이 세상에 나온 후 10,000 종류 이상의 가상화폐가 통용되고 있다. 가상화폐는 강제통용력을 가진 법화(fiat money)가 아니다. 그렇다고 금은과 같은 내재적 가치를 가진 상품화폐(commodity money)도 아니다. 가상화폐의 가치는 인터넷에 기반한 초연결사회에서 거래비용을 획기적으로 낮추는 기술에 기반하고 있다. 사용자가 자신의 가상지갑에서 돈을 꺼내 거래상대방에게 지급할 때 거래의 익명성을 보장받는 대신 모든 거래를 기록한 장부를 사용자들이 공유함으로써 같은 돈을 두 번 사용할 수 없게 한다. 블록체인이라고 하는 이 분산원장기술은 기존의 중앙집중식 결제시스템을 이용할 때보다 훨씬 낮은 거래비용이 소요된다.

가상화폐가격이 폭등하자 이를 이용해 IPO(기업공개)와 유사하게 가상화폐로 자금을 모집하는 ICO(가상화폐공개)가 크게 늘어났다. 미 증권거래위원회는 가상화폐를 화폐가 아닌 증권으로 보고 ICO를 증권법에 따른 규제대상으로 해석했다. 가상화폐 광풍으로 인해 가상화폐는 거래소 해킹과 같은 보안사고에 노출되고 가격조작혐의로 사법당국의 조사를 받는 등 화폐라기보다는 투기대상으로 변질되었다.

그럼에도 불구하고 가상화폐는 21세기 정보통신기술이 이룬 혁신의 산물이다. 무엇보다도 초국가화폐로서 주조권을 독점한 국가에 분권으로 맞서 경쟁하게 된 것이다. 한편 가상화폐의 기반인 블록체인 기술을 다양한 분야에서 활용되고 있다. 중앙은행은 금융시스템에 블록체인 기술을 적용하는 시도를 하고 있으며, 글로벌가치사슬의 생산공정 효율성을 높이고, 스마트계약을 활용한 비즈니스모델도 개발되고 있다.

③ 화폐의 공급

제3장과 제4장에서는 통화량이 중앙은행에 의해 완전히 통제가 가능한 정책변수라고 간주하였다. 그런데 통화량을 측정하기 위해 설정된 통화지표들을 보면 크게 현금과 예금으로 구성되는데, 이 중 현금은 독점적인 발권력을 가진 중앙은행에 의해 공급되지만 예금은 예금은행에 의해 공급된다. 따라서 통화량이 어떻게 결정되는지를 이해하기 위해서는 화폐의 공급과정에서 예금은행에 의해 예금통화가 어떻게 창조되는지에 대해 알아야 한다. 여기서는 화폐의 공급과정에 대해 알아봄으로써 통화량에 영향을 미치는 요인들이 무엇인지를 파악해 보기로 한다.

중앙은행과 본원통화의 공급

화폐의 공급과정에서는 중앙은행, 예금은행, 그리고 예금자의 세 경제주체가 중요한 역할을 한다. 중앙은행은 현금을 비롯한 본원통화를 공급하며, 예금은행과 예금자는 함께 예금을 창조한다. 우선 화폐의 공급과정에서 중앙은행의 역할에 대해 알아보기로 한다.

중앙은행은 지폐와 주화 등의 현금을 발행한다. 중앙은행이 현금을 발행한다 함은 단순히 지폐를 인쇄하거나 주화를 주조하는 것을 말하는 것이 아니다. 중앙은행이 유가증권의 구입이나 대출을 통해 현금을 시중에 공급할 때 비로소 현금이 발행되는 것이다.

중앙은행이 발행한 현금 중 일부는 예금은행이 보유하고 나머지는 유통이 되는데, 예금은행 이외의 민간부문이 보유한 현금을 현금통화(currency in circulation) 또는 유통중인 현금이라고 한다. M1, M2 등의 통화지표에 포함되는 현금은 바로 현금통화만을 의미한다.

예금은행이 현금을 보유하는 이유는 예금인출요구에 응하기 위해서다. 예금은행이 예금인출요구에 응하기 위해 보유하는 자산을 지급준비금(reserves)이라고 부른다. 지급준비금은 필요지급준비금과 초과지급준비금으로 나누어진다. 필요지급준비금 (required reserves)이란 예금의 일정비율을 지급준비금으로 보유하라는 중앙은행의 요구에 의해 보유하는 준비금으로 법정지급준비금이라고도 한다. 초과지급준비금(excess reserves)이란 필요지급준비금에 추가하여 은행이 자발적으로 보유하는 지급준비금을 말한다. 예금은행은 지급준비금의 일부를 자신의 금고에 현금으로 보관하고 나머지는 중앙은행에 예금하는데 전자를 시재금(vault cash)이라 하며 후자를 중앙은행 지준예치금이라 한다.

현금통화와 지급준비금을 합하여 본원통화(monetary base)라고 부른다. 그런데 지급준비금은 다시 시재금과 지준예치금으로 구성되므로 본원통화는 현금통화, 시재금, 지준예치금의 합과 같다. 이 중 현금통화와 시재금을 합하여 화폐발행이라고 한다. 따라서, 본원통화는 중앙은행의 화폐발행과 중앙은행 지준예치금의 합으로도 정의된다.

$$본원통화 = 현금통화 + 지급준비금$$
$$= 현금통화 + 시재금 + 중앙은행\ 지준예치금$$
$$= 화폐발행 + 중앙은행\ 지준예치금$$

본원통화의 공급경로

중앙은행이 본원통화를 어떻게 공급하는지는 중앙은행의 대차대조표를 통해 쉽게 이해할 수 있다. 〈표 15-3〉은 단순화된 중앙은행 대차대조표를 보여준다. 중앙은행의 자산은 크게 해외자산과 국내자산으로 구성된다. 해외자산은 해외 거주자가 발행한 외화표시증권과 외국환 등으로 구성된다. 국내자산은 국내 거주자에 대한 채권으로 유가증권, 대정부대출, 금융기관에 대한 재할인대출 등으로 구성된다.

중앙은행의 부채 역시 해외부채와 국내부채로 구성된다. 국내부채는 다시 화폐발행, 지준예치금 등으로 구성되어 있다. 화폐발행이란 중앙은행이 발행한 지폐와 주화를 말한다. 지폐나 주화는 이를 보유하고 있는 사람의 입장에서는 자산이지만 이를 발행한 중앙은행의 입장에서는 부채가 된다. 중앙은행의 화폐발행과 지준예치금의 합은 본원통화이므로 중앙은행의 국내부채는 곧 본원통화라 할 수 있다.

대차대조표에서 차변의 합과 대변의 합은 항상 같아져야 하므로 〈표 15-3〉에 주어진 중앙은행의 대차대조표로부터 본원통화를 증감시키는 요인들을 파악할 수 있다.

공개시장매입 중앙은행은 예금은행이 보유한 유가증권을 매입함으로써 본원통화의 공급을 증가시킬 수 있는데 이를 공개시장매입(open market purchase)이라 한다. 유가증권을 매입하면서 그 대금을 현금으로 또는 지준예치금 잔고를 장부상으로 늘려줌으로써 지급할 수 있는데 어느 방법을 이용하든 본원통화가 그만큼 증가하게 된다.

재할인대출 중앙은행이 예금은행에 대출을 해 주면서 그 대출금을 현금으로 지급

● **표 15-3 중앙은행의 대차대조표**

자산	부채와 자본
국내자산 　- 유가증권 　- 대정부대출 　- 재할인대출 해외자산	국내부채 　본원통화 　　- 화폐발행 　　- 지준예치금 　중앙은행발행채권 해외부채

하거나 중앙은행 예치금 잔고를 늘려 줌으로써 본원통화 공급을 증가시킬 수 있다.

해외자산의 취득 중앙은행이 달러화나 엔화와 같은 외화를 매입하고 그 대금을 원화로 지급하면 본원통화가 증가한다.

대정부대출 중앙은행이 정부에 현금으로 대출을 하는 경우에도 본원통화가 증가한다.

신용창조와 신용승수

화폐는 현금통화와 예금통화로 구성되는데, 이 중에서 현금통화는 중앙은행이 공급하는 통화이지만 예금통화는 중앙은행이 공급하는 본원통화를 원천으로 하여 예금은행이 창조하는 통화다. 여기서는 예금은행에 의해 예금통화가 어떻게 공급되는지를 알아보기로 한다. 우선 설명을 쉽게 하기 위해서 다음과 같은 몇 가지 가정을 하기로 한다.

첫째, 요구불예금만 존재하며 저축성예금은 존재하지 않는다. 따라서 모든 은행에 예치되는 예금은 요구불예금이다. 둘째, 예금은행권 밖으로 현금의 누출은 없다. 즉, 물품의 판매 등을 통해 현금을 취득한 사람은 이를 모두 예금은행에 예금한다. 셋째, 예금은행은 예치된 예금액 중 중앙은행이 요구하는 필요지급준비금만을 지급준비금으로 보유하며 나머지는 모두 대출한다. 이처럼 은행이 예금액의 일부만을 지급준비금으로 보유하는 제도를 부분지급준비제도(fractional reserve banking)라 한다.

이제 어떤 사람이 자신이 금고에 보유하고 있던 현금 10,000원을 A은행에 신규로 예금하는 경우를 생각해 보자. 이와 같이 예금은행권 밖으로부터 예금은행권 안으로 처음 흘러들어 온 예금을 본원적 예금이라 한다. A은행이 본원적 예금을 받은 시점에서는 아직 통화량에 변화가 없다. 현금통화가 준 대신 동일 금액만큼 예금통화가 증가했기 때문이다. A은행은 요구불예금이라는 부채가 10,000원 발생하는 동시에 현금자산이 10,000원 증가한다. 중앙은행이 요구하는 필요지급준비율이 10%라고 한다면 A은행이 추가로 보유해야 하는 지급준비금은 1,000원(10,000원×10%)이므로 이를 제외한 현금 9,000원을 대출할 수 있다. 만일 A은행이 9,000원을 갑이라는 사람에게 현금으로 대출한다면 A은행의 대차대조표에서는 지급준비금으로 보유한 현금이 9,000원 감소하고, 대신 갑에 대한 대출자산이 9,000원 발생하게 된다. A은행의 대차대조표에 생긴 변화를 종합하여 T계정으로 나타내면 다음과 같다.

A 은행

자산		부채	
지급준비금	+1,000	요구불예금	+10,000
대출	+9,000		

A은행으로부터 9,000원을 대출받은 갑은 대출금을 다른 사람이나 기업으로부터 재화나 용역을 구매하는 데에 사용할 것이다. 이제 갑이 을로부터 물건을 구입하고 그 대금을 현금으로 지급하며, 을은 이를 자신의 거래은행인 B은행에 예금한다고 하자. B은행은 예금된 9,000원 중 10%만을 지급준비금으로 남기고 나머지를 대출할 것이므로 대차대조표에는 다음과 같은 변화가 발생한다.

B 은행

자산		부채	
지급준비금	+900	요구불예금	+9,000
대출	+8,100		

이제 B은행으로부터 8,100원을 대출받은 병이 대출금을 가지고 정이라는 사람으로부터 재화를 구입하고 그 대금을 현금으로 지급하며, 정은 다시 이를 C은행에 예금한다고 하자. C은행은 8,100원 중 필요지급준비금 810원만을 남기고 다시 이를 대출한다고 하면 C은행의 대차대조표에는 다음과 같은 변화가 발생할 것이다.

C 은행

자산		부채	
지급준비금	+810	요구불예금	+8,100
대출	+7,290		

이상의 예를 보면 A, B, C의 세 은행을 합한 은행권 전체로는 요구불예금이 27,100원(10,000원+9,000원+8,100원) 증가하는데, 이는 10,000원의 현금이 은행에 예금됨으로써 이보다 많은 예금이 창조되었음을 의미한다. 현금 10,000원이 신규로 예금되는 경우 한 은행이 창조할 수 있는 요구불예금은 10,000원에 불과하다. 그러나, 은행권 전체로는 예금으로 인해 발생한 초과지급준비금이 대출되고 이 대출금이 다시 다른 은행에 예금되는 예금창조(deposit creation) 과정에서 이보다 많은 요구불예금이 창조될 수 있는 것이다. 이와 같은 과정에서 예금창조는 예금은행이 초과지급

표 15-4 은행권 전체의 신용창조액 (단위: 원)

은행	요구불예금	대출	지급준비금
A	10,000	9,000	1,000
B	9,000	8,100	900
C	8,100	7,290	810
D	7,290	6,561	729
E	6,561	5,905	656
⋮	⋮	⋮	⋮
은행권 전체	100,000	90,000	10,000

준비금을 대출함으로써 이루어지므로 이를 신용창조(credit creation)라고도 부른다.

그렇다면 현금 10,000원이 신규로 예금되는 경우 은행권 전체에서 창조될 수 있는 예금의 크기는 얼마나 될까? 〈표 15-4〉는 위에서 제시된 신용창조과정이 D, E 은행 등으로 무한하게 계속된다고 할 때 은행권 전체의 신용창조액이 얼마나 될 것인지를 보여준다.

요구불예금의 창조액은 매 단계를 거칠 때마다 0.9배로 감소하므로 총예금창조액은 다음과 같이 구할 수 있다.

$$
\begin{aligned}
\text{총예금창조액} &= 10{,}000 + 9{,}000 + 8{,}100 + \cdots \\
&= 10{,}000 \times (1 + 0.9 + 0.9^2 + \cdots) \\
&= 10{,}000 \times 1/(1-0.9) \\
&= 100{,}000
\end{aligned}
$$

즉, 총예금창조액은 100,000원이 되므로, 예금은행권 전체로는 본원적 예금의 10배에 해당하는 예금통화를 창조할 수 있다는 것이다. 이상에서 주어진 단순한 모형에서 일반적으로 본원적 예금과 예금창조액 간의 관계를 다음과 같이 구할 수 있다.

$$
D = \frac{1}{r_D} \times P
$$

위 식에서 D는 요구불예금을, P는 본원적 예금을, 그리고 r_D는 요구불예금에 대한 필요지급준비율을 나타낸다. 위 식에서 필요지급준비율의 역수를 신용승수(credit multiplier)라 한다. 신용승수는 현금누출이 없고 초과지급준비금을 보유하지 않는 경우 주어진 본원적 예금으로부터 신용창조과정에 의해 창출될 수 있는 예금통화액이 얼마인지를 나타내 준다.

〈표 15-4〉는 예금창조과정에서 90,000원에 해당하는 대출(신용)도 창조되었음을 보여준다. 흔히 중앙은행이 통화공급을 증가시키면 금융시장에서의 자금사정이 좋아진다는 얘기를 듣는데 여기서 그 근거를 알 수 있다. 중앙은행이 본원통화를 증가시키면 예금이 창조되는 과정에서 대출이 창출되는데 이를 신용팽창(credit expansion)이라 한다. 신용팽창은 바로 금융시장에서의 자금공급의 증가를 의미한다. 반면에 중앙은행이 본원통화를 감소시키면 은행들은 필요지급준비율을 만족시키기 위해 대출을 감소시키고 이에 따라 예금통화가 줄어들게 되는 신용수축(credit contraction)이 발생한다. 중앙은행이 통화긴축을 하면 자금사정이 악화된다고 하는데 이는 통화긴축을 위한 통화환수가 은행의 대출감소를 가져오기 때문이다.

통화승수와 통화공급

앞에서 우리는 중앙은행에 의한 본원통화의 공급과 예금은행에 의한 예금통화의 창조에 대해 알아보았으며, 본원적 예금과 예금통화 간에는 일정한 관계가 있음을 발견하였다. 그런데, 본원적 예금의 재원은 결국 중앙은행이 공급하는 본원통화이므로 본원통화와 통화(현금통화+예금통화) 간에도 일정한 관계가 있으리라는 것을 짐작할 수 있다. [그림 15-2]는 본원통화와 통화와의 관계를 보여주는데, 중앙은행이 공급한 본원통화로부터 더 많은 양의 통화가 창조됨을 알 수 있다.

본원통화를 B, 통화를 M이라 할 때 두 변수간의 관계를 다음과 같은 식으로 표현할 수 있을 것이다.

$$M = mB \tag{15-1}$$

위 식에서 m을 통화승수(money multiplier)라고 한다. 통화승수는 본원통화량이 변할 경우 통화량이 얼마나 변할 것인지를 가르쳐 주는 배수다.

중앙은행은 본원통화의 양을 조절할 수 있으므로 통화승수의 값을 알 수 있다면

그림 15-2 본원통화와 통화의 관계

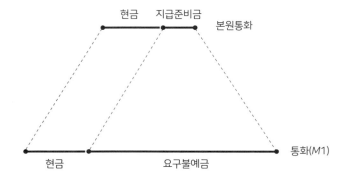

본원통화는 현금과 지급준비금으로 구성되며, 통화는 현금과 요구불예금으로 구성된다.
신용창조과정을 통해 요구불예금이 창출되므로 통화량은 본원통화의 공급량보다 많아진다.

통화량도 원하는 양만큼 조절할 수 있다. 그렇다면 통화승수의 크기는 무엇에 의해 결정되는지 알아보기로 한다.

본원통화(B)는 현금통화(C)와 지급준비금(R)의 합으로 정의된다.

$$B = C + R \tag{15-2}$$

지급준비금은 필요지급준비금(RR)과 초과지급준비금(ER)으로 구성된다.

$$R = RR + ER \tag{15-3}$$

요구불예금에 대한 필요지급준비율은 r_D라고 가정한다. 초과지급준비금은 중앙은행이 요구하는 필요지급준비금에 더하여 예금은행이 자발적으로 보유하는 지급준비금이므로 이를 얼마나 보유할 것인지는 예금은행이 결정한다. 여기서는 예금은행이 요구불예금의 일정비율(r_E)을 초과지급준비금으로 보유한다고 가정하기로 한다.

$$RR = r_D \times D, \qquad ER = r_E \times D$$

가계나 기업과 같은 경제주체들은 자신의 전체 화폐보유액 중 얼마만큼을 각각 현금과 예금으로 보유할 것인지를 결정한다. 만일 경제주체들이 자신이 보유하는 화폐의 일정한 부분을 현금으로 보유하려는 성향이 있다면, 현금과 통화량 간에는 다음과 같은 관계가 성립한다.

$$C = c \times M \tag{15-4}$$

위 식에서 c는 현금통화비율로서 경제주체들이 보유하는 화폐 중 얼마만큼을 현금의 형태로 보유하는지의 성향을 나타낸다.

통화량은 유통 중인 현금(C)과 요구불예금(D)의 합이다.

$$M = C + D \tag{15-5}$$

(15-4)식과 (15-5)식을 이용하면 요구불예금과 통화량의 관계가 다음과 같이 구해진다.

$$D = (1-c) \times M \tag{15-6}$$

(15-2), (15-6)식으로부터 본원통화를 다음과 같이 구할 수 있다.

$$B = c \times M + r_D \times D + r_E \times D \tag{15-7}$$
$$= [c + (1 - c)(r_D + r_E)]M$$

위 식으로부터 통화승수를 다음과 같이 구할 수 있다.

$$m = \frac{1}{c + (1 - c)(r_D + r_E)} \tag{15-8}$$

부분지급준비제도의 정의상 $r_D + r_E$의 값은 1보다 작으므로 통화승수는 1보다 큰 값을 가지게 된다. 이는 중앙은행에 의해 공급된 본원통화는 신용창조과정을 통해 그 금액보다 많은 통화량을 창출하게 됨을 의미한다. 이런 의미에서 본원통화를 고력통화(high powered money)라 부르기도 한다.

(15-8)식을 보면 통화승수는 은행의 초과지급준비율이 클수록 작아지게 되며, 민간의 현금통화비율이 높을수록 작아지게 된다. 그런데 이 두 비율은 중앙은행이

통제할 수 없기 때문에 이상에서 도출한 모형에 의하면 중앙은행뿐만 아니라 예금은행과 예금자의 의사결정도 화폐의 공급량에 영향을 미칠 수 있음을 알 수 있다. 이 두 비율이 어떤 요인에 의해 영향을 받으며 어떻게 통화승수에 영향을 미치는지를 알아보기로 하자.

현금통화비율과 통화승수

사람들은 화폐를 전부 예금으로만 보유하지는 않으며 일부를 현금으로 보유하고 있다. 그런데 사람들이 현금을 보유하는 만큼 예금은행에 예치되는 예금액이 줄어들고 이에 따라 예금은행의 대출이 줄어들게 된다. 즉, 사람들이 현금을 보유하는 만큼 신용창조과정에서의 누출이 발생하며 이에 따라 주어진 본원통화로부터 창출될 수 있는 예금통화량이 줄어들게 되는 것이다. 그렇다면 현금보유비중에 영향을 주는 요인들은 무엇일까?

첫째, 요구불예금에 대한 이자율을 들 수 있다. 현금은 이자를 지급하지 않는 반면에 요구불예금은 약간의 이자를 지급한다. 따라서 요구불예금이 지급하는 이자율이 높을수록 사람들은 현금보유비중을 줄일 것이다.

둘째, 은행부도의 위험성을 들 수 있다. 은행의 부도란 은행이 예금자의 인출요구에 응할 수 없게 되는 것을 말한다. 은행이 부도가 나면 예금자는 상당한 손실을 보게 되므로 자신이 예금한 은행이 부도가능성이 있다고 판단되는 경우 그 은행으로부터 예금을 인출하려 들 것이다. 예금인출사태에는 심리적인 요인도 많이 작용한다. 예를 들어 한 은행이 부도가 나자마자 다른 은행들도 예금인출사태를 경험하는 경우가 많은데 이를 예금인출사태의 전염(contagion of bank runs)이라고 한다. 특히 예금인출사태로 인해 많은 은행들이 한꺼번에 부도가 나는 현상을 은행공황(bank panic)이라고 한다. 은행공황의 대표적인 예로는 1930년 말부터 1933년 초까지 미국 전체 은행의 삼분의 일 이상이 부도가 난 것을 들 수 있다. 예금인출사태가 발생하면 당연히 현금보유비중이 높아지게 된다.

셋째, 불법경제행위는 현금통화에 대한 수요를 높인다. 밀수, 마약이나 무기의 거래, 뇌물의 공여 등과 같이 불법적인 거래를 하는 경우에도 지불수단으로서 화폐가 필요하다. 그런데 이 경우 수표나 신용카드를 이용하면 거래를 추적당할 우려가 있으므로 주로 현금이 지불수단으로 이용된다. 따라서, 불법거래가 많을수록 현금에 대한 수요가 높을 것이다. 현금은 세금을 회피하기 위한 수단으로도 이용된다. 세금한 금융기관의 도산이 다른 금융기관에 대한 예금 인출사태(bank run)로 발전하여 연쇄도산을 초래함으로써 전체 금융시스템이 지급불능 사태에 처하는 금융공황을 방지하기 위해 중앙은행은 일시적으로 유동성 부족에 빠진 금융기관에 유동성을 공급하는 최종대부자(lender of last resort) 기능을 수행한다. 최종대부자 기능은 어려움에 빠진 개별 금융기관의 채무를 예금보험의 범위를 초과하여 보증해 줌으로써 제3자가 신용위험에 직면하지 않을 것이라는 확신을 가지게 하여 결제시스템이 훼손되지 않도록 하는 중앙은행의 중요한 기능이다. 베지홋(Walter Bagehot)은 금융위기가 발생할 경우 중앙은행의 재할인율을 0으로 할 것을 제안한 바 있는데 이는 곧 중앙은행이 최종대부자 기능을 수행함을 의미한다.

을 적게 내기 위해서는 소득이나 거래금액을 실제보다 작게 신고하게 되는데, 이 경우에도 실제 거래에 대한 과세기관의 추적을 피하기 위해서 주로 현금이 지불수단으로 이용된다.

이처럼 소득이 발생했음에도 불구하고 보고되지 않아서 국민소득통계에 포함되지 않는 경제행위들을 총칭하여 지하경제(underground economy)라 부른다. 지하경제의 규모가 커질수록 현금에 대한 수요가 커지고 따라서 통화승수가 작아진다. 지하경제는 통화승수에 영향을 줄 뿐만 아니라 국내총생산과 같은 국민소득통계가 실제 경제활동을 과소추정하도록 만든다. 지하경제의 규모에 영향을 주는 대표적인 변수는 세율이다. 세율이 높을수록 탈세유인이 높아지고 지하경제의 규모가 커지게 된다.

초과지급준비율과 통화승수

초과지급준비율이 높아질수록 통화승수의 값이 작아진다. 그 이유는 초과지급준비금을 보유하는 만큼 은행의 대출여력이 낮아지므로 신용창조과정에서의 누출이 발생하기 때문이다. 초과지급준비금을 얼마나 보유할 것인지는 예금은행이 결정하는데, 이는 초과지급준비금 보유에 따른 비용과 편익에 달려 있다. 초과지급준비금 보유에 따른 비용은 기회비용이다. 즉, 초과지급준비금으로 보유하는 대신 대출을 하였으면 벌어들일 수 있었을 이자가 초과지급준비금 보유의 비용이 된다. 따라서 이자율이 높을수록 기회비용이 커지므로 초과지급준비금을 적게 보유하게 되고 통화승수가 커지게 된다.

초과지급준비금 보유에 따른 편익은 갑작스러운 예금인출요구의 증가에 대한 보험을 제공한다는 것이다. 예금인출액이 지급준비금을 초과할 경우 은행이 지급준비금을 확보하기 위해 이용할 수 있는 수단은 대출회수, 보유 유가증권의 매각, 중앙은행 또는 다른 은행으로부터의 차입 등이다. 이 수단으로도 부족하면 은행은 부도를 낼 수밖에 없는데 이에 따른 손실이 얼마나 클지는 쉽게 상상할 수 있다. 따라서 은행부도위험의 증가에 의해 예금인출요구액이 커질 것으로 예상되면 초과지급준비금 보유액을 늘리게 된다.

사례연구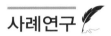

금융실명제와 통화승수

금융실명제는 모든 금융거래를 거래자의 실제 명의로 하는 제도로서 1993년 8월 12일부터 '금융실명거래 및 비밀보장에 관한 긴급명령'에 의해 전격적으로 시행되었다. 이때까지 우리나라의 금융관행으로는 가명거래나 차명거래가 공공연하게 이루어졌다. 그런데 가명 또는 차명거래는 상당 부분이 탈세나 재산의 노출을 기피하기 위한 목적으로 이루어졌기 때문에, 금융실명제가 실시됨에 따라 금융기관으로부터의

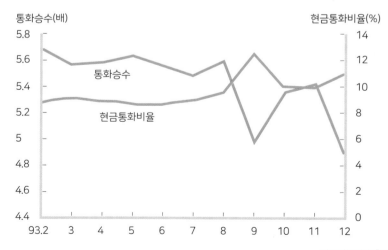

그림 15-3 금융실명제 전후의 통화승수와 현금통화비율

자료: 한국은행 「통화금융」

대량 현금인출과 현금의 퇴장이 우려되었다. 실제로 금융실명제 실시 후에 금고가 날개돈친 듯이 팔렸다는 사실이나 한 정치인이 수억원의 현금을 사과상자에 넣어서 보관하고 있었다는 사실도 이와 같은 우려를 뒷받침해 준다.

정부는 이와 같은 현금인출사태를 우려하여 비실명에 의한 자금인출 금지와 실명전환 의무기간 중 3천만원 이상의 고액 현금인출시 국세청에 통보하도록 하는 등 제도적 장치를 마련하였지만, 실명화를 꺼리는 자금은 금융기관으로부터 인출되었고 그 결과 현금통화비율이 크게 상승했다. [그림 15-3]에서 볼 수 있듯이 현금통화비율은 8월과 9월 사이에 2% 포인트 이상 상승했고, 그 결과 통화승수의 값이 크게 하락했다. 이와 같은 통화승수의 감소는 통화량을 감소시키고 자금시장을 경색시키게 된다. 따라서 통화당국은 9월중 본원통화의 증가율을 전년 동기대비 24.6%로 증가시키는 등 본원통화의 공급량을 크게 증가시킴으로써 통화승수 감소에 따른 자금시장 경색에 대응했다.

---

④ 화폐수요의 결정

만일 여러분이 자신의 화폐수요량이 얼마나 되는지를 알고 싶다면 지갑에 든 현금과 예금통장에 있는 잔고를 더하면 될 것이다. 즉 화폐를 보유하고 있다는 사실 자체가 화폐를 수요하고 있음을 의미하는 것이다. 따라서 화폐수요이론이란 화폐의 보유 동기에 대한 이론이라고 할 수 있다.

화폐수요이론에는 크게 고전학파의 화폐수요이론인 화폐수량설과 케인즈학파의 화폐수요이론인 유동성 선호설이 있다. 제4절에서는 케인즈학파의 화폐수요이론인 유동성 선호설을 소개하고 이 이론이 보몰과 토빈에 의해 어떻게 개선되었는지를 알아본다.

유동성 선호설

유동성 선호설(liquidity preference theory)은 케인즈의 화폐수요이론이다. 케인즈는 화폐보유의 동기로 거래적 동기, 예비적 동기, 그리고 투기적 동기의 세 가지가 있다고 보고 각 동기에 의한 화폐수요를 합한 것이 전체 화폐수요라 하였다.

거래적 동기 거래적 동기(transactions motive)에 의한 화폐수요란 계획된 거래를 하기 위해서 보유하는 화폐의 양을 말한다. 우리는 보통 아침에 "오늘은 지하철을 타고 점심식사를 하고 책을 한 권 사야지"라고 계획하고 이를 위해 필요한 금액만큼의 현금을 준비하여 집을 나서는데 이것이 바로 거래적 동기에 의한 화폐수요다. 거래적 동기에 의한 화폐수요는 소득수준이 높을수록 커진다. 소득수준이 높을수록 계획된 지출규모도 클 것이기 때문이다.

예비적 동기 예비적 동기(precautionary motive)에 의한 화폐수요란 예상치 않은 지출에 대비하여 보유하는 화폐를 말한다. 길을 가다가 우연히 옛 친구를 만나 차를 한 잔 한다든지 지하철이 고장나서 택시를 타는 것은 미리 계획된 지출이 아니다. 우리는 흔히 예상치 않은 지출에 대비하여 비상금을 갖고 다니는데 이것이 바로 예비적 동기에 의한 화폐수요라 할 수 있다.

케인즈는 이와 같은 예비적 동기에 의한 화폐수요 역시 소득수준이 높을수록 커진다고 하였다. 그 이유는 소득수준이 높을수록 예상치 않게 지출을 할 일이 더욱 빈번하게 발생하기 때문이 아니라 소득수준이 높을수록 예상치 않은 지출에 대비하여 더욱 많은 화폐를 보유할 여유가 있기 때문이다. 따라서 예비적 동기에 의한 화폐수요 역시 소득의 증가함수다.

투기적 동기 투기적 동기(speculative motive)에 의한 화폐수요란 앞으로 이자율이 상승하리라고 예상되는 경우 채권대신 화폐를 보유하는 것을 말한다. 거래적 동기와 예비적 동기에 의한 화폐수요가 모두 교환의 매개수단으로서의 기능에 의거한 화폐수요인 반면에 투기적 동기에 의한 화폐수요는 가치저장수단 즉 자산으로서의 화폐에 대한 수요다. 그런데 이자를 지급하는 금융상품들이 있음에도 불구하고 어떻게 이자를 지급하지 않는 화폐가 자산으로서 보유가 될 수 있는 것일까? 그 해답은 다음의 예에서 찾아볼 수 있다.

10,000원을 연리 10%에 일년간 정기예금한다면 월복리로 이자를 계산할 경우 일년 후에 받는 원리금은 $10,000원 \times (1+0.1/12)^{12} = 11,047$원이 된다. 그런데 한 달 후에는 이자율이 상승하여 은행이 지급하는 이자율이 연리 12%가 되리라고 예상된다고 하자. 이 사람이 한 달 동안 현금을 가지고 있다가 12%의 이자율에 11개월 동안 예금한다면 $10,000원 \times (1+0.12/12)^{11} = 11,157$원의 원리금을 받을 수 있다. 즉, 한 달 동안 이자를 벌지 못하는 현금을 보유하더라도 더 높은 수익을 거둘 수 있다. 따라서 앞으로 이자율이 오를 것으로 예상되는 경우에는 일단

현금을 보유하고 있다가 이자율이 상승한 다음에 투자하는 것이 유리할 수도 있는데, 이것이 바로 투기적 동기에 의한 화폐수요다.

앞으로 이자율이 어떻게 변할 것인가에 대한 예측은 사람들마다 다르겠지만 아무래도 현재 이자율이 낮을수록 앞으로 이자율이 상승할 것으로 보는 사람들이 많아지게 된다. 이 사람들은 정기예금이나 채권 대신 화폐를 보유하려고 할 것이므로 투기적 동기에 의한 화폐수요는 이자율이 하락함에 따라 더욱 커지게 된다.

케인즈는 위의 세 가지 동기에 의한 화폐수요를 모두 더해서 전체 화폐수요를 구할 수 있다고 하였으며 그 결과 화폐수요는 다음과 같이 소득과 이자율의 함수로 쓸 수 있다고 하였다.

$$\left(\frac{M}{P}\right)^d = l_T(Y) + l_P(Y) + l_S(i) = L(i, Y) \tag{15-9}$$

위 식에서 $l_T(Y)$, $l_P(Y)$, $l_S(i)$는 각각 거래적 동기, 예비적 동기, 투기적 동기에 의한 화폐수요를 나타내며, 화폐수요함수 L은 소득의 증가함수고 이자율의 감소함수다.

케인즈에 의해 제시된 유동성선호설은 여러 학자들에 의해 보다 체계적인이론으로 발전하게 된다. 특히 새로운 모형들은 이와 같은 화폐수요가 거래비용을 최소화시키거나 효용을 극대화시키기 위한 경제주체의 의사결정의 결과임을 보여줌으로써 화폐수요이론의 미시경제적 기초를 제공하였다. 보몰과 토빈의 현금재고관리모형은 거래적 동기에 의한 화폐수요가 그리고 토빈의 자산선택모형은 투기적 동기에 의한 화폐수요가 어떻게 결정되는지를 보여준다.

보몰과 토빈의 현금재고관리모형

보몰(William Baumol)과 토빈(James Tobin)은 최적 재고관리모형을 이용하여 화폐수요함수를 도출하였다.[3] 먼저 최적 재고관리의 개념을 이해하기 위해 다음의 예를 생각해 보기로 한다. 매일 일정한 개수의 사과를 파는 사과장수가 있다고 하자. 사과

---

3 W. Baumol, "The Transactions Demand for Cash: An Inventory Theoretic Approach," *Quarterly Journal of Economics* 66, 1952.

   J. Tobin, "The Interest Elasticity of the Transactions Demand for Cash," *Review of Economics and Statistics* 38, 1956.

장수가 사과를 팔기 위해서는 가게에 사과를 가지고 있어야 하는데 이것이 바로 재고다. 가게주인은 사과재고가 바닥이 나면 손수 자동차를 몰고 거리가 좀 떨어져 있는 도매상으로 가서 사과를 사 가지고 와야 한다. 그런데, 도매상에 갔다 올 때마다 왕복 교통시간과 기름값을 포함한 운송비용이 고정적으로 든다고 하자. 이 경우 사과장수는 운송비용을 줄이기 위해 한 번 도매상에 갔다 올 때 많은 양의 사과를 사 오는 방안을 고려해 볼 것이다. 그런데 사과장수는 한 번에 너무 많은 양의 사과를 사면 많은 자금이 재고로 묶이게 되며 그만큼 이자부담이 늘어나게 된다는 사실을 발견하게 된다. 결국, 사과장수는 재고를 증가시킴으로써 발생하는 운송비 절감이라는 편익과 이자부담 증가라는 비용을 감안하여 얼마나 자주 도매상에 갈 것인지를 결정할 것이며 이에 따라 가게가 보유하는 사과재고의 양도 결정될 것이다.

이제 최적 재고관리모형을 현금재고관리에 적용해 보기로 하자. 매달 초에 300만 원을 급여로 받아서 이를 모두 한 달(30일)에 걸쳐 매일 10만원씩 지출하는 사람을 생각해 보자. 지출을 하기 위해서는 현금을 지불수단으로 보유해야 한다고 하자. 이 사람은 현금을 보유하는 대신 급여를 은행에 예금하고 필요할 때마다 현금을 인출할 수도 있다. 이 경우에는 처음부터 전액을 현금으로 보유하는 경우에 비해 이자수입을 벌어들일 수 있다는 이점이 있다. 반면에 현금을 적게 보유한다면 현금을 인출하기 위해서 은행을 자주 방문해야 하며 은행에 가기 위해 드는 시간과 교통비 등의 거래비용이 추가적으로 들게 된다. 따라서 현금을 적게 보유하고 예금을 많이 보유함에 따른 이자수입이라는 이득과 거래비용이라는 비용을 저울질하여 최적의 현금관리방안을 결정할 것이다.

실제로 이 사람의 최적 현금관리에 따른 현금수요가 얼마인지를 알아보기 위해 모형을 설정해 보기로 한다. 매기간 초에 벌어들이는 급여를 PY원이라 하자. 여기서 P는 물가수준이고, Y는 실질소득을 의미한다. 은행에 예금하는 경우 한 달 동안의 예금평균잔고 1원에 대해 i원의 이자가 붙는다고 하고, 은행으로부터 현금을 인출하기 위한 거래비용은 인출금액에 관계없이 고정적으로 매번 $P\gamma$원이 든다고 하자. γ는 실질거래비용이다.

먼저 급여가 예금으로 자동이체된다고 가정하고, 이 금액을 모두 현금으로 인출하여 보관하는 경우를 생각해 보자. 이 경우 은행방문은 1회에 그치므로 거래비용은 $P\gamma$원이 된다. 그러나, 이 경우 은행에 예금을 하였더라면 벌 수 있었을 이자를 전혀 벌지 못하게 된다. 이 비용은 실제로 발생하는 비용이 아니라 기회비용인데, 실제 발생한 거래비용에 이 기회비용을 합해야 전체 비용이 계산된다. 기회비용은 현금평균잔고에 대한 이자로 계산할 수 있다.

그림 15-4 인출횟수와 현금잔고

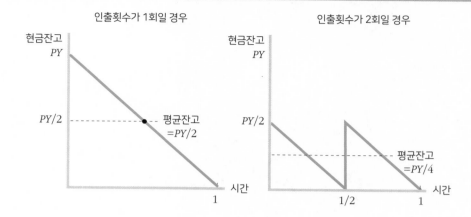

현금잔고는 매일매일의 지출이 이루어짐에 따라 [그림 15−4]에서와 같이 일정한 속도로 감소하며, 현금평균잔고는 삼각형의 면적과 같다. 즉, 현금잔고는 $PY/2$가 된다. 따라서 $n=1$일 경우 즉, 급여를 모두 현금으로 인출하여 보관할 경우의 전체 현금관리비용은 $P\gamma + (PY/2)i$가 된다.

다음으로는 전체 급여의 절반만 월초에 인출하고 나머지는 예금으로 남겨둔 다음, 15일이 지난 후에 나머지 예금을 모두 현금으로 인출하는 경우를 보자. 이 경우에는 은행방문이 2회가 되므로 거래비용은 $2P\gamma$원이 된다. 이 경우의 현금잔고는 [그림 15−4]에서와 같이 변하며, 현금평균잔고는 두 삼각형의 면적의 합과 같으므로 $2 \times (1/2) \times (1/2) \times (PY/2) = PY/4$ 가 된다. 따라서 총비용은 $2P\gamma + (PY/4)i$가 된다.

이제 일반적으로 전체 급여를 n회에 걸쳐 고르게 인출하는 경우를 생각해 보자. 이 경우의 현금평균잔고는 $n \times (1/2) \times (1/n) \times (PY/n) = PY/2n$이 되므로 전체비용은 다음과 같이 인출횟수의 함수로 표현될 수 있다.

$$TC(n) = nP\gamma + \frac{PY}{2n}i \tag{15-10}$$

[그림 15−5]는 인출횟수에 따른 총비용의 변화를 보여준다. 거래비용은 인출횟수에 비례하여 증가하는 반면 이자손실비용은 인출횟수의 감소함수이므로 최적 현금관리를 위해서는 그림에서의 n^*와 같이 두 비용의 합을 최소화하는 n의 값을 구해야 한다. n이 모든 실수값을 취할 수 있다면 이는 $TC(n)$을 n에 대해 미분한 값이 0이

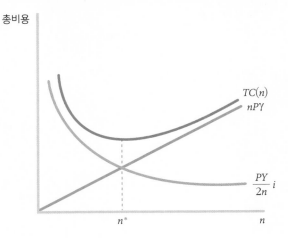

그림 15-5 현금관리비용과 최적 인출횟수

인출횟수 n이 증가함에 따라 기회비용으로서의 이자손실은 감소하나 거래비용은 증가하며, 두 비용을 합한 총 현금관리비용은 인출횟수가 n^*일 때 최소화된다.

되도록 하는 n값을 구함으로써 가능하다.[4]

$$n^* = \sqrt{\frac{iY}{2\gamma}} \tag{15-11}$$

즉, 이자율이 높을수록 또는 거래비용이 낮을수록 현금인출횟수를 늘리게 된다. 소비자가 선택하는 화폐수요는 인출횟수가 n^*일 경우의 현금평균잔고로 볼 수 있다. 따라서 현금잔고에 대한 수요는 다음과 같이 구할 수 있다.

$$M^* = \frac{PY}{2n^*} = P\sqrt{\frac{\gamma Y}{2i}} \tag{15-12}$$

위의 화폐수요를 실질잔고에 대한 수요로 나타내면 다음과 같다.

---

4 실제로는 n은 양의 정수값 밖에 취하지 못하므로 $TC(n)$을 극소화시키는 n의 값을 n^*라 하고, n^*보다 작은 최대의 정수값을 n'라 할 때, 실제로 선택되는 n의 값은 n'와 $n'+1$ 중에서 $TC(n)$이 더 작은 값을 가지도록 하는 값이 될 것이다.

$$\left(\frac{M}{P}\right)^d = \sqrt{\frac{\gamma Y}{2i}} \qquad\qquad (15\text{-}13)$$

위 식에 따르면 소득이 높을수록 화폐수요는 증가하며 이자율이 높을수록 화폐수요가 감소한다. 또한 화폐 이외의 자산을 화폐로 전환하는 데에 드는 거래비용이 높을수록 화폐수요가 증가한다.

토빈의 자산선택모형

자산선택모형은 자산으로서의 화폐수요가 어떻게 결정되는지를 보여주는 모형이다. 그런데 화폐는 보유기간에 관계없이 명목수익률이 항상 0으로 고정되어 있으므로 이자를 지급하는 채권에 비해 기대수익률이 낮은 자산이다. 과연 기대수익률이 낮은 화폐를 자산으로 보유하는 것이 타당한 것일까?

이에 대한 대답은 채권이나 주식에 대한 투자로부터 실현되는 수익률이 변화할 가능성이 있다는 데에 있다. 실현된 수익률이 투자당시 기대했던 수익률과 달라질 가능성을 투자에 따른 위험(risk)이라 하는데, 화폐는 수익률이 낮은 대신 위험이 전혀 없기 때문에 자산으로서 보유된다는 것이다.

모든 자산이 화폐와 위험자산의 두 가지만으로 구성된다고 하자. 위험자산에는 채권과 주식 등이 포함될 것이다. 〈표 15-5〉는 두 자산에 투자했을 때의 수익률의 기대값과 표준편차를 보여준다. 일반적으로 화폐는 다른 자산보다 기대수익률이 낮으므로 $R_M < R_E$라 가정한다. 표준편차는 위험의 정도를 나타내는데, 화폐투자수익의 표준편차가 0이라 함은 화폐가 수익률이 변동할 위험이 없는 무위험자산(risk-free asset)임을 의미한다.

[그림 15-6]은 가로축을 표준편차로, 세로축을 기대수익률로 하여 화폐와 위험

● 표 15-5 화폐와 위험자산에 대한 투자수익의 기대값과 표준편차

	기대수익률	표준편차(위험도)
화폐	R_M	0
위험자산	R_E	σ_E

그림 15-6 자산선택모형

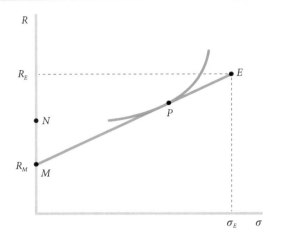

M점은 화폐보유로부터의 기대수익률과 위험도를 나타낸다. E점은 위험자산을 나타 낸다. 투자자는 M과 E를 이은 직선상의 점들 가운데 자신의 효용을 극대화시키는 P 점을 선택하며, 그 결과 화폐와 위험자산을 모두 보유한다.

자산을 나타낸 것이다. 그림에서 M점은 화폐보유로부터의 기대수익률과 위험도를 나타내며, E점은 위험자산을 보유하였을 경우의 기대수익률과 위험도를 나타낸다. 투자자는 M점이나 E점뿐만 아니라 M과 E를 이은 직선상의 모든 점을 선택할 수 있 다. 이 점들은 화폐와 위험자산을 섞음으로서 선택이 가능한데 M점에 가까울수록 화폐보유비중이 높음을 나타낸다. 직선상의 점들 중에서 어떤 점을 선택하는지는 투 자자의 선호체계에 달려 있다.

이제 투자자들이 다음과 같은 효용함수를 가지고 있다고 하자.

$$U = u(R, \sigma), \qquad \frac{du}{dR} > 0, \qquad \frac{du}{d\sigma} < 0 \qquad\qquad (15\text{-}14)$$

위 식에서 표준편차가 커짐에 따라 효용이 감소하는 것은 투자자가 위험기피적인 태도를 가지고 있음을 의미한다. 위와 같은 선호체계를 무차별곡선으로 그리면 그림 에서와 같이 우상향하는 곡선이 된다. 이 무차별곡선은 좌상방향으로 움직일수록 높 은 만족도를 가진다. 따라서, 투자자들이 선택하는 점은 무차별곡선과 직선이 접하 는 점인 P점이 될 것이다. P점에서는 화폐와 주식을 모두 보유한다.

그런데 자산으로서의 화폐수요는 화폐보다 높은 수익률을 지급하는 무위험자산이 있는 경우에는 그 근거가 사라지게 된다. 예를 들어 [그림 15-5]의 N점에 해당하는 자산이 존재한다면 자산으로서의 화폐수요는 0이 될 수밖에 없다. 실제로 새로이 등장한 금융상품 중에는 이와 같은 성격을 가진 자산이 있다.

그러나 자산으로서의 화폐수요가 존재하지 않는다 하더라도 화폐수요가 이자율의 감소함수라는 케인즈의 주장은 여전히 타당하다. 왜냐하면 보몰과 토빈이 현금재고 관리모형을 통해 교환의 매개수단으로서의 화폐수요도 이자율의 감소함수임을 보였기 때문이다.

화폐수요함수의 추정

과연 화폐수요가 이자율의 감소함수인지를 확인하기 위해서는 실제 자료를 이용하여 화폐수요함수를 추정해 보면 된다. 그 대표적인 연구로는 1952년부터 1972년까지의 자료를 이용하여 미국의 화폐수요함수를 추정한 골드펠트(Stephen Goldfeld)의 연구를 들 수 있다. 이 연구에서는 보몰과 토빈의 모형을 토대로 하여 추정을 위한 계량경제모형을 다음과 같이 설정하였다.

$$\log\left(\frac{M}{P}\right) = \alpha_0 + \alpha_1 \log\left(\frac{M}{P}\right)_{-1} + \alpha_2 Y + \alpha_3 i \tag{15-15}$$

위 식에서 $(M/P)_{-1}$은 한 기간 전의 화폐실질잔고를 나타내는데 이 항이 들어간 이유는 화폐실질잔고가 소득과 이자율 수준에 의해 결정되는 화폐수요와 같아지도록 조정되는 데에 시간이 걸린다는 사실을 반영한 것이다.

표 15-6 *M*1화폐수요의 탄력성 추정결과

	Y	정기예금금리	기업어음금리
단기탄력성	0.19	−0.045	−0.019
장기탄력성	0.68	−0.160	−0.067

자료: S.M. Goldfeld, "The Demand for Money Revisited," *Brookings Papers on Economic Activity* 3, 1973.

(15-15)식을 추정한 결과는 〈표 15-6〉에 제시되어 있다. 추정결과에 따르면 소득의 증가는 화폐수요를 증가시키는데, 화폐수요의 소득탄력성은 단기에 있어서 0.19, 장기에 있어서 0.68로 추정되었다. 이는 소득이 1% 증가하는 경우 화폐수요는 같은 분기 중에 0.19% 증가함을 의미한다. 이자율은 정기예금금리를 사용한 경우나 기업어음금리를 사용한 경우에 있어서 모두 화폐수요에 부의 영향을 미치는 것으로 나타났다. 따라서, 〈표 15-6〉의 추정결과는 그 부호에 있어서 보몰과 토빈의 모형을 지지해 준다.

그러나 이와 같은 계량경제기법을 이용한 화폐수요함수의 추정이 항상 성공적인 것만은 아니었다. 골드펠트에 의해 추정된 화폐수요함수는 불과 몇 년도 되지 않은 1970년대 중반에 들어 미국의 화폐수요를 과대예측하는 것으로 나타났다. 이와 같은 발견은 그의 후속 논문에서 잘 지적되고 있는데, 이 논문의 제목은 '사라진 화폐 사건(the case of the missing money)'이라고 붙여졌다.[5]

알고 보면 이와 같은 발견이 보몰과 토빈의 모형의 문제점을 의미하는 것은 아니다. 나중에 알려진 것이지만 이는 1970년대 어느 시점에 미국의 화폐수요함수에 구조적인 변화가 있었음을 의미한다. 이 구조적 변화의 원인은 1970년대에 발생한 금융혁신과 은행에 대한 규제완화(deregulation)였다.

예를 들어 현금자동인출기가 보급되고 전화를 이용한 자금이체가 널리 사용됨에 따라, 사람들은 구태여 금융기관에 가지 않더라도 화폐 이외의 금융자산을 화폐로 전환시킬 수 있게 되었는데 이는 거래비용(γ)의 감소를 의미한다. 이 경우 소득과 이자율 수준이 동일하다면, (15-13)식에 의해 화폐수요가 감소하게 된다. 이외에도 신용카드(credit card)가 화폐를 대신해서 지불수단으로 사용되는 것도 화폐수요를 감소시키는 원인이 된다. 화폐수요를 소득과 이자율의 함수로만 추정한 (15-15)식으로는 이와 같은 요인에 의한 화폐수요의 감소를 잡아낼 수가 없다.

⑤ 화폐수량설과 화폐의 유통속도

케인즈학파와는 달리 고전학파는 화폐수요가 이자율에 대해 민감하게 반응하지 않음을 주장하였다. 고전학파의 화폐수요이론으로는 거래수량설과 현금잔고수량설

---

5 S.M. Goldfeld, "The Case of the Missing Money," *Brookings Papers on Economic Activity* 3, 1976.

이 있는데 이 두 이론을 합하여 화폐수량설(quantity theory of money)이라 부른다. 제5절에서는 화폐수량설과 이를 개선시킨 프리드먼의 신화폐수량설에 대해 알아본다.

거래수량설

거래수량설은 교환의 매개수단으로서의 화폐의 기능을 강조하는 이론이다. 이 이론은 피셔(Irving Fisher)의 교환방정식으로부터 시작한다. 피셔는 일정 기간 동안에 어떤 경제에서 이루어진 모든 거래를 성사시키기 위해서는 화폐가 평균적으로 몇 번씩 지출되어야 하는가에 대해 관심을 가졌는데 이를 화폐의 유통속도(velocity of money)라고 한다. 어떤 경제에서 일정한 기간동안의 전체 거래량이 T이고, 거래당 평균단가가 P라면 거래규모는 PT가 된다. 만일 이 경제에 존재하는 화폐의 양이 M이라면 PT만큼의 거래를 이루기 위해서 모든 화폐가 평균적으로 지출되었을 회수는 다음과 같이 구할 수 있다.

$$V = \frac{PT}{M} \tag{15-16}$$

피셔는 화폐의 유통속도는 지불과 관련된 기술이나 관습에 의해 영향을 받으므로 단기적으로는 일정하다고 주장한다. V가 단기적으로 일정하다면 화폐의 유통속도를 정의하는 (15−16)식은 화폐의 수요가 얼마인지를 가르쳐주는 식이 될 수가 있는데, 그 이유는 다음과 같다. 어떤 경제에서 일년 동안의 거래규모가 10조원이고, 화폐의 유통속도가 5라고 하자. 모든 거래를 위해서 지불수단인 화폐가 필요하다면 10조원 규모의 거래를 위해서는 화폐가 10조원 지출되어야 한다. 그런데 각 화폐는 평균적으로 5번 지출되므로 10조원에 달하는 거래들을 성사시키기 위해서는 이 경제에는 2조원의 화폐가 있어야 하며 이것이 바로 화폐수요가 된다는 것이다.

(15−16)식에서 분자에 거래규모 대신 국민소득을 넣으면 국민소득을 창출하는 데 필요한 거래를 하기 위해서 모든 화폐가 평균적으로 지출되는 회수를 구할 수 있는데, 이를 화폐의 소득유통속도(income velocity of money)라 한다.

$$V = \frac{PY}{M}$$

여기서 PY는 명목국민소득을 나타낸다. 화폐의 소득유통속도가 단기적으로 일정하다면, 위 식은 국민경제가 PY의 국민소득을 창출하는 데 필요한 거래를 성사시키기 위해 화폐가 얼마나 필요한지를 보여준다. 즉,

$$M^d = \frac{1}{V}PY = kPY \qquad (15\text{-}17)$$

위 식에서 k는 화폐의 소득유통속도의 역수와 동일한 값을 갖는 상수다. 그러므로 위 식에 따르면 화폐수요는 명목국민소득만에 의해 결정된다고 할 수 있다.

현금잔고수량설

현금잔고수량설은 영국의 케임브리지대학을 중심으로 발전한 이론이다. 이 이론은 교환의 매개수단으로서의 기능보다는 가치저장수단으로서의 화폐의 기능을 강조하였다. 즉, 자산으로서의 화폐에 대한 수요를 인정한 것이다.

현금잔고수량설은 자산으로서의 화폐수요는 전체 재산에 비례한다고 보았다. 그런데 소득이 높을수록 재산이 많이 축적될 것이므로 결국 화폐수요는 소득수준에 비례할 것이라고 주장한다. 따라서 현금잔고수량설에 따른 화폐수요함수는 다음과 같이 쓸 수 있다.

$$M^d = kPY \qquad (15\text{-}18)$$

위 식에서의 상수 k를 특히 마샬의 k(Marshallian k)라 부른다.

현금잔고수량설의 화폐수요함수는 거래수량설의 화폐수요함수와 동일한 식을 가지므로 두 이론이 동일한 것으로 여겨지나 사실 두 이론은 화폐의 중심기능을 다르게 본다는 점에서 중요한 차이가 있다.

화폐의 유통속도

거래수량설이나 현금잔고수량설은 모두 화폐의 소득유통속도가 일정함을 전제로

하고 있다. 그러나 화폐의 소득유통속도는 단기적으로 변동이 심하다. 특히 호황일 경우에는 유통속도가 빨라지고 불황일 경우에는 늦어지는 경기순행적(procyclical) 움직임을 보인다. 거래수량설이나 현금잔고수량설로는 이와 같은 화폐의 유통속도의 단기적 움직임을 설명할 수 없다.

그렇다면 과연 유동성선호설은 이와 같은 움직임을 설명할 수 있는 것일까? 화폐시장이 균형을 이룰 경우 통화량은 화폐수요와 일치하므로 M/P 대신 화폐수요함수인 $L(i, Y)$를 대입하면 다음의 식을 구할 수 있다.

$$V = \frac{PY}{M} = \frac{Y}{M/P} = \frac{Y}{L(i, Y)} \tag{15-19}$$

경기상승기에는 국민소득과 이자율이 함께 상승하는 경향이 있다. 이자율의 상승은 위 식에서 분모의 값을 낮추고 따라서 소득유통속도의 값을 높인다. 그런데 국민소득의 경우에는 분모와 분자의 값을 모두 증가시킨다. 그러나 국민소득의 증가에 따른 화폐수요의 증가분은 국민소득 증가분에 못 미치기 때문에[6] 국민소득의 증가도 소득유통속도의 값을 높이게 된다.

신화폐수량설

화폐수량설은 화폐의 소득유통속도가 단기적으로 변동한다는 사실을 설명할 수 없다는 점에서 비판을 받는다. 이에 따라 프리드먼(Milton Friedman)은 소득유통속도의 단기적 변동을 설명할 수 있도록 화폐수량설을 발전시켰는데 이를 신화폐수량설(new quantity theory of money)이라 한다.[7] 프리드먼은 케임브리지학파의 전통을 계승하여 화폐가 자산의 한 형태로서 수요된다고 보았다. 즉, 화폐수요도 다른 대체자산의 수익률, 부의 규모, 자산보유자의 취향 등과 같이 일반적으로 자산의 수요를 결정하는 변수들에 의해 결정된다고 보았고 이에 따라 다음과 같은 화폐수요함수를 제시하였다.

$$\left(\frac{M}{P}\right)^d = f(i_b \overset{-}{} i_m, \; i_e \overset{-}{} i_m, \; \pi^e \overset{-}{} i_m, \; \overset{+}{h}, \; \overset{+}{Y^P}) \tag{15-20}$$

6 화폐수요의 소득탄력성이 1보다 작은 경우, 즉 화폐수요가 소득에 대해 비탄력적인 경우를 말한다.

7 M. Friedman, "The Quantity Theory of Money: A Restatement," in M. Friedman (ed.), *Studies in the Quantity Theory of Money*, University of Chicago Press, 1956.

위 식에서 Y^p는 항상소득을 나타낸다. 프리드먼에 있어서 항상소득은 비인적자산과 인적자산을 포함하는 부(wealth)에 해당하는 개념이다. 일반적으로 전체 보유자산의 규모가 모두 클수록 개별 자산에 대한 수요도 증가할 것이므로 화폐수요는 항상소득의 증가함수다.

h는 인적자산(human wealth) 대 비인적자산(non-human wealth)의 비율을 나타낸다. 프리드먼은 인적자산은 유동성이 낮은 자산이므로 전체 자산의 규모가 동일하다면 인적자산의 비중이 높을수록 유동성을 확보하기 위해 화폐수요가 증가할 것이라고 보았다.

i_b와 i_e는 각각 채권과 주식으로부터의 기대되는 투자수익률을 나타내며 i_m은 화폐를 보유할 경우 기대되는 투자수익률을 나타낸다. π^e는 예상물가상승률인데 이는 실물자산을 보유할 경우 기대되는 투자수익률을 대표한다. 기대수익률이 높을수록 각 자산에 대한 투자수요가 증가하므로 채권, 주식, 실물자산 등에 대한 투자로부터 기대되는 수익률이 화폐를 보유할 경우 기대되는 수익률보다 클수록 화폐에 대한 수요는 작아질 것이다. 그런데 프리드먼은 실제로는 이들 기대수익률이 화폐수요에 미치는 영향은 매우 작다고 주장하였다. 그 이유는 화폐 이외의 대체적인 자산으로부터의 기대수익률이 상승하면 이들과 경쟁관계에 있는 화폐로부터의 기대수익률도 상승하기 때문이다. 화폐보유로부터의 수익률을 기대할 수 있는 것은 첫째로, 통화지표에 포함된 금융상품 중에는 자유저축예금과 같이 이자를 지급하는 상품이 있으며 둘째로, 통화지표에 포함된 금융상품은 공공요금의 자동이체와 같은 서비스를 무료로 제공하기 때문이다. 보다 높은 수익률을 좇아 예금이 인출되는 것을 막기 위해 금융기관들도 지급이자율을 인상하거나 서비스의 강도를 높일 것이다. 결국 화폐와 대체적인 자산 간의 기대수익률간 격차는 이전과 비슷한 수준으로 유지될 것이며, 따라서 화폐수요에도 큰 변화가 없을 것이다.

화폐수요가 기대수익률에 대해 민감한 반응을 보이지 않는다는 점을 감안한다면 화폐수요를 주로 결정하는 것은 항상소득이라 할 수 있다. 따라서 프리드먼의 화폐수요함수는 다음과 같이 고쳐 쓸 수 있다.

$$\left(\frac{M}{P}\right)^d = L(Y^p)$$

이 화폐수요함수를 이용하면 화폐의 소득유통속도는 다음과 같은 식에 의해 결정됨을 알 수 있다.

$$V = \frac{Y}{L(Y^p)}$$

경기변동에 따라 국민소득(Y)은 증감하나 항상소득(Y^p)은 느리게 반응한다. 따라서 경기상승기나 하락기에 있어서 분자의 변화가 분모의 변화보다 크게 되며 따라서 경기상승(하락)에 따라 소득유통속도도 상승(하락)하는 현상이 나타나게 된다. 즉, 신화폐수량설은 화폐수요가 이자율에 민감하지 않음을 주장하면서도 화폐의 소득유통속도가 경기순행적으로 변동하는 현상을 설명할 수 있다.

1 화폐의 주요한 경제적 기능으로는 교환의 매개수단, 계산의 단위, 가치의 저장수
단을 들 수 있다.

2 협의통화($M1$)는 화폐의 지불수단으로서의 기능을 중시한 지표로서 민간이 보유하
고 있는 현금과 예금취급기관의 결제성예금의 합으로 정의된다. 광의통화($M2$)는
지급결제기능에 가치저장수단으로서의 기능까지 포함시킨 지표로서, 기간물 정기
예적금 및 부금, 거주자 외화예금, 양도성 예금증서 등의 합으로 구성된다. 한편
한국은행은 전체 유동성의 크기를 측정하기 위하여 최광의의 통화지표로서 유동
성(L)지표를 개발하였다.

3 중앙은행이 공개시장매입, 재할인 대출, 해외자산 취득, 대정부 대출 등으로 시장
에 공급한 본원통화는 신용창조과정을 통해 자신의 몇 배에 달하는 통화를 창출
한다.

4 케인즈학파의 화폐수요이론인 유동성선호설에 따르면 화폐보유의 동기에는 거래
적 동기, 예비적 동기, 투기적 동기의 세 가지가 있으며, 소득이 높을수록 거래적
동기와 예비적 동기의 화폐수요가 높아지며, 이자율이 낮을수록 투기적 동기의 화
폐수요가 높아진다.

5 보몰과 토빈의 현금재고관리모형은 화폐보유의 거래적 동기를 강조하며 소득이
높을수록, 이자율이 낮을수록, 그리고 거래비용이 높을수록 화폐수요가 증가함을
보여준다. 토빈의 자산선택모형은 무위험자산으로서의 화폐수요를 설명하였다. 이
두 모형은 모두 화폐수요가 이자율의 감소함수라는 케인즈의 주장을 뒷받침한다.

6 고전학파의 화폐수요이론인 화폐수량설은 교환의 매개수단을 강조한 거래수량설
과 가치저장수단을 강조한 현금잔고수량설로 구성된다. 화폐수량설에 따르면 화폐
수요는 명목소득 수준에 비례한다. 화폐수량설은 화폐의 소득유통속도가 일정함을
전제로 하고 있는데, 이는 소득유통속도가 경기순행적인 변동을 보이는 현실과는
괴리가 있다.

7 프리드먼의 신화폐수량설은 화폐수요가 항상소득에 의해 결정된다고 보았다. 이
이론은 화폐수요가 이자율에 민감하지 않음을 주장하면서도 화폐의 소득유통속도
가 경기순행적으로 변동하는 현상을 설명할 수 있다.

주요 용어

- 화폐의 기능
- 교환의 매개수단
- 계산의 단위
- 가치의 저장수단
- 유동성
- 통화
- 협의통화
- 광의통화
- 총통화
- 유동성지표
- 통화지표
- 금융혁신
- 규제완화
- 현금통화

- 필요지급준비금
- 초과지급준비금
- 본원통화
- 부분지급준비제도
- 본원적 예금
- 예금창조
- 신용창조
- 신용승수
- 신용팽창
- 통화승수
- 고력통화
- 예금인출사태의 전염
- 은행공황
- 유동성선호설

- 거래적 동기
- 예비적 동기
- 투기적 동기
- 현금재고관리모형
- 자산선택모형
- 위험자산
- 무위험자산
- 거래수량설
- 소득유통속도
- 현금잔고수량설
- 마샬의 k
- 신화폐수량설

연습문제

1 통화안정증권은 한국은행이 원리금 지급의무를 지고 발행하는 한국은행의 부채다. 통화안정증권을 발행하는 경우 어떻게 본원통화를 감소시키게 되는지를 한국은행의 대차대조표를 이용하여 설명하라.

2 민간의 현금통화비율이 0.3이고, 총지급준비율이 0.45라고 한다면 1단위의 본원통화의 증가는 통화량을 몇 단위 증가시키는가?

3 총통화($M2$)에 대한 통화승수를 구해보자. 총통화에는 현금(C)과 요구불예금(D)에 저축성예금(T)이 추가된다. 요구불예금과 저축성예금에 대한 지급준비율이 각각 r_D와 r_T이고, 초과지급준비율은 요구불예금과 저축성예금에 있어서 모두 r_E이며, 총통화 중 현금과 저축성예금의 비중이 각각 c와 t라 할 때 총통화에 대한 통화승수를 도출해 보라.

4 화폐공급량이 이자율이 증가함수로 표현될 수 있는 이유를 설명하라.

5 화폐의 유통속도를 $V=PY/M$으로 정의할 때 화폐유통속도가 매년 일정하다면 중앙은행은 그 해의 물가상승률 예측치와 경제성장률 목표를 감안하여 통화량의 증가율을 결정할 수 있다.

(1) 올해 물가상승률이 5%로 예측되고 경제성장률 목표가 2%일 때, 올해 통화량을 얼마나 증가시키면 될 것인가?

(2) 화폐수요가 다음과 같이 표현된다고 하자.

$M/P=kY-hi$

화폐유통속도를 도출하라. V는 무엇에 의존하는가?

(3) 경제에서의 어떤 변화가 V에 영향을 줄 수 있는가? $h>0$인 경우와 $h=0$인 경우를 모두 생각해 보자.

(4) 위에서 설명한 중앙은행의 통화증가율 결정방법은 화폐수요가 이자율에 민감하지 않을 때만 유용함을 설명하라.

6 아래와 같은 변화가 발생할 경우 $M1$과 $M2$에 각각 어떤 변화를 가져올 것인지를 평가하라. 각 변화와 관련된 화폐의 기능은 무엇인가?

(1) 은행에 24시간 예금을 찾을 수 있는 현금지급기가 생겼을 경우

(2) 당신의 거래은행이 입출금 담당 은행원을 고용한 경우

(3) 예상물가상승률이 증가할 경우

(4) 신용카드가 널리 이용될 경우

(5) 정부가 갑작스런 붕괴 위험에 처할 경우

(6) 정기예금의 이자율이 증가할 경우

7 자산선택이론에 근거한 토빈의 화폐수요함수를 상정하고, 이자율 상승에 따른 채권수익률의 증가가 채권에 대한 수요와 현금에 대한 수요에 미칠 영향을 그림으로 설명하라.

8 우리나라는 1993년 8월 12일부터 '금융실명거래 및 비밀보장에 관한 긴급명령'에 의해 금융실명제를 전격적으로 시행하였다. 정부는 1993년 8월과 9월 사이 통화 공급을 대폭 증가시켰다. 그러면서 정부는 '통화를 공급해도 물가가 오르지 않는다'고 주장하며 국민을 안심시켰는데, 정부의 이러한 주장은 어떤 근거를 갖고 있는지 설명하라.

9 어떤 사람이 매달 160만원을 벌어서 균등하게 지출한다고 하자. 저축예금으로부터의 이자율은 매달 0.5%이고, 저축예금 인출시의 거래비용이 매회 1,000원이라고 하자.

(1) 전체 현금관리비용을을 최소화하는 인출횟수를 결정하라. 단 인출횟수는 정수여야 한다.

(2) 개인의 평균 현금잔고는 얼마인가?

(3) 월급이 180만원으로 증가하면 개인의 화폐수요는 몇 % 변화하는가?

10 (2014년 5급 행정고시) 투자자 A는 확정수익률 6%인 무위험자산(risk-free asset)과 기대수익률 9%, 표준편차 3%인 위험자산(risk asset)으로 구성된 시장포트폴리오에 전 재산을 투자한다. 투자자 A가 보유하고 있는 전 재산은 1이고, 이 중 위험자산에 x만큼 투자할 때, 다음 물음에 답하라.

(1) A가 보유한 시장포트폴리오의 기대수익률(r_P)과 표준편차(σ_P) 간의 관계식을 도출하고, 그래프를 활용하여 위험성의 가격(price of risk)을 설명하라. (단, 그래프의 수직축은 기대수익률(r_P), 수평축은 표준편차(σ_P)로 표시한다)

(2) A의 효용함수가 다음과 같이 주어졌을 때, 효용함수의 특성을 설명하고 시장포트폴리오의 최적 기대수익률(r_P)과 표준편차(σ_P)를 구하라.

A의 효용함수: $u(r_P, \sigma_P)=\min(r_P, B-\sigma_P)$, $B=10\%$

(3) A가 효용을 극대화하기 위해 전 재산의 얼마만큼을 위험자산에 투자할지를 구하라.

11 (2018년 5급 행정고시) 아래 표와 같은 보상이 제공되는 두 개의 금융상품 R과 F가 있다. A의 효용함수는 화폐금액 W에 대하여 $U(W)=\sqrt{W}$이며, 폰 노이만-모르겐슈턴 기대효용(von Neumann-Morgenstern expected utility)체계를 따른다고 한다. 다음 질문에 답하라.

(단위: 원)

경기상황	확률	R	F
호황	1/2	100	50
불황	1/2	0	50

(1) 금융상품 R과 F의 기대보상금액, 보상금액의 표준편차, 그리고 이 금융상품들로부터 누리게 되는 A의 기대효용을 각각 계산하라.

(2) A는 금융상품 R과 F가 각각 y단위와 $(1-y)$단위로 구성된 포트폴리오를 보유

하고 있다. 이 포트폴리오의 기대보상금액과 표준편차, 그리고 기대효용을 각각 y의 함수로 계산하라. y가 증가하면 포트폴리오의 기대보상금액, 표준편차 및 기대효용이 어떻게 변화하는지 보여라(단, $0 \leq y \leq 1$이라고 가정한다).

(3) 금융상품 R과 F의 가격이 동일하다고 하자. A가 위 (2)번에서 구성한 포트폴리오의 y를 임의로 선택할 수 있다고 할 때, A의 기대효용을 극대화시키는 y값을 계산하라(단, $0 \leq y \leq 1$이라고 가정한다).

(4) 시장의 모든 투자자들이 A와 동일한 효용함수를 가지고 있다면, 위 (3)번에서와는 달리 금융상품 R과 F의 가격이 동일할 수 없다는 것을 논증하라.

Chapter
16
통화정책

통화량 또는 이자율은 주요 거시경제변수와 어느 정도 상관관계를 가지고 있다. 통화정책은 이와 같은 관계를 이용하여 통화량 또는 이자율을 조절함으로써 거시경제변수에 영향을 미치고자 하는 정책이다. 제16장에서는 통화정책의 운용체계와 전략에 대해서 설명하고, 물가안정목표제와 양적완화 통화정책에 대해 알아보는 한편, 테일러준칙 통화정책하에서의 거시경제균형에 대해서 알아본다.

❶ 통화정책의 운용

통화량이나 이자율을 조절하여 경기안정과 물가안정 등의 목표를 달성하고자 하는 정책을 통화정책(monetary policy)이라 한다. 중앙은행이 통화정책을 수행하기 위해서 주로 채택하고 있는 운용체계는 [그림 16-1]에서와 같이 정책수단, 운용목표, 중간목표, 최종목표로 구성된다.

통화정책의 수단이란 통화정책당국이 정책목표를 달성하기 위하여 직접 통제할 수 있는 정책도구를 말한다. 그런데 통화당국이 통화정책수단을 조절하여 그 효과가 최종목표에 영향을 미치기까지는 매우 긴 시간이 걸린다. 따라서 정책수단과 최종목표 사이에 중간변수를 정해 두고 이를 관찰하여 정책수단을 조절함으로써 궁극적으

> **그림 16-1 통화정책 운용체계의 기본구조**

정책수단 → 운용목표 → 중간목표 → 최종목표

로 최종목표를 달성하는 전략을 택하는데 이를 중간목표라 한다. 운용목표는 통화정책의 단기 운용지침을 말한다.

통화정책의 최종목표란 통화정책이 실현하고자 하는 국민경제상의 목표를 말한다. 일반적으로 거시경제정책의 목표로는 완전고용의 달성, 물가의 안정, 국제수지의 균형 등을 들 수 있는데 이들이 곧 통화정책의 목표라고도 할 수 있다. 이 이외에도 금융시장의 안정성과 건전성을 유지하는 것도 통화정책의 목표에 포함될 수 있다.

통화정책의 수단

통화정책의 수단이란 통화정책당국이 통화량이나 이자율에 영향을 미치기 위하여 사용할 수 있는 정책도구를 말한다. 통화정책의 수단은 크게 일반적 정책수단과 선별적 정책수단으로 나눌 수 있다. 일반적 정책수단이란 정책의 효과가 국민경제의 전반에 영향을 미칠 수 있는 정책수단을 말하며, 선별적 정책수단이란 정책효과가 국민경제의 어느 특정 부문에만 선별적으로 영향을 미치는 정책수단을 말한다. 일반적 정책수단에는 공개시장운영, 재할인율정책, 지급준비율정책 등이 있다.

공개시장운영 공개시장운영(open market operation)이란 중앙은행이 채권시장에서 금융기관 등으로부터 국공채 등의 유가증권을 매입하거나 매각함으로써 통화량을 조절하는 것을 말한다. 유가증권을 매입하는 경우 통화량이 늘어나고, 매각하는 경우 통화량이 줄어든다. 미국의 경우에는 국채인 재무성증권(Treasury bill)의 발행규모가 크고, 유통시장이 잘 발달되어 있기 때문에 미국의 중앙은행인 연방준비제도(the Federal Reserve System)는 재무성증권을 매매함으로써 공개시장운영을 하여왔다. 한국은행도 금융시장에서 금융기관을 상대로 국채 등의 증권을 매매함으로써 통화량을 조절한다. 한국은행의 증권매매는 단순매매와 일정기간 이후 증권을 되사거나 되파는 환매조건부매매(repurchase agreements, RP)가 있다.

재할인율정책 재할인율정책이란 중앙은행이 금융기관에 빌려주는 대출금에 대한 이자율을 높이거나 낮춤으로써 본원통화량을 조절하는 정책수단이다. 재할인(rediscount)이란 예금은행이 대출을 하면서 받은 어음을 중앙은행이 매입하는 것을 말하는데, 매입대금을 현금이나 지준예치금 증액의 형태로 지불함으로써 본원통화가 증가하게 된다. 어음은 약정기일에 얼마의 금액을 지급하겠다는 약속이므로 중앙은행은 어음을 할인하여 매입함으로써 이자를 받게 된다. 이때 적용되는 할인율을 재할인율(rediscount rate)이라 하는데, 재할인율이 높을수록 이자율을 높게 받는 셈이다. 중앙은행이 본원통화의 공급을 감소시키기를 원할 경우에는 재할인율을 높이는 정책을 쓴다. 재할인율이 높아지면 중앙은행으로부터의 차입비용이 높아지므로 예금은행들이 중앙은행으로부터의 차입금 규모를 줄이기 때문이다.

우리나라의 경우 재할인대출에 해당하는 것으로 한국은행의 총액한도대출이 있다. 그런데 총액한도대출은 통화량을 조절하기 위한 정책수단이라기보다는 주로 중소기업이나 수출업체를 지원하기 위한 정책금융수단으로 이용되어 왔다. 즉, 지원대상이 되는 산업부문에 속하는 기업이 발행한 어음을 중앙은행이 미리 정해놓은 총액한도 내에서 자동적으로 재할인해 줌으로써 이들 기업들이 은행으로부터 대출을 쉽게 받도록 도와주는 것이다. 더욱이 정책금융에 적용되는 이자율인 재할인율은 시중 이자율수준보다도 훨씬 낮게 책정되어 있기 때문에 그동안 재할인대출은 통화증발의 주된 요인이 되어 왔다.

지급준비율정책　지급준비율정책이란 중앙은행이 예금은행에 요구하는 필요지급준비율을 변경함으로써 통화량을 조절하는 정책을 말한다. 예를 들어 필요지급준비율을 인상하는 경우 예금은행의 대출이 감소하게 되고, 이에 따라 신용수축이 발생하여 통화량이 감소하게 된다. 실제로 통화승수를 나타내는 (15−8)식을 보면 필요지급준비율인 r_D의 값이 증가함에 따라 통화승수의 값이 감소함을 알 수 있다.

그런데 지급준비율의 변경은 통화승수를 통해 통화량에 영향을 미치기 때문에 지급준비율을 약간만 변경시켜도 통화량에는 큰 영향을 미치게 된다. 뿐만 아니라, 지급준비율의 변경은 예금은행의 채산성에도 영향을 미친다. 은행의 예금금리가 8%이고 대출금리가 10%인 경우 지급준비율이 10%라면 100만원의 예금으로부터 은행은 연간 (90만원×10%)−(100만원×8%)=1만원의 수익을 낼 수 있다. 그러나, 지급준비율이 15%로 높아진다면 예금금리나 대출금리에 변화가 없을 경우 은행의 수익은 5천원으로 감소하게 된다.

이처럼 지급준비율의 변경은 통화승수뿐만 아니라 은행의 채산성에도 큰 영향을 미치기 때문에 지급준비율정책은 다른 정책수단에 비해 자주 사용되지는 않는다. 우리나라의 경우 1988년 경상수지 흑자에 따라 발생한 통화증발을 억제하기 위해 지급준비율을 인상한 적이 있으며, 1996년과 1997년에는 금리인하를 목적으로 세 차례에 걸쳐 지급준비율을 인하했다.

통화정책의 중간목표

통화당국은 공개시장운영이나 재할인율정책 등과 같은 정책수단을 통해 물가안정이나 완전고용과 같은 정책목표를 달성하려고 한다. 그런데 이들 통화정책수단들이 정책목표에 대해 영향을 미치기까지는 상당한 시간이 걸린다. 만일 통화당국이 통화정책을 시행한 후 일년이 지나서야 원하는 정책목표가 달성되지 않았음을 발견한다면 정책수단을 재조정하기에는 너무 늦을 것이다. 이와 같은 정책시차의 문제를 극복하기 위해 통화당국은 대개 정책수단과 정책목표 사이에 중간목표를 설정한다.

중간목표로는 고용이나 물가와 같은 목표변수들과 안정적인 관계를 가지면서, 정책수단의 변화에 대해 비교적 단기간 내에 반응을 보이는 변수가 선택되는데 보통 통화지표나 이자율이 이용된다. 중간목표를 이용함으로써 통화당국은 통화정책이 옳은 방향으로 가고 있는지 여부를 신속하게 판단하고 정책방향을 재조정할 수 있다. 이는 마치 우주선을 달에 보내면서 중간에 여러 표적을 설치하여 우주선이 제대로 목표를 향해 움직이는지를 판단하고 필요한 조정을 하는 것과 마찬가지의 원리다.

일반적으로 중간목표가 가져야 할 바람직한 성질로는 측정가능성, 통제가능성, 정책목표와의 안정적 관계를 들 수 있다.

측정가능성(measurability)　중간목표를 이용하는 이유는 통화정책이 옳은 방향으로 가고 있는지를 신속하게 판단하기 위한 것이므로 중간목표로 사용되는 변수는 신속하고 정확하게 측정이 될 수 있어야 한다. 본원통화나 M1과 같은 통화총량지표나 명목이자율은 단기간 내에 정확하게 측정이 될 수 있다. 반면에 국내총생산이나 실업률은 측정하는 데에 오랜 시간이 걸리며, 기대인플레이션율을 반영하는 실질이자율은 정확한 측정이 불가능하다는 점에서 중간목표로서 적당하지 않다.

통제가능성(controllability)　중간목표는 중앙은행에 의해 효과적으로 통제될 수 있어야 한다. 중앙은행이 중간목표를 통제할 수 없다면 중간목표가 원하는 범위를 벗어나 통화정책이 올바른 방향으로 가고 있지 않다는 사실을 발견한다 해도 별 쓸모가 없기 때문이다. 예를 들어 명목 국내총생산을 중간목표로 사용하자는 주장이 있지만 이는 중앙은행이 효과적으로 통제할 수 있는 변수가 아니다. 반면에 통화량과 이자율에 대해서는 중앙은행이 상당한 영향을 미칠 수 있다.

정책목표와의 안정적 관계　아마도 중간목표가 가져야 할 가장 중요한 성질은 통화정책의 목표와 안정적이고 예측가능한 관계를 가져야 한다는 것이다. 즉, 중간목표가 얼마 만큼 증가하면 얼마 후에 실업률과 물가가 얼마나 변화할 것인지가 안정적으로 예측될 수 있어야 한다.

중간목표로서의 통화량과 이자율

일반적으로 통화정책의 중간목표로는 통화량과 이자율의 두 변수가 사용된다. 그런데 통화량과 이자율을 동시에 중간목표로 사용하는 것은 불가능한데 그 이유를 알아보자.

[그림 16-2]는 화폐수요곡선과 화폐공급곡선을 보여준다. 중앙은행이 통화량 목표를 M^*, 이자율 목표를 i_2로 정하였다고 할 때 화폐수요곡선이 L_2와 같다면 두 중간목표를 동시에 달성할 수 있다. 그러나 화폐수요곡선이 L_1이나 L_3의 위치에 있을 때 중앙은행이 통화량 목표를 추구한다면 이자율은 각각 i_1과 i_3가 되어 이자율 목표를 달성할 수 없게 된다. 즉 중앙은행이 통화량을 통제하려고 하면 이자율에 대한 통제력을 상실한다는 것이다.

반대로 중앙은행이 이자율을 i_2로 유지하는 것을 목표로 한다면 화폐수요곡선이

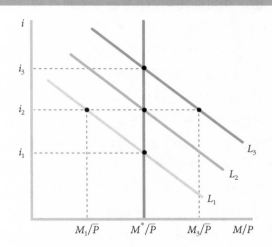

통화량을 M^*에 고정시킬 경우 화폐수요가 변함에 따라 이자율이 변화하게 된다. 반대로 이자율을 i_2에 고정시키려 한다면 화폐수요가 변함에 따라 통화량을 조절해야 한다.

L_1일 때는 통화량을 M_1으로, L_3일 때는 M_3로 조정해야 한다. 즉, 이자율을 목표로 할 경우에는 통화량 목표를 포기할 수밖에 없다.

따라서 중앙은행은 각 중간목표의 장단점을 감안하여 이자율과 통화량 중 어느 것을 통화정책의 중간목표로 사용할 것인지를 선택해야 한다. 이자율을 목표로 사용할 경우에는 통화정책이 경기변동을 오히려 심화시킬 우려가 있다. 예를 들어 경기 호황기에는 이자율이 상승하는데 중앙은행이 이자율을 안정시키기 위해 화폐공급을 늘린다면 총수요가 증가하여 경기가 더욱 과열될 수도 있다. 뿐만 아니라 이자율 목표를 사용하는 경우에는 통화량 목표를 사용하는 경우에 비해 인플레이션이 심화될 우려도 있다.

통화량 중간목표의 장점은 통화론자의 견해에서 가장 잘 나타난다. 통화론자들은 통화량이 변동이 경기변동의 가장 큰 원인이라고 생각했으며 따라서 화폐의 안정적 공급이 국민소득, 고용, 물가의 안정을 가져온다고 주장했다. 대표적인 통화론자인 프리드먼은 3%의 통화량 증가율 준칙을 제안하기도 했다. 통화론자의 주장에 따라서 선진국들은 통화량 중간목표를 채택하기도 했다. 전통적으로 이자율 중간목표를 추구하던 미국의 연방준비제도도 1970년대 후반부터 1982년까지 통화량 중간목표를 채택한 적이 있다.

그러나 통화량을 중간목표로 사용함에 있어서도 문제가 없는 것은 아니다. 통화량 중간목표가 소기의 성과를 거두기 위해서는 화폐수요가 안정적이어야 한다. 그런데 1980년대에 이루어진 금융규제완화와 금융혁신은 화폐유통속도와 화폐수요를 불안정하게 만들었다. 뿐만 아니라 통화지표에는 포함되지 않았지만 화폐와 대체성이 높은 금융자산이 새로이 등장함에 따라 전통적인 통화지표와 통화정책의 목표변수들간에 존재했던 안정적인 관계가 사라지게 되었다. 이러한 이유로 인해 통화정책의 중간목표로서 통화량을 사용하는 중앙은행들이 줄어들었으며, 아예 통화지표를 발표하지 않는 국가도 있다. 대신 한국은행을 비롯한 많은 중앙은행들이 통화정책의 운용목표와 중간목표로 이자율을 사용하고 있다.

다른 한편으로 학자들은 통화량이나 이자율과 같은 전통적인 중간목표 대신 신용총액(credit)이나 명목 GDP와 같은 새로운 중간목표를 제안하기도 한다. 예를 들어 명목 GDP 중간목표란 중앙은행이 명목 GDP 증가율 목표를 정하고 실제 증가율이 목표보다 클 때 통화량 증가율을 낮추는 것이다. 명목 GDP 중간목표는 불안정한 화폐유통속도를 수용할 수 있기 때문에 통화량 중간목표보다 더 물가와 국민소득을 안정시킬 수 있다는 주장이다.

중간목표전략과 정보변수전략

1980년대 중반부터는 통화량과 실물경제 사이에 존재하던 안정적인 관계가 사라짐에 따라 경직적인 중간목표전략 자체에 대해 의문이 제기되었다. 이에 따라 통화정책 운용방식에 대한 개선안이 활발하게 제기되었는데 이 중 하나가 정보변수전략이다. 정보변수전략이란 [그림 16-3]에서 보듯이 중간목표를 정하지 않는 대신 최종목표와 긴밀한 관계를 갖고 있는 다양한 정보변수를 관찰하여 정책수단을 조절함으로써 최종목표를 달성하고자 하는 전략이다. 최근 들어 뉴질랜드와 영국을 비롯한 여러 국가들이 채택하고 있는 물가안정목표제는 대개 정보변수전략에 기반을 두고 있다. 정보변수는 최종목표와 긴밀하고 안정된 관계를 가져야 하며, 정책담당자에게 조기에 필요한 정보를 제공할 수 있는 변수여야 한다. 이와 같은 변수로는 통화총량, 신용총량, 원자재가격지수, 장단기 금리차, 수익률곡선, 자산가격, 환율 등을 들 수 있다. 정보변수전략은 단지 어느 하나의 변수에만 의존하는 중간목표전략과는 달리 이용 가능한 여러 변수를 정보변수로 사용할 수 있다는 장점이 있는 반면, 통화당국의 재량권이 커질 수 있다는 단점도 안고 있다.

그림 16-3 정보변수전략 통화정책 운용체계

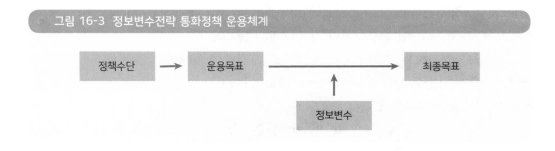

② 통화정책과 신용경로

통화당국은 통화정책의 중간목표나 정보변수로 이자율이나 통화량뿐 아니라 비금융부문의 부채총액이나 금융기관의 신용공여액과 같은 신용총액(credit aggregates)을 이용하기도 한다.[1] 신용목표를 이용하는 이유는 신용총액이 결제활동과 밀접한 관계를

---

1 비금융부문은 정부와 가계, 그리고 금융기관이 아닌 기업을 포함한다.

가지기 때문이다. 정부지출, 소비지출, 투자지출 등에는 자금이 필요하고 이 자금은 차입에 의해 조달이 될 수 있기 때문에 신용총액의 증가율과 총지출 증가율은 높은 상관관계를 가질 것으로 기대된다.

1997년 외환위기 이후의 한국경제가 경험한 신용경색(credit crunch) 현상도 신용이 경제활동에 얼마나 중요한 역할을 미칠 수 있는지를 보여준다. 외환위기 이후 한국경제에서는 기업에 대한 금융기관의 신용공여가 크게 위축되었다. 특히 1997년 말부터 1998년 말까지 기업들이 경험한 신용경색의 정도는 통화증가율의 감소폭이나 이자율의 상승폭이 나타내는 것보다도 훨씬 더 심각한 것이었다. 이처럼 신용경색이 심했던 이유는 첫째로 기업부도위험이 증가함에 따라 금융기관들이 정부와 신용도가 높은 소수의 대기업집단을 제외한 기업에 대한 대출을 꺼렸기 때문이고 둘째로는 국제결제은행(BIS) 기준에 의한 적정 자기자본비율(capital adequacy ratio)을 충족시키기 위해 금융기관들이 위험가중치가 높은 자산인 기업대출을 꺼렸기 때문이다.

버냉키(Ben Bernanke)와 같이 신용목표의 중요성을 강조하는 학자들은 금융중개의 규모가 경제활동과 밀접한 관계가 있음을 주장한다. 금융중개(financial intermediation)란 은행과 같은 금융기관에 의해 대부자의 자금이 차입자에게로 이동하는 것을 말한다. 특히 버냉키는 대공황에 대한 연구를 통해 이 기간 중의 총생산 감소는 통화량의 감소보다는 금융시스템(financial system)의 마비로 인해 신용총액이 크게 감소한 데에 원인이 있음을 밝히고 있다.[2] 이처럼 금융중개가 물가와 생산활동에 중요한 영향을 미친다는 점을 강조하는 경제이론과 주장들을 포괄하여 신용중시 견해(credit view)라고 한다. 20세기 초반의 대부자금이론(loanable fund theory)을 비롯하여 많은 문헌들이 신용중시 견해를 표명하여 왔다.

신용중시 견해를 표명하는 최근의 이론들은 정보의 불완전성과 비대칭성으로 인해 금융시장에서 신용할당(credit rationing) 현상이 나타난다는 점을 강조하고 있다. 차입자의 상환의사나 상환능력에 대해서는 대부자보다는 차입자 스스로가 더 잘 알고 있기 때문에 금융거래에 있어서는 정보의 비대칭성이 존재하기 마련이다. 정보의 비대칭성은 도덕적 해이(moral hazard)와 역선택(adverse selection)의 문제를 야기시킨다. 즉, 이자율이 높아질수록 차입자는 조달된 자금을 더욱 위험한 사업, 즉 성공시의 수익성은 높으나 성공할 확률이 낮은 사업에 투자하거나 아예 위험성이 높은 투자 프로젝트를 가진 투자자들만이 차입을 하겠다고 나서게 된다. 이와 같은 사실을 이해하는 금융기관들로서는 무조건 높은 대출금리를 받기보다는 대출금리를 적절한

---

2 B. Bernanke, "Non-Monetary Effects of the Financial Crisis in the Propagation of the Great Depression," *American Economic Review* 73, 1983.

심층분석 | 신용할당

이해를 돕기 위해 은행이 차입자에게 일정금리를 적용하고 만기일에 원금과 이자를 합쳐 C원을 상환하는 신용대출계약을 생각해보자. 이 차입자가 은행 대출금을 사업에 투자해 R원을 회수한다고 할 때 이 투자회수금은 당초 계약에 따라 은행과 차입자 사이에 분배된다. 만약 $R < C$이라면 은행이 투자회수금 전액을 가지게 되나 한편 $R \geq C$일 때 은행은 C원을, 차입자는 대출상환금을 제외한 $R-C$을 각각 가진다. 그림은 투자회수금의 크기에 따라 은행과 차입자의 수익이 어떻게 분배되는지를 보여준다. 여기서 은행은 어떤 경우도 C원 이상 회수할 수 없고 C원의 대출상환금을 제외한 나머지는 모두 차입자의 몫이다. 이와 같은 은행과 차입자 간 비대칭적 수익곡선은 신용시장에서 서로 다른 동기를 가지게 하며 신용할당이 일어나는 요인이 된다. 은행은 보수적 행태를, 반대로 차입자는 위험 추구적 행태를 취하는 동기를 가지게 된다.

투자회수금이 영이(○)는 확률 1로 $C+\delta$, 철수(●)는 각각 확률 1/2로 $(C, C+2\delta)$, 바둑이(■)는 각각 확률 1/2 로 $(C-\delta, C+3\delta)$, 야옹이(▲)는 각각 확률 1/2로 $(C-2\delta, C+4\delta)$라고 가정하자. 이 넷의 기대 투자회수금은 모두 같다. 즉 $E[R]=C+\delta$원이 된다. 그러나 상환 후 기대수익은 다르다. 영이와 철수는 모두 δ원, 바둑이는 1.5δ원, 야옹이는 2δ원을 회수할 것으로 기대된다. 한편 은행의 기대수익은 영이와 철수 모두 C원, 바둑이는 $C-0.5\delta$원, 야옹이는 $C-\delta$원이 된다. 그러므로 은행으로서는 영이와 철수의 신용도가 가장 높고 다음으로 바둑이, 야옹이의 순이 된다.

은행은 이 넷의 신용상태를 모른다고 가정하자. 이때 만약 은행이 금리를 인상해 상환금이 $C+\delta$원을 약간 초과한다면 영이는 대출수요자 풀에서 빠진다. 어떤 경우에도 영이는 원금과 이자를 갚을 수 없기 때문이다. 대출상환금이 $C+2\delta$원보다 적다면 철수를 포함해 나머지 셋은 그대로 남는다. 금리인상폭이 커 상환금이 $C+2\delta$원을 초과한다면 철수도 신용대출을 받을 것을 포기하게 되며, $C+3\delta$을 초과할 때 바둑이도 마찬가지다. 결국 은행이 금리를 인상할 때 금리인상에 따른 이자수입은 늘어나지만 동시에 신용도가 높은 안정적인 대출수요자가 빠져나가 대출상환이 제대로 되지 않는 문제도 발생한다. 금리인상이 오히려 은행의 수입을 감소하게 할 수 있는 것이다. 따라서 은행은 신용시장에서 초과수요가 있다고 하더라도 대출금리를 올리기 보다는 신용할당을 하고자 하는 동기를 가지게 된다.

신용할당

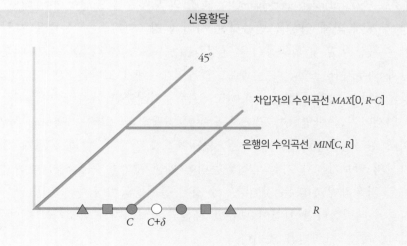

수준에 정해 놓고, 이 금리수준에 차입을 하려는 차입자 중 신용도가 높은 차입자를 선택하여 대출하는 전략을 취한다. 이와 같은 금융기관의 행태로 인해 자금시장은 항상 초과수요 상태에 있으며, 자금수요자는 얼마나 높은 이자율을 지불할 의향이 있는가가 아니라 얼마나 신용이 좋은가에 따라 자금을 할당받게 된다.

이와 같은 신용할당 현상은 통화정책의 중간목표로서 이자율의 신뢰성을 떨어뜨린다. 자금시장이 신용할당 상태에 있으면 이자율이 통화정책의 효과에 대한 정보를 제대로 반영하지 못하기 때문이다. 예를 들어 긴축적인 통화정책을 시행할 경우 금융기관은 이자율을 올리기보다는 대출금을 줄일 수도 있을 것이기 때문이다. 이 경우 은행의 대출금을 포함하여 금융기관이 공급하고자 하는 신용총액이 경제의 지출규모에 더욱 중요한 영향을 미칠 것이다.

신용중시 견해에 따르면 통화정책의 전달경로(transmission mechanism)에 있어서도 이자율이나 통화량보다도 신용총액이 더욱 중요한 역할을 담당하게 되는데 이를 신용경로(credit channel)라고 한다. 대표적인 신용경로로는 은행대출 경로(bank lending channel)와 대차대조표 경로(balance sheet channel)가 있다. 은행대출 경로는 기업의 대표적인 외부자금 조달수단인 은행의 대출과 채권은 자금조달수단으로서의 대체성이 낮기 때문에 통화정책의 전달경로에 있어서 은행대출이 매우 중요한 영향을 미친다는 사실을 강조한다. 예를 들어 중소기업들은 채권이나 주식발행에 의한 자금조달이 거의 불가능하기 때문에 외부자금 조달을 위해 은행대출에 전적으로 의존하게 된다. 이 경우 긴축적인 통화정책이 시행됨에 따라 은행이 대출을 줄인다면 주식, 채권 등 증권을 발행할 수 있는 대기업이나 우량기업보다는 중소기업들의 자금조달 능력이 제약될 것이고 이에 따라 이들의 지출규모에도 큰 영향을 줄 것이다.

대차대조표 경로(balance sheet channel)는 기업의 외부자금 조달능력이 대차대조표상의 자산과 부채에 의해 영향을 받는다는 사실을 강조한다. 즉, 은행은 차입자가 현재 보유한 순자산이 부채 상환능력을 결정하는 중요 요인이라 간주하기 때문에 기업의 순자산과 외부자금 조달간에는 매우 강한 연계관계가 있다는 것이다. 원칙적으로 기업의 상환능력은 기업이 현재 보유하고 있는 순자산뿐만 아니라 미래 예상되는 현금흐름의 현재가치를 반영하여 평가하는 것이 마땅하다. 그러나 정보의 불완전성은 기업의 미래 현금창출능력을 판단하는 것을 어렵게 만든다. 따라서 현재 기업이 보유한 순자산의 담보가치가 기업의 상환능력에 대한 평가를 좌우하고 나아가 기업에 대한 대출을 좌우하게 된다는 것이다. 이 경우 통화당국이 금융긴축을 실시함에 따라 자산가격이 하락한다면 기업이 보유한 자산의 담보가치가 감소하고 이에 따라 기업의 차입과 지출은 제약받을 것이다.

키오타키(Nobuhiro Kiyotaki)와 무어(John Moore)는 대차대조표 경로가 경기변동을 가속화시키는 금융가속기(financial accelerator) 역할을 할 수 있다는 주장을 한다.[3] 정보의 불완전성으로 인해 자금의 공급자들은 기업의 현재 현금흐름을 기업의 미래 현금흐름과 상환능력을 평가하기 위한 척도로 삼는다. 이때 어떤 충격으로 인해 기업들의 현금흐름이 감소하면 자금 공급자들은 기업들의 미래 현금흐름도 감소할 것으로 예상할 것이고 그 결과 대출 감소와 기업지출 감소로 인해 경기위축이 더욱 심화될 것이다. 이처럼 신용의 금융가속기 역할에 의해 나타나는 경기변동을 신용순환(credit cycle)이라고 부른다.

신용순환은 자금의 공급측면에서도 나타난다. 일반적으로 경기상승 국면에서는 자산가격이 상승함에 따라 금융기관 대차대조표상의 자본 및 자산이 함께 증가하며 그 결과 금융기관의 레버리지 비율, 즉 자산대비 부채비율이 감소한다. 레버리지 비율이 감소할 경우 상업적 동기를 가진 금융회사는 더 높은 레버리지를 갖고자 하며 그 결과 더 많은 신용을 공급하려고 한다. 한편 신용공급의 증가는 다시 자산가격을 높이는 압력으로 작용하게 되고 그 결과 금융기관의 대차대조표가 부풀어지는 경기순행적 신용순환을 발생시킨다. 미국의 경우 전통적인 예대업무중심의 상업은행보다는 증권업, 기업인수합병 중개, 자문, 자기자본투자 등 고수익, 고위험 성격을 가진 금융회사인 투자은행(investment bank)에서 보다 강한 경기순행성이 나타났다.[4] 한편 경기후퇴 국면에서의 경기순행성은 경기상승 국면의 경우와 반대로 자산가격 하락, 대차대조표 축소, 레버리지 비율 상승, 신용수축이라는 순환과정이 작동하게 된다.

사례연구

한국의 신용경색 현상

1997년 외환위기 이후 한국 경제는 심각한 신용경색과 이로 인한 기업의 자금난을 경험하였다. 이와 같은 신용경색은 금리가 대폭 하락하고 통화공급도 비교적 신축적으로 이루어진 1998년 중반에 이르러서도 풀릴 줄을 몰랐다. 이것은 이 시기의 신용경색의 원인이 통화당국의 긴축적인 통화관리보다는 금융기관이 민간기업 대출

---

3 N. Kiyotaki and J. Moore, "Credit Cycles," *Journal of Political Economy* 105, 1997.
4 T. Adrian and H.S. Shin, "Liquidity and Leverage," *Federal Reserve Bank of New York Staff Reports* No. 328, 2007.

그림 16-4 *MCT*·민간신용·대출금 증감률

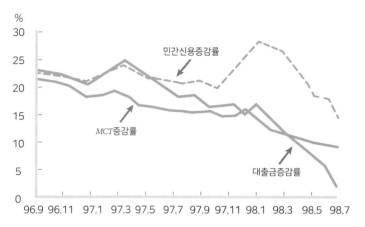

주: 전년 동월 대비
자료: 한국은행, 「통화금융」 1998.8

을 기피한 데에 있었기 때문이다.

이와 같은 사실은 *MCT*, 민간신용, 그리고 대출금의 전년동기대비 증가율(평잔 기준)을 비교해 보면 알 수 있다. *MCT*는 구*M2*에 양도성예금증서(CD)와 은행의 금전신탁을 더해서 만든 통화총량지표로 금융혁신과 새로운 금융상품 등장으로 통화총량지표로서의 기능이 저하된 구*M2*를 보완하기 위해 개발되어 1997년부터 한동안 통화정책의 중심지표로 사용되었었다. [그림 16-4]에 따르면 1998년에 들어 *MCT* 증가율의 둔화추세에 비해 민간신용이나 대출금 증가율의 둔화현상이 훨씬 심하게 나타나고 있는데, 이는 민간부문으로의 신용공급이 다른 부문에 비해 상대적으로 심하게 경색되고 있음을 의미한다.

민간기업에 대한 대출기피현상은 예금은행의 국내자산 중에서 원화 대출과 유가증권이 차지하는 비중의 추이를 보여주는 [그림 16-5]에서도 확인할 수 있다. 원화대출의 비중은 외환위기 직후 크게 감소한 후 회복세를 보이다가 1998년 5월 이후에 다시 감소세로 돌아섰다. 반면에 국공채를 비롯한 유가증권이 예금은행의 국내자산에서 차지하는 비중은 외환위기 이후 꾸준한 상승세를 보였다. 이는 기업대출을 전담해온 예금은행들이 대출은 하지 않고 오히려 국공채를 매입하여 보유하였음을 의미한다.

그림 16-5 예금은행자산 대비 원화대출금과 유가증권 비중 추이

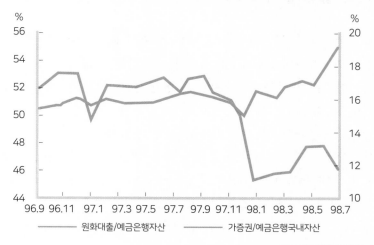

자료: 한국은행, 「통화금융」 1998.8

이처럼 예금은행들이 민간대출을 기피하고 국공채 보유비중을 높인 원인으로는 다음 두 가지를 지적할 수 있다. 첫째, 국제결제은행의 적정자기자본비율의 충족 여부가 금융기관 구조조정의 기준이 됨에 따라 은행을 비롯한 금융기관들이 동일한 규모의 국내자산을 운용함에 있어서도 BIS 위험가중치가 낮은 국공채를 선호하고 위험가중치가 높은 민간신용을 기피하였기 때문이다. 둘째, 기업 부도위험의 증가와 정보의 비대칭성으로 인해 이자율은 낮으나 신용도가 높은 국공채나 대기업 대출을 선호하는 소위 고등급 선호 현상(flight to quality)이 나타났기 때문이다.

고등급 선호현상은 국내금융시장뿐 아니라 국제금융시장에서도 나타났다. 아시아 외환위기에 이어 러시아와 브라질의 경제위기가 발생함에 따라 국제투자자들은 신용도가 낮은 국가 또는 기업이 발행한 채권의 매입을 꺼리고 미국의 재무성 증권과 같이 신용도가 높은 채권을 선호함에 따라 이들 채권간 수익률 격차가 크게 벌어졌던 것이다.

③ 물가안정목표제 통화정책

1980년대 후반 이후 물가상승률 자체를 통화정책의 최종목표로 설정하는 이른바 물가안정목표제(inflation targeting)를 채택하는 국가들이 늘어나고 있다. 우리나라도 1997년 한국은행법을 개정하여 물가안정을 통화정책의 목표로 명시함으로써 물가안정목표제를 채택했다.

물가안정목표제를 시행하는 이유는 무엇보다도 물가를 안정시키는 통화정책이 장기적인 경제성장에 가장 큰 기여를 한다는 판단 때문이다. 고용안정과 같은 다른 목표를 추구하기 위한 통화정책은 물가안정과 상충되는 경우가 많아서 여러 경제목표를 동시에 달성하려는 시도가 결과적으로 인플레이션 편중현상을 가져오는 사례를 자주 보게 된다. 그 당위성에 관계없이 중앙은행은 현실적으로 경제활동을 촉진하는 방향으로 통화정책을 수행토록 압력을 받으며, 금리를 떨어뜨릴 때보다는 올릴 때 더 많은 비판을 받게 된다. 물가안정목표제는 고용안정이나 경기안정과 같은 다른 기준보다는 물가안정을 통화정책의 최우선 목표로 설정함으로써 이와 같은 비대칭성의 문제를 극복하고자 하는 데 그 목적이 있다.

물가안정목표제의 운영원리는 적어도 이론상으로는 단순하다. 중앙은행은 구체적인 물가상승률 목표를 설정해야 하며, 미래 물가상승률에 대한 예측치와 목표치간 차이가 있을 경우 통화정책을 얼마나 조정할 것인가를 결정한다. 따라서 현실적으로 물가안정목표제가 성과를 거두기 위해서는 미래 물가상승률을 예측하기 위한 정보변수의 선택이나 지표 또는 모형의 개발이 필요하며, 목표 물가상승률 달성을 위한 효과적인 통화정책수단의 확보와 함께 통화정책의 파급에 소요되는 시차에 대한 정보와 같은 기술적 역량이 요구된다. 이와 함께 목표 물가상승률의 달성이 경기, 고용, 환율 등 다른 어떤 정책목표보다 우선한다는 점이 분명하게 선언되어야 하며, 중앙은행의 책임성과 독립성이 확보되어야 한다.

물가안정목표제는 1990년 뉴질랜드에서 최초로 도입된 이후 우리나라 외에도 캐나다, 영국, 핀란드, 스웨덴, 오스트레일리아, 이스라엘, 체코, 폴란드, 멕시코, 브라질, 태국 등 많은 나라에서 채택되었다. 단일통화권인 유럽중앙은행도 물가안정목표를 제시하고 있다. 이들 국가들은 과거 중간목표전략 통화정책이나 고정환율제도로부터 만족스러운 성과를 거두지 못했던 국가들이다. 어떤 의미에서는 물가안정목표제가 이들 국가에 있어서 통화정책에 대한 신뢰성을 구축하는 토대를 제공하였다고도 볼 수 있다.

2019년부터 한국은행의 물가안정목표는 전년동기대비 소비자물가상승률을 기준으로 2%로 설정되어 있다. 그 전까지는 1년 또는 3년으로 정해진 적용기간 중 목표를 제시했으나, 2019년부터는 적용기간을 특정하지 않았다. 이는 통화정책의 시차가 불분명하여 정해진 기간 동안의 물가안정목표를 추구하는 것이 어려운 데다가, 경기 안정 등을 위해 단기적으로 통화정책의 신축성을 확보할 필요가 있기 때문이다. 즉 물가안정목표제라고 해서 물가안정목표만을 절대적으로 추구하고 다른 목표를 완전히 배제하는 것은 아니다. 통화정책의 궁극적인 목적은 국민경제의 후생극대화에 있는 것이며, 절대적인 물가안정목표의 추구만이 후생극대화를 가져오는 것은 아닐 수도 있기 때문이다.

더욱이 2008~2009년 글로벌 금융위기를 겪으면서 금융안정을 위한 중앙은행의 역할이 더욱 강조되었다. 앞서 설명한 경기순행적 신용순환과 같이 금융시스템은 내생적으로 불안정성을 갖고 있기 때문에 중앙은행이 금융시스템 안정을 위해 더 많은 역할을 해야 한다는 것이다. 우리나라도 한국은행법을 개정하여 통화정책의 목표로 물가안정뿐 아니라 금융안정 기능을 추가하였다.

④ 양적완화 통화정책

글로벌 금융위기와 뒤이은 대침체(Great Recession)에 대응하여 미국의 연방준비제도와 영국의 영란은행을 비롯한 선진국 중앙은행은 양적완화라 불리는 비전통적 통화정책을 시행했다. 유럽중앙은행도 2015년 3월 양적완화에 동참했다. 양적완화(quantitative easing)는 단기이자율이 영의 수준에 근접하여 중앙은행이 더 이상 전통적인 통화정책을 수행할 수 없을 때 장기국채를 비롯한 금융자산을 대규모로 매입함으로써 장기이자율을 하락시키고 이를 통해 경기를 부양하고자 하는 통화정책이다. 미국의 연방준비제도는 2008년 11월부터 2014년 10월까지 3조 달러가 훨씬 넘는 규모로 국채를 비롯한 각종 채권을 매입하였고 버냉키(Ben Bernanke) 당시 연방준비제도 의장은 기회가 있을 때마다 미국경제가 침체에 빠져드는 것을 막기 위해서 가능한 모든 조치를 다하겠다는 발언을 하였다. 양적완화정책은 장기이자율을 낮추는 한편 경제주체들로 하여금 적정 수준의 물가상승률이 유지될 것이라는 기대감을 가지게 함으로써 실질이자율을 낮추는 데에도 목적이 있다.

양적완화라는 용어는 원래 일본의 중앙은행이 2001년 3월에 시행한 통화정책을 양적금융완화라고 부른 데서 유래되었다. 당시이 일본 중앙은행은 영의 수준에 근접한 이자율을 더 이상 낮추기 어려운 상황에서 금융회사의 장기자산을 매입하여 통화량을 늘림으로써 경제가 침체되고 디플레이션이 발생하는 것을 막고자 하였다.

양적완화정책은 중앙은행의 대차대조표가 크게 부풀려지는 결과를 초래했다. 2017년 3분기말 일본중앙은행의 자산은 당해연도 GDP의 93%로 10년 전 21%보다 4배이상 증가했다. 한편 같은 시점 유럽중앙은행은 38%, 미연준은 22.4%로 10년 전의 12%, 6%보다 모두 3배 이상 증가했다.

양적완화 통화정책의 원리

통상 팽창적인 통화정책을 추진하는 중앙은행은 단기국채의 매입을 통해 단기금융시장에서의 이자율을 낮추려 든다. 단기이자율이 하락함에 따라 장기이자율이 하락하고 그 결과 장기이자율에 의해 영향을 받는 소비와 투자가 증가하리라는 것이 그 근거다. 하지만 2008년 하반기에는 이자율이 거의 영에 다다름에 따라 더 이상 단기이자율을 낮출 여지가 없었고 그 결과 이와 같은 전통적인 통화정책이 한계에 봉착해 있었다. 양적완화는 중앙은행이 단기국채 대신 이자율이 영보다 훨씬 높은 다른 자산을 직접 매입한다는 점에서 기존의 통화정책과 차이가 있다. 즉, 단기이자율의 하락을 통해 간접적으로 장기이자율을 하락시키는 것이 아니라 민간지출에 더 중요한 영향을 미치는 장기이자율을 직접적으로 하락시킨다. 이런 점에서 양적완화 통화정책을 비전통적 통화정책이라고도 부른다.

구체적으로 양적완화 통화정책이 경제에 영향을 미칠 수 있는 근거로 다음의 세가지를 들 수 있다. 우선 디플레이션에 대한 기대감이 발생하는 것을 막고 인플레이션에 대한 기대감을 조성하는 것이다. 대침체(Great Recession)하에서 총수요를 더욱 위축시키는 요인으로 작용할 수 있는 디플레이션에 대한 기대감을 양적완화 통화정책 수행을 통해 인플레이션에 대한 기대감으로 대체하고자 하는 데 목적이 있다. 둘째로, 양적완화 통화정책을 수행하기 위해 중앙은행이 매입하는 자산을 특정 자산에 집중시킴으로써 해당 자산시장을 안정시킬 수 있다. 예를 들어 미국의 연방준비제도는 장기국채와 주택저당증권을 집중적으로 매입하였다. 전자는 기업의 투자수요에 직접적인 영향을 미치는 장기이자율을 인하시키고자 하는 데, 후자는 주택대출금리를 떨어뜨려 주택시장을 안정화시키고자 하는 데 각각 목적이 있었다. 셋째는 자국

통화가치의 하락을 통해 지출전환효과를 창출하고 이를 통해 경상수지를 개선시키고 총수요를 활성화시킬 수 있다. 하지만 세 번째 효과에 대해서는 다른 국가의 수입 증가와 경상수지 악화를 가져오는 근린궁핍화정책이라는 비판이 제기되기도 한다.

사례연구

글로벌 금융위기와 미국의 통화정책

2007년 발생한 서브프라임 사태가 금융기관의 파산으로 인한 금융시스템 위기로 번지고 미국 경제가 경기침체와 디플레이션의 위험에 처하자, 미국의 중앙은행인 연방준비제도(이하 연준이라 부름)는 일련의 대응책을 내 놓았다. 연준이 시행한 정책은 크게 유동성 프로그램과 양적완화정책의 두 가지로 나누어진다.

유동성 프로그램은 금융시장에서의 신용경색으로 인해 자금부족 상태에 처한 은행을 비롯한 금융기관에 유동성을 공급함으로써 금융시장이 자금공급의 기능을 계속 수행할 수 있도록 하는 데에 목적이 있다. 유동성 프로그램에 속하는 정책으로는 연방자금금리와 재할인율 간의 스프레드를 기존의 100bp에서 25bp로 축소시킨 것, 재할인대출을 기피하는 은행들을 위해 대규모 자금을 경매에 의해 공급하는 제도인 TAF(Term Auction Facility) 신설, 상업어음, MMF, 자산담보증권 대출기구와 같이 예금기관이 아닌 금융기관에 대한 단기자금 공급을 들 수 있다.

양적완화는 미 연방준비제도의 정책금리인 연방자금금리 목표를 0-0.25%로 유지하면서 재무부증권, 주택저당증권, 정부기관채권(agency bond) 등을 매입하는 정책으로 2008년 11월부터 2014년 10월까지 모두 3차에 걸쳐 양적완화정책이 수행되었다. 양적완화정책은 대규모자산매입과 함께 만기가 긴 증권을 매입함으로써 장기금리를 낮추는 것으로 요약된다.

거의 비슷한 시기에 시행되었지만 이 두 가지 정책은 상이한 목적을 가지고 있다는 점에서 서로 구분되어야 한다. 유동성지원프로그램은 신용경색으로 인한 금융시스템붕괴를 막기 위해 시행되었으나 양적완화는 경기침체를 막고 고용을 증가하고자 하는 데 목적이 있다.

[그림 16-6]은 연준이 시행한 대응책으로 인한 연준보유자산의 변화를 보여준다. 그림에서 유동성 프로그램의 시행으로 인한 자산의 증가는 리먼의 부도 이후 급격하게 발생하였으며, 2010년 중반에 이르러서는 유동성 프로그램으로 인한 보유자산이

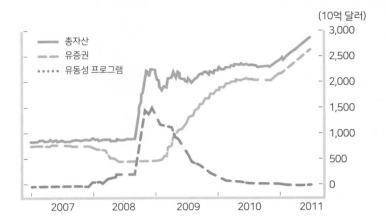

그림 16-6 연방준비제도 보유자산 변화

거의 영(0)에 다다라 유동성 프로그램은 거의 소멸되었음을 알 수 있다. 반면에 양적완화정책으로 연준은 4.5조달러에 이르는 증권을 매입했고 이 가운데 2.8조달러의 만기 10년 이상의 증권도 포함되었다. 양적완화가 종료된 2014년 말부터 연준은 만기가 종료된 증권을 재투자하여 보유자산을 유지했다.

　연준은 2015년 12월 금리인상을 시작하였고 2017년 10월 양적완화로 부풀려진 대차대조표를 해소하기 위해 보유자산을 줄이는 양적긴축으로 전환했다. 그럼에도 불구하고 연준의 대차대조표가 위기 전 수준으로 돌아갈 가능성은 없다. 무엇보다도 연준의 부채인 상업은행의 지급준비금이 크게 증가했기 때문이다. 지급준비금이 증가한 것은 연준이 지준부리(支準附利), 즉 초과지급준비금에 이자를 지급함에 따라 필요지급준비금을 초과하는 초과지급준비금이 크게 늘어났기 때문이다. 지준부리는 당초 2008년 10월 금융위기에 대응해 금융안정을 위한 목적으로 도입되었으나 중요한 통화정책수단이 되었다. 지준부리 금리수준을 정책금리수준과 유사하게 유지함으로써 보다 효과적으로 통화정책을 운영할 수 있기 때문이다.

⑤ 테일러준칙 하에서의 총수요-총공급 모형

제7장에서 소개한 총수요-총공급 모형에서 총수요곡선은 $IS-LM$ 모형으로부터 도출되었는데 이는 통화정책이 통화량 목표를 중심으로 이루어짐을 전제로 한다. 그러나 오늘날 대부분의 중앙은행은 테일러 준칙과 같이 미리 정해진 일정한 준칙에 따라 이자율 목표가 결정되면 이 목표이자율을 달성하기 위해 통화량이 내생화되는 통화정책 운영체계를 따르고 있다. 이처럼 통화정책이 통화량이 아니라 이자율을 중심으로 시행된다면 이에 맞춰서 총수요-총공급 모형이 변형될 필요가 있다. 여기서는 테일러 준칙 통화정책 하에서 총수요-총공급 모형이 어떻게 달라질 수 있는지 알아보자.

일반적으로 통화정책에 있어서 테일러 준칙에 따른 이자율 목표의 결정은 다음과 같은 식으로 대표될 수 있다.

$$i_t^* = \bar{r} + \pi_t + \lambda_\pi(\pi_t - \bar{\pi}) + \mu(Y_t - Y_F), \ \lambda_\pi > 0, \ \mu > 0 \qquad \text{(16-1)}$$

위 식에서 i_t^*는 중앙은행에 의해 설정되는 명목이자율 목표를, $\bar{r}$는 균형 실질이자율을, $\bar{\pi}$는 목표인플레이션율을, Y_F는 중앙은행이 목표로 하는 완전고용 국민소득을 나타낸다. 위 준칙에 따르면 중앙은행은 인플레이션율이 높아지거나 총생산이 증가할 때 목표이자율을 높일 것이다. 중앙은행이 항상 목표이자율을 달성한다면 실제이자율 i는 목표이자율인 i^*와 같아진다. (16−1)식에 주어진 통화정책 반응함수를 다음과 같이 단순하게 표현하기로 하자.

$$i = \bar{i} + \lambda\pi + \mu Y \qquad \text{(16-2)}$$

$$\text{단} \ \bar{i} = \bar{r} - \lambda_\pi\bar{\pi} - \mu Y_F$$

$$\lambda = 1 + \lambda_\pi > 0, \ \ \mu > 0$$

위 식을 국민소득을 가로축으로 하고 이자율을 세로축으로 하여 그림으로 나타내면 [그림 16−7]의 MP곡선과 같이 우상향하는 모양을 가질 것이다. 이 곡선은 제3장에서 소개한 통화정책반응곡선인 MP곡선과 유사한 성격을 가진다. 다만 제3장에서 소개된 MP곡선과 달리 (16−2)식에 주어진 MP곡선은 인플레이션율이 변함에 따라서 상하 이동을 한다. 구체적으로 인플레이션율이 상승하는 경우 MP곡선은 위쪽으로 이동할 것이다.

그림 16-7 DAD곡선의 도출

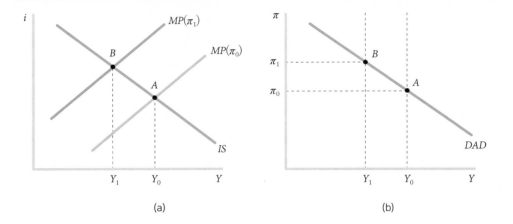

(a)   (b)

한편 IS곡선의 식이 제3장 (3−27)식과 같이 주어져 있다고 하자.

$$i = \frac{\overline{A}}{b} - \frac{1-c}{b}Y$$

(16-3)

총수요는 (16−2)식과 (16−3)식으로부터 구할 수 있다. [그림 16−7]은 테일러 준칙 통화정책하에서 총수요곡선의 도출을 보여준다. [그림 16−7]의 (a)는 IS곡선과 MP곡선을 보여준다. MP곡선의 위치는 인플레이션율에 따라 변하기 때문에 MP곡선에는 어떤 수준의 인플레이션율하에서 이 곡선이 그려졌는지가 표시되어 있다. 즉 $MP(\pi_0)$과 $MP(\pi_1)$은 각각 인플레이션율이 π_0와 π_1일 때의 MP곡선이다. $\pi_1 > \pi_0$이라면 인플레이션율이 π_1일 때 모든 국민소득 수준에서 목표이자율이 더 높게 책정될 것이고, 이에 따라 $MP(\pi_1)$은 $MP(\pi_0)$보다 더 위쪽에 위치하게 된다. 인플레이션율이 π_0와 π_1일 총수요는 각각 IS곡선과 MP곡선이 만나는 A점과 B점에서 결정되며 이때 총수요는 각각 Y_0와 Y_1이 된다. 이를 (Y, π) 평면에 그리면 [그림 16−7]의 (b)에서와 같이 우하향하는 총수요곡선이 구해진다. (b)에 제시된 총수요곡선은 물가에 따른 총수요의 크기를 보여주는 대신 인플레이션율에 따른 총수요의 크기를 보여주는데, 이와 같은 총수요곡선을 동태적 총수요곡선(dynamic aggregate demand curve) 또는 DAD곡선이라고 부른다.

총수요곡선이 인플레이션율의 변화에 따른 총수요의 크기를 보여 주므로, 총공급곡선 역시 인플레이션율의 변화에 따른 총생산을 보여줄 수 있어야 한다. 동태적 총공급곡선은 제8장에 제시되었던 총공급곡선으로부터 다음과 같이 도출될 수 있다.

단기총공급곡선이 다음 식과 같이 주어져 있다고 하자.

$$Y_t = Y_F + a(\ln P_t - \ln P_t^e) + e_t \tag{16-4}$$

위 식은 제8장에서 제시한 단기총공급곡선의 특성을 만족시키는 식이다. 단, e_t는 총공급충격을 나타내는데, 그 값이 양이면 정의 총공급충격을 나타낸다. 위 식의 우변 괄호 안에서 $\ln P_{t-1}$을 동시에 빼고 더하면 다음과 같은 식을 구할 수 있다.

$$Y_t = Y_F + a[(\ln P_t - \ln P_{t-1}) - (\ln P_t^e - \ln P_{t-1})] + e_t \tag{16-5}$$

$\ln P_t - \ln P_{t-1} = \ln(1 + \pi_t)$이고 로그함수의 성질에 의해 이는 다시 π_t로 근사될 수 있다. 마찬가지 논리로 $\ln P_t^e - \ln P_{t-1} = \ln(1 + \pi_t^e)$이고 이는 다시 π_t^e로 근사될 수 있다. 마지막으로 시간을 나타내는 하첨자 t를 제거하고 정리하면 (16-5)식은 다음과 같이 쓸 수 있다.

$$\pi = \pi^e + \frac{1}{a}(Y - Y_F) - \frac{e}{a} \tag{16-6}$$

위 식은 물가와 총공급 간의 관계 대신 인플레이션율과 총공급 간의 관계를 보여

그림 16-8 부의 총공급 충격

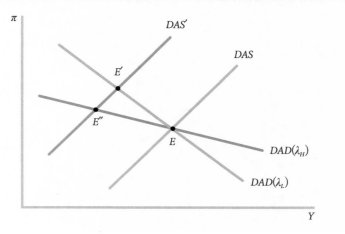

주는데 이와 같은 총공급곡선을 동태적 총공급곡선(dynamic aggregate supply curve) 또는 DAS곡선이라 부른다.

[그림 16-8]은 DAS곡선과 DAD곡선이 만나는 E점에서 생산물시장이 단기균형을 달성함을 보여준다. 이제 부의 총공급 충격이 발생하는 경우를 생각해 보자. 부의 총공급 충격은 DAS곡선을 [그림 16-8]의 DAS′곡선과 같이 좌측으로 이동시킨다. 그 결과 생산물시장은 E′점에서 새로운 단기균형을 이루는데, 이때 인플레이션율이 상승하는 반면 국민소득은 감소한다.

그런데 새로운 균형에서 인플레이션율이 얼마나 상승하는지는 총수요곡선의 기울기에 달려있다. 테일러준칙이 이자율이 인플레이션율의 변화에 더 민감하게 반응하도록 설정되어 있다면, (16-2)식의 정책반응함수에서 λ가 더 큰 값을 가질 것이다. 이 경우 동일한 크기의 인플레이션율 상승에 대해서 MP곡선이 더 많이 상향 이동하므로 총수요가 더 크게 감소한다. 즉 DAD곡선은 더 완만한 기울기를 가지게 된다. 즉 금리준칙이 인플레이션율에 대해 더 민감하게 반응할수록 총수요곡선의 기울기가 완만해지고 그 결과 동일한 크기의 총공급 충격에 대하여 균형 인플레이션율의 변화는 더 작을 것이다.

독립지출의 증가와 같은 총수요 충격이 발생하는 경우도 DAS-DAD 모형을 통해 분석할 수 있다. 정의 총수요 충격이 발생하면 IS곡선이 우로 이동하며 그 결과 동일한 인플레이션율 하에서 총수요가 증가한다. 즉 독립지출이 증가하는 경우 DAD곡선은 [그림 16-9]에서와 같이 우측으로 이동하고 그 결과 인플레이션율이 높아지고

그림 16-9 정의 총수요 충격

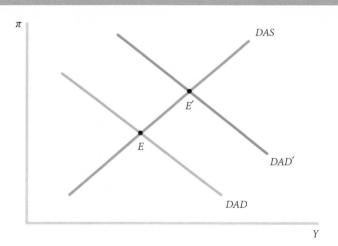

국민소득이 증가한다.

　총수요 충격에 따른 인플레이션율의 변화 역시 테일러준칙의 인플레이션 반응 정도에 따라 달라진다. [그림 16-9]에서 λ의 값이 더 큰 경우를 생각해보자. 동일한 크기의 독립지출 증가에 따른 DAD곡선의 수평이동폭은 λ의 크기와 관계없이 동일하다.[5] 그 결과 DAD곡선이 완만한 기울기를 가지는 경우, 즉 테일러준칙이 인플레이션에 대해 더 크게 반응하는 경우 인플레이션율의 증가폭이 더 작아진다. 이때 테일러준칙이 인플레이션 방지에 더 중점을 두고 있다면 총수요 충격이 발생하는 경우에도 인플레이션율의 변화폭이 더 작아질 것이다. 물론 균형 인플레이션율은 목표인플레이션율과는 차이가 있는데, 이는 목표인플레이션율의 달성만이 중앙은행의 유일한 목표가 아니기 때문이다.

---

5 연습문제 4번 참조.

1 통화정책은 최종목표, 중간목표, 통화정책수단으로 구성된다. 일반적 정책수단으로는 공개시장운영, 재할인율정책, 지불준비율정책이 있다.

2 통화당국은 정책수단을 조정하여 완전고용이나 물가안정과 같은 정책목표를 달성하려고 하는데, 여기에는 정책시차가 존재한다. 정책시차의 문제를 극복하기 위해 통화당국은 대개 정책수단과 정책목표 사이에 중간목표를 설정한다. 중간목표로는 보통 통화량이나 이자율이 이용되며, 신용총액이나 명목 GDP를 사용해야 한다는 주장도 있다.

3 신용중시 견해는 통화정책의 전달경로로서 이자율이나 통화량보다 신용총액의 역할을 더 중시하는데, 이는 정보의 불완전성이나 비대칭성으로 인해 금융시장에서 신용할당 현상이 일어나기 때문이다. 대표적인 신용경로로는 대차대조표 경로와 은행대출 경로를 들 수 있다.

4 물가안정목표제(inflation targeting)는 물가상승률 자체를 최종목표로 설정하는 통화정책이다. 물가안정목표제에서는 중앙은행이 물가상승률 목표를 정하고, 미래 물가상승률에 대한 예측치와 목표치 간 차이가 있을 경우 통화정책을 얼마나 조정할 것인가를 결정한다.

5 양적완화(quantitative easing)는 단기이자율이 영의 수준에 근접하여 중앙은행이 더 이상 전통적인 통화정책을 수행할 수 없을 때 장기국채를 비롯한 금융자산을 대규모로 매입함으로써 장기이자율을 하락시키고 경기를 부양시키고자 하는 통화정책이다.

6 중앙은행이 금리준칙 통화정책을 따를 경우 거시경제 균형은 총수요−총공급모형 대신 동태적 총수요곡선과 동태적 총공급곡선을 통해 구할 수 있다.

**: 주요
용어**

- 통화정책의 수단
- 공개시장운영
- 재할인율정책
- 지불준비율정책
- 통화정책의 중간목표
- 중간목표전략

- 정보변수전략
- 물가안정목표제
- 금융중개
- 신용경색
- 신용할당
- 신용중시 견해

- 대차대조표 경로
- 양적완화
- 동태적 총수요곡선
- 동태적 총공급곡선
- 금리준칙 통화정책
- 통화정책 반응곡선

**: 연습
문제**

1 다음의 경우 명목이자율을 중간목표로 하는 통화정책과 통화량을 중간목표로 하는 통화정책하에서 나타날 거시균형을 비교하여 설명하라.
(1) 물가하락에 대한 기대감이 팽배할 때
(2) 물가상승에 대한 기대감이 팽배할 때

2 총수요-총공급 모형을 이용하여 다음의 충격이 통화량을 일정하게 유지하는 통화정책과 제로 물가상승률을 목표로 하는 통화정책하에서 각각 거시경제에 어떤 영향을 미칠 것인지를 설명하라.
(1) 총수요에 충격이 있는 경우
(2) 총공급에 충격이 있는 경우

3 중앙은행이 금리준칙 통화정책을 수행함으로써 얻어지는 다음의 통화정책반응곡선과 필립스곡선을 생각해보자.

$$i = \bar{i} + \beta(\pi - \bar{\pi})$$

$$\pi = \pi^e + \lambda(u - u_n)$$

다음의 경우 단기균형인플레이션율과 실업률에 미치는 영향을 설명하라.
(1) 금융혁신에 따른 화폐수요의 감소
(2) 해외수입 수요증가에 따른 수출증가
(3) 긴축적 재정정책

4 *DAS-DAD* 모형에서 독립지출이 증가하는 경우 금리준칙이 인플레이션율에 대해

더 민감하게 설정되어 있을 때 새로운 균형에서의 인플레이션율 증가폭이 더 작아짐을 다음과 같이 증명해 보라.

(1) 먼저 λ의 값에 관계없이 DAD곡선의 수평 이동폭이 동일함을 증명하자. 총수요곡선의 수평이동폭은 총수요곡선의 Y축 절편값의 변화에 의해 측정될 수 있다. (16-2)식과 (16-3)식으로부터 동태적 총수요곡선의 식을 구하라.

(2) 위에서 구한 식으로부터 Y축 절편의 값을 구하라. 독립지출($\overline{A}$)가 $\Delta \overline{A}$만큼 증가하는 경우 절편의 값은 얼마나 증가하는가를 구하라. 절편값의 증가분이 λ와 관계없이 결정됨을 보여라.

(3) DAS곡선과 DAD곡선을 그리되 DAD곡선은 기울기가 완만한 경우와 가파른 경우의 두 개 곡선을 그려라. 단, 두 DAD곡선이 DAS곡선을 만나는 점이 동일하도록 그려라. 이제 두 DAD곡선을 우측으로 수평이동시킨 곡선을 각각 그리되 수평이동폭이 동일하도록 그려라. 우측으로 이동한 두 DAD곡선과 DAS곡선이 만나는 점을 비교하라. 어느 점에서 인플레이션율이 더 높아지는가?

5 $DAS-DAD$ 모형은 통화정책의 기조 자체가 더 긴축적으로 또는 더 팽창적으로 변하는 경우를 분석하는 데에도 사용될 수 있다. 예를 들어 중앙은행이 추구하는 목표인플레이션율이 이전에 비해 더 낮아진다고 하자. 이는 $DAS-DAD$ 모형에 어떤 영향을 미치며, 그 결과 단기균형에서의 인플레이션율은 어떻게 영향을 받을 것인지 분석해 보라.

Chapter

17 금융시장과 금융위기

제15장에서는 화폐와 채권이라는 두 가지 종류의 자산만이 존재한다는 전제 하에서 두 자산간 선택에 의해 화폐수요가 결정되는 모형을 소개하였다. 그러나 현실 경제에는 경제주체들이 선택할 수 있는 금융자산의 종류가 많다. 제17장에서는 대표적인 금융자산인 채권과 주식에 대해서 소개하고 이들 자산의 가격이 어떤 요인에 의해 변동하는지 알아본다.

❶ 금융시장과 금융기관

가계, 기업, 정부와 같은 경제주체들이 경제활동을 하는 과정에서는 수입과 지출이 일치하지 않는 경우가 발생할 수도 있다. 어떤 경제주체의 지출이 수입보다 많을 경우 이를 적자경제주체(deficit unit)라 한다. 적자경제주체가 수입보다 많은 지출을 하기 위해서는 수입에 비해 지출이 적은 흑자경제주체(surplus unit)로부터 자금을 조달해야 한다. 이처럼 자금을 빌려주고 빌리는 행위를 금융(finance)이라고 한다. 이때 흑자경제주체는 대부자 또는 투자자가 되며 적자경제주체는 차입자가 된다. 금융시장과 금융기관은 흑자경제주체로부터 적자경제주체로의 자금의 흐름이 효율적으로 이루어질 수 있도록 도와준다.

금융은 직접금융과 간접금융의 두 가지 방법에 의해 이루어진다. 직접금융(direct finance)이란 적자경제주체가 금융시장에서 흑자경제주체로부터 직접 자금을 차입하는 것이다. 이때 적자경제주체는 장래에 지급을 약속하는 증권을 발행하고 흑자경제주체는 자금을 공급하는 대가로 증권을 수취한다. 증권의 대표적인 예로는 채권과 주식을 들 수 있다. 이때 적자경제주체가 발행한 증권을 본원적 증권(primary securities)

또는 직접증권(direct securities)이라고 부른다. 직접금융의 특징은 본원적 증권이 형태를 바꾸지 않고 적자경제주체로부터 흑자경제주체로 이전되며 이에 따라 증권의 발행자인 적자경제주체와 증권의 매수자인 흑자경제주체가 직접 채권채무관계의 당사자가 된다는 점이다.

직접금융시장은 다시 처음 증권이 발행되는 발행시장(primary market)과 이미 발행된 증권이 매매되는 유통시장(secondary market)으로 나누어진다. 유통시장에서 증권의 매매가 잘 이루어지도록 도와주는 기관을 직접금융기관이라고 하는데, 브로커(broker)와 딜러(dealer)가 이에 해당된다. 브로커는 증권의 매수자와 매도자를 연결시켜 거래를 성립시키는 역할을 한다. 반면에 딜러는 자신이 증권을 팔거나 사고자 하는 자의 상대방이 되어 거래를 성립시키는 역할을 한다. 즉 딜러는 증권을 팔고자 하는 자로부터 증권을 매수하고 사고자 하는 자에게 증권을 매도한다. 따라서 딜러는 증권의 가격이 변동함에 따라 손실을 볼 수도 있다. 이처럼 포지션 위험을 부담한다는 점에서 딜러는 위험부담 없이 중개 역할만 하는 브로커와 차이가 있다.

간접금융은 금융중개기관(financial intermediary)이 각 금융거래의 상대방이 되어 금융중개 기능을 수행하는 것이다. 대표적인 금융중개기관이라 할 수 있는 은행의 경우 흑자경제주체인 예금자로부터 자금을 조달하면서 은행 자신이 채무자가 되고, 적자경제주체인 차입자에게 자금을 대출할 때는 은행 자신이 채권자가 된다. 적자경제주체와 흑자경제주체가 직접 채권채무관계의 당사자가 되는 것이 아니라, 적자경제주체와 금융중개기관 그리고 흑자경제주체와 금융중개기관이 각각 채권채무관계의 당사자가 된다.

간접금융에서는 자금의 수급을 중개하는 금융중개기관에 그 대가를 지불해야 하기 때문에 본원적 증권을 통해 자금의 수요자와 공급자간에 직접 자금의 수급이 이루어지는 직접금융에 비해 더 높은 비용이 들 수도 있다. 실제로 은행은 예금금리보다 대출금리를 높게 받음으로써 금융중개기능을 제공하는 대가를 수취한다. 그렇다면 왜 비용이 더 높음에도 불구하고 간접금융이 존재하는 것일까? 이는 금융거래에 수반되는 정보의 비대칭성 때문이다.

금융거래를 하는 경우 자금의 대부자는 차입자가 원금이나 이자의 지급을 제대로 이행하지 않을지도 모른다는 위험을 안게 된다. 이와 같은 위험을 줄이기 위해서는 차입자의 원리금 상환능력을 판단할 수 있어야 하며, 이를 위해서는 정보가 필요하다. 그러나 차입자의 정보를 파악하는 데에는 많은 시간과 노력이 든다. 처음 자금 공급을 결정할 때 뿐만 아니라 그 이후에도 차입자의 상환능력의 변화를 파악하여 대처하기 위해서 계속 정보를 수집해야 하기 때문이다. 직접금융에서는 개별 투자자가 일일이 이와 같은 정보를 파악해야 하는 반면에 간접금융에서는 은행과 같은 금융중개기관이 개별 예금자를 대신하여 차입자의 상환능력을 파악하므로 그만큼 개별 예금자의 정보수집비용이 절약된다. 뿐만 아니라 금융중개기관은 차입자의 신용을 파악하는 업무를 반복적으로 수행하는 동안 습득한 경험과 수집한 많은 정보와 자료를 통해 신용위험을 파악하고 관리하는 전문성을 가지고 있다. 이와 같은 금융중개기관의 신용위험 관리에 있어서 전문성과 효율성이 바로 금융중개기관이 존재하는 이유이자 간접금융의 장점이 된다.

금융시장은 저축과 투자를 효율적으로 연결시켜 주는 역할을 함으로써 경제성장에 기여한다. 효율적으로 작동하는 주식시장이나 채권시장 또는 은행이 없이는 장기 경제성장을 이루기가 어려우며 따라서 금융시장은 경제의 필수불가결한 일부다. 금융시장은 경제성장에 기여할 수 있지만 금융시장이 제대로 작동하지 않을 때에는 경제를 불안정하게 만들 수도 있다. 즉 금융변동(financial fluctuation)이 경기변동을 가져올 수도 있다.

대표적인 예로 바로 현대 거시경제학을 태동시킨 중추적 사건이었던 대공황을 들 수 있다. 미국 역사에 있어서 최악의 경기침체였던 대공황은 그에 앞서서 발생한 1929년의 주가 폭락과 거의 동일시된다. 2001년 미국의 경기후퇴에 앞서서는 2001년의 주가 폭락이 발생했다. 우리나라의 경우도 1998년의 경기침체는 1997년 말에 시작된 외환위기가 원인이었다. 사례연구에 제시된 미국의 서브프라임 위기도 미국은 물론 세계 경기를 크게 위축시켰다.

사례연구

서브프라임 위기

2006년 가을 미국에서 시작된 저당 주택에 대한 대규모 압류사태는 1년 만에 전 세계 금융위기로 확산되어 이른바 서브프라임(subprime) 위기가 발생했다. 위기의 원천은 신용도가 낮거나 또는 신용상태가 불분명한 주택대출수요자에게 과다하게 주택담보대출을 제공한 데에 있다. 더욱이 처음 일정기간 동안은 낮은 고정금리로 이자만 갚아도 되는 대출구조는 주택대출수요자들을 부추기는 원인을 제공했다. 이들은 주택가격이 1996~2006년 기간에 걸쳐 계속 올랐기 때문에 나중에 높은 변동금리로 전환되더라도 채무재조정(refinancing)이 얼마든지 가능할 것으로 생각했다. 그러나 주택가격이 하락하기 시작하자 채무재조정은 어렵게 되었고 주택융자금을 상환하지 못하는 사례가 속출하였다. 차입자가 차입금을 상환할 수 없게 되자 주택담보대출을 제공한 금융회사에게 가장 먼저 효과를 미치게 되었다.

문제는 그 파급효과가 증권화(securitization)를 통해 전체 금융시장으로 확산된 데에 있다. 일반적으로 주택담보대출을 제공한 금융회사는 이를 토대로 주택저당증권(mortgage backed securities: MBS)을 발행한다. 이처럼 대출과 같은 자산을 기초자산으로 하여 증권을 발행하는 것을 증권화라고 한다. 증권화를 통해 주택담보대출과 같은 비유동성 자산을 주택저당증권과 같은 유동성 자산으로 전환함으로써 금융회사는 필요한 자금을 확보하거나 주택담보대출에 따른 위험을 제3자에게 넘길 수 있다. 그런데 주택저당증권이 지급하는 수익은 기초자산인 주택담보대출에 대한 원리금이 얼마나 잘 회수되는지에 달려 있다. 따라서 주택가격 하락으로 인해 기초자산의 원리금 상환이 줄어들게 되자 MBS의 가격이 폭락했고 여기에 투자한 투자자들도 큰 손실을 입었다. 큰 손실을 입은 투자자들은 다투어 MBS를 처분했고 또다시 MBS 가격은 폭락했다.

나아가 대량의 MBS를 보유한 부채담보부증권, 구조화투자회사 등도 마찬가지로 큰 손실을 입었다. 부채담보부증권(collateralized debt obligation: CDO)은 MBS, 회사채, 신용카드매출채권담보증권 등 다양한 종류의 채권을 신용위험 등급별로 묶고 채무보증업체로부터의 신용보강을 더하여 신용등급이 높고 효율적인 포트폴리오를 구성할 목적으로 만들어졌다. 구조화투자회사(structured investment vehicle: SIV)는 상업어음 등을 발행하여 단기로 빌린 자금을 MBS 등 수익률이 높은 장기증권에 투자하여 차익을 실현하기 위해 설립된 기관이다.

SIV를 자회사로 둔 초대형은행의 손실에 대한 소문과 신용위험의 확산은 신용경색 현상을 초래하였고 일반 기업들도 상업어음 등을 발행하는 데 애로를 겪었다. 신용경색이 은행위기로 확대되자 주요국 중앙은행은 금융안정을 위해 은행에 긴급대출을 공급하는 등 최종대부자 기능을 수행했고 미 연준은 유럽중앙은행 등에 대해 긴급 달러화 자금을 공급했다. 그럼에도 불구하고 서브프라임 위기로 유수한 금융기업과 헤지펀드가 폐쇄되거나 파산신청을 하기에 이르렀다. 주가는 하락했고 특히 큰 손실을 본 은행 및 비은행 금융기관의 주가는 폭락했다. 서브프라임 위기로 금융기관들이 큰 손실을 입은 미국과 유럽에서는 이로 인해 큰 폭의 경기후퇴가 발생했다.

서브프라임 위기는 우리에게 두 가지 중요한 교훈을 준다. 우선 경기순환이 금융부문에 의해 초래될 수 있다는 점이다. 저금리하에서 쉽게 돈을 빌릴 수 있게 되자 자산시장은 금융부문이 창출한 유동성에 의해 활황을 겪었다. 그러나 과잉 유동성으로 조성된 자산시장의 붐(boom)은 뒤이은 신용경색으로 인해 자산가격의 버스트(bust)로 이어졌고 이는 소비, 주택건설 등 실물경제에도 영향을 미쳤다. 금융부문에 의해 주도되는 붐-버스트 경기변동은 물가안정뿐 아니라 자산가격의 안정도 중앙은행의 통화정책목표에 포함되어야 한다는 논의를 불러일으켰다.

둘째 교훈은 서브프라임 위기에서는 주택담보대출이 MBS 등으로 증권화되는 이른바 금융의 비중개화(disintermediation)현상으로 인해 중앙은행이 최종대부자 기능을 원활하게 수행하기가 어려웠다는 점이다. 최종대부자 기능은 은행을 상대로 가능하기 때문이다. 더욱이 속성상 만기불일치의 위험에 노출될 수밖에 없는 SIV는 투자자들에게 자금의 운용방식을 공개할 의무가 없기 때문에 투명성이 크게 문제가 되었다.

② 채권과 수익률곡선

채권가격과 이자율

채권(bond)은 미래 약정된 시점에 약정된 금액을 지급할 것을 약속하는 유가증권이다. 채권은 은행의 정기예금과는 달리 그 자체가 일정한 이자율을 지급할 것을 약속하지는 않는다. 채권의 정의에서 서술되었듯이 채권은 일정한 지급금액만을 약속한다.

채권은 이자를 지급하는지의 여부에 따라 이표채(coupon bond)와 무이표채(zero coupon bond)로 나눌 수 있다. 무이표채는 이자를 지급하지 않고 단지 미래 일정시점에 정해진 금액만을 지급하는 채권이다. 그렇다면 무이표채에 투자하는 사람은 이자를 어떻게 받고, 이자율은 어떻게 정해지는 것일까? 무이표채 투자자에게 원금은 무이표채를 사기 위해 지불해야 하는 가격이고, 이자는 만기에 받는 금액과 무이표채 가격간의 차이다. 예를 들어 1년 후에 10,000원을 지급하는 무이표채의 현재 가격이 9,000원이라면, 원금은 9,000원이고 이자는 1,000원인 셈이다. 이처럼 무이표채는 이자를 감안해서 원금보다 싸게 거래되기 때문에 할인채(discount bond)라고도 불린다.

채권을 사서 만기까지 보유할 경우 발생하는 수익률을 만기수익률(yield to maturity)이라고 한다. 앞의 예에서 무이표채를 9,000원에 사서 만기까지 보유한다면 만기수익률은 약 11.1%(1,000/9,000×100)가 된다. 이는 9,000원을 11.1%의 이자율에 1년간 예금하는 것과 동일한 효과를 가진다. 보통 "어떤 채권의 이자율이 얼마다"라는 식으로 얘기를 하는데 이때 이자율은 바로 만기수익률을 말한다. 같은 조건의 무이표채라면 이를 싸게 살수록 만기수익률은 높아진다. 같은 채권을 8,000원에 산다면 만기수익률은 25.0%(2,000/8,000×100)가 된다. 일반적으로 만기가 n년이고, 만기시 지급액이 F원, 현재 가격이 P_z원인 무이표채의 만기수익률은 다음과 같이 계산된다.

$$P_z = \frac{F}{(1+y)^n} \tag{17-1}$$

위 식에서 y는 연률로 표시된 만기수익률을 나타낸다.

무이표채와는 달리 이표채(coupon bond)는 만기에 원금을 지급할 뿐만 아니라 정기적으로 이자를 지급한다. 예를 들어 액면가격이 10,000원이고 이표율(coupon rate)이 8%, 이자지급기간이 6개월인 1년만기 이표채가 있다면, 이 이표채는 발행일로부터 6개월 후 400원((10,000원×0.08)/2)을 지급하고 1년이 되는 날에는 이자와 원금을 합해서 10,400원을 지급한다. 이표채도 무이표채와 마찬가지로 이를 얼마에 사는지에 따라 만기수익률이 결정된다. 일반적으로 현재가격이 P_c이고 C원의 이자를 연간 m번 지급하며, 만기시에 F원의 원금을 지급하는 n년 만기 이표채의 만기수익률(y)은 다음과 같이 계산된다.

$$P_c = \frac{C}{(1+\frac{y}{m})} + \frac{C}{(1+\frac{y}{m})^2} + \cdots\cdots + \frac{C+F}{(1+\frac{y}{m})^{mn}} \tag{17-2}$$

무이표채와 이표채의 만기수익률 결정식을 보면 만기(n), 쿠폰지급액(C), 만기지급액(F)이 정해져 있다면 채권가격과 만기수익률 사이에는 일대일 대응관계가 있음을 알 수 있다. 즉, 만기수익률을 알면 채권가격을 계산할 수 있고, 채권가격을 알면 만기수익률을 계산할 수 있다. 뿐만 아니라, 채권가격과 만기수익률은 역의 관계에 있음도 알 수 있다. 즉, 채권가격이 높을수록 만기수익률은 낮아진다.

채권시장에서는 여러 가지 채권들이 제각기 다른 가격에 거래가 되는데, 이들 채권을 사고 팔 때 적용되는 것이 바로 채권가격이다. 그런데, 채권마다 이자지급액, 만기지급액, 만기 등이 다르기 때문에 어떤 채권을 거래하면서 채권가격이 얼마라고 하면 이것이 다른 채권을 사는 것에 비해서 유리한 것인지를 간단히 판단하기 어렵다. 따라서 일반 상품이나 주식과는 달리 채권을 거래할 때는 주로 만기수익률을 참고한다. A라는 채권의 만기수익률이 8%이고, 비슷한 조건을 가진 B채권의 만기수익률이 7%라면, A채권에 투자하는 것이 유리하다는 것을 쉽게 알 수 있기 때문이다.

이제까지는 채권의 가격이 주어질 경우 만기수익률이 어떻게 계산될 수 있는지 보았다. 그렇다면 채권의 가격이나 만기수익률은 어떻게 결정되는 것일까? 채권가격의 결정에는 다음과 같은 재정거래 원리가 적용된다. 예를 들어 일년 만기 대출금리가 7%인데 어떤 일년 만기 채권의 만기수익률이 8%라 하자. 투자자들은 당연히 7%의 이자율에 자금을 조달하여 8%의 수익률을 얻을 수 있는 A채권을 구매함으로써 이자율 차이에 따른 이득을 얻으려고 할 것인데 이를 차익거래(arbitrage)라고 한다. 이와 같은 차익거래는 A채권의 가격을 상승시켜서 결국 A채권의 만기수익률이 7%와 같아지게 할 것이다. 즉, 채권의 만기수익률은 이와 동일한 조건을 가진 다른 금융상품들이 지급하는 이자율과 같아져야 한다.

그렇지만 차익거래를 통해 모든 채권이 동일한 이자율을 갖게 되는 것은 아니다. 채권마다 특성이 다르기 때문이다. 채권의 가격 또는 이자율에 영향을 줄 수 있는 특성은 여러 가지가 있지만, 가장 주요한 특성으로는 발행자의 신용과 만기의 두 가지를 들 수 있다. 발행자의 신용은 채권 원리금의 상환가능성에 영향을 준다. 즉, 발행자의 신용도가 낮을수록 원리금 부도발생확률이 높기 때문에 투자자들이 이를 기피할 것이다. 투자자들이 이와 같은 채권을 사도록 하려면 부도 확률이 낮은 채권에 비해 더 높은 이자율을 약속해야 한다. 따라서 신용도가 낮은 발행자가 발행하는 채권은 신용도가 높은 채권보다 높은 이자율을 지급하게 되는데, 이 두 이자율의 차이를 부도위험 할증(default risk premium)이라고 부른다.

각국의 채권 발행자 중 가장 신용도가 높은 발행자는 역시 그 국가의 정부다. 따라서 정부가 발행한 국채는 다른 채권에 비해 만기수익률이 가장 낮다. 보통 부도위험 할증은 대상 채권의 만기수익률과 이와 비슷한 만기를 가진 국채의 만기수익률과의 차이(yield spread)로 측정된다.

동일한 발행자가 발행한 채권의 만기수익률도 그 채권의 만기에 따라 서로 다른 값을 가질 수 있다. [그림 17-1]은 미국의 국채인 재무부 증권(Treasury Bond)의 만기수익률을 보여준다. 이 그림으로부터 2012년 9월 현재 만기가 5년 남은 재무부 증권의 만기수익률은 0.73%이고, 만기가 10년 남은 재무부 증권의 만기수익률은 1.85%임을 알 수 있다. 이처럼 만기별로 수익률의 값을 보여 주는 곡선을 수익률곡선(yield curve)이라고 하고, 만기에 따라 이자율이 다른 값을 가지는 것을 이자율의 만기구조(term structure of interest rates)라고 한다.

수익률곡선은 시간이 지남에 따라 그 위치와 모양이 변한다. [그림 17-1]에서

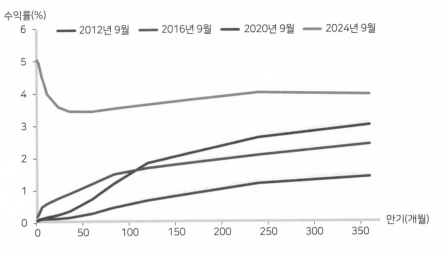

수익률(%)

—— 2012년 9월　—— 2016년 9월　—— 2020년 9월　—— 2024년 9월

만기(개월)

자료: U. S. Department of the Treasury

보듯이 2020년 9월 미국의 수익률곡선은 2016년 9월에 비해서 하향 이동했고, 2024년 9월에는 반대로 상향 이동했다. 뿐만 아니라 수익률곡선의 모양도 네 기간이 서로 상이함을 볼 수 있다. 수익률곡선이 항상 우상향하는 모습을 가지는 것만은 아니다. 2022년부터 연방준비제도가 인플레이션을 진정시키기 위해 기준금리를 대폭 인상한 후에는 수익률곡선이 우하향하는 기울기를 보였다. [그림 17－1]에서도 2024년 9월의 수익률곡선은 일부 구간에서 우하향하는 모습을 갖고 있다.

수익률곡선과 이자율 만기구조

채권이 왜 만기에 따라 상이한 수익률을 가지는지를 설명하기 위해서 기대이론, 시장분할이론, 선호거소이론의 세 가지 상이한 이론들이 제시되고 있다.

시장분할이론　가장 간단한 이자율 만기구조 이론은 시장분할이론(segmented market theory)이다. 이 이론은 서로 다른 만기를 가진 채권시장이 서로 완전히 분리되어 있음을 전제로 한다. 즉, 투자자들이나 차입자들은 각각 자신이 필요로 하는 만기를 가진 채권시장에만 참여하며, 다른 만기의 채권을 발행하거나 매입하는 것이 이자율 면에서 더 유리하다 하더라도 자신이 필요로 하는 만기 이외의 다른 만기 채권시장에 참여하지 않는다는 것이다. 시장분할이론에 따르면 장기이자율과 단기이자율이 서로 다른 이유는 단순히 서로 다른 만기의 채권시장에서의 수요공급 여건이 서로 다르다는 현상을 반영한 것에 불과하다.

시장분할이론은 간단하다는 장점이 있기는 하지만, 실제 수익률곡선의 움직임은 시장분할이론만으로는 설명하기 곤란한 경우가 많다. 예를 들어 수익률곡선은 많은 경우 전체적인 모양에 변화가 없이 상하로만 평행이동을 한다. 이와 같은 수익률곡선의 평행이동은 장기이자율과 단기이자율을 포함한 모든 만기의 이자율이 같은 방향으로 움직일 때 나타나는데, 이는 모든 만기의 채권시장에 공통적으로 영향을 주는 요인이 있음을 시사한다. 서로 다른 만기의 채권시장이 서로 분할되어 있음을 전제로 하는 시장분할이론으로는 이와 같은 수익률곡선의 평행이동을 설명하기가 어렵다.

투자자나 차입자가 이자율 차이에도 불구하고 다른 만기의 시장에 참여하는 것을 꺼린다는 시장분할의 가정 자체에도 문제가 있다. 예를 들어 어떤 기업이 공장을 짓기 위한 자금을 조달하려 한다고 하자. 5년 만기 채권을 발행할 경우 이자율은 연 10%, 1년 만기 채권을 발행할 경우 이자율이 연 5%라고 하자. 공장을 짓고 물건을 만들어서 원금을 갚을 수 있는 만큼 수익을 올리기 위해 5년이 걸린다고 하면 자금조달을 위해 5년 만기 채권을 발행하는 것이 일반적일 것이다. 그러나 이처럼 서로 다른 만기의 이자율 차이가 클 경우 1년 만기 채권을 발행하고, 만기가 되면 다시 1년 만기 채권을 발행하는 것을 계속하는 것이 이자비용 면에서 더 유리할 것으로 기대된다.

물론 이처럼 1년 만기 채권을 계속 차환발행(roll-over)하는 전략은 미래에 이자율이 올라갈 경우 이자비용이 높아질 수도 있다는 위험을 내포하기는 하지만, 위의 예에서와 같이 큰 폭의 이자율 차이가 난다면 차입자들도 어느 정도 위험을 감수하고 낮은 이자율에 차입을 하려고 할 것이다. 이 예는 다른 만기의 채권에 비해 이자율이 매우 높음에도 불구하고 특정 만기의 채권시장에서만 차입을 한다는 시장분할이론의 가정이 지나치게 비현실적임을 보여준다.

기대이론   기대이론(expectations hypothesis)에 따르면 장기이자율은 미래 예상되는 단기이자율의 움직임에 의해 결정된다. 즉, 미래 단기이자율이 현재에 비해 상승하리라 기대되는 경우에 장기이자율이 단기이자율보다 높아지며, 이에 따라 수익률곡선이 우상향하는 모습을 가진다는 것이다. 이와 같은 기대이론의 논리를 이해하기 위해 다음과 같은 예를 들어 보자. 어떤 투자자가 1원을 2년 동안 채권에 투자하려 한다고 하자. 이 투자자는 다음의 두 가지 전략을 선택할 수 있다.

전략 1: 2년 만기 채권을 매입하여 만기까지 보유한다.
전략 2: 1년 만기 채권을 매입하여 만기까지 보유하고 그 원리금으로 다시 1년 만기 채권을 매입하여 만기까지 보유한다.

이제 각 전략에 의해 1원을 2년간 투자할 경우 원리금은 얼마가 되겠는가? t년 도 현재 연률로 표현한 n년 만기 이자율을 $i_{n,t}$로 표시한다면, 2년 만기 이자율은 $i_{2,t}$로 표시할 수 있다. 이 경우 전략 1을 택할 경우 2년 후 받을 것으로 기대되는 원리금은 $(1+i_{2,t})^2$원이다.

전략 2로부터의 기대되는 2년 후의 원리금은 $(1+i_{1,t})(1+i^e_{1,t+1})$원이 된다. 여기서 $i_{1,t}$와 $i^e_{1,t+1}$는 각각 t년도의 1년 만기 이자율과 $t+1$년도에 예상되는 1년 만기 이자율이다. $t+1$년도의 이자율이 얼마가 될지는 t년도에는 알 수 없으므로 기대치를 사용하고 있다.

투자자는 어떤 전략을 선택할 것인가? 만일 투자자들이 기대수익에만 관심이 있다면 더 높은 원리금을 줄 것으로 기대되는 전략을 선택할 것이다. 물론 투자자들이 기대수익에만 관심이 있다는 전제는 지나치게 제약적인 가정이다. 투자자들에게는 기대수익뿐만 아니라 위험도 중요하기 때문이다. 위의 두 투자전략 중 전략 1을 택할 경우의 원리금은 확실한 금액인데 비해, 전략 2를 택할 경우의 원리금은 불확실한 금액이다. 1년 후에 이자율이 얼마가 될지를 확실하게 예측할 수는 없기 때문이다.

그럼에도 불구하고 여기서는 분석의 단순화를 위해 모든 투자자들이 기대수익에만 관심을 가진다고 가정하도록 하자. 만일 전략 1로부터 기대되는 원리금이 더 크다면 투자자들은 전략 2를 택하지 않을 것이다. 이러한 이자율 구조에서는 투자자들은 1년 만기 채권을 팔고 2년 만기 채권을 사려고 할 것이다. 이는 1년 만기 채권가격을 하락시키는 반면 2년 만기 채권가격을 상승시킬 것이고, 이에 따라 t기 현재 1년 만기 이자율은 상승하고 2년 만기 이자율은 하락할 것이다. 이와 같은 이자율의 변화는 두 전략으로부터의 기대수익이 다음 식과 같이 같아질 때까지 계속될 것이다.

$$(1 + i_{2,t})^2 = (1 + i_{1,t})(1 + i^e_{1,t+1})$$

(17-3)

위 식으로부터 다음과 같은 근사관계를 구할 수 있다.

$$i_{2,t} \approx \frac{i_{1,t} + i^e_{1,t+1}}{2}$$
(17-4)

마찬가지 논리를 적용하면 n년 만기 장기이자율과 1년 만기 단기이자율 간에도 다음과 같은 근사관계를 구할 수 있을 것이다.

$$i_{n,t} \approx \frac{i_{1,t} + i^e_{1,t+1} + \cdots + i^e_{1,t+n-1}}{n}$$
(17-5)

위 식에 따르면 장기이자율은 미래 예상되는 단기이자율의 평균과 같다. 따라서 미래 단기이자율에 대한 기대치에 따라 t기 현재 장기이자율의 크기가 t기의 단기이자율에 비해 높거나 낮아지게 된다. 예를 들어 미래 단기이자율이 현재에 비해 상승하리라고 예상될 경우 (17-5)식으로부터 장기이자율이 단기이자율보다 높아지고 이에 따라 수익률곡선은 우상향하는 모양을 가지게 된다.

이처럼 미래 예상되는 단기이자율에 따라 수익률 만기구조가 결정된다는 기대이론은 수익률곡선의 평행이동을 설명할 수 있다. 즉 이자율의 상승 또는 하락은 상당기간 지속되는 특성이 있으므로 현 시점의 단기이자율의 상승은 미래 단기이자율도 비슷하게 상승하리라는 기대를 가져오고 이에 따라 모든 만기의 이자율이 함께 상승할 경우 수익률곡선은 상향 평행이동하게 된다.

반면에 기대이론으로 설명하기 어려운 현상도 있다. 바로 수익률곡선이 대개 우상향의 모양을 가진다는 사실이다. 기대이론에 따르면 수익률곡선의 모양은 미래 단기이자율에 대한 기대에 의해 결정된다. 미래 단기이자율이 현 시점의 단기이자율보다 높다고 기대될 때 수익률곡선은 우상향의 모양을 가진다. 미래 단기이자율이 현재 단기이자율에 비해 높아질 것으로 기대되는 경우와 낮아질 것으로 기대되는 경우가 거의 반반이라면 우리에게는 우상향하는 모습의 수익률곡선과 우하향하는 모습의 수익률곡선이 거의 비슷한 빈도로 관측되어야 한다. 그런데 실제에 있어서 우상향하는 모습의 수익률곡선이 더 자주 관측된다는 사실은 기대이론에 따르면 사람들이 미래 단기이자율이 상승하리라고 기대하는 경우가 하락하리라고 기대하는 경우보다 많음을 의미한다. 과연 그럴 것인가? 이와 같은 기대이론의 문제점을 해결하기 위해 선호거소이론이 등장하였다.

선호거소이론 앞서 소개된 시장분할이론과 기대이론은 투자자와 차입자가 상이

한 만기의 채권투자 수익률이 서로 다를 경우 시장에 참여할 것인가에 대해 완전히 상반된 가정을 하고 있다. 기대이론에 따르면 투자자는 기대수익률이 조금이라도 높은 만기의 채권에 투자할 것인 반면에 시장분할이론에 따르면 투자자는 기대수익률에 상당한 차이가 있더라도 자신이 선호하는 만기의 채권에만 투자한다는 것이다.

선호거소이론(preferred habitat theory)은 중도적인 입장을 취하고 있다. 이 이론에 따르면 투자자나 차입자는 자신이 선호하는 만기가 있기는 하지만, 자신이 선호하는 만기만을 절대적으로 고집하지는 않는다. 장단기 이자율 차이로 인해 자신이 선호하는 만기 이외의 다른 만기의 채권시장에 참여하는 것이 더 유리하다고 판단되면, 그 채권시장에도 참여할 것이다. 물론 자신이 선호하는 만기가 있기 때문에 이자율 차이가 상당히 커야만 다른 만기의 채권시장으로 이동할 것이므로, 서로 다른 만기의 채권간 대체성은 기대이론에서 가정하는 것보다는 작을 것이다.

선호거소이론에 따르면 각 만기의 금리는 예상되는 미래 단기금리와 함께 투자자 또는 차입자들의 해당 만기에 대한 선호도에 의해 결정될 것이다. 이 경우 n기간 만기 이자율은 다음과 같이 결정된다.

$$i_{n,t} = k_{n,t} + \frac{i_{1,t} + i_{1,t+1}^{e} + \cdots + i_{1,t+n-1}^{e}}{n} \tag{17-6}$$

위 식에서 $k_{n,t}$는 채권시장 참여자들의 n기간 만기 채권에 대한 선호도에 의해 결정되는 만기 할증(term premium)을 나타낸다. 해당 만기를 선호하는 투자자들의 비중이 높을수록 만기 할증의 값이 작을 것이고, 따라서 해당 만기 이자율이 낮을 것이다.

선호거소이론은 앞의 두 이론이 설명하지 못하는 현상을 설명할 수 있다. 즉, 수익률곡선의 평행이동 현상은 (17−6)식 우변의 두 번째 항인 기대이자율 부분에 의해 설명될 수 있으며, 수익률곡선이 대개 우상향하는 모습을 가지고 있는 현상은 첫 번째 항인 만기 할증에 의해 설명될 수 있다. 즉 시장참여자 중에서 단기채권을 장기채권보다 선호하는 투자자들이 상대적으로 많다면 또는 장기채권을 단기채권보다 선호하는 발행자들이 상대적으로 많다면 단기이자율보다 장기이자율이 더 높은 만기 할증의 값을 가질 것이고 이에 따라 수익률곡선이 우상향하는 모습을 가지게 될 것이다.

채권투자로부터의 위험과 수익률곡선

채권의 만기수익률은 이 용어가 의미하듯이 채권을 만기까지 보유할 경우에 보장되는 수익률이다. 흔히 채권을 안전한 자산이라고 하는데 이는 채권을 만기까지 보유할 경우에만 해당한다. 채권을 만기까지 보유하지 않고 중도에 매각할 경우에는 만기수익률이 보장되지 않는데 그 이유는 다음과 같다. 채권을 중도에 매각할 경우 수익률은 채권의 매각가격, 즉 매각시점의 채권가격에 의해 결정되는데, 채권가격은 금융시장에서 이자율이 변동함에 따라 변동한다. 예를 들어 긴축적 통화정책으로 인해 시장이자율이 일반적으로 상승하면 채권의 만기수익률도 상승하고 이에 따라 만기수익률과 역의 관계에 있는 채권가격이 하락한다. 이 경우 채권을 매각한다면 채권투자로부터의 수익률은 만기수익률보다 낮아지며, 채권투자로부터 오히려 손실을 볼 수도 있다. 이런 이유에서 채권은 안전한 자산이 아니라고 할 수 있다. 이는 가장 신용도가 높은 국채에도 해당된다. 이 장에서 소개될 SBV은행의 사례연구는 대출보다도 안전한 자산으로 간주되는 재무부 증권을 대량으로 보유했던 은행이 어떻게 부도사태를 맞게 되는지를 보여준다.

채권이 안전한 자산이 아니라는 사실은 왜 수익률곡선이 많은 경우 우상향하는 모습을 갖고 있는지를 설명할 수 있다. 이는 남아있는 만기, 즉 잔존만기가 긴 채권일수록 위험이 더 크며, 투자자들은 일반적으로 위험기피적이기 때문이다. 잔존만기가 길수록 위험이 더 큰 이유로는 다음의 세 가지를 들 수 있다.

첫째, 잔존만기가 긴 채권일수록 이를 만기 전에 매각함에 따른 수익률 변동 위험이 더 크다. 예를 들어 시장이자율이 1% 포인트 상승하는 경우 잔존만기가 5년인 채권의 가격은 잔존만기가 1년인 채권보다 더 큰 폭으로 하락한다. 즉, 잔존만기가 길수록 이자율 변동에 따른 투자수익률 변동위험이 더 크다.

둘째, 잔존만기가 긴 채권일수록 부도위험이 더 높다. 예를 들어 동일한 차입자가 발행한 채권이라도 잔존만기가 6개월인 채권은 5년인 채권보다 부도위험이 더 낮다. 혹시 앞으로 1년이 지나서 차입자가 부도를 낸다 하더라도 잔존만기가 6개월인 채권은 이미 원리금을 상환받은 후이기 때문이다.

셋째, 잔존만기가 짧은 채권일수록 유동성이 더 높다. 채권을 보유하고 있는 투자자가 자금이 필요할 경우 채권시장에서 채권 매각하여 자금을 마련할 수 있다. 그런데 채권시장의 상황에 따라서는 채권 매각에 따른 비용과 시간이 클 수도 있다. 잔존만기가 짧은 채권은 채권시장에서의 매각 외에도 만기도래에 따른 원리금 상환이라는 유동성 확보 수단이 하나 더 있기 때문에 그만큼 유동성위험이 낮다.

③ 주식시장과 주가

주가의 결정

기업이 외부에서 자금을 조달하는 방법으로는 채권발행이나 대출을 통해 자금을 조달하는 차입과 주식발행의 두 가지가 있다. 주식은 배당을 지불하는데, 배당은 기업의 이윤으로부터 나온다. 기업은 이윤 중 일부를 배당으로 지급하고 나머지를 투자 등의 재원으로 사용하기 위해 사내에 유보한다.

투자자가 주식투자로부터 벌어들이는 수익은 배당뿐만 아니라 주식가격의 상승에 따른 자본이득(capital gain)으로부터도 발생한다. t기와 $t+1$기에 어떤 주식의 주가가 각각 Q_t와 Q_{t+1}이라고 할 때 t기에 이 주식을 사서 $t+1$기까지 보유한 후 매각할 경우의 예상되는 수익률은 다음과 같이 계산할 수 있다.

$$R_t^e = \frac{D_t + Q_{t+1}^e - Q_t}{Q_t}$$

(17-7)

위 식에서 D_t는 t기 중에 주식으로부터 지급되는 배당금액을 나타낸다. $t+1$기의 주가는 투자시점인 t기에는 알 수가 없기 때문에 기대치가 사용되었다.

투자자들은 주식 이외에도 여러 가지 자산에 투자를 할 수 있기 때문에, 주식투자로부터의 기대수익률이 일정 수준 이상이 되어야 주식에 투자를 하려 할 것이다. 이처럼 투자자들이 주식에 투자하도록 만들 수 있는 최소한의 수익률을 필요수익률 (required rate of return)이라 한다. 필요수익률은 주식 이외의 대체적인 투자수단으로부터의 수익률에 의해 결정된다. 주식 이외의 대표적인 투자수단인 채권투자 수익률, 즉 이자율은 당연히 필요수익률을 결정하는 중요한 요인이다. 그런데 주식투자는 주가가 하락할 때 손실을 볼 수도 있기 때문에 예금이나 채권투자에 비해 더 큰 위험이 따른다. 따라서 위험회피적인 투자자들은 더 큰 위험을 부담하는 데 따른 보상이 있어야만 주식에 투자를 하려 할 것이다. 이는 곧 주식투자로부터의 기대수익률이 채권투자로부터의 수익률, 즉 이자율보다는 높아야 주식투자가 이루어짐을 의미한다. 즉, 주식투자의 필요수익률은 이자율에 위험 부담에 대한 위험할증(risk premium)이 추가된 값이 될 것이다.

단순화를 위해 필요수익률이 λ라는 일정한 값을 갖는다고 가정하면, 기대수익률은 다음 식처럼 필요수익률과 같아져야 한다.

$$\frac{D_t + Q_{t+1}^e - Q_t}{Q_t} = \lambda \tag{17-8}$$

위 식은 다음과 같이 고쳐 쓸 수 있다.

$$Q_t = \frac{D_t + Q_{t+1}^e}{1 + \lambda} \tag{17-9}$$

이 식은 주식의 현재가격이 주식을 한 기간 보유한 후 매도할 경우에 발생하는 수입의 현금흐름, 즉 배당금과 한 기간 후의 주식의 매도가격을 필요수익률을 이용하여 현재가치로 할인한 값과 같아져야 함을 의미한다. 만일 투자자들의 기대가 합리적으로 형성된다면 위 식은 다음과 같이 쓸 수 있다.

$$Q_t = \frac{D_t + E_t(Q_{t+1})}{1 + \lambda} \tag{17-10}$$

위 식에서 $E_t(Q_{t+1})$은 t기 현재의 정보를 최적으로 활용하여 구한 $t+1$기 주가에 대한 합리적 기대치, 즉 $E(Q_{t+1}|\Omega_t)$를 나타낸다. $t+1$기의 주가도 같은 원리에 의해 결정될 것이므로 다음과 같은 식이 구해진다.

$$Q_{t+1} = \frac{D_{t+1} + E_{t+1}(Q_{t+2})}{1 + \lambda} \tag{17-11}$$

(17−10)식의 Q_{t+1} 대신 (17−11)식을 대입하면 다음 식을 구할 수 있다.[1]

$$Q_t = \frac{D_t}{1 + \lambda} + \frac{E_t(D_{t+1})}{(1 + \lambda)^2} + \frac{E_t(D_{t+2})}{(1 + \lambda)^2} \tag{17-12}$$

이와 같은 작업을 반복하면 t기 현재 주가의 근본가치 Q_t^*를 다음과 같이 구할 수 있다.

$$Q_t^* = \sum_{j=0}^{\infty} \left(\frac{1}{1 + \lambda}\right)^{1+j} E_t(D_{t+j}) \tag{17-13}$$

위 식에 따르면 주가의 근본가치는 필요수익률로 할인된 미래 배당금 흐름의 현재가치와 같다. 즉, 주가는 미래 배당금과 할인율에 의해 결정된다. 배당금은 기업의 이윤으로부터 나오므로 결국 미래 기업 이윤에 대한 기대가 주가에 영향을 미치

---

1 (17−12)식을 구할 때 $E_t[E_{t+1}(D_{t+2})] = E_t(D_{t+2})$라는 합리적 기대의 성질이 이용되었다.

게 된다. 더 정확하게 표현하자면 미래 이윤에 대한 기대에 영향을 미칠 수 있는 새로운 정보 또는 소식이 주가에 영향을 미친다. 예를 들어 신약의 발명과 같이 어떤 기업의 미래 이윤이 증가할 것으로 기대될 수 있는 새로운 정보가 발생하면 주가는 상승할 것이다. 한편 할인율은 주식과 대체적인 관계에 있는 다른 자산들의 수익률에 의해 영향을 받는다. 특히 채권의 수익률이 상승하면 할인율이 상승할 것이고 이에 따라 주가가 하락할 것이다.

이제 주가가 어떤 요인에 의해 변화하는지를 이해하기 위해 두 가지 예를 들어보기로 한다.

통화공급의 증가 화폐공급이 증가할 경우 *IS–LM* 모형에 따르면 이자율이 하락한다. 이자율이 하락함에 따라 할인율이 하락하고 이에 따라 주가는 상승한다.

독립소비의 증가 가처분소득이 동일함에도 불구하고 가계의 소비지출이 증가한다고 하자. 이 경우 [그림 17 – 2]에서와 같이 *IS*곡선이 우로 이동하고 이자율이 상승하게 된다. 이 경우에는 주가에 영향을 미치는 요인이 두 가지가 있다. 첫째로, 소비증가와 소득증가에 따라 기업의 매출이 늘어나고 이에 따라 이윤과 배당

그림 17-2 독립소비의 증가

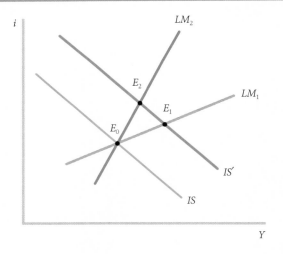

소비증가가 주가에 미치는 영향은 *LM*곡선의 기울기에 의존한다. *LM*곡선의 기울기가 완만할수록 소득증가에 비해 이자율 상승폭이 상대적으로 작다. 따라서 E_2보다는 E_1에서 주가가 상승할 가능성이 높다.

이 증가할 것으로 기대되는데, 이는 주가를 상승시키는 요인이 된다. 둘째로, 이 자율이 상승함에 따라 필요수익률과 할인율이 상승하는데 이는 주가를 하락시키는 요인이 된다. 이들 요인들은 주가에 서로 상반된 영향을 미친다. 따라서 주가가 상승할 것인지 또는 하락할 것인지의 여부는 소득증가와 이자율 상승의 정도에 달려 있는데, 이는 다시 LM곡선의 기울기와 관련이 있다. LM곡선의 기울기가 완만하다면 소득증가에 비해 이자율 상승폭이 상대적으로 작을 것이고, 이에 따라 주가는 상승할 가능성이 높다.

주가와 거품

주식과 같은 자산의 가격은 제3절에서 소개한 것처럼 근본가치에 의해서만 결정되지 않을 수도 있다. 우리는 부동산이나 주식과 같은 자산의 시장가격이 그 내재된 근본가치와 무관하게 크게 변화하는 현상을 어렵지 않게 볼 수 있다. 이와 같은 현상은 합리적 기대하에서 거품이 존재할 때 일어날 수 있다. 합리적 기대를 이용하면 자산가격에 있어서 복수균형(multiple equilibria)의 존재 또는 균형의 비결정성(indeterminacy of equilibria)을 설명할 수 있다.

(17−13)식에서 도출된 주식의 근본가치를 이용하여 또 다른 균형가격 $\hat{Q}_t$를 다음과 같이 정의해 보자

$$\hat{Q}_t = Q_t^* + B_t \qquad \text{(17-14)}$$

B_t가 무엇을 의미하는지는 뒤에 설명될 것이다. 만일 $\hat{Q}_t$도 주식의 균형가격이라면 (17−10)식의 균형조건을 다음과 같이 충족시켜야 할 것이다.

$$\hat{Q}_t = \frac{D_t + E_t(\hat{Q}_{t+1})}{1 + \lambda} \qquad \text{(17-15)}$$

$\hat{Q}_t$와 $\hat{Q}_{t+1}$대신 $Q_t^* + B_t$와 $Q_{t+1}^* + B_{t+1}$을 각각 대입하면 다음의 식이 구해진다.

$$Q_t^* + B_t = \frac{D_t + E_t(Q_{t+1}^* + B_{t+1})}{1 + \lambda} \qquad \text{(17-16)}$$

Q_t^*가 (17−10)식을 충족시켜야 한다는 사실을 이용하면 다음 식을 구할 수 있다.

$$B_t = \frac{E_t(B_{t+1})}{1 + \lambda} \tag{17-17}$$

위 조건을 충족시키는 어떤 B_t에 대해서도 $\hat{Q}_t = Q_t^* + B_t$를 충족시키는 $\hat{Q}_t$ 역시 합리적 기대하에서의 균형 주식가격이 된다. 이처럼 합리적 기대하에서는 다수의 균형가격이 존재할 수 있다. 왜냐하면 위의 등식을 만족시킬 수 있는 B_t는 무수히 많기 때문이다. 이때 Q_t^*를 근본가치(fundamental value)라 부르고, B_t를 거품(bubble)이라고 부른다.

왜 B_t를 거품이라고 부르는 것일까? B_t는 다음과 같은 형태를 가져야만 (17−17)식에 주어진 조건을 충족시킬 수 있다.

$$B_t = B_0(1 + \lambda)^t \tag{17-18}$$

(17−18)식에서 임의의 초기값 $B_0 > 0$에 대해서 B_t는 매기마다 $1+\lambda$배씩 증가한다. 즉 B_t가 매기마다 $1+\lambda$배씩 증가하리라는 기대만 있으면 근본가치와 다른 주가가 관찰될 수 있다. 만일 $B_0 > 0$라면 $t \to \infty$일 때 $B_t \to \infty$가 되어 주가는 무한히 커지는데 이것은 마치 거품이 계속 커지는 것과 같기 때문에 이를 확정적 거품(deterministic bubble)이라 부른다. 확정적 거품 이외에도 무한히 커지는 대신 일정한 확률로 소멸될 가능성을 가진 확률적 거품(stochastic bubble)도 존재할 수 있다.

거품은 고인 물에서는 가능하지 않다. 거품은 가격이 비싸도 앞으로 더욱 오를 것이라는 기대하에서 일어난다. 그러므로 누군가는 이와 같은 기대를 가지고 해당 자산을 사 주어야 하고 또 누군가는 팔아야 한다. 만약 일정한 수의 시장참여자가 동일한 기대를 가지고 있다면 매매는 가능할 수 없을 것이다. 따라서 새로운 시장참여자가 시장에 들어온다는 전제하에 가능하다.

쉴러(Robert Shiller)는 거품을 다음과 같은 상황으로 묘사했다.[2] 가격상승이 투자자들의 열정을 불러일으키고 다시 이 열정은 왜 가격이 오를 수밖에 없는지에 대한 이야기가 회자되는 과정에서 마치 전염병처럼 사람들 사이에 확산된다. 이때 과연 투자할 가치가 있는지에 대한 회의에도 불구하고 한편으로는 성공한 사람들에 대한 부러움으로 또 다른 한편으로는 도박꾼들의 흥분으로 더 많은 투자들이 몰린다.

거품은 대체재가 존재하거나 공급이 신축적일 수 있는 자산시장에서는 발생하기가 어렵다. 예를 들어 평범한 사과의 가격이 거품의 존재로 인하여 폭등할 것으로 기대하기는 어렵다. 소비자들은 쉽게 다른 대체재를 구할 수 있기 때문이다. 마찬가

---

2 R.J. Shiller, *Irrational Exuberance*, Princeton University Press, 2000.

지로 거품으로 주가가 폭등할 때 그 주식을 발행한 기업은 증자를 할 유인이 생기며 이에 따라 조만간 주식의 공급량은 늘어날 것이다. 이것은 거품이 토지와 같이 재생산이 불가능한 자산이나 희소한 재화에 있어서 쉽게 발생할 수 있음을 의미한다.

사례연구

거품의 역사

거품은 시장경제가 발전한 이래 드물지 않게 경험하고 있는 현상이다. 문서상으로 볼때 가장 오래된 거품은 튤립광(tulip mania)이라고 불리는 사건이다. 사람들은 바이러스에 감염된 튤립의 구근에서 여러 가지 희귀한 색깔의 꽃이 피는 것을 보고 이처럼 희귀한 구근에 대한 투기를 시작하였으며 그 결과 36개월 사이에 튤립 구근의 값이 무려 59배나 뛰어올랐다. 예를 들어 "Admiral Van de Eyck"라 명명된 튤립은 구근 한 개가 1637년에 7,500기니(guinea)에 달했는데, 이는 당시 집 한 채의 값에 해당한다. 튤립 구근에 대한 투기는 희귀한 튤립뿐만 아니라 평범한 튤립에까지 확산되었다.

그 후 튤립가격은 93%나 하락하여 거품은 소멸되었다. 18세기에 들어와서는 South Sea Bubble과 같이 역사상으로 유명한 거품의 사건이 있었다. 거품이 특정한

● 표 17-1 역사상 유명한 거품의 예				(단위: %, 개월)	
거품의 대상	국가(기간)	상승률(%)	상승기간	하락률(%)	하락기간
튤립	네덜란드(1634~37)	5,900	36	93	10
Mississippi Shares	프랑스(1719~21)	6,200	13	99	13
South Sea Share	영국(1719~20)	1,000	18	84	6
American Stocks	미국(1921~33)	497	95	87	33
Mexican Stocks	멕시코(1978~81)	785	30	73	18
은	미국(1979~82)	710	12	88	24
Hong Kong Stocks	홍콩(1970~74)	1,200	28	92	20
Taiwan Stocks	대만(1986~90)	1,168	40	80	12
비트코인	전세계(2017~18)	1,950	12	83	12

주식이나 자산에서 발생하는 것보다 경제 전체에 거품이 끼는 이른바 거품경제는 더욱 심각한 경제적 불안정의 문제를 가져오기도 한다.

---

④ 금융시스템 위험과 금융위기

2007년 미국 서브프라임 위기로 촉발되어 2008년 9월 리먼브라더스의 파산사태로 정점에 달했던 글로벌 금융위기의 경험은 금융시스템에 문제가 발생할 때 실물경제에 얼마나 큰 부정적 영향을 미칠 수 있는지를 단적으로 보여 주었다. 이에 따라 글로벌 금융위기를 해결하려는 노력과 함께 이와 같은 위기의 발생을 방지하기 위한 방안을 마련하기 위한 노력이 이루어졌다. 특히 글로벌 금융위기는 과거 금융위기와는 다른 특성을 보여 주었는데, 이는 주택담보대출시장에서 발생한 충격이 어떻게 전체 금융시장으로 확산될 수 있었는가 그리고 개별 금융기관의 위험관리를 위한 규제와 감독 노력에도 불구하고 어떻게 이러한 대규모 금융위기가 발생할 수 있었는가 라는 두 가지 질문에 의해 대표될 수 있다. 본 절에서는 이 두 가지 질문에 대한 답을 구해 보고자 한다.

글로벌 금융위기

2003년부터 2006년까지 미국의 주택시장은 그야말로 호황을 누렸다. 연방준비제도의 금리인하와 중국을 비롯한 신흥국들로부터의 대규모 자금유입으로 인해 미국의 이자율이 역사적인 저점을 기록하고 있었기 때문이다. 주택시장이 호황을 보이자 주택담보대출을 취급하는 금융기관들은 점점 더 큰 위험을 감수하기 시작했다. 바로 소득이 통상적인 대출 기준을 충족시키지 못하는 사람들에 대해 이루어지는 주택담보대출인 서브프라임 대출(subprime lending)이 증가하기 시작한 것이었다. 원래 서브프라임 대출은 전체 대출의 극히 일부에 불과했으나 2003~2006년 주택시장 호황기를 거치면서 그 규모가 폭발적으로 늘어났다. 주택가격이 계속 상승하고 있었기 때문에 서브프라임 대출도 안전한 투자처인 것처럼 여겨졌기 때문이다.

그런데 서브프라임 대출을 공급하는 금융기관은 예금은행이 아니라 주로 그림자은행이었다. 주택 구입자들에게 대출을 해 준 금융기관들은 증권화(securitization)라는 과정을 통해 이를 투자자들에게 팔아 넘겼다. 증권화란 주택담보대출과 같은 대출들을 많이 모아서 통합된 자산을 구성한 후 이로부터 발생하는 현금흐름에 대한 지분을 증권의 형태로 매각하는 금융기법을 말한다. 주택담보대출의 증권화를 통해 발행되는 증권을 주택저당증권(MBS)이라 하는데, 서브프라임 대출과 같이 위험한 대출을 기초자산으로 하는 주택저당증권조차도 많은 수의 주택구입자들이 동시에 부도를 낼 가능성이 낮은 반면 주택가격은 계속 상승하고 있었기 때문에 비교적 안전한 투자처로 여겨졌다. 이에 따라 리먼브라더스와 같은 그림자은행들이 단기자금시장에서 대규모로 조달한 자금을 주택저당증권에 투자하고 있었다.

그런데 2006년 말부터 주택경기 호황이 거품임이 판명되고 주택가격이 하락하기 시작하자 서브프라임 대출을 받은 주택 구입자들이 부도를 내기 시작했으며, 그 결과 주택저당증권에 투자한 투자자들이 큰 손실을 입기 시작했다. 2008년 3월에 서브프라임 대출과 주택저당증권에 막대한 투자를 하고 있었던 베어스턴스(Bear Sterns)가 거의 파산지경에 이르렀다가 정부의 개입에 의해 보다 건전한 은행에 강제로 매각되자, 사람들은 이와 비슷한 투자전략을 갖고 있었던 리먼브라더스가 다음 차례가 아닐까 의심하기 시작했으며, 이로 인해 리먼브라더스는 단기금융시장에서 자금을 조달하는 데 애로를 겪기 시작했다. 2008년 9월에는 리먼브라더스의 주된 자금원이었던 제이피모건체이스가 대출에 대해 50억 달러의 현금담보를 추가적으로 요구함에 따라 리먼브라더스는 벼랑 끝으로 내몰렸다. 그러나 이미 베어스턴스의 구제에 대하여 의회 등으로부터 강한 질책을 받고 있었던 재무부는 리먼브라더스의 구제 요청을 거부했으며, 9월 15일에 리먼브라더스는 결국 부도를 선언했다.

리먼브라더스의 부도는 이 회사에 그치지 않았다. 다른 대형 금융기관들도 부도를 낼지 모른다는 의심하에서 투자자들은 단기금융시장으로부터 자금을 회수하기 시작했다. 미국뿐 아니라 주요 선진국 금융시장에서 심각한 신용경색 현상이 나타났다. 뿐만 아니라 이러한 글로벌 금융위기가 대공황 이래 가장 심각한 경기침체를 가져올 것이라는 우려마저 제기되었다.

유동성위험과 금융위기

2000년대 초의 IT 버블 붕괴가 경제에 미친 파급효과가 제한적이었음을 고려할 때 미국에서 발생한 서브프라임 위기가 어떻게 글로벌 금융위기로 파급될 수 있었을 것인가에 대한 의문이 생기지 않을 수 없다. 이 의문에 대한 답은 금융기관 간 그리고 금융시장 간 높은 상호연계성에서 찾을 수 있다. 상호연계성은 차입이 과다할 때 어느 한 시장에서 발생한 유동성 충격을 전면적인 금융위기로 확산시키는 일종의 증폭기와 같은 역할을 한다.

유동성의 고갈은 자금조달 유동성(funding liquidity)과 시장 유동성(market liquidity)이 상호작용한 결과 나타나는 현상이다. 은행과 같은 금융기관은 자금이 부족할 때 자산을 매각하거나 새로 자금을 차입해야 한다. 즉 자산을 축소하거나 부채를 늘려야 하는 것이다. 자금조달 유동성은 자금조달에 따르는 어려움의 정도를 말한다. 시장 유동성은 자산을 매각하여 현금화하는 데 따르는 어려움의 정도를 말하며 흔히 매매 호가차(bid-ask spread), 시장 심도(market depth), 시장 탄성도(market resiliency)와 같은 지표를 이용하여 측정된다.

앞서 설명했듯이 예금은행은 불특정 다수로부터 단기로 예금을 수취하고 이를 장기로 대출하는 업무를 수행함으로써 수익을 창출하는데 이를 만기전환(maturity transformation)이라 한다. 그런데 예금은행은 만기전환 업무를 수행하는 과정에서 만기불일치에 따른 유동성위험에 노출되게 된다. 어떤 이유에서든 예금인출사태(bank run)가 발생하였을 때 은행이 충분한 현금을 보유하고 있지 않다면 예금인출요구에 응하지 못하고 부도를 낼 수밖에 없다.

단기부채를 장기자산으로 전환시키는 만기전환은 예금은행에 의해서만 이루어지는 것은 아니다. 예금을 수취하지 않는 많은 금융기관들도 만기전환 기능을 수행하고 있다. 이들 금융기관은 예금을 수취하지 않는 대신 단기금융시장에서 자금을 차입하여 이를 장기로 대출하거나 투자하는데 예를 들어 2008년 글로벌 금융위기의 기폭제가 되었던 리먼브라더스도 단기금융시장에서 환매조건부채권매매를 통해 조달한 자금을 주택저당증권을 비롯한 장기자산에 투자하는 업무를 수행하고 있었다. 이처럼 예금이 아니라 단기금융시장에서 조달한 자금으로 금융중개업무를 수행하는 금융기관을 그림자은행(shadow bank)이라 하며, 이들 그림자은행이 수행하는 만기전환 업무를 그림자금융(shadow banking)이라 한다.

1980년대 이전까지만 해도 예금은행이 금융업의 대부분을 차지했으나, 1980년대부터 그림자금융의 규모가 꾸준하게 증가하기 시작했다. 예금자 보호를 위해 자기자본 요구나 지급준비 요구와 같은 까다로운 규제를 적용받는 예금은행과는 달리 그림자금융은 이와 같은 규제가 적용되지 않기 때문이다. 글로벌 금융위기의 시작 시점으로 여겨지는 2007년 7월 미국의 그림자금융 부문은 공식적인 예금은행 부문보다 1.5배 정도 더 큰 규모를 갖고 있었다.

예금은행이 갑작스러운 예금인출사태로 인해 부도를 낼 수 있는 유동성위험을 안고 있듯이 그림자은행도 만기불일치에 따른 유동성위험에 노출된다. 예금주들이 어느 날 갑자기 은행이 안전하지 않다고 판단하고 예금을 인출하려 들듯이 그림자은행에 돈을 빌려준 투자자들이 어느 날 갑자기 돈을 빌려주는 것이 안전하지 않다고 판단하고 그림자은행에 대한 대출을 차환하기를 거부하고 대출금을 갚을 것을 요구한다면 그림자은행 역시 부도위기에 처하게 된다.

예금인출사태를 겪는 예금은행이나 대출금에 대한 상환을 요구받는 그림자은행이 부도를 막기 위해서는 새로 자금을 조달하거나 자신이 보유한 자산을 매각하여 상환 자금을 마련해야 하는데 이때 자금조달 유동성위험과 시장 유동성위험에 노출되게 된다.

주택수요자가 주택 매입시 은행으로부터 그 주택을 담보로 돈을 빌리는 것과 마찬가지로 그림자은행이 자산을 취득하는 데 필요한 자금을 투자자들에게 담보로 제공하는 경우에도 유사한 문제가 발생한다. 이때 금융기관은 자산 매입가격과 투자자가 인정하는 담보가치 간의 차이를 부담해야 하는데 이를 마진(margin) 또는 헤어컷(haircut)이라고 한다.

일반적으로 마진은 자금시장의 상황에 따라 매일 수시로 변하는데 시장상황의 악화로 마진이 크게 증가할 때 금융기관이 자금조달 유동성위험에 빠지게 된다. 마진이 증가하면 동일한 금액을 계속 차입하기 위해 제공해야 하는 담보금액이 증가하기 때문이다. 금융시스템이 은행 중심인지 또는 시장 중심인지에 따라 자금조달 유동성위험의 파급경로는 다르지만 그 본질은 같다. 빌린 돈을 은행의 예금으로 보고 마진이나 헤어컷을 은행의 자본으로 각각 본다면 증권에 투자한 투자자가 증권을 발행한 금융기관에 대해 환매 또는 100% 마진을 요구하는 것은 예금인출사태와 마찬가지인 셈이기 때문이다.

한편 시장충격이 발생하여 자금조달 유동성위험이 현실로 나타날 때 차입전략을 통해 자산을 취득했던 금융기관들은 보유자산을 처분함으로써 이에 대응하려 할 것이다. 이때 차입전략을 수행하는 시장참여자가 다수일 때 자산의 헐값 매각(fire sale)이 발생할 수 있다. 그러나 이 자산을 매입하고자 하는 투자자의 입장에서는 가격이 더 떨어질 때까지 기다리고자 하는 동기를 가지게 되어 헐값 매각에도 불구하고 자산을 손쉽게 처분하지 못하게 된다. 이와 같은 자산시장의 속성으로 인하여 시장 유동성은 더욱 떨어지게 된다.

시장 유동성의 악화는 빚으로 자산을 매입했던 금융기관에 대한 마진을 높이게 되고 그에 따라 새로운 자금조달 수요가 발생하나, 헐값 매각의 경우와 마찬가지로 다수 금융기관이 자금을 확보하려 할 때 자금조달 유동성도 마찬가지로 악화되는 악순환이 일어나게 된다. 이처럼 쏠림이 일어나는 자산시장의 속성 상 금융기관 간 그리고 금융시장 간 상호연계성이 높을 때 어느 한 시장에서의 발생하는 유동성 충격이 금융시스템 전체의 유동성을 급속히 고갈시키는 금융위기로 확산될 수 있는 것이다.

금융중개와 금융시스템 위험

은행위기나 금융위기는 비교적 흔한 현상이다. IMF에 따르면 1970년부터 2007년 사이에만 전 세계에서 127건의 은행위기가 발생했다. 금융위기는 금융시장이 발달되지 않고 제도가 미비된 국가에서만 발생하는 것은 아니다. 미국도 1980년대에 저축대부조합 위기를 겪었으며, 1998년에는 LTCM(Long-Term Capital Management) 사태를 겪기도 했다.

금융위기를 겪을 때마다 각국의 정부는 금융위기의 재발을 방지하고 금융기관의 건전성을 유지하기 위해 규제를 개선하고 감독을 강화한다. 이에 더하여 개별 금융기관도 스스로 위험을 관리하기 위해 노력한다. 이러한 개별 금융기관의 위험관리와 건전성 유지를 위한 규제와 감독에도 불구하고 어떻게 2008년과 같은 금융위기가 발생할 수 있었을까? 이 질문에 대한 답을 찾기 위해서는 다시 한 번 금융중개활동의 본질이 만기전환임을 이해할 필요가 있다.

업종에 따라 업무내용이 다르다 해도 금융중개는 모든 금융기관이 가지는 공통의 핵심기능이다. 금융중개활동의 본질은 수익률곡선을 통해 쉽게 이해될 수 있다.

X은행이 예금자로부터 예금을 수취하고 그 예금을 전액 대출한다고 가정하자. [그림 17-3]에서 수익률곡선 위의 점 D와 L에서 각각 예금과 대출이 일어난다고 하면 이 은행은 자금중개 1원당 점 L과 D의 이자율 차이만큼 이익을 보는 대신 만기 차이만큼 만기 불일치위험에 노출된다. 그러므로 은행의 자금 중개 즉, 여수신 활동은 대출수요자의 신용위험에 더하여 만기불일치 위험을 동반하는 것이다. 이렇듯 만기불일치 위험은 은행뿐 아니라 단기로 자금을 조달해서 장기로 운용하는 모든 금융기관의 금융중개활동에 수반된다. 이와 같은 의미에서 금융중개를 만기전환(maturity transformation)이라고도 한다. 그런데 이 같은 만기전환의 본질로 인해 금융시장은 시스템 위험을 갖게 된다.

이제 또 다른 은행인 Y은행이 금융시장에 진입한다고 하자. Y은행이 기존의 은행인 X은행으로부터 수취한 예금을 수익률곡선상의 점 A에서 조달하고 다시 점 L에

그림 17-3 금융중개와 만기전환

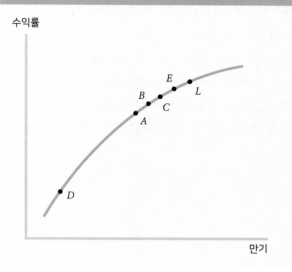

서 X은행 대신 동일한 여신활동을 수행한다면 당초 X은행에 의해 D에서 L로 한 번 발생했던 만기전환이 이제는 X은행에 의해 D에서 A로 그리고 다시 Y은행에 의해 A에서 L로 두 번 일어나게 된다. 결국 두 은행은 이윤과 만기불일치 위험을 공유하게 된다.

만기전환은 민간부문이 필요로 하는 신용을 공급해주는 중요한 수단이다. 금융혁신(financial innovation)은 금융기관이 다양한 형태의 만기구조를 가진 신용에 대해 접근을 하는 것을 가능하게 함으로써 개별 금융기관 차원에서는 수익 창출을 그리고 경제 전체로서는 금융자원의 효율적 배분을 달성할 수 있는 기회를 제공하였다. 앞의 예를 들어 설명하자면 Z은행이 수익률 곡선상의 점 A와 L 사이의 점 B에서, 그리고 V은행이 B와 L 사이의 점 C에서, 또다시 W은행이 C와 L 사이의 점 E에서 각각 신용을 조달하는 경우를 생각해보면 쉽게 이해될 수 있다. 금융혁신 외에도 은행 간 대출경쟁이 심화되거나 해외로부터 자본유입이 과다하게 일어날 때 만기전환이 대규모로 일어날 수 있다.

금융혁신과 이를 통한 다양한 만기전환은 비록 개별 금융회사의 차원에서는 만기불일치 위험이 그만큼 줄어드는 효과를 가지나 금융시스템 위험이 증가하는 결과를 초래한다. 만약 어떤 이유에서든 Y은행이 Z은행에게 빌려준 자금을 만기 도래 시 차환하지 않고 회수하려 한다고 하자. Z은행이 여유자금이 없다면 마찬가지로 V은행으로부터 자금을 회수하려 할 것이다. 이와 같은 연쇄작용은 만기전환을 역으로 작동하게 하여 금융시장의 유동성 경색이나 금융기관의 지급불능 사태로까지 파급효과를 미칠 수 있다. 2008년 9월 미국의 투자은행인 리먼브라더스 파산 이후 전 세계 금융시장이 급격한 신용경색에 빠져든 것이 대표적 사례라 할 수 있다.

특히 미국의 경우 안전자산으로 구성된 MMF와 같은 초단기 자금시장까지 신용경색이 발생하는 등 은행을 중심으로 하여 발생했던 종래의 금융위기와 전혀 다른 양상을 보여 주었다. 또한 그림자금융과 같이 은행부문 이외의 금융시장을 중심으로 하는 금융시스템이 발달함에 따라 중앙은행의 최종대부자 기능의 대상이 불분명해지는 문제도 발생했다.

사례연구

실리콘밸리은행의 파산

2023년 3월에 미국의 실리콘밸리은행(Silicon Valley Bank: SVB)이 파산했는데 미국 역사상 세 번째로 큰 규모의 은행 파산이었다. 캘리포니아 주 산타클라라에 본점을 둔 SVB는 파산 전까지만 해도 미국 은행 중 16번째의 자산 규모를 갖고 있었는데, 주로 Airbnb, Pinterest, Square와 같은 벤처기업과 그 직원들에게 금융서비스를 제공하고 있었다.

2020년 코비드-19의 유행으로 인한 경기침체에 대응하기 위해 연준은 기준금리를 0~0.25%로 인하하고 양적완화 정책을 시행했으며, 그 결과 벤처기업들의 자금이 풍부해짐에 따라 이들의 예금이 급격하게 증가한 반면 대출 수요는 그다지 증가하지 않았다. SVB는 남아도는 지급준비금으로 미국 국채를 매입했다. 국채는 만기까지 보유할 경우 손실을 보지 않는 상품으로 적정 자기자본비율 계산을 위한 위험자산에 포함되지 않는 안전자산이다. 그런데 바로 이 국채에 대한 투자가 이 은행의 파산을 가져왔다. 도대체 어떤 일이 일어난 것일까?

2022년에 들어 미국의 인플레이션율이 7%를 넘어 가속화되는 모습을 보이자 연준은 인플레이션을 진정시키기 위해 긴축적인 통화정책을 시작했다. 이에 따라 0~0.25%였던 기준금리는 2022년 3월 16일에 0.25% 포인트 인상되기 시작하여 2023년 7월 26일까지 불과 16개월 만에 5.25~5.5%까지 급격하게 상승했다. 이에 더하여 연준이 국채 보유액을 감소시키는 양적긴축(quantitative tightening)을 시행함에 따라 유동성 공급이 크게 감소했다. 이처럼 이자율이 상승하고 자금공급이 줄어듦에 따라

벤처기업들은 은행에 보유하고 있던 예금을 인출하기 시작했다. 예금인출 규모가 늘어남에 따라 이에 응하기 위해서 SVB는 보유하고 있던 국채를 매각해야 했다.

원래 국채와 같은 채권은 만기까지 보유할 경우 약속된 원금과 이자를 지급하는 안전한 자산이지만 만기 이전에 매도할 경우에는 손실을 입을 수도 있다. 특히 2022년 3월 이후에는 긴축적인 통화정책으로 인해 시장이자율이 크게 상승했고 이에 따라 채권가격이 크게 하락했기 때문에 채권을 매도함에 따라 SVB는 상당한 손실을 입게 되었다. 이처럼 손실규모가 커지자 예금을 돌려받지 못할 것을 우려한 예금주들이 2023년 3월 8일부터 앞다투어 예금을 인출하기 시작했다. 과거에는 예금을 인출하기 위해 은행에 가서 줄을 서야 했지만, 인터넷 뱅킹과 모바일 뱅킹의 발달로 인해 SVB로부터의 예금인출은 매우 빠른 속도로 진행되었다. 결국 3월 10일에 이 은행은 연방예금보험공사의 파산관리 대상이 되었다.

SVB의 파산은 금융기관들의 수익의 원천인 만기전환의 위험을 잘 보여준다. SVB는 예금이라는 단기부채로 자금을 조달하여 국채라는 장기채권에 투자하는 만기전환을 통해 수익을 추구했다. 이와 같은 만기전환은 예금인출사태에 취약할 수밖에 없다. 투자대상이 대출이 아니라 국채라 해도 국채가격이 하락하는 경우에는 만기전환에 따른 위험을 피할 수는 없는데, SVB는 이에 대비한 위험관리를 제대로 하지 않은 것이 문제였다.

금융위기에 대한 대응

서브프라임 사태가 금융위기로 확산되자 연방준비제도는 금융시장의 신용경색 현상을 해소하기 위해 재빠르게 조치를 취했다. 이러한 조치는 [그림 17-3]의 수익률 곡선 상의 점 A로부터 B, C와 같이 역으로 발생하는 만기전환의 되돌림을 바로잡기 위한 노력이라 할 수 있다. 연방준비제도는 예금은행에 신용을 공급하는 기간입찰대출제도(Term Auction Facility)[3]를 포함하여 매우 다양한 형태의 조치를 취했는데 이들을 유동성 프로그램(liquidity program)이라고 부른다. 유동성 프로그램은 금융시스템 위기를 해소하기 위해 연방준비제도가 시행한 최종대부자 기능으로 디플레이션을 막고 경기를 활성화시키기 위해 시행된 양적완화 통화정책과는 구별되어야 한다. 연방준비제도의 유동성 프로그램은 금융시장에서의 신용경색 현상이 완화됨에 따라 2010

---

3 이외에도 단장기 자금시장에 유동성을 공급함으로써 신용경색을 완화하는 다양한 조치를 취했다.

년 2월말까지는 대부분 종료되었다.

글로벌 금융위기가 기존 금융위기와는 다른 모습과 특성을 가지고 발생한 만큼 위기 이후 각국 정부는 위기 재발을 방지하기 위한 제도 개선에 나섰다. 미국의 경우 도드-프랭크 법을 제정하였는데, 이 법은 더 강화된 소비자 보호, 파생상품에 대한 규제 강화, 그림자금융에 대한 규제, 시스템적으로 중요한 금융기관에 대한 규제, 금융기관의 질서있는 퇴출을 위한 제도 등을 포함하고 있다.

한편 글로벌 금융위기는 [그림 17-3]에서와 같이 만기전환과 금융혁신으로 인해 금융시장과 금융기관이 높은 상호연계성을 가질 때에는 개별 금융기관의 만기불일치 위험을 규제하는 미시적 건전성 규제와 감독만으로는 금융위기의 발생을 방지하는 데 한계가 있음을 보여 주었다. 미시건전성 규제만으로는 개별 경제주체의 합리적인 행동이 경제 전체로서 시스템 위험을 높이는 부의 외부효과를 해결하기에 충분하지 않기 때문이다. 글로벌 금융위기 이후 거시건전성 규제(macro-prudential regulation)의 필요성이 강조되기 시작한 것도 바로 이런 이유에서다. 대표적인 거시건전성 규제로는 피구세(Pigouvian tax)를 들 수 있다. 피구세는 개별 경제주체의 행동이 경제전체에 초래하는 부의 외부효과를 내부화시킴으로써 이를 교정하려는 목적에서 고안된 제도다.

요점 정리

1 금융시장과 금융기관은 흑자경제주체로부터 적자경제주체로의 자금의 흐름이 효율적으로 이루어질 수 있도록 도와준다.

2 금융은 증권의 발행자인 적자경제주체와 증권의 매수자인 흑자경제주체가 직접 채권채무관계의 당사자가 되는 직접금융과 은행과 같은 금융중개기관이 예금자 또는 대출자와 채권채무관계를 가지면서 자금흐름을 중개하는 간접금융으로 나누어진다.

3 채권을 사서 만기까지 보유할 경우 발생하는 수익률을 만기수익률(yield to maturity)이라고 한다. 만기수익률은 채권의 만기에 따라 다른 값을 갖는데 이를 이자율 만기구조라 한다. 이자율 만기구조를 설명하기 위한 이론으로 시장분할이론, 기대이론, 선호거소이론 등이 있다.

4 주식의 근본가치는 미래 예상되는 배당흐름의 현재가치와 같으며, 미래의 기업이윤과 할인율에 의해 결정된다.

5 부동산이나 주식과 같은 자산의 시장가격이 그 내재된 근본가치와 무관하게 크게 변화하는 현상을 볼 때가 있는데, 이는 거품으로 인해 복수균형이 존재할 수 있기 때문이다.

6 합리적 기대하에서는 확정적 거품 또는 확률적 거품이 존재할 수 있음을 보일 수 있다.

7 금융기관 간 그리고 금융시장 간 높은 상호연계성으로 인해 어느 한 금융시장에서 발생하는 유동성충격이 자금조달 유동성위험과 시장 유동성위험의 상호작용을 통해 금융시스템 전체의 유동성이 급속히 고갈되는 금융위기로 확산될 수 있다.

8 금융중개의 본질은 만기전환이기 때문에 금융기관은 만기불일치의 위험에 노출되는데, 금융혁신으로 인해 금융기관간 다양한 방식의 만기전환이 일어남에 따라 금융시스템 위험이 증가한다. 이와 같은 금융시스템 위험을 관리하기 위해 미시건전성 규제와 감독에 더하여 피구세와 같은 거시건전성 규제의 필요성이 강조되고 있다.

주요 용어

· 흑자경제주체	· 이표채	· 확률적 거품
· 적자경제주체	· 수익률곡선	· 근본가치
· 직접금융	· 이자율 만기구조	· 복수균형
· 간접금융	· 기대이론	· 자금조달 유동성
· 브로커	· 선호거소이론	· 시장 유동성
· 딜러	· 시장분할이론	· 마진
· 금융중개기관	· 차환	· 만기전환
· 만기수익률	· 필요수익률	· 그림자 금융
· 할인채	· 거품	· 거시건전성 규제
· 무이표채	· 확정적 거품	· 피구세

연습 문제

1 수익률곡선이 처음에는 하락하다가 다시 상승하는 U자형의 모습을 가지고 있다고 하자. 기대이론에 따르면 미래 이자율이 어떻게 변할 것으로 기대될 경우 이와 같은 모습의 수익률곡선이 나타날 수 있는가?

2 만기가 3년이고, 액면금액이 1만원, 이표율(coupon rate)이 10%이고 매년 말 이자를 지급하고 만기시에 원금을 지급하는 이표채를 생각해 보자.

(1) 이 이표채를 6,000원에 살 경우 만기수익률은 얼마인가?

(2) 현재 수익률곡선에서 읽은 3년 만기 채권의 만기수익률이 8%라 하자. 이 채권의 시장가격은 얼마에 형성되겠는가?

(3) 현재 이 채권을 6,000원에 사서 일년 후에 판다고 하자. 일년 후 2년 만기 채권의 만기수익률이 8%라 할 때 위와 같은 거래로부터 발생하는 수익률은 얼마인가?

3 현재 단기금리가 장기금리보다 높은 현상이 관찰된다고 하자. 기대이론에 근거하여 다음 질문에 답하라.

(1) 사람들이 미래의 이자율에 대해 어떤 기대를 가지고 있는가?

(2) 이와 같은 현상이 미래 경기 침체에 대한 신호라고 볼 수 있는가?

4 10년 만기 이표채가 액면가격에 발행된다고 하자. 즉 액면가격이 10,000원인 채권을 발행시에 10,000원에 판다고 하자.

(1) 현재 금융시장에서의 일반적인 이자율 수준이 연 10%라 하자. 이 채권을 액면가격에 팔기 위해서는 연간 이표율이 얼마가 되어야 하겠는가? 단 이자는 연 1회 지급한다고 하자.

(2) 이 채권을 발행한 직후에 금융시장의 이자율 수준이 5%로 하락했다고 하자. 이 채권의 거래가격에 어떤 변화가 생기겠는가? 단 이표율은 위 (1)번 문항에서 계산된 값으로 정해졌다고 가정하자.

5 (2015년 5급 행정고시) 국내투자자들이 포트폴리오를 구성함에 있어서 투자할 수 있는 금융자산은 국내화폐, 국내채권 및 해외채권이라고 가정하자(단, 국내채권과 해외채권의 국내공급은 고정되어 있다). 이와 관련하여 다음 물음에 답하라.

(1) 중앙은행이 공개시장을 통하여 국내채권을 매입하는 경우 국내이자율과 국내채권가격, 그리고 환율에 미치는 영향을 설명하라.

(2) 중앙은행이 공개시장을 통하여 해외채권을 매입하는 경우 국내이자율과 해외채권의 자국통화표시가격, 그리고 환율에 미치는 영향을 설명하라.

6 (2022년 외무고시) 채권의 n년 만기수익률을 $i_{a,n}$으로 정의할 때, A 국에서 B 회사채의 1년 만기 채권수익률($i_{a,1}$), 2년 만기 채권수익률($i_{a,2}$), 3년 만기 채권수익률($i_{a,3}$), 4년 만기 채권수익률($i_{a,4}$)을 각각 12%, 11%, 10%, 9%라고 가정하자. 다음 물음에 답하시오.

(1) 기대이론에 따른 4차연도 B 회사채 기대수익률을 구하시오.

(2) (1)의 결과로부터 수익률곡선이 우상향으로 나타나는지 혹은 우하향으로 나타나는지를 밝히고, 그 이유를 설명하시오.

(3) 유동성 프리미엄 이론에 근거한 4차연도 B 회사채 기대수익률을 구하고 (1)의 기대이론에 따른 수익률과 비교하시오. (단, 2년 만기 채권, 3년 만기 채권, 4년 만기 채권에 대한 유동성 프리미엄은 각각 0.5%, 1.0%, 1.5%이고, 채권은 무위험, 무이표채이다)

Macroeconomics

06

Chapter

18 경제성장

경제성장론은 장기보다 훨씬 긴 시간대에서의 거시경제현상을 분석한다. 제7장에서 소개된 장기균형에서는 일정한 자본스톡과 생산기술하에서 완전고용이 이루어지나, 경제성장론에서는 노동과 자본을 포함한 모든 생산요소와 생산기술이 가변적으로 취급되기 때문이다.

경제성장을 설명하는 가장 기본적인 이론은 솔로우 모형으로 대표되는 신고전학파의 성장이론이다. 그러나 솔로우 모형은 그 유용성에도 불구하고 모형이 제시하는 경제성장에 관한 예측과 현실에는 상당한 괴리가 있으며 연구자들은 이 괴리를 극복하기 위한 다양한 시도를 하고 있다. 신고전학파의 생산함수를 수정한다든지 물적 자본과 인적 자본을 구별하거나 기술의 발전이 내생화된 내생적 성장이론 등이 그것이다. 이와 같은 다양한 시도의 목적은 무엇보다도 경제성장의 원동력을 규명하는 데 있다. 성장의 원동력을 식별할 수 있을 때 나라마다 왜 경제성장률의 차이를 보이는지 그리고 어떻게 저개발국이 기존의 불리한 여건을 극복하고 선진국 그룹에 합류할 수 있는지의 문제에 대한 실마리를 찾을 수 있을 것이다.

❶ 신고전적 성장이론

솔로우 모형

솔로우(Solow) 모형은 신고전적 성장이론(neoclassical growth theory)을 대표하는 모형이다. 이 모형은 다음과 같은 가정으로부터 출발한다.

가정 1. $Y_t = F(K_t, L_t)$, $\qquad F_K > 0$, $F_L > 0$, $F_{KK} < 0$, $F_{LL} < 0$

가정 2. $zY_t = F(zK_t, zL_t)$, $z > 0$

가정 3. $\dfrac{\dot{L}_t}{L_t} = n$

가정 4. $Y_t = C_t + I_t$

가정 5. $\quad C_t = (1 - s)Y_t$, $0 < s < 1$

가정 1은 자본과 노동의 두 생산요소를 고용하여 생산이 이루어지며, 생산에 있어서 자본과 노동간 유연한 대체성을 있음을 나타낸다. 가정 2는 생산함수가 일차동차임을 나타낸다. 즉, 자본과 노동의 투입량을 z배 늘리면 생산량도 z배로 증가하는데, 이와 같은 생산함수를 규모에 대한 수익불변(constant returns to scale) 생산함수라 부른다. 가정 3은 인구증가율은 외생적으로 결정되는 상수임을 의미한다.[1] 가정 4는 정부부문과 해외부문을 배제하고 가계부문과 기업부문으로만 구성된 폐쇄경제에서의 생산물시장의 균형조건을 나타낸다. 가정 5는 소비함수에 대한 가정으로 항상 국민소득의 일정비율$(1-s)$이 소비됨을 의미한다. 이 경우 s는 평균저축성향을 나타낸다.

규모에 대한 수익불변인 생산함수의 성질을 이용하면 생산함수를 1인당 산출량과 1인당 자본량간의 관계로 나타낼 수 있다. 즉, 가정 2에서 z 대신 $1/L_t$를 대입하면 다음과 같은 식이 구해진다.

$$\frac{Y_t}{L_t} = F\left(\frac{K_t}{L_t}, 1\right)$$

위 식에 따르면 1인당 생산량(Y_t/L_t)은 1인당 자본량(K_t/L_t)만의 함수가 된다. 1인당 생산량과 1인당 자본량을 각각 y_t와 k_t로 나타내면 두 변수간의 관계는 다음과 같은 1인당 생산함수에 의해 나타낼 수 있다.

$$y_t = f(k_t), \quad f'(k_t)>0, \quad f''(k_t)<0 \tag{18-1}$$

위 식에서 f는 1인당 생산량을 나타내는 함수로 $f(k_t) \equiv F(k_t, 1)$으로 정의된다. [그림 18-1]은 1인당 생산함수를 보여준다. 1인당 생산함수의 기울기는 자본의 한계생산물 즉, 자본을 한 단위 추가적으로 투입할 경우 기대되는 산출량의 증가분을 표시한다. 1인당 자본량이 증가함에 따라 생산함수의 기울기가 감소하는 것은 자본의 한계생산물이 체감하기 때문이다.

(18-1)식에 주어진 1인당 생산함수에 따르면 경제성장의 속도는 1인당 자본량의 증가속도에 의존한다. 따라서 1인당 자본량이 시간에 따라 어떻게 변하는지를 알아볼 필요가 있다. 1인당 자본량을 시간에 대해 미분하면 다음과 같은 결과를 구할 수 있다.

---

1 $\dot{X}_t = \frac{dX_t}{dt}$ 는 시간에 따른 변수 X의 변화분을, $\frac{\dot{X}_t}{X_t} = \frac{dX_t/dt}{X_t}$ 은 시간에 따른 변수 X의 변화율을 표시한다. 자세한 내용은 부록을 참고할 것.

그림 18-1 일인당 생산함수

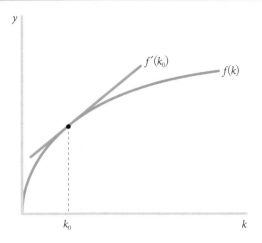

일인당 생산함수 $y=f(k)$는 1인당 자본량 k와 일인당 산출량 y의 관계를 나타낸다. 생산함수의 기울기는 자본의 한계생산물을 표시하며 그 기울기가 감소하는 것은 자본의 한계생산물이 체감하는 것을 의미한다.

$$\dot{k}_t = \frac{d(K_t/L_t)}{dt} = \frac{\dot{K}_t}{L_t} - \frac{K_t}{L_t}\frac{\dot{L}_t}{L_t} = \frac{\dot{K}_t}{L_t} - nk_t \qquad (18\text{-}2)$$

위 식에서 $\dot{K}_t$는 t기 중의 경제 전체 자본량의 순증가분을 나타내는데, 이는 t기의 총투자(I_t)에서 감가상각(δK_t)을 차감한 값과 같다.

$$\dot{K}_t = I_t - \delta K_t$$

한편 가정 4와 가정 5로부터 총투자는 다음과 같이 결정된다(제13장 식 (13-3) 참조).

$$I_t = Y_t - C_t = sY_t$$

위 식에 따르면 이 경제에서는 국민소득의 일정 비율이 항상 투자에 할당된다. 이런 점에서 s는 투자율로도 해석될 수 있다. 특히 개방경제에서는 국민저축뿐 아니라 해외저축도 투자의 재원으로 사용될 수 있으므로, s를 투자율로 해석하는 것이 적절하다. 특히 이 두 식을 이용하면

$$\frac{\dot{K_t}}{L_t} = \frac{sY_t - \delta K_t}{L_t} = sy_t - \delta k_t$$

를 구할 수 있으며, 이를 (18-2)식에 대입하고 $y_1 = f(k_t)$임을 이용하면 시간에 따른 1인당 자본량의 변화를 나타내는 식을 다음과 같이 구할 수 있다.

$$\dot{k_t} = sf(k_t) - (n+\delta)k_t \tag{18-3}$$

위 식의 우변에서 첫째 항은 1인당 총저축 또는 1인당 총투자를 나타낸다. 두 번째 항은 인구증가와 감가상각에도 불구하고 1인당 자본량을 일정하게 유지하기 위해서 필요한 최소한의 투자를 나타낸다. 위 식에 따르면 1인당 총투자가 1인당 자본량을 일정하게 유지하는 데에 필요한 최소한의 투자규모를 넘어서야만 1인당 자본량이 증가하게 된다.

균제상태

시간의 흐름에 따른 1인당 자본량의 변화를 보여주는 (18-3)식에 따르면 $sf(k_t) = (n+\delta)k_t$의 등식이 성립할 때 1인당 자본량은 시간에 관계없이 일정하게 된다. 이 등식을 충족시키는 1인당 자본량을 k^*라 하면 1인당 소득 역시 $y^* = f(k^*)$로서 일정하며 1인당 저축과 투자도 sy^*로 일정하다. 이 경우 총자본량, 총생산량, 총저축 등의 총량변수들은 모두 인구증가율과 같은 속도로 증가하는데, 이와 같은 상태를 균제상태 (steady state)라 한다.[2] 균제상태는 균형성장경로(balanced growth path)라 불리기도 한다.

$$\frac{\dot{K_t}}{K_t} = \frac{\dot{Y_t}}{Y_t} = \frac{\dot{S_t}}{S_t} = n$$

[그림 18-2]는 균제상태에 이르는 경제의 동태적 경로를 보여준다. 이처럼 경제의 동태적 움직임을 보여주는 그림을 국면도(phase diagram)라 한다. 저축함수를 나타내는 곡선 $sf(k_t)$와 직선 $(n+\delta)k_t$가 만나는 점이 바로 균제상태에 해당한다. 현재의 1인당 자본량이 그림의 k^A과 같이 균제상태의 1인당 자본량 k^*보다 낮다면, 곡선 $sf(k_t)$가 직선 $(n+\delta)k_t$보다 위에 있으므로 $\dot{k_t} > 0$이 되고, 따라서 1인당 자본량은 k^*에 이를

---

2 $\dot{k_t} = 0$일 때 $\frac{\dot{K_t}}{K_t} = \frac{\dot{L_t}}{L_t} = n$이 된다. $\frac{\dot{Y_t}}{Y_t} = \frac{\dot{S_t}}{S_t} = n$의 등식도 마찬가지 방법으로 유도할 수 있다.

그림 18-2 경제성장의 국면도

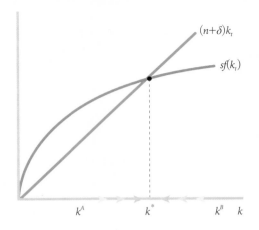

이 그림은 현재 1인당 자본량이 주어질 때 앞으로 경제가 동태적으로 어떤 변화를 가질 것인지를 보여주는 국면도다. $k_t = k^A < k^*$일 때 $\dot{k}_t > 0$이 되어 k는 k^*에 도달할 때까지 증가하며, $k_t = k^B > k^*$일 때는 $\dot{k}_t < 0$이 되어 k^*에 이를 때까지 감소한다. 기존의 1인당 자본량 수준에 관계없이 균제상태는 언제나 보장된다.

때까지 계속 증가할 것이다. 국면도는 [그림 18-2]처럼 1인당 자본량이 앞으로 어떤 움직임을 가질 것인지를 화살표로 보여준다. 반대로 현재의 1인당 자본량이 k^B와 같이 균제상태의 1인당 자본량보다 높다면 $\dot{k}_t < 0$이기 때문에 1인당 자본량은 k^*에 이를 때까지 지속적으로 감소할 것이다. 따라서 솔로우 모형에서는 기존의 1인당 자본량 수준이 얼마든지 상관없이 경제는 결국 균제상태에 도달하게 되며, 따라서 균제상태는 안정적이라 할 수 있다.

저축률과 인구증가율

저축률과 인구증가율은 균제상태에 있어서 1인당 자본량을 결정하는 두 요인이다. 이것은 [그림 18-3]을 통해 쉽게 이해할 수 있다. [그림 18-3]의 (a)는 저축률이 s_1에 s_2로 증가할 때 균제상태에서의 1인당 자본량도 k_1^*에서 k_2^*로 증가함을 보여준다. 그러므로 저축률의 증가는 균제상태에서의 1인당 소득수준의 증가를 가져온다. 따라서, 솔로우 모형에 따르면 다른 조건이 동일할 때 저축률이 높은 나라일수록 균제상태에서의 1인당 소득수준이 높아질 것으로 기대된다.

한편 인구증가율이 n_1에서 n_2로 감소할 때 [그림 18-3]의 (b)와 같이 $(n+\delta)k$ 직선의 기울기가 완만해지며 이에 따라 균제상태에서의 1인당 자본량이 k_1^*에서 k_2^*로 증가한다. 이처럼 인구증가율이 감소함에 따라 균제상태에서의 1인당 자본량이 증가하는 것은 총투자 중 1인당 자본량을 일정수준으로 유지하는데 필요한 최소 투자 금액이 감소하기 때문이다. 따라서 인구증가율이 낮은 나라일수록 1인당 국민소득은 높을 것으로 기대된다.

(18-3)식으로부터 알 수 있듯이 균제상태에서 자본-소득비율은 $\dfrac{k^*}{y^*} = \dfrac{s}{n+\delta}$의 등식을 만족한다. 이 등식은 저축률의 증가가 국민소득에서 차지하는 투자의 비중을 높여 자본량을 증대시키고 늘어난 자본량이 국민소득수준을 높인다는 인과관계를 내포하고 있다. 이를 현실세계에서 해석하자면 자본재 가격이 비싼 나라일수록 자본축적이 덜 이루어지고 소득수준도 낮다는 함의를 가진다. 실제로 다수 연구결과에 따르면 저소득국가에서 수입을 제한하고 자본재 가격을 인위적으로 높게 유지하는 무역정책이 경제성장을 가로막는 주요인이 될 수 있다.

솔로우의 성장모형에서는 저축률과 인구증가율이 외생적으로 결정되는 일정한 값을 가지는 것으로 가정하고 있지만 현실에 있어서는 저축률과 인구증가율은 경제주체의 선택에 의해서 내생적으로 결정된다. 저축은 제12장에 소개된 기간간 소비선택모형에서 보았듯이 가계가 효용극대화를 위해 최적의 소비선택을 하는 과정에서 결정된다. 따라서 저축률이 내생적으로 결정되도록 하기 위해서는 가계의 기간간 소비선택을 성장모형에 도입해야 한다. 저축률이 내생적으로 결정되는 성장모형은 램지(Frank Ramsey)에 의해 처음 개발되었으며 나중에 캐스(David Cass)에 의해 보다 체계적인 모형으로 발전되었다.[3]

인구증가율은 각 가계가 평균적으로 몇 명의 자녀를 낳는지에 따라 결정되므로 인구증가율이 내생적으로 결정되게 하기 위해서는 가계의 출산 의사결정을 모형에 도입해야 한다. 베커(Gary Becker)는 출산 의사결정이 구체적으로 자녀의 양육에 필요한 시간의 기회비용 등과 같은 경제적 요인에 의해 영향을 받음을 보여주었다.[4] 그리고 배로우(Robert Barro)와 베커는 가계의 출산 의사결정을 도입함으로써 인구증가율이 내생화된 경제성장모형을 제시했다.[5]

---

3 F. Ramsey, "A Mathematical Theory of Saving," *Economic Journal*, 38, December 1928, 543-559. David Cass, "Optimum Growth in Aggregative Model of Capital Accumulation," *Review of Economic Studies*, 32, 1965.

4 G.S. Becker, "The Demand for Children," chapter 5 in *A Treatise on Family*, Harvard University Press, 1991.

5 R.J. Barro and G.S. Becker, "Fertility Choice in a Model of Economic Growth," *Econometrica* 57, 1989.

그림 18-3 저축률 및 인구증가율과 균제상태

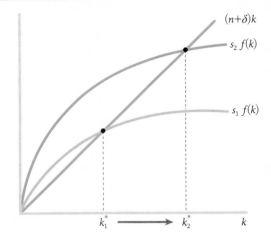

(a) 저축률의 증가

저축률이 s_1에서 s_2로 증가할 때 투자가 늘어나고 일인당 자본량은 k_1^*에서 k_2^*로 증가한다. 일인당 자본량의 증가는 일인당 국민소득 y의 상승을 가져온다.

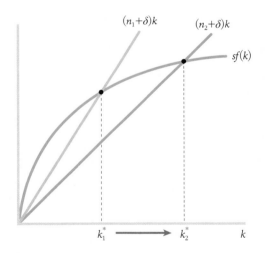

(b) 인구증가율의 감소

인구증가율이 n_1에서 n_2로 감소할 때 균제상태를 유지하기 위해 필요한 최소 투자금액을 감소시키고, 일인당 자본량은 k_1^*에서 k_2^*로 증가한다.

황금률

솔로우 모형에서 지속 가능한 최대의 소비수준을 향유할 수 있게 하는 1인당 자본량은 얼마일까? 이 문제는 이론적으로나 현실적으로 대단히 중요한 문제가 아닐 수 없다. 결국 경제의 복지수준은 지속 가능한 소비수준으로 측정된다고 볼 수 있기 때문이다. 여기서 지속 가능한 소비란 균제상태하에서의 소비를 말한다. 즉, 동일한 소비수준을 지속적으로 영위하는 것이 가능한 1인당 자본량을 찾고자 하는 것이다. 지속적으로 유지할 수 없는 소비는 경제의 올바른 복지수준을 반영한다고 할 수 없다. 만일 투자를 전혀 하지 않고 생산된 재화를 모두 소비만 한다면 당장은 소비수준이 높겠지만 시간이 지남에 따라 자본량이 계속 줄어들 것이고 결국 아무런 생산활동도 기대할 수 없기 때문이다.

k^*를 1인당 자본량으로 하는 균제상태를 계속 유지하기 위해서는 1인당 투자가 $i^* = (n+\delta)k^*$가 되어야 한다. 이를 국민소득의 균형조건인 $y^* = c^* + i^*$에 대입하면 균제상태에서 소비수준이 다음과 같이 구해진다.

$$c^* = f(k^*) - (n + \delta)k^*$$

균제상태에서의 1인당 소비수준을 극대화시키는 1인당 자본량은 $dc^*/dk^* = 0$를 충족시켜야 하며, 이로부터 다음 조건이 구해진다.

$$f'(k^*) = n + \delta \tag{18-4}$$

위의 조건을 자본축적의 황금률(golden rule)이라고 한다.[6] [그림 18−4]는 황금률을 충족시키는 1인당 자본량을 보여준다. (18-4)식에 따르면 황금률은 [그림 18−4]에서와 같이 생산함수 $f(k)$의 기울기가 $n+\delta$와 같은 점에서 충족이 된다.

솔로우 모형에서의 모든 균제상태가 황금률을 충족시키는 것은 아니다. [그림 18−4]에서 k^G가 균제상태의 1인당 자본량이 되기 위해서는 이 국가의 저축곡선인 $sf(k)$가 B점에서 $(n+\delta)k$와 교차해야 하기 때문이다. 따라서 생산함수, 인구증가율, 감가상각률이 [그림 18−4]와 같이 주어진 경제에서는 저축률이 s^G와 같을 경우에만 황금률을 충족시키는 균제상태에 이를 수 있다.

만약 어떤 경제의 저축률이 [그림 18−5]의 s_1과 같이 s^G보다 낮다면, 균제상태에서

---

6 E. Phelps, *Golden Rules of Economic Growth*, Norton 1966.

그림 18-4 자본축적의 황금률

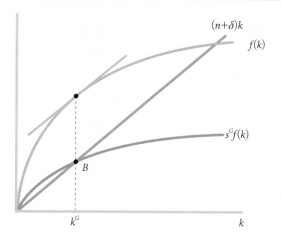

생산함수의 접선의 기울기가 $n+\delta$과 같아지는 점에서 균제상태에서의 일인당 소비가 극대화된다. 이와 같은 균제상태에 도달하기 위해서는 저축률이 s^G와 같아야 한다.

그림 18-5 황금률과 동태적 비효율성

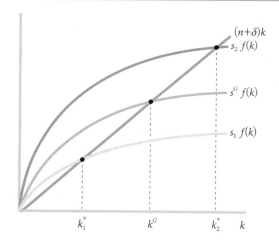

저축률이 s_2와 같이 지나치게 높으면 과다한 자본축적이 이루어져, 균제상태에서의 일인당 소득은 황금률에서보다 높으나 일인당 소비는 오히려 낮아지는 동태적 비효율성이 발생한다.

의 1인당 자본량은 $k_1^* < k^G$가 되며, s_2와 같이 저축률이 지나치게 높다면 $k_2^* > k^G$가 된다. 특히 k_2^*에서는 과다한 자본축적이 이루어져 1인당 소득은 황금률에서보다 높으나 소비는 오히려 황금률에서보다 낮은 현상이 발생한다. 이는 높은 수준의 1인당 자본량을 지속적으로 유지하기 위해서는 투자에 대한 수요도 그만큼 많기 때문에 소비가 희생될 수밖에 없기 때문이다. 이 경우에는 저축률을 항구적으로 낮추어 1인당 자본량을 감소시킴으로써 오히려 균제상태에서의 1인당 소비수준을 높일 수 있다. 이런 의미에서 경제가 k_2^*와 같은 상태에 있을 때 동태적 비효율성(dynamic inefficiency)을 갖는다고 한다.

이를 일반화하자면 균제상태에서의 1인당 자본량이 황금률을 충족시키는 1인당 자본량보다 클 때 즉, $k^* > k^G$일 때 $f'(k^*) < n + \delta$가 성립하며 이때 경제는 동태적으로 비효율적이라고 한다. 반면에 경제가 동태적으로 효율적이기 위한 조건은 $f'(k^*) \geq n + \delta$이다.

기술진보와 경제성장

지금까지는 기술의 변화가 없다고 보았기 때문에 생산요소의 투입량과 산출량 사이의 관계는 시간에 관계없이 항상 일정하였다. 기술진보가 경제성장에 미치는 영향을 고려하기 위해서는 솔로우 모형에서의 생산함수를 다음과 같은 생산함수로 대체할 수 있다.

$$Y_t = F(K_t, A_t L_t)$$

위 식에서 A_t는 노동의 효율성을 나타내는 변수이며 이는 생산기술에 대한 지식수준, 노동의 숙련도, 일에 대한 집중력, 교육수준, 건강상태 등 경제 내의 노동의 질에 의존한다고 볼 수 있다. 즉, 위 식은 동일한 수의 노동자를 투입하더라도 노동자가 발휘하는 근로효율에 따라 생산에 대한 기여도가 달라질 수 있음을 나타낸다. 이런 점에서 $A_t L_t$는 효율노동 단위로 측정한 노동의 투입량이라 할 수 있다. 기술의 발전에 따른 A_t의 증가는 동일한 노동투입량에 대해서 효율성 단위로 표시한 노동투입량이 증가하는 효과를 가진다. 이와 같은 의미에서 위와 같은 형태의 기술진보를 노동부가적 기술진보(labor augmenting technology progress)라고 부른다.[7]

7 노동부가적 기술진보를 Harrod 중립적 기술진보(Harrod-neutral technology progress)라고도 부른다. 기술진보를 성장모형에 도입하기 위해서는 생산함수를 $Y_t = A_t F(K_t, L_t)$로 쓸 수도 있는데, 이와 같은 생산함수는 Hicks 중립적 기술진보(Hicks-neutral technology progress)를 내포하고 있다.

기술진보의 속도는 다음과 같이 외생적으로 주어져 있다고 가정한다.

$$\frac{\dot{A_t}}{A_t} = g, \qquad g > 0$$

노동부가적 기술진보가 존재할 경우에는 모든 변수들을 노동 단위당으로 표시하는 대신 다음과 같이 효율노동 단위당으로 표시하는 것이 편리하다.

$$\tilde{y}_t = \frac{Y_t}{A_t L_t}, \qquad \tilde{k}_t = \frac{K_t}{A_t L_t}, \qquad \tilde{c}_t = \frac{C_t}{A_t L_t}$$

위 식에서 $\tilde{y}_t$, $\tilde{k}_t$, $\tilde{c}_t$는 각각 효율노동 단위당 생산량, 자본량, 소비량을 나타낸다. 각 변수가 위와 같이 정의될 경우 시간에 따른 1인당 자본량의 변화를 표시하는 (18-3)식도 다음과 같이 수정되어야 한다.[8]

$$\dot{\tilde{k}}_t = sf(\tilde{k}_t) - (n + g + \delta)\tilde{k}_t$$

이 경우에 균제상태는 노동의 효율성 단위로 표시한 자본량이 일정할 때 성립한다. 따라서, 균제상태에서 노동의 효율성 단위로 표시한 국민소득은 일정하나 1인당 국민소득은 기술진보율 g와 같은 비율로 증가하며, 국민소득은 $n+g$의 비율로 증가한다. 솔로우 모형에서 기술진보율이 균제상태에서의 1인당 국민소득의 증가율을 결정한다는 사실은 매우 중요한 함의를 가진다. 기술의 발전이 지속적으로 생활수준을 향상시킬 수 있는 유일한 대안임을 의미하기 때문이다.

사례연구

분업과 생산성 혁신

네안데르탈인(Neanderthal)은 대략 25만년 전부터 3만년 전까지의 빙하기에 유럽지역에 거주하였던 큰 체격에 힘도 세고 큰 짐승을 잡는 데 매우 능한 사냥꾼이었다. 그러나 현생인류(Homo Sapiens)가 아프리카에서 건너온 후 불과 수천 년 사이에 이들은

---

8 $\tilde{k} = K/AL$의 항등식에서 양변에 로그를 취한 후 시간에 대해 미분하면 $\dot{\tilde{k}}/\tilde{k} = \dot{K}/K - \dot{A}/A - \dot{L}/L$이 되는데, 이 식에 $\dot{K} = I - \delta K$의 식을 대입하고 정리하면 주어진 식이 구해진다.

지구상에서 사라졌다. 경제학자들은 수리모형을 이용하여 네안네르탈인이 멸종한 이유가 생물학적 요인이 아니라 현생인류의 분업활동에 따른 두 종간의 생산성 격차에 있음을 보였다.[9] 분업은 숙련된 사냥꾼들이 더 많은 사냥을 할 수 있게 하고 먹고 남은 사냥감을 나머지 구성원들에게 공급하는 대신 그 대가로 불, 옷, 거주지 등 다른 재화와 서비스를 제공받는 것을 가능하게 한다. 이와 같은 분업활동으로 현생인류의 영양상태가 개선될 수 있고 그 결과 인구도 더 많이 증가한 반면 사냥감이 부족하게 된 네안데르탈인의 인구는 감소하여 결국 멸종할 수밖에 없었다.

이와는 별도로 인류학자들은 네안데르탈인들의 서식지에서 사슴, 맘모스, 들소와 같이 큰 동물의 뼈는 찾았으나 현생인류와 같이 작은 동물의 뼈나 견과류, 각종 도구를 발견하지 못하였다. 분업의 흔적이 보이는 것은 현생인류가 유럽에 정착하기 시작한 4만년 전부터라고 이들은 보고하고 있다.[10] 특히 여성이 작은 짐승을 사냥하고 도구를 이용하여 식량을 저장하고 옷을 만드는 분업을 담당하였을 것으로 추정했다. 분업에 따른 특화활동이 생산성 혁신을 일어나게 한 것이다.

성장회계와 솔로우 잔차

경제성장은 생산요소 투입량의 증가와 기술진보라는 두 가지 요인에 의해서 일어난다. 이 중 어떤 요인이 얼마나 성장에 기여하는가를 설명하는 것은 매우 중요한 과제다. 생산요소 투입량의 증대에 의존한 경제성장은 비록 성장률이 높다 하더라도 성장의 질적인 측면을 고려할 때 큰 의미를 찾기 어렵다. 경제가 일단 균제상태에 도달하면 기술진보만이 생활수준을 지속적으로 향상시킬 수 있는 유일한 방법이기 때문이다.

그런데 자본과 노동의 투입량과는 달리 기술수준을 측정하기는 매우 어려우며 기술진보가 경제성장에 기여하는 정도를 직접적으로 측정하기는 더욱 어렵다. 따라서 솔로우는 생산기술의 발전이 실제로 경제성장에 얼마나 기여하는가를 다음과 같은 방법으로 추정하였다.[11] 만약 생산기술이 노동뿐 아니라 자본의 생산성에도 영향

---

9 R. Horan, E. Bulte, and J. Shogren, "How Trade Saved Humanity from Biological Exclusion: An Economic Theory of Neanderthal Extinction," *Journal of Economic Behavior and Organization* 58, 2005.

10 S. Kuhn, and M. Stiner, "What's a Mother to Do? The Division of Labor among Neanderthals and Modern Humans in Eurasia," *Current Anthropology* 47, 2006.

11 R.M. Solow, "Technical Change and the Aggregate Production Function," *Review of Economics and Statistics* 39, 1957.

을 준다면 이를 반영하는 생산함수는 $Y_t = A_t F(K_t,\ L_t)$의 형태를 가질 것이다. 이와 같은 형태의 기술진보를 힉스 중립적 기술진보라고 부르며, 이때 A_t를 총요소생산성(total factor productivity)이라고 한다. 이 생산함수를 시간에 대해 미분하면 다음과 같다. 이하에서는 필요한 경우를 제외하고는 시간을 나타내는 하첨자를 생략하기로 한다.

$$\dot{Y} = \dot{A}F + A(F_K \dot{K} + F_L \dot{L})$$

위 식의 양변을 Y로 나누면 다음과 같은 식을 구할 수 있다.

$$\frac{\dot{Y}}{Y} = \frac{\dot{A}}{A}\frac{AF}{Y} + \frac{AF_K K}{Y}\frac{\dot{K}}{K} + \frac{AF_L L}{Y}\frac{\dot{L}}{L}$$

생산요소시장이 완전경쟁시장이라면 각 생산요소의 가격은 한계생산물과 같아진다. 따라서 위 식에서 $AF_K K/Y$와 $AF_L L/Y$은 각각 국민소득에서 차지하는 자본소득과 노동소득의 비중을 나타낸다. 뿐만 아니라 생산함수가 일차동차라면 두 비중의 합은 1과 같다.

따라서 어떤 국가의 국민소득에서 자본소득이 차지하는 비중을 α라고 하면 위 식은 다음과 같이 고쳐 쓸 수 있다.

$$\frac{\dot{Y}}{Y} = \frac{\dot{A}}{A} + \alpha\frac{\dot{K}}{K} + (1-\alpha)\frac{\dot{L}}{L}$$

위 식은 총요소생산성, 자본 및 노동이 각각 경제성장에 얼마나 기여하는지를 보여준다. 위 식에서 경제성장률과 자본 및 노동투입량의 증가율은 모두 관찰 가능하고 자본소득의 비중(α)도 국민소득계정으로부터 계산될 수 있으므로,[12] 총요소생산성이 경제성장에 기여하는 정도는 다음과 같이 계산될 수 있다.

$$\frac{\dot{A}}{A} = \frac{\dot{Y}}{Y} - \alpha\frac{\dot{K}}{K} - (1-\alpha)\frac{\dot{L}}{L}$$

이와 같은 방법에 의해 추정된 $\dot{A}/A$의 값을 솔로우 잔차(Solow residual)라 부른다. 솔로우 잔차는 자본 및 노동과 같은 생산요소 투입량의 변화로서는 설명되지 않는

---

12 국민소득은 임금, 이자, 배당, 지대 등으로 분배되는데, 이 중 임금을 제외한 나머지 형태의 소득을 통해 자본소득의 비중을 추정할 수 있다.

소득의 증가율을 측정하므로, 기술의 발전뿐만 아니라 공급충격 등 생산요소 투입량의 변화 이외에 경제성장률에 영향을 미치는 다른 모든 요인의 변화를 반영한다고 할 수 있다.

솔로우 잔차는 경제성장이 주로 기술진보에 따른 것인지 아니면 자본축적에 따른 것인지를 규명하는 데 중요한 기여를 할 수 있다. 예를 들면, 영(Alwyn Young)은 이와 같은 계산방법을 통하여 1960년부터 1990년대 초반까지 한국을 비롯한 신흥시장경제가 보인 고도성장의 요인이 기술의 발전보다는 높은 투자율과 높은 고용증가율에 있음을 보여주었다.[13]

사례연구

경제성장과 총요소생산성

Collins와 Bosworth(1996)는 경제성장에 대한 총요소생산성(TFP)과 생산요소의 기여도를 다음과 같은 생산함수를 가정하여 산출하였다.

$$Y = AK^{\alpha}(HL)^{1-\alpha}$$

여기서 H는 교육 정도와 같은 인적자본을 나타낸다. 위 식의 양변을 노동 L로 나누고, Y/L과 K/L을 각각 y와 k로 대체한 다음, 양변에 로그를 취하고 시간에 대해 미분하면 다음 식을 구할 수 있다.

$$\frac{\dot{y}}{y} = \frac{\dot{A}}{A} + \alpha\frac{\dot{k}}{k} + (1-\alpha)\frac{\dot{H}}{H}$$

이들은 솔로우 잔차를 구하는 방법과 동일한 방법을 이용하여 여러 국가에 있어서 총요소생산성, 노동단위당 자본, 인적자본 등이 경제성장에 기여한 정도를 추정한 결과 매우 흥미로운 사실을 발견하였다. 즉, 〈표 18-1〉에 따르면 표본기간인 1984년~1994년 중 아시아의 3국은 미국과 비교할 때 월등히 높은 1인당 소득증가율을 보이고 있으나 이들 국가의 높은 성장률은 주로 물적자본의 투입량 증대에 의존

---

13 A. Young, "The Tyranny of Numbers: Confronting the Statistical Reality of the East Asian Growth Experience," *Quarterly Journal of Economics* 110, 1995.

표 18-1 주요국의 성장회계: 1984-1994 (단위: %)

	1인당소득 증가율	총요소생산성	물적자본	교육
한국	6.0	2.1	3.3	0.6
싱가포르	6.0	3.1	2.3	0.6
대만	5.6	2.8	2.3	0.5
미국	0.9	0.7	0.3	0.0

자료 : Collins and Bosworth, 1996

표 18-2 국민소득대비 총투자율 : 1984-1994 (단위: %)

	한국	싱가포르	대만	미국
총투자율	33.8	37.4	22.1	18.0

한 결과임을 알 수 있다. 특히 한국은 싱가포르나 대만과 비교할 때 물적자본 투입량에 대한 의존도가 가장 높다.

물적자본의 투입량 증대에 의존한 성장은 곧 투자 주도의 성장을 의미한다. 그러므로 표본 기간 동안 아시아 국가의 투자율이 미국에 비해 높을 것이라는 추론을 할 수 있으며 이는 국민소득대비 총투자율을 제시한 〈표 18-2〉에서 확인할 수 있다.

투자주도의 고성장은 투자재원의 지속적인 조달이 가능하지 않은 한 유지될 수 없다. 실제로 한국은 1990년~1996년의 기간 동안 연평균 37.4%의 투자율과 36.0%의 저축률을 기록하여 높은 저축률에도 불구하고 연평균 실질국내총생산의 1.4%에 달하는 경상수지 적자를 보였다. 경상수지 적자는 외채에 의해 조달되어야 하므로 투자주도의 경제성장에는 한계가 있을 수밖에 없는 것이다. 이 연구결과는 한국경제가 다시 활력을 찾기 위해서는 물적자본과 같은 생산요소의 투입보다는 총요소생산성의 개선이 필요하다는 것을 시사한다.

신고전적 성장이론의 현실 설명력

다음은 솔로우 모형으로 대표되는 신고전적 성장이론의 주요 내용이라 할 수 있다.

- 첫째, 장기적으로 경제는 초기의 경제여건과 무관한 균제상태에 도달한다.
- 둘째, 균제상태에서 자본량은 소득과 같은 속도로 증가하고 1인당 자본량은 일정하다.
- 셋째, 균제상태에서의 1인당 소득수준은 저축률과 인구증가율에 의존한다. 저축률이 높을수록 그리고 인구증가율이 낮을수록 1인당 소득은 높아진다.
- 넷째, 기술진보가 있을 경우 균제상태에서 1인당 소득의 증가율은 기술진보율과 동일하며 저축률이나 인구증가율과는 무관하다.
- 다섯째, 균제상태에서 자본의 한계생산물은 일정하다. 그러나 노동의 한계생산물은 해로드 중립적 기술진보율과 동일한 속도로 증가한다.

이상에서 나열한 솔로우 성장모형의 다섯 가지 성질은 그것이 검증 가능하다는 데 큰 의미가 있다. 예를 들어 실질임금의 증가율이 1인당 소득증가율과 유사한 패턴을 보인다면 이는 다섯 번째 성질과 일관성을 가진다고 할 수 있다. 실질임금이 한계생산물을 반영할 때 실질임금과 소득의 증가율이 유사한 패턴을 보인다는 사실은 한계생산물과 기술수준 증가율이 유사한 패턴을 보인다는 것과 같은 의미를 가지기 때문이다. 마찬가지로 자본 대 소득의 비율이 안정적이라는 사실은 자본량과 소득이 같은 속도로 증가한다는 두 번째 성질과 부합된다. 특히 국가별로 저축률과 1인당 국민소득 간에 정의 상관관계와 인구증가율과 1인당 국민소득 간에 부의 상관관계를 보이는 현실은 솔로우 모형의 세 번째 성질과 부합성의 정도가 높다고 할 수 있다.[14]

솔로우 모형의 예측이 항상 현실과 부합되는 것은 아니다. 저축률이 높은 나라일수록 성장률도 높다는 사실은 균제상태에 관한 네 번째 성질과는 어긋난다고 할 수 있다. 물론 솔로우 모형에서도 균제상태로의 이행과정에는 이와 같은 현상이 나타날 수는 있다.

균제상태가 기존의 경제여건이나 초기의 조건과 무관하다는 첫 번째 성질은 경제

---

14 현실과 솔로우 모형의 성질이 일관성을 가진다고 해서 반드시 솔로우 모형의 예측력이 높다고 단언할 수는 없다. 예를 들어 저축과 소득 간의 인과관계가 반대로 작용할 수 있는 가능성이 있기 때문이다. 이는 가설에 대한 타당성을 검증할 때 나타나는 일반적인 문제다.

성장에 있어서의 수렴(convergence), 즉 소득이 낮은 국가가 높은 국가보다 성장속도가 더 빠를 것이고 그 결과 충분한 시간이 지나면 국가간 소득격차가 줄어들 것임을 예측한다. 특히 1인당 자본량이 클수록 자본의 수익률이 낮을 것이므로 소득이 높은 국가로부터 낮은 국가로 자본의 이동이 일어날 것으로 기대되고 따라서 소득이 낮은 국가의 성장률이 더 높을 것으로 기대된다. 뿐만 아니라 저소득 국가는 고소득 국가의 신기술을 습득함으로써 빠른 성장을 할 수도 있을 것이다.

경제성장에 있어서의 수렴

[그림 18-6]은 경제성장에 있어서의 수렴에 대한 솔로우 모형의 예측이 맞는지를 보기 위해 국가별 자료를 이용하여 작성된 산포도다. 그림에서 가로축은 1965년의 1인당 국민소득이며, 세로축은 1965년부터 2004년까지의 1인당 국민소득의 연평균 성장률인데, 각 점은 하나의 국가에 해당한다. 만일 수렴현상이 현실에서 나타났다면 1965년의 1인당 국민소득이 높은 국가일수록 그 이후 더 낮은 성장률을 보였을 것이고 그 결과 그림에서의 점들은 전체적으로 우하향하는 모습을 보여야 한다. 그

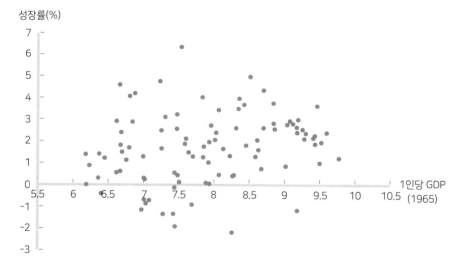

그림 18-6 세계각국의 경제성장률 분포

자료: Penn world Table Version 7.0 (http://pwt.econ.upenn.edu)

런데 그림을 보면 1965년의 1인당 국민소득과 그 이후의 성장률 간에는 특별한 관계가 있는 것처럼 보이지 않는다. 그렇다면 솔로우모형의 예측은 틀린 것일까?

그렇지 않다. [그림 18-7]은 1965년 당시 OECD 회원국이었던 21개 국가에 대해서만 1965년의 일인당 국민소득과 1965~1990년 기간 동안의 1인당 국민소득의 연평균 성장률을 보여주는데, 두 변수 간 부의 상관관계가 뚜렷하게 나타난다. 따라서 이 그림은 수렴에 관한 솔로우모형의 예측을 지지한다. 이와 같은 결과는 OECD 국가들과 같이 경제적 환경이 유사한 국가들 간에만 수렴현상이 나타나는 것으로 해석될 수 있는데, 이를 조건부 수렴(conditional convergence)이라 한다. 이와 반면에 경제환경과 관계없이 모든 국가들에서 1인당 국민소득이 낮은 국가가 더 빠르게 성장할 것이라는 예측을 절대적 수렴(absolute convergence)이라 한다. 실증적 자료는 절대적 수렴을 지지하지 않지만 조건부 수렴은 지지한다.

솔로우 모형이 이와 같은 실증분석 결과를 설명할 수 있는지를 보기 위해 생산함수가 다음과 같은 콥−더글라스(Cobb-Douglas) 생산함수의 형태를 가지고 있다고 하자.

$$Y_t = K_t^{\alpha} L_t^{1-\alpha}, \quad 0 < \alpha < 1$$

이 경우 1인당 생산함수와 1인당 국민소득의 증가율을 각각 다음과 같다.

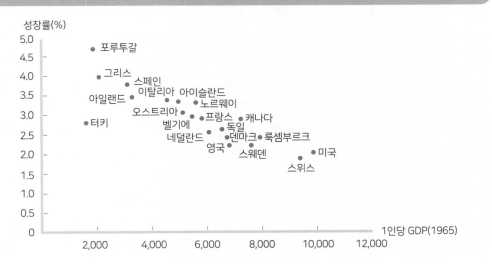

그림 18-7 조건부 수렴

$$y_t = k_t^{\alpha}$$

$$\frac{\dot{y_t}}{y_t} = \alpha \frac{\dot{k_t}}{k_t}$$

1인당 자본량이 클수록 1인당 국민소득이 높고 1인당 국민소득 증가율이 1인당 자본량 증가율과 비례하므로, 절대적 수렴은 1인당 자본량이 높은 국가일수록 1인당 자본량의 증가율이 낮을 것임을 예측한다. 1인당 자본량의 증가율은 다음과 같이 구해진다.

$$\frac{\dot{k_t}}{k_t} = \frac{sk_t^{\alpha} - (n + \delta)k_t}{k_t} = sk_t^{\alpha-1} - (n + \delta)$$

[그림 18-8]은 1인당 자본량에 따라 1인당 자본량 증가율이 어떻게 달라지는지를 보여준다. 그림에서 우하향하는 곡선은 $sk^{\alpha-1}$에 해당하고 수평선은 $n + \delta$에 해당하므로 1인당 자본량의 증가율은 곡선과 직전 사이의 거리에 의해 측정될 수 있다.

이제 고소득국인 A국과 저소득국인 B국이 동일한 생산함수를 가지고 있고, 인구증가율과 감가상각률이 모두 같지만, 저축률은 A국이 B국보다 더 높다고 하자. $s_A > s_B$이므로 $s_A k^{\alpha-1}$곡선은 그림에서처럼 $s_B k^{\alpha-1}$곡선보다 더 위쪽에 있다. 그림에서 가로축의 k^A와 k^B는 각각 현재 A국과 B국의 1인당 자본량을 나타내는데, A국이 B국보다 1인당 국민소득이 크기 때문에 $k^A > k^B$다. B국의 1인당 자본량 증가율은 $k = k^B$일 때 $s_B k^{\alpha-1}$곡선과 $n + \delta$선과의 수직 거리와 같은데, 이는 $k = k^A$일 때 $s_A k^{\alpha-1}$선과의 수직 거리에 의해 측정되는 A국의 1인당 자본량 증가율보다 작다. 이는 1인당 국민소득이 더 낮은 B국이 더 느린 속도로 성장할 것임을, 즉 A국과 B국 사이에 수렴이 일어나지 않을 것임을 의미한다. 이와 같은 결과는 1인당 자본량의 절대적인 수준이 아니라 1인당 자본량이 자국의 균제상태에서 얼마나 멀리 떨어져 있는가가 1인당 자본의 증가율을 결정하기 때문이다. 즉, A국의 1인당 자본량은 B국보다 크지만 두 나라의 균제상태가 다르며, A국이 B국에 비해 자신의 균제상태에서 더 멀리 떨어져 있기 때문에 A국의 1인당 자본량 증가율이 B국보다 더 높다. 따라서 Solow 모형은 절대적 수렴이 발생하지 않을 수 있음을 설명할 수 있다.

만일 A국과 B국의 저축률이 같은 값을 가진다면 어떻게 달라질 것인다? 예를 들어 두 국가의 저축률이 모두 s_A라면 B국의 1인당 자본량 증가율은 $k = k^B$일 때 $s_A k^{\alpha-1}$ 곡선과 $n + \delta$선과의 수직 거리와 같을 것이고, 이는 A국의 1인당 자본량 증가율보

그림 18-8 수렴이 일어나지 않는 경우

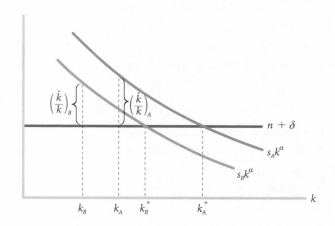

다 더 높다. 따라서 두 국가 간에는 경제성장에 있어서 수렴이 일어날 것이다. 즉, 솔로우 모형은 저축률이나 인구증가율과 같은 경제 여건이 유사한 국가들 간에는 경제성장에 있어서 수렴이 일어날 것임을 예측하며, 따라서 조건부 수렴을 지지한다.

조건부 수렴은 1인당 소득수준이 낮은 개도국이 선진국을 따라 잡으려면 어떤 조건이 충족되어야 하는지를 가르쳐 준다. 즉, 선진국과 유사한 균제상태를 가질 수 있도록 경제 여건이 마련되어야 한다. 이와 같은 경제 여건에는 저축률뿐만 아니라 기술진보율과 교육 수준도 포함되며, 재산권의 보호와 같은 제도도 포함될 것이다.

심층분석 | 루카스 역설(Lucas paradox)

신고전적 성장이론에 따르면 두 나라의 생산함수와 인구증가율 등이 동일할 때 기존의 여건과 관계없이 동일한 균제상태로 수렴한다. 이때 두 나라 사이에 자본의 교역이 일어난다면 균제상태에 도달하는 속도는 그만큼 빨라지게 된다. 이를 [그림 18-2]로 설명하면 1인당 자본의 크기와 소득이 낮은 나라는 k^A, 높은 나라는 k^B에 해당된다. 생산함수의 기울기가 자본의 한계생산물의 크기임을 생각할 때 소득이 낮은 나라의 자본의 한계생산물이 높은 나라보다 더 크다. 따라서 높은 수익률을 추구하는 자본은 소득이 높은 나라에서 낮은 나라로 이동하게 된다. 소득이 낮은 나라에서 자본의 유입이, 높은 나라에서 유출이 일어난다면 자본량의 조절이 더 빨리 이루어질 수 있으며 이에 따라 균제상태에 도달하는 시점도 그만큼 단축될 것이다.

그러나 현실에 있어서는 선후진국 간 자본의 흐름이 생각하는 것만큼 활발하게 일어나지 않는다. 오히려 선진국 사이에서 일어나는 자본의 교차거래가 압도적이다. 루카스(Robert Lucas)는 선진국에서 개도국으로 자본의 이동이 원활하지 않은 것은 법, 제도, 사회간접자본 등 개도국의 경제여건이 취약하기 때문이라는 진단을 하였다. 이에 대해서는 제4절 경제성장의 요인에서 보다 상세히 설명한다.

루카스의 주장을 수식으로 나타내 보자. 두 나라의 1인당 생산함수를 각각 $y_H=A_H k_H^\alpha$, $y_L=A_L k_L^\alpha$라고 할 때 법, 제도, 사회간접자본 등의 차이로 인해 개도국의 총요소생산성은 선진국 보다 낮다. 즉 $A_H > A_L$이 성립한다. 이때 자본의 한계생산물은 각각 $\alpha A_H k_H^{\alpha-1}=\alpha y_H/k_H$, $\alpha A_L k_L^{\alpha-1}=\alpha y_L/k_L$이 된다. 실제 두 나라 자본의 한계생산물은 다음과 같이 측정 가능한 변수들을 이용하여 비교할 수 있다.

$$\frac{MPK_L}{MPK_H}=\left(\frac{y_L}{y_H}\right)\left(\frac{k_H}{k_L}\right)$$

만약 두 나라 1인당 소득의 격차가 2배, 1인당 자본의 격차는 3배라면 개도국의 한계생산물은 선진국의 1.5배가 된다. 이때 소득의 격차가 3배라면 한계생산물은 같다. 실제로 선진국과 개도국 간 1인당 소득의 격차는 1인당 자본량의 격차에 비해 그다지 크지 않다. 더욱이 개도국의 한계생산물이 선진국의 한계생산물보다 크다고 하더라도 높은 투자위험을 고려하면 결코 개도국에 대한 투자가 유리하다고 볼 수는 없으며 따라서 많은 자본이 개도국으로 유입될 것으로 기대하기는 어렵다.

총요소생산성이 상이한 두 나라의 생산함수는 다음 그림을 통해 쉽게 이해될 수 있다. 그림에서 수직축을 y로 하고 수평축을 k로 하면, 위쪽 생산함수가 선진국의 일인당 생산함수인데 그 식은 $y=A_H k^\alpha$로 쓸 수 있다. 만일 두 나라의 총요소생산성이 같다면 1인당 국민소득이 y_L인 개도국은 그림에서 C점에 해당한다. 자본의 한계생산물은 접선의 기울기와 같으므로 이 경우에는 개도국의 자본의 한계생산물(C점에서의 접선의 기울기)이 선진국(B점에서의 접선의 기울기)보다 크다.

만일 개도국의 총요소생산성이 선진국보다 낮다면 개도국의 1인당 생산함수는 아래쪽 곡선이 되고, 1인당 국민소득이 y_L인 개도국은 A점에 해당한다. 만약 A점에서의 접선의 기울기가 B점보다 작다면 개도국의 자본의 한계생산물은 선진국보다 작을 것이다.

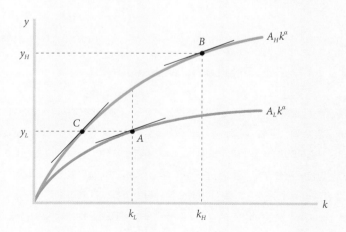

자료: R.E. Lucas Jr., "Why Doesn't Capital Flow from the Rich to Poor Countries?" *American Economic Review* 80, 1990.

두 가지 중요한 비판

신고전적 성장모형의 현실 설명력에 대한 보다 중요한 두 가지 비판은 1980년대에 내생적 성장이론이라 불리는 새로운 성장이론이 등장하는 계기가 된다. 하나는 신고전적 성장모형으로는 국가별 소득 격차의 정도를 설명하기 어렵다는 비판이며, 다른 하나는 균제상태에 있어서 경제성장률이 외생적으로 결정된다는 비판이다. 이들 비판에 대해서 보다 상세히 알아보자.

첫 번째 비판은 신고전적 성장모형으로는 국가별 소득 격차의 정도를 설명하기가 어렵다는 주장이다. 신고전적 성장모형의 균제상태에서는 다른 조건이 같다면 소득 변화율과 저축률 변화율 간에 다음 식이 성립되어야 한다.

$$\frac{\Delta y^*}{y^*} = \frac{\alpha}{1-\alpha} \frac{\Delta s}{s}$$

통상 국민소득계정으로부터 추정될 수 있는 자본소득의 비중이 1/3에 가깝다는 점을 감안한다면 $\alpha/(1-\alpha)$의 값은 1/2이 된다. 따라서 위 식은 소득의 변화율이 저축률 변화율의 1/2과 같음을 의미한다. 예를 들자면 저축률이 10% 증가하였을 때 소득은 약 5% 정도 높아질 것으로 기대된다. 따라서 신고전적 성장이론에 따르면 국가별 저축률의 격차보다 소득의 격차가 작아야 한다. 그러나 이와 같은 신고전적 성장이론의 예측은 현실과는 많은 괴리가 있다. 현실세계에서는 국가간 저축률(또는 투자율) 격차보다는 소득의 격차가 훨씬 크기 때문이다.

신고적적 성장모형에 대한 또 하나의 비판은 균제상태에서의 성장률이 외생적으로 결정된다는 점이다. 예를 들어 기술진보가 있는 솔로우 모형에 따르면 균제상태에서 1인당 생산량은 지속적으로 성장하나 그 성장률은 외생적으로 주어진 기술진보율과 같아진다. 이는 기술진보율이 외생적으로 주어져 있다는 가정에 기인한 것이다. 이와 같은 가정은 기술진보 나아가 균제상태에서의 성장이 어떤 요인에 의해서 설명될 수 있는지를 해결하지 못하는 문제를 안고 있다. 더욱이 성장의 원동력인 기술진보가 외생적으로 결정된다면, R&D 투자와 같이 생산과 직접적인 관련이 없는 투자를 정당화시킬 수 없다. 이러한 문제를 인식한 학자들은 경제성장이 외부적인 요인이 아니라 지식에 대한 투자, 기술에 대한 투자, 인적자본에 대한 투자 등 내생적인 요인에 의해 결정되는 경제성장모형들을 제시했는데 이들을 내생적 성장이론이라 한다. 이와는 대조적으로 경제성장이 외생적으로 결정되는 모형들을 외생적 성장이론이라 한다.

　신고전적 성장모형에 대한 두 가지 중요한 비판은 비록 출발점은 다르지만 궁극적으로는 내생적 성장이론이라는 동일한 경제성장모형을 발전시키는 데 기여했다. 제2절과 제3절에서는 이와 같은 문제점을 극복하기 위한 새로운 성장이론에 대한 시도를 소개하고자 한다.

❷ 자본의 신개념

　솔로우 모형은 그 유용성에도 불구하고 앞에서 지적한 바와 같이 현실세계를 잘 설명하지 못하는 문제점을 가지고 있다. 앞서 제기된 국가간 소득격차 정도의 문제를 다시 생각해 보면 α의 값, 즉 국민소득에서 자본소득이 차지하는 비중이 얼마인지가 문제의 핵심임을 알 수 있다. 만약 자본소득의 비중이 대부분의 국가의 국민소득계정으로부터 추정되는 값인 1/3보다도 크다면 솔로우 모형만으로도 이 문제를 어느 정도 해결할 수 있다.

　예를 들어 α의 값이 1/3이 아니라 2/3라면 $\alpha/(1-\alpha)=2$가 되어 $(\Delta y^*/y^*)=2\times(\Delta s/s)$가 성립한다. 이 경우 10%의 소득격차를 설명하기 위해서 필요한 저축률의 격차는 5%로 줄어든다.

　만일 솔로우 모형의 설명력 문제가 솔로우 모형 자체의 문제가 아니라 자본소득의 비중이 과소추정된 데에 있다고 한다면, 왜 많은 나라의 국민소득계정에 나타나는 자본소득의 비중이 그렇게 낮은가에 대한 의문이 남는다. 이 의문에 대한 답으로서 국민소득계정에서 자본소득의 계산에 포함되는 자본에 비해 실제 자본의 범주가 대단히 크기 때문이라는 주장이 제기되었다. 전통적으로 자본은 기계설비와 건물과 같이 손으로 만질 수 있는 것으로만 인식되어 왔으며 당연히 자본소득은 이와 같은 기계설비와 건물을 소유한 경제주체가 향유하는 수입으로 간주되었다.

　그러나 이러한 전통적인 자본의 개념과는 달리 자본을 보는 새로운 시각은 자본을 단지 손으로 만질 수 있는 물적자본 그리고 사적자본 이상의 것으로 본다. 이처럼 자본의 개념을 광의로 해석할 때 자본소득이 차지하는 비중은 국민소득계정으로부터의 추정치보다 훨씬 클 수밖에 없다. 새로운 자본의 개념에 대한 시도는 솔로우 모형에서는 물적자본과 구별되는 지식자본(knowledge capital)과 인적자본(human capital)

의 개념을 도입함으로써 가능하게 된다. 보다 광의로 정의된 자본의 신개념은 신고전적 성장이론의 핵심이라 할 수 있는 신고전적 생산함수를 수정함으로써 구체화되었고 그 결과 성장의 원동력에 대한 새로운 해석을 제시하게 되었다.

지식자본

기술진보는 동일한 자본과 노동을 투입하더라도 더 많은 산출량을 생산하는 것을 가능하게 한다. 여기서 기술진보란 단순한 지식(knowledge)의 축적까지를 포함하는 광의의 개념으로 해석되어야 한다. 그런데 지식의 축적은 기초과학에서부터 생산공정에 이르기까지 여러 단계에서 발생할 수 있으므로 지식의 축적이 어떤 형태로 이루어지는가에 대한 통일된 이론을 구하는 것은 별 의미가 없다. 그것보다는 지식의 축적이 어떤 요인에 의해 일어나는가를 규명하는 것이 보다 중요한 문제일 것이다. 이에 관하여 로머(Paul Romer)는 지식의 비경합성(nonrivalry)을 강조한다.[15] 일반적으로 사적 재화(private goods)는 다른 사람도 함께 사용하는 것이 불가능하기 때문에 경합적인 데 반하여 지식은 그것이 어떤 종류이든 간에 공유될 수 있다는 점에서 비경합적이라는 것이다.

그런데 지식은 비경합적이기는 하지만 다른 사람이 이를 사용하는 것을 방지할 수 있다는 점에서는 사적 재화와 마찬가지로 배제가능성(excludability)을 가지고 있다. 그러나 사적 재화와는 달리 지식의 배제가능성 여부는 구체적인 지식의 내용과 재산권에 관련된 법·제도적 장치에 달려 있다. 예를 들면 고도의 기술과 대단히 복잡한 공정과정을 거친 신소재의 개발은 법의 보호 없이도 쉽게 재생될 수 없을 것이다. 반면에 컴퓨터 관련 소프트웨어를 무단 복제하는 것은 법에 의해 금지되고 있다.

배제가능성의 정도는 지식축적의 경로에 있어서 중요한 역할을 한다. 배제가능성이 높은 지식일수록 연구개발로부터의 사적 이득이 커지기 때문에 민간기업이나 연구기관에 의한 R&D 투자활동이 보다 활발할 것으로 기대된다. 반면에 기초과학과 같이 배제가능성의 정도가 미약한 지식은 민간 연구기관보다는 주로 공공성이 강한 대학과 같은 곳에서 연구가 수행되는 경향이 있다.

애로우(Kenneth Arrow)는 지식의 축적이 R&D 활동뿐만 아니라 생산과정에서 발생하는 부산물로서 일어날 수도 있다고 보았다.[16] 이처럼 생산과정에서 습득된 지식

---

15 P. Romer, "Endogenous Technological Change," *Journal of Political Economy* 98, 1990.

16 K. Arrow, "The Economic Implication of Learning by Doing," *Review of Economic Studies* 29, 1962.

(learning by doing)은 배제가능성이 낮다. 만약 생산과정에서 습득된 지식이 기술진보의 원동력이라면 지식의 축적은 R&D 활동보다는 통상적인 경제활동을 통해서 일어날 것으로 기대된다. 여기서는 지식의 축적이 생산과정을 통하여 일어나는 간단한 모형을 생각해 보기로 하자.

개별기업 i의 1인당 생산함수는 다음과 같은 신고전적 생산함수의 형태를 갖는다고 하자.

$$y_i = \theta k_i^{\alpha}, \qquad 0 < \alpha < 1$$

위 식에서 기술수준, 즉 생산성을 나타내는 θ는 모든 기업에게 공통된 모수다. 비배제성으로 인해 다른 기업에 의해 축적된 지식을 이용하는 것이 가능하므로 이 기업의 지식수준은 경제 전체의 지식수준과 동일하다. 경제 전체의 지식수준은 경제 전체의 자본량인 $k = \Sigma k_i$ 의해서 다음과 같은 형태로 결정된다고 하자.

$$\theta \cdot = Ak^{\beta}, \qquad 0 < \beta < 1$$

여기서 지식이 자본량의 증가함수인 것은 자본의 투입량이 많을수록 생산활동이 많이 일어나고 이에 따라 생산과정에서 발생하는 지식의 축적이 빠른 속도로 일어날 것이기 때문이다. 결과적으로 개별기업의 지식자본수준이 경제 전체의 물적자본수준에 의존함으로써 개별기업의 생산수준이 그 개별기업이 고용한 자본량뿐만 아니라 경제 전체의 자본량에도 의존하게 된다. 이것은 위의 두 식으로부터 기술수준을 내생화한 다음과 같은 개별기업의 생산함수를 생각해 볼 때 쉽게 이해될 수 있다.

$$y_i = Ak^{\beta}k_i^{\alpha}$$

생산함수가 이와 같다면 개별기업의 생산이 경제 전체의 자본량에 의존함에 따라 자본의 외부경제성이 존재하게 된다. 자본의 외부경제성이란 자본에 의해 축적되는 지식의 비경합성과 비배제성으로 인해 자본으로부터의 사적 이득이 사회적 이득(social return)보다 낮음을 의미한다. 즉, 개별기업이 자본에 투자할 경우 그 자본이 생산에 직접 기여하는 부분에 대해서는 대가를 받지만, 지식의 축적에 기여하는 부분에 대해서는 금전적인 대가를 받지 못하기 때문에 외부경제가 발생한다. 위 식에서 계수 β는 외부경제성의 정도를 나타낸다고 볼 수 있다.

평균적인 기업의 생산함수가 $y=\theta k^\alpha$임을 감안할 때 경제 전체의 생산함수는 다음과 같이 쓸 수 있다.

$$y = Ak^{\alpha+\beta}$$

여기서 경제 전체라 함은 어떤 범위를 지칭하는 것인지를 생각해 볼 필요가 있다. 그것이 일국 경제를 뜻하는지, 아니면 일정 지역경제 나아가 세계경제 전체를 의미하는 것인지는 자본의 외부경제성이 적용되는 범위에 달린 문제다.

한편, 생산함수가 위와 같은 경우 국민소득에서 차지하는 자본소득의 비중은 α와 같지만 경제전체의 입장에서 본 자본으로부터의 사회적 이득은 외부효과까지 포함한 $\alpha+\beta$이다. 국민소득계정에서는 외부경제성을 감안하지 않은 사적 이득만이 자본소득으로 집계되었기 때문에, 국민소득계정으로부터 자본의 비중을 계산한다면 그만큼 사회적 이득을 과소평가하게 된다. 자본의 외부경제성까지 감안할 때의 자본소득의 비중은 국민소득계정에서 계산된 값보다 커지게 되며, 따라서 솔로우 모형의 한계를 극복할 수 있을 것이다.

그런데 지식의 비배제성과 비경합성을 감안할 때, 지식만이 경제성장의 원동력이라면 왜 국가간 소득의 격차가 일어나는가를 설명하기 어려울 것이다. 개발도상국이 선진국이 개발한 새로운 기술에 대한 재산권을 존중해 주기만 한다면 당연히 싼 노동력의 이점을 노리고 해외직접투자를 통해 선진국으로부터 개발도상국으로 물적자본의 이동이 발생하고 이와 같은 자본의 이동은 국가간 임금의 격차 또는 소득의 격차를 해소시킬 것이기 때문이다. 그러나 루카스역설이 보여주듯이 선후진국 간에는 자본의 이동이 그렇게 활발하게 발생하지 않는 것이 현실이며 따라서 국가간 소득의 격차가 지속될 수 있다.

인적자본

인적자본(human capital)이란 기계설비나 건축물과 같은 물적자본과 구별하여 교육, 기능훈련 등에 의해 습득되어 인간에 체화되어 있는 자본을 말한다. 인적자본은 당초 습득된 지식과 기능이 직업의 패턴과 소득 등을 통하여 노동시장에 미치는 영향을 설명하기 위하여 도입된 개념이다. 인적자본은 지식 또는 기술과는 다른 개념이다. 예를 들어 컴퓨터 소프트웨어가 지식이라면 이를 이용하여 얼마나 많은 일을 할 수 있는가는 인적자본의 문제이다. 그러므로 지식자본이 지식의 축적을 내생화하였다면 인적자본은 축적된 지식의 습득을 내생화한 것으로 볼 수 있다. 인적자본은 단순한 노동과도 다른 개념이다. 두 사람이 똑같이 한 시간 동안 작업을 하더라도 숙련도가 높은 사람의 작업량이 더 많은 것은 인적자본의 차이 때문이다.

인적자본은 지식자본과는 달리 외부경제의 문제를 가지고 있지는 않다. 인적자본의 수준이 높은 노동자에게는 보다 높은 임금이 지급되기 때문에 인적자본 투자에 대한 사적 이득은 사회적 이득과 다르지 않다. 일반적으로 노동자가 받는 임금에는 단순노동에 대한 대가와 인적자본에 대한 대가가 모두 포함되어 있다. 따라서 국민소득계정에서는 인적자본에 대한 대가가 노동소득에 포함되어 있으며, 그 결과 인적자본에 대한 대가를 포함시킨 진정한 의미의 자본소득의 비중은 국민소득계정에서 계산된 자본소득의 비중보다는 더 높을 것이다. 즉, 인적자본을 자본에 포함시킬 경우 α의 값이 국민소득계정에서 추계한 값보다 더 높아야 한다는 것이다.

물론 인적자본의 존재 그 자체가 솔로우 모형의 기본적인 성질을 변화시킬 수는 없다. 신고전적 생산함수의 조건을 충족시키는 한, 앞에서 나열한 다섯 가지 솔로우 모형의 성질은 그대로 성립하게 된다. 그러나 인적자본이 반드시 교육 현장뿐 아니라 사회적 교류의 부산물로서도 축적된다면 지식자본의 경우와 마찬가지로 외부경제 효과가 존재할 여지가 있으며, 이 경우에는 솔로우 모형과는 전혀 다른 성격을 가질 것으로 기대된다.

인적자본의 존재는 선진국에서 후진국으로의 자본의 이동이 왜 원활히 일어나지 못하는가를 설명할 수 있다. 물적자본과는 달리 인적자본은 투자에 대한 담보를 제공할 수 없기 때문에 이에 대한 투자재원을 조달하기 위한 자본이동이 일어나기가 어렵다. 따라서 후진국에서의 인적자본의 축적은 미흡할 수밖에 없다. 더욱이 인적자본과 물적자본이 생산에 있어서 상호 보완적인 생산요소라는 점을 감안한다면 인적자본에 대한 투자재원이 쉽게 조달될 수 없다는 사실은 국가간 물적자본의 이동도 쉽게 일어날 수 없게 만드는 결과를 가져옴을 쉽게 이해할 수 있다.

❸ 내생적 성장이론

내생적 성장이론(endogenous growth theory)은 신고전적 성장이론의 문제로 지적되었던 기술진보 또는 지식축적의 외생성을 극복하고 이를 내생화함으로써 지속적인 경제성장이 어떤 원동력에 의해서 이루어지는지를 밝히고 있다. 먼저 내생적 성장이론에 대한 이해를 돕기 위해서 먼저 가장 간단한 내생적 성장모형인 AK 모형을 소개하기로 한다.

AK 모형

다음과 같은 경제 전체의 생산함수를 생각해 보자.

$$Y = AK$$

위와 같은 형태의 생산함수를 AK 생산함수라 부른다. 이 생산함수에서는 자본의 한계생산물이 체감하지 않는데, 이와 같은 현상은 자본의 외부경제성이 존재할 때 나타날 수 있다.

이때 자본축적에 관한 식은 다음과 같다.

$$\dot{k} = i - (n + \delta)k$$

저축률이 s로 일정하다면 1인당 총투자는 $i=sy=sAk$와 같으므로 위 식은 다음과 같이 쓸 수 있다.

$$\dot{k} = sAk - (n + \delta)k$$

위 식으로부터 1인당 생산량의 증가율은 다음과 같이 구할 수 있다.[17]

$$\frac{\dot{y}}{y} = \frac{\dot{k}}{k} = sA - (n + \delta)$$

위 식에 따르면 $sA>n+\delta$일 때 1인당 국민소득은 $sA-(n+\delta)$의 속도로 영원히 증가하게 된다. 이처럼 지속적인 성장을 가능하게 하는 것은 자본의 외부경제성으로

---

17 1인당 생산함수 $y=Ak$로부터 y의 증가율이 k의 증가율과 같음을 알 수 있다.

인하여 비록 개별기업의 생산함수는 수확체감의 특성을 가지고 있으나 경제 전체로 볼 때는 수확불변이 되기 때문이다. 즉, 자본의 한계생산물이 체감하는 신고전적 생산함수와는 달리 규모의 경제의 존재로 인해 자본의 한계생산물이 A로서 언제나 일정수준 이상이 되기 때문이다.

이와 같은 성질은 국민소득의 증가율과 자본의 증가율이 인구증가율과 기술진보율의 합과 같다는 신고전적 성장이론의 결과와 정면으로 대비된다. 특히 신고전적 성장이론에서 저축률은 균제상태의 소득수준에 영향을 줄 수는 있어도 균제상태에서의 성장률과는 무관하였으나 여기서는 성장률 수준에 직접적으로 영향을 미치고 있다.

내생적 성장이론은 현실 세계에 대하여 두 가지 중요한 예측을 하고 있다. 첫째, 국가간 저축률의 차이가 국가간 성장률의 차이를 설명한다는 것이다. 생산함수와 감가상각률이 국가에 따라 전혀 차이가 없다고 하더라도 저축률이 높은 나라는 낮은 나라보다 더 높은 성장률을 가지게 될 것임을 보여준다.

둘째, 국가간 소득의 격차와 자본수익률의 격차는 아무런 상관관계를 가지지 않는다는 것이다. 신고전적 생산함수에서는 한계생산물이 체감하기 때문에 소득이 높은 나라일수록 자본의 수익률은 떨어지게 된다. 그러나 AK 모형에서의 자본의 수익률은 언제나 A로 일정하다. 이는 국가간 소득의 격차가 존재한다고 해서 국가간 자본이동이 반드시 발생하는 것은 아님을 의미한다.

AK 모형은 내생적 성장을 보여줄 수 있는 모형이기는 하나 과연 자본의 한계생산물이 체감하지 않는 생산함수가 존재할 수 있는가라는 의문이 제기될 수 있다. 이처럼 자본의 한계생산물 체감현상을 보이지 않는 생산함수는 개별 기업수준에서는 정당화되기 어렵지만 내생적 성장이론을 제시한 학자들은 지식자본 형성을 통한 외부효과, 인적자본에 대한 투자, R&D 투자와 기술개발에 따른 불완전 경쟁시장 등의 환경하에서 경제 전체의 생산함수 수준에서는 정당화될 수 있음을 보였다.

예를 들어 앞서 자본이 지식자본의 형성을 통해 경제 전체의 생산에 외부효과를 가지는 지식자본모형에서 경제 전체의 1인당 생산함수는 $y = Ak^{\alpha+\beta}$가 되는데, 이때 $\alpha + \beta = 1$이라면 1인당 생산함수는 AK 모형에서의 1인당 생산함수와 같아진다. 여기서 보았듯이 신고전적 성장모형에 대한 두 가지 비판은 비록 그 출발점은 다르지만 모두 내생적 성장이론의 발전에 기여했다는 점에서 공통점이 있다.

내생적 성장이론의 근거를 제시하는 모형으로는 지식자본모형 이외에도 여러 가지가 있는데 여기서는 R&D 모형을 소개한다.

R&D 모형

지식자본모형에서는 생산과정을 통해 축적된 지식(learning by doing)의 비배제성으로 인해 외부경제성을 가지는 데 비해 R&D 모형은 지식의 배제가능성의 측면을 강조하는 모형이다. 분석의 편의상 노동만이 유일한 생산요소인 생산함수를 생각해 보자.

$$Y_t = A_t(1-a)L$$

위 식에서 a는 총노동인구(L) 중에서 R&D에 참여한 비율을 나타내며 총노동인구 L은 항상 일정하다고 가정한다. 신기술의 개발은 R&D 활동에 투입된 인력에 비례하여 일어난다.

$$\frac{\dot{A_t}}{A_t} = aL$$

이 모형에서는 신기술을 생산하기 위한 R&D 활동이 일종의 저축의 역할을 수행한다. 생산요소로서의 자본이 존재하지 않는 R&D 모형에서는 투자에 대한 수요가 발생하지 않으므로 생산된 재화는 모두 소비된다. 반면에 생산활동과 직접 관련이 없는 R&D에 aL의 노동이 투입되고 이는 기술진보를 통해 간접적으로 생산에 기여하는데, 이는 직접적으로는 생산에 기여하지 못하지만 자본의 축적을 통해 간접적으로 생산에 기여하는 저축과 비슷한 기능을 가진다.

위의 두 식으로부터 1인당 소득의 증가율은 기술진보율과 동일함을 다음과 같이 유도할 수 있다.

$$\frac{\dot{y_t}}{y_t} = \frac{\dot{A_t}}{A_t} = aL$$

위 식에 따르면 a의 값이 0이 아닌 한 성장률은 R&D 참여율인 a에 의존하게 된다. 이것은 앞의 AK 모형에서 성장률이 저축률에 의존하는 것과 마찬가지이다.

④ 경제성장의 요인

앞에서 소개한 신고전적 성장이론과 내생적 성장이론은 경제성장의 요인을 각각 다른 곳에서 찾고 있으며, 이에 따라 성장을 촉진시키기 위해 사용되어야 하는 정책에 대한 함의도 다를 것으로 기대된다. 제4절에서는 경제성장의 결정요인에 대한 실증분석의 결과를 소개한다. 그리고 경제성장에 있어서의 금융의 역할에 대해서도 설명한다.

거시경제적 요인

정부부문이 경제성장에 미치는 영향은 크게 통화정책과 재정정책으로 나누어 설명할 수 있을 것이다. 균제상태에서 1인당 소득 증가율은 외생적으로 주어진 기술수준의 증가율과 같다는 신고전적 성장 모형에서 정부정책은 지속적으로 소득의 증가율에 영향을 미칠 수 없을 것으로 기대된다. 예를 들면 저축을 높이는 정부정책이 일시적으로 경제성장을 촉진하거나 소득수준을 향상시킬 수는 있어도 균제상태에서의 소득 증가율에는 아무런 영향을 줄 수 없을 것이다. 따라서 신고전적 성장모형에서 정부정책은 경제성장에 중립적이라 할 수 있다.

그러나 지식자본이나 인적자본의 예와 같이 경제 전체의 생산함수에 규모의 경제가 존재한다면 내생적 성장이론이 제시하듯이 정부부문은 경제성장에 많은 영향을 줄 수 있다. 예를 들면 운송, 통신 등 사회간접자본에 대한 투자는 자본의 외부경제성으로부터의 혜택을 더욱 크게 할 수 있을 것이다. 교육에 대한 정부투자 역시 같은 맥락에서 이해될 수 있다. 많은 실증연구들이 사회간접자본에 대한 공공투자와 경제성장 사이에 양의 상관관계가 있음을 제시해 주고 있다.[18]

한편 실증분석 결과에 따르면 정부의 재정적자와 민간투자, 재정적자와 경제성장률 사이에는 음의 상관관계가 나타난다.[19] 재정적자와 민간투자가 음의 상관관계를 보이는 것은 리카도 동등성 정리가 성립하지 않기 때문에 발생하는 구축효과로서 설명할 수 있을 것이다. 한편 재정적자와 경제성장률 사이의 음의 상관관계는 재정적

---

18 W. Easterly and S. Rebelo, "Fiscal Policy and Economic Growth: An Empirical Investigation," *Journal of Monetary Economics* 32, 1993. 앞에서 지적한 바와 같이 이와 같은 결과는 인과관계가 반대로 작용한 결과일 수도 있다.

19 S. Fischer, "The Role of Macroeconomic Factors in Growth," *Journal of Monetary Economics* 32, 1993.

자가 가져오는 경제의 불안정성의 문제로 설명된다. 재정적자가 누적될 때 정부의 거시정책 운용에 대한 통제력이 약화됨으로써 거시경제의 안정성이 손상되고 불확실성이 증폭된다. 불확실성은 시장기능의 효율성을 떨어뜨리게 되어 생산성을 약화시킬 뿐 아니라 성장과정의 중요한 부분인 생산요소의 재분배 측면에서 생산성 증가율을 떨어뜨리는 결과를 가져올 수 있다.[20]

한 국가의 통화정책의 성과로 볼 수 있는 물가상승률이 경제성장에 미치는 영향 역시 거시경제의 안정성 측면에서 평가할 수 있다. 일반적으로 경기호황국면에서는 인플레이션이 발생하므로 물가상승률과 경제성장률 간에는 정의 상관관계가 존재할 것으로 기대되나 장기적으로는 인플레이션이 심한 나라일수록 경제성장률이 떨어진다는 연구결과들이 보고되고 있다. 따라서 통화량 증가율이 실물경제에 영향을 미칠 수 없다는 화폐의 초중립성(superneutrality of money)은 성립하지 않는 것이다. 인플레이션은 정부의 경제관리능력에 대한 지표라는 점에서 볼 때 인플레이션이 심할수록 정부의 경제운용에 대한 통제력이 그만큼 떨어질 것으로 기대된다. 정부의 경제운용에 대한 통제력이 약화될 때 앞에서 지적한 바와 같이 생산성의 수준뿐 아니라 생산성 증가율의 감소가 현실화될 것이다.

많은 연구들이 거시경제의 안정성이 성장의 중요한 요인이라는 점을 지적하고 있다. 물론 거시경제의 안정성이란 단지 인플레이션과 재정적자만으로 측정될 수 있는 것은 아니다. 경상수지나 자본수지와 같은 해외부문도 거시경제의 안정성의 중요한 지표가 될 수 있다. 예를 들면, 환율의 조정을 통해 물가안정을 꾀하는 정책(exchange rate based stablization policy)의 경우 외견상 물가상승률은 낮아질 수 있으나 고평가된 환율로 인하여 경상수지 적자가 계속 악화될 때 그와 같은 물가안정정책이 과연 얼마나 오랫동안 유지될 수 있는가의 문제가 발생한다. 물론 거시경제의 안정성은 경제성장의 필요조건이 될 수는 있어도 충분조건일 수는 없다. 즉 물가와 재정이 모두 안정적이라 해서 반드시 높은 경제성장이 기대되는 것은 아니다. 불확실성의 문제를 해소하는 것이 경제성장에 필요조건일 수 있으나 경제성장의 충분조건일 수는 없기 때문이다.

---

20 물가연동제나 선물계약 등의 수단을 통해서 불확실성의 문제는 제거될 수 있을 것이다. 그러나 그와 같은 제도적 장치를 설치하는 비용을 감안할 때 그만큼 자원을 낭비하는 셈이다.

금융과 경제성장

금융이 경제성장에 어떻게 기여하는가 하는 문제는 경제성장이 어떤 경제적 요인에 의해서 결정되는가에 달려 있다. 신고전적 성장이론에 따르면 금융은 균제상태에서의 성장률과 무관하다. 저축률을 높이는 금융시스템은 소득수준을 높이는 데는 기여할 수도 있겠으나 균제상태에서의 소득증가율에는 아무런 영향을 줄 수가 없기 때문이다. 그러므로 경제성장에 기여하는 금융의 역할은 신고전적 성장이론이 아닌 다른 성장모형을 고려할 때 기대될 수 있을 것이다.

금융은 자금의 조달과 배분의 두 가지 측면에서 경제성장에 기여한다. 우선 조달의 측면에서 금융은 다양한 수단을 통하여 저축을 동원하는 역할을 수행한다. 이때 얼마나 저축을 효과적으로 동원할 수 있는가의 문제는 금융시스템의 효율성에 달려 있으며 금융시스템의 효율성은 금융의 두 가지 특성인 거래비용과 정보비용을 얼마나 저렴하게 관리할 수 있느냐에 달린 문제다.

은행의 예를 들어 설명하자면, 얼마나 많은 소비자의 여유자금이 사장되지 않고 은행에 예치될 수 있는가의 여부는 소비자가 거래하는 은행이 얼마나 편리한 금융서비스를 제공할 수 있는가에 달려 있다고 볼 수 있다. 물론 거래비용은 소비자가 고객인 예금시장에만 존재하는 것은 아니며 은행간 거래와 국제금융거래에도 존재한다. 정보비용은 예금자들이 예치한 예금이 안전하게 관리되고 있는가의 여부와 관련된 문제다.

자원배분의 측면에서 금융은 생산성이 높은 부문에 대한 투자나 기술혁신을 촉진함으로써 경제성장에 기여한다. 위험을 분산·다변화하는 투자활동은 위험이 높은 분야에 대한 투자를 촉진할 수 있게 한다. 이때 금융이 생산성의 향상과 기술혁신에 얼마나 기여할 것인가는 금융활동에 따르는 거래비용과 정보비용의 크기에 달려 있으며 금융시스템이 얼마나 효율적인가 하는 문제로 귀결된다.

금융계약 당사자들의 권리와 책임을 명시하는 법과 회계제도가 잘 정비되고 또 제대로 지켜지는 나라일수록 경제성장률도 높은 경향이 있다. 이는 법과 제도가 엄격히 준수될 때 금융의 특성인 정보의 비대칭성의 문제로 인해 불가피하게 발생하는 정보비용과 거래비용을 낮출 수 있기 때문이다.

지배구조

지난 30년간 경제성장 분야에서의 실증연구는 솔로우의 성장이론에서 한걸음 더 나아가 경제성장을 설명할 수 있는 보다 근본적인 요인들, 즉 생산요소의 축적과 기술의 진보를 결정하는 경제, 사회, 정치적인 요인들을 식별하는 데에 많은 노력을 기울였다. 이와 같은 연구는 어떤 조건이 충족될 때 한 나라가 선진국으로 갈 수 있는 성장궤도에 진입할 수 있는지, 개도국이 선진국으로 도약하기 위해서 극복해야 할 장애는 무엇인지, 왜 많은 나라가 저성장의 덫에 빠져 있는지의 의문에 대한 답을 찾는 데 도움이 된다. 특히 이들 연구들은 재산권을 존중하는 법과 안정적인 제도를 포함하는 지배구조(governance)의 중요성을 지적하고 있다.

배로우(Robert Barro)는 1960년~1985년 기간동안 98개국을 대상으로 성장에 영향을 미칠 수 있는 여러 변수들과 성장률간의 상관관계를 연구하였다.[21] 그는 1인당 실질 GDP 증가율이 인적자본 수준, 실물자본의 축적, 정치적 안정성 등의 변수와 정의 상관관계를 가지는 반면 1인당 GDP 수준 및 출산율과 부의 상관관계를 가짐을 발견하였다. 나아가 인적자본의 수준이 높은 나라일수록 출산율이 낮고 GDP 대비 실물투자 비중이 높았으며 성장은 GDP 대비 정부소비와 시장왜곡의 정도 등의 변수와도 부의 상관관계를 가짐을 발견하였다.

배로우와 후속 연구자들의 연구결과는 성장동력의 핵심이 양질의 사적 투자에 있음을 일관되게 보여주며, 거시경제의 변동성, 제도 그리고 사회적 자본이 양질의 사적 투자를 결정하는 중요한 요인임을 보여준다. 예를 들면 재정지출, 통화량, 물가상승률 등에 있어서 높은 변동성은 사적 투자와 성장을 저해하는데 이는 변동성이 높아질수록 생산자원의 재분배에 따르는 비용이 커지고 신용할당과 같은 양적 규제가 가지는 비효율이 높아지기 때문이다.

제도 또한 성장을 설명하는 중요한 변수다. 특히 재산권을 보호하는 제도는 경제성장의 관건이다. 재산권이 보호되지 않는 사회에서는 자본축적과 기술개발의 유인이 없기 때문이다. 재산권 보호는 투자의 질에도 영향을 미친다. 똑같이 국민소득의 5%를 투자한다고 해도 이를 모두 생산설비를 마련하는 데에 투자하는 국가와 모두 도둑을 막기 위한 담장을 쌓거나 방범설비를 하는 데에 투자하는 국가의 성장 잠재력이 동일할 수는 없을 것이다.

홀(Robert Hall)과 존즈(Charles Jones)는 실증분석을 통해 관료의 질적 수준, 관료주

---

21 R. Barro, "Economic Growth in a Cross Section of Countries," *Quarterly Journal of Economics* 106, 1991.

의, 부패, 사유재산의 침해 정도, 법치, 사법제도의 효율성, 계약의 이행, 국유화 등 지배구조 또는 사회적 하부구조(social infrastructure) 변수가 국가간 자본의 축적, 교육의 정도, 생산성의 차이 등을 설명할 수 있으며, 결과적으로 성장에 지대한 영향을 미칠 수 있음을 보였다.[22] 한편 채권자의 권리, 계약의 이행, 회계의 투명성 등 금융관련 법과 규제 시스템이 발전되고 그 기능이 원활하게 가동될 때 금융이 발전하고 성장도 촉진된다. 사적 투자가 활발하게 일어나기 위해서는 은행이나 자본시장과 같은 금융시장이 효율적으로 기능할 수 있도록 적절한 법적 환경이 조성되어야 하기 때문이다. 라포타(La Porta) 등의 연구는 회계기준이나 공시제도와 같은 투자자 보호장치가 잘 갖추어진 나라일수록 자본시장의 규모가 크고 질적수준이 높으며, 투자자 보호장치가 제대로 갖추어지지 않은 나라에서는 자본시장이 발전이 더디고 외부자본의 조달이 어려워 소유집중이 심화되는 경향이 있음을 발견하였다.[23]

인구 고령화

저출산과 평균수명 연장에 따른 인구 고령화(aging)는 지구촌 광범위한 지역에서 일어나고 있는 현상이다. 저출산은 인구통계학적 관점에서 양육에 따른 기회비용이 높아진 데 따른 결과로 인식한다. 과거 다산경제에서 영아사망률 감소와 경제성장에 따른 생활여건의 개선은 자녀양육을 양에서 질로 대체하여 저출산 경제로 이행하게 되었다. 고령화에 따른 장수에 대한 기대감은 소비, 저축, 근로연수 등 개인의 경제활동에 지대한 영향을 미치게 된다.

한국의 고령화 현상은 다른 나라와 비교할 때 그 정도가 심하다. 인구증가율은 1960년대 2.5%가 넘었으나 계속 감소하여 근래에는 인구 감소의 우려가 현실화되고 있다. 지난 50여 년간 우리나라의 남녀 경제활동참가율 추이를 보여주는 [그림 18-9]는 인구증가율 감소에 따른 고령화의 함의를 정확히 전달하고 있다. 그림은 남자의 경제활동참가율이 여자보다 월등히 높으나 여성의 경제활동참가율이 증가하여 그 격차는 꾸준히 줄어들고 있음을 보여준다. 여성의 경제활동참가율이 증가한 것은 무엇보다도 출산율 감소에 따라 인구증가율이 감소한 데 근본적인 요인이 있다. 저출

---

22 R.E. Hall and C.I. Jones, "Why Do Some Countries Produce So Much More Output per Worker than Others?" *Quarterly Journal of Economics* 114, 1999.

23 R. La Porta, F. Lopez-de-Silanes, A. Shleifer and R. Vishny, "Legal Determinants of External Finance," *Journal of Finance* 52, 1997.

그림 18-9 우리나라의 성별 경제활동참가율

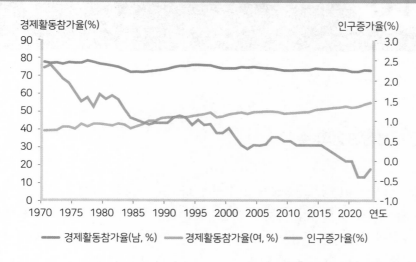

자료: 한국은행 경제통계시스템

산으로 자녀의 수가 줄어들게 되자 여성의 취업 기회가 확대되고 그에 따라 경제활동참가율도 높아지게 된 것이다. 앞으로 고령화 추세가 심화될 때 여성의 경제활동참가율은 더욱 높아질 것으로 기대된다.

　일반적으로 인구통계학적 요인은 산출량, 저축 등 국민경제에 중요한 파급효과를 미치게 된다. 저출산 시기 이전에 태어난 이른바 베이비붐 세대가 노동시장에 진입한 기간 동안에는 높은 경제성장률과 저축률을 달성할 수 있다. 그러나 실제로 그와 같은 경제적 성과는 적절한 제도적 뒷받침이 마련될 때 비로소 가능하다. 1960년대 초부터 추진된 한국을 비롯한 동아시아 신흥공업국가의 적극적인 개방정책과 저축을 생산적 금융자원으로 전환하는 역할을 수행한 금융시스템, 카톨릭 국가인 아일랜드에서 피임의 합법화 조치 이후 1990년대에 들어와 단행한 개방화, 고등교육 확대정책 등이 좋은 예다.

　향후 고령화가 더욱 진전되어 베이비붐 세대가 본격적으로 노동시장에서 퇴장할 때 인구통계학적 요인은 반대로 경제성장률과 저축률을 감소시키는 압력으로 작용할 것으로 기대된다. 이와 같은 여건에서 한국경제가 어떤 수준의 경제성장을 달성할 수 있는지는 얼마나 경제의 효율성을 높일 수 있으며 얼마나 우수한 인적자원을 배출할 수 있는지 여부에 달려 있다.

A. 경제성장모형의 수식

본장에서 제시된 경제성장모형의 수식에 나오는 기호는 경제성장모형에서 주로 사용되는 단순화된 기호이기 때문에 이를 처음 보는 사람에게는 낯설게 느껴질 수 있다. 본 부록에서는 경제성장모형에서 사용되는 기호에 대해서 보다 상세히 설명한다.

경제성장은 시간이 흐름에 따라서 발생하는 동태적인 현상이기 때문에 경제성장모형에 등장하는 변수들은 시간의 함수로 표현된다. 예를 들어 x를 총인구라고 하고, t시점에 있어서 총인구는 다음과 같은 함수로 표현된다고 하자.

$$x(t) = ae^{nt}, \qquad n\text{은 상수} \tag{18-5}$$

위 식에서 $x(0)=ae^0=a$이므로 a는 바로 0시점의 총인구와 같다. 따라서 위 식은 다음과 같은 식으로 대체할 수도 있다.

$$x(t) = x(0)e^{nt}$$

위 식을 t에 대해서 미분하면 매 순간마다의 총인구의 증가분이 구해진다. 즉 $\frac{dx(t)}{dt}$는 시간이 아주 적은 양인 dt만큼 증가할 경우 x의 값, 즉 총인구가 얼마나 증가하는가를 측정한다. 따라서 이 미분값은 총인구의 증가율이 아니라 총인구의 증가분(증분)을 나타낸다.

그렇다면 t기에 있어서 총인구의 증가율은 어떻게 측정할까? 총인구의 증가율은 증가분을 원래의 총인구로 나눈 값(증가율을 퍼센트로 환산하기 위해서는 100을 곱해야 하지만, 여기서는 증가율을 실수로 표시하기로 한다)으로 구할 수 있다. 따라서 t기에 있어서 총인구의 증가율은 다음과 같다.

$$g_x \equiv \frac{\frac{dx(t)}{dt}}{x(t)} \qquad\qquad (18\text{-}6)$$

이제 위 (18−5)식에 의해 주어진 총인구 함수를 (18−6)식에 대입하여 t기에 있어서 총인구 증가율을 구해보라. 그 값이 n이라면 여러분은 제대로 계산을 한 것이다. 즉 위의 총인구 함수에서 n은 바로 매 순간마다의 총인구 증가율인 것이다.

이제 경제성장모형에서는 간단하게 표현을 하기 위해 다음과 같은 단순화 기호를 사용하기로 약속한다.

$$x_t \equiv x(t)$$
$$\dot{x}_t \equiv \frac{dx(t)}{dt}$$
$$g_x \equiv \frac{\dot{x}_t}{x_t} \equiv \frac{dx(t)}{dt} / x(t)$$

즉 어떤 변수에 t를 하첨자로 둔 경우는 이 변수가 시간의 함수임을 의미하며, 어떤 변수 위에 점(dot)을 찍은 경우는 이 변수를 시간 t에 대해 미분한 1차 도함수를 의미한다.

**⁝ 요점
정리**

1　경제성장이론은 노동과 자본을 포함한 모든 생산요소와 생산기술이 가변적인 최
　　　장기 시간대에서의 거시균형을 고려한다.

2　신고전학파의 성장모형을 대표하는 솔로우 모형에서는 1인당 총투자가 인구증가
　　　와 감가상각에도 불구하고 1인당 자본량을 일정하게 유지하기 위해서 필요한 최
　　　소한의 투자보다 클 경우 1인당 자본량이 증가한다.

3　1인당 자본량의 변화율이 0일 때에는 총자본량, 총생산량, 총저축 등의 총량변수
　　　들이 인구증가율과 동일한 속도로 증가하는데 이 상태를 균제상태라 한다. 솔로우
　　　모형에서의 균제상태는 유일하며 안정적이다.

4　일국 경제의 복지수준은 지속가능한 소비수준으로 측정될 수 있는데 여기서 지속
　　　가능한 소비란 균제상태하에서의 소비를 말한다. 균제상태의 소비를 극대화시키기
　　　위해서는 $f'(k) = n + \delta$ 조건이 충족되어야 하는데 이를 자본축적의 황금률이라고 부
　　　른다.

5　기술진보가 발생할 때에는 솔로우 모형의 균제상태에서도 1인당 국민소득이 지속
　　　적으로 증가할 수 있다. 이는 기술의 발전이 균제상태에서 지속적으로 생활수준을
　　　향상시킬 수 있는 유일한 방법임을 의미한다.

6　자본, 노동, 기술이 각각 경제성장에 기여하는 정도를 측정하는 것을 성장회계라
　　　한다. 실제에 있어서는 기술진보가 경제성장에 기여하는 정도를 직접 측정하는 것
　　　은 어렵기 때문에 솔로우 잔차를 통해서 구한다. 솔로우 잔차는 자본과 노동과 같
　　　은 투입된 생산요소의 변화로서는 설명되지 않는 소득의 증가율을 말한다.

7　1인당 국민소득이 낮은 국가가 높은 국가보다 더 높은 성장률을 보일 것이라는
　　　수렴 현상은 경제 환경이 유사한 국가들에서만 관찰되는데 이를 조건부 수렴이라
　　　한다.

8　솔로우 모형으로서는 설명할 수 없는 현실을 설명하기 위해 새로운 자본의 개념
　　　이 도입되는 한편 내생적 성장이론이 발전되었다. 새로운 자본의 개념으로는 지식
　　　자본과 인적자본이 소개되었는데, 특히 인적자본의 존재는 선진국에서 후진국으로
　　　의 자본의 이동이 원활히 일어나지 못하는 현상을 설명해준다.

9 내생적 성장이론은 신고전적 성장이론의 문제로 지적되었던 기술진보와 지식축적의 외생성을 극복하고 이를 내생화함으로써 지속적인 경제성장이 어떤 원동력에 의해서 이루어지는지를 설명하였다.

: 주요 용어

- 신고전적 성장이론
- 솔로우 모형(Solow model)
- 수익불변
- 균제상태
- 자본축적의 황금률
- 동태적 비효율성

- 노동부가적 기술진보
- 성장회계
- 총요소 생산성
- 솔로우 잔차
- 절대적 수렴
- 조건부 수렴
- 지식자본

- 인적자본
- 자본의 외부경제성
- 내생적 성장이론
- 화폐의 초중립성
- 지배구조
- 사회적 하부구조
- 고령화

: 연습 문제

1 어떤 경제의 생산함수가 다음과 같다고 하자.

$$Y_t = 3K_t^{2/3}L_t^{1/3}$$

감가상각률이 10%, 인구증가율이 5% 그리고 저축률이 30%라 할 때 다음 물음에 답하라.

(1) y_t를 1인당 생산량, k_t를 1인당 자본량이라 할 때 1인당 생산함수를 구하라.

(2) 균제상태에서의 1인당 생산량, 1인당 자본량 및 1인당 소비량을 구하라.

(3) 이 경제가 균제상태에서 동태적 효율성을 가지는지의 여부를 논하라.

2 기술진보가 없는 Solow 모형을 생각해 보자. 경제가 현재 균제상태에 도달해 있다고 하자. $sf(k)$와 $(n+\delta)k$의 그림을 이용하여 다음 두 경우에 있어서 각각 1인당 자본량에 있어서 어떤 변화가 발생할 것인지를 설명하되 새로운 균제상태로 갈 때까지의 과정까지 포함해서 설명하라.

(1) 다른 조건에 변화 없이 인구증가율이 갑자기 감소한다.

(2) 이 경제에서 갑자기 전염병이 발생하여 자본스톡에는 변화가 없이 인구만 순간적으로 10% 감소한다. 단, 전염병은 곧 해소되고 그 이후 인구는 n의 속도로 증가한다.

3 어떤 경제의 생산함수가 다음과 같다고 하자.

$$Y_t = 3K_t^{1/3}(A_t L_t)^{2/3}$$

감가상각률이 5%, 인구증가율이 1%, 외생적으로 주어진 기술진보율이 2%, 그리고 저축률이 16%라 할 때 다음 물음에 답하라.

(1) 효율노동단위당 생산함수를 구한 후, 균제상태에서의 효율노동단위당 자본량을 구하라.

(2) 균제상태에서의 Y_t의 증가율, 즉 $g_y = \dot{Y_t}/Y_t$을 구하라.

(3) 균제상태에서의 이 경제의 성장회계를 작성해 보라. 즉 위 (2)번 문제에서 구한 Y의 증가율 중 얼마만큼이 자본, 노동, 총요소생산성에 의해 설명될 수 있는지를 구해보라.

4 인구증가율이 n, 자본의 감가상각률이 δ, 저축률이 s로 외생적으로 주어진 Solow 경제를 생각해 보자. 이 경제의 생산함수가 다음과 같을 때 아래 질문에 답하라.

$$Y = F(K, L) = BK^a L^{1-a} + AK$$

단, A와 B는 양의 상수이고 $0 < a < 1$임.

(1) F가 일차동차임을 증명하고, 이 성질을 이용하여 1인당 생산함수를 구하라.

(2) 1인당 자본의 증가율인 $\dot{k_t}/k_t$의 움직임을 나타내는 식을 구하고 이를 그림으로 그려라. 이 그림을 이용하여 위의 모형이 수렴현상의 존재를 설명할 수 있는지를 판단하라.

5 신고전적 생산함수하에서 생산요소시장이 완전경쟁적일 때 노동자의 임금이 모두 소비되고 자본소득이 모두 저축된다면 균제상태에서 황금률이 성립함을 보여라.

6 솔로우 모형에서 $f'(k) > \dfrac{g+n+\delta}{s}$ 일 때 즉, 자본의 한계생산물이 언제나 $\dfrac{g+n+\delta}{s}$ 보다 클 때 균제상태가 존재하는지의 여부와 그 이유를 설명하라.

7 생산함수가 $Y_t = F(K_t, A_t L_t)$의 형태일 때 솔로우 잔차를 나타내는 식을 유도하라.

8   다음의 생산함수를 생각해 보자: $y = f(k) = k^a$

   (1) 실질금리를 소득 y의 함수로 표시하라.

   (2) 선후진국간 소득의 격차가 10배라면 실질금리의 격차는 얼마나 되는지 (1)의
       답으로부터 유도하라. 단, $a = 1/3$로 가정할 것

   (3) 만약 $a = 2/3$일 때 선후진국간 실질금리의 격차는 국제자본이동성에 대해 어떤
       함의를 가지는지 설명하라.

9   (인적자본 모형) 생산요소로서 노동, 물적자본과 함께 인적자본이 투입되는 다음의
       생산함수를 생각해 보자.

   $$Y_t = K_t^a H_t^\beta (A_t L_t)^{1-\alpha-\beta} \qquad \beta > 0, \quad 1-\alpha-\beta > 0, \quad 0 < \alpha < 1$$

   K와 H가 각각 다음과 같은 함수적관계를 통하여 축적된다고 하자.

   $$\dot{K}_t = s_K Y_t, \qquad \dot{H}_t = s_H Y_t$$

   모수 s_K와 s_H는 각각 물적자본과 인적자본의 투자 재원 조달을 위한 저축의 비율
   이다. 따라서 여기서는 $s_K + s_H$가 저축률이 된다. 기술의 발전과 인구증가율은 솔로
   우 모형과 동일하다고 가정한다. 즉, $\dot{A}_t / A_t = g$, $\dot{L}_t / L_t = n$이다.

   (1) 생산함수를 노동의 효율성 단위로 측정한 $y = f(k, h)$의 꼴로 표시하라.

   (2) $\dot{K}$과 $\dot{H}$식을 구하라.

   (3) 균제상태에서 균형성장이 존재함을 보이고 균형성장률을 구하라. 균형성장률
       이 솔로우 모형과 차이가 있는가? 그 이유는 무엇인가?

10   (R&D 모형) 다음의 생산함수와 기술진보율 함수를 생각해 보자.

   $$Y_t = A_t (1 - a) L_t$$
   $$\dot{A}_t = a L_t A_t^\theta, \qquad \dot{L}_t / L_t = n$$

   (1) 기술진보율 $g_t = \dot{A}_t / A_t$가 시간에 관계없이 일정할 조건을 구하라. 균제상태에서
       1인당 소득의 증가율은 무엇인가? 이는 솔로우 모형과 어떤 차이가 있는가?

   (2) $\theta < 1$일 때, $\theta = 1$일 때, $\theta > 1$일 때에 대해 각각 기술진보율(g)과 기술진보율의
       변화($\dot{g}$)와의 관계를 $X-Y$ 좌표상에 보여라.

   (3) 어느 경우에 기술에 대한 투자로부터의 이득이 가장 큰가?

11   다음 1인당으로 표시한 Cobb-Douglas 생산함수를 생각해보자.

   $$y = Ak^\alpha$$

   (1) 자본의 한계생산물을 표시하는 식을 유도하라.

(2) 노동의 한계생산물, 즉 실질임금을 표시하는 식을 구하라.

(3) 균제상태에서 소득 대비 자본의 비율, 즉 k/y가 일정함을 보여라.

(4) 위 문제들을 다음의 신고전적 생산함수를 이용하여 답하라.

$$y = Af(k)$$

12 다음의 해로드 중립적인 Cobb-Douglas 생산함수를 생각해 보자.

$$Y = K^{\alpha}(AL)^{1-\alpha}$$

(1) 기술진보율, 인구증가율과 자본의 감가상률을 각각 g, n, δ라 할 때 시간에 따른 1인당 자본량의 변화를 나타내는 식 $\dot{k}_t = sf(k_t) - (n+g+\delta)k_t$을 유도하라.

(2) 균제상태에서 실질임금의 증가율을 구하라.

(3) 균제상태에서 자본의 한계생산물이 일정함을 보여라.

13 다음과 같이 생산요소(K, L)의 크기는 변하지 않지만 기술진보가 일어나는 고전적 경제를 생각해보자.

생산함수: $Y = K^{\alpha}(AL)^{1-\alpha}$

기술진보: $\dfrac{\dot{A}}{A} = g$

(1) GDP의 증가율을 구하라.

(2) 노동소득과 자본소득을 Y와 모수 값을 이용해 구하라.

(3) 실질임금의 크기와 그 증가율을 구하라.

(4) 실질금리의 크기와 그 증가율을 구하라.

(5) 기술진보 대신 생산요소의 크기가 같은 크기로 증가할 때, 즉 $\dfrac{\dot{L}}{L} = \dfrac{\dot{K}}{K} = g$일 때 각각의 경우에 대해 (1)~(4)에 답하라.

14 다음과 같은 생산함수와 모수를 가진 경제를 생각해보자

$$y = k^{1/2}, \; n+g = \frac{3}{8}, \; \delta = \frac{1}{8}, \; s = \frac{1}{2}$$

단 y와 k는 효율노동단위로 표시한 생산량과 자본량이다.

(1) 효율노동단위로 표시한 균제상태의 생산량, 자본량, 투자, 소비를 구하라. 이 경제가 황금률의 조건을 충족하고 있음을 보여라

(2) 이 경제가 자본개방을 단행했다. 신고전적 경제학의 세계를 가정하고 자본개방 하에서 균제상태, 즉 효율노동단위로 나타낸 생산량, 투자, 소비, 순수출, 경상수지를 구하라. 단 국제금리는 $r^* = \dfrac{7}{24}$로 일정하다.

(3) 자본개방 하에서 이 경제는 동태적으로 비효율적인가? 자본개방 하에서 1인당 소비가 폐쇄경제보다 감소했는가? 그 이유는? (힌트: 지속가능한 소비가 GDP가 아닌 국제실질금리에 의존, 순수출이 부(−)의 값을 가짐에 유의)

15 신고전적 접근에 따른 자본의 사용자비용이론에 의하면 $MPK = r + \delta$의 등식이 성립한다. $Y = K^{\alpha}(AL)^{1-\alpha}$의 생산함수를 가정하고 $L = \overline{L}$일 때 경제의 최적 1인당 자본량을 구하라. 최적 1인당 자본량이 황금률의 조건을 충족함을 보여라.

16 (2024년 행정고시) 어떤 경제의 정부정책이 내생적 성장을 초래하는 모형은 다음과 같다.

총생산함수 : $Y = K^b G^{1-b},\ 0 < b < 1$

조세수입 : $T = \tau Y$

1인당 자본증가량 : $\dot{k} = s(1-\tau)y - \delta k$

Y, K, G, T, τ, b는 각각 총생산, 총자본, 정부지출, 조세수입, 세율 및 자본계수를 나타낸다. 이 때 k, s, y, δ는 각각 1인당 자본, 저축률, 1인당 생산 및 감가상각율을 나타낸다.

(1) 정부가 균형예산을 유지할 때 1인당 자본증가율을 구하시오

(2) $b = \dfrac{3}{4}$일 때 1인당 자본증가율이 극대화되는 세율을 구하시오

(3) 경제성장효과를 가져올 수 있는 정부지출의 정책적 함의를 설명하시오

17 다음과 같이 기술진보가 일어나는 신고전적 성장모형을 생각해보자

$$Y = F(K, LE),\ \frac{\dot{L}}{L} = n,\ \frac{\dot{E}}{E} = g,\ \dot{K} = I - \delta K$$

(1) 균제상태에서 시간대에 따른 $\log Y$, $\log Y/L$을 그림으로 나타내라.

(2) 경쟁적 시장을 가정하고 MPL, MPK를 계산하라. 단 $Y = MPL \times L + MPK \times K$를 이용하라.

(3) n의 증가가 MPL, $MPL \times L$, MPK, $MPK \times K$에 미치는 파급효과를 설명하라. 단 GDP 대비 자본소득의 비율은 $\alpha(<1)$와 같다.

$$y^*(n, g) = f(k^*(n, g)), y_n^*, k_n^*, y_g^*, k_g^* < 0$$

$$\frac{\dot{Y}}{Y} = \frac{\dot{K}}{K} = n + g,\ \frac{\left(\dfrac{\dot{Y}}{L}\right)}{\dfrac{Y}{L}} = g$$

(4) n 대신 g의 증가가 일어날 때 (3)번을 답하라.

18 다음의 내생적 성장모형을 생각해보자

제조업 생산함수: $Y = K^{\alpha}[(1-g)LE]^{1-\alpha}$

R&D 생산함수: $\dot{E} = gE$

인구증가율: $\dfrac{\dot{L}}{L} = n$; 자본의 감가상각률: δ

소비함수: $C = (1-s)Y$

(1) 제조업 생산함수를 $y\left(= \dfrac{Y}{LE}\right)$와 $k\left(= \dfrac{K}{LE}\right)$로 나타내라.

(2) $\dot{k}$를 설명하는 식을 구하라.

(3) 균제상태에서 1인당 경제성장률과 자본증가율을 구하라.

(4) 이 모형에서 황금률이 존재하는지 여부를 설명하라.

Chapter

19 경기변동과 거시경제학의 신조류

경기변동의 요인을 규명하고 경기변동에 대응한 통화정책과 재정정책의 역할을 정립하는 것은 오늘날 거시경제학의 핵심과제가 되고 있다. 1970년대 말과 1980년대 경기침체와 인플레이션을 경험하면서 현대경제학은 경기변동을 이해하는데 많은 기여를 하였다. 제19장에서는 거시경제학의 신조류로서 새 고전학파와 새 케인즈학파의 경기변동론에 대해 알아본다.

① 화폐적 균형경기변동론

제2차 세계대전 이후 1970년대까지 경기변동론의 주류는 케인즈학파와 통화론자였다. 케인즈학파는 경기변동을 근본적으로 임금이나 물가의 경직성으로 인해 발생하는 불균형 현상으로 보았다. 프리드먼을 비롯한 통화론자들은 화폐적 충격이 경기변동의 주요한 원인이라는 점을 간과했다는 점에서 케인즈학파를 비판했다.

루카스(Robert Lucas)를 비롯한 새 고전학파는 화폐적 충격이 경기변동의 주된 원인임을 주장하는 통화론자의 영향을 받기는 했지만, 신축적인 가격과 임금에 의해 시장청산(market clearing)이 항상 이루어진다는 왈라스적 접근방법(Walrasian approach)을 통해 경기변동을 설명하고자 하였는데 이를 화폐적 균형경기변동론(monetary equlibrium business cycle theory)이라 부른다. 임금과 가격이 신축적이고 항상 시장 청산이 이루어지는 경쟁시장 균형이 어떻게 경기변동을 가져 올 수 있는가? 이를 위해 루카스는 왈라스의 일반균형모형에 무스(John Muth)가 제시한 합리적 기대와 정보의 불완전성을 도입했다. 불완전 정보모형이라고도 불리는 루카스의 모형은 이미 제8장에서 간단하게 소개된 바가 있다.

정보가 완전함을 가정하는 고전학파의 일반균형모형에서는 통화정책이 실질국민소득이나 고용량과 같은 실질변수에 영향을 미치지 못한다. 루카스 모형이 고전학파 모형과 다른 점은 바로 경제주체들이 현재의 경제상태에 대한 완전한 정보를 갖고 있지 않다는 가정에 있다. 루카스 모형의 논리를 이해하기 위해 제8장에서 제시되었던 생산자의 이윤극대화 조건인 식 (8−10)에서부터 논의를 시작하기로 하자.

$$\frac{P_i}{P} = (Y_i^*)^\alpha \tag{19-1}$$

위 식은 생산자의 이윤극대화조건으로 실물단위로 표시한 가격과 한계비용이 같아져야 한다는 조건이다. 위 식에서 P_i와 P는 각각 생산물 i의 가격과 모든 생산물의 평균적인 가격수준인 물가를 나타낸다. 위 식은 생산자 i가 자신의 생산물 가격과 물가를 모두 알고 있다는 가정하에서 도출되었으므로 Y_i^*는 정보가 완전할 경우 생산자 i가 선택하는 생산량을 나타낸다. 위 식의 양변에 로그를 취하면 다음 식을 구할 수 있다.

$$p_i - p = \alpha y_i^* \tag{19-2}$$

위에서 소문자로 표시된 변수는 각각 대문자로 표시된 수준변수에 로그를 취한 값을 나타낸다. 이제 생산물 i의 물가수준에 대한 상대가격을 $r_i = p_i - p$라 정의하면 다음 식을 구할 수 있다.

$$y_i^* = \frac{1}{\alpha} r_i \tag{19-3}$$

위 식은 정보가 완전할 경우 생산자 i의 최적 생산량이 상대가격의 증가함수가 됨을 의미한다. 그런데 정보가 불완전할 경우 생산자는 r_i의 값을 직접 관찰할 수 없으며, 대신 자신의 생산물의 가격인 p_i만 관찰하게 된다. 따라서 생산자는 자신이 생산하는 생산물의 가격을 관찰하고 이로부터 상대가격의 변화를 추정해야만 한다. 이때 상대가격의 추정이 합리적인 기대에 의해 이루어진다면 생산자의 이윤극대화 조건은 다음과 같을 것이다.

$$y_i = \frac{1}{\alpha} E(r_i \mid p_i) \tag{19-4}$$

위 식에서 y_i는 정보가 불완전할 경우 생산자가 합리적 기대에 의해 선택하는 생산량의 로그값을 나타낸다. 그런데 상대가격에 대한 합리적 기대는 다음과 같이 표현될 수 있다.

$$E(r_i \mid p_i) = \frac{V_r}{V_r + V_p} (p_i - E[p]) \tag{19-5}$$

위 식에서 V_r과 V_p는 각각 상대가격과 물가의 분산을 나타내며, $E(p)$는 자신의 제품가격을 관찰하기 이전에 생산자들이 갖고 있던 물가수준에 대한 기대치를 나타낸다. 위 식을 (19-4)식에 대입하고, $y = \sum_{i=1}^{N} y_i$라는 사실을 이용하면 다음과 같은 루카스 총공급함수를 구할 수 있다.[1]

$$y = b(p - E[p]) \tag{19-6}$$

한편 정보가 완전할 경우의 총생산인 완전고용 국민소득수준의 로그값은 $y_F = \sum_{i=1}^{N} y_i^*$와 같으며, (19-3)식으로부터 그 값은 0이 된다. 따라서 (19-6)식에 주어진 총공급곡선의 식은 실제물가가 예상물가보다 높을 때 국민소득이 완전고용 국민소득수준보다 높아지며, 우상향하는 기울기를 가진 총공급곡선을 나타낸다.

우리는 (19-6)식에 주어진 총공급함수로부터 다음과 같은 함의를 구할 수 있다. 우선 경제주체들에게 미리 알려진 통화정책은 실질국민소득을 비롯한 실질변수에 영향을 미치지 못한다는 정책무력성 명제를 보일 수 있다. 이를 보이기 위해 총수요곡선의 식이 다음과 같이 주어져 있다고 하자.

$$y = m - p \tag{19-7}$$

위에서 m은 통화량의 로그값이다. (19-6)의 총공급곡선과 (19-7)의 총수요곡선의 식으로부터 생산물시장을 균형시키는 국민소득을 다음과 같이 구할 수 있다(연습문제 1을 참조할 것).

---

1 (19-6)식을 도출하는 데에는 $p = (1/N) \sum_{i=1}^{N} p_i$ 및 $b = \left(\frac{N}{\alpha}\right)\left[V_r / (V_r + V_p)\right]$가 이용됨.

$$y = \frac{b}{1+b}(m - E[m])$$

(19-8)

(19-8)식에 따르면 실제 통화량이 경제주체들이 예상하는 통화량과 다를 경우에만 통화정책이 국민소득에 영향을 미칠 수 있다. 중앙은행이 화폐공급을 증가시키더라도 경제주체들이 이를 알고 있다면 실제 통화량과 예상된 통화량은 같아지고 통화정책은 국민소득에 영향을 미치지 못하게 된다. 다시 말하면 경제주체들이 예상하지 못한 통화정책만이 국민소득을 완전고용수준으로부터 이탈시키는 효과를 가질 수 있다.

한편 (19-6)식은 총공급곡선의 기울기가 각국의 인플레이션 경험에 따라 달라질 수 있음을 보여준다. (19-5)식에 따르면 V_r/V_p가 클수록 b의 값이 커진다. 이는 상대가격의 변동성(V_r)보다 인플레이션의 변동성(V_p)이 높을수록 총공급곡선의 기울기가 가파르게 됨을 의미하는데 그 경제적인 이유는 다음과 같다.

이윤극대화조건에 따르면 생산자는 자신이 생산하는 제품가격이 다른 제품의 일반적인 가격수준에 비해 상승할 경우에만 생산량을 늘려야 한다. 따라서 자신의 제품가격이 상승하더라도 생산자는 그 원인이 상대가격의 상승에 따른 것인지 또는 전반적인 물가수준의 상승에 따른 것인지를 판단하여 생산량의 조절 여부를 결정할 것이다. 그런데 물가수준에 대한 정보가 불완전할 경우에는 제품가격의 상승이 상대가격 변화에 따른 것인지 또는 일반 물가수준의 상승에 따른 것인지가 불확실하다. 이때 생산자는 과거의 경험과 정보에 의거하여 어떤 요인에 의해 제품가격이 변화했을 가능성이 높은지를 합리적으로 판단하려 할 것이다.

만약 과거에 물가가 안정적이었다면 생산자들은 자신의 제품가격의 변화가 경제 전체의 총수요 변화보다는 자신의 제품에 대한 수요 변화를 반영한다고 생각할 것이며, 그 결과 제품생산량을 크게 조절할 것이다. 모든 생산자들이 이와 같은 반응을 보인다면 총공급곡선은 매우 완만한 기울기를 가질 것이다. 반면에 심한 인플레이션을 경험해 온 경제에서는 생산자들이 자신의 제품가격의 변화를 제품수요 변화에 따른 상대가격 변화보다는 물가상승의 결과라 판단할 것이며 이에 따라 생산량을 거의 조절하지 않을 것이다. 이때 총공급곡선은 매우 가파른 기울기를 가질 것이다. 극단적으로 모든 생산자들이 자신의 제품가격 변화가 전적으로 물가상승에서 비롯된 것이라고 판단한다면 총생산량이 물가의 변화에 대해서 전혀 반응을 보이지 않을 것이며 따라서 총공급곡선은 수직이 될 것이다.

루카스는 실제 국가별 총생산량과 물가자료를 이용하여 인플레이션이 심한 경제일수록 총공급곡선의 기울기가 수직에 가까울 것이라는 불완전 정보모형의 예측을 검증해 보았다.[2] 루카스는 총수요와 물가가 안정적인 국가일수록 총수요의 변화가 총생산에 미치는 영향이 크다는 사실을 발견하였는데, 이는 불완전 정보모형의 예측과 일치한다.

❷ 실물적 경기변동론

새 고전학파의 화폐적 균형경기변동론은 경기변동을 완전고용 국민소득수준 또는 자연실업률 수준으로부터의 이탈로 본다는 점에서 케인즈학파의 이론과 공통점이 있다. 반면에 새 고전학파의 실물적 경기변동론은 경기변동을 완전고용상태의 연속으로 해석하는 특징이 있다. 가격 신축성으로 인해 경제의 산출량과 고용량은 언제나 완전고용수준을 유지한다는 것이다. 이 경우 경기변동은 실제 실업률과 자연실업률 사이의 괴리가 아니라 생산성 변화, 기후 변화, 새로운 발명 등의 실물적 경제 충격으로 인해 자연실업률 자체가 변화하여 일어나는 경제현상으로 해석된다. 경기변동은 경제 충격에 대하여 가계와 기업을 비롯한 각 경제주체들이 최적의 합리적 대응을 한 결과이기 때문에 불황이든 호황이든 그 자체가 파레토 최적 상태라는 것이다. 따라서 경기변동을 완화시키기 위한 정부의 정책 개입은 오히려 비효율성을 초래하게 된다.

실물적 경기변동론의 과제

실물적 경기변동론은 경제적 충격과 이에 대응한 경제주체의 상호작용이 경기변동을 설명한다고 본다. 그 근거로서 경기변동에서 관찰되는 몇 가지 공통적인 사실(stylized facts)을 들고 있다. 첫째로는 오쿤의 법칙이 제시하듯이 경기하강국면에서는 고용의 감소보다 생산의 감소가 더 크게 일어난다는 사실이다. 이것은 경기하강국면에서는 고용의 감소와 함께 생산성도 떨어진다는 것을 시사한다. 즉, 실업률의 변동이 경제성장률의 변동보다 작다는 사실은 경기변동이 생산성 충격(productivity shock)

---

2 R.E. Lucas Jr., "Some International Evidence on Output-Inflation Tradeoffs," *American Economic Review* 63, 1973.

으로 인해 일어날 개연성을 시사한다.

둘째, 경기변동에 있어서 소비의 변동성보다는 투자의 변동성이 훨씬 크다는 사실이다. 이와 같이 국민소득을 구성하는 변수들의 변동성에 큰 차이가 있다는 사실은 경기변동이 정보의 비대칭성이나 명목가격의 경직성으로 인한 시장경제의 비효율성을 반영하는 것이 아니라 시장경제의 최적 대응의 결과일 가능성을 시사해 준다.

따라서 실물적 경기변동론은 경기변동을 지속적인 경제적 충격에 대한 시장경제의 최적 대응으로 해석하며, 따라서 경기변동을 회피할 수도 있었을 비효율적 경제현상이 아니라 피할 수 없는 효율적 경제현상으로 인식한다. 당연히 경기변동에 대응한 정책처방도 다를 수밖에 없다. 실물적 경기변동론에 따르면 경기변동은 시장메커니즘이 효율적으로 작동한 결과이기 때문에 경기안정을 위한 정부의 개입은 바람직하지 않다.

실물적 경기변동론이 얼마나 설명력을 가지는가의 문제는 모든 이론이 그렇듯이 실물적 경기변동론이 제시하는 균형거시모형의 예측력에 달려 있다. 1980년대 이후 모형의 예측력을 높이기 위해 부단한 노력이 이루어졌으며 그 과정에서 실물적 경기변동론은 거시경제 현상을 이해하는 데 많은 기여를 했다. 실물적 경기변동론이 제시하는 균형거시모형의 핵심은 경제외적 충격에 대응하여 최적화를 모색하는 경제주체의 행태라 할 수 있다.

노동공급의 기간간 대체

실물적 경기변동론은 소비와 노동공급이 경제주체의 합리적 선택에 의해서 어떻게 결정되는지를 설명하는 데에서 출발한다. 제7장의 부록에서는 노동공급곡선을 도출하기 위해 가계의 예산제약식을 다음과 같이 제시했다.

$$C = wL \tag{19-9}$$

위 제약조건은 현재의 소비가 현재의 근로소득(wL)에만 의존하며 노동공급에 관한 의사결정은 단지 현재의 실질임금(w)에만 의존하게 됨을 시사한다. 이처럼 가계의 선택을 한 기간으로만 한정하는 경우 노동공급이나 소비에 있어서 기간간 대체(intertemporal substitution)를 고려할 수 없다는 문제가 발생한다. 노동공급의 기간간 대체란 금기에 일을 좀 더 하는 대신 다음 기에 일을 덜 하는 것처럼 한 기간의 노동공급을 다른 기간의 노동공급으로 대체하는 것을 의미한다. 앞으로 설명될 것이지만 노동공급에 있어서의 기간간 대체는 실물적 경기변동론과 고전학파 거시경제이론의 중요한 차이점 중 하나다. 제12장에서 설명했듯이 기간간 대체는 소비에 있어서도 일어날 수 있으며 이것이 바로 저축을 결정하는 주된 요인이다.

소비와 노동공급에 있어서 기간간 대체를 고려하기 위해서는 여러 기간에 걸쳐 소비와 노동공급의 선택이 이루어지는 모형을 설정할 필요가 있다. 분석의 편의를 위해 0기와 1기의 두 기간에 걸쳐 소비와 노동공급을 선택하는 가계의 문제를 생각해 보자. 가계의 효용함수는 다음과 같다.

$$U = u(\overset{+}{C_0},\ \overset{-}{L_0},\ \overset{+}{C_1},\ \overset{-}{L_1}) \tag{19-10}$$

위 효용함수에 따르면 현재소비(C_0)와 미래소비(C_1)는 양의 한계효용을 제공하나 현재노동(L_0)과 미래노동(L_1)은 음의 한계효용을 제공한다. 한편 가계의 예산제약식은 다음과 같다.

$$C_0 + \frac{1}{1+r}C_1 = w_0 L_0 + \frac{1}{1+r}w_1 L_1 \tag{19-11}$$

위 예산제약식에서 r은 실질이자율을 나타내며, w_0와 w_1는 각각 0기와 1기에 있어서 실질임금을 나타낸다. 위 식은 현재소비와 미래소비의 현재가치의 합은 현재의 근로소득($w_0 L_0$)과 미래 근로소득($w_1 L_1$)의 현재가치의 합과 같아져야 함을 의미한다. 두 기간의 근로소득이 모두 고정된 값으로 주어진다면 이 식은 제12장에서 제시된 소비에 관한 두 기간 예산제약식과 동일하다.

현재의 임금 w_0은 현재의 소비재 단위로 표시한 현재 여가의 기회비용으로 이해될 수 있다. 현재 여가를 한 단위 더 쓰려면 노동공급을 한 단위 줄여야 하고 이에 따라 근로소득이 w_0만큼 줄어들기 때문이다.[3] 마찬가지로 w_1은 미래의 소비재 단위로 표시한 미래 여가의 기회비용이다. 그렇다면 $(1+r)w_0/w_1$은 미래 여가시간 단위로 표시한 현재 여가의 기회비용 또는 현재 여가와 미래 여가의 상대가격으로 해석될 수 있다. 이 상대가격은 현재소비와 미래소비의 현재가치의 합을 변화시키지 않으면서 현재의 여가를 한 단위 증가시키기 위해서 미래 여가가 얼마나 희생되어야 하는지를 보여주

---

3 가계에 주어진 시간은 일정하며(예를 들어 하루 24시간), 노동을 하지 않는 시간을 모두 여가로 간주하기 때문에 여가를 한 단위 더 쓰려면 노동공급이 한 단위 줄어들어야 한다.

는데 그 이유는 다음과 같다. 현재 여가를 한 단위 증가시키려면 현재 노동공급이 한 단위 줄어들어야 하고 그 결과 현재소득이 w_0만큼 줄어든다. 이 경우 현재소비와 미래소비의 현재가치의 합을 일정하게 유지하려면 미래소득을 $w_0(1+r)$만큼 증가시켜서 현재소득의 감소를 보충해야 한다. 이를 위해서는 미래 노동공급을 $w_0(1+r)/w_1$ 만큼 증가시켜야 하며 이 경우 같은 크기만큼 미래 여가가 감소하게 된다.

각 가계에게 주어진 시간은 일정하기 때문에 노동공급과 여가는 서로 불가분의 관계에 있다. 따라서 현재 여가와 미래 여가 간 상대가격은 바로 현재노동과 미래노동 간 상대가격 또는 상대임금(relative wage)이라 할 수 있다. 즉 $w_0(1+r)/w_1$만큼의 미래노동 단위로 표시한 현재노동의 가격을 나타낸다. 이처럼 서로 다른 기간의 상품 간 교환비율을 기간간 교역조건(intertemporal terms of trade)이라고 한다. 기간간 교역조건은 기간간 대체효과를 결정하는 중요한 요소가 된다.

이제 기간간 교역조건의 변화가 기간간 상대적 노동공급에 어떻게 영향을 미치는지 알아보자. 다른 조건이 모두 일정한 상태에서 현재임금(w_0)이 상승했다고 가정하자. 이는 현재의 여가가 미래의 여가에 비해 상대적으로 비싸짐을 의미한다. 따라서 현재의 여가를 미래의 여가로 대체하고자 하는 기간간 대체가 발생하며 그 결과 상대적으로 임금이 상승한 현재의 노동공급이 늘어나고 미래의 노동공급은 줄어든다. 이때 상대적 노동공급 L_0/L_1이 얼마나 변화할 것인가는 현재와 미래 노동공급 간의 대체성 정도에 달려 있다. 노동공급에 있어서 기간간 교역조건은 현재임금 이외에도 미래임금이나 이자율에 의해서도 영향을 받는다. 예를 들어 다른 조건이 일정하다면 미래임금(w_1)의 하락이나 이자율(r)의 상승은 모두 현재 여가(또는 노동)를 미래 여가 (또는 노동)에 비해 상대적으로 비싸게 만든다. 이 경우 현재의 여가를 줄이고 미래의 여가를 늘리는 기간대체가 발생하며 그 결과 현재의 노동공급은 늘어나고 미래의 노동공급은 줄어든다.

이처럼 노동공급의 기간간 대체를 고려할 경우 가계의 노동공급 분석에 있어서 크게 두 가지 변화가 발생한다. 첫째는 노동공급이 이자율에 의해 영향을 받는다는 사실이고, 둘째는 경제적 충격이 일시적인지 또는 항구적인지에 따라서 노동공급에 상이한 영향을 미친다는 점이다.

이 중에서 이자율 변화에 따른 노동공급의 기간간 대체는 실물적 경기변동론에서 매우 중요한 역할을 하는데 먼저 이에 대해서 보다 상세히 알아보자. 제12장에서 이자율의 변화가 현재소비와 미래소비에 미치는 영향에 대해 설명한 바를 참고한다면 이자율의 변화가 노동공급에 미치는 영향 역시 기간간 대체효과와 소득효과의 두 가지 효과에 의해 결정됨을 알 수 있다. 이자율이 상승할 경우 기간간 대체효과는 분

		현재여가(N_0)	미래여가(N_1)	현재노동(L_0)	미래노동(L_1)
대체효과		↓	↑	↑	↓
소득효과	대부자	↑	↑	↓	↓
	차입자	↓	↓	↑	↑

명히 현재의 노동공급을 증가시키고 미래의 노동공급을 감소시킨다. 한편 소득효과는 제12장에서 설명한 것과 같이 현재 가계가 대부자인가 또는 차입자인가에 따라서 결정된다. 부채보다 많은 자산을 가진 대부자의 경우에는 이자율이 상승할 경우 소득이 증가하므로 이자율 상승에 따른 소득효과는 〈표 19－1〉에서 보듯이 현재와 미래의 여가를 증가시키고 노동공급을 감소시킨다. 차입자의 경우에는 소득효과가 이와 반대로 현재와 미래의 노동공급을 증가시킨다. 따라서 개별 소비자의 입장에서 보면 이자율 상승이 현재의 노동공급에 미치는 영향은 대부자인지 또는 차입자인지에 따라서 상이할 것이다. 그런데 경제 전체에는 대부자와 차입자가 섞여 있기 때문에 이자율이 상승할 경우 대부자의 정의 소득효과는 차입자의 부의 소득효과에 의해 어느 정도 상쇄될 것이다. 그렇다면 이자율 상승이 경제 전체의 노동공급에 미치는 효과는 주로 대체효과에 의해 좌우될 것이다. 따라서 이자율 상승은 경제 전체의 현재 노동공급을 증가시키고 미래 노동공급을 감소시킬 것이다.

노동공급이 기간간 교역조건에 의존하게 된다는 사실은 또한 경제에 대한 충격이 일시적인지 또는 항구적인지의 여부에 따라 고용과 노동시장의 균형에 미치는 효과가 상이할 것임을 의미한다. 항구적 충격이란 모든 기간에 걸쳐서 발생하는 충격이며 일시적 충격이란 어느 한 기간에만 발생하는 충격이다. 예를 들어 노동의 한계생산물을 증가시키는 기술진보로 인해 임금이 상승하는 경우를 생각해보자. 이와 같은 기술진보가 항구적이라면 현재임금과 미래임금이 모두 상승할 것이다. 그러므로 이자율 수준에 변화가 없다면 항구적 기술진보는 기간간 교역조건에 아무런 영향을 줄 수 없으며 따라서 노동공급의 기간간 대체가 발생하지 않을 것이다. 즉 소득 증가로 인한 소득효과를 무시한다면 항구적인 기술진보는 현재의 노동공급에 영향을 미치지 못한다. 이와 반면에 기술진보가 현재에만 일시적으로 발생한다면 현재임금은 상승하는 반면 미래임금은 일정할 것이므로 기간간 교역조건이 변하고 이에 따른 기간간 대체효과로 인해 현재의 노동공급이 증가할 것이다.

RAS−RAD 모형

노동공급의 기간간 대체에 대해서 어느 정도 이해가 된 만큼 이제 실물적 경기변동모형(real business cycle model)을 소개하기로 한다. 분석의 편의를 위해 폐쇄경제하에서의 2기간 모형을 분석하기로 한다. 실물적 경기변동론의 분석을 위해서는 제7장에서 제시된 총수요−총공급 모형 대신 [그림 19−1]과 같은 RAS−RAD 모형을 이용하는 것이 편리하다.

그림에서 수직축은 물가가 아니라 실질이자율로 되어 있다. 이처럼 (r, Y) 축에 그려진 총공급곡선을 (P, Y) 축에 그려진 총공급곡선과 구분하기 위해 실질총공급곡선(real aggregate supply curve) 또는 RAS곡선이라 부르며 총수요곡선 역시 실질총수요곡선(real aggregate demand curve) 또는 RAD곡선이라 부른다.

총수요와 총공급을 물가 대신 실질이자율의 함수로 표시하는 것은 모든 가격의 신축성을 가정하는 고전학파나 실물적 경기변동론에서는 타당성이 있다. 케인즈학파나 새고전학파의 화폐적 경기변동론에서처럼 가격의 경직성이나 정보의 비대칭성으로 인해 명목임금이나 명목가격이 신속하게 조정이 되지 않는 경우에는 총공급곡선을 (P, Y) 평면에 나타내는 것이 의미가 있다. 그러나 고전학파나 실물적 경기변동론에서는 명목임금을 비롯한 모든 가격이 신축적이기 때문에 물가가 변해도 상

그림 19-1 실물적 경기변동론의 RAS-RAD 모형

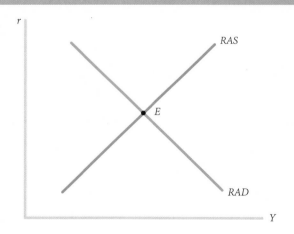

실질금리의 상승은 투자에 대한 수요를 위축시켜 총수요를 감소시키고 그 결과 RAD곡선은 우하향한다. 한편 실질금리상승에 따른 기간간 대체효과로 노동공급이 증가함에 따라 총공급이 증가하므로, RAS곡선은 우상향한다. 총수요곡선(RAD)과 총공급곡선(RAS)이 만나는 E점에서 균형이 성립한다.

대가격의 변화가 발생하지 않으며 따라서 총생산량에 영향을 주지 못한다. 이 경우 (P, Y) 평면에 그려진 총공급곡선은 수직선이 될 뿐이다. 이처럼 총공급곡선이 수직선일 경우 (P, Y) 평면으로 나타낸 총수요−총공급 모형은 노동시장의 균형에 의해 결정되는 완전고용 국민소득과 통화량에 의해 위치가 결정되는 총수요곡선에 의해 물가가 어떻게 결정되는지를 보여주는 역할만을 한다(제7장 부록 참조). 따라서 생산물시장의 균형을 분석하기 위해서는 (r, Y) 평면에 그려진 총수요−총공급 모형을 이용해야 한다.

[그림 19−1]에서 총수요는 실질이자율이 상승함에 따라 감소하는데 그 이유는 다음과 같다. 실질이자율이 상승하면 현재 생산물의 가격이 미래 생산물에 비해 상대적으로 비싸지고 이에 따라서 현재 생산물의 소비를 줄이고 미래 생산물의 소비를 늘리는 기간간 대체가 발생한다. 물론 이와 같은 소비에 있어서의 기간간 대체는 현재의 저축을 증가시키기도 한다. 소비에 있어서의 기간간 대체와 함께 기업의 투자도 실질이자율이 상승함에 따라 감소한다. 총수요는 가계의 소비수요, 기업의 투자수요 그리고 정부구매로 구성되므로 실질이자율이 상승할 경우 총수요는 감소하며 이에 따라 RAD곡선은 우하향하는 모습을 가진다.

한편 RAS곡선은 우상향하는 기울기를 가지는데 이는 실질이자율이 상승함에 따라 총생산물의 공급량이 증가함을 의미한다. 총생산물의 공급량이 실질이자율의 증가함수가 되는 것은 이자율이 상승함에 따라 기간간 대체에 의해 각 임금수준에서의

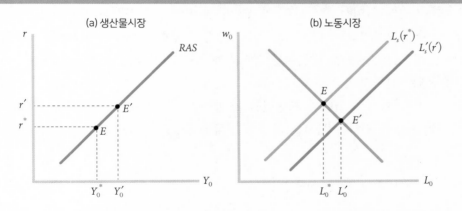

그림 19-2 노동공급의 기간간 대체와 RAS 곡선

실질금리의 상승은 기간간 대체효과를 작동하게 하여 노동공급곡선을 우측으로 이동시킨다. 새로운 노동시장균형에서 고용이 증가하게 되고 이에 따라 산출량이 증가하므로 RAS곡선은 우상향한다.

현재의 노동공급이 증가하기 때문이다. [그림 19-2]의 (b)는 노동시장에서의 노동공급과 수요곡선을 보여주는데, 이자율이 r^*에서 r'로 상승할 경우 노동수요곡선은 영향을 받지 않는 반면 노동공급곡선이 L'_s 같이 오른쪽으로 이동한다. 그 결과 경제 전체의 고용량이 L'_0로 증가하며 이에 따라서 총생산물의 공급량도 [그림 19-2]의 (a)에서와 같이 Y'_0로 증가한다.

이처럼 총공급이 이자율의 증가함수가 되는 것은 실물적 경기변동론을 고전학파 이론과 차별화시키는 주요 특성 중 하나다. 노동공급의 기간간 대체효과를 고려하지 않는 고전학파의 거시경제이론을 RAS-RAD 모형으로 나타낸다면 총수요곡선은 [그림 19-1]에서와 같이 우하향하는 모습을 가진 반면 총공급곡선은 완전고용 국민소득수준에서 수직이 될 것이다.

[그림 19-1]에서 생산물시장의 균형은 RAS곡선과 RAD곡선이 만나는 E점에서 달성된다. 이 점에서는 생산물시장과 노동시장이 모두 균형을 이루고 있으며, 경제는 완전고용 상태에 있다. 그런데 2기간 모형에서는 현재 즉 0기의 생산물시장과 노동시장이 균형을 이루는 것만으로는 경제의 균형이 달성되지 않는다. 미래, 즉 1기의 생산물시장과 노동시장도 균형을 이루어야 한다.[4] 예를 들어 0기 현재 경제가 [그림 19-1]의 E점에 있으며 1기의 노동시장이 초과공급 상태가 될 것으로 예상된다고 하자. 노동의 초과공급은 1기의 실질임금(w_1)을 하락시키고 이는 기간간 교역조건의 변화를 통해 0기의 노동공급을 증가시킬 것이다. 이 경우 0기의 RAS곡선이 우측으로 이동하기 때문에 E점은 더 이상 생산물시장의 균형점이 될 수 없다.

결론적으로 2기간 거시경제모형이 균형을 이루기 위해서는 0기의 노동시장과 생산물시장 그리고 1기의 노동시장과 생산물시장이 모두 균형을 이루어야 한다. 이는 어느 한 기간에 있어서 총생산과 이자율의 결정에 대해 분석하기 위해서는 그 기간뿐만 아니라 다른 모든 기간에 있어서도 시장이 균형을 이루는지 그리고 그 과정에서 어떤 변수들이 영향을 받는지를 살펴봐야 함을 의미한다.

다음에는 실물적 경기변동모형을 이용하여 경기변동의 원인에 대해서 분석해 보기로 한다. 여기서는 간단한 모형만을 소개한다. 실물적 경기변동모형에 대한 보다 근본적인 논의를 원하는 독자는 본장의 부록을 참고하기 바란다.

---

4 미래의 노동시장과 생산물시장은 0기 현재에는 아직 열리지 않기 때문에 이들 미래의 시장이 균형을 이룬다 함은 가계를 포함한 모든 경제주체들이 미래의 시장이 균형을 이룰 것으로 기대함을 의미한다.

일시적 생산성충격과 경기변동

이제 $RAS-RAD$ 모형을 이용하여 경기변동의 원인을 설명해 보자. 실물적 경기변동론에 따르면 경기변동은 실물적 충격에 의해서만 발생하며 화폐적인 요인은 경기변동을 가져오지 않는다. 경기변동을 가져올 수 있는 중요한 실물적 충격으로는 생산성충격(productivity shock)과 정부구매의 변화를 들 수 있다.

생산성충격은 현재와 미래의 생산함수를 각각 $Y_0 = A_0 f(L_0)$, $Y_1 = A_1 f(L_1)$라 할 때 A_0나 A_1이 증가하는 경우를 말한다. 앞서 설명한 대로 다기간 모형에 있어서 생산성충격의 영향을 분석함에 있어서는 일시적 충격과 항구적 충격을 구분할 필요가 있다. 2기간 모형에서 일시적 생산성충격이란 A_0의 값은 변하되 A_1의 값은 일정한 경우에 해당되고, 항구적 생산성충격이란 A_0와 A_1이 모두 같은 크기만큼 변하는 경우에 해당된다.

어떤 경제가 [그림 19-3]의 (a)에서와 같이 RAS곡선과 RAD곡선이 만나는 E점에서 균형을 이루고 있다고 하자. 이때 노동시장 역시 [그림 19-3]의 (b)에서와 같이 노동공급곡선 L_s와 노동수요곡선 $A_0 f'(L_0)$가 만나는 E점에서 균형을 이루고 있다. 기간간 대체효과에 의해 노동공급곡선의 위치는 이자율(r)과 미래임금(w_1)에 의해 결정된다.

이제 현재에 일시적인 정의 생산성충격이 발생하는 경우를 분석해 보자. 정의 생산성충격이 발생할 경우 [그림 19-3]의 (b)에서와 같이 노동수요곡선이 오른쪽으로 이동한다. 그렇다면 노동공급곡선에는 어떤 변화가 일어날까? 기간간 대체효과로 인해 노동공급곡선의 위치는 이자율과 미래 임금수준에 의해 결정될 것이다. 생산성충격이 일시적이라면 미래의 노동수요곡선과 공급곡선은 생산성충격에 의해 직접 영향을 받지 않을 것이다. 물론 현재의 생산성충격으로 인해 현재임금이 상승할 경우 평생소득이 증가하고 이에 따른 소득효과로 인해 미래의 노동공급곡선이 왼쪽으로 이동할 수도 있다. 그런데 이와 같은 현재의 일시적 임금상승에 따른 소득증가는 현재에만 일시적으로 발생하는 반면 그 소득효과에 따른 노동공급 감소는 평생에 걸쳐서 발생하게 된다. 소비자가 현재와 미래의 두 기간만 살고 두 기간의 길이가 동일하다면 현재의 일시적 생산성충격에 따른 소득증가의 효과가 현재와 미래의 두 기간에만 나누어지므로 미래 노동공급은 분명히 감소할 것이다.

그런데 (19-11)식에서는 분석의 편의상 두 기간의 예산제약식만을 제시했지만 실제에 있어서는 소비자가 오랜 기간에 걸쳐서 살기 때문에 미래란 상당히 많은 기간을 의미한다고 보는 것이 현실적이다. 이 경우 현재 기간에만 영향을 미치는 일시

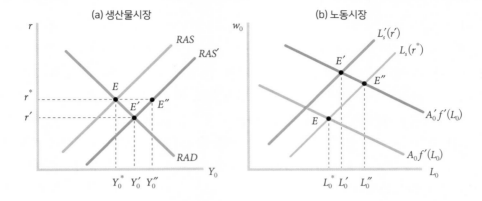

(a) 생산물시장

(b) 노동시장

일시적인 정의 생산성충격이 발생하면 노동수요곡선이 (b)에서와 같이 오른쪽으로 이동하고 그 결과 현재임금이 상승한다. 현재임금이 상승함에 따라 고용량과 생산량이 증가하고 RAS곡선이 오른쪽으로 이동한다. 그 결과 생산물시장에서 초과공급이 발생하고 실질이자율이 하락한다. 실질이자율 하락은 기간 간 대체효과를 통해 노동공급곡선을 (b)에서와 같이 왼쪽으로 이동시키며 그 결과 생산량이 감소하여 E′점에서 생산물시장이 균형을 이룬다.

적 충격이 각 기간의 노동공급에 미치는 소득효과는 무시해도 될 정도로 작을 것이다. 현재의 일시적 소득증가가 노동공급에 미치는 영향이 많은 기간에 걸쳐 분산되기 때문이다. 일시적 충격을 이처럼 현실적으로 해석할 경우 현재의 일시적 생산성충격은 미래의 노동수요와 노동공급에 거의 영향을 미치지 못하며 이에 따라서 미래의 임금도 변하지 않을 것이다.

따라서 이자율에 변화가 없다면 노동공급곡선은 [그림 19−3]의 (b)에서와 같이 L_s에 머물러 있을 것이며, 그 결과 고용량과 총생산량이 모두 증가할 것이다. 각 이자율 수준에서 총생산량이 증가하므로 RAS곡선은 [그림 19−3]의 (a)에서와 같이 RAS′로 이동한다.

한편 일시적 생산성충격은 총수요에는 영향을 미치지 않을 것이다. 앞서 논의된 노동공급에 대한 소득효과와 마찬가지로 현재의 일시적 생산성충격으로 인한 소득효과가 여러 기간에 걸쳐서 분산되므로 각 기간의 소비에 거의 영향을 미치지 못할 것이기 때문이다. 따라서 생산성충격에도 불구하고 총수요곡선은 여전히 RAD와 같을 것이다. 이 경우 r^*의 이자율에서는 생산물시장에서 초과공급이 발생하고 이에 따라서 이자율이 하락할 것이다.

이자율 하락은 기간간 대체효과를 통해서 현재의 노동공급을 감소시키고 소비를 증가시킨다. 이자율이 하락함에 따라서 노동공급곡선은 [그림 19-3]의 (b)에서와 같이 왼쪽으로 이동하여 L_s'가 되고 이에 따라서 고용량이 감소하는데 이는 RAS'곡선을 따라서 총공급량이 Y_0'로 감소하는 것에 해당한다. 한편 이자율이 하락함에 따라서 기간간 대체효과에 의해 현재의 소비가 증가하는데 이는 RAD곡선을 따라서 총수요량이 Y_0^*로부터 Y_0' 증가하는 것에 해당한다. 결국 경제는 E'점에서 새로운 균형을 이루게 되며 이때 균형이자율은 r'이고 균형생산량은 Y_0' 된다. 즉 일시적인 정의 생산성충격은 국민소득을 증가시키고 실질이자율을 감소시킨다.

심층분석 | 2기간 모형과 일시적 충격

본서에서 실물적 경기변동론을 소개하기 위해 사용한 2기간 모형은 가장 간단하게 기간간 대체효과를 도입할 수 있는 모형으로 이용하기에 편리하다는 장점이 있다. 그러나 2기간 모형을 이용하여 경제현상을 분석할 때에는 오류를 범할 수도 있다. 그 이유는 현실에 있어서는 경제가 오랜 기간 동안 존속하기 때문에 현재라는 기간은 전체 기간에 비해 매우 짧은 기간인데 반해 2기간 모형에서는 현재와 미래가 동일한 비중을 가지고 있기 때문이다. 이와 같은 차이는 특히 일시적 충격의 효과를 분석할 때 문제를 일으킬 수 있다.

예를 들어 현재 일시적으로 생산성이 향상되는 경우 현재임금이 상승함에 따라 소득이 증가하는데 이는 소비와 노동공급에 영향을 미칠 것으로 기대된다. 그런데 임금상승에 따른 소득증가는 현재에만 발생하는 반면에 그 소득효과는 많은 기간에 걸쳐서 소비와 노동공급에 영향을 미치게 된다. 따라서 한 기간의 소득증가가 많은 기간에 걸쳐서 영향을 미칠 경우에는 각 기간의 소비와 노동공급에 미치는 소득효과는 무시해도 될 정도로 작다고 볼 수 있을 것이다.

이와 반면에 가계가 현재와 미래의 두 기간 동안만 존속하고 두 기간의 길이가 동일하게 취급되는 2기간 모형에서는 현재의 생산성 향상에 따른 소득효과가 현재와 미래의 두 기간에만 나누어져서 영향을 미치므로 노동공급에 미치는 영향을 무시할 수가 없다. 즉 2기간 모형을 제대로 적용한다면 [그림 19-3]의 (b)에서 노동공급곡선이 더욱 왼쪽으로 이동해야 한다. 물론 노동공급곡선의 이동폭은 노동수요곡선의 이동폭보다는 작을 것이고 이에 따라서 고용량은 증가할 것이지만 이는 제대로 된 분석을 할 경우의 고용량의 증가폭보다는 작을 것이다.

이와 같은 문제는 2기간 모형 대신 보다 현실에 적합한 다기간 모형을 사용함으로써 해결될 수 있다. 실제로 학자들이 분석에 사용하는 실물적 경기변동모형은 다기간 모형 또는 무한기간 모형으로 설정되고 있다. 본서에서는 단순하게 2기간 모형을 사용하지만 이를 실제 적용할 때 한 기간의 일시적 충격에 의한 소득효과는 여러 기간에 걸쳐 나누어져 영향을 미침에 따라서 무시할 수 있을 정도로 작다고 간주함으로써 다기간 모형을 사용하는 것과 동일한 결과를 구하고 있다.

항구적 생산성충격과 경기변동

생산성이 항구적으로 향상되는 경우에는 현재의 노동수요곡선뿐만 아니라 미래의 노동수요곡선도 같은 폭만큼 우측으로 이동하므로 미래임금도 현재임금과 같은 크기만큼 상승한다. 따라서 실질이자율이 r^*로 일정하다면 기간간 교역조건에 아무런 변화가 발생하지 않기 때문에 노동공급의 기간간 대체가 일어나지 않을 것이다. 즉 미래임금이 상승함에 따라서 현재의 노동공급곡선은 [그림 19-4]에서와 같이 L'_s으로 이동하며 그 결과 고용량에 변화가 발생하지 않는다.

그런데 항구적인 생산성충격의 경우에는 소득효과가 각 기간의 노동공급에 상당한 영향을 미친다. 즉 항구적으로 생산성이 증가하는 경우 모든 기간에 걸쳐 소득이 증가함에 따라서 모든 기간의 소비가 증가하고 노동공급이 감소한다. 이와 같은 소득효과를 고려할 경우 노동공급곡선은 L'_s보다 더 좌측으로 이동하여 L''_s이 되고 그 결과 노동시장에서의 고용량은 생산성충격이 발생하기 이전보다 감소하게 된다.

고용량의 감소와 생산성의 증가는 총공급량에 상반된 영향을 미친다. 일반적으로는 생산성 증가의 효과가 고용량 감소의 효과보다 크고 그 결과 RAS곡선은 [그림 19-4]의 (a)에서와 같이 오른쪽으로 이동할 것이다. 한편 소득효과로 인해서 각 기간의 소비가 증가하므로 실질총수요곡선 역시 오른쪽으로 이동할 것이며 결국 경제는 RAS'과 RAD'이 만나는 E'점에서 균형을 이루게 된다.

RAS곡선과 RAD곡선이 모두 오른쪽으로 이동하므로 새로운 균형점에서 총생산량이 증가하는 것은 확실하나 실질이자율의 증감 여부는 불확실하다. 실질이자율의 증

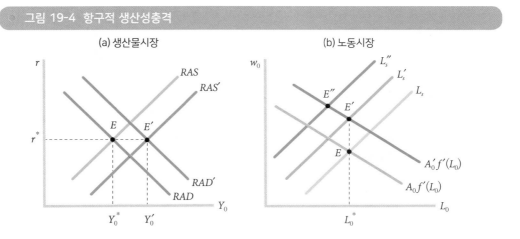

그림 19-4 항구적 생산성충격

(a) 생산물시장
(b) 노동시장

감여부는 두 곡선의 이동폭에 의해 결정되는데, 이는 다시 소비의 소득탄력성과 노동공급(또는 여가)의 소득탄력성의 상대적 크기에 의해 좌우된다. [그림 19-4]는 RAD 곡선과 RAS곡선이 같은 폭만큼 이동한 경우를 보여주지만, 만일 소득이 증가함에 따라서 소비가 노동공급(또는 여가)에 비해서 더 탄력적으로 변한다면 RAD곡선의 이동폭이 RAS곡선의 이동폭보다도 더 클 것이고 그 결과 실질이자율은 다소 상승할 것이다. 마찬가지로 노동공급의 소득탄력성이 소비의 소득탄력성보다도 더 크다면 실질이자율은 하락할 것이다. 어떤 경우든 항구적인 생산성충격은 일시적인 생산성충격에 비해 실질이자율에 미치는 영향이 작고 따라서 소비나 노동공급에 미치는 기간간 대체효과 역시 작을 것이다.

이상에서 보았듯이 실물적 경기변동론에 따르면 항구적이건 일시적이건 생산성충격은 총생산의 변동을 가져올 수 있다. 사실 생산성충격은 실물적 경기변동론과 고전학파 이론에 있어서 모두 경기변동의 가장 중요한 요인이다. 여기서 생산성충격이란 협의의 기술충격이 아니라 기업의 생산성에 영향을 줄 수 있는 모든 변화로서의 광의의 기술충격을 의미한다. 예를 들어 이상 저온이나 태풍과 같은 기후변화나 유가상승도 생산성충격에 포함될 수 있다.

생산성충격이 고용량과 실질임금에 미치는 영향에 대한 실물적 경기변동론의 예측은 실질임금과 고용 간의 관계를 이해하는 데 중요한 기여를 하고 있다. 실질임금은 단기에 있어서는 미약하기는 하나 경기순행적인 움직임을 가지는 반면에 장기에 있어서는 상승추세를 보인다. 반면에 고용량은 단기에 있어서는 경기순행적인 움직임을 보이는 반면 장기에 있어서는 매우 안정적이다. 이같은 사실은 실질임금과 고용량이 단기적으로는 정의 상관관계를 가지나 장기적으로는 서로 무관함을 의미한다. 이와 같은 현상은 앞에서 설명한 바와 같이 생산성충격이 노동시장의 균형에 미치는 영향으로부터 쉽게 설명될 수 있다.

단기적이고 일시적인 생산성충격은 기간간 교역조건의 변화를 가져오며, 이때 기간간 대체효과를 통해 실질임금과 고용량은 정의 상관관계를 가지게 된다. 그러나 장기적으로 생산성충격이 지속되는 항구적인 생산성충격은 교역조건을 변화시키지 않으므로 [그림 19-4]의 (b)에서처럼 단지 실질임금의 변동만을 가져올 뿐 고용량의 큰 변동을 가져오지 않는다.

심층분석 | 자본의 축적과 time to build

지금까지는 생산성충격이 고용에 미치는 효과에 관해서 설명하였으며 경제성장에 직접 관련된 자본축적의 문제는 고려하지 않았다. 그러나 생산성충격이 항구적일 때에는 이에 대응한 기업의 투자활동이 기대된다. 18장에서 소개한 노동부가적인 기술진보를 반영한 생산함수 $Y = F(K, AL)$를 생각해 보자. 신고전적 성장이론에 따르면 인구증가율이 영일 때 자본스톡의 증가율은 기술증가율과 동일하게 된다. 그러므로 자본축적의 문제는 실물적 경기변동론으로 마땅히 설명될 수 있어야 한다.

생산성충격이 항구적일 때의 실물적 경기변동론은 신고전적 성장이론과 일관성이 있음을 다음과 같이 확인할 수 있다. 생산성충격 이전과 이후에 효율노동단위로 측정된 자본의 크기 $K/(AL)$가 동일하다면 실질이자율 r도 동일할 것이다. 한편 고용수준에 아무런 변화가 없을 때 $K/(AL)$가 일정하다는 사실은 자본스톡이 기술증가율과 동일한 비율로 증가하였음을 의미한다.

$$\frac{\Delta K}{K} = \frac{\Delta A}{A}$$

이와 같은 성질은 결국 인구증가가 없을 때 자본스톡의 증가율은 기술증가율과 같다는 신고전적 성장이론의 예측과 일관성을 가진다.

그러나 이상의 설명은 생산성충격으로 인한 자본의 축적이 과연 어떤 과정을 거쳐 실현됨으로써 새로운 장기적 균형에 도달하는지에 대해서는 언급하지 않고 있다. 이를 그림을 이용하여 설명해 보기로 한다. 노동수요곡선 L_d와 공급곡선 L_s가 교차하는 점인 A가 기존의 균형이라 하자. 생산성충격으로 인한 새로운 균형은 L_d''와 L_s''가 만나는 점인 C라고 하자. 기존의 균형에서 새로운 균형으로 이행하는 단계에서는 아직 충분한 자본의 축적이 일어나지 않았을 것이며, 따라서 이 시점에는 노동에 대한 수요가 생산성충격이 일어나기 전보다는 크나 충분한 자본의 축적이 실현된 시점보다는 작을 것이다. 이를테면 L_d'가 그러한 수요곡선 중의 하나에 해당될 것이다.

자본축적이 계속 진행되면 노동수요곡선은 계속 우

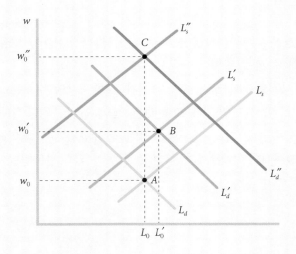

측으로 이동하며, 자본축적이 완료되면 L_d''에서 멈추게 된다. 이 과정에서는 임금이 지속적으로 상승하며 소비의 증가도 기대된다. 한편 임금상승이 가져오는 소득효과는 소비뿐 아니라 여가에 대한 수요에도 작용하기 때문에 노동공급곡선은 좌측으로 이동하게 되며 노동공급곡선의 이동은 새로운 정태적 균형에 도달할 때까지 계속된다. L_d'과 L_s'가 만나는 B점은 조정 과정에서 생길 수 있는 균형의 예이다. 즉 항구적 생산성충격에 따른 자본축적에는 시간이 소요되기 때문에 대신 고용의 증가를 가져오는 'time to bulid' 현상이 일어나며 자본을 축적함에 따라 자본이 노동을 대체하게 되어 새로운 정태적 균형에서는 고용수준이 다시 생산성충격 이전의 상태로 되돌아간다.

수요충격과 경기변동

실물적 경기변동론에 따르면 생산성충격과 같은 공급충격뿐만 아니라 총수요에 대한 실물충격 역시 총생산에 영향을 미칠 수 있다. 수요충격의 예로 정부구매가 일시적으로 증가하는 경우를 생각해보자. 정부구매가 증가가 경제에 미치는 영향은 정부구매 증가의 재원조달이 어떻게 일어나는지에 따라 다르다. 여기서는 분석의 편의를 위해 현재 정부구매 증가를 위한 재원이 모두 현재와 미래의 조세(정액세)에 의해 조달된다고 가정한다. 이 경우 앞서 일시적 생산성충격에서 적용했던 논리를 적용한다면 현재 시점의 정부구매 증가를 위한 조세 증가의 부담이 많은 기간에 걸쳐 분산될 것이므로 이에 따른 소득효과가 각 기간의 노동공급이나 소비에 미치는 영향은 무시할 수 있을 정도로 작을 것이다.

소득효과를 무시한다면 정부구매의 증가는 [그림 19-5]의 (a)에서 RAD곡선을 정부구매 증가액만큼 오른쪽으로 이동시킬 것이다. 한편 소득효과를 무시한다면 주어진 이자율 수준에서의 노동공급에는 변화가 없으므로 RAS곡선에는 변화가 없다. 따라서 원래의 균형이자율인 r^*에서는 정부구매의 증가분만큼 생산물에 대한 초과수요가 존재하며 이에 따라서 실질이자율이 상승한다. 이자율의 상승은 새로운 균형점 E'에 도달할 때까지 계속될 것이다.

우선 이자율이 상승함에 따라서 생산물시장이 어떻게 균형에 도달하는지 알아보자. 이자율의 상승은 소비와 투자를 감소시켜서 총수요량을 감소시킨다. 한편 이자율의 상승은 기간간 대체효과를 통해 노동공급을 증가시킨다. 즉 이자율이 상승함에 따라 [그림 19-5]의 (b)에서 노동공급곡선이 L_s'로 이동하며 그 결과 고용량과 총생산량이 증가하는데 이는 (a)에서 RAS를 따라 E점으로부터 E'점으로의 이동에 해당한다. 결국 경제는 E'점에서 새로운 균형에 도달하며, 그 결과 총생산량과 실질이자율

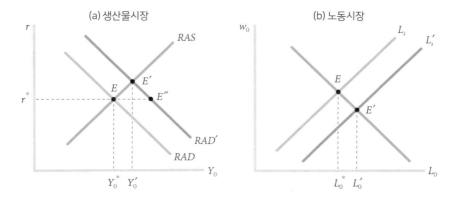

그림 19-5 일시적 정부구매 증가

정부구매가 일시적으로 증가할 때 정부구매 증가에 따른 총수요의 증가로 RAD곡선이 오른쪽으로 이동하고 실질이자율이 상승한다. 실질이자율 상승에 따른 기간간 대체효과로 노동공급곡선이 오른쪽으로 이동하고 그 결과 고용량과 생산량이 증가하게 된다.

이 모두 증가한다.

이처럼 수요충격이 총생산에 영향을 미칠 수 있는 것은 고전학파와는 달리 실물적 경기변동론에서는 실질총공급곡선이 우상향하는 기울기를 갖기 때문이다. 실질총공급곡선이 수직이라고 보는 고전학파에 따르면 정부구매 증가 등으로 인해 총수요곡선이 오른쪽으로 이동하여 이자율이 상승하면 이에 따라 투자가 감소하여 결국 총수요에 변화가 없는 완전구축이 일어난다.

이처럼 실물적 경기변동론에 따르면 생산성충격뿐만 아니라 총수요에 대한 충격이 발생할 경우에도 경기변동이 나타나게 되는데 그렇다면 이와 같은 경기변동을 막기 위해 경기안정정책이 필요한 것은 아닐까? 특히 수요충격에 따른 경기변동에 대해서는 케인즈학파와 마찬가지로 총수요관리정책을 통해서 적극적으로 대응해야 하는 것이 아닐까?

그렇지 않다. 실물적 경기변동론자들은 생산성충격은 물론 수요충격에 따른 경기변동에 대해서도 경기안정정책을 시행할 필요가 없다고 주장한다. 실물적 경기변동론에 따르면 가격의 경직성이나 정보의 불완전성 등으로 인한 시장실패가 발생하지 않으므로 모든 균형상태가 파레토 최적상태다. 즉 생산성충격이나 수요충격에 따라서 고용량과 총생산량이 증가하거나 감소하더라도 그 자체가 파레토 최적상태이므로 굳이 정부가 적극적인 경기안정정책을 써서 생산량의 변동을 막으려고 할 필요가 없다. 오히려 정책을 사용할 경우 자원배분을 왜곡시켜 파레토 최적상태를 달성하지 못하는 결과를 가져올 수도 있다. 이처럼 경기변동에 대하여 적극적인 경기안정정책을 쓸 필요가 없다고 주장하는 점에 있어서는 고전학파와 의견이 일치된다.

실증분석

실물적 경기변동론은 경기변동을 설명하기 위한 요인으로 공급 측면에서의 생산성충격을 강조하고 있다. 경기변동의 주요인이 총수요인지 아니면 총공급인지를 식별하는 방법의 하나는 경기변동이 어떤 패턴을 보이고 있는가를 규명하는 것이다. 경기변동이 가격의 경직성으로 인해 야기되었다면 장기적으로는 가격의 신축적 조정이 이루어진다고 볼 때 총수요의 변화는 국민소득에 장기적인 영향을 미치지는 못할 것으로 기대된다. 그러나 실물적 경기변동론의 입장에서 기술의 변화는 국민소득에 장기적 영향을 미칠 것으로 기대된다. 항구적인 기술진보는 산출량에 대해 항구적인 파급효과를 미칠 것이기 때문이다. 그러므로 기술충격에 있어서 기술혁신과 같은 항구적인 요소가 존재한다면 소득의 변동에도 항구적인 요소가 포함되어 있을 것으로 기대된다. 따라서 소득의 변동에 항구적인 요소가 포함되어 있는지의 여부는 경기변동의 요인을 식별할 수 있는 중요한 단서를 제공한다고 볼 수 있다.

이상의 내용을 수식으로 표현하자면 다음과 같이 요약할 수 있다. 국민소득의 움직임이 다음 식과 같은 모습을 가진다고 하자.

$$y_t = a + bt + e_t$$

여기서 y_t는 로그값으로 표시한 t기의 국민소득을, a와 b는 상수를, e_t는 확률적 충격을 나타낸다. 위 식에 따르면 국민소득은 일정한 추세를 중심으로 변동하게 된다. 즉, 국민소득은 대체로 연간 b의 속도로 증가하는 추세를 보이나, 충격의 존재로 인하여 어떤 해에는 추세보다 높고 다른 해에는 낮을 수 있을 것이다. 이때 확률적 충격이 다음과 같은 움직임을 갖는다고 하자.

$$e_t = \rho e_{t-1} + u_t$$

위 식에서 ρ는 상수고 u_t는 서로 독립적이나 동일한 확률분포를 갖는 확률변수인데 이와 같은 확률변수를 백색잡음(white noise)이라고 한다.

이제 소득의 변동에 항구적인 요소가 있는지의 여부가 어떤 경제학적 함의를 가지는지를 알아보고자 한다. 분석의 단순화를 위해 상수 a, b가 모두 0이라고 가정하자. 이 경우 위 두 식을 하나로 묶으면 다음과 같다.

$$y_t = \rho y_{t-1} + u_t$$

국민소득의 변동에 항구적인 요소가 있는지의 여부는 상수 ρ의 값에 달려 있음을 쉽게 알 수 있다. 만약 $\rho = 0$이라면 국민소득의 시계열식은 다음과 같다.

$$y_t = u_t$$

위 식은 국민소득의 로그값이 백색잡음이라는 것을 의미한다. 그러나 $\rho = 1$일 때 국민소득의 시계열식은 아래와 같다.

$$y_t = y_{t-1} + u_t$$

이 경우 국민소득은 더 이상 백색잡음이 아니며, 과거의 충격을 모두 포함하게 된다.[5] 즉, 위 식의 y_{t-1}에 $y_{t-2} + u_{t-1}$을 대입하고 다시 y_{t-2} 대신 $y_{t-3} + u_{t-2}$를 대입하는 등 축차적으로 대입해 나가면 다음 식을 구할 수 있다.

$$y_t = \sum_{i=0}^{\infty} u_{t-i}$$
$$= u_t + u_{t-1} + u_{t-2} + \cdots$$

이 식에 따르면 한 번 소득의 변화가 발생하면 그 이후의 소득에 항구적인 영향을 주게 된다.

1982년에 넬슨(Charles Nelson)과 플로서(Charles Plosser)가 소득의 변동에 항구적 요소가 포함되어 있다는 주장을 제기한 후 이에 대해 활발한 연구가 진행되어 왔으나 아직까지 어떤 결정적 증거가 제시된 적은 없다.[6] 그것은 항구적 요소의 존재여부에 대한 검증이 현실적으로 어려움을 가지고 있기 때문인데 이는 통계적 기법상의 문제

---

5 계량경제학의 표현으로는 이 경우 국민소득의 시계열이 단위근(unit root)을 가지고 있다고 한다.

6 C.R. Nelson and C.I. Plosser, "Trends and Random Walks in Macroeconomic Time Series: Some Evidence and Implications," *Journal of Monetary Economics* 10, 1982. 이들은 국민소득뿐 아니라 대부분의 거시경제변수가 항구적 요소를 가지고 있음을 주장하고 있다.

라기보다는 표본자료에 따라 여러 가지 다른 해석을 내릴 수 있는 시계열 자료상의 특성에 기인한다.

제18장에서 설명한 솔로우 잔차는 좋은 예다. 솔로우 잔차는 경제성장률에서 자본과 노동의 성장기여도를 차감한 값이며 기술진보의 성장기여도를 측정한다. 단기적으로 솔로우 잔차가 총생산의 변동과 높은 상관관계를 가지는 현상은 기술충격으로 경기변동을 설명하려는 실물적 경기변동론과 잘 부합한다.

그러나 다른 한편으로는 불황이라 할지라도 호황에 대비해 고용을 줄이는 대신 근무시간을 줄이거나 생산활동과 직접 관련이 없는 일을 한다면 솔로우 잔차는 감소하게 된다. 이 경우 솔로우 잔차는 기술충격의 성장기여도로 해석할 수는 없다.

실물적 경기변동론의 설명력을 검증하는 또 하나의 방법은 이른바 모수설정(calibration) 기법을 통해 현실경제에 가까운 모수값을 가진 거시균형모형을 설정하고 이를 이용한 모의실험(simulation) 결과가 실제자료와 얼마나 일관성을 가지는지를 측정하는 것이다. 이때 모의실험을 통해 산출된 자료와 실제 자료간의 일관성이 높을수록 모형의 설명력도 높다고 본다. 실물적 경기변동론은 이와 같은 실물적 경기변동모형(real business cycle models)의 설명력을 높이기 위한 여러 가지 시도를 통해서 발전되어 왔다. 그 한 예로 미국의 경우 고용의 변동성이 높다는 현실은 노동의 공급탄력성이 낮다는 미시적 연구결과와는 상충되는 것처럼 보인다. 그러나 실물적 경기변동론은 노동공급의 비가분성(indivisibility)을 가정함으로써 낮은 노동의 공급탄력성과 높은 고용의 변동성이 상호모순이 아님을 보인다. 노동공급의 비가분성이 성립한다면 고용량의 변동은 주로 노동시간의 변동이 아니라 고용인원의 변동을 통해 이루어지므로 높은 고용 변동성을 설명할 수 있다. 만약 노동자의 평균 근로시간이 8시간인데 기술충격으로 인해 5시간만큼의 노동시간 증가가 필요하다고 할 때 노동이 비가분성을 가지고 있다면 노동자 한 사람을 신규로 고용할 수밖에 없기 때문이다.

❸ 새 케인즈학파와 메뉴비용모형

메뉴비용모형

메뉴비용모형은 이미 제8장에서 간단하게 소개된 바 있다. 메뉴비용의 존재로 인해 가격을 조정하는 것이 어렵기 때문에 기업은 총수요 변화에 대응하여 가격 대신 생산량을 조정하게 된다. 그러나 제8장에서 설명한 메뉴비용모형은 부분균형분석에 의존하고 있다. 가격의 경직성이 존재할 때의 거시균형이 일반균형의 성격을 가지기 위해서는 기업의 가격정책과 관련하여 시장구조에 관한 특별한 가정이 필요하다. 시장구조가 완전경쟁적일 때 개별기업은 가격순응자의 역할을 할 수밖에 없다. 완전경쟁을 가정할 때 메뉴비용의 존재는 개별기업의 명목가격의 경직성을 설명할 수는 있어도 시장가격의 경직성을 설명할 수는 없다는 문제가 있다.

새 케인즈학파는 완전경쟁 대신 다수의 기업이 존재하며 각 개별기업이 자신의 제품에 대해 어느 정도 독점력을 가지는 독점적 경쟁을 가정하고 있다. 독점적 경쟁하에서의 거시경제 모형을 수식으로 제시하고 푸는 것은 본서의 범위를 벗어난다. 대신 여기서는 [그림 19-6]을 통해서 독점적 경쟁하에서의 거시경제 균형에 대해서 이해해 보기로 한다.

P_i는 기업 i의 생산물 가격을, P는 독점적 경쟁시장에 속한 모든 기업의 생산물 가격지수를 각각 표시한다. 따라서 P_i/P는 기업 i 생산물의 상대가격을 나타낸다. 독점적 경쟁하에서 기업 i의 생산물에 대한 수요는 상대가격 P_i/P의 감소함수다. 상대가격뿐만 아니라 총수요도 개별기업의 생산물에 대한 시장수요에 영향을 미친다. 총수요가 증가하면 국민소득이 증가할 것이며 이 경우 재화 i가 정상재라면 그 수요 역시 증가할 것이기 때문이다. 총수요에 영향을 미치는 요인에는 여러 가지가 있는데 그 중 하나가 실질통화량(M/P)이다. 여기서는 상대가격 외에 총수요에 영향을 미치는 요인을 실질통화량과 그 이외의 총수요 결정요인(A)으로 구분하기로 한다. 이 경우 기업 i의 생산물에 대한 수요함수는 $D(P_i/P,\ M/P,\ A)$로 나타낼 수 있다.

독점적 경쟁하에서의 균형은 한계수입과 한계비용이 같을 때 즉, $MR=MC$의 등식이 성립할 때 일어나며 이는 A점에 해당한다. 시장내의 모든 기업의 생산기술이 동일하고 그 결과 모든 기업이 동일한 시장점유율을 가지는 대칭적 균형(symmetric equilibrium)을 가정할 때 균형점에서의 상대가격은 1과 같을 것이며 따라서 이 기업의 생산량은 C점에서 y_i^A로 결정된다.

독점적 경쟁 대신 완전경쟁을 가정한다면 수요곡선은 시장가격에서 수평이 된다. 대칭적 균형에서는 $P_i/P=1$이 되므로 완전경쟁시장에서의 대칭적 균형은 $P_i/P=1$의 직선과 한계비용곡선이 만나는 B점에서 일어나며 이 경우 생산량은 y_i^B가 된다. 이는 완전경쟁하에서의 수요곡선이 B점을 지나야 함을 의미하며 이는 실질통화량이 더 커야만 가능하다. 그러므로 완전경쟁과 비교할 때 독점적 경쟁하에서 생산량이 더 적다는 사실은 그만큼 물가가 더 높다는 것을 의미한다. 개별기업의 이윤극대화를 위

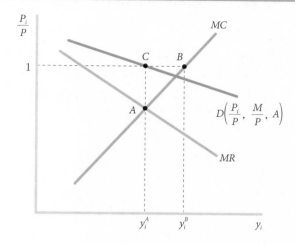

메뉴비용 모형은 다수의 기업이 가격결정자로서 역할을 수행하는 독점적 경쟁시장 구조를 가정하고 있다. 독점적 경쟁하에서 재화 i에 대한 시장수요는 상대가격 P_i/P 와 실질 통화량 M/P에 의존한다. C점이 균형점이며 대칭적 균형을 가정할 때 $P_i/P=1$ 이 된다. 반면 완전경쟁적 시장구조를 가정하였다면 균형은 B점에서 일어난다.

한 가격정책은 결과적으로 생산의 감소를 가져와 비효율성을 초래하며 여기서 비효율성은 높은 물가를 동반하게 된다.

총수요에 관한 독점적 경쟁의 비효율성은 다음의 외부효과를 가져온다. 만약 기업 i의 생산물 가격 P_i가 감소한다고 가정하자. P_i의 감소는 기업 i의 생산물에 대한 수요를 증가시키는 효과와 더불어 물가하락으로 인하여 실질통화량이 증가하기 때문에 기업 i의 생산물뿐 아니라 다른 모든 기업의 생산물에 대한 수요가 증가하는 효과를 가져온다. 이처럼 개별기업의 가격조정이 다른 기업의 생산물에 대한 수요에 미치는 거시경제적 효과를 총수요 외부성(aggregate demand externality)이라 한다. 대칭적 균형하에서 모든 재화의 가격이 동일한 비율로 감소할 때 기대되는 실질통화량의 증가와 그로 인하여 기대되는 생산의 증가는 모든 경제주체의 후생수준을 높일 것이다. 그러나 기업 i로서는 기존의 가격 P_i가 이미 이윤극대화 조건을 충족하고 있기 때문에 다른 기업의 생산물 가격에 변화가 없는 한 가격을 내릴 아무런 이유가 없다. 따라서 경직적 가격은 개별기업으로서는 최적의 선택이지만, 경제 전체로는 비효율성을 초래한다.

총수요 외부성과 메뉴비용으로 인한 가격 경직성은 적극적인 경기안정정책이 필

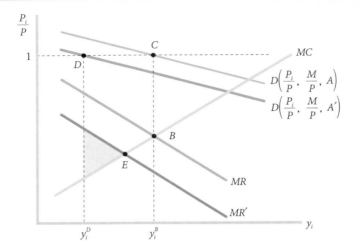

총수요의 감소($A \rightarrow A'$)로 제품 i에 대한 수요가 감소할 때 새로운 균형은 $MR'=MC$
인 E에서 일어난다. 만약 다른 기업들에게 메뉴비용이 존재하지 않는다면 총수요의
감소는 물가하락을 동반하여 실질잔고가 대신 늘어나 균형은 B에서 그대로 유지 가
능하다. 총수요 외부성은 작은 메뉴비용만으로도 총수요의 감소가 경제에 큰 비용을
초래할 수 있게 한다. 다른 기업들에게 메뉴비용이 존재할 때 E를 꼭지점으로 하는
빗금친 삼각형의 넓이보다 기업 i의 메뉴비용이 크다면 균형은 D에서 일어난다. 그
러나 다른 기업의 메뉴비용이 없다면 기업 i의 메뉴비용이 B를 꼭지점으로 하는 삼각
형의 넓이보다 크지 않는 한 균형은 C에서 그대로 유지될 것이다.

요하며 실제로 총생산에 영향을 미치는 효과를 가질 수 있는 근거가 된다. 그림을
통해서 이 점에 대해 알아보자. 현재 기업의 생산물에 대한 수요곡선이 [그림 19-
7]의 $D(P_i/P,\ M/P,\ A)$와 같고, 이 때 한계비용곡선과 한계수입곡선이 MC 및 MR과
같다고 하자. 이 기업은 MC곡선과 MR곡선이 만나는 B점에서 생산량을 결정할 것이
다. 생산물의 가격은 y_i^B의 생산량에 해당하는 수요곡선상의 점 C에 의해 결정되는데
이 경제가 대칭적 균형상태에 있다면 $P_i/P=1$이 되어야 한다.

　이제 다른 조건이 일정한 상태에서 총수요(A)가 감소한다고 하자. 다른 생산물들
의 가격이 불변인 상태에서 총수요가 감소하면 수요곡선과 한계생산물곡선이 [그림
19-7]의 $D(P_i/P,\ M/P,\ A')$ 및 MR'와 같이 좌측으로 이동한다. 이 기업이 메뉴비용
으로 인해 가격을 조정할 수 없다면 생산량은 기존 가격($P_i/P=1$)에서의 수요에 의해
결정되는데, 이는 D점에 해당하는 수요량인 y_i^D와 같다. 그런데 이 생산량 수준에서
는 한계수입이 한계비용을 초과하므로 기업으로서는 가격을 낮춤으로써 생산량을 더
늘릴 유인이 있다. 기업이 가격을 변화시킬 수 있다면 한계비용곡선과 새로운 한계

생산물곡선이 만나는 점인 E점에서 생산량을 결정할 것이다.

이때 그림에서 음영으로 표시된 삼각형은 가격을 낮추고 생산량을 늘림으로써 발생하는 이윤의 증가분과 같다. 그런데 기업이 가격을 변경시킬 경우 치러야 하는 메뉴비용이 이 삼각형이 나타내는 이윤 증가분보다 크다면 이 기업은 기존의 가격을 유지하면서 낮은 생산량을 생산할 것이다. 이 기업으로서는 모든 기업들이 가격을 낮춤으로써 수요곡선이 원래의 위치로 이동할 수만 있다면 더 바랄 것이 없을 것이다. 여기에 바로 총수요 외부성이 존재한다. 다른 기업들 역시 메뉴비용으로 인해 가격을 낮추지 않을 것이므로 이 기업으로서는 새로운 수요곡선상의 D점을 선택할 수밖에 없기 때문이다. 이와 같은 총수요 외부성으로 인해 수요곡선이 상당히 큰 폭으로 이동하더라도 가격 조정에 따른 이윤 증가폭은 작을 수밖에 없다. 이것이 바로 가격조정에 대한 약간의 장애 즉 작은 메뉴비용만으로도 총수요 감소가 경제에 큰 비용을 가져올 수 있다는 주장의 근거가 된다.

총수요 외부성의 존재로 인해 총수요 충격의 결과 경제가 도달하는 새로운 균형은 파레토 최적상태가 될 수가 없다. 바로 여기에 적극적인 경기안정정책의 근거를 찾을 수 있다. 실물적 경기변동론에서는 공급이나 수요충격에 따른 총생산의 변동이 모두 파레토 최적상태이므로 굳이 경기안정정책을 사용할 필요가 없으나 메뉴비용 모형에서는 그렇지 않다. 메뉴비용으로 인해 총수요 외부성이 존재하고 명목가격이 경직적인 경우에는 통화정책이 필요할 뿐만 아니라 총생산에 영향을 미칠 수 있다.

총수요 감소에 대응하여 중앙은행이 통화량을 늘리는 정책을 시행한다고 하자. 이때 메뉴비용이 없다면 같은 비율만큼 물가가 상승하여 실질통화량은 통화량 증가 이전과 동일하게 되므로 화폐의 중립성이 성립하게 된다. 그러나 메뉴비용으로 인해 가격이 경직적인 상태에서 통화량이 증가할 경우 실질통화량이 증가하게 되고 모든 개별생산자들의 수요곡선이 우측으로 이동하며 이에 따라 개별생산자와 경제 전체의 생산량이 증가하게 된다. 통화량이 충분히 증가할 경우 수요곡선은 원래의 위치로 되돌아갈 수 있으며 이때 기업은 가격조정 없이도 한계수입과 한계비용이 일치하는 최적의 생산량을 달성할 수 있다. 메뉴비용이 존재할 때 명목통화량의 증가는 생산의 증가를 동반하여 경제주체의 복리를 개선하는 효과를 가진다.

케인즈학파 경제학과 구성의 오류

케인즈학파와 새 케인즈학파의 거시경제이론은 구성의 오류(fallacy of composition)

를 논리체계의 기반으로 하고 있다. 구성의 오류는 개인의 이윤추구나 선호관계에 충실한 합리적 행동이 개인들인 모인 경제 전체의 최적화를 반드시 가져오는 것은 아니며 오히려 부정적인 파급효과를 미칠 수 있음을 의미한다. 고전학파 경제학의 창시자인 아담 스미스가 국부론에서 푸줏간 주인이 자신의 가족을 위해 일을 하지만 이 주인의 이기적 행동이 자신이 사는 마을의 선을 이루는 데 기여한다고 주장한 것과 대조적이다.

운동 관람을 할 때 앉아서 보기보다 서서 보면 더 잘 보인다. 그러나 모든 관람객들이 일어서서 보면 모두 앉아서 보는 것보다 못한 결과를 낳는다. 운전자들이 준수해야 할 교통법규가 필요한 이유도 구성의 오류가 그 근거가 된다. 구성의 오류는 거시경제학뿐 아니라 경제학의 많은 분야에서 현실을 설명하는 데 있어 중요한 개념이다. A보다 B, B보다 C가 선호될 때 C가 A보다 선호된다는 개인 차원에서의 합리적 선호관계는 다수결의 원칙과 같이 그 개인이 모인 집단의 선호관계에도 똑같이 적용되는 것은 아니다. 공동어장에서 물고기를 많이 잡을수록 돈도 많이 벌겠지만 남획이 일어날 때 결국 어자원은 고갈될 것이라는 공유지의 비극(tragedy of the commons)이 한 예다. 마찬가지로 무임승차, 즉 개인이 공공재를 제값을 치르지 않고 소비할 때 그 개인이 얻는 이득은 클지 모르나 무임승차가 남용된다면 궁극적으로 무임승차할 공공재는 사라질 수밖에 없는 것이다.

제1장에서 소개된 절약의 역설은 케인즈학파 경제학에서 제시하는 대표적인 구성의 오류의 예다. 소비자가 빚을 갚는 등 어떤 합리적인 동기에서 소비를 줄이고 저축을 늘리는 것이 바람직하다고 하자. 그러나 만일 모든 소비자가 소비를 줄인다면 총수요가 줄어들어 오히려 사회 전체로서는 바람직하지 못한 결과가 초래될 수 있다. 제13장에서 자본의 한계효율과 투자의 한계효율을 구분해야 하는 것도 구성의 오류에서 근거한다. 만일 경제여건이 호전되어 자본의 한계효율이 높아졌다고 하자. 이때 개별 기업의 입장에서는 자본의 한계효율이 이자율과 같아질 때까지 투자를 늘리는 것이 바람직하다. 그러나 모든 기업 차원에서 투자에 대한 수요가 증가할 때 단기적으로는 자본재가격도 따라서 오를 것이기 때문에 이를 감안하면 자본의 한계효율보다 낮은 투자의 한계효율이 이자율과 같아질 때까지 투자가 늘어나게 된다. 그 결과 적정 자본량의 크기도 당초 생각보다 낮은 수준이 된다.

제17장에서 설명한 금융시스템 위험도 구성의 오류에 근거하고 있다. 은행의 여수신 활동과 같이 금융기관이 단기로 자금을 조달하여 장기로 운용하는 만기전환은 금융중개활동의 핵심이다. 개별 금융기관 차원에서 더 많은 자금을 빌려 장단기 이자율 차이를 활용하면 더 큰 이익을 낼 수 있을 것이다. 그러나 많은 금융기관이 동

일한 행태를 보일 때 금융시스템 위험이 높아진다. 많은 금융기관들이 서로 연결고리를 가지고 만기전환을 수행할 때 한 금융기관이 조달한 자금을 제 때에 상환하지 못한다면 자칫 이 금융기관과 직간접으로 연결된 다른 금융기관들에게 만기불일치 위험이 실체적 위험으로 현실화될 수 있기 때문이다. 개별 금융기관 차원에서의 합리적 행태가 사회 전체적인 입장에서는 과다한 레버리지를 초래하는 것이다. 금융시스템 위험을 통제하기 위해 정부는 개별 금융기관의 차입을 제한하거나, 단기유동성을 늘리거나, 경기변동에 대응하여 완충자본이나 지급준비금을 쌓게 하는 등의 규제를 부과하는데, 이들을 거시건전성 규제라 한다. 이미 설명한 바와 같이 이와 같은 규제들은 결국 금융중개활동이 초래하는 부정적 외부효과를 내부화함으로써 사회적 최적화에 근접하기 위한 피구세(Pigouvian tax)의 성격을 가진다.

이 장에서 설명한 메뉴비용 모형도 같은 맥락에서 이해될 수 있다. 기업이 가격 설정자로서의 역할을 수행하는 불완전경쟁시장에서는 완전경쟁시장보다 생산수준이 더 낮다. 모든 기업이 대칭적인 독점적 경쟁을 가정할 때 어느 한 기업이 가격을 내리면 그 기업의 생산물에 대한 수요가 증가한다. 뿐만 아니라 물가하락으로 인해 자산의 실질잔고가 늘어나 다른 기업들의 생산물에 대한 수요도 함께 증가하는 총수요 외부성도 기대된다. 그러나 모든 기업이 이미 한계수입＝한계비용을 충족하는 최적화를 이루었기 때문에 이러한 긍정적 외부효과는 기대할 수 없다. 한편 메뉴비용의 존재는 개별 기업차원에서 비록 가격조정의 요인이 발생했다고 하더라도 조정에 따른 이윤의 증가분이 메뉴비용을 커버하지 못한다면 가격조정을 불가능하도록 만든다. 실제로 부의 총수요 충격이 발생하여 기업이 가격을 인하할 요인이 발생했다고 하자. 메뉴비용의 존재로 인하여 이 기업이 가격을 인하하지 못할 때 기존 가격수준에서 줄어든 수요만큼 생산을 줄일 수밖에 없다. 만약 다른 기업들이 메뉴비용에서 자유롭다면 그 기업들은 가격을 인하하고 그 결과 가격인하에 따른 물가하락으로 실질잔고가 늘어나는 효과를 가져와 총수요는 상당부분 회복하게 된다고 가정하자. 이 때 이 기업의 메뉴비용이 다른 기업들과 마찬가지로 가격인하에 동참할 때 늘어날 이윤의 증가분을 초과할 정도로 크지 않다면 가격인하를 단행하게 될 것이다. 그러나 모든 기업이 메뉴비용에 직면한다면 가격인하는 불가능하며 따라서 생산을 줄일 수밖에 없다. 비록 작은 메뉴비용이라 하더라도 모든 기업에 광범위하게 존재할 때 가격인하가 동반하는 긍정적 외부효과는 기대하기 어려운 것이다.

구성의 오류는 정부의 개입을 정당화하는 중요한 논리적 근거를 제공한다. 예를 든 메뉴비용모형의 경우 광범위한 메뉴비용의 존재로 인해 총수요 충격에 대응하여 대부분의 기업들이 가격을 인하할 수 없을 때 중앙은행이 통화량을 증가시킴으로써 실질잔고효과를 창출할 수 있는 것이다. 이것은 사적 생산이 사회적 최적생산수준에 미치지 못하기 때문에 긍정적 외부효과를 내부화하기 위해 부(−)의 피구세, 즉 보조금을 지급하는 것과 다름이 없다.

A. 2기간 실물적 경기변동모형

본 부록에서는 본문에서 제시된 폐쇄경제의 2기간 실물적 경기변동모형을 보다 구체적으로 제시한다. 폐쇄경제는 가계, 기업, 정부의 3부문으로 구성되는데, 각 부문의 의사결정은 다음과 같이 이루어진다.

가계

가계는 (19−10)식으로 주어진 효용을 극대화하기 위해 현재와 미래의 소비와 노동공급을 결정하는데 이때 (19−11)식으로 주어진 2기간 예산제약식을 좀 더 확장하여 다음과 같이 예산제약식을 설정하기로 한다.

$$C_0 + \frac{C_1}{1+r} = w_0 L_0 - T_0 + \frac{w_1 L_1 - T_1}{1+r} + V \tag{19-12}$$

위 식에서 T_0와 T_1는 각각 0기와 1기에 가계에 부과되는 정액세며, V는 가계가 보유하고 있는 기업주식의 가치를 나타낸다. 모든 기업의 주식은 가계들이 소유하고 있다고 가정한다. 가계는 (19−12)의 예산제약식을 충족시키면서 (19−10)식으로 주어진 효용을 극대화시키기 위해 현재와 미래의 소비와 노동공급(여가)를 결정하는데 이때 소비와 노동공급의 선택이 기간간 대체효과와 소득효과에 의해 결정됨은 본문에서 설명한 바와 같다.

정부

정부는 세금을 거두고 이를 정부지출에 사용한다. 정부지출 역시 가계와 마찬가지로 예산의 제약을 받는데 정부의 예산제약식은 다음과 같다. 단 모형의 단순화를 위해서 정부의 이전지출은 없는 것으로 가정한다.

$$G_0 + \frac{G_1}{1+r} = T_0 + \frac{T_1}{1+r} \tag{19-13}$$

위 식은 두 기간에 걸친 정부구매의 현재가치가 현재와 미래 조세수입의 현재가치와 동일해져야 함을 나타낸다. 물론 현재의 정부구매가 현재의 조세수입을 초과할 때 재정적자가 발생하며 정부는 이를 차입에 의해 메울 수 있다. 그러나 (19-13)식에 따르면 이와 같은 정부 차입은 미래의 재정흑자에 의해 상환될 수 있어야 한다.

정부의 예산제약이 위와 같을 경우 가계의 예산제약에 들어 있는 조세의 현재가치를 정부구매의 현재가치로 대체할 수 있다. 즉 (19-12)식과 (19-13)식을 결합하여 가계의 예산제약식을 다음과 같이 쓸 수 있다.

$$C_0 + \frac{C_1}{1+r} = w_0 L_0 - G_0 + \frac{w_1 L_1 - G_1}{1+r} + V \tag{19-14}$$

위의 예산제약식에 따르면 각 기간에 있어서 가계의 소비와 노동공급은 정부가 정부지출을 조세에 의해 조달하는지 또는 차입에 의해 조달하는지에 의해서 영향을 받지 않으며 단지 전체 기간에 걸친 정부구매의 현재가치에 의해 영향을 받는데 이 것이 바로 제14장에서 소개한 리카도 동등성 정리다. 여기서는 리카도 동등성 정리가 성립된다고 가정하기로 한다.

기업

1기간 모형에서는 기업이 이윤을 극대화하기 위해 고용을 결정한다고 했다. 2기간 모형에서의 기업은 각 기간에 발생하는 이윤 흐름의 현재가치를 극대화하기 위해서 고용과 투자를 결정한다. 현재와 미래 이윤의 현재가치의 합을 기업가치라 하는

데 이는 다음과 같이 쓸 수 있다.

$$V = A_0 F(K_0,\ L_0) - w_0 L_0 - I_0 + \frac{A_1 F(K_1,\ L_1) - w_1 L_1}{1+r} \qquad \text{(19-15)}$$

위 식에서 K_0와 K_1은 각각 0기와 1기 초의 자본량을 나타내며, I_0는 0기 중의 투자를 나타낸다. 2기간 모형에서 1기 중의 투자는 기업가치에 전혀 기여를 할 수 없기 때문에 (19−15)식에서 아예 제외되었다.

1기의 자본량은 다음 식과 같이 0기의 투자에 의해 결정된다.

$$K_1 = (1-\delta)K_0 + I_0 \qquad \text{(19-16)}$$

(19−15)식에 소개된 기업가치는 제7장에서 소개된 기업의 이윤과 두 가지 면에서 차이가 있다. 첫째로 제7장에 소개된 기업은 자본재를 가계로부터 임대하는 데 반해 여기서 소개된 모형에서는 기업이 자본재를 가계로부터 임대하지 않고 직접 보유하므로 자본의 임대료는 (19−15)식에 포함되어 있지 않다. 둘째로, 제7장에서 소개된 기업은 현재의 이윤만을 극대화하는 반면에 여기서 소개된 기업은 두 기간 동안 존속하기 때문에 어느 한 기간의 이윤을 극대화시키는 대신 전체 기간의 이윤의 현재가치 즉 기업가치를 극대화시키는 것을 목적으로 한다.

기업은 현재 노동투입량(L_0), 미래 노동투입량(L_1) 그리고 투자(I_0)를 선택하여 기업가치를 극대화시킨다. 현재의 자본량이 주어진 상태에서 현재의 투자규모를 선택한다 함은 (19−16)식에 의해 다음 기의 자본량(K_1)을 선택하는 것과 동일한 의미를 가진다. 한편 기업은 금기의 자본량(K_0)을 선택할 수 없는데 이는 금기의 자본량은 이미 과거의 투자에 의해 확정되어 더 이상 변경될 수 없기 때문이다. 기업가치 극대화 조건은 (19−15)식의 K_1을 (19−16)식으로 대체한 다음 이를 L_0, L_1 및 I_0에 대해서 미분한 값을 0으로 놓음으로써 다음과 같이 구할 수 있다.

$$A_0 F_L(K_0,\ L_0) = w_0 \qquad \text{(19-17)}$$
$$A_1 F_L(K_1,\ L_1) = w_1$$
$$A_1 F_K(K_1,\ L_1) = 1 + r$$

앞의 두 조건은 각 기간에 있어서 노동의 한계생산물이 실질임금과 같아져야 함을 의미하는데 제7장에서 소개했듯이 이 두 조건은 바로 각 기간에 있어서 노동수요 곡선의 식과 같다. 마지막 조건은 자본의 한계생산물이 $1+r$과 같아져야 함을 의미한다. 이 조건에 의해서 1기의 최적자본투입량이 결정되면 0기의 투자는 $(19-16)$식에 의해 결정된다. 자본의 한계생산물은 자본투입량의 감소함수이기 때문에 식 $(19-17)$로부터 0기의 투자는 이자율(r)의 감소함수이며 다음 기 생산성(A_1)의 증가함수가 된다.

생산물시장

0기에 있어서 생산물시장에서의 총생산량은 다음과 같다.

$$Y_0^s = A_0 F(K_0,\ L_0) \tag{19-18}$$

그런데 다른 조건이 일정한 상태에서 이자율만이 상승할 경우 노동공급의 기간간 대체에 의해 노동공급곡선이 오른쪽으로 이동하고 이에 따라서 고용량이 증가한다. 실질이자율이 상승하더라도 자본스톡은 이미 주어진 상태에서 일정하므로(0기의 투자는 1기의 자본스톡에만 영향을 줄 수 있다) 결국 총생산량은 증가한다. 따라서 0기의 총공급곡선은 다음과 같이 실질이자율의 증가함수로 표현할 수 있다.

$$Y_0 = Y_0^s(r), \qquad Y_0^{s'}(r) > 0 \tag{19-19}$$

한편 폐쇄경제에서의 총수요는 소비, 투자, 정부구매의 합과 같으며 소비와 투자가 각각 이자율의 감소함수이므로 0기와 1기의 총수요함수도 이자율의 감소함수가 된다.

$$Y_0 = C_0(r) + I_0(r) + G_0 = Y_0^d(r), \qquad Y_0^{d'}(r) < 0 \tag{19-20}$$

일반균형

이 경제에는 생산물 시장과 노동시장이라는 두 시장이 존재한다. 그런데 현재,

즉 0기에 있어서 경제가 균형을 이루기 위해서는 0기의 생산물시장과 노동시장이 균형을 이루는 것으로는 충분하지 않다. 1기의 생산물시장과 노동시장도 동시에 균형을 이루어야 한다. 만일 1기의 노동시장이 균형을 이루지 못한다면 1기의 실질임금이 변화하고 이에 따른 기간간 대체에 의해 0기의 노동공급과 소비가 영향을 받는다. 따라서 2기간 거시경제모형이 균형을 이루기 위해서는 0기의 노동시장과 생산물시장 그리고 1기의 노동시장과 생산물시장이 모두 균형을 이루어야 한다. 이는 어느 한 기간에 있어서 총생산량과 이자율의 결정을 분석하기 위해서는 그 기간뿐만 아니라 다른 모든 기간에 있어서의 시장균형 조건을 고려해야 함을 의미한다. 2기간 모형에서는 0기의 생산물시장과 노동시장, 1기의 생산물시장과 노동시장 등 4개의 시장이 존재하므로 이들 네 시장이 모두 균형을 이루어야 한다. 그런데 왈라스 법칙에 따르면 경제에 n개의 시장이 존재할 때 이 중 $n-1$개의 시장이 균형을 이루면 나머지 시장은 저절로 균형을 이루게 된다. 따라서 n개 시장의 균형조건으로부터 독립적으로 도출될 수 있는 균형가격은 $n-1$개가 된다. 이와 같은 왈라스 법칙을 적용하면 네 시장의 균형조건으로부터 세 개의 균형가격이 결정될 수 있는데 그것은 현재임금, 미래임금 그리고 실질이자율이다.

이같은 2기간 또는 이를 연장한 다기간 모형에서의 일반균형의 특성 중 하나는 현재의 충격뿐만 아니라 미래에 예상되는 충격도 현재의 고용량과 총생산에 영향을 미칠 수 있다는 점이다. 예를 들어 미래에 예상되는 일시적인 정의 생산성충격을 생각해 보자. 현재에는 기술변화가 발생하지 않으므로 현재의 노동수요곡선에는 변함이 없을 것이다. 그러나 미래의 노동수요곡선은 오른쪽으로 이동하므로 미래임금은 상승할 것이다. 이와 같은 미래임금 상승에 따른 기간간 대체효과는 현재의 노동공급곡선을 왼쪽으로 이동시킨다. 결국 고용량은 감소하며 RAS곡선은 왼쪽으로 이동한다. 한편 미래의 일시적 소득증가에 따른 소득효과는 무시할 수 있을 정도로 작지만, 미래 생산성 증가에 따른 투자수요 증가로 인해 RAD곡선은 오른쪽으로 이동한다. 이때 총생산량의 변화는 두 곡선의 이동폭에 의해 좌우되며, 실질이자율은 확실히 상승한다. 결국 미래에 예상되는 생산성충격이 현재의 생산물시장에 영향을 미치는 것이다.

**요점
정리**

1   루카스는 경기변동에 있어서 화폐의 중요성을 강조하는 동시에 신축적인 가격과 임금에 의해 시장청산이 항상 이루어진다는 왈라스적인 접근방법을 통해 경기변동을 설명한 화폐적 균형경기변동론을 내어 놓았다.

2   루카스는 물가에 대한 정보가 불완전한 상태에서 생산자가 합리적 기대에 의해 물가를 추정하고 생산량을 결정하는 모형을 통해 우상향의 기울기를 가진 총공급 곡선을 도출하였으며, 이를 토대로 새 고전학파의 정책무력성 명제가 제시된다.

3   실물적 경기변동론은 경기변동을 경제적 충격에 대응한 시장메커니즘의 효율적인 작동의 결과로 인식한다. 즉 경기변동을 자연실업률로부터의 괴리가 아니라 자연실업률 자체의 변화로 보는 것이다.

4   여러 기간에 걸쳐 소비와 노동공급을 선택하는 경제주체의 의사결정을 좌우하는 기간간 교역조건이 실물적 경기변동론의 핵심이다. 기술충격은 기간간 교역조건의 변화를 통해 노동공급에 영향을 미친다. 충격이 항구적일 때 고용효과는 없으며 일시적일 때 고용에 미치는 영향이 극대화된다.

5   독점적 경쟁하에서는 한 개별기업의 가격결정이 실질통화량 변화에 따른 소득효과를 통해 다른 기업의 생산물에 대한 수요에 영향을 미치는 총수요 외부성이 존재한다. 이와 같은 총수요 외부성이 존재하는 경우에는 약간의 메뉴비용이 가격을 경직적으로 만들수 있다. 이 경우 통화량 감소와 같은 총수요 충격은 가격 대신 생산량을 크게 감소시키게 된다.

6   총수요 외부성으로 인한 비효율성은 적극적 경기안정정책과 같은 정부개입의 정당성을 제공한다. 메뉴비용이 초래하는 가격 경직성으로 인해 통화정책은 중립적이 아니라 총생산에 실제로 영향을 미칠 수 있을 뿐만 아니라 경제의 효율성을 개선시킬 수도 있다.

연습문제

1 본문 (19-8)식에 주어진 균형국민소득을 구해보자.

(1) (19-6)식과 (19-7)식을 y와 p에 대해 풀면 다음과 같은 해가 구해짐을 보여라.

$$p = \frac{1}{1+b}m + \frac{b}{1+b}E(p)$$
$$y = \frac{b}{1+b}m - \frac{b}{1+b}E(p)$$

(2) 위 식 중 첫 번째 식의 양변에 기대를 취하면 다음과 같은 결과를 구할 수 있음을 보여라.

$$E(p) = E(m)$$

(3) (1)번과 (2)번의 결과를 이용하여 (19-8)식에 주어진 균형국민소득을 구하라.

2 다음의 정의식을 이용하여 본문에 제시된 루카스 모형에서 완전고용 국민소득수준의 로그값(y_F)이 0이 됨을 증명하라.

$$y_F = \sum_{i=1}^{N} y_i^{*}, \qquad p = \frac{1}{N}\sum_{i=1}^{N} p_i$$

3 소비자의 예산제약식 $C_0 + \frac{1}{1+r}C_1 = w_0 L_0 + \frac{1}{1+r}w_1 L_1$에서 균형이 대칭적이라 하자. 즉, $w_0 = w_1$, $L_0 = L_1$, $C_0 = C_1$이라면 항구적 기술의 발전이 일어난 후 새로운 균형에서는 ΔC_0와 ΔC_1이 각각 얼마인가?

4 실물적 경기변동론에 따르면 재정적자가 일시적으로 증가하였을 때 고용과 소득수준에 어떤 변화가 기대되나? 만약 재정적자의 증가가 항구적일 때는 어떠한가?

5 다음 문장의 진위를 밝히고 그 이유를 설명하라.

"고용수준과 소비는 양의 상관관계를 가진다."

6 기술충격이 다음과 같은 시계열상의 패턴을 보인다고 가정하자.

$$A_{t+1} = \rho A_t + u_{t+1}$$

u_{t+1}는 백색잡음이다.

(1) $\rho = 1$일 때 $u_t > 0$이라면 t기 고용상의 변화는 무엇인가?

(2) 만약 $\rho = 0$이라면 (1)의 답은 어떻게 달라지나?

7 다음과 같은 식을 생각해보자.

$$y_t = \rho y_{t-1} + u_t$$

(1) y_{t+T}를 y_t와 $u_{t+i}(i=1, 2, \cdots)$의 식으로 표시하라.

(2) 어떤 조건하에서 $T \rightarrow \infty$ 일 때 y_{t+T}를 확률적 교란항 u_{t+T}만의 식으로 표시할 수 있는가?

8 실질이자율평가가 성립하는 소규모 개방경제에서 부의 공급충격이 발생하였다고 하자. 신축적 가격을 가정하고 다음의 각 경우에 국민소득, 국제수지, 고용 및 실질임금에 미치는 영향을 설명하라.(힌트: 소규모 개방경제에서 실질이자율평가가 성립될 경우 국내 실질이자율은 전세계 실질이자율에 의해 외생적으로 결정된다.)

(1) 공급충격이 일시적일 때

(2) 공급충격이 항구적일 때

(3) 부의 공급충격이 실현되지는 않았으나 향후 예상될 때

찾아보기

영 문

저자 소개

김경수 성균관대학교 명예교수는 성균관대학교(1988.9~2019.2월)와 미 툴레인대학교(1984.5~1988.8월)에서 경제학 강의를 했으며 잠시 대학을 떠나 한국은행 금융경제연구원장(2007.3~2011.2월)으로 일했다. 서울대학교 경제학과(1978.2월)를 졸업하고 미 펜실베이니아대학교(1984.5월)에서 학위를 마쳤으며 국내외 학술지 및 학술서적에 60여편의 거시, 금융, 국제경제학 관련 연구논문을 기고했다. 최근『팬데믹과 전쟁 이후 국제경제질서 변화와 대응』(공저, 대외경제정책연구원 2022), 두 나라 이야기(한국경제포럼, 한국경제학회 2020) 등을 발표했으며 교양도서『빅픽쳐 경제학, 위험한 글로벌시대를 항해하는 기술』(들녘, 2020)을 출간했다. 제48대 한국경제학회 회장과 제22대 한국금융학회 회장을 역임했다.

———

박대근 한양대학교 명예교수는 서울대학교 경제학과를 나와 한국과학기술원 경영공학 석사(1983.2)를 취득했으며, 미국 Harvard대학교(1989.5)에서 경제학 박사를 취득했다. 그 후 미국 뉴욕주립대학교(1989.9~1991.8) 경제학과 조교수로 재직한 후 한양대학교(1991.9~2023.9) 경제금융학부 교수로 재직했다. 주로 거시경제학과 국제금융론을 강의하며, 국내외 학술지 및 학술서적에 거시, 금융, 국제금융 관련 연구논문을 기고했다. 주된 논문으로는 가계부채의 결정요인에 대한 패널자료 분석(경제연구, 2015), Population Aging and Financial Markets (Seoul Journal of Economics, 2007) 등이 있다. 제7대 한국국제금융학회 회장과 제41대 한국국제경제학회 회장을 역임했다.

제7판
거시경제학

초판발행	2005년 3월 15일
제7판발행	2025년 2월 28일
공저자	김경수·박대근
펴낸이	안종만·안상준
편 집	배근하
표지디자인	권아린
기획	조성호
제 작	고철민·김원표
펴낸곳	(주) **박영사**
	서울특별시 금천구 가산디지털2로 53, 210호(가산동, 한라시그마밸리)
	등록 1959. 3. 11. 제300-1959-1호(倫)
전 화	02)733-6771
f a x	02)736-4818
e-mail	pys@pybook.co.kr
homepage	www.pybook.co.kr
ISBN	979-11-303-2231-5 93320

copyright©김경수·박대근, 2025, Printed in Korea

정 가   38,000원